新中国高校财务 70 年

乔春华　著

东南大学出版社
SOUTHEAST UNIVERSITY PRESS
·南京·

本书谨献给

为新中国高校财务事业添砖加瓦的人们

习近平论历史

历史是前人的实践和智慧之书。……你要增加智慧吗？史书是不可不读的。……回顾党的历史可以清楚地看到，重视对历史的学习和对历史经验的总结与运用，善于从不断认识和把握历史规律中找到前进的正确方向和正确道路，这是我们党九十年来之所以能够领导中国革命、建设、改革不断取得胜利的一个重要原因。……历史是一个民族、一个国家形成、发展及其盛衰兴亡的真实记录，是前人的"百科全书"，即前人各种知识、经验和智慧的总汇。

——2011 年 9 月 1 日，习近平在中央党校 2011 年秋季学期开学典礼上的讲话

中国革命历史是最好的营养剂。多学习多重温，心中会增添许多正能量。

——2013 年 7 月 11 日下午，习近平到平山县西柏坡参观时讲话

历史就是历史，历史不能任意选择，一个民族的历史是一个民族安身立命的基础。……历史总是向前发展的，我们总结和吸取历史教训，目的是以史为鉴、更好前进。

——2013 年 12 月 26 日，习近平在纪念毛泽东同志诞辰 120 周年座谈会上的讲话

历史是最好的老师，它忠实记录下每一个国家走过的足迹，也给每一个国家未来的发展提供启示。

——2014 年 3 月 28 日，习近平在德国科尔伯基金会的演讲

历史是最好的教科书，也是最好的清醒剂。

——2014 年 7 月 7 日，习近平在纪念全民族抗战爆发七十七周年仪式上的讲话

世界的今天是从世界的昨天发展而来的。今天世界遇到的很多事

情可以在历史上找到影子，历史上发生的很多事情也可以作为今天的镜鉴。重视历史、研究历史、借鉴历史，可以给人类带来很多了解昨天、把握今天、开创明天的智慧。所以说，历史是人类最好的老师。

——2015 年 8 月 23 日，习近平致第二十二届国际历史科学大会的贺信

重视历史、研究历史、借鉴历史，可以给人类带来很多了解昨天、把握今天、开创明天的智慧。……中国人民正在为实现中华民族伟大复兴的中国梦而奋斗，需要从历史中汲取智慧，需要博采各国文明之长。

——2015 年 8 月 23 日，习近平在致第二十二届国际历史科学大会的贺信

历史是一面镜子，鉴古知今，学史明智。重视历史、研究历史、借鉴历史是中华民族 5000 多年文明史的一个优良传统。……历史研究是一切社会科学的基础。……希望我国广大历史研究工作者继承优良传统，……推动相关历史学科融合发展，总结历史经验，揭示历史规律，把握历史趋势，加快构建中国特色历史学学科体系、学术体系、话语体系。

——2019 年 1 月 2 日，习近平致中国社会科学院中国历史研究院成立的贺信

前言

“物有本末，事有终始，知所先后，则近道矣。”(《礼记·大学》)

2016年7月1日，习近平在庆祝中国共产党成立95周年大会上讲话强调指出：“一切向前走，都不能忘记走过的路；走得再远、走到再光辉的未来，也不能忘记走过的过去，不能忘记为什么出发。”2018年11月26日，习近平在中共中央政治局第十次集体学习时强调指出：“重视吸取历史经验是我们党的一个好传统。历史记述了前人的成功和失败，重视、研究、借鉴历史，了解历史上治乱兴衰规律，可以给我们带来很多了解昨天、把握今天、开创明天的启示。我们进行伟大斗争、建设伟大工程、推进伟大事业、实现伟大梦想，更需要重视、研究、借鉴历史。这对我们丰富头脑、开阔眼界、提高修养、增强本领具有重要意义。”

2009年，我曾有写一部《新中国高校财务60年》的设想，但因准备不足，只写了三篇文章。①

本书书名《新中国高校财务70年》的两点说明：一是“新中国”，笔者曾在“新中国”和“建国”之间选择，“建国”有根据，如1981年6月中共十一届六中全会通过的《关于建国以来党的若干历史问题的决议》以及影视作品《建国大业》等；“新中国”也有根据，如2018年10月10日，习近平主持中央财经委员会第三次会议新闻稿中有“新中国成立以来”，《2018中央经济工作会议公报》指出“明年是新中国成立70周年”，以及李克强在《政府工作报告(2019)》中指出“今年是新中国成立70周年”等。比较起来，中国建国有几千年历史，上述“建国”自然指的“建新中国”，因此“新中国”更一目了然。二是“财务”与“会计”虽是两个学科，前者不能包括后者，前者也不能替代后者。但是习惯上用“高校财务”或“高校财务领域”来囊括高校财务处的一切工作，因此，原来书名《新中国高校会计与财务70年》简化为《新中国高校财务70年》。若严谨地表达，应将“会计”与“财务”分开，因此在第四章阐述了“会计”与“财务”的区别。

我国的史书主要分编年体、纪传体、纪事本末体等六种体裁。编年体是一个以时间为经、以事件为纬来记载历史事件的体裁，代表作有《资治通鉴》；纪传体是以人物为纲、时间为纬以反映人物传记为中心的一种史书编纂体例，代表作有《史

---

① 乔春华.中国高等教育财务会计30年回顾与展望[J].教育财会研究，2009，20(1)：5-9；乔春华.教育财务会计30年十大创新[J].教育财会研究，2009，20(2)：57-63；乔春华.新中国60年事业单位会计发展轨迹和经验教训[J].教育财会研究，2010，21(2)：3-10.

记》;纪事本末体是以历史事件为纲的中国史书体裁,每一历史事件独立成篇,各篇按时间顺序编写,能够完整地反映历史事件的全过程,可补编年体与纪传体之不足,始创于南宋袁枢的《通鉴纪事本末》。在这三种体裁中,以编年体为主。

在关于会计史的著作中,如郭道扬的《中国会计史稿》和普雷维茨、莫里诺的《美国会计史:会计的文化意义》是以时间发展为主线,也涉及以人物会计思想评述的编纂体例(如对谢霖、雍家源、潘序伦、徐永祚等的会计思想评述);王建忠、柳士明的《会计发展史(第四版)》是以国别为线(中国会计历史为第 2、4、6、8、10 章,外国会计历史为第 3、5、7、9、11 章),然后按时间发展顺序的编纂体例;陈信元、金楠的《新中国会计思想史》和迈克尔·查特菲尔德的《会计思想史》是以时间发展为主线,兼顾以人物会计思想评述的编纂体例;而文硕的《西方会计史——会计发展的五次浪潮》是以国别为主,兼顾时间发展和人物会计思想评述(如卢卡·帕乔利)相结合的编纂体例。

笔者原以时间发展为主线的编纂体例,如(1)新中国高校财务的建立(1949.10—1978.12);(2)改革开放时期高校财务的探索(1979.1—1992.10);(3)社会主义市场经济体制下高校财务的发展(1992.10—2012.10);(4)十八大以来高校财务的辉煌成就(2012.10 至今)。但在撰写过程中发现,这种写法不易看出某一专题(如预算拨款、财务管理体制等)的发展轨迹,为了集中阐述某一事件的来龙去脉,采用了纪事本末体的编纂体例(见目录)。

高校财务史,又是一部高校财务制度史。李才栋等曾编写过《中国教育管理制度史》(江西教育出版社,1996),本书以高校财务方面的法规、制度为主要依据,增强了史实的法规依据。因为财务工作是按制度办事,新中国财政部先设会计制度处,后升为会计制度司,直到"文革"后改为会计司。但高校财务史中有些法规虽规定过,但在实践中并未实行,如 1994 年 7 月 3 日,国务院发布的《关于〈中国教育改革和发展纲要〉的实施意见》(国发〔1994〕39 号)第 24 条提到的"建立教育银行"以及《教育经费保障法》或《教育投入法》都未行之于实践。[①] 写史也可以写历史事件,如现代史中的"九一八事变""七七事变""西安事变"等,高校财务史也有一些事件,如 21 世纪以来高校财务发生过的三大事件:巨额举债风险、乱收费、科研经费漏洞。但由于本书不是以时间发展为主线进行编纂,因此,未纳入。

高校财务史,又是一部高校财务思想史。如美国迈克尔·查特菲尔德曾撰写

① 2001 年 7 月,教育部印发的《全国教育事业第十个五年计划》(教发〔2001〕33 号)第四条第一款指出:"建议研究制定《教育经费保障法》,依法做到教育经费的'三个增长',到 2005 年国家财政性教育经费支出占国内生产总值(GDP)的比例达到 4%,到 2010 年应进一步提高。"2004 年 3 月,国务院批转的教育部《2003—2007 年教育振兴行动计划》(国发〔2004〕5 号)第 30 条规定:"加强和改善教育立法工作,完善中国特色教育法律法规体系。适时起草《教育投入法》……力争用五至十年的时间形成较为完善的中国特色教育法律法规体系。"

过《会计思想史》(中国商业出版社,1989)和陈信元的《新中国会计思想史》(上海财经大学出版社,1999)。本书不是"以论带史",也不是"重史轻论",而主要是依据史实阐述某一专题的发展轨迹,特别是对现在论文中的一些错误表述明确其历史事实。如从1997年6月9日起,财政部就不再将事业单位划分为全额、差额、自收自支三种预算管理形式;又如财政部决定从2011年1月1日起,将按预算外资金管理的收入全部纳入预算管理,2012年6月27日起,全面取消预算外资金,等等。新中国高校财务70年既是高校财务领域制度变迁的历史,又是高校财务领域实践发展的历史,更是高校财务领域理论不断丰富的历史。对新中国高校财务领域中的理论研究,是在总结新中国高校财务70年经验与教训的基础上得出的高校财务发展规律,该部分内容作为本书的姐妹篇拟在明年出版的《高校财务理论研究》(暂定名)中阐述。

在撰写本书的过程中,也搜集到新中国成立前高校财务领域的一些史料,为了系统地反映新中国高校财务的历史发展脉络,将其作为一部分也列入其中。因为不仅包括1928—1948年的国民政府阶段,也包括1911—1928年的北洋政府阶段,还包括清末大学的财务史料,特别是包括"革命根据地和解放区高校财务领域的概况",统称为"新中国成立前高校财务领域的发展概况";又因为不属于"新中国"的范畴,因此放在最后,作为第七章。本书未撰写"新中国高校审计70年"和"新中国高校内部控制70年"的内容①,如有机会再补上。

对历史最庄重的纪念,就是让历史的光辉照亮未来,然而研究历史是艰辛的。我向往明天,期盼明天更美好,但工作中我没有明天,今天的事务必在今天、昨天或前天去完成,每天争取不虚度,珍惜今天是为了明天。娄尔行指出:"搞会计学的人经常提到会计,总是把眼睛看着企业会计,而对事业单位会计、大学会计,是很少研究的,所以这方面的文章和专著也很少,国外也是这种情况,都重视研究企业会计。"②笔者从1985年起开始研究高校财务,出版过专著、教材25部,其中涉及高校会计与财务的16部;发表过论文100余篇,其中涉及高校的70余篇。但学海无边,书囊无底。南京有一个甘家大院,称为"九十九间半",明明是300多间房为什么称为"九十九间半"而不满一百呢?"月满亏,水满溢";"满招损,谦受益"。晓庄师范学院创始人陶行知诫子"宁为真白丁,不做假秀才"。《论语·泰伯》曰:"士不可以不弘毅,任重而道远。"做人要名副其实,知识分子就要以探究、传播知识为己任。高校财务是一个深邃且复杂的领域,我志毕生为其努力。"老当益壮,宁移白首之心?穷且益坚,不坠青云之志。"《国际歌》中"从来就没有什么救世主,也不靠神仙皇帝!要创造人类的幸福,全靠我们自己!……让思想冲破牢笼!要为真理

① 从教育部财务司的工作范围讲,应包括高校审计和高校内部控制.

② 高等学校经济效益问题研究会(筹备组),高等学校经济效益问题文集,1983年,第8页.

而斗争！……”的歌词将激励我前进！香花无色，悃愊无华。

本书可作为高校财务理论工作者和实务工作者的参考书，也可供研究高校财务的研究生参考。

这部《新中国高校财务 70 年》是“安徽省高校管理大数据研究中心智库研究项目”的成果之一。

在成书过程中，笔者从南京师范大学、南京医科大学等的档案馆，特别是扬州大学财务处珍藏的 20 世纪 50 年代的会计制度汇编中搜集到很多宝贵史料；同时还参阅了大量同行们的研究成果，借鉴了宝贵的经验，引用了可靠的资料，在此一并表示衷心感谢。

在成书过程中，苏州旅游与财经高等职业技术学校财务处处长赵建新、江苏旅游职业学院财务处副处长葛涛搜集了不少资料，在此表示衷心感谢。

作为国内第一部系统论述新中国高校财务 70 年的专著，肯定有众多不成熟或存在谬误之处，敬请各位读者批评指正。

乔春华

2019 年 3 月

目录

第一章　新中国高等教育体制、办学体制和投资体制70年

第一节　高等教育体制和办学体制的发展轨迹

1986年10月15日，国家教委、财政部发布的《高等学校财务管理改革实施办法》(教计字〔1986〕162号)第二条指出：“高等学校财务管理改革是高等教育管理体制改革的重要组成部分，应按照教育规律和经济规律办事，讲求社会效益和经济效益。”因此，研究高等学校财务管理必定涉及高等教育管理体制。

我国公办高校的高等教育预算拨款体制取决于高等教育体制和办学体制，即“谁举办，谁拨款”，公办高校的预算拨款隶制度取决于其行政领导体制。1995年7月19日，国务院办公厅转发了国家教委1995年5月29日的《关于深化高等教育体制改革的若干意见》(国办发〔1995〕43号)，其中指出：“特别是高等教育体制改革的各项工作都有赖于投资和财务管理体制改革的深化，有关方面应加强调查研究，积极进行试点，加强投资和财务管理体制改革的力度，促进高等教育管理体制的改革。在体制改革和转轨过程中，原主管部门不能削弱对学校的领导或减少对学校的投资，而应加强领导和增加投入，大力支持地方政府把学校办得更好。”

2016年8月16日，《国务院关于推进中央与地方财政事权和支出责任划分改革的指导意见》(国发〔2016〕49号)中指出划分原则：“体现基本公共服务受益范围。体现国家主权、维护统一市场以及受益范围覆盖全国的基本公共服务由中央负责，地区性基本公共服务由地方负责，跨省(区、市)的基本公共服务由中央与地方共同负责。……做到支出责任与财政事权相适应。按照‘谁的财政事权谁承担支出责任’的原则，确定各级政府支出责任。对属于中央并由中央组织实施的财政事权，原则上由中央承担支出责任；对属于地方并由地方组织实施的财政事权，原则上由地方承担支出责任；对属于中央与地方共同财政事权，根据基本公共服务的受益范围、影响程度，区分情况确定中央和地方的支出责任以及承担方式。对中央和地方有各自机构承担相应职责的财政事权，如科技研发、高等教育等，中央和地方各自承担相应支出责任。”

一、高等教育体制的发展沿革

《教育大辞典》解释：“教育体制指教育事业的机构设置和管理权限划分的制

度。主要是教育内部的领导制度、组织机构、职责范围及其相互关系，涉及教育事业管理权限的划分、人员的任用和对教育事业发展的规划与实施，也涉及教育结构各个部分的比例关系及组合方式。教育体制大体分为两种类型：一为集权制类型，如苏联、法国；二为分权制类型，如美国、加拿大。中国随着社会主义建设的发展需要，正在进行教育体制改革。如把基础教育权力下放给地方，农村教育实行分级办学、分级管理；中等教育结构改革；高等学校扩大办学自主权和改革招生及毕业生分配制度等。”①

(一) 1949—1953 年实行集中统一的高等教育体制

1949 年 10 月至 1956 年 9 月是新民主主义社会向社会主义过渡时期，也是社会主义制度的全面确立时期。这个时期逐步建立了生产资料公有制和计划经济体制。在教育部的 1952 年工作要点中提出了准备拟定全国教育建设计划。

1950 年 7 月 28 日，中央人民政府政务院发布《关于高等学校领导关系的决定》中强调指出：“凡中央教育部所颁布的关于全国高等教育方针、政策与制度……以及对于高等学校的设置、变更或停办，大学校长的任免，教师学生的待遇，经费开支的标准等决定，全国高等学校均应执行。……中央和各大行政区人民政府或军政委员会有关部门直接领导有关高等学校的日常行政、教师调整配备、经费管理、设备及参观实习等事宜。”

1953 年 10 月 11 日，政务院发布的《关于修订高等学校领导关系的决定》规定：“中央人民政府高等教育部必须与中央人民政府各有关业务部门密切配合，有步骤地对全国高等学校实行统一与集中的领导。”以上两个法规明确了新中国高等教育管理体制的中央集权。这个统一与集中领导的体制一直延续到改革开放。在高等学校大规模的院系调整中，私立高校或并入他校，或改变校名由国家接办，从而使在我国历史上存在了半个世纪之久的私立高等学校消亡了，形成了以单科性专门院校为主的、单一的公有制社会主义高等教育体制。新中国教育制度的建立体现了国家对教育的直接管理和干预，高等教育成为国家的公共事务，从制度上保证了高等教育为政治、经济建设所服务。

1953 年，在全国高等学校院系调整后，在原有政府直接领导之下，又衍生出一个由业务主管单位直属领导的高等教育体制。

从 1952 年起，全国高等学校按照国家经济建设的需要统一招生，毕业生统一分配。1953 年起，开始实行国民经济的第一个五年计划。在第一个五年计划中，将教育事业的发展纳入了其中，招生数作为国民经济计划的主要指标之一，明确提出了要从无计划到有计划，从盲目发展到计划发展转变，私立学校执行指导性计划。到 1956 年社会主义改造完成后，教育发展计划成为计划体制的组成部分。

---

① 顾明远. 教育大辞典(1) [M]. 上海：上海教育出版社，1992.

1949年10月，全国（除港、澳、台外）共有高校227所，其中大学65所，约占29%；学院92所，约占40%；专科学校70所，约占31%。

1951年11月至1953年底，教育部对高等学校院系进行了调整，调整后高校数为181所，其中综合大学14所，工科院校38所，师范院校31所，农业院校29所，医药院校29所，财经院校6所，政法院校4所，其他院校30所。

据1957年统计数据，全国高校229所，在校生人数约为41.1万人。

（二）1958年至1966年5月实行集中统一的领导、分级管理的高等教育体制改革探索

1. 1958年至1960年11月，教育事业管理权力下放的高等教育体制

新中国成立初期，我国建立了高度集中统一的教育管理体制。在教育管理上，实行中央集中统一领导；地方也管理教育，主要是执行中央的指令，管理的职责相当有限。中央教育行政部门对学校，尤其是对高等学校，都实行直接指挥和管理。这种高度集中统一管理的弊病在20世纪50年代中期已经开始显露，主要是地方的办学积极性不高，限制了教育事业的发展，不能满足人民群众日益增长的对教育的需求。

1956年4月25日，毛泽东在《论十大关系》中指出："中央和地方的关系也是一个矛盾。解决这个矛盾，当前要注意的是，应当在巩固中央统一领导的前提下，扩大一点地方的权力，给地方更多的独立性，让地方办更多的事情。这对我们建设强大的社会主义国家比较有利。我们的国家这样大，人口这样多，情况这样复杂，有中央和地方两个积极性，比只有一个积极性好得多。我们不能像苏联那样，把什么都集中到中央，把地方卡得死死的，一点机动权也没有。……处理好中央和地方的关系，这对于我们这样的大国大党是一个十分重要的问题。……为了建设一个强大的社会主义国家，必须有中央的强有力的统一领导，必须有全国的统一计划和统一纪律，破坏这种必要的统一，是不允许的。同时，又必须充分发挥地方的积极性，各地都要有适合当地情况的特殊。"

如何在教育方面解决中央向地方放权的问题？1958年4月5日，中共中央发出的《关于召开教育工作会议的通知》中指出，定于当月15日在北京召开教育工作会议，讨论中央最近关于高等学校和中等技术学校下放问题的意见，并具体解决下述问题：第一，是关于高等学校和中等专业学校的问题。内容包括高等学校和中等专业学校下放名单；高等学校招生办法；高等学校毕业生分配办法；各省市办高等学校的大致计划……1958年4月，中共中央颁发的《关于高等学校和中等技术学校下放问题的意见》指出："为了切实加强党对高等学校和中等技术学校的领导，为了使这些学校培养出来的人才更加适合各地社会主义建设发展的需要，除少数综合大学、某些专业学院和某些中等技术学校仍由中央教育部或中央有关部门直接领导以外，其他高等学校和中等技术学校都可以下放，归各省、市、自治区领导；改

变统一招生的制度，一般的高等学校和中等技术学校可以就地招生，各个学校招考的时间不必划一，并且允许学生投考两个以上的学校；改变毕业生分配办法，地方管理的院校，由地方分配。根据中央规定，教育部门会同有关部门将原由中央领导的 229 所高等学校中的 187 所和部分中等技术学校先后下放归地方领导。”

1958 年 8 月 3 日，中共中央、国务院发布的《关于教育事业管理权力下放问题的规定》指出：“今后对教育事业的领导，必须改变过去条条为主的管理体制，根据中央集权和地方分权相结合的原则，加强地方对教育事业的领导管理。……今后教育部和中央各主管部门，应该集中主要精力研究和贯彻执行中央的教育方针和政策；综合平衡全国的教育事业发展规划；在中央领导下协助地方党委进行政治思想工作；指导教学和科学研究工作；组织编写通用的基本教材、教科书；拟定必要的全国通用的教育规章、制度；对高等学校教师进行必要的调配；及时总结交流经验。并且应该办好直接管理的学校。小学、普通中学、职业中学、一般的中等专业学校和各级业余学校的设置和发展，无论公办或民办，由地方自行决定。新建高等学校和中等工科技术学校，凡能自力更生解决问题的，地方可自行决定；需要协作区内各省、市、自治区合作筹建的，由协作区协商决定。以上新建的高等学校无论公办或民办，由省、市、自治区政府报中央教育部备案即可。需要中央教育部或其他部门支援的新建高等学校，须事先报中央教育部和主管业务部门批准。……各大协作区应根据自己的实际情况和需要，建立起一个完整的教育体系。然后每个专区、每个县也应该这样做。”

这是高等教育管理体制的第一次改革的探索，即开始下放管理权限，建立中央和地方两级管理的制度，这是第一次从集权到放权的转变的试点。

1958 年 9 月，中共中央、国务院发布的《关于教育工作的指示》认为：“随着工农业生产的‘大跃进’，‘文化革命’已经开始进入高潮……争取在 15 年左右的时间内，基本上做到使全国青年和成年，凡是有条件和自愿的，都可以接受高等教育。……培养出一支数以千万计的又红又专的工人阶级知识分子的队伍，是全党和全国人民的巨大的历史任务之一。”由于急于求成地要求“各大协作区应根据自己的实际情况和需要建立起一个完整的教育体系”，“培养出一支数以千万计的又红又专的工人阶级知识分子的队伍”，1957 年全国高等学校 229 所，1958 年新办院校 800 多所，在校生由 1957 年的 441 181 人，增至 1958 年的 659 627 人；1960 年猛增到 1 289 所，在校生由 44.1 万人发展到 1959 年的 81 万人。这种脱离了我国社会主义发展的实际，在 1958 年的教育“大跃进”中，盲目追求高速度、高指标的做法，带来了与国民经济力量不相适应、教育质量严重下降的不良后果。

2. 1960 年 11 月至 1966 年 5 月，高等教育事业的统一领导、分级管理的体制

为了纠正“大跃进”带来的问题，1960 年 11 月 24 日至 12 月 12 日，中央文教小组召开全国文教工作会议，集中研究在教育工作中贯彻执行“调整、巩固、充实、提

高”八字方针的问题，检查和批评文教战线的“共产风、浮夸风、强迫命令风、干部特殊风和瞎指挥风”，强调要解决好教育事业发展过快、战线过长、占用劳动力过多的问题。会后，中央文教小组向中共中央提出了《关于 1961 年和今后一个时期文化教育工作安排的报告》，正式拉开了教育大调整的序幕。

1961 年 7 月，教育部在北京召开全国高等学校及中等学校调整工作会议，讨论高等学校及中等专业学校缩短战线、压缩规模、合理布局和通过调整工作集中力量提高教学质量等问题。

1962 年 4 月下旬至 5 月中旬，教育部在北京召开全国教育会议，研究在 1961 年教育事业初步调整的基础上，进一步调整教育事业和精简学校教职工的问题。会后，中共中央批发了教育部党组提出的《关于进一步调整教育事业和精简学校教职工的报告》。中央批示指出：“1958 年以来，我国教育事业有了很大的发展，成绩是显著的。但是，由于发展过快，规模过大，超过了国民经济的负担能力，特别是超过了农业生产水平，也超过了教育事业本身的发展条件，影响了教育质量的提高。必须要下最大决心，对教育事业，特别是对高等学校和中等专业学校进行进一步的调整。”1962 年 5 月 29 日，教育部成立精简调整办公室，负责各级学校调整和教职工的精简工作。1963 年 11 月，调整工作基本完成，精简调整办公室撤销。

经过 1961 年至 1963 年的调整、精简，对各级各类学校的规模、布局、专业、科类的比例等，做了统一的调整和安排，使之更加合理。由此，随着国民经济的全面好转，教育事业重新走上有计划的稳定发展的轨道。

1961 年 9 月，中共中央批准试行《教育部直属高等学校暂行工作条例(草案)》，共分 10 章 60 条，简称“高校六十条”。它比较全面地总结了新中国成立以后高等教育建设的经验，纠正了 1958 年教育革命中“左”的错误，为我国高等学校工作建立了一套适合国情的基本原则和具体实施条款。“高校六十条”主要解决五个主要问题：(1) 高等学校必须以教学为主，努力提高教学质量，生产劳动、科学研究、社会活动的时间，应安排得当，以利教学；(2) 正确执行党的知识分子的政策，正确执行百花齐放、百家争鸣的方针；(3) 实行党委领导下的以校长为首的校务委员会负责制；(4) 贯彻执行勤俭办学的方针，做好总务工作保证学校教学和生活的物质条件；(5) 改进党的领导方法和领导作风，加强思想政治工作。

1962 年 3 月，国务院总理周恩来在二届人大三次会议上的报告中提出：“高校六十条”可以在全国高等学校中试行。1963 年，全国试行这个条例的高等学校共 222 所，其中教育部直属的有 24 所，中央各部委领导的有 71 所，省、市、自治区领导的有 127 所。其余高等学校也大都参照这个条例的精神改进工作。“高校六十条”的颁发实施，对建设有中国特色的社会主义高等教育体系具有重要作用和深远意义。

1963 年 5 月 21 日，中共中央、国务院颁发的《关于加强高等学校统一领导、分级管理的决定（试行草案）》指出："为了加强对高等学校的领导和管理，中共中央和国务院决定，对高等学校实行中央统一领导，中央和省、市、自治区两级管理的制度。在高等教育工作中，各地区、各部门、各学校都要贯彻执行中央统一的方针政策；都要遵守中央统一规定的教学制度和其他重要的规章制度；都要按照全国统一的高等教育事业规划和计划办事。在中共中央和国务院的统一领导下，中华人民共和国教育部（简称中央教育部），国务院其他各部、委（简称中央各业务部门）和省、市、自治区人民委员会，对高等学校的管理工作进行适当的分工合作，共同办好高等学校。各中央局代表中央对大区内的高等教育工作，进行经常的督促和检查。各省、市、自治区党委应该加强对本地区高等学校的领导，并协同中央教育部和中央各业务部门，把办好全国重点高等学校，作为当前高等教育中的首要任务。"这是高等教育实行集中统一的领导、分级管理的教育管理体制改革的第二次探索。

（三）1966年6月至1976年9月，"文革"对高等教育体制破坏的时期

1981年6月27日，中共十一届六中全会通过的《关于建国以来党的若干历史问题的决议》指出："1966年5月至1976年10月的'文化大革命'，使党、国家和人民遭到建国以来最严重的挫折和损失。历史已经判明，'文化大革命'是一场由领导者错误发动，被反革命集团利用，给党、国家和各族人民带来严重灾难的内乱。"

在"文化大革命"中教育是重灾区。1978年2月17日，《国务院转发〈教育部关于恢复和办好全国重点高等学校的报告〉的通知》指出："王、张、江、姚'四人帮'反革命集团对教育战线的干扰破坏十分严重，表现在高等教育方面尤为突出，致使高等学校的培养能力和教育质量大幅度下降，造成教育事业与社会主义革命和建设严重不相适应的状况。"

1969年10月26日，中共中央发布的《关于高等院校下放问题的通知》指出："为了认真搞好斗、批、改，加强对中央各部门所属高等院校的无产阶级'文化大革命'和教育革命的领导，决定国务院各部门所属的高等院校，凡设在外地或迁往外地的，交由当地省、市、自治区领导；与厂矿结合办校的，交由厂矿领导。教育部所属的高等院校全部交由所在省、市、自治区革命委员会领导。"《关于高等院校下放问题的通知》实施后到1971年止，中央所属的高等院校，包括北京大学、清华大学在内，全部下放地方管理，部分高等院校被撤销或合并。到1971年，全国原有的434所高等院校，保留继续办的还剩328所。其中原中央部属高等院校176所，经调整后，保留下来31所。第二、三、四、五、六机械工业部所属军事工业院校实行部门与地方双重领导，以地方领导为主的管理体制，仍由中央有关部门领导的还剩下6所。

1971年1月31日，国务院科教组、国家计委向国务院提出《关于高等院校调整问题的报告》。8月13日，中共中央同意《关于高等院校调整问题的报告》提出的调整方案，根据此方案，规定高等院校的管理体制是：在中央统一计划下，实行以

“块块为主”(多数院校由地方领导)的管理体制;部分院校由地方和中央部门双重领导,以地方为主;少数院校由中央部门直接领导。并确定,将全国 417 所高校,保留 309 所,合并 43 所,撤销 45 所,17 所改为中专,3 所改为工厂,增设 7 所。

(四) 1976 年 10 月至 1992 年 9 月,统一领导、相对集中和分级管理的高等教育体制

1978 年 12 月 22 日,中共十一届三中全会提出“对内改革、对外开放”的政策,从此,中国开始全面实行改革开放的政策。

1978 年 2 月 17 日,《国务院转发〈教育部关于恢复和办好全国重点高等学校的报告〉的通知》指出:“为了加强各部委对面向全国和面向地区的全国重点高等学校和非重点高等学校的领导,需要对这些院校的领导体制进行必要的调整。少数院校由有关部委直接领导,多数院校由有关部委和省、市、自治区双重领导,以部委为主。调整领导体制的交接工作,分别由各部委与有关省、自治区、直辖市商办,争取早日完成。”《教育部关于恢复和办好全国重点高等学校的报告》指出:“各省、自治区、直辖市和有关部委普遍要求对面向全国和面向地区的非重点高等学校加强部委的领导。对于这些院校,拟参照全国重点高等学校的领导体制,也实行少数院校由有关部委直接领导;多数院校由部委和省、自治区、直辖市双重领导,以部委为主(领导分工,除院校一级副职领导干部的任免、调动,经部委和省、自治区、直辖市商得一致后,由部委负责审批外,其余可与全国重点高等学校相同)。这样,有利于各有关部委对本行业的高等学校统筹规划,充分发挥有关部委办学的积极性。根据各方面的意见,这部分院校共有 80 所。”

1979 年 9 月 18 日,中共中央批转教育部党组《关于建议重新颁发〈关于加强高等学校统一领导、分级管理的决定〉的报告》,同意对高等院校实行统一领导、归口管理,恢复了“中央统一领导,中央和省、市、自治区两级管理”的教育管理体制。

1982 年 9 月 1 日,党的十二大报告指出:“正确贯彻计划经济为主、市场调节为辅的原则,是经济体制改革中的一个根本性问题。”

1984 年 10 月 20 日,中共十二届三中全会通过的《中共中央关于经济体制改革的决定》指出:“社会主义经济是公有制基础上的有计划的商品经济。”

1985 年 5 月 27 日,《中共中央关于教育体制改革的决定》指出:“为了调动各级政府办学的积极性,实行中央、省(自治区、直辖市)、中心城市三级办学的体制。中央部门和地方办的高等学校,要优先满足主办部门和地方培养人才的需要,同时要发挥潜力,接受委托,为其他部门和单位培养学生,积极倡导部门、地方之间的联合办学。”

1986 年 3 月 12 日,国务院颁发的《高等教育管理职责暂行规定》(国发〔1986〕32 号)第一条第四款指出:“国家教育委员会在国务院的领导下,主管全国高等教育工作,其主要职责之一是会同国务院有关部门制定高等教育的基建投资、事业经费、人员编制、劳动和统配物资设备的管理制度和定额标准的原则。”其第二条第四款指出：“国务院有关部门在国家教育委员会的指导下，管理其直属高等学校，其主要职责之一是负责直接管理的高等学校的基建投资、统配物资设备、事业经费预算的分配和决算的审核。”其第三条第三款指出：“省、自治区、直辖市人民政府管理本地区内的高等学校，其主要职责之一是负责直接管理的高等学校的基建投资、统配物资设备、事业经费预算的分配和决算的审核。”

这个时期是传统计划经济的改革时期，或称为有计划的商品经济时期。这个时期表现为“对内改革、对外开放”，其理论是中国特色的社会主义。这在党的十二大与十三大报告中都已提到，因此，该时期不是对“文革”时期“统一领导、分级管理”的高等教育体制的简单恢复，而是“统一领导、相对集中和分级管理”的高等教育体制。教育部和中央业务部门集中办好所属高校，各省、直辖市、自治区办好地方所属高校，这是高等教育实行集中统一的领导、分级管理的教育管理体制改革的第三次改革。

(五) 1992年10月至今，统一领导、重点集中和大幅度分级管理的高等教育体制

1992年春，邓小平南方谈话中提出市场经济。1992年10月，党的十四大明确宣布：我国经济体制改革的目标是建立社会主义市场经济体制。这是一个带有全局性和根本性的重大突破，这标志着党对社会主义经济体制改革进入了一个新的阶段，势必会引起教育体制全局性和根本性的重大转变。

1993年2月13日，中共中央、国务院印发的《中国教育改革和发展纲要》(中发〔1993〕3号)指出：“建立适应社会主义市场经济体制和政治、科技体制改革需要的教育体制。……初步建立起与社会主义市场经济体制和政治体制、科技体制改革相适应的教育新体制。”2010年6月21日，中共中央政治局审议并通过的《国家中长期教育改革和发展规划纲要(2010—2020年)》第三条指出：“健全充满活力的教育体制。进一步解放思想，更新观念，深化改革，提高教育开放水平，全面形成与社会主义市场经济体制和全面建设小康社会目标相适应的充满活力、富有效率、更加开放、有利于科学发展的教育体制机制，办出具有中国特色、世界水平的现代教育。”

1993年1月12日，国务院批转的《国家教委关于加快改革和积极发展普通高等教育的意见》第四条指出：“发展高等教育必须把提高教育质量放在突出的地位。有条件的省、自治区、直辖市和国务院有关部门着重办好一二所代表本地区、本行业先进水平的高等学校和一批重点学科、专业。在此基础上，国家教委会同国务院有关综合部门有计划地选择其中一批代表国家水平的高等学校和学科、专业，列入国务院已原则批准的‘211工程’计划(面向21世纪，在全国重点办好一百所大学)，分期滚动实施。对于列入‘211工程’计划的高等学校和学科、专业，中央(包括各有关部门)和地方两级教育部门,要采取适当的特殊政策,进一步扩大这些学校的办学自主权。力争到 21 世纪初,我国有一批高等学校和学科、专业进入世界先进行列,在教育质量、科研水平和学校管理等方面能与国际著名大学相比拟。”其第六条指出:“高等教育管理体制的改革方向是,逐步实行中央与省(自治区、直辖市)两级管理、两级负责为主的管理体制。国务院各部门重点管理好直接关系国家经济、社会发展全局并在高等教育中起示范作用的骨干学校和行业性强、地方不便管理的学校。在中央与地方的关系上,中央管理部门要简政放权,加强地方政府的管理职能,中央主要负责大政方针、宏观规划和监督检查,对地方所属高等学校的具体政策、制度、计划的制定和实施以及对学校的领导和管理,责任和权力均交给地方,进一步加强省、自治区、直辖市对设在本地区的国务院各部门所属高等学校的协调作用。在国家教委和国务院各主管部门的关系上,国家教委负责统筹规划、政策指导、组织协调、信息服务、监督检查,各部门所属学校的专业设置、招生计划、经费筹措、学生就业等管理的责任和权限逐步归国务院各主管部门。国务院有关部门要加强对本行业专门人才的需求预测,协助国家教委指导本行业培养全国专门人才的规划工作。随着国务院各部门职能的转变和直属企业的下放,对部门所属高等学校的办学体制和管理体制,要区别不同情况,采取继续由中央部门办、中央部门与地方政府联合办、下放给地方办、企业集团参与管理等办法,进行改革试点。下放给地方办的,要将学校的事业费和基建投资基数划拨给地方政府。这项改革涉及面广、难度大,要采取积极稳妥的步骤,先在若干部门试点,成熟一个改革一个。这是今后一段时间内的一项重要改革,要认真做好。”

1993 年 2 月 13 日,中共中央、国务院印发的《中国教育改革和发展纲要》(中发〔1993〕3 号)第 18 条指出:“在中央与地方的关系上,进一步确立中央与省(自治区、直辖市)分级管理、分级负责的教育管理体制。中央直接管理一部分关系国家经济、社会发展全局并在高等教育中起示范作用的骨干学校和少数行业性强、地方不便管理的学校。在中央大政方针和宏观规划指导下,对地方举办的高等教育的领导和管理,责任和权力都交给省(自治区、直辖市)。按照这个精神中央要进一步简政放权,扩大省(自治区、直辖市)的教育决策权和包括对中央部门所属学校的统筹权。省(自治区、直辖市)在充分论证、严格审议程序,自选解决办学经费,以及统筹中央和地方所属高校毕业生就业去向的条件下,有权决定地方高等学校招生规模和专业设置。”

1993 年 2 月 8 日,国家教委、国务院学位委员会联合发出的《关于中央部门所属普通高等学校深化领导管理体制改革的若干意见》指出:“从长远的改革目标看,中央部门(包括国家教育委员会和中央业务部门)应管理好少数直接关系国家经济、社会发展全局和长远需要并在高等教育中起示范作用的骨干学校和行业性强、地方不便管理的学校。……在有条件的地区,要下决心把一部分适宜由地方管理的部属高等学校交给地方。学校的大部分专业首先满足本地区需要，少部分行业特点强或者地方需求较少的专业，继续面向全国。”

1998 年 7 月 1 日，国务院发布的《关于调整撤并部门所属学校管理体制的决定》(国发〔1998〕21 号)指出：“几年来高等教育管理体制改革试点的实践证明，通过共建、合并、合作、调整等方式，不仅有利于打破条块分割、重复办学的局面，较好地实现优势互补、资源合理配置，而且有利于调动各方面的积极性，提高教育质量和办学规模效益。原机械工业部等九部门所属学校也要通过共建、合并、合作、调整等方式，进行管理体制的调整。93 所普通高校原则上都实行中央与地方共建，以地方管理为主。”

1998 年 7 月 3 日，国务院办公厅转发教育部、国家经济贸易委员会、国家发展计划委员会、财政部《关于调整撤并部门所属学校管理体制实施意见》(国办发〔1998〕103 号)指出：“由教育部协商组织财政部、国家计委、国家经贸委及其有关国家局共同完成学校事业费、基建费划转或核拨地方的工作。由教育部牵头，国家经贸委及有关国家局负责学校包括人事、档案、资产转由地方为主管理的交接工作。”

1999 年 12 月，国务院发布了《关于进一步调整国务院部门(单位)所属学校管理体制和布局结构的决定》(国发〔1999〕26 号)。

2000 年 2 月 12 日，国务院办公厅转发的《教育部、国家计委、财政部〈关于调整国务院部门(单位)所属学校管理体制和布局结构实施意见〉》(国办发〔2000〕11 号)指出：“除教育部以及外交部、国防科工委、国家民委、公安部、安全部、海关总署、民航总局、体育总局、侨办、中科院、地震局等部门和单位继续管理其所属学校外，国务院其他部门和单位原则上不再直接管理学校。……中央与地方共建、以地方管理为主的普通高等学校，其国有资产、人员编制、劳动工资管理等均由省级人民政府负责。由部门下属企事业单位继续举办的学校，人、财、物等管理体制不变，教育业务按照属地化原则由地方教育部门管理。实行中央与地方共建、以地方管理为主的普通高等学校的教育事业费，由财政部按照 1999 年度调整预算数扣除一次性专项后，再上浮 15%，作为下划地方的经费指标；公费医疗经费和房改经费(专项用于补助建立住房公积金)，由财政部按照 1999 年预算执行数，从 2000 年起划转到地方，并由地方财政部门核拨到学校。凡财政部按原中等专业学校户头拨款的由中等专业学校升格的普通高等学校，其事业费按 1999 年拨款额划转地方。学校所需基建投资，原则上按照学校前 5 年(1995—1999 年)中央预算内投资的年平均数，结合建设项目和学校发展的实际情况，由教育部会同原主管部门(单位)和有关省(自治区、直辖市)与国家计委协商确定投资基数，继续由中央支持一段时间后再转由地方政府负责。同时，由国家计委按建设项目给予上述学校一定额度的一次性专项补助。”

这一时期，除了教育部以及外交部、国防科工委、国家民委、公安部、安全部、海关总署、民航总局、体育总局、侨办、中科院、地震局等部门和单位继续管理其所属学校外，国务院其他部门和单位原则上不再直接管理学校，形成了统一领导、重点集中和大幅度分级管理的高等教育体制。这是高等教育实行集中统一的领导、分级管理的教育管理体制改革的第四次改革。

党的十八大和十八届二中、三中全会提出，要深化行政体制改革，强调转变政府职能是深化行政体制改革的核心；要进一步简政放权，深化行政审批制度改革，最大限度减少中央政府对微观事务的管理。2014年5月，习近平总书记在北京大学师生座谈会上指出，全国高等院校要走在教育改革前列，加快构建充满活力、富有效率、更加开放、有利于学校科学发展的体制机制。

2017年9月，中共中央办公厅、国务院办公厅印发的《关于深化教育体制机制改革的意见》指出："深化教育体制机制改革的基本原则是(1) 坚持扎根中国与融通中外相结合。继承我国优秀教育传统，立足我国国情，遵循教育规律，吸收世界先进办学治学经验，坚定不移走中国特色社会主义教育发展道路。(2) 坚持目标导向与问题导向相结合。坚持以人民为中心，着眼促进教育公平、提高教育质量，针对人民群众反映强烈的突出问题，集中攻坚、综合改革、重点突破，扩大改革受益面，增强人民群众获得感。(3) 坚持放管服相结合。深化简政放权、放管结合、优化服务改革，把该放的权力坚决放下去，把该管的事项切实管住管好，加强事中事后监管，构建政府、学校、社会之间的新型关系。(4) 坚持顶层设计与基层探索相结合。加强系统谋划，注重与《国家中长期教育改革和发展规划纲要(2010—2020年)》等做好衔接。尊重基层首创精神，充分调动地方和学校改革的积极性、主动性、创造性，及时将成功经验上升为制度和政策。深化教育体制机制改革的主要目标是到2020年，教育基础性制度体系基本建立，形成充满活力、富有效率、更加开放、有利于科学发展的教育体制机制，人民群众关心的教育热点、难点问题进一步缓解，政府依法宏观管理、学校依法自主办学、社会有序参与、各方合力推进的格局更加完善，为发展具有中国特色、世界水平的现代教育提供制度支撑。"

二、高等教育办学体制的发展沿革

办学体制是指国家根据经济体制按照投资单一或多元的方式举办学校的体制。举办者即为出资者。

1995年7月19日，国务院办公厅转发了国家教委1995年5月29日发布的《关于深化高等教育体制改革的若干意见》(国办发〔1995〕43号)，其中指出："我国高等教育体制在历史上几经变动，原有的国家集中计划、中央部门和地方政府分别办学并直接管理的体制，是与当时高度集中的计划经济体制相适应的。在当时的历史条件下，发挥了中央各业务部门和地方政府的积极性，促进了高等教育的发展。……近几年来，在改革办学体制、管理体制、投资体制、招生和毕业生就业制度、学校内部管理体制等方面都取得了不同程度的新进展。……但是，从总体上说，高等教育体制改革的进程仍然滞后于经济体制改革和社会发展，与社会主义市场经济体制的建立不相适应。……随着现代科学技术的发展和社会主义市场经济体制的建立，社会、经济、科技、文化等结构正在发生重大变革，对各类人才的需求也正在发生新的变化；政府机构、职能的变化以及企业管理体制的改革，带来的领导管理方式、经费来源、投资体制和人才需求的重大变化，使高等学校，特别是中央业务部门所属的300多所高等学校中的大多数学校遇到的问题日益突出。解决这些问题的根本出路在于深化高等教育体制改革。……要通过深化改革和立法，划分、规范举办者、管理者、办学者的权力与义务。举办者主要是投资举办学校、提供必要的办学条件、提出学校主要学科和专业的服务面向及人才培养要求、对办学实施目标监督等。举办者可以是各级政府及有关部门，也可以是企业、事业、具有法人资格的社会团体或公民个人，他们可以单独，也可以联合举办。举办者应有代表参加高校的相应的管理机构(如校董会等)。教育行政管理者主要是国务院和省、自治区、直辖市两级教育行政部门，负责统筹规划和宏观管理全国或本省、自治区、直辖市的高等教育，行使教育行政管理权。两级政府的其他有关部门在政府授权范围内实施教育管理。政府部门的教育行政管理要简政放权，转变职能，由直接行政管理转变为运用规划、法律、经济、评估、信息服务以及必要的行政手段实行宏观管理。要逐步扩大省、自治区、直辖市人民政府对本地区所有高等学校的统筹、协调管理权。办学者是具有法人资格的高等学校。学校作为独立办学的法人实体，要依法充分行使自主办学权力，在专业设置、招生、指导毕业生就业、教育教学、科学研究、技术开发、筹措和使用经费、机构设置、人事安排、职称评定、工资分配、对外交流和学校管理等方面拥有法律、法规规定的权限，真正实行面向社会依法自主办学。要通过深化改革，逐步把一部分中央部门所属的学校转由省、自治区、直辖市人民政府管理或由中央部门与地方政府共同建设和共同管理；倡导学校之间合作办学、企业和科研单位参与办学和管理；要按照优化教育资源配置和提高办学规模效益的原则，逐步对有条件的高等学校进行合理调整和合并，特别是在同一地方规模较小、科类单一、专业设置重复的学校要打破原隶属关系的限制，积极创造条件进行适当的调整或合并。通过深化高等教育管理体制改革，扩大学校面向社会依法自主办学的权力，逐步淡化和改变学校单一的隶属关系和单纯为本部门培养人才的办学格局。加强省、自治区、直辖市人民政府对本地区所有高等学校的统筹规划、协调、调整和管理，逐步变条块分割为条块有机结合。……这些院校转由省、自治区、直辖市人民政府管理后，要保证政府财政拨款教育经费的正常投入。教育事业费要足额划拨给地方政府；在建工程(项目)的基建费一般应由中央原主管部门负责解决；学校在划转以前的已完成的基建项目欠款应由中央原主管部门指导并帮助学校解决；未达到原计划规模但尚未开工的基建工程的基建费以及其他专项投资等划拨的具体办法，由中央原主管部门商有关部门后与地方政府签订协议确定；在划转时，对困难较大的部属院校，中央原主管部门可商国务院有关部门共同给予一次性的资助；其劳动工资计划相应转由省、自治区、直辖市人民政府管理。……积极创造条件，促进部分学科互补的或一些规模较小、科类单一、设置重复的学校进行合并。"《关于深化高等教育体制改革的若干意见》提出"共建、联合、合并、协作、划转"五种高等教育管理体制改革形式，同时还提出要加强省级人民政府的统筹，经费投入要以财政拨款为主渠道等要求。

由以上内容可知，举办者主要是投资举办学校、提供必要的办学条件、提出学校主要学科和专业的服务面向及人才培养要求、对办学实施目标监督等。举办者可以是各级政府及有关部门，也可以是企业、事业、具有法人资格的社会团体或公民个人，他们可以单独，也可以联合举办。举办者应有代表参加高校的相应的管理机构（如校董会等）。

（一）1949 年 10 月至 1952 年，公办大学与私立大学共同举办的办学体制

1949 年 12 月 23 日至 31 日，教育部在北京召开了新中国第一次全国教育工作会议。会议根据政务院创办中国人民大学的决定，拟定了该校的实施计划，讨论了改革北京师范大学的方案。

1950 年 7 月 25 日，政务院发布的《关于救济失业教师与处理学生失学问题的指示》指出："华东、中南、西南、西北各大行政区军政委员会及所属各省市人民政府，华北各省市人民政府除尽可能维持公立学校外，应本公私兼顾的原则，积极维持各地城市中现有的私立学校，并领导其进行必要的和可能的改革；减低学费，多收学生，师生互助，多想办法，自力更生，克服困难。私立学校中，办理成绩较好，经多方设法而仍无法维持者，政府膳予以适当的经费补助。少数办理太竣而确实无法维持和改造者，可劝导共和其他学校合并。其学生及教职员，均应予以适当的安置。"

（二）1952 年至 1981 年，公办大学单一的办学体制

截止到 1952 年，接受外国津贴的燕京大学、辅仁大学、协和医学院、津沽大学、铭贤学院、齐鲁大学、金陵大学、金陵女子文理学院、东吴大学、圣约翰大学、沪江大学、震旦大学、震旦女子文理学院、之江大学、福建协和大学、华南女子文理学院、华中大学、文华图书馆学专科学校、华西协和大学、岭南大学、求精商学院 21 所教会大学全部被裁撤。

大同大学、光华大学、大夏大学、武昌中华大学、广东国民大学、广州大学、南通大学、成华大学、川北大学、江南大学、朝阳学院、中国学院、中国公学、相辉学院、中国乡村建设学院、正阳法商学院、上海法学院、上海法政学院、勉仁文学院、辅成法

学院、福建学院、中华工商专科学校、立信会计专科学校、无锡国学专科学校等几十所国人创办的私立大学也被裁撤。

在新中国成立初期,全国高校取消私立高等教育,成了清一色的公办高校。

(三) 1982 年至今,政府办学为主体、社会各界共同参与、公办学校和民办学校共同发展的办学体制

1982 年 11 月 26 日,全国人大常委会委员长彭真在第五届全国人民代表大会第五次会议上所做的《关于〈中华人民共和国宪法修改草案〉的报告》中提出"两条腿"办教育的方针。1985 年 5 月中共中央发布《关于教育体制改革的决定》,指出"地方要鼓励和指导国家企业、社会团体和个人办学"。

1993 年 1 月 12 日,国务院批转的《国家教委关于加快改革和积极发展普通高等教育意见》第五条指出:"进一步改革原有的国家集中计划和政府直接管理的办学体制,逐步建立和完善国家统筹规划和宏观管理、学校面向社会自主办学的新体制。高等教育办学体制的改革是要理顺政府、社会和学校三者之间的关系,按照政事分开的原则,使高等学校真正成为自主办学的法人实体,明确学校的权利和义务、利益和责任,进一步促进学校面向社会自主办学。国家要加强高等教育的立法工作,尽快制定高等教育法、高等学校组织法等。政府要转变职能,简政放权,由对学校的直接行政管理,转变为运用法律、经济、评估和信息服务以及必要的行政手段进行宏观管理。保证学校拥有充分的依法办学的自主权,在专业设置、招生、指导毕业生就业、教育教学、科学研究、筹措和使用经费、机构设置、人事安排、职称评定、工资分配、对外交流和学校管理等方面拥有有关法律、法规规定的权限。学校要善于行使属于自己的权力,承担好自己的责任,建立起主动适应国家经济建设和社会发展需要的自我激励、自我发展、自我约束的运行机制。社会各界要积极支持和直接参与高等学校的建设和人才培养、评估办学水平和教育质量,为学校提供生产实习和社会实践基地,公平、择优录用毕业生,逐步为学校提供社会化服务。"

1993 年 2 月 8 日,国家教委、国务院学位委员会联合发出的《国家教委关于中央部门所属普通高等学校深化领导管理体制改革的若干意见》指出:"随着国务院各部委职能的转变和直属企业的下放,部门所属的高等学校的办学体制和管理体制,要区别不同情况,采取以下办法进行改革探索。(1) 目前,各有关部门都应当努力办好所属的高等学校,并从中选择一两所基础好、力量强、关系全局的学校,加强领导,适当集中人、财、物力,进行重点建设,把其办成代表本部门、本行业乃至全国高等教育先进水平的、起示范作用的骨干学校。个别专业独具特色,毕业生适于自主就业的高等学校(或者专业),可以试行学生自费上学、毕业生自主择业的办学模式。(2) 某些行业性较强的高等学校,可试行主管部门与企业集团联合办学,共同管理。或者试行由主管部门与若干部门或企业集团组成学校董事会,对学校进行管理,研究确定学校发展中的重大事项,筹措学校办学经费。(3) 某些专业通用性强，毕业生分配到地方较多的高等学校，可试行主管部门与地方联合办学，共同管理。(4) 在有条件的地区，要下决心把一部分适宜由地方管理的部属高等学校交给地方。学校的大部分专业首先满足本地区需要，少部分行业特点强或者地方需求较少的专业，继续面向全国。进行以上几种改革试点的学校，国家提供的办学经费和基建投资都不应减少，使其在保证国家投入的基础上，再从企业、地方和社会得到更多的办学资金。下放给地方管理的，要将学校事业费和基建投资基数划拨给地方政府。原主管部门仍要在教学、科研任务等多方面继续保持同学校的密切联系，继续给予关心和照顾。无论进行何种改革试点，都应当有利于改善和加强学校的建设，决不可损害学校的利益，这是一条基本的原则。”

1993年2月13日，中共中央、国务院印发的《中国教育改革和发展纲要》(中发〔1993〕3号)第16条指出：“改革办学体制。改变政府包揽办学的格局，逐步建立以政府办学为主体、社会各界共同办学的体制。在现阶段，基础教育应以地方政府办学为主；高等教育要逐步形成以中央、省(自治区、直辖市)两级政府办学为主、社会各界参与办学的新格局。职业技术教育和成人教育主要依靠行业、企业、事业单位办学和社会各方面联合办学。”

1994年7月3日，国务院发布的《关于〈中国教育改革和发展纲要〉的实施意见》(国发〔1994〕39号)第十二条指出：“加快办学体制改革，进一步改变政府包揽办学的状况，形成政府办学为主与社会各界参与办学相结合的新体制。……普通高等学校实行以政府办学为主，积极发展多种形式的联合办学。某些科类的高等学校可以试行以学生缴费和社会集资为主，国家财政补助为辅的办学模式。社会各界办学应以职业学校为主。”

教育部1998年12月24日制定的、国务院1999年1月13日批转的《面向二十一世纪教育振兴行动计划》第39条指出：“认真贯彻国务院对于社会力量办学实行‘积极鼓励，大力支持，正确引导，加强管理’的方针，今后3～5年，基本形成以政府办学为主体、社会各界共同参与、公办学校和民办学校共同发展的办学体制。”

2010年6月21日，中共中央政治局审议并通过的《国家中长期教育改革和发展规划纲要(2010—2020年)》第四十二条指出：“深化办学体制改革。坚持教育公益性原则，健全政府主导、社会参与、办学主体多元、办学形式多样、充满生机活力的办学体制，形成以政府办学为主体、全社会积极参与、公办教育和民办教育共同发展的格局。调动全社会参与的积极性，进一步激发教育活力，满足人民群众多层次、多样化的教育需求。深化公办学校办学体制改革，积极鼓励行业、企业等社会力量参与公办学校办学，扶持薄弱学校发展，扩大优质教育资源，增强办学活力，提高办学效益。各地可从实际出发，开展公办学校联合办学、委托管理等试验，探索多种形式，提高办学水平。改进非义务教育公共服务提供方式，完善优惠政策，鼓励公平竞争，引导社会资金以多种方式进入教育领域。”

三、教育体制和教育办学体制与教育投资体制关系非常密切

从上可以得出以下三点结论：

第一，我国要建立的是与社会主义市场经济体制和政治体制、科技体制改革相适应的教育新体制。教育体制主要解决的是“集中统一领导、分级管理”的问题。我国目前的教育新体制是“统一领导、重点集中和大幅度分级管理”的高等教育体制。

第二，高等教育办学体制是指国家为适应经济体制变化的体制，计划经济体制是单一投资的体制；市场经济是多元投资的体制。举办者即为出资者。我国目前的办学体制是以政府办学为主体、社会各界共同参与、公办学校和民办学校共同发展的办学体制。

第三，高等教育体制和高等教育办学体制与高等教育投资体制关系非常密切。中央部委举办的公办高校主要由中央部委出资，各省、直辖市、自治区举办的公办高校主要由各省、直辖市、自治区出资，各地、市举办的公办高校主要由各地、市出资，而民办高校主要由民间资本出资。

第二节　高等教育投入体制的发展轨迹

“教育投入体制”又称为“教育投资体制”，是指教育经费的来源、负担主体、筹措、有效配置与管理使用的制度规范。它不仅要规定国家财政性教育经费占国内生产总值的比例，而且还要规定高等教育投入在整个教育投资中的比例；不仅要规定高等教育经费的“三个增长”，而且还要“预算单列”。同时，在财政拨款的主渠道方面，不仅财政部门有责任，而且对下放到各省、市、自治区以后的原中央部委高校，仍应负起财政拨款的责任，如经国务院批准下发的国家教委《关于深化高等教育体制改革的若干意见》就明确指出：“在体制改革和转轨过程中，原主管部门不能削弱对学校的领导或减少对学校的投资，而应加强领导和增加投入，大力支持地方政府把学校办得更好。”此外，对高等教育附加税、高等教育收费、高等学校校办企业上缴、高等教育捐赠、高等教育基金、高等教育金融、高等教育引入民间资本等都应有明确的规定。①

一、计划经济时期的高等教育多渠道投入体制的雏形

(一) 新中国成立至改革开放时期(1949 年 10 月至 1977 年)

我国在改革开放之前高等教育基本上是单一的的经费来源渠道。1994 年 7

① 乔春华.高等教育投入体制研究[M].南京：南京大学出版社，2006.

月3日，国务院发布的《关于〈中国教育改革和发展纲要〉的实施意见》（国发〔1994〕39号）第十五条指出："逐步改变单一的办学模式和单一的经费来源状况，增强学校适应社会多方面需求的能力。"

1978年以前，我国高等教育经费的98%来自国家财政拨款。1950年《政务院关于救济失业教师与处理学生失学问题的指示》也只是要求私立学校"减低学费"，从1951年夏发布的《大学入学考试简章》中也可以看出，之江、东吴、圣约翰等私立大学都在收取学费。① 同时，我国高等学校还没有普遍实施"免费制"，除一些私立高校外，从1951年夏发布的《大学入学考试简章》中可以看出，交通、同济、南京、浙江、复旦等国立大学也都收取学费。②

（二）改革开放初期至社会主义市场经济初步确立时期（1978—1992年）

1. 招收收费生

这部分内容在第二章第四节阐述。

2. 在高校试行"预算包干，结余留用"办法

1979年11月23日，财政部发布的《关于颁发文教科学卫生事业单位、行政机关"预算包干"试行办法》（财事字〔1979〕第369号）指出："为了贯彻执行'发展经济、保障供给'的方针，坚持按客观经济规律办事，充分调动行政事业部门和单位的积极性，合理组织收入，努力节约经费开支，提高资金使用效果，提高财务管理水平，更好地完成各项事业计划和工作任务，从一九八〇年起，对文教科学卫生事业和行政机关试行'预算包干'办法。……凡是在预算管理上实行全额管理的单位，由现行国家核定预算，年终结余收回财政的办法，改为'预算包干，结余留用'的办法。即按国家核定的当年预算包干使用，年终结余全部留归单位支配。……为了兼顾国家、单位、个人三者的利益，在实行'预算包干'后，各单位可以从增收节支中提取一部分作为奖励。提取的比例，由主管部门与财政部门、劳动部门具体商定。此项奖励，可用于集体福利和个人奖励。"

政府采用"预算包干，结余留用"的新办法，推动了高等学校财务管理的改革。高校财务管理改革的核心问题是赋予各校资金使用的自主权，强化学校的成本意识和效益意识。新办法突破了传统的"统收统支"模式，形成了"定额拨款、预算包干、统一领导、分级管理、多方筹资、调剂使用、建立基金、自求发展"的新的高校财务管理模式。

3. 校办工厂和农场上缴利润在高校试行学校基金和奖励制度

1980年6月11日，教育部、国家劳动总局、财政部发布的《高等学校建立学校

---

① 转引自[日]大塚丰著，黄福涛译．现代中国高等教育的形成[M]．北京：北京师范大学出版社，1998．

② 张建奇．"免学费加人民助学金"政策的形成、实施及其作用和影响[J]．清华大学教育研究，2002，22(4)：33－38．

基金和奖励制度试行办法》(教计字〔1980〕245 号,〔1980〕劳总薪字 133 号,〔1980〕财事字第 179 号)指出:"为了充分调动广大教职工的社会主义积极性,加强经济管理,挖掘高等学校现有人力、物力和财力的潜力,增收节支,促进教学、科研的发展,按照一九六五年原高等教育部、财政部关于高等教育部直属高等学校特种资金管理办法的规定和当前高等学校的情况,确定从一九八〇年起,逐步地在有条件的高等学校建立学校基金和奖励制度。学校基金的主要来源是(1) 校办工厂(车间)、农(林、牧)场实现的纯利润(具体核算办法按教育部、财政部的有关规定执行);(2) 单独或与其他单位协作完成的科研成果,所得科研成果转让或利润分成及出售科研产品、提供科技劳务等收入,扣除原材料、水电、差旅、资料等有关费用后所得的净收入;(3) 实验室、计算机和仪器设备对校外开放服务和实验室对外销售产品的收入,扣除原材料、水电等有关费用后所得的净收入;(4) 接受校外单位委托实验、检验、化验、解剖、设计、打样、复制、绘图、翻译和艺术院校对外演出等收入,扣除原材料、水电、场租等有关费用后所得的净收入;(5) 学校招待所、汽车、轮船(渔轮)、放电影、绿化、冰场、游泳池、出售零星废品等收入,抵冲各该项事业支出后的净收入。学校基金,原则上应当分别用于教学、科研,发展生产,教职工集体生活福利和个人奖励四个方面。"

4. 捐赠

从 1985 年开始,香港电影大王、邵氏影业的创始人邵逸夫先生向浙江大学捐赠 1 000 万元港币兴建了"邵逸夫科学馆"。自此以后,他在中国大陆地区持续捐资办学。根据不完全统计,截至 2014 年 1 月,邵逸夫先生捐助内地科教文卫事业的资金达 25 亿元,捐助项目超过 3 000 个,其中 80%以上为教育项目,受惠学校超过千所。以邵逸夫的名字命名的教学楼、图书馆、科技馆及其他文化艺术、医疗机构遍布中国许多大学。如浙江大学、北京大学、清华大学、中国人民大学、北京师范大学、上海交通大学、复旦大学、同济大学、华东师范大学、南开大学、天津大学、南京大学、东南大学、中山大学、暨南大学、华南理工大学、吉林大学、东北大学、山东大学、武汉大学、华中科技大学、重庆大学、四川大学、中南大学、湖南大学、西安交通大学、西北大学、合肥工业大学、郑州大学、云南大学、河北大学等多所名校。

1990 年 12 月 30 日,《中共中央关于制定国民经济和社会发展十年规划和"八五"计划的建议》指出:"中央和地方各级政府要逐步增加对教育的投入,并逐步完善多渠道筹措教育资金的体制。"

二、市场经济体制时期的高等教育多渠道投入体制从建立至完善(1992 年 10 月至今)

1992 年 10 月 12 日,党的十四大报告指出:"我们要建立社会主义市场经济体制。……我国经济体制改革的目标是建立社会主义市场经济体制。"

1993年11月14日,中共十四届三中全会通过了《中共中央关于建立社会主义市场经济体制若干问题的决定》。

2003年10月14日,中共十六届三中全会通过了《中共中央关于完善社会主义市场经济体制若干问题的决定》。

以上可以看出,我国的社会主义市场经济体制经历了从"建立"至"完善"的过程。

(一) 关于教育投入体制的演变

中央十分重视教育投入体制的改革、完善和规范,曾多次规定:

1. 改革高等教育投入体制

1993年1月12日,国务院批转的《国家教委关于加快改革和积极发展普通高等教育意见》是我国高等教育财务史上一个重要的文件,它最早具体提出:"改革高等教育投资体制,逐步建立财政拨款为主、多渠道筹措经费的投资体制。中央和地方的有关部门都要按照'两个增长'的原则,增加对高等教育的拨款,满足高教事业发展的基本需要。学校也要改变单纯依靠财政拨款的观念,走多渠道筹措教育经费的路子。要研究制定社会、企业、个人和校办产业等多渠道为高等学校筹措办学经费的具体制度和办法。高等教育属于非义务教育,要改革学生上大学由国家'包'下来的制度。学生上大学原则上均应缴费,缴费标准要考虑到人民群众的承受能力,由学校报主管部门或省、自治区、直辖市人民政府确定。同时,国家、企事业单位、社会团体和学校均可设立奖学金,对品学兼优的学生给予奖励,对毕业后定向就业的学生予以资助;银行设立贷学金,学校积极开展勤工助学,对家庭经济有困难的学生提供帮助;对部分国家必须重点保证的、特殊的学校和专业,实行专项奖学金或提高奖学金的数额。这些改革,要与调动学生的学习主动性和积极性紧密联系起来,要与招生和毕业生就业制度改革配套进行。"

1993年1月12日,国务院批转的《国家教委关于加快改革和积极发展普通高等教育意见》第二条指出:"改革原有的由国家包办高等教育的单一体制和模式,探索适应社会主义市场经济体制、调动社会办学积极性、多种形式和途径发展高等教育的新路子。经过改革和试验,我国高等学校逐步形成国家投资为主,学生缴费和社会集资为辅;学生缴费和社会集资为主,国家资助为辅;民办自费;企业办学等多种办学的形式。"

2. 改革和完善教育投入体制

1993年2月13日,中共中央、国务院发布的《中国教育改革和发展纲要》(中发〔1993〕3号)第47条提出:"改革和完善教育投资体制,增加教育经费。……要逐步建立以国家财政拨款为主,辅之以征收用于教育的税费、收取非义务教育阶段学生学杂费、校办产业收入、社会捐资集资和设立教育基金等多种渠道筹措教育经费的体制。"

3. 建立多渠道教育投入体制

1995年3月18日,第八届全国人民代表大会常务委员会第三次会议通过的《中华人民共和国教育法》(国家主席令第38号)第五十三条指出:“国家建立以财政拨款为主、其他多种渠道筹措教育经费为辅的体制,逐步增加对教育的投入,保证国家举办的学校教育经费的稳定来源。”

1998年8月29日,第九届全国人民代表大会常务委员会第四次会议通过的《中华人民共和国高等教育法》第六十条指出:“国家建立以财政拨款为主、其他多种渠道筹措高等教育经费为辅的体制,使高等教育事业的发展同经济、社会发展的水平相适应。国务院和省、自治区、直辖市人民政府依照教育法第五十五条的规定,保证国家兴办的高等教育的经费逐步增长。国家鼓励企业事业组织、社会团体及其他社会组织和个人向高等教育投入。”

1999年6月13日,中共中央、国务院颁布的《关于深化教育改革全面推进素质教育的决定》第24条指出:“在非义务教育阶段,要适当增加学费在培养成本中的比例,逐步建立符合社会主义市场经济体制以及政府公共财政体制的财政教育拨款政策和成本分担机制。加强教育经费的管理,严格禁止乱收费。认真组织实施教育储蓄、教育保险和助学贷款制度,完善奖学金制度。积极运用财政、金融和税收政策,继续鼓励社会、个人和企业投资办学和捐(集)资助学,不断完善多渠道筹措教育经费的体制。”

4. 完善和规范教育投入体制

2003年,中央提的是“完善和规范”。2003年10月14日,中共十六届三中全会《关于完善社会主义市场经济体制若干问题的决定》规定:“完善和规范以政府投入为主、多渠道筹措经费的教育投入体制。”

5. 改革和完善教育投入体制

2004年3月3日,国务院批转教育部发布的《2003—2007年教育振兴行动计划》,其中第十二部分标题为“改革和完善教育投入体制”,第40条指出:“非义务教育的办学经费,以政府为主渠道,由政府、受教育者和社会共同分担。逐步形成与社会主义市场经济体制相适应的、满足公共教育需求的、稳定和可持续增长的教育投入机制。”

6. 健全多渠道筹集教育经费的体制

2010年6月21日,中共中央政治局审议并通过的《国家中长期教育改革和发展规划纲要(2010—2020年)》第五十六条指出:“加大教育投入。教育投入是支撑国家长远发展的基础性、战略性投资,是教育事业的物质基础,是公共财政的重要职能。要健全以政府投入为主、多渠道筹集教育经费的体制,大幅度增加教育投入。”

2019年2月,中共中央办公厅、国务院办公厅印发的《加快推进教育现代化实施方案（2018—2022 年）》提出："完善多渠道教育经费筹措体制，完善国家、社会和受教育者合理分担非义务教育培养成本的机制，支持和规范社会力量兴办教育。优化教育经费使用结构，全面实施绩效管理，建立健全全覆盖、全过程、全方位的教育经费监管体系，全面提高经费使用效益。"

7. 完善和健全教育投入机制

2010 年 6 月 21 日，中共中央政治局审议并通过的《国家中长期教育改革和发展规划纲要（2010—2020 年）》第五十七条指出："完善投入机制。"

2017 年 9 月，中共中央办公厅、国务院办公厅印发的《关于深化教育体制机制改革的意见》指出："要健全教育投入机制。强调要完善财政投入机制。"

2018 年 8 月 17 日，国务院办公厅发布的《关于进一步调整优化结构，提高教育经费使用效益的意见》（国办发〔2018〕82 号）提出："完善教育经费投入机制。"

2019 年 2 月，中共中央办公厅、国务院办公厅印发的《加快推进教育现代化实施方案（2018—2022 年）》提出："完善教育经费投入和管理机制，健全财政教育投入机制，全面实施绩效管理。"

从上可以看出，我国的高等教育投入体制经历了"建立""改革""完善""健全"和"规范"的过程。

"完善和规范"仍然需要改革，制度完善也需要改革。2013 年 11 月 15 日，习近平在《关于〈中共中央关于全面深化改革若干重大问题的决定〉的说明》中指出："改革是由问题倒逼而产生，又在不断解决问题中得以深化。旧的问题解决了，新的问题又会产生，制度总是需要不断完善，因而改革既不可能一蹴而就，也不可能一劳永逸。"教育投入体制从"改革和完善"到"完善和规范"，反映了教育投入体制质的变化，同时也提出了教育投入体制继续改革、完善和规范的艰巨任务。

（二）关于"三个增长"的演变

"完善教育投入机制"经常与"三个增长"联系在一起。如 2005 年教育部的八项重点工作中，第七条即为"要完善教育投入机制，提高教育投资效益。要坚持以政府投入为主，切实保证教育经费'三个增长'。要促进健全和规范财政转移支付办法。要加强教育经费管理，提高经费使用效益"。因此，建立与公共财政体制相适应的教育财政制度，是改革和完善教育投入体制的主要内容。

1. "两个增长"

1985 年 5 月 27 日，中共中央发布的《关于教育体制改革的决定》指出："发展教育事业不增加投资是不行的。在今后一定时期内，中央和地方政府的教育拨款的增长要高于财政经常性收入的增长，并使按在校学生人数平均的教育费用逐步增长。"

2. "两个增长"到"三个增长"

1993 年 2 月 13 日，中共中央、国务院印发的《中国教育改革和发展纲要》（中发

〔1993〕3号)第48条指出:“各级政府必须认真贯彻《中共中央关于教育体制改革的决定》所规定的‘中央和地方政府教育拨款的增长要高于财政经常性收入的增长,并使按在校学生人数平均的教育费用逐步增长’的原则,切实保证教师工资和生均公用经费逐年有所增长。”

3. “三个增长”

1994年7月3日,国务院发布的《关于〈中国教育改革和发展纲要〉的实施意见》(国发〔1994〕39号)第二十二条指出:“国家财政对教育的拨款,是教育经费的主渠道,必须予以保证。各级政府要树立教育投资是战略性投资的观念,合理调整投资结构,在安排财政预算时,优先保证教育的需求并切实做到《纲要》提出的‘三个增长’。《纲要》提出,到本世纪(20世纪)末,国家财政性教育经费支出占国民生产总值的比重应达到4%,国务院有关部门要制定相应的政策措施和实施步骤,认真加以落实。关于各级财政支出中教育经费所占的比例,财政部要会同国家教委,根据财税体制改革后财政计算口径的变化,尽快提出中央财政和省财政中教育经费应占的比例,切实保证教育拨款实际上有较大幅度的增长。”

4. “三个增长”到“四个增长”

袁连生、王善迈指出:“1995年开始实施的《中华人民共和国教育法》对政府教育经费投入有几项特别重要的规定,国家财政性教育经费支出占国民生产总值的比例应当随着国民经济的发展和财政收入的增长逐步提高;全国各级财政支出总额中教育经费所占比例应当随着国民经济的发展逐步提高;各级人民政府教育财政拨款的增长应当高于财政经常性收入的增长,使生均教育经费、生均公用经费和教师工资逐步增长。这些规定可以概括为‘两个提高’和‘四个增长’,其中最重要的是财政支出中教育经费比例的逐步提高和教育财政拨款增长高于财政经常性收入的增长,因为其他几条规定的实现都建立在这两条的基础上。”①

这里提到“四个增长”,即增加了“教师工资逐步增长”。关于“教师工资逐步增长”规定的沿革如下。

1993年的《中国教育改革和发展纲要》(中发〔1993〕3号)规定:“逐步使教师的工资水平与全民所有制企业同类人员大体持平。‘八五’期间,教育系统平均工资要高于当地全民所有制职工平均水平,在国民经济十二个行业中居中等偏上水平,其中高等学校平均工资高于全民所有制企业职工平均水平。要建立符合教育特点的工资制度和正常的工资增长机制,切实保证教师的工资水平随国民收入的增长逐步提高。”

1994年的《关于〈中国教育改革和发展纲要〉的实施意见》(国发〔1994〕39号)规定:“保证实现《教师法》和《纲要》所规定的教师工资待遇的目标,使教师的平均

① 袁连生,王善迈.增加财政性教育经费的对策[N].中国教师报,2010-3-28.

工资水平不低于或者高于国家公务员平均工资水平。”

1995 年 3 月 18 日，第八届全国人民代表大会常务委员会第三次会议通过的《中华人民共和国教育法》(国家主席令第 38 号)第五十五条规定：“各级人民政府教育财政拨款的增长应当高于财政经常性收入的增长，并使按在校学生人数平均的教育费用逐步增长，保证教师工资和学生人均公用经费逐步增长。”在《教育法》中提到“教师工资和学生人均公用经费逐步增长”。

教育部 1998 年 12 月 24 日制定的、国务院 1999 年 1 月 13 日批转的《面向二十一世纪教育振兴行动计划》第 42 条指出：“落实科教兴国战略，必须转变把教育投资作为消费性投资的观念，要切实把发展教育作为基础设施建设，把教育投资作为一种基础性的投资，千方百计增加教育投入。各级财政要认真落实已出台的筹措教育经费的各项法律规定和政策，特别是要保证做到《教育法》规定的教育经费的‘三个增长’(即各级政府教育财政拨款的增长要高于同级财政经常性收入的增长，在校学生人均教育经费逐步增长，教师工资和学生人均公用经费逐步增长)。要按照《教育法》和《中国教育改革和发展纲要》的规定，逐步提高国家财政性教育经费占国民生产总值的比例，努力实现 4%的目标。逐步提高中央本级和省级财政支出中教育经费支出所占的比例。自 1998 年起，中央本级财政按同口径每年提高 1 个百分点，2000 年，将此比例提高 3 个百分点左右，除按原有政策保留目前每年由中央安排的教育专项外，上述增量部分主要用于振兴行动计划中中央财政支持和资助的项目。同时，各省、自治区、直辖市财政支出中教育经费所占的比例，也应根据各地实际每年提高 1～2 个百分点。”

2004 年 3 月 3 日，国务院批转教育部发布的《2003—2007 年教育振兴行动计划》第 40 条指出：“建立与公共财政体制相适应的教育财政制度，保证经费持续稳定增长。教育是政府一项最重要的工作，教育投入是公共财政体制的重要内容，必须强化各级政府对教育投入的责任，以更大的精力、更多的财力发展教育。各级人民政府教育财政拨款的增长应当高于财政经常性收入的增长，并使按在校学生人数平均的教育费用逐步增长，保证教师工资和学生人均公用经费逐步增长。”

每年的《全国教育经费执行情况统计公告》仍提“三个增长”。

从上可以看出，教育经费不仅经历了从“两个增长”到“四个增长”的过程，而且经历了从中央文件、国务院行政法规到全国人大通过的《教育法》的过程。

(三) 关于两个“只增不减”

2017 年 1 月 10 日，《国务院关于印发国家教育事业发展“十三五”规划的通知》(国发〔2017〕4 号)第九条第四款指出：“坚持把教育作为各级人民政府财政支出重点领域给予优先保障，保证国家财政性教育经费支出占国内生产总值的比例一般不低于 4%。更加注重通过加强政策设计、制度设计、标准设计带动投入，健全保证财政教育投入持续稳定增长的长效机制，确保财政一般公共预算教育支出逐年只增不减，确保按在校学生人数平均的一般公共预算教育支出逐年只增不减。到2020 年，各省要制定和落实区域内各级教育生均财政拨款基本标准。健全教育经费统计体系，推动地方建立教育经费统计监测公告制度。”

2018 年 8 月 17 日，国务院办公厅发布的《关于进一步调整优化结构，提高教育经费使用效益的意见》(国办发〔2018〕82 号)提出两个“只增不减”，即“确保一般公共预算教育支出逐年只增不减，确保按在校学生人数平均的一般公共预算教育支出逐年只增不减”。

2019 年 2 月，中共中央、国务院印发的《中国教育现代化 2035》也提出两个“只增不减”，即“健全保证财政教育投入持续稳定增长的长效机制，确保财政一般公共预算教育支出逐年只增不减，确保按在校学生人数平均的一般公共预算教育支出逐年只增不减”。

三、关于 4%

1993 年 2 月 13 日，中共中央、国务院印发的《中国教育改革和发展纲要》(中发〔1993〕3 号)第 48 条指出：“筹措教育经费的主要措施：逐步提高国家财政性教育经费支出(包括各级财政对教育的拨款，城乡教育费附加，企业用于举办中小学的经费，校办产业减免税部分)占国民生产总值的比例，本世纪(20 世纪)末达到 4%，达到发展中国家 80 年代的平均水平。计划、财政、税务等部门要制定相应的政策措施，认真加以落实。”这是我国官方文件第一次提出“国家财政性教育经费支出(包括各级财政对教育的拨款，城乡教育费附加，企业用于举办中小学的经费，校办产业减免税部分)占国民生产总值的比例，本世纪(20 世纪)末达到 4%，达到发展中国家 80 年代的平均水平”。国家财政性教育经费支出占国内生产总值比例占4%，俗称 4%。

(一) 4%何时开始研究

4%何时开始研究？本书给出了三个版本。

(1) 1983 年

据记者赵婀娜报道：王善迈，现任北京师范大学首都教育经济研究院执行院长。正是“我国教育经费在国民收入中的合理比例和教育投资的经济效益”课题组的成员之一，也是《国家中长期教育改革和发展规划纲要》的参与者之一。面对本报记者，王教授独家解密了这个数字的来历。

1983 年成立国家级课题组，主要参照了 39 个市场经济国家。

背景：1983 年初，全国两会召开之前，教育经费短缺问题成为代表委员、新闻媒体和社会各界高度关注的热点。中央领导要求研究政府教育经费应在国民生产总值中占多大比例的问题，这一课题后被列入国家社会科学基金规划研究项目。由北京大学厉以宁和陈良焜教授、北京师范大学王善迈教授、中央教科所孟明义研究员等多位教育经济学专家组成课题组，在 1983 年便开始着手研究这一国家级课题。

当初 3.87%的占比，课题组采用的分子指标是“政府教育支出”。1993 年版教育纲要中，4%占比的分子指标，改为“财政性教育经费”，分母并未改变。后者的概念大于前者，政府教育支出在财政性教育经费中占很大比重。正是分子数扩大了，让占比也随之增大了。①

据记者高靓报道：据王善迈回忆，在邓小平的直接指示下，1983 年中央政治局下达任务，要研究政府教育经费在国内生产总值中占多大比例比较合适。随即，一个由他和厉以宁等十多位资深教育经济专家组成的课题组成立了。

专家选择了 39 个对象国进行比较研究，历时两年研究得出结论，按照邓小平提出的 2000 年中国人均 GDP 达到 800 至 1 000 美元标准和当时的实际汇率计算，到 2000 年中国政府教育支出占 GDP 的比例应该是 3.87%。

王善迈说：“当时我们专家组做过一个表态，教育部、财政部和国家计委提出的观点我们都不采纳，作为专家，我们希望给出研究的客观结果。”后来经过反复研究，许多部门共商，中央政治局决定，提出国家财政性教育经费支出占国内生产总值的比例到 2000 年末达到 4%，并将这一决定最终写入了 1993 年的《中国教育改革和发展纲要》。这就是在中国教育史乃至在中国公共财政决策史上都非常著名但有争议的教育经费占 GDP 的 4%的由来。

做出“4%”的决策并不容易，因为一直到 1992 年，中国的国内生产总值不过区区 2.6 万亿元人民币，以当时的汇率计算，不到 2 900 亿美元，和当时世界 500 强企业中的前 10 强一年的总营业额差不多。按当时的人均 GDP 来算，不到 2 100 元人民币，这些钱既要维持老百姓的吃饭问题，又要解决经济建设和国防保障问题，提出要从中切出 4%给教育，确实需要前瞻的战略眼光和集体共识。②

(2) 1986 年

据崔烜报道：“1986 年的时候，我主持的教育经费在国内生产总值中的合理比例研究报告中就提出了要占 4%，可那时候实际上只占 3%多一点，后来退到 2.8%了，再后来才慢慢上去。所以经过这么长时间能够正式被国家确定下来这个数字还是非常重要的，这是我自己的感受。”全国政协常委、全国政协经济委员会副主任厉以宁感慨道。③

(3) 20 世纪 80 年代初

岳昌君指出：“20 世纪 80 年代初，北京大学高教所汪永铨所长(时任教育部全

① 赵婀娜.教育经费占 GDP 的 4%是如何设定的？[N].人民日报，2010－5－24.

② 高靓.4%：教育事业科学发展的重要保障[N].中国教育报，2010－9－21.

③ 崔烜.经费将占 GDP 4%　教育公平欠债未清[N].时代周报，2012－3－15.

国教育科研规划领导小组成员)找到厉以宁教授,建议开展教育经济学方面的研究。汪永铨和厉以宁组织申请国家'六五'社科重点项目'我国教育经费在国民收入中的合理比例和教育投资的经济效益'。参加该项目的单位有中央教育科学研究所、北京师范大学、西安交通大学等全国二十多个单位。北京大学陈良焜等分别主持和承担了这一项目中的子课题的研究工作。公共教育经费应占国民收入4%左右的比例的研究成果出自北京大学陈良焜教授领导的子课题'教育经费在国民收入中合理比例的国际比较'。厉以宁将关于教育经费合理比例的观点报送中央领导参考,后被收入新华社《国内动态清样》1986年第616期,在决策部门传阅讨论。"①

(二)中国实现4%的艰巨路途

本部分可分为两个阶段,一是《中国教育改革和发展纲要》提出4%始于1993年,从1993年起教育部、国家统计局、财政部开始发布《全国教育经费执行情况统计公告》,数据比较充实(见表1-1)。二是改革开放以后中央重视教育的投入,笔者认为应该收集整理这个时期的资料,虽然这些资料收集非常艰巨,但便于较完整地反映教育投入的发展轨迹(见表1-2)。至于新中国成立至改革开放前的资料实难收集,请见谅。

表1-1 1993—2017年国家财政性教育经费支出占GDP[1]比例表

年份	GDP(亿元)	国家财政性教育经费支出(亿元)	国家财政性教育经费支出占GDP比例	比上年增幅(%)
1993	35 673	867.76	2.54%[2]	−0.22
1994	43 800	1 174.74	2.52%[3]	−0.02
1995	57 277	1 411.52	2.41%[4]	−0.11
1996	68 594	1 671.70	2.44%	0.03
1997	74 772	1 862.54	2.49%	0.05
1998	79 553	2 032.45	2.55%	0.06
1999	81 911	2 287.18	2.79%	0.24
2000	89 404	2 562.61	2.87%	0.08
2001	95 933	3 057.01	3.19%	0.32
2002	105 172[5]	3 491.40	3.32%[5]	0.13
2003	117 252	3 850.62	3.28%	−0.04
2004	159 878	4 465.86	2.79%	−0.47

① 岳昌君.期待财政性教育经费占GDP百分之四目标的实现[J].西部论丛,2010(8):39-41.

（续表）

年份	GDP（亿元）	国家财政性教育经费支出（亿元）	国家财政性教育经费支出占GDP比例	比上年增幅（%）
2005	183 084.80	5 161.08	2.81%[6]	0.03
2006	210 871	6 348.36	3.00%[7]	0.19
2007	249 529.9	8 280.21	3.22%[8]	0.22
2008	300 670	10 449.63	3.33%[9]	0.11
2009	340 507	12 231.09	3.59%	0.26
2010	401 202	14 670.07	3.65%[10]	0.06
2011	472 882	18 586.70	3.93%	0.28
2012	518 942.11	22 236.23	4.28%	0.35
2013	568 845.2	24 488.22	4.16%[11]	−0.12
2014	636 139	26 420.58	4.10%[12]	−0.06
2015	685 505.8	29 221.45	4.15%	0.05
2016	744 127.2	31 396.25	4.22%	0.07
2017	827 122	34 207.75	4.14%	−0.08

资料来源：教育部、国家统计局、财政部历年《全国教育经费执行情况统计公告》。

注：

[1]1993—1995年的《全国教育经费执行情况统计公告》为国民生产总值(GNP)，1996年以后《全国教育经费执行情况统计公告》为国内生产总值(GDP)。《1996年全国教育经费执行情况统计公告》指的是"国内生产总值"，并将1995年的也改为"上年国家财政性教育经费支出占国内生产总值"，如"国家财政性教育经费支出占国内生产总值比例为2.44%，与上年国家财政性教育经费支出占国内生产总值的2.41%相比，国家财政性教育经费支出占国内生产总值比例提高了0.03个百分点"，以后均为"国内生产总值"。

[2]《1993年全国教育经费执行情况统计公告》显示是"2.76%"，如"国家财政性教育经费支出占国民生产总值的比例由上年的2.99%下降至2.76%"。《1994年全国教育经费执行情况统计公告》却改为："国家财政性教育经费支出占国内生产总值比例为2.68%，上年国家财政性教育经费支出占国民生产总值的比例为2.54%。"

[3]《1994年全国教育经费执行情况统计公告》显示是"2.68%"，如"国家财政性教育经费支出占国内生产总值比例为2.68%，上年国家财政性教育经费支出占国民生产总值的比例为2.54%"。《1995年全国教育经费执行情况统计公告》却改为："国家财政性教育经费支出占国民生产总值的比重为2.46%，比上年的2.52%下降了0.06个百分点。"

[4]《1995年全国教育经费执行情况统计公告》显示是"2.46%"，如"国家财政性教育经费支出占国民生产总值的比重为2.46%，比上年的2.52%下降了0.06个百分点"。《1996年全国教育经费执行情况统计公告》却改为："国家财政性教育经费支出占国内生产总值比例为2.44%，与上年国家财政性教育经费支出占国内生产总值的2.41%相比，国家财政性教育经费支出占国内生产总值比例提高了0.03个百分点。"

[5]《2003年全国教育经费执行情况统计公告》指出："根据我国改革后的GDP核算和数据发布制度，即GDP数按初步核算数、初步核实数和最终核实数分三次发布，国家统计局将2002

年全国 GDP 数由原先公布的 102 398 亿元调整到 105 172 亿元，同年国家财政性教育经费占 GDP 的比例也相应由 2003 年公告的 3.41%调整为 3.32%。”

[6]《2005 年全国教育经费执行情况统计公告》显示是“2.82%”，如“2005 年全国国内生产总值为 183 084.80 亿元，国家财政性教育经费占国内生产总值比例为 2.82%，比上年的 2.79%增加了 0.03 个百分点。目前我国国家财政性教育经费统计口径尚不能完全反映我国政府安排教育经费的总量”。《2006 年全国教育经费执行情况统计公告》却改为：“2006 年全国国内生产总值为 210 871 亿元，国家财政性教育经费占国内生产总值比例为 3.01%，比上年的 2.81%增加了 0.2 个百分点。”

[7]《2006 年全国教育经费执行情况统计公告》显示是“3.01%”，如“国家财政性教育经费占国内生产总值比例为 3.01%，比上年的 2.81%增加了 0.2 个百分点”（这里统计有误，不应是“增加了 0.2 个百分点”，应是“增加了 0.19 个百分点”）。《2007 年全国教育经费执行情况统计公告》却改为：“国家财政性教育经费占国内生产总值比例为 3.32%，比上年的 3%增加了 0.32 个百分点。”

[8]《2007 年全国教育经费执行情况统计公告》显示是“3.32%”，如“国家财政性教育经费占国内生产总值比例为 3.32%，比上年的 3%增加了 0.32 个百分点”。《2008 年全国教育经费执行情况统计公告》却改为：“国家财政性教育经费占国内生产总值比例为 3.48%，比上年的 3.22%增加了 0.26 个百分点。”

[9]《2008 年全国教育经费执行情况统计公告》显示是“3.48%”，如“国家财政性教育经费占国内生产总值比例为 3.48%，比上年的 3.22%增加了 0.26 个百分点”。《2009 年全国教育经费执行情况统计公告》却改为：“国家财政性教育经费占 GDP 的比例为 3.59%，比上年的 3.33%增加了 0.26 个百分点。”（注：根据《中国统计年鉴 2010》中 2008 年全国国内生产总值的最终核实数，2008 年国家财政性教育经费占国内生产总值的比例相应修订为 3.33%。）

[10]《2010 年全国教育经费执行情况统计公告》显示是“3.66%”，如“国家财政性教育经费占国内生产总值比例为 3.66%，比上年的 3.59%增加了 0.07 个百分点”。《2011 年全国教育经费执行情况统计公告》却改为：“国家财政性教育经费占国内生产总值比例为 3.93%，比上年的 3.65%增加了 0.28 个百分点。”

[11]《2013 年全国教育经费执行情况统计公告》显示是“4.30%”，如“国家财政性教育经费占国内生产总值比例为 4.30%，比上年的 4.28%增加了 0.02 个百分点”。《2014 年全国教育经费执行情况统计公告》却改为：“国家财政性教育经费占国内生产总值比例为 4.15%，比上年的 4.16%降低了 0.01 个百分点。（注：根据国家统计局数据库中 2013 年全国国内生产总值的最终核实数，2013 年国家财政性教育经费占国内生产总值比例相应修订为 4.16%。）”

[12]《2014 年全国教育经费执行情况统计公告》显示是“4.15%”，如“国家财政性教育经费占国内生产总值比例为 4.15%”。《2015 年全国教育经费执行情况统计公告》却改为：“根据《中国统计年鉴 2016》中 2014 年全国国内生产总值的最终核实数，2014 年国家财政性教育经费占国内生产总值比例相应修订为 4.10%。”

表 1-2　1978—1992 年国家财政性教育经费支出占 GDP 比例表

年份	1978	1979	1980	1981	1982	1983	1984	1985
比例	2.26%	2.54%	2.80%	2.83%	2.91%	2.95%	2.92%	2.97%
年份	1986	1987	1988	1989	1990	1991	1992	
比例	3.15%	2.84%	2.75%	2.81%[1]	2.86%	2.75%	2.99%[2]	

[1]1989 年为 2 个数字，分别为“2.98%”和“2.81%”；1990 年为 2 个数字，分别为“3.04%”和“2.86%”；1991 年为 2 个数字，分别为“2.86%”和“2.75%”；1992 年为 2 个数字，分别为

"2.74%"和"2.76%"。笔者经审核与计算，确定了表内数字不一定准确。在此抛砖引玉，求教于读者指正。

[2]《1993 年全国教育经费执行情况统计公告》显示是"2.76%"，如"国家财政性教育经费支出占国民生产总值的比例由上年的 2.99%下降至 2.76%"。《1994 年全国教育经费执行情况统计公告》却改为："上年国家财政性教育经费支出占国民生产总值的比例为 2.54%。"

从上述中国实现 4%的路径可以看出：

1. 教育投入必须稳中求进

2017 年中央经济工作会议指出："稳中求进工作总基调是治国理政的重要原则。"但从 1993 年以来，中国实现 4%的路途非常艰巨。《中国教育改革和发展纲要》提出 20 世纪末达到 4%，直到 21 世纪后的 12 年即 2012 年(经历了艰巨的 20 年)才实现 4%。且 2012 年后的每年都低于 2012 年的 4.28%。尤其要指出的是，1993 年后的教育投入时升时降，违背了"稳中求进工作总基调是治国理政的重要原则"。

2. 4%是"发展中国家 20 世纪 80 年代的平均水平"

根据 1993 年 2 月的《中国教育改革和发展纲要》中的界定，4%是"发展中国家 20 世纪 80 年代的平均水平"，应在 20 世纪末达到的指标。

3. 世界平均水平为 4.9%

记者黄小伟介绍："财政性教育经费占 GDP 4%到底是什么样的概念？一比较就很清楚。据媒体报道，财政性教育经费占 GDP 的比重，世界平均水平为 4.9%，发达国家为 5.1%，欠发达国家为 4.1%，印度、哥伦比亚、巴西等发展中国家都超过了 4%。相比较之下，中国的教育投资水平连欠发达国家都不如，这与世界第三大经济体的实力是不相称的。在'金砖四国'中，中国的教育竞争力略落后于俄罗斯，远远高于巴西和印度，但是中国的教育投入却是排在末尾的。"①20 年后的 2013 年，我国已成为世界第二经济大国，OECD 国家 2013 年财政性公共教育支出占 GDP 比例的均值为 4.8%。② 因此，国家财政性教育经费占国民生产总值的比例应该逐步提高。

4. 4%只是教育还债的"起点"

2012 年 3 月 8 日，熊丙奇指出："有舆论乐观地分析，我国已还清教育欠债。这不但无视过去多年欠债的事实——关于教育欠债，至少应该从 2000 年起计算，每年教育投入离 4%投入水平的差值，再进行累加，由此得到的教育欠债是十分庞大的，一年达到 4%，远不能抵清过去的大量欠债，而且也为未来教育经费的持续增

① 黄小伟. 教育经费占 GDP 的 4%不应是个传说[N]. 经济观察报，2010-3-6.

② UNESCO. Education 2030 Framework for Action—towards Inclusive and Equitable Quality Education and Lifelong Learning for All (Final draft for adoption) [EB/OL]. http://en.un-esco.org/news/education-2030-framework-action-be-for-mally-adopted-and-launched.

加埋下隐患。要实现我国2010年颁布的《国家中长期教育改革和发展规划纲要》确立的教育改革任务和教育发展目标，教育经费投入如果仅仅维持在4%，是难以支撑的。而要提高投入，就必须调整拨款体系，由公众参与预算决策，并监督政府依法拨款。这也是让钱花得明白、用到刀刃上，不可缺少的机制。”①

5. 暗补不利于计算财政性教育支出

在助学贷款方面，国家采取两项补贴办法。一是对学生贷款利息由政府贴息50%的做法，实行贷款学生在校期间的利息全部由政府财政支付。二是建立国家助学贷款风险补偿机制，由财政和高校按贷款当年发生额承担一定比例的经费，建立国家助学贷款风险补偿专项资金，给予经办银行适当补偿。这种暗补的方式，并不利于计算财政性教育支出。

6. 2020年后应达到多少比例

2018年8月17日，国务院办公厅发布的《关于进一步调整优化结构，提高教育经费使用效益的意见》(国办发〔2018〕82号)提出“一般不低于4%”，即“优先保障，加大投入。调整优化财政支出结构，优先落实教育投入，保证国家财政性教育经费支出占国内生产总值比例一般不低于4%”。

2019年2月，中共中央、国务院印发的《中国教育现代化2035》仍提出“只增不减”和“一般不低于4%”，“一般不低于4%”即“保证国家财政性教育经费支出占国内生产总值的比例一般不低于4%”。

学者曾对各类研究中2020年财政性教育经费占GDP的比例做过整理，将各种观点列表于下(见表1-3)。

表1-3　2020年财政性教育经费占GDP的比例表

作者	出引处	2020年的比例
岳昌君	西部论丛，2010(8)	4.30%
刘泽云、袁连生	高等教育研究，2006(2)	4.4%～4.5%
胡瑞文	人民政协报，2010-1-27	4.4%～4.5%
胡鞍钢、王磊	清华大学教育研究，2010(3)	4.5%
乔锦忠	人民教育，2010(9)	4.6%
张宝贵	复旦教育论坛，2009(4)	4.6%～4.7%
岳昌君、丁小浩	教育研究，2003(5)	4.5%～5%
中央教科所	中国教育报，2009-11-30	5%
杜育红	人民日报，2010-5-24	5.5%左右

① 熊丙奇. 4%只是教育还债的“起点”[N]. 广州日报，2012-3-6.

马晓强等指出:“没有充足的经费就不可能实现现代化的教育。当前,我国经济进入‘新常态’阶段,经济增速由高速向中高速转变,伴随着税收改革、减税等财政政策的实施,政府财政收入将较之前有所减少,教育经费也将受到影响。但同时,经济发展进入转型升级阶段,经济由投资驱动向创新驱动转变,只有不断加强对教育的投入,才能够保证转型的成功。基于上述两个前提,我们建立人口—教育经费—教育发展系统动力学模型,对 2016—2030 年的国家财政性教育经费进行预测。结果显示,自 2016 年开始,国家财政性教育经费绝对数量将继续保持增长,2026 年将超过 6 万亿元,2030 年将超过 8 万亿元,占 GDP 的比例将继续保持在 4%以上,2026 年达到 4.4%,之后将一直保持在 4.4%以上。与此同时,由于更多的社会力量参与到教育中来,教育经费的来源也越来越广泛,预计 2030 年全国教育总经费将接近 8.5 万亿元,占 GDP 的比例为 4.64%。”①

根据上述学者的研究成果,2020 年以前应逐步加大加快教育投入,当前,学前教育需要加大加快教育投入,基础教育投入需要加大加快教育投入,“双一流”大学投入需要加大加快教育投入,以培养工匠(应用型人才)的职业技术教育需要加大加快教育投入,普通本科高校也应加大加快投入。

1985 年 5 月 27 日,中共中央发布的《关于教育体制改革的决定》规定:“发展教育事业不增加投资是不行的。在今后一定时期内,中央和地方政府的教育拨款的增长要高于财政经常性收入的增长,并使按在校学生人数平均的教育费用逐步增长。现在,各级都有一些领导干部,宁肯把钱花在并非必要的方面,对于各种严重浪费也不感到痛心,唯独不肯为发展教育而花一点钱,这种状况必须改变。”

国务院 1999 年 1 月 13 日批转的、教育部 1998 年 12 月 24 日制定的《面向二十一世纪教育振兴行动计划》第 42 条指出:“落实科教兴国战略,必须转变把教育投资作为消费性投资的观念,要切实把发展教育作为基础设施建设,把教育投资作为一种基础性的投资,千方百计增加教育投入。”

四、全国普通高等学校生均一般公共预算公用经费支出

(一) 全国普通高等学校生均一般公共预算教育事业费支出(1993—2017 年)

笔者梳理了 1993—2017 年全国普通高等学校生均一般公共预算教育事业费支出情况,见表 1-4。

① 马晓强,等.中国教育现代化发展的总体趋势和挑战[J].教育研究,2017(11):18-27.

表 1-4　全国普通高等学校生均一般公共预算教育事业费支出表支出(1993—2017 年)

年份	生均教育事业费支出(元)	年份	生均教育事业费支出(元)	年份	生均教育事业费支出(元)
1993	4 102.30	2002	6 177.96	2011	13 877.53
1994	5 047.61	2003	5 772.58	2012	16 367.21
1995	5 442.09	2004	5 552.50	2013	15 591.72
1996	5 956.70	2005	5 375.94	2014	16 102.72
1997	6 522.91	2006	5 868.53	2015	18 143.57
1998	6 775.19	2007	6 546.04	2016	18 747.65
1999	7 201.24	2008	7 577.71	2017	20 298.63
2000	7 309.58	2009	8 542.30		
2001	6 816.23	2010	9 589.73		

资料来源:教育部、国家统计局、财政部《全国教育经费执行情况统计公告》。

说明:

[1] 从 2017 年起,将“公共财政预算安排的教育经费”修改为“一般公共预算安排的教育经费”,将“公共财政教育经费”修改为“一般公共预算教育经费”,将“生均公共财政预算教育事业费”修改为“生均一般公共预算教育事业费”,将“生均公共财政预算公用经费”修改为“生均一般公共预算公用经费”。

[2] 生均教育事业费支出从 1993—2000 年是呈逐年上升趋势,2000—2005 年是呈逐年下降趋势,2006—2007 年虽有上升但未恢复到 2000 年的水平(未考虑物价上升因素),直至 2008 年才超过 2000 年的水平,之后虽有上升趋势,但 2013 和 2014 年仍低于 2012 年水平。

(二) 全国普通高等学校生均一般公共预算公用经费支出(1993—2017 年)

笔者梳理了 1993—2017 年全国普通高等学校生均一般公共预算公用经费支出情况,见表 1-5。

表 1-5　全国普通高等学校生均一般公共预算公用经费支出表(1993—2017 年)

年份	生均公用经费支出(元)	年份	生均公用经费支出(元)	年份	生均公用经费支出(元)
1993	2 040.55	2002	2 453.47	2011	7 459.51
1994	2 063.36	2003	2 352.36	2012	9 040.02
1995	2 339.73	2004	2 298.41	2013	7 899.07
1996	2 604.36	2005	2 237.57	2014	7 637.97
1997	2 865.60	2006	2 513.33	2015	8 280.08
1998	2 892.65	2007	2 596.77	2016	8 067.26
1999	2 962.37	2008	3 235.89	2017	8 506.02
2000	2 921.23	2009	3 802.49		
2001	2 613.56	2010	4 362.73		

资料来源：教育部、国家统计局、财政部《全国教育经费执行情况统计公告》。

说明：

[1] 从 2017 年起，将“公共财政预算安排的教育经费”修改为“一般公共预算安排的教育经费”，将“公共财政教育经费”修改为“一般公共预算教育经费”，将“生均公共财政预算教育事业费”修改为“生均一般公共预算教育事业费”，将“生均公共财政预算公用经费”修改为“生均一般公共预算公用经费”。

[2] 生均公用经费支出从 1993—2000 年是呈逐年上升趋势，2000—2005 年是呈逐年下降趋势，2006—2007 年虽有上升但未恢复到 2000 年的水平（未考虑物价上升因素），直至 2008 年才超过 2000 年的水平，2009—2012 年是呈上升趋势，但 2013—2017 年仍低于 2012 年水平。

第二章　新中国高校财务领域70年

第一节　高校预算拨款的发展轨迹

一、改革和完善高校预算拨款制度

(一) 高校预算拨款制度是高等教育财政政策的核心内容之一

2008年10月8日发布的《财政部、教育部关于完善中央高校预算拨款制度的通知》(财教〔2008〕232号)指出:"高校预算拨款制度是高等教育财政政策的核心内容之一,也是高等教育宏观调控的重要手段。"2015年11月17日发布的《财政部、教育部关于改革完善中央高校预算拨款制度的通知》(财教〔2015〕467号)指出:"高校预算拨款制度是高等教育财政政策的核心内容之一,是支持高等教育事业发展的重要制度安排。"

(二) 改革和完善高校拨款制度

1999年1月13日国务院批转的教育部《面向二十一世纪教育振兴行动计划》(国发〔1994〕39号)第45条指出:"各级教育部门必须采取各种措施深化教育改革,完善拨款制度,精简机构和冗员,提高经费使用效益。同时,加强对教育经费的审计与监督。"

1999年6月13日发布的《中共中央、国务院关于深化教育改革全面推进素质教育的决定》第24条指出:"进一步完善教育经费拨款办法,充分发挥教育拨款在宏观调控中的作用,不断提高教育经费的使用效益。政府的教育拨款主要用于保证普及义务教育和承担普通高等教育的大部分经费。地方各级人民政府要确保义务教育的资金投入并做到专款专用。在非义务教育阶段,要适当增加学费在培养成本中的比例,逐步建立符合社会主义市场经济体制以及政府公共财政体制的财政教育拨款政策和成本分担机制。"

2012年3月16日发布的《教育部关于全面提高高等教育质量的若干意见》(教高〔2012〕4号)第三十条指出:"加强高校经费保障。完善高校生均财政定额拨款制度,建立动态调整机制,依法保证生均财政定额拨款逐步增长。"

《关于2015年中央和地方预算执行情况与2016年中央和地方预算草案的报告(摘要)》提出"完善高校预算拨款制度",《关于2015年中央和地方预算执行情况与2016年中央和地方预算草案的报告》将其修改为“改革中央高校预算拨款制度”。从“完善”到“改革”反映了高校预算拨款制度改革任务比较艰巨。

2016年2月4日，《教育部2016年工作要点》(教政法〔2016〕6号)第20条指出：“推进中央高校预算拨款制度改革。”

（三）创新学校拨款体制机制

《国家教育事业发展第十二个五年规划》第十一条第四款规定：“推动各地政府制订公办幼儿园、普通高中、职业院校和地方高等学校生均拨款标准和公用经费标准。创新学校拨款体制机制，促进教育财政政策和教育发展政策有机结合。在完善经费监管制度的基础上，扩大学校经费使用自主权。设立高等教育拨款咨询委员会，完善高等学校财政支出绩效评价体系，构建以绩效为导向的资源配置机制。”

二、高校预算拨款的发展沿革

（一）参照一定定额的阶段(1949年10月至1954年)

1951年12月1日，《中共中央关于实行精兵简政、增产节约、反对贪污、反对浪费和反对官僚主义的决定》指出：“文化教育经费的分配，应采取一般维持、重点建设的方针。”

张加伦在回忆录中指出：“我1947年进入天津工商学院(后改名津沽大学)财政会计系，1951年毕业后分配到财政部预算司(初称主计司)。那时候跟苏联专家学了一个东西‘定员定额’。审地方决算，要看你‘定员’多少，超没超过核定数。‘定额’就是开支标准什么的，比方卫生支出，医师、床位有多少，比例怎么样。教育也是这样，一个学校教职员工、学生有多少，平均下来比例是多少……都有定员定额。为什么后来领导认为我还行？因为我根据苏联专家说的把它设计成表格了。那时候全国28个省市，大家乱七八糟你审你的、我审我的。我就设计成表格，‘定员定额表’，大家按统一格式、统一标准搞。这样，一步一步把它正规化了。1956年评社会主义积极分子，1958年评先进工作者，都把我给评上了，那也算是我的事迹。”①

1952年9月8日，苏北区行署发布的《1952年事业经费管理的暂行规定》在甲项“预算之编制与执行”中的第四条规定：“预算附送材料：(1)具体事业计划(包括财务有关方面的计划)；(2)人员编制表；(3)实有人员统计表(分类别：如供给制、工资制、教职员工、学生、医师、护士、特重病员、重病员、轻病员、特等荣军、甲等荣军、乙等荣军……)；(4)各种定额计算表；(5)工资及生活费明细表；(6)各科目费用计算过程表。”在“二、几项费用的管理”的“乙、教育事业费”中规定：“(1)根据不同的学校性质，如初师、初中、工农文化补习班、工农速成中学、高中等规定不同的

① 张加伦(口述)徐绥之(整理).我执笔起草了第一个国库券条例[J].武汉文史资料,2010(2):4-11.

定额标准:① 经常费应根据规定人员编制及各学校原有标准计算,订出每定员定额数字;② 教职员工工资、工资补助、工农速成中学、工农文化补习班学员供给生活费、家属补助费,可与行政机关同样进行定员定额管理;③ 开办费:根据各种不同性质的学校需要和财力,订出每班开办费的定额标准;④ 保险费:可按保险公司规定及固定资产总额计算开支数额,也可进行定额。(2) 人民助学金和私立学校补助费,可按照各地各学校实际情况,确定比例、确定补助数额后进行定额管理。各学校须按月报告实支情况,包括助学金人数,分烈、军、工属子弟等人数,以便研究其费用规律,求出单位平均数。(3) 教学行政费:研究其原定标准之适合与否,进行调整包干管理(各地学校须按月报告实支情况及管理办法)。”

新中国成立后至1954年,由于当时整个预算体制不够健全,高等学校预算的核拨方式和标准虽然没有定型的方法,但也参照一定的定额定员核定。《浙江义乌财税志》“第二篇建国后财政”的“第二章财政管理与监督”在“第一节行政事业财务管理”中指出:“解放初期采用‘定员定额’管理法。……1954年,根据各单位的性质、经费来源等情况,分别核定全额预算管理、差额补助、自收自支三种预算管理形式。1960—1961年,对各单位核定的经费实行综合包干,允许在项目之间余缺调剂,但超支不补,结余可以留作下年使用。1962年按实有人员数‘定员定额’核拨经费。1963年将行政经费和事业经费分别核拨,行政人员按实有人数核拨,事业人员按全年平均人数和年末到达人数(即考虑事业发展因素)核定。1972年,采取事业费‘结余不上交,超过不弥补’的包干办法。”

新中国成立至1952年初,高校大部分人员实行供给制,留用人员和新参加工作人员实行工资制,这样按定员参照一定的定额核拨经费。但供给制是以实物为计量单位,而各解放区的标准不大一样,因此,当时拨款的标准是粗线条的。关于供给制、工资制的有关情况在本章第二节中阐述。

(二) “基数+发展”阶段(1955年至1986年10月)

1955到1985年,我国高等教育财政拨款模式采用“基数+发展”的拨款模式,也称为“增量拨款模式”。“基数”是指以前一年(基期)的拨款标准为基数,该基数依当年国家财力、物价等因素的变化情况而确定,它以历史的支出结果为基础。“发展”是指当年该高校教育事业发展与变化的情况而确定。因此,“基数+发展”是一种渐进式的拨款模式。

这种拨款模式简明、易行,能简化决策程序,“基数+发展”的方法具有一定的适用性,在新中国成立初期曾起过一定的积极意义。但由于基数是历史的支出,包含着以前的不合理成分,故确定的主观性较大。

(三) “综合定额+专项补助”阶段(1986年10月至今)

1986年10月15日,国家教委、财政部颁布的《高等学校财务管理改革实施办法》(教计字〔1986〕162号)第六条指出:“高等学校年度教育事业费预算,由主管部门按照不同科类、不同层次学生的需要和学校所在地区的不同情况，结合国家财力的可能，按‘综合定额加专项补助’的办法进行核定。”

“综合定额”包括教职工工资、补助工资、职工福利工资、学生奖金、人民助学金、业务费、修缮费、其他费用和差额补助费等。在实际确定生均经费额度时，将上述费用加总再除以学生数（在校学生数）便形成了综合的生均经费。财政部门和上级主管部门在核定事业经费时则按照生均经费的定额标准和学生人数（在校生数）计算。“专项补助”包括专业设备补助费、长期外籍专家经费、离退休人员经费。各年度专项补助的经费总量基本上根据年初预算中的申请数目而定。离退休人员人数、外籍专家人数也按一定定额核定。

“综合定额＋专项补助”比“基数＋发展”有一定进步，它根据学生规模和离退休人员人数、外籍专家人数核定，在一定程度上克服了过去分配中的苦乐不均的状况。在确定“综合定额”方面，由于综合定额的核定比较困难，又受财力的限制，不可能制定科学的定额，基本上以“前几年的生均综合支出水平”作基数，这就实际上承认了历史支出中存在的问题；由于“综合定额”以招生人数计算，也容易导致高校盲目扩大招生规模；在确定“专项补助”方面，除了离退休人员、外籍专家定额外，还有维持经费、发展经费、各项专款和一次性补助费 4 项，这些有一定的主观随意性，易造成“跑步（部）前（钱）进”的项目。

2008 年 10 月 8 日，财政部、教育部发布的《关于完善中央高校预算拨款制度的通知》（财教〔2008〕232 号）指出：“高校基本运行经费拨款改革要点是按照‘人员经费基本持平、公用经费体现差异’的原则，细化综合定额拨款标准，完善高校基本支出拨款办法。具体做法为一是合理确定公用经费与人员经费的构成比例和基础标准。根据目前财力状况，结合测算的人员经费与公用经费占生均支出的比例，核定公用经费和人员经费基础标准分别为 3 000 元/生和 4 000 元/生。二是按学科设置公用经费学科折算系数。即按照高等教育本科教学 11 大类学科设置设定不同档次的学科折算系数，对不同专业确定不同的公用经费定额标准，体现不同专业办学成本的差异。三是建立动态调整机制。根据中央高校发展需要，结合财力情况、物价变动水平、高校学生人数变化等因素，对公用经费和人员经费基础定额标准实行动态调整。”

2012 年 3 月 16 日，教育部发布的《关于全面提高高教质量的若干意见》第二十四条规定：“加强省级政府统筹。加大省级统筹力度，根据国家标准，结合各地实际，合理确定各类高等教育办学定位、办学条件、教师编制、生均财政拨款基本标准，合理设置和调整高校及学科专业布局。”第三十条规定：“加强高校经费保障。完善高校生均财政定额拨款制度，建立动态调整机制，依法保证生均财政定额拨款逐步增长。”

2015 年 11 月 17 日发布的《财政部、教育部关于改革完善中央高校预算拨款制度的通知》(财教〔2015〕467号)指出:"现行中央高校预算拨款制度也出现了项目设置交叉重复、内涵式发展的激励引导作用尚需加强等问题,完善和重构后形成了'1+6'的制度支出体系。(1)完善基本支出体系。在现行生均定额体系的基础上,逐步建立中央高校本科生均定额、拨款总额相对稳定机制:以2~3年为一周期,保持周期内每所中央高校本科生均定额拨款总额的基本稳定;上一周期结束后,根据招生规模、办学成本等因素,重新核定下一周期各中央高校本科生均定额拨款总额,并根据中央财力状况等情况适时调整本科生均定额拨款标准,引导中央高校合理调整招生规模和学科专业结构。逐步完善研究生生均定额拨款制度。继续对西部地区中央高校和小规模特色中央高校等给予适当倾斜。同时,将中央高校学生奖助经费由项目支出转列基本支出。(2)重构项目支出体系。新的项目支出体系包括以下六项内容:中央高校改善基本办学条件专项资金;中央高校教育教学改革专项资金;中央高校基本科研业务费;中央高校建设世界一流大学(学科)和特色发展引导专项资金;中央高校捐赠配比专项资金;中央高校管理改革等绩效拨款。"

2017年3月31日,教育部、中央编办、发展改革委、财政部、人力资源和社会保障部《关于深化高等教育领域简政放权放管结合优化服务改革的若干意见》(教政法〔2017〕7号)第十二条指出:"改进高校经费使用管理。财政部门要完善高校预算拨款制度,优化高等教育拨款结构,加大基本支出保障力度,基本支出占比较低的地方要进一步优化结构,合理安排基本支出。改进项目管理方式,完善资金管理办法,采取额度管理、自主调整等措施,进一步扩大高校项目资金统筹使用权。进一步完善高校国库集中支付范围划分,逐步扩大财政授权支付范围,逐步实现用款计划按政府收支分类科目的项级支出功能分类科目编报。"

(四)"基本支出预算加项目支出预算"不能作为"综合定额+专项补助"以外的阶段

1. 关于"基本支出预算加项目支出预算"作为独立阶段的观点

马陆亭认为:"从2002年开始,财政部对中央部门的预算核定方式为基本支出预算和项目支出预算。"①

由华中师范大学、财政部教科文司、教育部财务司组成的"改革完善中央高校经费投入机制研究"课题组认为:"从2002年开始,财政部对中央直属高校的预算核定模式改革为基本支出预算加项目支出预算。"②

2. 上述观点的依据

2001年7月25日,财政部印发的《中央部门基本支出预算管理试行办法》(财

① 马陆亭.高等教育财政拨款模式改革研究[J].北京教育(高教版),2006(5):14-18.

② "改革完善中央高校经费投入机制研究"课题组.中央直属高校财政拨款模式的历史变迁与改革思路[J].华中师范大学学报(人文社会科学版),2014,53(6):149-156.

预〔2001〕330号)第三条指出:“基本支出预算是行政事业单位为保障其机构正常运转、完成日常工作任务而编制的年度基本支出计划。”第四条指出:“行政事业单位在基本支出之外为完成其特定行政任务和事业发展目标所发生的支出作为项目支出预算管理。”第六条指出:“定员和定额是测算和编制行政事业单位基本支出预算的重要依据。定员是指国家机构编制主管部门根据中央行政事业单位的性质、职能、业务范围和工作任务所下达的人员配置标准。定额是指财政部根据中央行政事业单位机构正常运转和日常工作任务的合理需要,结合财力的可能,对各项基本支出所规定的指标额度。”第八条“制定定额标准的方法”的第三款指出:“基本支出定额项目包括人员经费和日常公用经费两部分。人员经费定额项目包括基本工资、津贴及奖金、福利费、社会保障缴费、离退休费、助学金、医疗费、住房补助支出和其他人员经费等;日常公用经费定额项目包括办公费、专用材料及一般设备购置费、水电费、邮电及通讯费、取暖费、交通费、差旅费、维修及租赁费、物业管理费、会议费、专项业务费和其他费用等。”

2007年4月13日,财政部印发的《中央本级基本支出预算管理办法》(财预〔2007〕37号)第四条指出:“基本支出预算是部门预算的组成部分,是中央部门为保障其机构正常运转、完成日常工作任务而编制的年度基本支出计划,按其性质分为人员经费和日常公用经费。”第五条指出:“中央部门在基本支出之外为完成其特定行政任务和事业发展目标所发生的支出作为项目支出预算管理。”第七条指出:“定员、资产和定额是测算和编制中央部门基本支出预算的重要依据。定员,是指国家机构编制主管部门根据中央部门的性质、职能、业务范围和工作任务所下达的人员配置标准。资产,是指中央部门占有、使用的,依法确认为国家所有的公共财产,包括国家调拨的资产、用国家财政性资金形成的资产、按照国家规定组织收入形成的资产、以单位名义接受捐赠形成和其他依法确认为国家所有的资产等,其表现形式为办公用房、车辆、专用设备等固定资产。定额,是指财政部根据中央部门机构正常运转和日常工作任务的合理需要,结合财力的可能,对基本支出的各项内容所规定的指标额度。”第九条“制定定额标准的方法”的第三款指出:“基本支出定额项目包括人员经费和日常公用经费两部分。人员经费包括政府收支分类的支出经济分类科目中的‘工资福利支出’和‘对个人和家庭的补助’。具体定额项目包括基本工资、津补贴及奖金、社会保障缴费、离退休费、医疗费、助学金、住房补贴和其他人员经费等。日常公用经费包括政府收支分类的支出经济分类科目中的‘商品和服务支出’和‘其他资本性支出’中属于基本支出内容的支出。具体定额项目包括办公及印刷费、水电费、邮电费、取暖费、物业管理费、交通费、差旅费、日常维修费、会议费、专用材料费、一般购置费(包括一般办公设备购置费、一般专用设备购置费、一般交通工具购置费、一般装备购置费等)、福利费和其他公用经费等。”

3.“基本支出预算加项目支出预算”不是拨款模式而是预算管理办法

下文中的文件名称都是“预算管理办法”，因此，这部分属于“预算管理”应在本章第二节“高校预算管理的发展轨迹”中阐述，由于与上述内容相关，故在本节阐述。

(1)“基本支出与项目支出预算”的发展轨迹

2001年7月25日，财政部印发的《中央部门基本支出预算管理试行办法》(财预〔2001〕330号)第一条指出：“为规范和加强中央级行政事业单位基本支出预算管理，提高资金使用效益，保障行政事业单位正常运转的资金需要，依据《中华人民共和国预算法》，制定本办法。”第三条规定：“基本支出预算是行政事业单位为保障其机构正常运转、完成日常工作任务而编制的年度基本支出计划。”第四条规定：“行政事业单位在基本支出之外为完成其特定行政任务和事业发展目标所发生的支出作为项目支出预算管理。”第六条规定：“定员和定额是测算和编制行政事业单位基本支出预算的重要依据。”从第六条可以看出，基本支出预算是“预算”而不是“拨款模式”。

2001年7月27日，财政部印发的《中央部门项目支出预算管理试行办法》(财预〔2001〕331号)第二条规定：“项目支出预算是中央级行政事业单位为完成其特定的工作任务或事业发展目标，在基本支出预算之外编制的年度项目支出计划。”

2002年6月19日，财政部印发的《中央本级项目支出预算管理办法(试行)》(财预〔2002〕356号)第五条规定：“项目按照其性质分为基本建设类项目、行政事业类项目和其他类项目。基本建设类项目，是指按照国家关于基本建设管理的规定，用基本建设资金安排的项目。行政事业类项目，是指中央级行政事业单位由行政事业费开支的项目，主要包括国家批准设立的有关事业发展专项计划、工程、基金项目，经常性专项业务费用项目，以及大型修缮、大型购置、大型会议等项目。其他类项目，是指除上述两类项目之外的项目，主要包括用科技三项费用、农业综合开发、政策性补贴、对外援助、支援不发达地区支出等资金安排的项目。”

2004年5月13日，财政部印发了《中央本级项目支出预算管理办法(试行)》(财预〔2004〕84号)。

2007年4月13日，财政部印发的《中央本级项目支出预算管理办法》(财预〔2007〕38号)第四条规定：“项目支出预算是部门支出预算的组成部分，是中央部门为完成其特定的行政工作任务或事业发展目标，在基本支出预算之外编制的年度项目支出计划。包括基本建设、有关事业发展专项计划、专项业务费、大型修缮、大型购置、大型会议等项目支出。”

2015年5月18日，财政部印发了《关于加强和改进中央部门项目支出预算管理的通知》(财预〔2015〕82号)。

2017年6月21日，财政部印发了《关于进一步完善中央部门项目支出预算管理的通知》(财预〔2017〕96号)。

(2) 高校“基本支出与项目支出预算”的改革和完善

2015年11月17日,财政部、教育部印发的《关于改革完善中央高校预算拨款制度的通知》(财教〔2015〕467号)将中央高校预算拨款制度改革为“1+6”模式。

“1”是指“基本支出体系”,即“在现行生均定额体系的基础上,逐步建立中央高校本科生均定额拨款总额相对稳定机制;逐步完善研究生生均定额拨款制度;将中央高校学生奖助经费由项目支出转列基本支出”。

“6”是指“项目支出体系”,即“新的项目支出体系包括以下六项内容:中央高校改善基本办学条件专项资金,中央高校教育教学改革专项资金,中央高校基本科研业务费,中央高校建设世界一流大学(学科)和特色发展引导专项资金,中央高校捐赠配比专项资金,中央高校管理改革等绩效拨款”。

4. “基本支出预算加项目支出预算”仍是“综合定额+专项补助”阶段

如果将“基本支出预算加项目支出预算”作为一个独立阶段,起始时间也不是2002年,而是2001年7月25日,但2001年后仍使用“综合定额”。

(1) 财政部、教育部的文件仍使用“综合定额”

2008年10月08日,教育部发布的《关于完善中央高校预算拨款制度的通知》(财教〔2008〕232号)指出:“中央高校预算拨款制度改革的总体思路是完善支持体系,突出高校职能;细化综合定额,体现办学差异;稳定专项投入,明确支持重点;增加绩效拨款,构建激励机制。”

2007年4月13日,财政部印发的《中央本级基本支出预算管理办法》第九条第六款指出:“各个单项定额标准的总和构成单位基本支出的综合定额。”

2013年2月28日,财政部、国家发改委、教育部《关于完善研究生教育投入机制的意见》(财教〔2013〕19号)指出:“完善中央部门所属普通高等学校(以下简称中央高校)研究生教育财政拨款制度。建立健全包括生均综合定额拨款、绩效拨款、奖助经费在内的财政拨款体系。”这里用的是“生均综合定额拨款”。

(2) 2008年后,财政部答复全国人大代表和政协委员时仍用“‘综合定额+专项’的高校预算拨款模式”

2008年6月19日,财政部在《关于“提高高等学校生均定额拨款标准”建议的答复》中指出:“目前,我国高等教育财政拨款主要采取两种方式:‘基数加增长’和‘综合定额加专项补助’拨款模式。上述两种模式都存在着一些问题,主要体现在:一是高校定位模糊,导致相应的财政支持政策缺乏针对性。二是拨款机制导向单一,助长高校规模扩张欲望,不利于办学质量的提高。三是综合定额中缺乏有效分类和合理差异,无法体现不同类型、不同层次、不同专业的办学成本。四是缺少管理绩效激励因素,无法发挥政策导向作用。五是专项经费缺乏长期、稳定的财政投入政策。针对上述问题,经过多次研究与探讨,目前已初步形成进一步完善中央直属高校财政拨款体制的改革思路：按照科学化、精细化管理要求，构建内容更加齐全、导向更加明确、结构更加合理、核定更加科学的高等教育拨款体系。高校具有教学、科研和服务社会三大社会职能。完善高等教育拨款制度，从内容上讲，应设立与三大社会职能相对应的教学、科研和贡献补偿经费，并根据各自特点制定相应的核定办法，使经费的核定、管理更加科学，同时方便财政支出绩效的考核。从导向上看，教育拨款应充分体现专业间办学成本差异和国家宏观政策导向，从而解决低成本专业无序扩张和人才培养与社会需求相脱节等问题。”

财政部对2014年两会政协委员的提案做出答复，《关于“国家高等教育经费拨付与使用管理建议”答复（摘要）》中指出：“中央高校的财政补助收入主要由中央财政安排，实行‘生均综合定额＋专项’的高校预算拨款模式。关于生均综合定额，2008年起，中央财政对拨款制度进行了改革，实行生均综合定额拨款方式，按照‘人员经费基本持平、公用经费体现差异’的原则，公用经费拨款标准按照12个学科门类设定不同折算系数，细化了拨款标准，提高了拨款的科学性、合理性，这就是您所提到的生均拨款。关于专项，主要包括您提到的‘985工程’‘211工程’‘2011计划’、改善基本办学条件专项、长效补助机制、绩效拨款、捐赠配比、学生资助、国际交流等按照因素法、项目法逐校核定的专项经费。通过改革完善拨款制度，中央财政对中央高校提高了保障程度，也更加契合高校的职能和特点。对中央高校，为提高学校办学自主权，每年中央高校预算拨款增量都向基本支出倾斜，生均综合定额水平逐步调高、学科差异系数不断优化。这部分基本支出都是学校可统筹使用、自主支配的，就是您提到的‘经常性经费’。目前，中央高校基本支出占总经费的比例已经由2008年的40%提高到2012年的60%，学校的可用财力已经大幅提高。”

(3)“改革完善中央高校经费投入机制研究”课题组也认为应使用“生均综合定额＋专项资金”

“改革完善中央高校经费投入机制研究”课题组也认为：“2008年，财政部、教育部进一步建立了以‘生均综合定额＋专项资金’为主体的中央高校预算拨款制度。”①

三、生均拨款基本标准

(一) 关于“生均拨款基本标准”的提出

1. 中央的规定

2010年6月21日，中共中央政治局审议并通过的《国家中长期教育改革和发展规划纲要（2010—2020年）》第五十七条规定：“各地根据国家办学条件基本标准

① “改革完善中央高校经费投入机制研究”课题组.中央直属高校财政拨款模式的历史变迁与改革思路[J].华中师范大学学报(人文社会科学版),2014,53(6):149-156.

和教育教学基本需要，制定并逐步提高区域内各级学校学生人均经费基本标准和学生人均财政拨款基本标准。”第六十七条规定：“制定各级学校学生人均经费基本标准和学生人均财政拨款基本标准。”

2010年10月24日，国务院办公厅发布的《关于开展国家教育体制改革试点的通知》（国办发〔2010〕48号）指出：“根据办学条件基本标准和教育教学基本需要，研究制定各级学校生均经费基本标准，试点地区包括北京市、天津市、辽宁省、上海市、江苏省、浙江省、安徽省、河南省、湖南省、广东省、广西壮族自治区、重庆市、云南省、甘肃省。”这是“十三五”期间继续做的事情。

2. 财政部、教育部的规定

2010年11月30日，财政部、教育部发布的《关于进一步提高地方普通本科高校生均拨款水平的意见》（财教〔2010〕567号）指出：“各地要根据高校合理需要，制定本地区地方高校生均拨款基本标准。在此基础上，结合财力情况、物价变动水平、高校在校生人数变化、工资标准调整等因素，建立地方高校生均拨款标准动态调整机制，逐步提高生均拨款水平。原则上，2012年各地地方高校生均拨款水平（指政府收支分类科目‘2050205 高等教育’中，地方财政通过一般预算安排用于支持地方高校发展的经费，按在校生人数折算的平均水平，包括基本支出和项目支出，不含中央财政安排的专项经费）不低于12 000元。……从2010年起，中央财政建立‘以奖代补’机制。对于生均拨款水平已经达到12 000元的省份，在生均拨款水平没有下降的情况下，中央财政每年给予定额奖励。对于生均拨款水平尚未达到12 000元的省份，中央财政对各省份提高生均拨款水平所需经费按一定比例进行奖补。对于地方高校生均拨款水平没有逐年提高，2012年仍低于12 000元的省份，除不再给予奖补资金支持外，中央财政还将停止或减少安排高等教育专项转移支付资金。”

2014年10月30日，财政部、教育部发布的《关于建立完善以改革和绩效为导向的生均拨款制度加快发展现代高等职业教育的意见》（财教〔2014〕352号）指出：“拨款标准奖补根据各地提高高职院校生均财政拨款水平的具体情况核定。2017年各地高职院校年生均财政拨款水平应当不低于12 000元。年生均财政拨款水平是指政府收支分类科目‘2050305 高等职业教育’中，地方财政通过一般公共预算安排用于支持高职院校发展的经费，按全日制高等职业学历教育在校生人数折算的平均水平，包括基本支出和项目支出。中央财政统一以省份为单位考核，不要求对辖区内高职院校平均安排。2017年以前，对于年生均财政拨款水平尚未达到12 000元的省份，中央财政以2013年为基期对各地生均财政拨款水平增量部分按一定比例给予拨款标准奖补。……对于年生均财政拨款水平已达到12 000元且以后年度不低于这一水平的省份，中央财政给予拨款标准奖补并稳定支持。2017年，对于年生均财政拨款水平仍未达到12 000元的省份，除不再给予拨款标准奖补外，中央财政还将暂停改革绩效奖补。……选取体现改革绩效导向的因素分配，并适当向高等职业教育改革成效显著的省份倾斜、向年生均财政拨款水平率先达到 12 000 元且稳定投入的省份倾斜。2014—2017 年，改革绩效奖补资金规模根据中央财政财力状况和各地高等职业教育改革进展情况等因素确定。2017 年以后，当各地年生均财政拨款水平全部不低于 12 000 元时，中央财政将进一步加大改革绩效奖补力度。”

3. 教育部的规定

2010 年 1 月 29 日，《教育部 2010 年工作要点》(教政法〔2010〕2 号)第 27 条指出：“探索制定各级各类学校生均经费基本标准和生均拨款基本标准。”

2010 年 5 月 17 日，教育部发布的《深化教育体制改革工作重点》指出：“完善教育投入保障机制。开展建立多渠道筹措教育经费长效机制试点。探索政府收入统筹用于支持教育的办法。建立健全教育投入绩效评估和加强经费使用管理和监督的政策措施。制订各级学校生均经费基本标准和生均财政拨款基本标准。完善家庭经济困难学生资助体系，建立健全各级各类学生资助政策。”

2011 年 2 月 10 日，《教育部 2011 年工作要点》(教政法〔2011〕2 号)第 25 条指出：“指导各地制定职业教育生均拨款标准。”

2012 年 1 月 20 日，《教育部 2012 年工作要点》(教政法〔2012〕2 号)第 6 条指出：“推动制定职业学校生均财政拨款标准。提高高校生均拨款水平。”

2013 年 1 月 24 日，《教育部 2013 年工作要点》(教政法〔2013〕2 号)第 11 条指出：“统筹建立健全以政府投入为主、多渠道筹集教育经费、保障教育投入稳定增长的体制机制。”第 34 条指出：“推动各地建立高等职业学校生均拨款制度。推进研究生投入机制改革。”

2013 年 1 月 26 日，《教育部关于 2013 年深化教育领域综合改革的意见》(教改〔2013〕1 号)规定：“加快研究制定高等职业学校生均财政拨款标准。”

2014 年 4 月 25 日，《教育部财务司关于印发 2014 年教育财务工作要点的通知》(教财司函〔2014〕152 号)第 1 条指出：“推动各地尽快建立各级教育生均拨款制度，建立保证财政教育投入稳定增长的长效机制。”第 8 条指出：“推动建立职业教育生均拨款制度。推动各地建立完善高职院校生均拨款制度，指导和推动地方逐步建立职业教育生均拨款制度，保证学校基本办学需求。”

2015 年 1 月 31 日，《教育部 2015 年工作要点》(教政法〔2015〕3 号)第 16 条指出：“不断提高教育经费保障与管理水平。督促各地落实法定增长，推动各地建立各级教育生均拨款制度，依法保障财政教育投入。”

2016 年 2 月 4 日，《教育部 2016 年工作要点》(教政法〔2016〕6 号)第 20 条指出：“督促各地落实中职学校和高职院校生均拨款制度。推动建立健全地方所属高校研究生教育生均拨款制度。完善非义务教育阶段成本分担机制，规范学校收费管理。推进中央高校预算拨款制度改革。"

2018年2月11日，教育部、国家发改委、财政部、人力资源和社会保障部、中央编办发布的《教师教育振兴行动计划(2018—2022年)》(教师〔2018〕2号)指出："加强经费保障。要加大教师教育财政经费投入力度，提升教师教育保障水平。根据教师教育发展以及财力状况，适时提高师范生生均拨款标准。教师培训经费要列入财政预算。幼儿园、中小学和中等职业学校按照年度公用经费预算总额的5%安排教师培训经费。中央财政通过现行政策和资金渠道对教师教育加大支持力度。在相关重大教育发展项目中将教师培养培训作为资金使用的重要方向。积极争取社会支持，建立多元化筹资渠道。"

(二) 高校生均拨款标准落实情况

2015年1月22日，袁贵仁在全国教育工作会议上指出："各地教育部门要抓紧制订和落实生均拨款标准，这是落实法定增长的重要抓手，也是保障教育投入稳定增长的长效机制。……建立生均财政拨款标准动态调整机制，逐步提高保障水平。"

晋浩天报道："截至2015年12月，全国31个省份已经全部建立了高职院校生均拨款制度。"[①]这里，生均拨款制度不等于生均拨款标准。高职院校生均拨款制度也未建好，2016年3月15日，第十二届全国人民代表大会第四次会议通过的《关于2015年中央和地方预算执行情况与2016年中央和地方预算草案的报告》在"2016年财政政策"中指出："推动地方建立健全职业院校生均拨款制度……完善高校预算拨款制度，引导高校提高质量、优化结构、办出特色。"这里，仍提到"2016年推动地方建立健全职业院校生均拨款制度。"

2019年2月，中共中央、国务院印发的《中国教育现代化2035》指出："到2020年，各地要制定区域内各级学校生均经费基本标准和生均财政拨款基本标准，并建立健全动态调整机制。……建立以师资配备、生均拨款、教学设施设备等资源要素为核心的标准体系和办学条件标准动态调整机制。"

从上可知，高校生均拨款标准仍需制定和落实。

四、高校预算拨款制度改革的目标

高校预算拨款制度改革的目标是注重公平的同时，要切实体现改革和绩效导向。

(1) 坚持教育公益性为基本原则

2008年10月8日，教育部发布的《关于完善中央高校预算拨款制度的通知》(财教〔2008〕232号)指出："高校预算拨款制度改革的根本目的在于以坚持教育公

① 晋浩天.教育部:全国31省份均已建立高职院校生均拨款制度[N].光明日报,2016-1-15.

益性为基本原则，在确保财政投入不断增加的同时，充分发挥财政投入的宏观政策导向作用，引导高校科学规划、合理定位、特色办学、持续发展，实现科学化、精细化管理的要求。”

(2) 在注重公平的同时，要切实体现改革和绩效导向

2014年10月30日，财政部、教育部发布的《关于建立完善以改革和绩效为导向的生均拨款制度加快发展现代高等职业教育的意见》(财教〔2014〕352号)指出："发挥导向作用。各地在建立完善高职院校生均拨款制度过程中，在注重公平的同时，要切实体现改革和绩效导向，以学生规模存量调整为重点，促进高职院校加强内涵建设。防止出现吃‘大锅饭’和盲目扩招的问题。要向改革力度大、办学效益好、就业质量高、校企合作紧密的学校倾斜，向管理水平高的学校倾斜，向当地产业转型升级亟需的专业以及农林水地矿油等艰苦行业专业倾斜，引导高职院校合理定位，办出特色和水平。”

2015年5月21日，财政部印发的《中央部门预算绩效目标管理办法》(财预〔2015〕88号)第三条指出："本办法所称绩效目标：按照预算支出的范围和内容划分，包括基本支出绩效目标、项目支出绩效目标和部门(单位)整体支出绩效目标。基本支出绩效目标，是指中央部门预算中安排的基本支出在一定期限内对本部门(单位)正常运转的预期保障程度。一般不单独设定，而是纳入部门(单位)整体支出绩效目标统筹考虑。项目支出绩效目标是指中央部门依据部门职责和事业发展要求，设立并通过预算安排的项目支出在一定期限内预期达到的产出和效果。部门(单位)整体支出绩效目标是指中央部门及其所属单位按照确定的职责，利用全部部门预算资金在一定期限内预期达到的总体产出和效果。”

2015年10月24日，《国务院关于印发统筹推进世界一流大学和一流学科建设总体方案的通知》(国发〔2015〕64号)第十五条指出："强化绩效，动态支持。创新财政支持方式，更加突出绩效导向，形成激励约束机制。资金分配更多考虑办学质量特别是学科水平、办学特色等因素，重点向办学水平高、特色鲜明的学校倾斜，在公平竞争中体现扶优扶强扶特。完善管理方式，进一步增强高校财务自主权和统筹安排经费的能力，充分激发高校争创一流、办出特色的动力和活力。”

2015年11月17日，财政部、教育部印发的《关于改革完善中央高校预算拨款制度的通知》(财教〔2015〕467号)指出："总体目标。服务国家发展战略，面向经济社会发展需要，立足高等教育发展实际，适应建立现代财政制度和提高教育质量的要求，牢固树立现代国家治理理念、公平正义观念和绩效观念，坚持问题导向，着力改革创新，强化顶层设计，积极构建科学规范、公平公正、导向清晰、讲求绩效的中央高校预算拨款制度，支持世界一流大学和一流学科建设，引导中央高校提高质量、优化结构、办出特色，加快内涵式发展，更好地为全面建成小康社会服务。”

2016年3月15日，第十二届全国人民代表大会第四次会议通过的《关于2015

年中央和地方预算执行情况与2016年中央和地方预算草案的报告》在“2016年财政政策”中指出：“完善高校预算拨款制度，引导高校提高质量、优化结构、办出特色。”

第二节　高校预算管理的发展轨迹

一、高校预算的发展轨迹

(一) 1949年10月至1977年的高校预算发展沿革

这个时期是新中国成立至改革开放以前，即计划经济阶段。在预算法规方面的代表是1951年7月21日中央人民政府政务院公布的《预算决算暂行条例》。

新中国成立以后，中央人民政府依据《中国人民政治协商会议共同纲领》中的有关规定，着手编制1950年全国财政收支概算，并在1949年12月2日召开的中央人民政府委员会第四次会议通过了《关于1950年财政收支概算编制的报告》，这是新中国的第一个国家预算，标志着新中国国家预算的诞生。从收入来看，公粮收入仍占第一位，占全部收入的44.4%，企业收入所占的比重不大，只有17.1%。支出主要是军费和行政费，分别占到38.8%和21.4%。[①]

1. 中央预算由“统一支出，未统一收入”转为“统一收支”

1948年底随着东北、华北等各解放区的建立，在财政收支方面却出现了以下局面：在支出方面，中央财政担负了军政费、经济建设费、救济费等主要支出，各解放区政府不承担这些大宗支出，可以自由安排财政支出，而且超支后还要向中央要补助。在收入方面，作为当时主要收入的公粮和税掌握在大行政区，各省、市甚至县级政府手里。中央既不能及时、有效地掌握本来就有限的财力，又不能有效地节制各解放区政府的开支。到新中国成立时，这种“统一支出，未统一收入”的收支脱节、收支极不平衡的财经管理体制并没有随着解放区的逐渐统一而立即改变。为了克服国家财政收支不平衡与收支脱节的现象，1950年3月3日，政务院颁布了《关于统一国家财政经济工作的决定》；同日，中共中央发布的《关于保障实施〈政务院关于统一国家财政经济工作的决定〉的通知》指出：“中共中央认为过去各解放区被分割的状态，已经完全改变，全国在地域、交通及物资交流与币制等方面已经统一。在这种情况下，如果国家财政收入的主要项目不做统一的管理和有计划的使用，则非但不利于国家的财政和经济工作，且将严重地影响人民的经济生活与妨害国家的恢复和建设。各地同志对于财政经济工作，在过去长时期内，是习惯于被分割状态下的各自分散处理的，这在当时是完全必要和正确的，并且获得了巨大成

---

① 参见政务院财政经济委员会编的《中央财经政策法令汇编(第1辑)》，1950年，第90－93页.

绩。但是,现在必须切实地加以转变,如果不加转变,则要犯严重的错误。望各级党委,对于这种转变的必要性,向每个党员充分地加以解释,使他们都能有正确的认识。同时,从旧的分散的管理方法变为统一的管理时,各地在财政和物资上的征收、调度与支领等方面,发生若干困难,是难免的。”1950年3月24日,政务院第25次会议通过了《关于统一管理1950年度财政收支的决定》。

1951年7月21日,政务院颁布了《预算决算暂行条例》。该《预算决算暂行条例》第二条规定:“中央人民政府财政部(以下简称中央财政部)依照国家施政方针与建设计划拟编下年度预算之指标数字,经中央人民政府政务院(以下简称政务院)批准者,称概算。根据概算拟编之年度收支计划,未经核定者,称预算草案,经过核定程序者,称预算。在核定预算范围内,按月或按委编制之分配实施计划,称分配预算。按照年度预算执行最终结果所编造之全年度会计报告,称决算。分月或分季所编造之月份或季度会计报告,称计算。”

1951年12月1日,《中共中央关于实行精兵简政、增产节约、反对贪污、反对浪费和反对官僚主义的决定》规定:“各级党政军民机关对于预决算的编审,必须实事求是,精确计算,凡属可办可不办的事即应坚决不办,凡属可批可不批的款即应坚决不批。一切开支必须根据预算办事,并严格实行专款专用、一事一结算的制度。”

2. 高校拨款体制——基本属于教育部管理

1949年至1955年,我国高校基本上是教育部(高等教育部)直按管理或“委托”各大行政区管理。解放以后,政府通过接管、接办和改造,把过去公私并存的高校逐步改造为统一的公立学校。

1950年5月5日,政务院颁布《各大行政区高等学校管理暂行办法》,规定全国高等学校除华北区由教育部直接领导外,其他各大区暂由各大区教育部或文教部代表教育部领导。这一规定强调了各大行政区教育部或文教部是“代表”教育部领导高校,不是自己直接举办、管理或领导高校。

1950年8月2日,政务院颁布的《关于高等学校领导关系的决定》规定:“中央教育部对全国高校(军事学校除外)均负有领导责任;各大行政区教育部均有根据中央统一的方针政策领导本区高校的责任。华北区内高校,除已交由省政府领导者外,由中央教育部直接领导。其他各大行政区高校,暂由中央教育部委托各大行政区教育部直接领导。中央教育部得视条件,有计划有步骤地将各地区高校收归中央教育部直接领导。新接收的教会学校暂列中央预算。”

1950年3月24日,政务院发布的《关于统一管理1950年度财政收支的决定》规定:“中央直接管理之大中小学文教机关团体学校费……列入中央人民政府预算,由中央人民政府财政部掌管,按全国收支概算逐项审核开支。……专科以上的国立学校、全国性的文教机关,由中央人民政府委托各大行政区代行开支者,暂列入各大行政区预算内开支。”

1952年，财政部《关于财政收支系统划分的补充规定》规定“留学生经费属中央财政支出”。

3. 高校预算体制

当时的预算管理体制，是高度集中的统收统支的预算管理体制。政府机关（包括党派、团体等的补助）、单位（包括私立学校与医院等的补助）与附属单位、企业主管部门、军事系统都纳入国家预算，如《预算决算暂行条例》第七条规定：“预算、决算分类如下：(1) 总预算、总决算：各级人民政府，就其本级及下级人民政府之岁入岁出所汇编之预算、决算，为总预算、总决算。(2) 单位预算、单位决算：各级人民政府直属机关就其本身及其所属机关岁入岁出所汇编之预算、决算，为单位预算、单位决算。(3) 附属单位预算、附属单位决算：各级人民政府直属机关之所属机关以下所编制之岁入岁出预算、决算，均为附属单位预算、附属单位决算。”第六条规定：“各级企业主管部门，应将所属企业机构之预算拨款、预算缴款部分，报经同级财政机关分别列入各该级总预算、总决算。前项预算拨款、预算缴款，应根据各企业机构年度财务收支计划，及年终决算编报数额，分别编列之。企业财务收支计划及决算之编报审核程序另定之。”第三十六条规定：“军事系统决算之编造程序及期限，由人民革命军事委员会比照本章各条之规定，统一办理，并于每季终了编造收支计算，年度终了后五个月内汇编单位决算，送中央财政部审核汇编。”第四十四条规定：“党派、团体及私立学校、医院等之经费，其由人民政府补助部分，应依本条例之规定，编报预算、计算及决算。”

当时，公办高校是政府的附属部分，因此，政府财政拨款是高校唯一的资金来源。高校预算实际上是根据政府财政拨款编制支出的计划，教育经费列入国家预算，在高校预算的创建阶段是单一的财政拨款支出预算阶段，预算的内容仅仅包括国家财政核拨的教育事业费收支情况。其运作方式是经费的使用也完全按照政府指定的用途办理，学校将国家拨付的预算经费按国家规定的支出项目由财务部门依照财经规章制度对各项支出项目进行审核报销，年终向国家报出决算。

4. 计量单位的不统一影响高校预算编制中人员经费的准确性

1951年7月21日，政务院颁布的《预算决算暂行条例》第十条规定：“计算岁入岁出，以人民币为本位，以元为单位。”在该《预算决算暂行条例》中尽管规定了计量单位以“人民币为本位”，但是在新中国成立至1952年初，高校大部分人员实行供给制，留用人员和新参加工作人员实行工资制，计量单位不统一。

中央人民政府直属机关工资管理工作与行政经费管理工作是密切结合的。原由中央财政部直接负责的中央级（包括党派、团体）行政经费管理工作，根据政务院的决定，从1951年5月起，改为由政务院机关事务管理局负责管理。1954年预算单位为82个，预算人数为75 909人（包括大区10 500人）。这个时期，机关事务管理局参加了由中央财政部、人事部（原国务院人事局）牵头组织的供给工资改革工作，并从制度改革入手对机关事务(机关后勤)工作进行了初步的改革。

(1) 工资计算单位不统一

1950 年 8 月 25 日至 9 月 18 日，全国工资准备会议召开，会议指出："工资计算单位不统一。东北、中南是'分'，但'分'的大小不一致：北京是'小米'，上海、南京、西安、重庆等地均采用折实单位、储蓄单位或工薪单位，单位的含量也不一样。全国有十几种不同的工资计算单位。"

(2) 供给制与工资制的双轨制

① 供给制

解放前各解放区(根据地)供给制的标准不统一，新中国成立后为统一全国供给制工作人员伙食待遇标准，政务院于 1950 年 6 月和 9 月分别颁发了《关于各级人民政府供给制工作人员小、中灶伙食待遇标准的规定》《全国各级人民政府 1950 年度暂行供给标准》，将伙食待遇按照职级分大灶、中灶和小灶三个标准，并对供给标准做了规定。

② 工资制

新中国成立初期，城市中留任的大量公职、公教人员，仍实行工资制。1949 年 1 月，中共中央发出的《关于新解放城市职工薪资问题的指示》指出："凡留任原职的职工和公教人员，只有暂时一律照旧支薪。"1950 年 1 月 20 日，政务院第 16 次会议通过的《关于中央直属机关新参加工作人员工资标准的试行规定》指出："凡在一九四九年九月底以前参加工作，按当时实行供给或薪金制一般不再变动，十月一日以后参加工作者，除自愿享受供给待遇者外，其余均按规定的工资标准发给工资。"同年 4 月 25 日，财政部向各有关部门和地方正式发出《全国公教人员统一工资标准(草案)》等，细化了工资制制度。随后各省按此标准，形成了"一职数级、上下交叉"的职务等级工资制。

(3)"包干"制与"工资分"制

①"包干"制

先是供给制，分大灶、中灶和小灶，后是包干制，简单说，即由国家发给一定数量的实物和货币，由领取人自行处理。这种包干制有的地方从 1950 年开始启动，把伙食、津贴、服装、子女保育、保姆费用的供给标准折成米或款额发给个人包干支配使用。该标准于 1952 年、1953 年又做了个别调整。但大面积正规化施行是从 1952 年 3 月开始的，对享受供给制人员进行统一评定，分为 10 等 24 级(部队设 10 等 21 级)，把伙食、服装、津贴 3 部分合并为 1 个统一标准，并予以适当提高(平均大约提高 28%左右)，全部折发货币。这就是通常说的"小包干"。

1954 年 6 月 25 日，政务院颁布了《国家机关工作人员的工资、包干费标准和有关事项的规定》，对国家机关工作人员的工资、包干费级别进行了重新调整，并以"工资分"的形式计算。工资分由伙食分、服装分、津贴分几部分构成，按 29 个等级重新评定标准。这就是很多老干部所说的最早的挣“工分”，即所谓的“大包干”。它还有一个银行的规范名称，叫“折实单位”。所谓“折实单位”，即把每个工资分折合成实物，以实物为基础，计算工资。之所以采用这一形式兑现工资，是因为当时市场机制尚未健全，物价尤其粮价难以稳定，且南北方差异很大。这一做法首先在天津施行，工资分的折实牌价由人民银行每天挂牌公布。天津的每个折实单位为“一斤面粉、一斤玉米面、一尺布”前5天的平均价格（广州按《南方日报》10日牌价折算，每个工资分含量约为中粮0.8斤①、龙头细布0.2尺②、土榨生油0.05斤、水东盐0.02斤、荷柴2.5斤）。后来这一做法推及京、沪、宁、汉、苏、杭等地，实物内容根据地区不同，有了变化。如上海1个工资分为1斤标准米、1斤标准面、1尺龙头细布、1斤煤，比天津略高，当时的每个分值约为旧币6 500元（6角5分）。全国比较通行的折算量为一个工资分约含2.8斤粮食、0.05斤植物油，0.2尺白布、2斤煤、0.02斤食盐。

② “工资分”制

1951年11月，中央人事部制定了中央人民政府直属机关各类（共10类）工作人员暂行工资标准等级表。机关行政人员的工资标准，按照职务分为8等，每等若干级，共46级。科学研究人员共分4等22级，职务工资级别不交叉，但工资额有交叉。工资计算单位由小米改为以粮、布、油、盐、煤五种实物为计算基础的“工资分”。该工资标准等级表不仅适用于国家机关，也包括事业单位和部分组织单位。学校中供给制工作人员的津贴费比照政府工作人员的等级发放。凡兼任一个职务以上的，应以其最高职位计发津贴或工资，不得兼领双份及以上津贴或工资。但学校教员，经主管机关批准需要在高等学校训练班兼课，可领取兼课部门所发的报酬费。

1952年7月5日，政务院颁布了各级人民政府供给制工作人员津贴标准及工资制工作人员工资标准，把3月份公布的试行标准加以修改，适当提高了工资制工资标准。从中央主席到勤杂人员划分为29个等级。供给制一级每月为1 706（工资）分，29级为85（工资）分，高低差约为19倍。

（4）工资制

1955年8月31日，国务院发布的《关于国家机关工作人员全部实行工资制和改行货币工资制的命令》（国秘字〔1955〕第171号）指出：“自一九五五年七月份起，废除现行的包干费、老年优待费、家属招待费、病员伙食补贴、回家旅费、妇女卫生费、生育费、保育费、保姆费、儿童医药费、公费生待遇、一供一薪工作人员的子女教养补助费以及行政经费开支标准中有关工作人员子女入学学杂费、宿费等项

① 1斤为0.5千克.

② 1尺约为33.3厘米.

规定。……由于全国物价已经稳定,国家机关工作人员的生活水平已逐步提高,工资分所含五种实物(粮、布、油、盐、煤)已不能完全包括国家机关工作人员生活的实际需要,同时工资分的本身也还存在着其他缺点,因此,决定自一九五五年七月份起,在国家机关及所属事业单位先行废除工资分计算办法,改行货币工资制。"

1956年7月4日,国务院发布的《国务院关于工资改革的决定》(国议周字〔1956〕第53号)指出:"取消工资分制度和物价津贴制度,实行直接用货币规定工资标准的制度,以消除工资分和物价津贴给工资制度带来的不合理现象,并且简化工资计算手续,便于企业推行经济核算制度。……对于事业单位和国家机关中有重要贡献的高级科学技术人员及其他高级知识分子,除了按照他们的工资标准发给工资以外,也应该加发特定津贴。"

5. 预算分为年度预算、季度计划、月份计算

1954年,《华东级机关直接管理之高等学校、工农速成中学经费管理办法(草案)》(高财字〔1954〕2242号)第四条规定:"各学校编制年度预算、季度计划、月份计算、年度决算应遵照主管部门规定的时间、内容和要求,如期编报,不得延误。"

(1) 年度预算

上述办法第八条规定:"年度预算经核定后,可在核定预算范围内,根据事业进度,按季编制季度计划报主管部门核拨经费。"第十五条规定:"年度预算核定后,即具有法律上之效力,各学校应在预算范围内完成全年各项计划(如事业计划、培养师资计划、基建计划、劳动工资计划等),并应严格掌握预算,凡不在预算范围以内者,不得编列季度计划。"

(2) 季度计划

上述办法第九条规定:"季度计划编造标准:(1) 工资:在编制范围内,按照实有人数、实需工资数目及预计本季增减人数、增减工资数目,并按最近期牌价计列。(2) 供给生活费:按照供给(包干)制人数及供给标准编列。(3) 职工福利费:干部家属补助费(包括多子女补助费、干部家属医药补助费在内),按教职员人数,在大行政区所在地者,每人每月10分;在省辖市及专署者,每人每月8分;在县、区者,每人每月6分。供给制人员家属招待费按县长级及其以下人数,每人每月2分编列。工会费按工资总额的2%及供给制人员每人每月3个分计列。(4) 公杂费:按教职员人数每人每月37 000元,工警每人每月17 000元,高等学校学生每人每月13 000元,工农速成中学学生每人每月11 000元计列;在厦门的学校按上列标准增加20%,在福州的学校按上列标准增加15%(因电价高);兼任人员以4人作1人计算。冬季烤火费:各校可按照当地财政部门规定标准及规定烤火时间编列。(5) 交通运输费:高等学校教职员工学生人数未满500人者,按500人计,自501人起至2 000人止,每增加1人按1/2人数计,2 000人以上每增加1人按1/4人数计;学校在上海地区者,每人每月2 500元,在厦门地区者,每人每月2 000元,其他

地区者，每人每月1 500元。个别学校需用交通车，其汽油费按上列标准不能解决者，可按主管部门批准数增加。工农速成中学可在核定年度预算范围内按各月份实际编列。(6) 旅差费、修缮费、器具设备购置费及租赁费等，可在核定年度预算数内按各月份实际需要编列。(7) 教学实验维持费、科学仪器购置费、图书购置费、体育文娱设备费等，凡在教学行政费标准范围内分配的经费，高等学校可参照前华东教育部直属学校经费开支标准暂行办法中的教学开支部分规定标准计列，但各校如能在核定年度预算范围内按照实际需要，自行拟订各单位的教学费分配标准及开支办法者，可将此项办法报局核备后，即按自订办法计列。工农速成中学可在核定年度预算范围内，按各月份实际需要编列。(8) 人民助学金：按照华东高等教育局规定人民助学金标准编列。(9) 凡按学校发展任务分配的一般设备费和教学设备费以及其他专家经费(如房屋修缮费、生产实习经费等)，可在年度预算范围内按照实际需要数编列。(附注：以上规定的季度计划编造标准，其全年所编计划总数，不得超过主管部门核定的年度预算同科目的控制数目；如已超过控制数目者，虽在规定标准以内，亦不核拨经费。各学校应严格掌握此一规定。)"

(3) 月份计算

上述办法第二十一条规定："月份计算应于每月终了后七日内报出(十二月份计算可于年度终了后十五日内报出)，如逾期两次以上送到者，主管部门得停拨其一部分或全部经费。"第二十二条规定："月份计算应严格按照规定的预决算科目内容，认真负责地编列，不得因用甲科目经费不敷而移列于乙科目内，以免违反财政纪律。"第二十三条规定："月份计算应按'收付实现制'规定，以本月份实际开支数编列(上级规定提前发放工资时，仍应按核定计划月份编列)，如有分期付款的经费，可按本月份实付数列入计算。"第二十四条规定："下列各项经费可作'包干'处理，按照当月份实有人数及规定标准列入计算中报销：(1) 供给生活费中的'病号补贴'；(2) 职工福利费中的'干部家属补助费''供给制家属补助费'；(3) 人民助学金中的'清寒生补助费''调干生困难补助费''研究生困难补助费'。"

1950年3月24日，政务院颁发的《关于统一管理1950年度财政收支的决定》规定："各大行政区、各中央直辖省(市)人民政府，根据中央人民政府委员会批准之全国财政收支总概算并根据各地具体情况，编制本大行政区(包括所属省市在内)、本省(市)人民政府之全年财政收支预算及分月、分季的财政收支计划，报中央人民政府财政部核定后执行。各大行政区、各中央直辖省(市)人民政府须向中央人民政府财政部按照统一规定的科目，于每月月终报告本月的收支情况，于每季终了，报送本季度收支计算；年度终了，并须编制本年度决算报请审查。各大行政区所属省(市)人民政府，须分别根据各该大行政区之全年财政收支概算，编制本省(市)人民政府之全年财政收支预算及分月、分季收支计划，报告大行政区人民政府财政部核定后实行。并须向大行政区人民政府财政部按照规定的科目，每月报告收支情况，每季季度及年度终了，报季度计算及年度决算，且另拟一份报中央人民政府财政部备查。统一财政必须严格执行预决算、审会计制度及严格的财政监察制度：核实人数，核实开支，节余缴公；无预算不拨款，无计算不审核预算，纠正以临时批拨代替审核的做法；并随时检查各收支部门，是否按照财政计划执行，及执行中有无错误。建立严格的支领手续及表报制度，定期结报，所有无机关负责人及会计签名之单据领条，应一律视为无效。”

《天津教育》(1950 年第 10 期)刊登的《认真执行月度预算制——充分发挥教育经费的效能》指出：“由于全国性国防概算增加，地方支出概算相对地较去年是减少了。……在 1950 年一年中，本市教育事业发展了一倍以上，但 1951 年度教育经费较 1950 年则并未增加很多。……1950 年经费使用上有些现象是不好的，或甚至是不允许的：一种是铺张浪费，不负责任；另一种是无计划，乱买乱购；还有就是领了钱不知如何办是好，不知道有重点有步骤地建设学校，不知道使经费为改进与提高教学，建设新民主主义教育服务，常常搁置不用，而只在校具家具上打圈子。……为了克服这些缺点，1950 年我们要重新厘定经费标准，要严格检查经费使用情况。同时为了保证工作上和经费使用上的计划性，决定停止过去一事一支的领报制度，改用月度预算制。先由教育局按全年预算数分配给各校，各校在预算数内编造全年及月度开支计划，经核准后即按月拨款。嗣后凡无预算者不准请款，不按预算办事者不准报销，不报计算者不批预算，浪费不负责任者严格批评，使有限的经费发挥最大的效能。”

6. 预算应体现政治

毛泽东同志早在 1949 年就提出了“国家的预算是一个重大的问题，里面反映着整个国家的政策，因为它规定政府活动的范围和方向”。①

1954 年 1 月 13 日，时任政务院副总理兼财政部部长邓小平在《财政工作的六条方针》中指出：“六条方针有一个重大的政治目的，就是要把国家财政放在经常的、稳固的、可靠的基础上。……第一，归口。为什么提出这个方针？这是鉴于过去的预算，特别是一九五三年的预算有危险性，而更大的危险性是财政部代替各部门决定政策，这是不懂得数字中有政策，决定数字就是决定政策。归口就包括政策问题，数字内包括轻重缓急，哪个项目该办，哪个项目不该办，这是一个政治性的问题。财政部代替各部做决定，有人说是‘有财无政’。‘政’是有的，但是错了。过去财政部管得多，反而挨了骂。挨骂有两方面：一方面是袖筒里谈交易，不给钱挨骂，给了钱也挨骂；另一方面是预算不采取归口的办法，控制不住，干预过多，因而财政部成了被斗争的焦点。归口以后，就易于控制，预算就容易确定。所以预算要归口，不能有不归口的预算项目。归口不等于财政部不管，财政部有干预的权利，要

① 毛泽东主席 1949 年 12 月在中央人民政府委员会第四次会议的讲话.

提出意见。财政部提意见，是从全局出发，考虑有钱没有钱，是否符合国民经济发展的比例。预算不能由各部自行决定，但必须以各部门为主，共同商量。各级、各部门对归口是赞成的，现在有一些还没有归口，归口以后，工作就主动了。”①

7. 预算应遵循勤俭节约、量力而行的原则

1949年9月，周恩来在《对〈中国人民政治协商会议共同纲领〉草案的修改》中指出：“中华人民共和国的一切国家机关，必须厉行廉洁的、朴素的、为人民服务的革命工作作风，严惩贪污，禁止浪费，反对脱离人民群众的官僚主义作风。”②

1949年9月29日，中国人民政治协商会议第一届全体会议通过的《中国人民政治协商会议共同纲领》第四十条规定：“关于财政：建立国家预算决算制度，划分中央和地方财政范围，厉行精简节约，逐步平衡财政收支，积累国家生产资金。”

1954年1月13日，邓小平在《财政工作的六条方针》中指出：“节减国家机关经费，精简国家行政机构，这是国家积累工业化资金的一个重要方法。毛主席在1950年6月即曾指出：‘国家机构所需经费的大量节减’是争取财政经济情况根本好转的三个条件之一。所以尽可能地减少一切机关的非生产的开支，厉行节约，是我们必须坚持贯彻的原则。”③

1957年，毛泽东在最高国务会议第十一次会议上指出：“一九五二年‘三反’运动中，我们反对过贪污、浪费和官僚主义，而着重在反对贪污。一九五五年提倡过节约，重点是在非生产性的基本建设中反对了过高的标准……今年要求在全国各方面提倡节约，反对浪费。”

后来，“勤俭节约”写入了《中华人民共和国预算法》，如《预算法(1994)》第三十条规定：“各级预算支出的编制，应当贯彻厉行节约、勤俭建国的方针。”《预算法(2014)》第十二条规定：“各级预算应当遵循统筹兼顾、勤俭节约、量力而行、讲求绩效和收支平衡的原则。”

8. 预算应包干

邓小平在《财政工作的六条方针》中指出：“第二，包干。以后是否永远包干？不一定。有些是长期的，有些则不一定。但至少一九五四年必须包干，一九五五年也有不少还要继续包干。包干的目的主要是控制预算。包干的提出，是鉴于一九五三年预算在二月十二日通过，三月底总预备费就花光了，八月即失掉收支平衡，出现二十一万多亿元的赤字。因此，今后为了控制预算，才实行包干。包干分两种：一是中央各口的包干，主要是归大口。财委是一大口，其中农林水归四办，交通归三办，财金贸归二办，工业归一办。总的预算投资多少，由财委、计委审核。各项

---

① 中共中央文献编辑委员会.邓小平文选(第1卷)[M].北京：人民出版社，1989.

② 中共中央文献研究室，中央档案馆.建国以来周恩来文稿(第1册)[M].北京：中央文献出版社，2008.

③ 中共中央文献研究室.建国以来重要文献选编(第5册)[M].北京：中央文献出版社，2011.

事业的轻重缓急与投资的分配，由各口去考虑。二是地方的包干，主要是大区包干。包干之后，由地方去调剂。现在规定三级财政，实际上是两级财政，只包到中央和大区两级，包到省有困难，将来还是要变的。有人问：包了开支，是否还包收入？当然包。一九五四年预算指示中已规定，总收入不应减少，并争取超过；总支出不应突破，并力求节约。可见收入也包干了。这样收支都由大家包起来，才能保证预算的巩固性。大家都负起责任，就不至于突破预算。包干的好处很多，所以一九五四年预算指示从去年十一月十日发出后，两个月来变动不大，这是过去没有见过的。"①

预算包干后来还影响到"文革"结束后的高校预算。

9. 国家对高校预算实行"统一领导、分级管理"的体制

从 1954 年开始到 1977 年底，国家对高校预算实行"统一领导、分级管理"的体制。

1953 年 8 月，周恩来在全国财经会议上提出，国家预算实行中央、省(市)、县三级预算制度，改变了原来的中央、大行政区、省(市)三级管理体制，削弱了大行政区的财政地位；在具体操作上，划分中央和地方的收支范围，按照主次轻重及集中和分散的情况，分配中央和地方的大体比例。②

1954 年 9 月，教育部、财政部《关于解决经费问题程序的通知》指出："为贯彻'统一领导，分级管理'原则，今后各省(市)教育厅(局)，如有发生经费不足，须先报请省政府统一考虑解决，如省府解决有困难时，则由省府转报中央人民政府政务院考虑，不得条条上达。"

1959 年 11 月 24 日，国务院批转了教育部、财政部《关于进一步加强教育经费管理的意见》，要求各级政府的财政部门和教育行政部门应该根据"条条""块块"相结合，以"块块"为主的精神，密切联系，加强协作，共同管好教育经费。各级政府财政部门在编制教育经费概算和核定下级教育经费预算时，应与同级教育行政部门协商拟定，提请同级人民委员会审定。在财政、教育两部共同努力下，1963—1965 年内，基本上纠正、制止了擅自挪用教育经费的现象，比较好地贯彻了"统一领导，分级管理"的原则。

(二) 1978 年至 1991 年的高校预算发展沿革

这个时期是改革开放以后的有计划的商品经济阶段。在预算法规上的代表是 1991 年 10 月 21 日国务院发布的《国家预算管理条例》(国务院令第 90 号)，并在第七十八条规定："本条例自 1992 年 1 月 1 日起施行。1951 年 7 月 21 日中央人民政府政务院公布的《预算决算暂行条例》同时废止。"

---

① 中共中央文献编辑委员会. 邓小平文选(第 1 卷)[M]. 北京：人民出版社，1989.

② 陈如龙. 当代中国财政[M]. 北京：中国社会科学出版社，1984.

1. 财务计划

(1) 财务计划的内容

1982年1月11日，教育部发布《教育部部属高等学校财务管理试行办法》(财事字〔1982〕第4号)第三条规定："高等学校财务工作的基本职能是：……根据上级有关规定和学校具体情况，编制和执行学校的各项财务计划。"第十二条规定："部属高等学校的财务计划包括：预算资金收支计划，科技三项费用收支计划，基本建设财务计划，学校基金收支计划，代管科研经费收支计划，生产财务计划，其他预算外资金收支计划等。学校编制的各项资金年度财务计划，应当充分体现学校各项工作的任务、范围和方向；学校各项财务年度决算，是学校各项财务计划执行情况的基本总结，应当如实地反映学校执行党和国家各项方针、政策及完成国家下达的各项计划任务的基本情况。"

(2) 财务计划的编制

《教育部部属高等学校财务管理试行办法》(财事字〔1982〕第4号)第十三条规定："根据学校拟定的年度事业发展计划和教学、科研、生产、后勤等各项计划任务，按照党和国家有关方针、政策和规定，在充分挖掘内部人力、物力、财力潜力的基础上，参照上年各项财务计划执行情况，实事求是地编制年度各项财务计划(草案)，经校(院)长和总会计师审查并提交校务委员会审议通过后，报经教育部批准执行。在年度已经开始，教育部尚未批准计划之前，学校可以先按有关规定开支标准和上一年的开支水平，分别轻重缓急，安排掌握各项支出。"

2. 综合财务计划

(1) 综合财务计划的内容

综合财务计划将学校预算内、外资金纳入综合计划范围。

1986年10月15日，国家教委、财政部颁布的《高等学校财务管理改革实施办法》第六章为"综合财务计划"，第二十四条规定："高等学校应加强对预算内、外各项资金的综合平衡，实行综合财务计划。"第二十五条规定："编制综合财务计划，应认真分析学校的全部财力，组织专家和财务管理人员共同进行科学论证，本着'统筹兼顾，量力而行，保证重点'的方针，首先保证教学、科研工作的需要，合理安排各项资金，讲求投资效益，使学校各项事业协调发展。"第二十六条规定："在综合财务计划的执行过程中，应建立有效的信息反馈系统，以利于及时发现问题，加强控制和监督。"

1991年4月8日，国家教委、财政部发布的《高等学校"八五"期间财务工作的若干意见》(教财〔1991〕33号)指出："强化和完善综合财务计划。要完善学校的综合财务计划，逐步将学校预算内、外的各项教育资金、科研资金、基本建设资金和生产经营资金等一切财务收支纳入综合计划范围，做到既有分级分类管理，又有统筹规划安排，加强财务收支的计划性、统一性和完整性。"

(2) 综合财务计划的编制

1994 年 11 月 17 日,国家教委发布的《关于当前国家教委委属高校财经工作中几点意见的通知》(教财〔1994〕64 号)指出:“坚持综合平衡,不搞赤字预算。保持事业发展与财力的平衡是保障高等学校改革、建设和稳定的基本前提。学校的发展和建设只能建立在学校财力可以承受的范围之内,切忌脱离实际的盲目发展,不能‘寅吃卯粮’,不能搞没有归还能力的赤字预算。学校是不以营利为目的的事业单位,有收入才能安排支出。它既不同于企业,可以‘负债经营’,通过利润还债;也不同于国家财政,可以通过货币发行弥补赤字。因此,高校不存在搞赤字预算的客观基础。委属高校的年度预算应坚持综合、统筹和平衡的观念,做到量入为出,收支平衡,不搞超出学校综合财力能够承受的赤字预算。学校在计划预算收入时,要贯彻稳健原则;在安排预算支出时,要贯彻‘一要吃饭,二要建设’的原则,切忌片面强调发展而不顾财力铺摊子、上项目。不能把有专项用途的资金和借款或贷款视为学校自有资金使用。学校的整体预算应设立一定的预备费,以防不时之需。学校年度内每月事业费和自有资金的银行流动存款额应高于每月必保的人员工资和水、电、煤、气等日常消耗开支总额。学校的各级负责人不能将‘负债经营’和赤字预算的思想引入学校的预算编制和执行;对于已经安排赤字的学校,应根据学校情况予以调整,尽快做到综合平衡。”

3. 复式预算

新中国成立以来,国家预算一直采用单式的编制方法,虽然能够简单地反映财政收支的全貌,但对统收统支的财政体制改革后,不能反映国家财政的社会管理和经济建设的双重职能,不适应社会主义经济体制下国家对经济的宏观调控的要求。

《国家预算管理条例》(国务院令第 90 号)第二十六条规定:“国家预算按照复式预算编制,分为经常性预算和建设性预算两部分。经常性预算和建设性预算应当保持合理的比例和结构。经常性预算不列赤字。”将各项财政收支按照不同的经济性质分解为经常性预算和建设性预算两大部分。从 1992 年开始,中央预算和部分省市预算采用了复式预算形式进行编制,分为经常性预算和建设性预算。

《预算法(1994)》第二十六条规定:“中央预算和地方各级政府预算按照复式预算编制。复式预算的编制办法和实施步骤,由国务院制定。”

《预算法(2014)》第三十七条规定:“各级预算支出应当依照本法规定,按其功能和经济性质分类编制。”修改的《预算法》删除了“复式预算”。

(三) 1992 年至今的高校预算发展沿革

这个时期是改革开放以后的市场经济阶段。在预算法规方面的代表是 1994 年 3 月 22 日第八届全国人民代表大会第二次会议通过的《中华人民共和国预算法》,其第七十九条规定:“本法自 1995 年 1 月 1 日起施行。1991 年 10 月 21 日国务院发布的《国家预算管理条例》同时废止。”《预算法》对预算管理的基本原则、预算管理级次、预算组成体系、预算年度、预算管理职权和预算收支范围等预算基本问题以及预算编制、预算审查与批准、预算调整、决算、监督等预算环节做出明确规定，对预算违法行为具体表现和对违法单位的处罚措施也做出了原则规定。这就使我国的预算制度步入了法制化轨道。

1. 单位预算是部门预算的组成部分

2014 年 8 月 31 日，《预算法》第六条规定："各部门预算由本部门所属各单位预算组成。"第七条规定："单位预算是指列入部门预算的国家机关、社会团体和其他单位的收支预算。"

2. 零基预算

从 1993 年开始，我国部分省(市)就开始试行零基预算。如安徽省、河南省、湖北省、云南省、深圳市等省市结合自身的财政预算现状，借鉴国外先进经验，突破传统的采用"基数法"编制预算的框架，实行零基预算改革。财政部预算司认为，零基预算在我国的起因：(1) 财政困难；(2) 财政收支矛盾尖锐；(3) 按照基数法安排预算的弊病太多。① 由此可见，零基预算是应对经济紧缩时期财政支出压力的有力工具。上述地方政府的零基预算主要运用于专项经费即项目支出，而基本支出(人员经费和公用经费)却未在零基预算中进行。目前财政部门基本上放弃零基预算，转而采用传统的方式。财政部预算司在《2007 年中央部门预算编制指南》中指出："对申报预算的项目进行了规模控制，要求中央部门申报预算的项目总额应控制在本部门上年度财政已安排项目支出预算总额的 120％以内。"这实际上就是恢复到基数法。

3. 部门预算

1999 年 12 月 25 日，全国人大常委会第九届全国人民代表大会常务委员会第十三次会议通过的《关于加强中央预算审查监督的决定》第一条指出："各部门、各单位应当按照预算法的要求编好部门预算和单位预算，有关部门要按时批复预算、拨付资金。"

1999 年 9 月 20 日，财政部印发的《关于改进 2000 年中央预算编制的意见》(财预字〔1999〕464 号)中指出："预算编制改革的方向是采取市场经济国家的通行做法编制部门预算。由于受各方面条件的制约，目前编制规范化的部门预算还比较困难，只能在现有预算收支分类的基础上尽可能细化；试编部门预算。……我部将选择部分部门作为编制部门预算的试点单位，在明年向全国人民代表大会报送预算草案时，附上这些单位的部门预算。"就此正式拉开了部门预算改革的序幕。

从 2000 年开始，财政部根据国务院的指示决定改变传统的预算编制方法，要求各部门统一实行新的预算编制方法，编制独立完整的部门预算。这是新中国成

① 财政部预算司. 零基预算[M]. 北京：经济科学出版社，1997.

立以来的初次尝试。其目标主要有三个:一是统一收支,一个部门一本预算,包括部门的全部收支;二是细化预算,预算支出必须落实到具体单位与具体项目;三是加强预算约束,防止挤占、挪用。部门预算改革预示着中央政府支出预算制度改革的序幕正式拉开,预示着预算改革开始由重点关注收入转向同时关注收支,并逐渐以支出管理为重。部门预算是市场经济国家实行财政预算管理的基本组织形式,即一个部门一本预算。

部门预算的“部门”是指那些与财政直接发生经费领拨关系的一级预算会计单位。具体而言,根据中央政府部门预算改革中有关基本支出和项目支出试行单位范围的说明,部门预算改革中所指“部门”应包括两类:一是行政单位;二是行政单位管辖的事业单位,如公办高校。

4. 高校中期预算的发展轨迹

(1) 年度财务收支计划

1996年10月22日,财政部经国务院1996年10月5日批准发布的《事业单位财务规则》(财政部令第8号)第六条规定:“事业单位预算是指事业单位根据事业发展计划和任务编制的年度财务收支计划。”

1997年6月23日,财政部和国家教育委员会公布的《高等学校财务制度》第十条规定:“高等学校预算是指高等学校根据事业发展计划和任务编制的年度财务收支计划。”

2012年2月7日,财政部公布的《事业单位财务规则》第六条规定:“事业单位预算是指事业单位根据事业发展目标和计划编制的年度财务收支计划。”

2012年12月19日,财政部、教育部印发的《高等学校财务制度》(财教〔2012〕488号)第十条规定:“高等学校预算是指高等学校根据事业发展目标和计划编制的年度财务收支计划。”

(2) 提出“中长期财务收支计划”

2007年1月15日,教育部、财政部发布的《关于“十一五”期间进一步加强高等学校财务管理工作的若干意见》(教财〔2007〕1号)第13条规定:“高等学校应根据学校事业发展需求和综合财力可能,编制中长期财务收支计划,学校的事业发展规划必须与财务收支计划相适应。”但由于财政部未要求编制中期或长期部门预算,因此,当时未实施。所谓预算,如果预算仅预计、预测一年,就失去了预算预计未来的意义,势必不会重视高校发展的长远目标和最高目标,势必不会重视高校财务的可持续发展和高校的可持续发展。

(3) 跨年度预算平衡机制

2013年11月15日发布的《中共中央关于全面深化改革若干重大问题的决定》在第17条中第一次明确提出“建立跨年度预算平衡机制”。

《中华人民共和国预算法(2014)》第十二条规定:“各级政府应当建立跨年度预

算平衡机制。”

2014年9月26日，《国务院关于深化预算管理制度改革的决定》(国发〔2014〕45号)指出：“根据经济形势发展变化和财政政策逆周期调节的需要，建立跨年度预算平衡机制。……实行中期财政规划管理。财政部门会同各部门研究编制三年滚动财政规划，对未来三年重大财政收支情况进行分析预测，对规划期内一些重大改革、重要政策和重大项目，研究政策目标、运行机制和评价办法。中期财政规划要与国民经济和社会发展规划纲要及国家宏观调控政策相衔接。强化三年滚动财政规划对年度预算的约束。”并规定“可以设置预算稳定调节基金”。

2018年08月17日，国务院办公厅发布的《关于进一步调整优化结构，提高教育经费使用效益的意见》(国办发〔2018〕82号)第五条规定：“科学规划教育经费支出。各地要加强教育事业发展规划与中期财政规划的统筹衔接。中期财政规划要充分考虑教育经费需求。教育事业发展规划要合理确定阶段性目标和任务，及时调整超越发展阶段、违背教育规律、不可持续的政策。”

(4) 中期财政规划是中期预算的过渡形态

2015年1月3日，国务院发布的《关于实行中期财政规划管理的意见》(国发〔2015〕3号)指出：“中期财政规划是中期预算的过渡形态。”

2015年4月3日，财政部发布的《关于推进中央部门中期财政规划管理的意见》(财预〔2015〕43号)规定：“实行逐年滚动管理。中央部门中期财政规划的规划期为三年，每年向前延伸一年，在时间上实现滚动管理。……中央部门中期财政规划包括部门的基本支出和项目支出，重点针对项目支出，基本支出按财政部统一要求编制和调整。”

(5) 滚动预算

滚动预算是以编制预算“期间”随着执行预算时间的推进编制新一“期间”的预算，它可以逐年滚动，也可以逐季滚动或逐月滚动。它是中长期预算编制的方式。如2018年编制2019年、2020年、2021年这三年的预算，2019年编制2020年、2021年、2022年这三年的预算。

二、事业单位预算管理形式

(一) 事业单位预算管理形式

1. “单位预算会计”和“事业单位”名称的提出

(1) 1950年提出了“单位预算会计”这一名称

1950年，财政部根据政务院拟议的《预算决算暂行条例》中有关各级总预算和单位预算体系的原则，起草了具有奠基意义的预算会计制度草案，提交1950年10月财政部组织召开的第一次全国预算会计金库制度会议讨论。同年12月，财政部正式制发了《各级人民政府暂行总预算会计制度》和《各级人民政府暂行单位预算会计制度》，并从 1951 年开始执行。

(2) 1952 年提出了"事业单位"这一名称

1952 年 6 月 27 日，政务院发布的《关于全国各级人民政府、党派、团体及所属事业单位的国家工作人员实行公费医疗预防的指示》中，提的是"事业单位"名称。

1954 年，《单位会计制度》第二条规定："各级人民政府所属行政机关、事业机关、企业主管机关和团体，关于执行单位预算或附属单位预算的收支会计事务，除税收会计和实行经济核算的基本建设会计外，称单位预算会计，应由各机关统一会计机构依照本制度办理。"其中提的是"事业机关"名称。

(3) 1963 年提出了"事业单位"的定义

1963 年，国家编制委员会代国务院草拟的《关于编制管理的暂行办法（草案）》，将事业单位界定为"为国家创造和改善生产条件，促进社会福利，满足人民文化、教育、卫生等需要，其经费由国家事业费开支的单位"。

1965 年的《国家编制委员会关于划分国家机关、事业、企业编制界限的意见》中表述为"凡是直接从事为工农业生产和人民生活等服务活动，产生的价值不能用货币表现，属于全民所有制单位的编制，列为国家事业单位编制"。

2. 事业单位预算三种管理形式

事业单位预算管理形式，解决以什么方式确定预算单位，如事业单位按拨款方式划分为三大类：全额拨款预算单位、差额拨款预算单位、自收自支预算单位。国务院 1989 年 1 月 5 日批准、财政部 1989 年 1 月 26 日发布的《关于事业单位财务管理的若干规定》（财政部令第 2 号）第二条指出："事业单位预算管理形式主要分为：全额预算管理；差额预算管理；自收自支管理。"

(二) 预算包干阶段(1950—1984 年)

1954 年 1 月 13 日，邓小平在《财政工作的六条方针》中指出："第二，包干。以后是否永远包干？不一定。有些是长期的，有些则不一定。但至少一九五四年必须包干，一九五五年也有不少还要继续包干。包干的目的主要是控制预算。"

1980 年 1 月 24 日，中共中央、国务院发出的《关于节约非生产性开支，反对浪费的通知》第十一条指出："从一九八〇年起，国家对文教、卫生、科学、体育等事业单位和行政机关试行'预算包干'办法，节余留用，增收归己，以调动努力增收节支，提高资金使用效果的积极性。具体办法按财政部规定执行。"

国务院于 1980 年 2 月颁发了《关于实行"划分收支、分级包干"的财政管理体制的暂行规定》。

这里需要说明两点：

(1) 1988 年 5 月 27 日，财政部发布的《文教科学卫生事业单位、行政机关"预算包干"办法》（财文〔1988〕265 号）中，提到了"全额预算管理单位"和"差额预算管理单位"，这部分放在下一阶段阐述。

(2) 以下两个信息中提到了“全额预算”“差额预算”和“自收自支”,因在中央政府的文件中未查到1959年起或1980年起提出“全额预算管理单位”“差额预算管理单位”和“自收自支预算管理单位”,因此,“全额预算管理单位”“差额预算管理单位”和“自收自支预算管理单位”的内容放在下一阶段阐述。

《海南史志网》的“第四节财政管理”指出:“1959年,海口市对行政事业单位实行收支预算包干管理,并根据单位的不同性质,分为全额预算、差额预算、自收自支、企业化管理等不同形式。”

《上海市志》的“财政”篇指出:“1980年起,正常经费实行预算包干办法,对全额预算拨款单位采用预算定额包干;对差额预算补助单位采用定收入、定支出、定补助;对自收自支单位采用定收入、定支出、结余数定额或定比例上交的包干办法。包干结余全部留给单位。”

(三) 全额预算管理、差额预算管理和自收自支管理阶段(1985—1995年)

国务院1985年10月12日批准、财政部1985年10月7日发布的《事业单位工资制度改革后财务管理的若干规定》第三条指出:“经济上不能自立或不能完全自立的事业单位,所需经费原则上仍按国家现行规定执行,由财政部门根据这些单位的事业计划和工作任务,核拨经费。(1) 对能够逐步实行企业化管理,独立核算、自负盈亏的事业单位,应逐年减少事业费补贴,在其主管部门会同财政部门规定的年限内达到经济自立。在其经济自立前,其经济收入可以留用顶抵一部分经费预算。(2) 对有经济收入的全额预算管理事业单位,应由主管部门会同财政部门核定其收入分成比例。(3) 对有经济收入的差额预算管理事业单位,实行核定收入、定额补助、增收节支留用、减收超支不补的办法。(4) 对没有经济收入的事业单位,由财政部核拨经费,实行预算定额包干、结余留用、超支不补的办法。”

1988年5月27日,财政部发布的《文教科学卫生事业单位、行政机关“预算包干”办法》(财文〔1988〕265号)第三条指出:“预算包干的主要方式:(1) 经费和任务挂钩,一年一定。这种形式主要适用于易于计算任务量和开支定额、经费全部或基本上依靠财政拨款的全额预算管理单位。(2) 核定基数,比例递增。这种形式主要适用于需要发展而又难以计算工作量和开支定额的全额预算管理单位。(3) 包死基数、一定几年。这种形式主要适用于收支比较稳定的全额预算管理单位和一般差额预算管理单位。(4) 核定基数,比例递减。这种形式主要适用于收入较多、有条件逐步实现经费自给的差额预算管理单位。”

国务院1989年1月5日批准、财政部1989年1月26日发布的《关于事业单位财务管理的若干规定》(财政部令第2号)第三条规定:“没有稳定的经常性业务收入或收入较少的事业单位,实行全额预算管理。(1) 对全额预算管理单位实行多种形式的预算包干、结余留用、超支不补的办法。(2) 对有条件逐步向差额预算管理过渡的全额预算管理单位,主要部门和财政部门应促其向差额预算管理过渡。

凡是有一定收入的全额预算管理单位，财政部门应会同单位主管部门对其收入规定一定的比例或数额，抵顶事业费预算拨款。”第四条规定：“有一定数量的稳定的经常性业务收入，但还不足以解决本单位的经常性支出，需要财政补助的事业单位，实行差额预算管理。(1) 对差额预算管理单位实行核定收支、定额(或定项)补助、增收节支留用、减收超支不补的办法。(2) 对有条件逐步向自收自支管理过渡的差额预算管理单位，应逐年减少事业费补助，在其主管部门会同财政部门规定的年限内达到经济自立，实行自收自支管理。”第五条规定：“有稳定的经常性收入，可以解决本单位的经常性支出，但尚未具备企业管理条件的事业单位，实行自收自支管理。(1) 对自收自支管理单位实行核定收支、增收节支留用、减收超支不补的办法。(2) 收大于支较多的单位，在核定其收支数时应规定其收入的一部分上缴财政，或上交主管部门。上缴主管部门的可抵顶财政对该部门的事业费拨款，具体比例或数额由财政部门会同单位主管部门核定。(3) 实行自收自支管理的事业单位，其单位的事业性质不变，职工的工资、福利、奖励等均执行国家对事业单位的有关规定。(4) 实行自收自支管理的事业单位仍属预算内事业单位，要按规定编报年度财务收支计划和决算，接受财政监督。(5) 对有条件向企业管理过渡的自收自支管理单位，主管部门和财政部门应规定期限，促其实行企业管理。实行企业管理后，执行国家对企业的有关规定。”

1992 年 7 月 23 日，财政部印发的《关于加强事业单位收入财务管理的规定》(财文〔1992〕458 号)规定：“事业单位收入的计算：(1) 全额预算管理单位组织收入，应实行独立核算，按扣除成本(费用)后的纯收入计算。(2) 差额预算管理单位和自收自支管理单位的收入，按毛收入计算。”

1992 年 12 月 31 日，财政部印发的《社会文教事业全额预算管理单位财务管理暂行办法》(财文〔1992〕745 号)第二条规定：“全额预算管理单位是指没有稳定的经常性收入或收入较少〔一般占单位经常性支出的 30%(不含)以下〕，各项支出全部或主要由国家预算拨款供应的预算单位。为了方便、加强对同一类型事业单位的财务管理，事业主管部门商同级财政部门同意后，可以对个别收入略高于上述规定比例的事业单位，实行全额预算管理。”第三条规定：“对有条件向差额预算管理过渡的全额预算管理单位，主管部门和财政部门应促其逐步向差额预算管理过渡。”第八条规定：“国家对全额预算管理单位实行预算包干、结余留用、超支不补的预算管理办法。主要形式有：经费和任务挂钩，一年一定；核定基数，比例递增(减)；包死基数，一定几年等。”

高校的经常性支出早就超过了 30%，因此，不应列为全额预算管理单位。在以后的改革中，高校承担高等教育公益服务，划入了“公益二类”。

（四）实行“核定收支、定额或者定项补助、超支不补、结余留用”的预算管理办法阶段(1996—2019年)

1.“三过渡”

1996年7月8日,中共中央办公厅、国务院办公厅印发的《中央机构编制委员会关于事业单位机构改革的若干问题意见》(中办发〔1996〕17号)指出:“把财政拨款事业单位的机构编制控制在与国民经济发展水平相适应的范围内。机构编制部门要会同有关部门制定相应的政策,使财政拨款的事业单位根据国民经济、社会发展的需要和国家财力的可能,稳步健康地发展。要推进有条件的全额拨款的事业单位按照有关规定开展有偿服务,逐步向差额补贴过渡;差额补贴的事业单位,要进一步创造条件,向自收自支或企业化管理过渡。各地区、各部门要结合实际情况,研究提出可以过渡的事业单位的范围、标准、比例和时间要求,要切实完成将‘吃财政饭’的人员精简10%的任务。”

2.实行“核定收支、定额或者定项补助、超支不补、结余留用”的预算管理办法

国务院1996年10月5日批准、财政部1996年10月22日发布的《事业单位财务规则》(财政部令第8号)第七条规定:“国家对事业单位实行核定收支、定额或者定项补助、超支不补、结余留用的预算管理办法。”

《事业单位财务规则》第十二条规定:“事业单位收入包括:(1)财政补助收入,即事业单位从财政部门取得的各类事业经费。(2)上级补助收入,即事业单位从主管部门和上级单位取得的非财政补助收入。(3)事业收入,即事业单位开展专业业务活动及其辅助活动取得的收入,其中,按照国家有关规定应当上缴财政的资金和应当缴入财政专户的预算外资金,不计入事业收入;从财政专户核拨的预算外资金和部分经核准不上缴财政专户管理的预算外资金,计入事业收入。(4)经营收入,即事业单位在专业业务活动及其辅助活动之外开展非独立核算经营活动取得的收入。(5)附属单位上缴收入,即事业单位附属独立核算单位按照有关规定上缴的收入。(6)其他收入,即上述规定范围以外的各项收入,包括投资收益、利息收入、捐赠收入等。”

1997年1月21日财政部发布的《关于事业单位预算管理若干规定的通知》(财文字〔1997〕6号)指出:“财政部门在批复事业单位预算时,应按照国家对事业单位实行核定收支、定额或者定项补助、超支不补、结余留用的预算管理办法,统一核定事业单位各项收入和支出预算。”

3.不再将事业单位划分为全额、差额、自收自支三种预算管理形式

1997年6月9日,财政部在《对北京市财政局关于执行财政部8号令及1997年国家预算收支科目有关问题的复函》(财社字〔1997〕56号)中指出:“执行《事业单位财务规则》后不再将事业单位划分为全额、差额、自收自支三种预算管理形式。国家对事业单位实行核定收支、定额或者定项补助、超支不补、结余留用的预算管

理办法。”

4. 事业单位分类改革

1996 年 7 月 8 日中央机构编制委员会发布的《关于事业单位机构改革的若干问题意见》将事业单位分为四类：(1) 积极发展既为社会主义市场经济所急需，又在经费上实行自收自支或企业化管理的事业单位；(2) 撤并压缩不适应国民经济和社会发展需要的事业单位；(3) 把财政拨款事业单位的机构编制控制在与国民经济发展水平相适应的范围内；(4) 主要从事生产经营活动的，性质应为企业。中央机构编制管理部门按照事业单位的社会“公益性”性质对其进行了分类：一是公益性、福利性事业单位(占 70%)，二是生产经营性或开发性事业单位(占 25%)，三是其他类事业单位(含行政延伸性、机关附属性)事业单位。

2002 年，党的十六大通过的《中共中央关于制定“十一五”规划的建议》中提出：“要对事业单位进行分类改革……继续推进政企分开、政资分开、政事分开、政府与市场中介组织分开，减少和规范行政审批。各级政府要加强社会管理和公共服务职能，不得直接干预企业经营活动。……分类推进事业单位改革。”

2006 年，中央机构编制委员会经国务院批准，制定了《关于事业单位分类及相关改革的试点方案》，2008 年 8 月 11 日，中央机构编制委员会会同有关部门制定的《关于事业单位分类试点的意见》正式印发。

2008 年 2 月 27 日党的十七届中央委员会第二次全体会议通过的，中共中央、国务院 2008 年 3 月 3 日印发的《关于深化行政管理体制改革的意见》(中发〔2008〕5 号)指出：“推进事业单位分类改革。按照政事分开、事企分开和管办分离的原则，对现有事业单位分三类进行改革。主要承担行政职能的，逐步转为行政机构或将行政职能划归行政机构；主要从事生产经营活动的，逐步转为企业；主要从事公益服务的，强化公益属性，整合资源，完善法人治理结构，加强政府监管。推进事业单位养老保险制度和人事制度改革，完善相关财政政策。”

2011 年 3 月 23 日，《中共中央、国务院关于分类推进事业单位改革的指导意见》(中发〔2011〕5 号)第 8 条指出：“划分现有事业单位类别。在清理规范基础上，按照社会功能将现有事业单位划分为承担行政职能、从事生产经营活动和从事公益服务三个类别。对承担行政职能的，逐步将其行政职能划归行政机构或转为行政机构；对从事生产经营活动的，逐步将其转为企业；对从事公益服务的，继续将其保留在事业单位序列、强化其公益属性。今后，不再批准设立承担行政职能的事业单位和从事生产经营活动的事业单位。”第 9 条指出：“细分从事公益服务的事业单位。根据职责任务、服务对象和资源配置方式等情况，将从事公益服务的事业单位细分为两类：承担义务教育、基础性科研、公共文化、公共卫生及基层的基本医疗服务等基本公益服务，不能或不宜由市场配置资源的，划入公益一类；承担高等教育、非营利医疗等公益服务，可部分由市场配置资源的，划入公益二类。具体由各地结合实际研究确定。”第27条指出：“改革和完善财政支持方式。按照国家政策和以事定费的原则，结合不同事业单位的具体特点和财力，对不同类型事业单位实行不同的财政支持办法，合理制定标准，实行动态调整，健全监管制度，充分发挥财政资金的效用。对公益一类，根据正常业务需要，财政给予经费保障；对公益二类，根据财务收支状况，财政给予经费补助，并通过政府购买服务等方式予以支持。”

（五）购买服务阶段(2020年以后)

2016年11月30日，财政部、中央机构编制委员会发布的《关于做好事业单位政府购买服务改革工作的意见》(财综〔2016〕53号)指出：“依据现行政策，事业单位分为承担行政职能事业单位、公益一类事业单位、公益二类事业单位、生产经营类事业单位四类，按其类别及职能，合理定位参与政府购买服务的角色作用，明确相应要求。到2020年底，事业单位政府购买服务改革工作全面推开，事业单位提供公共服务的能力和水平明显提升；现由公益二类事业单位承担并且适宜由社会力量提供的服务事项，全部转为通过政府购买服务方式提供；通过政府购买服务，促进建立公益二类事业单位财政经费保障与人员编制管理的协调约束机制。”

1. 购买主体

《关于做好事业单位政府购买服务改革工作的意见》指出：“完全或主要承担行政职能的事业单位可以比照政府行政部门，作为政府购买服务的购买主体。部分承担行政职能的事业单位完成剥离行政职能改革后，应当根据新的分类情况执行相应的政府购买服务政策。不承担行政职能的事业单位不属于政府购买服务的购买主体，因履职需要购买辅助性服务的，应当按照政府采购法律制度有关规定执行。”

2. 部分承接政府购买服务主体

《关于做好事业单位政府购买服务改革工作的意见》指出：“承担高等教育、非营利医疗等公益服务，可部分由市场配置资源的公益二类事业单位，可以作为政府购买服务的承接主体。现由公益二类事业单位承担并且适宜由社会力量提供的服务事项，应当纳入政府购买服务指导性目录，并根据条件逐步转为通过政府购买服务方式提供。有关行政主管部门应当创造条件积极支持公益二类事业单位与其他社会力量公平竞争参与承接政府购买服务，激发事业单位活力，增强提供公共服务能力。”

3. 承接政府购买服务主体

《关于做好事业单位政府购买服务改革工作的意见》指出：“生产经营类事业单位可以作为政府购买服务的承接主体，在参与承接政府购买服务时，应当与社会力量平等竞争。”

4. 不属于政府购买服务的购买主体，也不属于承接主体，由政府拨款

《关于做好事业单位政府购买服务改革工作的意见》指出：“承担义务教育、基

础性科研、公共文化、公共卫生及基层的基本医疗服务等基本公益服务，不能或不宜由市场配置资源的公益一类事业单位，既不属于政府购买服务的购买主体，也不属于承接主体，不得参与承接政府购买服务。有关行政主管部门应当加强对所属公益一类事业单位的经费保障和管理，强化公益属性，有效发挥政府举办事业单位提供基本公共服务的职能作用。”

尚未分类的事业单位，待明确分类后按上述定位实施改革。

三、高校预算外资金的发展轨迹

(一) 1949 年 9 月至 1977 年的高校预算外资金发展沿革

1951 年 12 月 1 日中共中央发布的《关于实行精兵简政、增产节约、反对贪污、反对浪费和反对官僚主义的决定》规定："各单位自己的家务和物资必须加以清理，只要其家务是正常生产而非经商投机或非法套取国家资财，应仍归其自管，不算做国家收入。但各级领导机关必须根据中央财委的规定，实行统一监督，以便于必要时得调配其物资，并对机关生产的资金利润，规定支配的手续、严格的用途和民主管理的制度，以免其自由滥用。"这可能是新中国成立后最早对"预算外收入"的规定。

财政部预算司李新辰、李安东的研究表明："在国民经济恢复时期，由于实行高度集中的财政体制，预算外资金很少，主要项目是机关生产收入（也称为'小公家务'）和地方附加公粮。各地区、各部门对预算外资金自行管理，没有统一的制度。1952 年 2 月，当时的政务院规定，取消各机关单位的'小公家务'，对农村的乡自筹实行'包、筹、禁'。经过整顿，几乎所有收支都纳入国家预算，预算外资金相对呈现萎缩状态。1953 年进入大规模经济建设时期，财政体制进行了改革，实行划分收支、分级管理的体制，许多企业实行经济核算制。为了解决某些特殊需要，预算外项目逐渐增多，主要有企业管理的专项基金（企业奖励基金、福利基金、大修理基金）、事业收入（工商税附加、公路养路费、养河费、育林费、中小学校的杂费等）和行政事业单位的零星杂项收入。这一时期，预算外收入增加较多。"①

根据李新辰、李安东的统计，预算外收入占财政收入的比例，1953 年为 4.18%，1958 年为 14.75%，1958 年为 20.29%，1966 年为 14.52%，1976 年为 35.45%。但高校预算外收入占财政收入的比例较低。

高等学校预算外资金主要有杂费收入、校办企业（农场）收入、科研经费收入、其他收入等。

1. 学杂费收入

从 1951 年发布的《大学入学考试简章》中可以看出，上海交通大学、同济大学、

① 李新辰，李安东. 我国预算外资金的历史、现状与未来（一）——预算外资金形成与发展的历史沿革[J]. 预算管理与会计，2002(4)：20-23.

南京大学、浙江大学、复旦大学等国立大学也都收取学费。[①]

2. 科研经费收入

1950年6月，在第一次全国高等教育会议上首次明确提出，高校必须进行系统的基本的科学理论知识的教育，高等学校必须进行科学研究工作。1953年，教育部召开的全国综合大学会议认为“综合大学主要是高等教育机构，但也是研究机构”。1955年，北京大学校长马寅初提出“科学研究工作是高等学校，尤其是综合大学的一项基本任务”；同年1月，中共中央发出“向现代科学进军”的号召；同年3月14日国务院成立科学规划委员会，开始制定《1956年至1967年全国自然科学和社会科学十二年长期规划》；同年12月22日，中共中央同意国务院科学规划委员会党组《关于征求〈1956—1967年科学技术发展远景规划纲要(修正草案)〉的意见的报告》。《1956—1967年科学技术发展远景规划纲要(修正草案)》“第五节科学研究工作的体制”指出：“我国统一的科学研究工作系统，是由中国科学院、产业部门的研究机构、高等学校和地方研究机构四个方面组成的。在这个系统中，中国科学院是学术领导核心，产业部门的研究机构和高等学校是两支主要力量，地方研究机构则是不可缺少的助手。……我们必须重视高等学校内的巨大科学力量，鼓励并组织高等学校的教师积极参加科学研究工作。高等学校中，研究领导力量较强的教研室和实验室，应独立担当重要的科学研究任务，必要时，高等学校中可以成立独立的研究室。我们还必须重视地方的科学研究事业，充分发挥各地方对科学研究事业的积极性。……高等学校的研究工作，有它自己的特点。高等学校应同时注意基础理论和对发展生产有重大意义的问题的研究。在研究工作中，教师一般适宜于负担工作量较小、完成期限较宽的工作，并应多采取和产业部门及科学院合作研究的方式。高等学校应经常接受产业部门和科学院所委托的研究任务。委托应采用合同的方式，在合同中应规定委托部门给高等学校的物质和人力的支持。此外，还应该鼓励产业部门和科学院把规模较小的研究机构附设在高等学校里面。”

1961年9月，《教育部直属高等学校暂行工作条例(草案)》(高教60条)第二十四条指出：“高等学校应该积极地开展科学研究工作，以促进教学质量和学术水平的提高。根据国家的统一安排，经过教育部的批准，学校可以适当承担国家的科学研究任务。高等学校的科学研究工作应该同科学研究机关、生产部门建立必要的联系。高等学校也可以接受有关部门的委托，协助解决某些科学技术问题。分配科学研究任务的部门要负责解决研究需要的条件。”

3. 校办企业(农场)收入

高校校办企业始于20世纪50年代，新中国成立初期，为克服当时的经费困

① 张建奇.“免学费加人民助学金”政策的形成、实施及其作用和影响[J].清华大学教育研究，2002，22(4)：33-38.

难，响应政府业余生产号召，一些高校组织成立了生产委员会，以利用现有工厂及实验室设备增加生产、服务社会，同时组织学生及工会会员利用业余时间进行农业生产。但到了 1952 年下半年，随着全国经济状况的好转，根据教育部的文件，学校的工农业生产组织都停止了生产和经营。

1958 年 1 月 27 日，共青团中央发布了《关于在学生中提倡勤工俭学的决定》；同年 2 月，教育部发布了《关于大力支持共青团中央〈关于在学生中提倡勤工俭学的决定〉的通知》；同年 3 月召开的第四次全国教育行政会议上进一步明确，勤工俭学是体现教育方针的一项根本措施，生产劳动列入学校的教学计划；1958 年 3 月，中共中央提出"教育必须为无产阶级政治服务，必须与生产劳动相结合"的教育方针；1958 年 8 月 13 日，毛泽东视察天津大学时指出："高等学校应抓住三个东西：一是党委领导；二是群众路线；三是把教育同生产劳动结合起来。学生要勤工俭学，教师也要搞……以后要学校办工厂，工厂办学校。"同年 9 月，中共中央、国务院发布的《关于教育工作的指示》指出："今后的方向，是学校办工厂和农场，工厂和农业社办学校。要尽可能注意同教学结合。"于是，掀起了勤工俭学活动和办工厂的高潮。

1961 年 9 月，《教育部直属高等学校暂行工作条例(草案)》(高教 60 条)第十八条指出："学校可以根据专业的需要和可能条件，举办小型的工厂，或者同校外的工厂、农场建立固定的联系。学校的工厂有两类，主要的一类是实习和实验性工厂，这一类工厂，主要为教学和科学研究服务，不以经济收益为目的，但是要努力提高管理水平，厉行节约，杜绝浪费。另一类是少数有条件的学校，结合专业所举办的生产性的工厂。举办这类工厂，必须经过教育部和国家计划委员会批准。这类工厂可以生产经国家鉴定合格的定型产品，生产任务应该列入国家或者地方的计划，并且实行独立的经济核算，自负盈亏。"

校办企业主要有以下 4 种类型：(1) 直接为教学服务的实习工厂(农场、林场等)：众多的理工科大学学习苏联金属工艺实习三段式，校内教学实习——课堂教学——校外认识实习，许多学校创办了实习工厂。(2) 教劳结合，生产劳动列为正式课程：1957 年 6 月，《人民日报》发表了《一面劳动，一面读书》的社论；1958 年 9 月，中共中央、国务院发布的《关于教育工作的指示》中规定："在一切学校中，必须把生产劳动列为正式课程。"不少高校都筹建校办工厂或校办农场，提出"全力建厂是提起一切工作的纲，让全校有劳动的阵地"，"各系都要搞工厂，争取一两年内学校有几十个工厂，形成一个工厂网"。在全民大炼钢铁的运动中，各地学校普遍停课，投入大炼钢铁和三秋劳动中。到了 1962 年，在贯彻中央提出的"调整、巩固、充实、提高"方针后，校办企业有较大的压缩与调整。在"文化大革命"这个摧残知识的时期，校办企业成为知识分子改造的场所，得到了畸形的发展。(3) 间接为教学服务的工厂，如印刷厂。(4) 为生活服务的，如招待所。

这一阶段是计划经济体制，高校校办产业虽然在一定程度上为教育科研服务，但基本职能是为无产阶级政治服务。高校的校办企业不仅无科技含量，与专业联系也不紧密。虽有少量收入，但浪费很大。

4. 其他收入

其他收入包括高校电影院、冰场、游泳池等对外服务抵冲支出后的净收入，出售零星废品等收入，利息收入等。

(二) 1978—2010年的高校预算外资金发展沿革

1980年1月24日，中共中央、国务院发出的《关于节约非生产性开支，反对浪费的通知》第十一条指出："一切有条件组织收入的事业单位，都要积极挖掘潜力，从扩大服务项目中，合理地组织收入，以解决经费不足的问题，促进事业的发展。应用科研单位和设计单位要积极创造条件，改为企业经营，不仅不用国家的钱，还要力争上缴利润。"

1. 高校预算外资金发展沿革

(1) 学杂费收入

1978年2月28日，教育部和国家计委联合发布的《关于普通高等学校试行招收走读生和增加招生名额的通知》规定，普通高校招收计划外"自费走读，不包分配"的大学生，结束了高等教育免费入学、开始从免费转为部分学生收费的时期，中国高等教育再度拉开了收费制度的序幕。

1980年召开的全国高校招生工作会议上提出："一些地区和高校在完成国家下达的招生计划之外，可以扩大招收一部分自费走读生。"

1984年6月24日，国家教委、国家计委、财政部颁布的《高等学校接受委托培养学生的试行办法》(教计字〔1984〕110号)规定："委托培养的本、专科学生和研究生，必须参加全国统一招生考试。……根据谁委托培养学生谁负责解决经费的原则，委托单位(包括城乡集体所有制企事业单位和个体户)要负担为其培养的学生所需的基本建设投资和经常费。委托培养学生所需基本建设投资，由委托单位负责安排。委托单位应参考国家现行的《一般高等学校校舍规划面积定额》和学生人数，将所需基本建设投资指标(包括设备购置费)和相应的国拨三大材料指标，拨给对方。委托单位提供的基本建设投资，由学校结合本校总体规划统一安排建设，并报其主管部门批准。委托培养学生所需的经常费，可由委托培养学生的双方协商确定具体标准，也可由委托单位按下列标准拨给承担委托培养学生任务的学校，本专科学生每人每年：工科、医药、艺术院校1 000元至1 300元，农林、理科(含师范院校理科)、体育科类900元至1 200元，文科(含师范院校文科)、财经、政法科类700元至1 000元。上述费用不包括学生人民助学金和奖学金。学生按规定享受的人民助学金和奖学金，由委托单位根据学校实际规定开支数另行拨付。"

1985年5月27日发布的《中共中央关于教育体制改革的决定》指出："用人单

位委托招生。为了鼓励学校挖掘潜力多招学生，为了更好地满足社会对人才的需求，近年来行之有效的用人单位委托学校培养学生的制度，要继续推行和逐步扩大，使之成为国家招生计划的重要补充。委托单位要按议定的合同向学校交纳一定数量的培养费，毕业生应按合同规定到委托单位工作。还可以在国家计划外招收少数自费生。学生应交纳一定数量的培养费，毕业后可以由学校推荐就业，也可以自谋职业。”

1986 年 3 月 12 日，国务院颁发的《高等教育管理职责暂行规定》(国发〔1986〕32 号)第四条指出，扩大高等学校管理权限，增强高等学校适应经济和社会发展需要的能力，其主要内容之一是“执行勤俭办学的方针并在遵守国家财务制度的前提下，按照‘包干使用，超支不补，节余留用，自求平衡’的经费预算管理原则，可以安排使用主管部门核定的年度事业经费。接受委托培养生、自费生，举办干部专修科、函授、夜大学及社会技术服务和咨询取得的收入，按照国家有关规定安排用于发展事业、集体福利和个人奖励”。

(2) 学校基金

1980 年 6 月 11 日印发的《教育部、国家劳动总局、财政部关于印发高等学校建立学校基金和奖励制度试行办法的通知》中指出：“为了充分调动高等学校广大教职工的社会主义积极性，加速教学、科研的建设，促进教育事业的发展，遵照国务院领导同志的批示，在调查研究的基础上，制定了《高等学校建立学校基金和奖励制度的试行办法》，现发给你们，自一九八〇年起试行。”

(3) 科研经费

1977 年 7 月 29 日，邓小平在听取方毅、刘西尧等汇报教育工作时指出：“要抓一批重点大学。重点大学既是教育的中心，又是办科研的中心。高等学校的科学研究，应纳入国家规划。”

1978 年 3 月 18 日至 31 日，全国科学大会在北京隆重举行。邓小平在全国科学大会开幕式上的讲话指出：“把尽快地培养出一批具有世界第一流水平的科学技术专家，作为我们科学、教育战线的重要任务。”这次大会迎来了科学的春天，通过了《1978—1985 年全国科学技术发展规划纲要(草案)》。

1985 年 5 月 27 日发布的《中共中央关于教育体制改革的决定》指出：“重点学科比较集中的学校，将自然形成既是教育中心，又是科学研究中心。”

1985 年 3 月 13 日，中共中央发布的《关于科学技术体制改革的决定》指出：“改革对研究机构的拨款制度，按照不同类型科学技术活动的特点，实行经费的分类管理。中央和地方财政的科学技术拨款，在今后的一定的时期内，应以高于财政经常性收入增长的速度逐步增加。同时，广开经费来源，鼓励部门、企业和社会集团向科学技术投资。”

1982 年 1 月 11 日，《教育部部属高等学校财务管理试行办法》(财事字〔1982〕

第4号)第二十三条指出:“部属高等学校的科技三项费用,是国家为学校进行重大科学研究提供的基本物质条件。学校对科技三项费用的安排使用,应当优先保证国家下达的重点科研项目的需要。”第二十七条指出:“部属高等学校接受中央和地方有关部门和单位委托的科研任务,所需的经费和其他必需的物质条件,应当全部由委托部门和单位负责解决。有关部门和单位拨给学校的委托任务经费,学校财务部门一律作代管科研经费管理,并按项目掌握使用。”

(4) 校办企业(农场)收入

1985年3月13日,中共中央发布的《关于科学技术体制改革的决定》指出:“要鼓励中国科学院、高等学校和各部委、地方所属人事技术开发的研究机构,根据自愿互利的原则,同企业、设计机构建立种种形式的联合。有的可以逐步发展成为经济实体;有的可以在联合的基础上进而合并,企业并入研究机构,或者研究机构并入企业。有些研究机构也可以自行发展成为科研生产型的企业,或者成为中小企业联合的技术开发机构。对这类单位,允许按一定比例从新增利润中提取一部分资金,用作技术开发基金。”

1986年3月3号,王大珩等四名著名科学家提出“关于追踪世界高技术发展的建议”的报告,形成了《关于高新技术研究发展计划的报告》(又称为“863计划”),同年11月,中共中央、国务院正式批转了《高技术研究发展计划纲要》。1991年,邓小平为“863计划”工作会议写下了题词:“发展高科技,实现产业化”。

20世纪80年代初以来,以经济建设为中心的战略转变后,经济体制、科技体制和教育体制相继改革,一些高校先后恢复和兴建了一批校办企业。毋庸讳言,当时校办企业蓬勃发展的一个重要原因,是在商品经济条件下筹集资金,弥补了教育经费的不足和改善了教职工的福利待遇。商品经济和科学技术的结合促进了校办企业的发展,南京大学的尿激酶产品最早投向市场,被人们誉为“校办企业的先驱者”,北大方正成功开发的激光照排系统投向市场,成为高校科技产业的“领头雁”。

1989年1月15日,国务院批转的国家教委、财政部、人事部、国家税务总局发布的《关于高等学校开展社会服务有关问题的意见》(国发〔1989〕10号)第二条指出:“高等学校开展社会服务,可以承包科技项目,参与科研协作,转让科技成果,开展技术、经济和法律等方面的咨询服务;根据国家有关部门的规定,可以接受委托培养学生,在不影响正常的办学条件下,可以举办非学历的短期人才培训活动;可以开放学校实验室,利用学校设备和技术条件对外服务;可以充分发挥校办工厂、印刷厂和出版社等内部单位的潜力,在保证教学科研服务的同时,为社会提供产品和服务;可以和企业、科研机构联合办厂,共同开发新产品或合股经营;可以组织教学、科研、生产联合体,或兴办技、工、贸结合的经济实体。”

1993年1月12日,国务院批转的国家教委《关于加快改革和积极发展普通高等教育的意见》(国发〔1993〕4号)第十四条指出:“积极发展以高新技术产业为主的校办产业。校办产业要有利于加强学校与社会的联系,促进教育和教学改革,有利于筹集教育资金,增强办学实力。要组织高校的科技力量,积极投身国民经济建设主战场,面向生产第一线进行研究开发,多渠道、多层次地转化科技成果,积极进入高新技术产业开发区,有计划、有重点、有选择、讲求实效地发展科技产业。因地因校制宜,利用学校的优势,积极发展经济、科技、文教的信息咨询和服务的第三产业。国家要增加用于支持校办产业发展的贷款规模,并在税率上予以优惠;尽快制定校办产业行政法规,使校办产业有法可依。学校要加强领导,采取人员分流、企业化管理等办法,努力在实践中探索适合本地区、本部门、本学校情况的发展校办产业的多种模式。”

1993年2月13日,中共中央、国务院印发的《中国教育改革和发展纲要》第九条指出:“高等学校科学技术工作要认真贯彻国家对科学技术工作的方针,坚持‘科学技术是第一生产力’的思想,坚持面向经济建设,坚持同教学相结合。要根据不同条件,大力开展技术开发、推广应用和咨询服务,兴办科技产业,使科技成果尽快转化为现实生产力。”第四十八条指出:“继续大力发展校办产业和社会服务,逐步建立支持教育改革和发展的服务体系,各级政府和有关部门要给予优惠政策。”1994年7月3日,国务院发布的《关于〈中国教育改革和发展纲要〉的实施意见》第二十四条指出:“多渠道筹措教育经费。国家支持学校发展校办产业,对包括各类职业学校在内的校办产业仍继续实行减免税政策。国家对校办产业的政策性低息贷款将逐年增加。”1995年3月18日通过的《中华人民共和国教育法》第五十八条指出:“国家采取优惠措施,鼓励和扶持学校在不影响正常教育教学的前提下开展勤工俭学和社会服务,兴办校办产业。”1998年8月29日通过的《中华人民共和国高等教育法》第六十三条指出:“国家对高等学校进口图书资料、教学科研设备以及校办产业实行优惠政策。高等学校所办产业或者转让知识产权以及其他科学技术成果获得的收益,用于高等学校办学。”

1993年12月11日至14日,国家体改委、国家科委和国家教委在北京联合召开了“全国高校科技产业工作会议”。1994年3月1日,国家教委、国家科委、国家体改委印发了《关于高等学校发展科技产业的若干意见》(教技〔1994〕7号)。

1998年12月24日,教育部发布的《面向二十一世纪教育振兴行动计划》第二十六条、第二十七条、第二十八条、第二十九条等对建立健全高等学校高新技术产业化做了明确规定。

2001年10月9日,国务院办公厅发布了《关于北京大学清华大学规范校办企业管理体制试点指导意见》,2002年3月,教育部正式批复了北京大学、清华大学的校企改制工作方案。校企改制主要抓4个方面:一是关于学校经营性国有资产的管理和经营;二是对现有校办企业的规范;三是建立学校投资的撤出机制;四是关于校办企业人事关系的管理。经过几十年的发展,现已进入“积极发展、规范管理、开拓创新”的高速发展时期。校办企业的作用也由学生的实验、实习场所发展为高新科技企业。

(5) 其他收入

1982年1月11日,《教育部部属高等学校财务管理试行办法》(财事字〔1982〕第4号)第三十四条指出:“部属高等学校的其他预算外资金包括:特种资金和其他预算外各项暂存、往来资金。其他预算外资金的收支,必须与预算资金严格划清界限,并按照不同来源和用途分别设立账户,分别核算,分别管理和使用。特种资金收入范围如下:(1) 由学校自行管理的教职工宿舍租金收入;(2) 个人使用学校的家具所交纳的租金收入;(3) 捐赠收入;(4) 其他可作特种资金管理的收入。”

2. 高校预算外资金成为高校重要筹资渠道

1993年1月12日,国务院批转的国家教委《关于加快改革和积极发展普通高等教育的意见》(国发〔1993〕4号)第七条指出:“改革高等教育投资体制,逐步建立财政拨款为主、多渠道筹措经费的投资体制。中央和地方的有关部门都要按照‘两个增长’的原则,增加对高等教育的拨款,满足高教事业发展的基本需要。学校也要改变单纯依靠财政拨款的观念,走多渠道筹措教育经费的路子。要研究制定社会、企业、个人和校办产业等多渠道为高等学校筹措办学经费的具体制度和办法。”

1993年2月13日,中共中央、国务院印发的《中国教育改革和发展纲要》(中发〔1993〕3号)第47条指出:“改革和完善教育投资体制,增加教育经费。目前教育经费相当紧缺,不仅不能适应加快改革开放和现代化建设对人才的需求,而且也难以满足现有教育事业发展的基本需要。增加教育投资是落实教育战略地位的根本措施,各级政府、社会各方面和个人都要努力增加对教育的投入,确保教育事业优先发展。要逐步建立以国家财政拨款为主,辅之以征收用于教育的税费、收取非义务教育阶段学生学杂费、校办产业收入、社会捐资集资和设立教育基金等多种渠道筹措教育经费的体制。”

3. 高校预算外资金管理发展沿革

政府发现预算外资金发展很快,据李新辰、李安东的统计,预算外收入占财政收入的比例,1980年为48.05%,1981年为51.12%,1982年为66.21%,1983年为70.79%,1984年为72.34%,1985年为76.32%,1986年为81.87%,1987年为92.25%,1988年为100.15%,1989年为99.77%,1990年为92.22%,1991年为102.98%,1992年为110.67%。[①] 这些资金,对各项事业的发展发挥过积极作用。但是,由于管理制度跟不上存在不少问题,因此,本部分的标题为“管理发展沿革”。

---

① 李新辰,李安东.我国预算外资金的历史、现状与未来(一)——预算外资金形成与发展的历史沿革[J].预算管理与会计,2002(4):20-23.

这些问题主要有：巧立名目乱收费；自收自支甚至坐支，搞账外账，设“小金库”；不经批准开银行账户；挪用、滥支预算外资金；预算外资金收支计划不健全；预算外资金核算决算不健全；将预算内资金转到预算外等，主要原因是由于对预算外资金的定义、组成和开支范围的曲解造成的。因此，从1986年起加强了预算外资金管理的制度建设。1986年4月13日，国务院发布了《关于加强预算外资金管理的通知》(国发〔1986〕44号)，这是第一个加强预算外资金管理的行政法规。

(1) 界定了高校预算外资金的定义、组成和开支范围

① 高校预算外资金的定义

1983年2月28日，财政部颁发的《预算外资金管理试行办法》第二条规定：“预算外资金是指根据国家财政制度、财务制度规定，不纳入国家预算，由各地方、各部门、各企业事业单位自收自支的财政资金。预算外资金包括：a. 地方财政部门管理的各项附加收入和集中的各项资金；b. 事业和行政单位管理的不纳入预算的资金；c. 国营企业及其主管部门管理的各种专项资金；d. 地方和中央主管部门所属的不纳入预算的企业收入。”

国务院发布的《关于加强预算外资金管理的通知》指出：“预算外资金是由各地区、各部门、各单位根据国家有关规定，自行提取、自行使用的不纳入国家预算的资金。这项资金包括地方财政部门按国家规定管理的各项附加收入等；事业、行政单位自收自支的不纳入国家预算的资金；国营企业及其主管部门管理的各种专项资金；地方和中央主管部门所属的预算外企业收入；其他按照国家规定不纳入预算的各种收入。”

1996年7月11日发布的《国务院关于加强预算外资金管理的决定》(国发〔1996〕29号)指出：“预算外资金，是指国家机关、事业单位和社会团体为履行或代行政职能，依据国家法律、法规和具有法律效力的规章而收取、提取和安排使用的未纳入国家预算管理的各种财政性资金。其范围主要包括：法律、法规规定的行政事业性收费、基金和附加收入等；国务院或省级人民政府及其财政、计划(物价)部门审批的行政事业性收费；国务院以及财政部审批建立的基金、附加收入等；主管部门从所属单位集中的上缴资金；用于乡镇政府开支的乡自筹和乡统筹资金；其他未纳入预算管理的财政性资金。”这个定义与10年前的《关于加强预算外资金管理的通知》定义相比就规范和准确，不提“自行提取、自行使用”而强调了“依据国家法律法规和具有法律效力的规章”；并将“不纳入”改为“未纳入”；将“资金”改为“财政性资金”。

1996年11月18日，财政部印发的《预算外资金管理实施办法》(财综字〔1996〕104号)第二条指出：“预算外资金，是指国家机关、事业单位、社会团体、具有行政管理职能的企业主管部门(集团)和政府委托的其他机构，为履行或代行政府职能，依据国家法律法规和具有法律效力的规章而收取、提取、募集和安排使用，未纳入

财政预算管理的各种财政性资金。”

1986年5月29日，国家教委发布的《关于直属院校预算外资金管理若干规定》(教计字〔1986〕90号)第二条指出：“高等院校凡不纳入国家预算的其他资金统称为高等学校预算外资金，高等学校预算外资金包括：a. 高等学校自收自支不纳入国家预算的资金；b. 高等学校主管部门及中央各部委和地方下达的专项资金；c. 高等学校按规定不纳入预算管理的各项收入。”

② 高校预算外资金的组成

国家教委发布的《关于直属院校预算外资金管理若干规定》第三条指出：“高等学校预算外资金由下列各项目组成：a. 应转预算外收入；b. 科技三项费用拨款；c. 代管科研经费；d. 其他代管经费；e. 特种资金收入；f. 委托培养经费；g. 学校基金前期收入；h. 学校基金。”

1996年5月6日发布的《财政部关于清理检查预算外资金有关问题的补充通知》(财监传字〔1996〕2号)指出：“捐赠收入不属预算外资金，故不在这次清理检查范围。”

③ 高校预算外资金的开支范围

国家教委发布的《关于直属院校预算外资金管理若干规定》第八条规定：“纳入高等学校预算外资金管理，有指定用途的专项资金(如科技三项费用)，应坚持专款专用的原则，保证用于指定的用途，不得挪作他用。”第九条规定：“高等学校预算外资金用于基本建设应经学校财务部门审查并按基本建设程序报批。经批准纳入计划的基本建设资金，应提前存入建设银行，由建设银行按规定进行监督拨款。”第十条规定：“高等学校预算外资金中用于奖励和集体福利部分，必须按照财政、劳动人事部门和主管部门核定的比例，坚持先提后用的原则，并按规定交纳奖金税。不得用发展事业的资金发放奖金、实物和补贴。”第十一条规定：“用预算外资金购买的设备，均属学校财产，应按高等学校固定资产管理的办法管理。”

(2) 高校预算外资金要上缴财政专户，实行收支两条线管理

《国务院关于加强预算外资金管理的决定》指出：“预算外资金是国家财政性资金，不是部门和单位自有资金，必须纳入财政管理。财政专户，支出由同级财政按预算外资金收支计划和单位财务收支计划统筹安排，从财政专户中拨付，实行收支两条线管理。”

财政部印发的《预算外资金管理实施办法》第三条规定：“预算外资金是国家财政性资金，由财政部门建立统一财政专户，实行收支两条线管理。预算外资金收入上缴同级财政专户，支出由同级财政部门按预算外资金收支计划，从财政专户中拨付。”

1999年6月6日，中共中央办公厅、国务院办公厅发布了《关于转发〈监察部、财政部、国家发展计划委员会、中国人民银行、审计署关于1999年落实行政事业性

收费和罚没收入"收支两条线"规定工作的意见〉的通知》(中办发〔1999〕21号)。1999年6月29日发布的《教育部关于做好落实"收支两条线"规定工作的通知》(教财〔1999〕11号)指出:"原则上所有高校、中专和城镇中小学校及有条件的农村中小学校,对所收取的学、杂费等都要实行'收支两条线'管理。"

2001年12月10日,国务院办公厅转发了《财政部关于深化收支两条线改革进一步加强财政管理意见的通知》(国办发〔2001〕93号)。

(3) 高校要加强预算外资金收支计划管理

《国务院关于加强预算外资金管理的决定》指出:"财政部门要建立预算外资金预决算管理制度。各部门、各单位要按规定编制预算外资金收支计划和单位财务收支计划,并及时报送同级财政部门,对预算内拨款和预算外收入统一核算,统一管理。财政部门要在认真审核单位预算外资金收支计划和单位财务收支计划的基础上,编制本级预算外资金收支计划,报经同级人民政府批准后组织实施。年度终了,财政部门要审批单位的预算外资金收支决算,编制本级预算外资金收支决算,并报同级政府审批,在此基础上,编制包括预算内、外收支的综合财政计划。"

(4) 高校要清理检查预算外资金

1996年4月7日,《国务院批转财政部、国家计委、审计署、中国人民银行、监察部关于清理检查预算外资金意见的通知》(国发〔1996〕12号)指出:"重点检查1995年度发生的下列违法乱纪问题:① 隐瞒财政收入,将预算内资金转到预算外;② 不按规定将行政事业性收费和罚没收入纳入预算管理;③ 不按规定将预算外资金缴存财政专户;④ 擅自设立基金、行政事业性收费项目或随意扩大基金征收范围,自行提高收费标准,违反规定进行集资;⑤ 挪用、滥支预算外资金;⑥ 需要重点清理检查的其他问题。"

1998年12月25日,中国人民银行、财政部、审计署、监察部发布的《关于开展中央单位预算外资金管理专项检查的通知》(财综字〔1998〕166号)规定:"这次专项检查的重点是中央单位预算外资金管理情况,包括行政事业性收费(基金)收支情况,有关账户开设及使用情况,以及票据使用情况。具体包括以下几个方面:① 行政事业性收费(基金)管理情况。包括部门或单位行政事业性收费(基金)项目;各项收费(基金)是否都按规定经过批准;收费过程中是否按规定正确使用由财政部门印制或监制的票据;按规定应纳入预算管理的行政事业性收费(基金),是否按规定及时足额地上缴了国库。② 预算外资金开户情况。有预算外资金的单位,是否按规定开设了预算外资金收入过渡账户和支出账户。③ 预算外资金缴入中央财政专户情况。是否按国务院和财政部有关规定,将应纳入财政专户管理的预算外资金及时足额上缴中央财政专户。④ 预算外资金支出使用情况。是否按规定和财政部批准的支出用途使用预算外资金,从中央财政专户申请核拨的资金,是否长期在单位支出账户中沉淀。⑤ 预算外资金收支计划编报情况。是否按规定及时编报年度预算外资金收支计划。”

(5) 高校要经财政机关批准并建立银行账户年检制度

1983年2月28日，财政部颁发的《预算外资金管理试行办法》第三条规定：“对未经国务院、财政部批准、由各地自行设立的预算外资金项目，要进行一次清理整顿。凡是应纳入预算的企业利润、事业收入等都要纳入预算，不得留在预算外自收自支；乱行摊派的收入，要取缔；不符合规定的收费要纠正。经过清理整顿后，确需保留的项目，要按规定向财政部补报批准手续。”

2002年9月29日，财政部、中国人民银行、监察部、审计署印发了《中央预算单位银行账户管理暂行办法》(财库〔2002〕48号)。

2004年7月16日，教育部印发的《教育部直属高校和事业单位银行账户管理暂行办法》(教财〔2004〕19号)第二十二条规定：“建立教育部直属单位银行账户年检制度。每年1月31日之前，各单位对截至上年12月31日保留的所有银行账户(含所属非法人机构开设的所有银行账户)填写《中央预算单位银行账户年检申请表》，附电子文档报送批准开立账户所在地财政专员办。存在下列情形的，应在报送账户年检资料时一并提供书面声明：① 超出有关规定适用范围管理账户；② 未按规定报经所在地财政专员办批准开设账户；③ 擅自改变账户用途；④ 逾期使用账户；⑤ 出借、出租、转让账户；⑥ 未按规定报备账户；⑦ 其他违规问题。”

(6) 高校违反预算外资金管理规定要受到处罚

财政部印发的《预算外资金管理实施办法》第四十三条规定：“各部门和各单位预算外资金管理要严格执行国家有关规定，凡有下列行为之一的，均按违反财经纪律或违法行为进行处罚。① 隐瞒财政预算收入，将预算资金转为预算外资金；② 预算外资金收入不按规定及时、足额上缴财政专户，坐收坐支；③ 擅自设立收费、基金项目，扩大征收范围，提高征收标准；④ 不按规定使用中央或省级财政部门统一印制或监制的收费票据；⑤ 瞒报预算外资金收入，转移资金，未经财政部门批准擅自设立预算外资金账户和私设‘小金库’，公款私存，搞计划外投资，炒股票，炒房地产，进行期货交易，投资入股以及滥发奖金、津贴和补贴；⑥ 基本建设投资、购置专控商品等不符合规定的预算外资金支出；⑦ 不按规定时间和要求编报预算外资金收支计划和决算；⑧ 不按要求接受财政、审计、监察等部门监督检查；⑨ 其他违反国家规定的行为。”

4. 全面取消预算外资金，将预算外资金管理纳入预算管理

(1) 学者建议取消预算外资金

较早提出取消预算外资金的学者有韩凤芹、陈绪旺、汪朝潮。

韩凤芹：《取消预算外资金的思路和操作方法》，见《山西财经学院学报》1993年第4期。

陈绪旺：《归并取消预算外资金》，见《教育财会研究》1994年第4期。

汪朝潮:《取消预算外资金是建立效益财政的首要任务》,见《河北经贸大学学报》1996 年第 2 期。

(2) 将预算外资金管理纳入预算管理,教育收费项目暂不纳入预算管理

2009 年 12 月 4 日,财政部、中国人民银行发布的《关于将按预算外资金管理的全国性及中央部门和单位行政事业性收费纳入预算管理的通知》(财预〔2009〕79 号)指出:"决定从 2010 年 1 月 1 日起,将按预算外资金管理的全国性及中央部门和单位行政事业性收费逐步纳入财政预算管理。……教育收费项目暂不纳入预算管理。"

(3) 教育收费作为事业收入纳入财政专户管理

2010 年 6 月 1 日,财政部发布的《关于将按预算外资金管理的收入纳入预算管理的通知》(财预〔2010〕88 号)指出:"为贯彻落实全国人大和国务院有关规定,决定从 2011 年 1 月 1 日起,将按预算外资金管理的收入(不含教育收费,以下简称预算外收入)全部纳入预算管理。自 2011 年 1 月 1 日起,中央各部门各单位(以下简称中央部门)的教育收费(包括目前在财政专户管理的高中以上学费、住宿费,高校委托培养费,党校收费,教育考试考务费,函大、电大、夜大及短训班培训费等,以下简称教育收费)作为本部门的事业收入,纳入财政专户管理,收缴比照非税收入收缴管理制度执行。"

(4) 教育收费等未纳入预算并实行财政专户管理资金的会计核算执行《财政总预算会计制度》

2010 年 12 月 20 日,财政部发布的《关于预算外资金纳入预算管理后涉及有关财政专户管理资金会计核算问题的通知》(财库〔2010〕141 号)规定:"为适应预算外资金纳入预算管理的需要,规范教育收费等未纳入预算并实行财政专户管理资金的会计核算,根据财政部《关于将按预算外资金管理的收入纳入预算管理的通知》(财预〔2010〕88 号)等有关规定,从 2011 年 1 月 1 日起,未纳入预算并实行财政专户管理资金会计核算执行《财政总预算会计制度》,同时,对《财政总预算会计制度》作相应调整。"

(5) 2011 年起全面取消预算外资金

2012 年 6 月 27 日,财政部部长谢旭人在第十一届全国人民代表大会常务委员会第二十七次会议上所作《关于 2011 年中央决算的报告》指出:"全面取消预算外资金,将所有政府性收入纳入预算管理。部门预算、国库集中收付、政府采购等预算管理制度改革深入推进。"

(6) 事业单位的各项收入全部纳入单位预算

国务院 1996 年 10 月 5 日批准、财政部 1996 年 10 月 22 日发布的《事业单位财务规则》(财政部令第 8 号)第十二条规定:"事业单位收入包括:财政补助收入,上级补助收入,事业收入,经营收入,附属单位上缴收入,其他收入。"第十三条规

定："事业单位的各项收入全部纳入单位预算，统一核算，统一管理。"

1997年1月21日发布的《财政部关于事业单位预算管理若干规定的通知》(财文字〔1997〕6号)指出："事业单位预算由收入预算和支出预算组成，收入预算包括财政补助收入、上级补助收入、事业收入(含预算外资金收入)、经营收入、附属单位上缴收入和其他收入等项内容，支出预算包括事业支出、经营支出、自筹基本建设支出、对附属单位补助支出和上缴上级支出等项内容。财政补助收入只能用于安排事业支出，上级补助收入、事业收入(含预算外资金收入)和其他收入也应用于安排事业支出，另有规定的除外。专项资金安排的支出项目，应作详细说明。"

高校资金曾出现过的"制度外资金"(如小金库等)、"预算外资金"(如科研经费、校办产业收入、有偿服务收入、租金收入、对外投资收入等)、预算内资金三部分。经过清理"小金库"，学校财力"三并二"；经过取消"预算外资金"，学校财力"二并一"；根据《教育部关于做好落实收支两条线工作的通知》规定的"教育收费收入属教育经费，各有关部门应严格按国家规定，将学校上缴预算外资金专户的学杂费等教育收费资金按时足额拨还各学校，任何部门不得挤占、挪用或平调，也不得用收费资金抵顶财政预算拨款。对严重违反有关规定的行为，要严肃追究有关人员的责任"，高等学校收费也"作为事业收入纳入财政专户管理"，并"纳入单位预算"，进而列入部门预算中。

四、预算执行的发展轨迹

"预算执行"从发展轨迹角度分为两部分：第一阶段是1949年10月至1992年10月，是计划经济时期；第二阶段是1992年11月至今，是市场经济时期。

(一) 法律和行政法规规定

1. 1949年10月至1992年10月

在1949年10月至1992年10月的40多年中，中央政府共发布两次《预算管理条例》。

1951年7月21日，政务院颁发了《预算决算暂行条例》，但这个《预算决算暂行条例》没有单独的章、节、条、款规定"预算执行"，只在有关条文中提及"预算执行"，如第二条规定："按照年度预算执行最终结果所编造之全年度会计报告，称决算。"第二十六条规定："各机关须将岁入岁出预算执行之结果，按月或按季编造计算，按年编造决算。"

1991年10月21日，国务院发布了《国家预算管理条例》(国务院令第90号)，这个《国家预算管理条例》第五章为"预算执行和监督"，其中"预算执行"包括第三十九条至第四十九条共十一条。

2. 1992年11月至今

《预算法》是1994年颁布的在近27年内，共颁布两次《中华人民共和国预算法》。

1994年3月22日，颁布了《中华人民共和国预算法》(主席令第21号)，其中第六章为“预算执行”，包括第四十三条至第五十二条共十条。

20年后，2014年8月31日，颁布了《中华人民共和国预算法》(主席令第12号)，其中第六章为“预算执行”，包括第五十三条至第六十六条共十四条。

1995年11月22日，国务院发布了《中华人民共和国预算法实施条例》(国务院令第186号)，其中第四章为“预算执行”，包括第三十三条至第五十九条共二十七条。

2015年6月24日，国务院法制办公室公布了《中华人民共和国预算法实施条例(修订草案征求意见稿)》，其中第四章为“预算执行”，包括第六十条至第九十四条共三十五条。

(二) 部门规章

1. 1949年10月至1992年10月

本节摘选了关于高校财务方面的主要制度，下列3个未提及“预算执行”：

1982年1月11日，教育部发布的《教育部部属高等学校财务管理试行办法》(财事字〔1982〕第4号)。

1986年10月15日，国家教委、财政部发布的《高等学校财务管理改革实施办法》(教计字〔1986〕162号)。

1991年4月8日，国家教委、财政部发布的《高等学校“八五”期间财务工作的若干意见》(教财〔1991〕33号)。

2. 1992年11月至今

(1) 专门关于“预算执行”的规定

1997年12月31日，国家教委发布了《高等学校预算执行情况审计实施办法》(教审〔1997〕2号)。

2008年7月11日，教育部发布了《关于加强高等学校预算执行与决算审计工作的意见》(教财〔2008〕12号)。

(2) 高校财务方面的重要制度

1997年6月23日，财政部和国家教委发布的《高等学校财务制度》(财文字〔1997〕280号)第四条规定：“高等学校财务管理的主要任务是：依法多渠道筹集事业资金；合理编制学校预算，并对预算执行过程进行控制和管理。”

2012年12月19日，财政部、教育部印发的《高等学校财务制度》(财教〔2012〕488号)第四条规定：“高等学校财务管理的主要任务是：合理编制学校预算，有效控制预算执行，完整、准确编制学校决算，真实反映学校财务状况。”

2007年1月15日，《教育部、财政部关于“十一五”期间进一步加强高等学校财务管理工作的若干意见》(教财〔2007〕1号)第13条规定：“高等学校应加强预算执行的控制与分析，提供完整、准确的财务信息，为主管部门和学校加强财务管理提供可靠依据。”

(3) 关于“项目支出预算执行率”的规定

① “项目支出预算执行率”

2011年3月23日发布的《财政部关于实行中央级普通高校绩效拨款与项目支出预算执行挂钩办法的通知》(财教〔2011〕39号)规定：“本《通知》所称‘项目支出’，是指由中央财政当年拨付的纳入部门预算的列‘205教育’科目的所有一般预算财政拨款项目支出。所称‘项目支出预算执行率’，是指截至考核时间点‘项目支出’实际支出数占‘项目支出’已下达预算指标数的比率，用百分比表示。”

2011年4月23日发布了《教育部办公厅关于实行部属高校预算与预算执行挂钩办法的通知》(教财厅〔2011〕1号)。

② 中央与国务院提的是“预算执行效率”

2010年6月21日，中共中央政治局审议并通过的《国家中长期教育改革和发展规划纲要(2010—2020年)》第五十八条规定：“建立科学化、精细化预算管理机制，科学编制预算，提高预算执行效率。”

2011年6月29日发布的《国务院关于进一步加大财政教育投入的意见》(国发〔2011〕22号)第四条第二款规定：“要强化预算管理。提高预算编制的科学性、准确性，提高预算执行效率，推进预算公开。”

③ 国务院关于“预算执行”的规定没有提及执行进度

2015年6月24日，国务院法制办公室公布了《中华人民共和国预算法实施条例(修订草案征求意见稿)》第六十一条规定：“预算执行中，各部门、各单位的主要任务是：a. 制定本部门、本单位预算执行制度，建立健全内部控制机制；b. 依法组织收入，严格支出管理，实施绩效监控，开展绩效评价，充分应用绩效评价结果，提高资金使用效益；c. 对单位的各项经济业务进行会计核算；d. 编制财务报告，汇总本部门、本单位的预算执行情况，定期向本级政府财政部门报送预算执行情况报告和绩效评价报告。”

(三) 预算执行的及时性、均衡性、有效性和安全性

1. 2009年提出“均衡性和有效性”

《关于2009年中央和地方预算执行情况与2010年中央和地方预算草案的报告》指出：“加快预算执行进度，完善预算支出执行责任制度，强化基本支出和项目支出管理，健全当年预算编制与上年预算执行的有效衔接机制，进一步提高预算执行的均衡性和有效性。”

2. 2010年提出“时效性和均衡性”“均衡性和有效性”“及时性、均衡性和有效性”

2010年1月22日，财政部发布的《关于进一步做好预算执行工作的指导意见》指出：“增强预算执行的时效性和均衡性。”

2010 年 7 月 7 日，财政部发布的《关于进一步做好地方财政教科文预算执行工作的通知》(财教〔2010〕197 号)指出："加大工作力度，不断提高财政教科文预算执行的均衡性和有效性。预算执行是预算管理的重要环节。各级财政部门必须把预算执行列入重要工作日程，抓紧抓好预算执行工作。"

《关于 2010 年中央和地方预算执行情况与 2011 年中央和地方预算草案的报告》指出："狠抓预算执行管理，提高预算执行的及时性、均衡性和有效性。"

3. 2011 年后提出"及时性、均衡性、有效性和安全性"

《关于 2011 年中央和地方预算执行情况与 2012 年中央和地方预算草案的报告》指出："切实加强预算支出执行管理，提高预算支出的及时性、均衡性、有效性和安全性。"

《关于 2012 年中央和地方预算执行情况与 2013 年中央和地方预算草案的报告》指出："抓好预算支出执行管理，增强预算支出的及时性、均衡性、有效性和安全性。"

2012 年 4 月 26 日，谢旭人在中国财政学会 2012 年年会暨第十九次全国财政理论讨论会上讲话时指出："需要重点研究的若干问题：……如何提高预算支出的及时性、均衡性、有效性和安全性。"说明这"四性"是需要重点研究的内容之一。这"四性"可解释为：

(1) 及时性指的是预算到位率。

(2) 均衡性指的是预算均衡率。

支出均衡率：某一时点公共财政预算支出执行进度与支出进度标准的比率，用以反映和考核支出预算的及时性和均衡性程度。

支出均衡率＝(支出执行进度/支出进度标准)×100％。

(3) 有效性指的是效益、效率。

(4) 安全性指的是可靠程度、可控程度、风险度。

笔者认为，"四性"比预算完成率、预算执行率要全面、科学，试将这"四性"的关系论述为：安全性是基础，及时性是前提，均衡性是关键，有效性是核心。

五、高校预算治理功能的发展轨迹

2013 年 11 月 15 日，《中共中央关于全面深化改革若干重大问题的决定》指出："财政是国家治理的基础和重要支柱。"楼继伟认为："建立现代预算制度。现代预算制度是现代财政制度的基础。"①

笔者所著《高校预算管理研究》一书的第一章第三节标题为"高校预算的治理

① 楼继伟.发挥财政在国家治理中的重要作用——财政部部长楼继伟就深化财税体制改革答记者问[N].中国财经报,2013-11-25.

职能研究”。①

预算的治理功能主要体现在“审议通过”“公开透明”和“监督检查”三个方面。

(一) 预算必须审议通过

1. 政府预算必须审议通过

1215年英国颁发了《大宪章》,其中规定:“英皇未获得议会同意不得征税。”其主要精神是处理国王和代议机关的财政权力分配关系,限制王权,规定在传统收入之外增加新的财政收入须经全国公意许可,后来又明确税权须经议会批准。

我国现代预算制度始于清末民初,1910年9月23日,清政府成立资政院,1910年10月召开了资政院第一次会议,这是我国第一个具有国会性质的机关审议的宣统三年预算案,当时的资政院议员刘春霖认为,开国会“最重要者何? 就是预算案。预算可以察看一国大政之方针,若预算不交,而仅议零星末节,即终年开会,于国计亦无所补救”。② 一个末代王朝的第一任国会议员就能敏锐地洞察到经国会制约皇权的预算是有效的预算。这次会议将原预算额37 635万两白银核减掉7 790万两白银,使岁入总额略有盈余。③

辛亥革命时期,1911年11月3日公布的《宪法重大信条十九条》中规定:“本年度之预算,未经国会决议者,不得照前年度预算开支。又预算案内,不得有既定之岁出,预算案外,不得为非常财政之处分。”第十五条规定:“皇室经费之制定及增减,由国会议决。”由此可见,资政院的财政预算权已得到法律的承认,可称得上是中国历史上具有开创性的法律文件。

现在,每年我国两会都要审议“关于上年中央和地方预算执行情况与本年中央和地方预算草案的报告”,并由全国人大批准。王绍光认为:“现代预算必须是经法定程序批准的、政府机关在一定时期的财政收支计划。它不仅仅是财政数据的记录、汇集、估算和汇报,而是一个计划。这个计划必须由行政首脑准备与提交;它必须是全面的、有清晰分类的、统一的、准确的、严密的、有时效的、有约束力的;它必须经代议机构批准与授权后方可实施,并公之于众。拥有这种预算体制的国家,才可以被称作预算国家。”④

2. 高校预算也必须审议通过

高校预算也需要“审议通过”。1997年的《高等学校财务制度》第十三条规定:“高等学校预算由学校财务处(室)根据各单位收支计划,提出预算建议方案,经学校最高财务决策机构审议通过后……”

2012年的《高等学校财务制度》第十四条规定:“高等学校一级财务机构提出

---

① 乔春华.高校预算管理研究[M].苏州:苏州大学出版社,2013.

② 李启成.资政院议场会议速记录——晚清预备国会论辩实录[M].上海:上海三联书店,2011.

③ 侯宜杰.二十世纪初的中国政治改革风潮:清末立宪运动史[M].北京:人民出版社,1993.

④ 王绍光.从税收国家到预算国家[J],读书,2007(10):4.

预算建议方案，经学校领导班子集体审议通过后……”

2011年4月4日，教育部颁布的《进一步推进直属高校贯彻落实“三重一大”决策制度的意见》指出：“……根据中共中央关于凡属重大决策、重要人事任免、重大项目安排和大额度资金运作（以下简称‘三重一大’）事项必须由领导班子集体研究作出决定的要求……大额度资金使用事项，是指超过学校所规定的党政领导人员有权调动、使用的资金限额的资金调动和使用。主要包括学校年度预算内大额度资金调动和使用、未列入学校年度预算的追加预算和大额度支出，重大捐赠，以及其他大额度资金运作事项。”因此，治理结构是按“法定程序”制约高校一把手的有效机制。

（二）预算必须公开透明

1. 政府预算曾属于不能公开的机密

长期以来，预算、决算是国家机密。1951年6月1日政务院第八十七次政务会议通过、1951年6月7日报请中央人民政府主席批准、1951年6月8日政务院命令发布的《保守国家机密暂行条例》的“第二条国家机密包括下列基本范围”中第五款规定：“国家财政计划，国家概算、预算、决算及各种财务机密事项。”1988年9月5日发布的《中华人民共和国保守国家秘密法》（主席令第6号）第三十五条规定：“本法自1989年5月1日起施行。1951年6月公布的《保守国家机密暂行条例》同时废止。”中间经历38年时间。

《南京师范学院1959年度预算分配方案》封面上也标有“绝密”字样。

1997年，国家保密局和财政部制定的《经济工作中国家秘密及其密级具体范围的规定》指出：“财政年度预、决算草案及其收支款项的年度执行情况，历年财政明细统计资料等属于国家秘密，不得向社会公开。”

2. 政府预算必须公开透明

根据2007年4月5日发布的《中华人民共和国政府信息公开条例》（国务院令第492号）第十条第四款规定：“县级以上各级人民政府主动公开的政府信息的具体内容之一为财政预算、决算报告。”

2008年4月29日，国务院办公厅发布的《关于施行〈中华人民共和国政府信息公开条例〉若干问题的意见》（国办发〔2008〕36号）第十九条规定：“国务院有关主管部门（单位）要按照条例的要求，把公共企事业单位的信息公开纳入本部门（单位）信息公开工作的总体部署，在2008年10月底前制定具体的实施办法，积极推动公共企事业单位的信息公开工作。”

2008年9月10日，财政部发布的《关于进一步推进财政预算信息公开的指导意见》（财预〔2008〕390号）第二条指出：“财政预算信息是财政政务信息的重要内容，具体包括预算管理体制、预算分配政策、预算编制程序等预算管理制度，以及预算收支安排、预算执行、预算调整和决算等预算管理信息。中央各部门和地方各级财政部门要按照《中华人民共和国政府信息公开条例》的要求，加大财政预算信息的主动公开力度。在此基础上，重点公开政府预算、部门预算、预算执行以及财政转移支付等内容。”

2010年1月12日，国务院办公厅又发布了《关于做好政府信息依申请公开工作的意见》(国办发〔2010〕5号)。

2010年3月1日，财政部发布的《关于进一步做好预算信息公开工作的指导意见》(财预〔2010〕31号)第二条指出：“主动公开预算、决算。经同级人大或其常委会(以下简称人大)审议批准的预算、决算要主动向社会公开。公开的预算、决算，一要完整，原则上应包括一般预算收支预算表、一般预算收支决算表、政府性基金预算收支预算表、政府性基金预算收支决算表等。二要真实，预算、决算要真实反映本级财政收支情况，要将本地区从上级获得的转移性收入按规定列入本级预算、决算，同时在本级预算、决算中反映对下级的转移性支出。三要细化，一般预算收支预算表和一般预算收支决算表的收支项目按照《政府收支分类科目》的收入分类和支出功能分类基本编列到款级科目，政府性基金预算收支预算表和政府性基金预算收支决算表按照具体的基金收支项目编列。”第三条指出：“积极推动部门预算公开。各部门要按照《条例》相关规定，做好本部门预算信息公开工作。凡是《条例》规定应该公开、能够公开的事项，都应及时、主动公开。中央部门在公开部门预算时，原则上应将报送全国人大审议通过的部门预算中的收支预算总表和财政拨款支出预算表，作为部门预算公开的最基本格式和内容先行公开。”第四条指出：“各级人大对于预算、决算报表以及部门预算报表的格式和内容有其他要求的，或要求另行报送其他报表的，按人大要求报送。”第五条指出：“大力推进重大民生支出公开。按照十七大关于着力保障和改善民生的‘学有所教、劳有所得、病有所医、老有所养、住有所居’的要求，对预算安排的教育、医疗卫生、社会保障和就业、‘三农’、保障性住房等涉及民生的重大财政专项支出的管理办法、分配因素等，要积极主动公开。除上述按照规定要求主动公开的内容外，各地还可结合当地预算公开的实际情况，按照《条例》要求公开其他预算信息，积极主动做好预算信息公开工作。”

2013年7月1日发布的《国务院办公厅关于印发当前政府信息公开重点工作安排的通知》(国办发〔2013〕73号)第一条指出：“大力推进重点领域信息公开：① 推进行政审批信息公开。② 推进财政预算、决算和“三公”经费公开。③ 推进保障性住房信息公开。④ 推进食品药品安全信息公开。⑤ 推进环境保护信息公开。⑥ 推进安全生产信息公开。⑦ 推进价格和收费信息公开。⑧ 推进征地拆迁信息公开。⑨ 推动以教育为重点的公共企事业单位信息公开。一是进一步扩大高校招生信息公开范围。重点加强招收保送生、具有自主选拔录取资格考生、高水平运动员、艺术特长生等有关政策和信息的公开工作，加大对考生资格及录取结果的公开公示力度。二是加大高校财务信息公开力度。推动各高校公开预算决算信息，并细化公开至项级科目。三是逐步扩展公共企事业单位信息公开范围。重点做好推进医疗卫生机构、科研机构、文化机构和国有企业信息公开的研究工作。”

《中华人民共和国预算法(1994)》第一条指出:“为了强化预算的分配和监督职能，健全国家对预算的管理，加强国家宏观调控，保障经济和社会的健康发展，根据宪法，制定本法。”《中华人民共和国预算法(2014)》第一条指出:“为了规范政府收支行为，强化预算约束，加强对预算的管理和监督，建立健全全面规范、公开透明的预算制度，保障经济社会的健康发展，根据宪法，制定本法。”这里增加了“建立健全全面规范、公开透明的预算制度”。

2016年2月17日，中共中央办公厅、国务院办公厅印发的《关于全面推进政务公开工作的意见》指出:“公开透明是法治政府的基本特征。全面推进政务公开，让权力在阳光下运行，对于发展社会主义民主政治，提升国家治理能力，增强政府公信力执行力，保障人民群众知情权、参与权、表达权、监督权具有重要意义。坚持以公开为常态、不公开为例外，推进行政决策公开、执行公开、管理公开、服务公开和结果公开，推动简政放权、放管结合、优化服务改革，激发市场活力和社会创造力，打造法治政府、创新政府、廉洁政府和服务型政府。”第二条指出:“推进政务阳光透明:④ 推进决策公开。⑤ 推进执行公开。⑥ 推进管理公开。⑦ 推进服务公开。⑧ 推进结果公开。⑨ 推进重点领域信息公开。着力推进财政预决算、公共资源配置、重大建设项目批准和实施、社会公益事业建设等领域的政府信息公开。”第三条指出:“扩大政务开放参与。⑩ 推进政府数据开放。⑪ 加强政策解读。⑫ 扩大公众参与。⑬ 回应社会关切。⑭ 发挥媒体作用。”

2016年11月10日，国务院办公厅又印发了《〈关于全面推进政务公开工作的意见〉实施细则的通知》(国办发〔2016〕80号)。

2013年11月15日，党的十八届三中全会通过的《中共中央关于全面深化改革若干重大问题的决定》第17条指出:“改进预算管理制度。实施全面规范、公开透明的预算制度。”

2014年9月26日，《国务院关于深化预算管理制度改革的决定》(国发〔2014〕45号)指出:“深化预算管理制度改革，实施全面规范、公开透明的预算制度……是推进国家治理体系现代化，实现国家长治久安的重要保障。”

《党的十九大报告》指出:“建立全面规范透明、标准科学、约束有力的预算制度。”

从2007年到2016年的9年多时间里，我国的信息公开制度迈出了四大步。

(1) 从“公开”到“公开透明”。

(2) 从“主动公开”到“以公开为常态、不公开为例外”。

(3) 从“结果公开”到“决策公开、执行公开、管理公开、服务公开和结果公开”。

(4) 从“政府单向公开”到“政府与公众双向公开(扩大公众参与、回应社会关切等)”。

3. 高校预算也必须公开透明

高校收费公开透明制度始于2000年。2000年6月12日,教育部、财政部印发的《关于高等学校建立经济责任制,加强财务管理的几点意见》(教财〔2000〕14号)第二条第1款规定:“学校财经工作要增加透明度、增强严肃性,与学校发展规划相适应的经费需求计划的制订、年度预算安排及执行、对外投资、重要财务岗位负责人的任免等重大财经工作应建立科学合理的工作程序,经过集体讨论,按照民主集中制的原则决定。”2007年1月15日,教育部、财政部发布的《关于“十一五”期间进一步加强高等学校财务管理工作的若干意见》(教财〔2007〕1号)第15条指出:“高等学校要按照国家有关规定,严格执行教育收费公示制度,按照规定的方式将经批准的收费项目和标准向学生公示,主动接受学生、家长和社会的监督,增强学校收费工作的透明度。”

高校预(决)算公开透明制度始于2010年。2010年4月6日,教育部发布的《高等学校信息公开办法》(教育部令第29号)在“第七条高等学校应当主动公开以下信息”中规定:“⑥ 学生奖学金、助学金、学费减免、助学贷款与勤工俭学的申请与管理规定等……⑧ 收费的项目、依据、标准与投诉方式;⑨ 财务、资产与财务管理制度,学校经费来源、年度经费预算决算方案,财政性资金、受捐赠财产的使用与管理情况,仪器设备、图书、药品等物资设备采购和重大基建工程的招投标。”

2012年11月16日发布的《教育部关于做好高等学校财务信息公开工作的通知》(教财〔2012〕4号)指出:“高等学校财务信息公开是校务公开的重要内容,是《中华人民共和国政府信息公开条例》和《高等学校信息公开办法》的要求。做好财务信息公开工作,有助于提高高校工作的透明度、保障师生员工和社会公众的知情权和监督权,推动高校依法办学、依法理财;有助于提升高校预算管理和财务管理水平,充分发挥资金使用效益,有效保障高等教育事业的科学发展。”第二条第一款规定:“公开的内容。中央部门所属高校主动公开的财务信息,原则上应包括收支预算总表、收入预算表、支出预算表、财政拨款支出预算表、收支决算总表、收入决算表、支出决算表和财政拨款支出决算表。地方高校主动公开的财务信息,由省级教育行政部门参考附件,结合当地信息公开的有关规定提出具体要求,报教育部政务信息公开办公室备案。在此基础上,各高校可根据实际情况,自主公开有关财务信息。”第四条第二款指出:“高校主管部门和各高校应制订财务信息公开工作考核办法。高校主管部门应将财务信息公开工作开展情况纳入高校领导干部考核内容。高校应将财务信息公开工作纳入干部岗位责任考核内容。”

2013年8月19日发布的《教育部关于进一步做好高等学校财务信息公开工作的通知》(教财函〔2013〕96号)指出:“国务院办公厅印发了《当前政府信息公开重

点工作安排》(国办发〔2013〕73 号),要求加大高校财务信息公开力度,推动各高校公开预算决算信息,并细化公开至项级科目。”

2014 年 7 月 25 日,教育部公布了《高等学校信息公开事项清单》(教办函〔2014〕23 号)。明确提出,高校面向社会主动公开的事项,包括招生考试、财务资产及收费、教学质量、学生管理服务、对外交流与合作等 10 个大类 50 条具体项目(简称“50 条”)。

施雨岑、吴晶报道:“《高等学校信息公开事项清单》包含基本信息、招生考试信息、财务资产及收费信息、人事师资信息、教学质量信息、学生管理服务、学风建设信息、学位学科信息、对外交流与合作信息和其他信息 10 个大类 50 条具体项目。‘清单所列 50 条只是一个底限要求。’教育部新闻发言人续梅说,‘我们鼓励各高校在清单的基础上,进一步拓展公开的范围、加大公开的力度。同时,我们还将根据最新政策对清单要求进行动态更新。’据续梅介绍,在《清单》研制过程中,教育部特意将高校招生、财务等信息作为重点领域,如专门把高校招生 10 公开中应该由高校公开的 8 项列入清单,把高校财务预算和决算 8 张表列入清单,同时要求公开学校捐赠财产使用情况、校办企业资产信息、招投标信息、收费项目依据标准等。”①施雨岑、吴晶还报道:“教育部 29 日发布新规,将特长生招生、基建工程招投标、校级领导干部社会兼职、因公出国等纳入《高等学校信息公开事项清单》,要求 75 所直属高校即时公开、确保真实。”②

但是,“211”高校财务信息状况最不透明。2011 年 12 月 1 日,中国政法大学教育法中心发布《2010—2011 年度高校信息公开观察报告》。报告指出:“根据《报告》相关数据显示,财务信息公开情况在所有高校信息公开中最不透明。在考察高校是否主动公开了学校经费来源、年度经费预算决算方案情况时,112 个被观察高校得分全部为零。这也是此次透明度调查 28 个测评项目中,唯一一个所有被观察高校全部都得零分的项目。”③

刘茸报道:“中国社会科学院法学研究所今日发布《高等教育透明度指数报告(2014)》,首次对国内著名高校的信息公开情况进行评估,对象涵盖了教育部直属、‘211’和‘985’共 115 所高校。令人意外的是评估结果:清华、北大、人大等传统顶尖院校未排进前十;而地方大学则呈现异军突起之势,中国海洋大学、西南交通大学和湖南大学分列前三。”④

① 施雨岑,吴晶.透视教育部高校信息公开清单:“50 条,只是一个底限要求”[J].云南教育:视界,2014(16):4.

② 施雨岑,吴晶.75 所高校实行信息“清单”管理[N].南方日报,2014-07-30.

③ 中国政法大学教育法中心.112 所高校无一公开经费来源年度预决算信息[N].法制日报,2011-12-2.

④ 刘茸.高校透明度指数:北大跌出前 50 名地方大学“抢眼”[Z/OL].(2015-03-11)[2015-03-11].http://h1j.people.com/n2015/0311.

光明网评论员报道:“仅就眼下的 70 多份年度预算来看,起码有三个层面有待细化并释疑:一则,既然是高校预算,公众最关心的自然是比如教师工资、教学设备、学生补助等都花了多少钱。所谓预算公开,能否将这些核心项目公开在明处?二则,高校行政化是个不争的顽疾,而社会对‘三公’支出反响最为强烈,那么,高校预算能否在这些热点上不避嫌地及时回应民意?三则,很多高校‘其他收入’金额较大,比如北京大学的其他收入为 42.57 亿元,占总收入的 35.82%;中国政法大学的其他收入为 9 000 万元,占 9.21%。‘其他’太多,透明性就成谜。当然,最关键的还有,这些安排到底合理不合理、有没有靠谱的审计等专业监督兜底,似乎也需要稳妥说明。”①

2014 年 3 月 4 日,《光明日报》刊登《阳光财政,我们刚刚起步》一文;2017 年 11 月 27 日,光明网又刊登《十年了,阳光财政不能还是“刚起步”》一文,该文指出:“由全国政协委员、上海财经大学教授蒋洪主持的上海财经大学公共政策研究中心的《2017 中国财政透明度报告》已经发布,从 2008 年起,以政府信息公开条例的施行为依据,该中心开始对全国省级政府财政透明度进行调查跟踪。其数据显示,2009 年我国省级政府的财政透明度为 21.71 分(百分制),2011 年是 23 分左右,2013 达到了 30 分,始终处于低位。几年前《光明日报》曾用《阳光财政,我们刚刚起步》对该报告进行过报道,现在看,‘刚起步’仍然适用。”②政府预算由人大代表和政协委员监督审议况且如此,高校预算的透明度也只能算是刚起步。

公开不等于透明,公开是前提,透明是关键,监督是目的。因此,必须透明,一目了然,有了知情权就便于行使监督权。阳光是最好的防腐剂,高校的预算要放在玻璃房内,能晒到阳光,能受到公众的监督,才能真正起到治理作用。笔者早在 2010 年就强调过高校财务的透明问题。③

2015 年 5 月 22 日发布的《教育部关于直属高校落实财务管理领导责任严肃财经纪律的若干意见》(教财〔2015〕4 号)第十二条和第十三条提到了高校“阳光财务”。《教育部 2015 年工作要点》第 16 条指出:“推进教育财务管理信息化建设。推动学校实行‘阳光财务’。”阳光财务必须细化公开的项目,像阳光照进玻璃房一样,真正做到习总书记提到的“全面、规范、透明”。2012 年 3 月 16 日,教育部发布的《关于全面提高高等教育质量的若干意见》第三十条指出:“建立项目经费使用公开制度,增加高校经费使用透明度,控制和降低行政运行成本。建立健全自我约束与外部监督有机结合的财务监管体系,提高资金使用效益。”

---

① 光明网评论员.雾里看花的“部属高校晒预算”[J].现代阅读,2016(7):32.

② 颜维琦,刘文嘉.阳光财政,我们刚刚起步[N].光明日报,2014-03-04;光明网评论员.十年了,阳光财政不能还是“刚起步”[Z/OL].(2017-11-27)[2017-11-27].http://guancha.gmw.cn/2007-11/27/com,2017-11-27.

③ 乔春华.论高校财务透明度[J].教育财会研究,2010(4):11-17.

(三) 预算必须监督

1950 年 3 月 24 日,《中央人民政府政务院统一管理一九五〇年度财政收支决定》第四条规定:"统一财政必须严格执行预决算、审会计制度及严格的财政监察制度:核实人数,核实开支,节余缴公;无预算不拨款,无计算不审核预算,纠正以临时批拨代替审核的做法;并随时检查各收支部门,是否按照财政计划执行,及执行中有无错误。建立严格的支领手续及表报制度,定期结报,所有无机关负责人及会计签名之单据领条,应一律视为无效。"

1950 年 11 月,政务院发布了《中央人民政府财政部设置财政检查机构办法》(后改"检查"为"监察"),确立了财政监察机构的基本任务,并建立起全国性的财政监察网络体系。

1954 年,邓小平在《财政工作的六条方针》中指出:"第六,加强财政监察。毛主席在中央的会议上特别提出这一点,这是以后财政工作的关键。财政上的浪费是很大的。毛主席说:'有些项目节约百分之十,数字就了不起了。'如国家预算节省百分之十,就是二十多万亿元。因此,要加强财政监察。"①

财务监察后来发展成以后的财务监督、财务大检查、财经纪律大检查等。

预算审查监督是财务监督的重要组成部分,也是预算治理的重要组成部分。它包括预算审查、预算审计等。

1. 政府预算必须监督

《中华人民共和国预算法(1994)》第六十六条规定:"全国人民代表大会及其常务委员会对中央和地方预算、决算进行监督。"《中华人民共和国预算法(1994)》第九章为"监督",包括第六十六条至第七十二条共七条。

《中华人民共和国预算法实施条例(1995)》第七章为"监督"包括第七十四条至第七十七条共四条。

1999 年 12 月 25 日,全国人大常委会第九届全国人民代表大会常务委员会第十三次会议通过的《关于加强中央预算审查监督的决定》第二条指出:"加强和改善中央预算的初步审查工作。"第三条指出:"全国人民代表大会会议期间,财政经济委员会根据各代表团和有关专门委员会的意见对中央及地方预算草案进行审查,并提出审查结果报告。"第四条指出:"加强对预算超收收入使用的监督。"第五条指出:"严格控制不同预算科目之间的资金调剂,各部门、各单位的预算支出应当按照预算科目执行。"第六条指出:"加强对中央预算调整方案的审查工作。"第七条指出:"中央决算草案应当按照全国人民代表大会批准的预算所列科目编制,按预算数、调整或变更数以及实际执行数分别列出,变化较大的要作出说明。"第八条指出:"加强对中央预算执行的审计。"第九条指出:"加强对中央预算执行情况的

① 中共中央文献编辑委员会. 邓小平文选(第 1 卷)[M]. 北京:人民出版社,1994.

监督。”

2013年11月15日，《中共中央关于全面深化改革若干重大问题的决定》第27条指出：“加强人大预算决算审查监督。”

《中华人民共和国预算法(2014)》第八十三条规定：“全国人民代表大会及其常务委员会会对中央和地方预算、决算进行监督。”《中华人民共和国预算法(2014)》第九章为“监督”，包括第八十三条至第九十一条共九条。

2017年3月4日，全国人大常委会办公厅发布了《关于建立预算审查前听取人大代表和社会各界意见建议的机制的意见》。

2016年以后，各省、直辖市、自治区纷纷颁布了《预算审查监督条例》。

2. 高校预算必须监督

《中华人民共和国教育法(2015)》第十六条指出：“国务院和县级以上地方各级人民政府应当向本级人民代表大会或者其常务委员会报告教育工作和教育经费预算、决算情况，接受监督。”

《中华人民共和国高等教育法(2015)》第六十五条指出：“高等学校应当依法建立、健全财务管理制度，合理使用、严格管理教育经费，提高教育投资效益。高等学校的财务活动应当依法接受监督。”

2012年2月7日，财政部正式颁布了新的《事业单位财务规则》(财政部令第68号)，已于2012年4月1日实施，新规则专门增加了“财务监督”一章，它包括了财务监督的内容(对预算管理、收入管理、支出管理、结转和结余管理、专用基金管理、资产管理、负债管理等的监督)，财务监督的方式(实行事前监督、事中监督、事后监督相结合，日常监督与专项监督相结合)，财务监督的制度(应当建立健全内部控制制度、经济责任制度、财务信息披露制度等监督制度，依法公开财务信息)，外部财务监督(应当依法接受主管部门和财政、审计部门的监督)。这是《事业单位财务规则》中新增的内容，在中国教育财务史上也是第一次做出专门规定。

1986年10月15日，国家教委、财政部颁布的《高等学校财务管理改革实施办法》(教计字〔1986〕162号)第二十六条指出：“在综合财务计划的执行过程中，应建立有效的信息反馈系统，以利于及时发现问题，加强控制和监督。”

1994年11月17日，国家教委发布的《关于当前国家教委委属高校财经工作中几点意见的通知》(教财〔1994〕64号)第一条规定：“委属高校的预算管理应根据《预算法》的要求建立科学的制度，预算的管理权限、编制、执行、调整、审批和监督等均应有严格的程序。预算一经确定，即具有指挥全校经济活动的严肃性，非经规定程序，不得随意更改。”

国务院1999年1月13日批转的、教育部1998年12月24日制定的《面向二十一世纪教育振兴行动计划》第45条指出：“各级教育部门必须采取各种措施深化教育改革，完善拨款制度，精简机构和冗员，提高经费使用效益。同时，加强对教育经费的审计与监督。”

2004年3月3日，国务院批转的《教育部2003—2007年教育振兴行动计划》(国发〔2004〕5号)第43条指出：“严格管理，不断提高教育经费的使用效益。牢固树立勤俭办教育事业的思想。建立科学、规范的教育经费管理制度，进一步完善、规范各级各类学校收费政策，加强对教育经费的审计与监督，提高使用效益。”2012年12月19日，财政部、教育部印发的《高等学校财务制度》(财教〔2012〕488号)第七十条指出：“高等学校财务监督的主要内容包括：预算编制、财务报告的科学性、真实性、完整性；预算执行的有效性、均衡性……”第七十二条指出：“高等学校应当建立健全内部控制制度、经济责任制度、财务信息披露制度等监督制度，依法公开财务信息。”

2004年10月18日，教育部、财政部印发的《关于进一步加强直属高校资金安全管理的若干意见》(教财〔2004〕38号)第九条规定：“强化财政专项资金管理。对于‘985工程’‘211工程’、高校修购等专项资金，必须严格按照有关管理办法和教育部、财政部批准的预算和项目执行，做到专款专用、按项核算，及时、准确地反映项目执行情况。”

2005年8月31日，《中共教育部党组关于贯彻落实〈建立健全教育、制度、监督并重的惩治和预防腐败体系实施纲要〉的具体意见》第10条规定：“规范财务管理。从2005年起，进一步完善预算编制与执行制度，健全财务内控机制，规范预算管理。”

2007年1月15日，教育部、财政部印发的《关于“十一五”期间进一步加强高等学校财务管理工作的若干意见》(教财〔2007〕1号)第13条规定：“高等学校应加强预算管理与控制，强化预算的权威性与严肃性，充分发挥预算在资源配置中的主导作用。……学校各项事业活动所发生的财务收支都应纳入预算管理的范围，学校执行的年度预算应与主管部门批准的部门预算在收支口径上保持一致。预算执行的责任应分解到校内各部门、各单位。……预算的调整必须按规定程序进行。高等学校应加强预算执行的控制与分析，提供完整、准确的财务信息，为主管部门和学校加强财务管理提供可靠依据。”

2008年9月17日，中共教育部党组印发的《关于贯彻落实〈建立健全惩治和预防腐败体系2008—2012年工作规划〉实施办法》第10条规定：“加强财政资金和国有资产管理。完善预算编制与执行制度，规范预算管理。”第16条规定：“深化预算管理改革，规范预算资金分配和预算执行。”

2012年11月29日，《行政事业单位内部控制规范(试行)》第十二条要求：“预算控制。强化对经济活动的预算约束，使预算管理贯穿于单位经济活动的全过程。”第十九条规定：“单位应当建立健全预算编制、审批、执行、决算与评价等预算内部管理制度。单位应当合理设置岗位，明确相关岗位的职责权限，确保预算编制、审批、执行、评价等不相容岗位相互分离。”第二十条规定：“单位的预算编制应当做到程序规范、方法科学、编制及时、内容完整、项目细化、数据准确。① 单位应当正确把握预算编制有关政策，确保预算编制相关人员及时、全面掌握相关规定。② 单位应当建立内部预算编制、预算执行、资产管理、基建管理、人事管理等部门或岗位的沟通协调机制，按照规定进行项目评审，确保预算编制部门及时取得和有效运用与预算编制相关的信息，根据工作计划细化预算编制，提高预算编制的科学性。”第二十一条规定：“单位应当根据内设部门的职责和分工，对按照法定程序批复的预算在单位内部进行指标分解、审批下达，规范内部预算，追加调整程序，发挥预算对经济活动的管控作用。”第二十二条规定：“单位应当根据批复的预算安排各项收支，确保预算严格有效执行。单位应当建立预算执行分析机制。定期通报各部门预算执行情况，召开预算执行分析会议，研究解决预算执行中存在的问题，提出改进措施，提高预算执行的有效性。”第二十三条规定：“单位应当加强决算管理，确保决算真实、完整、准确、及时，加强决算分析工作，强化决算分析结果运用，建立健全单位预算与决算相互反映、相互促进的机制。”第二十四条规定：“单位应当加强预算绩效管理，建立‘预算编制有目标、预算执行有监控、预算完成有评价、评价结果有反馈、反馈结果有应用’的全过程预算绩效管理机制。”

第三节　高校财务制度的发展轨迹

一、高校财务制度从属于行政事业单位阶段(1949.10—1980.5)

在计划经济体制下，国营企业和公办高校都是政府的附属单位，没有自主权，企业生产计划由政府定，企业无筹资权——资金由政府拨付，企业无投资权——资金使用由政府安排，企业无收益分配权——企业利润全部上交。高校更是政府的附属单位。企业财务和单位财务是财政体制的组成部分。因此，余绪缨认为：“实事求是地讲，过去在旧的体制下，以‘统收统支’为主要特征的财务管理，实质上并不存在现代意义上的‘理财’活动。”①

黄学科认为：“探源究本，‘会计’一词出现较早。……但一直到解放前，‘财务’这个名词还不很流行。”②

在本章第一节已述及，1954 年 6 月 16 日，邓小平在《关于一九五四年国家预算草案的报告》中提出了“预算包干”。中共十一届三中全会后，拉开了改革开放的序幕，在行政事业单位也开始实行“预算包干”的办法。1979 年 11 月 23 日，财政部颁

① 余绪缨.社会主义市场经济体制下财务与会计的关系[J].当代财经，1993(1):9-11.

② 黄学科.略谈“财务会计”的基本概念——兼论“财务”与“会计”的关系[J].财务与会计，1981(9):15-17.

发了《关于文教科学卫生事业单位、行政机关"预算包干"试行办法》(财事字〔1979〕第369号)。

因此,在改革开放前高校没有独立的或成型的财务制度,有关高校财务方面的规定,从属于行政事业单位的会计制度或行政事业单位的预算制度之中,即散见于行政事业单位的会计制度或行政事业单位的预算制度之中,高校财务制度被碎片化了。

二、高校财务制度的形成阶段(1980.6—1996.9)

(一) 新中国高校财务史上第一个扩大高校财务自主权的文件

在推动"预算包干"的同时,教育部、财政部等逐步下放财权,扩大高校的财务自主权。1980年6月11日,教育部、国家劳动总局、财政部颁发了《高等学校建立学校基金和奖励制度试行办法的通知》(教计字〔1980〕245号、劳总薪字〔1980〕133号、财事字〔1980〕第179号)指出了以下内容。

学校基金的主要来源是:(1) 校办工厂(车间)、农(林、牧)场实现的纯利润(具体核算办法按教育部、财政部的有关规定执行;(2) 单独或与其他单位协作完成的科研成果,所得科研成果转让或利润分成及出售科研产品、提供科技劳务等收入,扣除原材料、水电、差旅、资料等有关费用后所得的净收入;(3) 实验室、计算机和仪器设备对校外开放服务和实验室对外销售产品的收入,扣除原材料、水电等有关费用后所得的净收入;(4) 接受校外单位委托实验、检验、化验、解剖、设计、打样、复制、绘图、翻译和艺术院校对外演出等收入,扣除原材料、水电、场租等有关费用后所得的净收入;(5) 学校招待所、汽车、轮船(渔轮)、放电影、绿化、冰场、游泳池、出售零星废品等收入,抵冲各该项事业支出后的净收入。

学校基金的使用:学校基金,原则上应当分别用于教学、科研,发展生产,教职工集体生活福利和个人奖励四个方面:(1) 教学、科研部分:主要用于改善学校教学、科研物质条件,包括购置教学、科研仪器设备和材料等开支;(2) 发展生产部分:主要用于充实、更新校办工厂(车间)、农(林、牧)场的生产设备,新产品试制,技术改造措施,增补生产所需流动资金,新建、扩建生产用房;(3) 集体生活福利部分:主要用于教职工的集体福利事业和文化生活设施,列为自筹资金的建设项目,要纳入计划并按照国家规定的基建程序,办理报批手续;(4) 奖励部分:主要用于奖励完成各项任务中劳动好、工作好、贡献大的先进集体和个人。

学校基金,主要应用于改善教学、科研物质条件和发展学校生产。具体分配使用比例,在兼顾国家、集体、个人三方面利益的原则下,由上级主管部门审定。原则上用于教学、科研和发展生产部分不低于60%;用于集体生活福利和奖励部分不高于40%。根据"预算包干"办法从节支中提取的奖励金,可与学校基金中的奖励部分合并使用。学校基金由学校财务部门集中管理,统一核算,经校(院)长批准后使用。

(二) 新中国高校财务史上第一个独立、完整的财务制度

据笔者考证，1982 年 1 月 11 日，教育部发布的《教育部部属高等学校财务管理试行办法》(财事字〔1982〕第 4 号)是新中国高校财务史上第一个独立、完整的财务制度，具有开拓性、创新性和划时代的意义，是第一个具有里程碑意义的文件。该文件共十二章：第一章"总则"，第二章"财务机构和财会人员"，第三章"财务计划和财务决算"，第四章"教育事业费管理"，第五章"科技三项费用管理"，第六章"代管科研经费管理"，第七章"学校基金管理"，第八章"其他资金管理"，第九章"财产物资资金管理"，第十章"会计凭证和财会档案"，第十一章"财务监督和检查"，第十二章"附则"。由于当时没有《会计法》和独立的《高校会计制度》，在该《教育部部属高等学校财务管理试行办法》中第十章"会计凭证和财会档案"属于《高校会计制度》的内容，但从整体框架上涵盖了《高校财务制度》的基本内容，为以后制定《高校财务制度》奠定了基础。特别是第七条规定："部属高等学校必须单独设置财务处(室)，在校(院)长和总会计师的直接领导下，在上级财务部门的指导下，统一管理全校的各项财会工作。学校其他业务部门和单位(含附属单位，下同)，根据工作需要配备的财会人员和设置的财会机构，在财会业务上受学校财务处(室)统一领导和监督。"第十二条规定："部属高等学校的财务计划包括：预算资金收支计划，科技三项费用收支计划，基本建设财务计划，学校基金收支计划，代管科研经费收支计划，生产财务计划，其他预算外资金收支计划等。学校编制的各项资金年度财务计划，应当充分体现学校各项工作的任务、范围和方向；学校各项财务年度决算，是学校各项财务计划执行情况的基本总结，应当如实地反映学校执行党和国家各项方针、政策及完成国家下达的各项计划任务的基本情况。"第十七条规定："部属高等学校的教育事业费是国家为学校开展各项工作提供的物质保证。合理地安排和使用教育事业费，是做好学校财务工作的中心环节。"第十八条规定："教育部对部属高等学校的教育事业费实行'预算包干、结余留用、超支不补、自求平衡'的管理办法。"第三十四条规定："部属高等学校的其他预算外资金包括：特种资金和其他预算外各项暂存、往来资金。其他预算外资金的收支，必须与预算资金严格划清界限，并按照不同来源和用途分别设立账户，分别核算，分别管理和使用。特种资金收入范围如下：由学校自行管理的教职工宿舍租金收入；个人使用学校的家具所交纳的租金收入；捐赠收入；其他可作特种资金管理的收入……"这些明确的规定，对规范高校财务行为起了重要作用。

(三) 新中国高校财务史上有六个"第一次"的财务制度

第二个具有里程碑意义的文件是 1986 年 10 月 15 日，国家教委、财政部颁布的《高等学校财务管理改革实施办法》(教计字〔1986〕162 号，以下简称《办法》)。该文件共九章：第一章"总则"，第二章"年度预算核定"，第三章"预算管理"，第四章

"社会服务收入的分配和管理"，第五章"学校基金"，第六章"综合财务计划"，第七章"会计核算"，第八章"财会队伍建设"，第九章"附则"。这个文件达到六个"第一次"：

第一次提出"综合定额加专项补助"。该《办法》第六条规定："高等学校年度教育事业费预算，由主管部门按照不同科类、不同层次学生的需要和学校所在地区的不同情况，结合国家财力的可能，按'综合定额加专项补助'的办法进行核定。"

第一次提出"自主统筹安排使用主管部门核定的预算经费"。该《办法》第九条规定："高等学校在认真贯彻勤俭办学方针，严格遵守国家财务制度的前提下，有权按照'包干使用，超支不补，节余留用，自求平衡'的原则，自主统筹安排使用主管部门核定的预算经费。"

第一次提出"规模较大的院校……两级核算"。该《办法》第十条规定："高等学校内部的经费管理，原则上实行'统一管理、一级核算、定额包干、节余留用'的办法。规模较大的院校，对本校财务管理基础较好的单位，可以实行'统一管理、两级核算、经费包干、节余留用'的办法。"

第一次提出"社会服务收入的分配和管理"。

第一次提出"综合财务计划"。该《办法》第二十四条规定："高等学校应加强对预算内、外各项资金的综合平衡，实行综合财务计划。"第二十五条规定："编制综合财务计划，应认真分析学校的全部财力，组织专家和财务管理人员共同进行科学论证，本着'统筹兼顾，量力而行，保证重点'的方针，首先保证教学、科研工作的需要，合理安排各项资金，讲求投资效益，使学校各项事业协调发展。"

第一次提出"信息反馈系统"。该《办法》第二十六条规定："在综合财务计划的执行过程中，应建立有效的信息反馈系统，以利于及时发现问题，加强控制和监督。"

(四) 新中国高校财务史上只有两个"五年"期间"财务工作的若干意见"

1991年4月8日，国家教委、财政部颁布的《高等学校"八五"期间财务工作的若干意见》(教财〔1991〕33号)指出："为了完成上述目标和任务，'八五'期间高校财务工作的重点是：(1) 适当集中财权，完善统一领导、分级管理的校内财务管理体制；(2) 坚持综合财务计划，改善学校的财务状况；(3) 加强财务管理，提高资金的使用效益；(4) 强化财务监督，治理整顿校内的经济环境；(5) 建立健全法规，使财会工作纳入法制化轨道；(6) 加强财会队伍建设，运用先进手段，提高财会工作水平。"

2007年1月15日，教育部、财政部颁布的《关于"十一五"期间进一步加强高等学校财务管理工作的若干意见》(教财〔2007〕1号)指出："(1) 全面落实科学发展观，高度重视和加强高等学校财务管理工作，为高等教育事业的持续健康发展提供有力保障；(2) 进一步深化改革，建立与公共财政体制和现代大学制度相适应的高校财务管理体制与运行机制；(3) 切实加强高等学校财务管理，规范财经行为，防范财务风险；(4) 从构建和谐社会的高度出发，完善制度，落实经费，认真做好高等学校家庭经济困难学生资助工作；(5) 大力推进高等学校财务信息化建设，创新财务管理手段，提升财务管理水平；(6) 完善财务管理制度和监督体系，确保高等学校财务工作健康有序运行；(7) 加强财会队伍建设，为高等学校财务工作的正常开展提供人力资源保障。”

(五) 新中国高校财务史上两个著名的观点

1. 不能“寅吃卯粮”，不能“负债经营”

1994年11月17日，国家教委发布了《关于当前国家教委委属高校财经工作中几点意见的通知》(教财〔1994〕64号)在提出：“保持事业发展与财力的平衡是保障高等学校改革、建设和稳定的基本前提。学校的发展和建设只能建立在学校财力可以承受的范围之内，切忌脱离实际的盲目发展，不能‘寅吃卯粮’，不能搞没有归还能力的赤字预算。学校是不以营利为目的的事业单位，有收入才能安排支出。它既不同于企业，可以‘负债经营’，通过利润还债；也不同于国家财政，可以通过货币发行弥补赤字。因此，高校不存在搞赤字预算的客观基础。”

2. 建立若干个层次的各级经济责任制

2000年6月12日，教育部、财政部发布的《关于高等学校建立经济责任制、加强财务管理的几点意见》(教财〔2000〕14号)指出：“建立健全各级经济责任制，首先必须建立健全校(院)长经济责任制。高等学校的校(院)长是高等学校的法定代表人，对学校的财务工作负有法律责任，必须充分认识加强学校财务工作的重要性和紧迫性，严格执行国家的财经法规、制度，迅速采取强有力措施，认真防范和纠正一切违规违纪和财务管理方面的问题。除按规定建立健全校(院)长经济责任制以外，高等学校必须按照‘统一领导，分级管理’的原则，按校内管理层次分别建立起总会计师或主管财务工作的副校(院)长、财务处长、二级单位财务负责人和基层财务人员等若干个层次的各级经济责任制。一级管好一级，一级带动一级，一直抓到每一个基层经济单位。经济责任制的内容应贯穿于高校财经工作的全过程，”

三、高校财务制度的成熟阶段(1996年至今)

(一)《事业单位财务规则》

《事业单位财务规则》的发布是新中国事业单位财务史上顶层设计的制度创新。

根据《国务院关于〈事业单位财务规则〉的批复》(国函〔1996〕81号)的规定，《事业单位财务规则》已于1996年10月5日经国务院批准，1996年10月22日财政部发布了《事业单位财务规则》(财政部令第8号)；2012年2月7日，财政部又修订了《事业单位财务规则》(财政部令第68号)。

表 2－1 《事业单位财务规则》对比表

章序	事业单位财务规则(1996)	事业单位财务规则(2012)
第一章	总则	总则
第二章	单位预算管理	单位预算管理
第三章	收入管理	收入管理
第四章	支出管理	支出管理
第五章	结转和结余管理	结转和结余管理
第六章	专用基金管理	专用基金管理
第七章	资产管理	资产管理
第八章	负债管理	负债管理
第九章	事业单位清算	事业单位清算
第十章	财务报告和财务分析	财务报告和财务分析
第十一章	附则	财务监督
第十二章	—	附则
附件	事业单位财务分析指标	事业单位财务分析指标

从表 2－1 可以看出,《事业单位财务规则(2012)》比《事业单位财务规则(1996)》多了一章,即第十一章“财务监督”。

(二)《高等学校财务制度》

《高等学校财务制度》的发布是新中国高等学校财务史上顶层设计的制度创新。

1997 年 6 月 23 日,财政部和国家教委发布了《高等学校财务制度》(财文字〔1997〕280 号);2012 年 12 月 19 日,财政部、教育部印发了《高等学校财务制度》(财教〔2012〕488 号)。

表 2－2 《高等学校财务制度》对比表

章序	高等学校财务制度(1997)	高等学校财务制度(2012)
第一章	总则	总则
第二章	财务管理体制	财务管理体制
第三章	单位预算管理	预算管理
第四章	收入管理	收入管理
第五章	支出管理	支出管理

（续表）

章序	高等学校财务制度(1997)	高等学校财务制度(2012)
第六章	结余及其分配	结转和结余管理
第七章	专用基金管理	专用基金管理
第八章	资产管理	资产管理
第九章	负债管理	负债管理
第十章	财务清算	成本费用管理
第十一章	财务报告和财务分析	财务清算
第十二章	财务监督	财务报告和财务分析
第十三章	附则	财务监督
第十四章	—	附则
附件	—	高等学校财务分析指标

从表 2-2 可以看出，《高等学校财务制度(2012)》比《高等学校财务制度(1997)》多了一章，即第十章“成本费用管理”。但“成本费用管理”这一章在高校基本没有施行。

（三）高等学校财务分析指标的发展轨迹

1.《事业单位财务规则》中的财务分析指标

(1)《事业单位财务规则(1996)》

《事业单位财务规则(1996)》第四十二条指出：“财务分析的内容包括预算执行、资产使用、支出状况等。财务分析的指标包括经费自给率、人员支出与公用支出分别占事业支出的比率、资产负债率等。事业单位可以根据本单位的业务特点增加财务分析指标。”

A. 经费自给率

衡量事业单位组织收入的能力和满足经常性支出的程度。计算公式为：

$$经费自给率=\frac{事业收入+经营收入+附属单位上缴收入+其他收入}{事业支出+经营支出}\times 100\%$$

支出中因特殊原因需要扣除的项目，应经财政部门批准。

B. 资产负债率

衡量事业单位利用债权人提供资金开展业务活动的能力，以及反映债权人提供资金的安全保障程度。计算公式为：

$$资产负债率=\frac{负债总额}{资产总额}\times 100\%$$

C. 人员支出、公用支出占事业支出的比率衡量事业单位事业支出结构。计算公式为：

$$人员支出比率=\frac{人员支出}{事业支出}\times100\%$$

$$公用支出比率=\frac{公用支出}{事业支出}\times100\%$$

上述公式中人员支出包括工资、补助工资、职工福利费、社会保障费和助学金；公用支出包括公务费、业务费、设备购置费、修缮费和其他费用。

(2)《事业单位财务规则(2012)》

《事业单位财务规则(1996)》仅在第四十二条中提及财务分析指标，而《事业单位财务规则(2012)》在“附件”中单列了“事业单位财务分析指标”。《事业单位财务规则)(2012)》中事业单位财务分析指标如下。

A. 预算收入和支出完成率

衡量事业单位收入和支出总预算及分项预算完成的程度。计算公式为：

预算收入完成率＝年终执行数÷(年初预算数±年中预算调整数)×100%

年终执行数不含上年结转和结余收入数。

预算支出完成率＝年终执行数÷(年初预算数±年中预算调整数)×100%

年终执行数不含上年结转和结余支出数。

B. 人员支出、公用支出占事业支出的比率

衡量事业单位事业支出结构。计算公式为：

人员支出比率＝人员支出÷事业支出×100%

公用支出比率＝公用支出÷事业支出×100%

C. 人均基本支出

衡量事业单位按照实际在编人数平均的基本支出水平。计算公式为：

人均基本支出＝(基本支出－离退休人员支出)÷实际在编人数

D. 资产负债率

衡量事业单位利用债权人提供资金开展业务活动的能力，以及反映债权人提供资金的安全保障程度。计算公式为：

资产负债率＝负债总额÷资产总额×100%

2.《高等学校财务制度》中的财务分析指标

(1)《高等学校财务制度(1997)》

《高等学校财务制度(1997)》第四十六条指出：“高等学校的财务分析是财务管理工作的重要组成部分。高等学校应当按照主管部门的规定和要求，根据学校财务管理的需要，定期编制财务分析报告。财务分析的内容包括高等学校事业发展和预算执行、资产使用管理、收入、支出和专用基金变动以及财务管理情况、存在主要问题和改进措施等。财务分析指标包括经费自给率、预算收支完成率、人员支出

与公用支出分别占事业支出的比率、资产负债率、生均支出增减率等。高等学校可以根据本校特点增加财务分析指标。"《高等学校财务制度(1997)》中有以下高等学校财务分析指标：

A. 经费自给率

B. 资产负债率

C. 人员支出与公用支出分别占事业支出的比率

D. 预算收支完成率

E. 生均支出增减率

与《事业单位财务规则(1996)》相比，《高等学校财务制度(1997)》多了"预算收支完成率"和"生均支出增减率"两个指标。

(2)《高等学校财务制度(2012)》

《高等学校财务制度(1997)》仅在第四十六条中提及财务分析指标，而《高等学校财务制度(2012)》在"附件"中单列了"高等学校财务分析指标"。高等学校财务分析指标如下。

A. 预算管理指标

a. 预算执行率

反映高校预算管理水平。计算公式为：

预算收入执行率＝本期实际收入总额/本期预算收入总额×100%

预算支出执行率＝本期实际支出总额/本期预算支出总额×100%

b. 财政专项拨款执行率

反映高校财政项目补助支出执行进度。计算公式为：

财政专项拨款执行率＝本期财政项目补助实际支出/本期财政项目支出补助收入×100%

B. 财务风险管理指标

a. 资产负债率

反映高校的资产中债款筹资的比重。计算公式为：

资产负债率＝负债总额/资产总额×100%

b. 流动比率

反映高校的短期偿债能力。计算公式为：

流动比率＝流动资产/流动负债×100%

C. 支出结构指标

a. 人员支出比率

反映高校人员支出结构。计算公式为：

人员支出比率＝人员支出/事业支出×100%

b. 公用支出比率

反映高校公用支出结构。计算公式为：

公用支出比率＝公用支出/事业支出×100%

c. 人均基本支出

反映高校按照实际在编人数平均的基本支出水平。计算公式为：

人均基本支出＝(基本支出－离退休人员支出)/实际在编人数×100%

D. 财务发展能力指标

a. 总资产增长率

从资产总量方面反映高校的发展能力。计算公式为：

总资产增长率＝(期末总资产－期初总资产)/期初总资产×100%

b. 净资产增长率

反映高校净资产的增值情况和发展潜力。计算公式为：

净资产增长率＝(期末净资产－期初净资产)/期初净资产×100%

c. 固定资产净值率

反映高校固定资产的新旧程度。计算公式为：

固定资产净值率＝固定资产净值/固定资产原值×100%

3.《政府综合财务报告编制操作指南(试行)》中的财务分析指标

目前，与《政府会计制度》相匹配的财务分析指标，只有 2015 年 12 月 2 日财政部印发的《政府综合财务报告编制操作指南(试行)》(财库〔2015〕224 号)，其在第二十四条中指出，分析政府财政经济状况时，可参考使用表 2-3 中的分析指标。

表 2-3　分析指标表

序号	指标名称	公式	指标说明
1	现金比率	货币资金/流动负债	反映政府利用货币资金偿还短期债务的能力
2	流动比率	流动资产/流动负债	反映政府利用流动资产偿还短期债务的能力
3	资产负债率	负债总额/资产总额	反映政府偿付债务的能力
4	负债构成比率 1	主要负债项目/负债总额	反映政府主要负债项目占总负债的比重
5	负债构成比率 2	单位负债总额/负债总额	反映政府单位负债占总负债的比重，进而评估政府的直接债务风险和间接债务风险
6	一般债务率	(一般债务余额/债务年限)/一般公共预算可偿债财力×100%	反映地方政府动用当期财政收入满足偿债需求的能力，可偿债财力等于综合财力扣除用于保障人员工资、机关运转、民生支出等刚性支出后的财力
7	专项债务率	(专项债务余额/债务年限)/政府性基金预算可偿债能力×100%	—

（续表）

序号	指标名称	公式	指标说明
8	收入费用率	年度总费用/年度总收入	反映政府当年总收入用于支付当年总费用的比率
9	税收收入比重	年度税收收入/年度收入总额	反映政府收入的稳定性及质量
10	利息保障率	当年利息支出/年度收入总额	反映政府偿还债务利息的能力

从表2-3可以看出，《政府综合财务报告编制操作指南（试行）》中的10个财务分析指标显然不适合高校。

（四）新中国高校财务史上第一次提出财务风险

1. 第一次提出“防范财务风险”

2004年7月13日，教育部、财政部发布的《关于进一步完善高等学校经济责任制加强银行贷款管理切实防范财务风险的意见》（教财〔2004〕18号）指出：“为进一步加强对高校贷款行为的规范和管理，明确还贷责任，防范财务风险，确保高等教育事业的健康、可持续发展，现就加强高校贷款管理工作提出如下意见。”

2005年8月31日，中共教育部党组发布的《关于贯彻落实〈建立健全教育、制度、监督并重的惩治和预防腐败体系实施纲要〉的具体意见》（教党〔2005〕20号）指出：“严禁直属高校、直属单位进行股票、风险性债券以及其他违规对外投资，防范财务风险，确保资金安全。”

2007年1月15日，教育部、财政部发布的《关于“十一五”期间进一步加强高等学校财务管理工作的若干意见》（教财〔2007〕1号）指出：“切实加强高等学校财务管理，规范财经行为，防范财务风险。高等学校应切实强化风险防范意识，完善内部控制制度，建立风险预警系统，改善学校财务状况，有效防范财务风险。”

2. 第一次提出“防范资金风险”

2004年4月29日，教育部发布的《关于禁止直属高校进行股票和风险性债券投资的紧急通知》（教财〔2004〕13号）指出：“各校必须严格遵守教育部、财政部2000年印发的《关于高等学校建立经济责任制加强财务管理的几点意见》（教财〔2000〕14号）以及2002年印发的《关于清理检查直属高校资金往来情况，加强资金管理，确保资金安全的通知》（教财〔2002〕2号）的有关规定，加强资金管理，防范资金风险。”

3. 第一次提出“投资风险”

2002年2月11日，教育部、财政部发布的《关于清理检查直属高校资金往来情况，加强资金管理确保资金安全的通知》（教财〔2002〕2号）指出：“各校应建立对外投资决策集体审议联签责任制度，各项对外投资必须经过科学论证，杜绝个人舞弊行为。要加强投资项目的立项、评估、决策、实施、投资处置等环节的会计控制和审计，严格控制投资风险。同时，各项对外投资必须严格执行国家有关的法律法规及《高等学校财务制度》。”

2004年4月29日，教育部发布的《关于禁止直属高校进行股票和风险性债券投资的紧急通知》(教财〔2004〕13号)指出：“鉴于当前投资市场的种种复杂情况，为防范教育资金风险，确保教育资金安全，现就部直属高校进行股票和风险性债券投资的问题，紧急通知如下：(1) 严禁各校进行股票和风险性债券投资，自有资金沉淀较多的学校，可适当购买一些一级市场国债；(2) 各校要立即对此前进行的股票和风险性债券投资进行全面清理，保证资金安全收回；(3) 在这次清理过程中，各校如发现有不能按时收回或已形成损失的投资，要将有关情况及时报告我部，不得隐瞒。”

2004年10月18日，教育部、财政部发布的《关于进一步加强直属高校资金安全管理的若干意见》(教财〔2004〕38号)指出：“各高校必须严格执行教育部教财〔2004〕13号文件，严禁继续从事股票投资和其他风险性债券投资业务。各高校须认真清理各项对外投资，对手续不全的投资项目及时补办相关手续；对经营不善、管理混乱、出现亏损的投资项目，须采取切实有效的措施加以清算，避免国有资产流失；对以前从事的股票及风险性债券投资业务，应立即停止并妥善处理，防止投资风险转变为投资损失或继续扩大损失。”

2007年1月15日，教育部、财政部发布的《关于“十一五”期间进一步加强高等学校财务管理工作的若干意见》(教财〔2007〕1号)指出：“高等学校不得从事股票投资和其他风险性债券投资业务。对过去发生的股票及风险性债券投资业务应妥善处理，防止投资风险转化为投资损失或继续扩大损失。”

4. 第一次提出“贷款风险”

2004年7月13日，教育部、财政部发布的《关于进一步完善高等学校经济责任制，加强银行贷款管理切实防范财务风险的意见》(教财〔2004〕18号)指出：“建立有效的风险防范机制。贷款高校必须建立完善的风险防范机制。”

2004年12月24日，教育部发布的《关于建立直属高校银行贷款审批制度的通知》(教财〔2004〕44号)指出：“根据国务院领导同志批示要求，为进一步规范直属高校银行贷款行为，控制贷款规模，防范财务风险，并按照教育部、财政部《关于进一步完善高等学校经济责任制加强银行贷款管理切实防范财务风险的意见》(教财〔2004〕18号)和《关于进一步加强直属高校资金安全管理的若干意见》(教财〔2004〕38号)等文件精神，我部决定从2005年1月1日起，建立直属高校银行贷款审批制度。我部每年根据‘高等学校银行贷款额度控制与风险评价模型’测算各直属高校贷款风险指数。”

2010年11月30日，财政部、教育部发布了《关于减轻地方高校债务负担化解高校债务风险的意见》(财教〔2010〕568号)。

2007年1月15日，教育部、财政部发布的《关于"十一五"期间进一步加强高等学校财务管理工作的若干意见》(教财〔2007〕1号)指出："高等学校要切实加强银行贷款管理，强化贷款风险意识，合理控制贷款规模，改善债务结构，规范贷款投向，按照'谁贷款，谁负责'的原则，做好还本付息计划，承担还贷责任。各级教育主管部门要建立高校银行贷款的风险预警系统和银行贷款审批制度，加强对所属高校银行贷款的宏观管理。"

5. 第一次提出"担保风险"

2000年6月12日，教育部、财政部发布的《关于高等学校建立经济责任制加强财务管理的几点意见》(教财〔2000〕14号)指出："学校不得以事业经费和代管经费为校办产业的借贷款项作经济担保。"

2004年7月13日，教育部、财政部发布的《关于进一步完善高等学校经济责任制加强银行贷款管理切实防范财务风险的意见》(教财〔2004〕18号)指出："根据《中华人民共和国担保法》的有关规定，各高校不得为任何单位(含校办产业)或个人的经济活动提供担保。"

2004年10月18日，教育部、财政部发布的《关于进一步加强直属高校资金安全管理的若干意见》(教财〔2004〕38号)指出："各高校必须严格遵守《中华人民共和国担保法》的有关规定，不得为任何单位(含校办产业)或个人的经济活动提供担保。已经提供担保的，应认真进行清理，避免形成经济损失。"

2007年1月15日，教育部、财政部发布的《关于"十一五"期间进一步加强高等学校财务管理工作的若干意见》(教财〔2007〕1号)指出："严禁高等学校为任何组织(含校办产业)或个人的经济活动提供担保。"

6. 第一次提出"校办产业风险"

2007年1月15日，教育部、财政部发布的《关于"十一五"期间进一步加强高等学校财务管理工作的若干意见》(教财〔2007〕1号)指出："高等学校要加强校办产业管理，按照校办产业规范化建设的有关要求，规范校办产业管理，防范校办产业风险，促进校办产业发展，确保国有资产保值增值。学校要对现有校办产业进行全面清理，对投资手续不全，注册资本金不到位，学校与企业之间账务处理不一致的，要按照国家有关规定，予以规范；对经营管理不善、存在较大风险或对学校贡献率较低的，应按有关法定程序予以关闭，妥善处理有关债权债务，避免留下隐患。"

7. 第一次提出"经济纠纷风险"

2007年1月15日，教育部、财政部发布的《关于"十一五"期间进一步加强高等学校财务管理工作的若干意见》(教财〔2007〕1号)指出："高等学校要建立健全经济合同管理制度，明确经济合同的签订权限和程序，加强经济合同管理。学校财务部门应负责经济合同的审查(有关经济条款)、登记、备案等管理工作,提供相关咨询服务,防范由合同引发的经济纠纷和财务风险。”

8. 第一次提出“财务信息安全”

2007年1月15日,教育部、财政部发布的《关于“十一五”期间进一步加强高等学校财务管理工作的若干意见》(教财〔2007〕1号)指出:“高等学校财务部门要设置专门机构或岗位,配备合格的专业技术人员,负责财务管理信息系统的管理和维护,确保财务信息安全。”

(五) 新中国高校财务史上第一次提出“三重一大”中的“大额资金”

2002年2月11日,教育部、财政部发布的《关于清理检查直属高校资金往来情况,加强资金管理确保资金安全的通知》(教财〔2002〕2号)指出:“对于重要资金支付业务,应当经过学校领导集体决策和审批,并建立责任追究制度,防范贪污、侵占、挪用、转移资金等行为。”

2004年7月13日,教育部、财政部发布的《关于进一步完善高等学校经济责任制加强银行贷款管理切实防范财务风险的意见》(教财〔2004〕18号)指出:“建立大额贷款备案制度。为便于全面掌握高校的贷款规模和风险状况,加强宏观管理与监控,及时采取措施防范财务风险,对所有贷款高校实行大额贷款备案制度。凡累计贷款余额达到本校近三年平均总收入10%的中央部委所属高校,必须将所有贷款项目的可行性研究报告、分年度贷款额度方案、具体还贷计划和措施等相关材料报送主管部门备案。各省、自治区、直辖市教育厅(局委)应会同财政部门结合本地实际,对所属高校的贷款备案制度作出具体规定。”

2004年10月18日,教育部、财政部发布的《关于进一步加强直属高校资金安全管理的若干意见》(教财〔2004〕38号)指出:“规范常规性资金支付的授权审批制度和大额资金流动(包括支付、转移、调动等)的集体决策制度……对于大额资金的流动,以及非常规资金支付业务(如借出款、为外单位垫款、超预算付款等),应建立集体讨论决策制度。先由学校财务部门根据校内部门的书面申请提出初步意见,经校财经领导小组对其真实性、合理性、合法性进行审查,同意后再提交学校领导集体讨论决策。……建立重要事项、大额资金流动申报制度。各高校必须将各级审计、财政、物价、教育等相关部门在本校实施审计、检查时发现的重大问题、提出的重要处理意见或整改建议,及时向教育主管部门报告,同时采取有效措施,积极进行整改,并将整改情况及时报告主管部门。各高校的对外投资、借出款、暂付款、银行贷款等大额资金流动应实行报告制度。与此相应,教育部将建立直属高校大额资金流动的动态监控系统,有关工作另行部署。各高校的对外投资、借出款、暂付款、银行贷款等大额资金流动应实行报告制度。与此相应,教育部将建立直属高校大额资金流动的动态监控系统,有关工作另行部署。”

2007年1月15日,教育部、财政部发布的《关于“十一五”期间进一步加强高等学校财务管理工作的若干意见》(教财〔2007〕1 号)指出:“高等学校应建立和完善重大问题集体决策制度、专家咨询制度和决策责任追究制度。凡学校重大经济决策、重大投资(融资)项目以及大额资金使用,必须组织相关专家进行科学论证,经学校财经领导小组研究后,提交学校最高决策机构集体讨论决定。……高等学校应建立健全以内部控制为核心,以大额资金流动集体决策、常规资金支付授权审批和银行对账单财务、审计部门负责人‘双签制’等为重点的资金安全管理制度,明确相关人员的责任,确保资金的安全完整。各级教育财务主管部门要建立所属高校大额资金流动的监控系统。”

(六) 新中国高校财务史上第一次提出建立健全与社会主义市场经济体制和政府公共财政体制相适应的高校财务

1. 建立起与社会主义市场经济体制相适应的教育新体制

1993 年 2 月 13 日,中共中央、国务院印发的《中国教育改革和发展纲要》(中发〔1993〕3 号)第三部分“教育体制改革”中第 15 条指出:“初步建立起与社会主义市场经济体制和政治体制、科技体制改革相适应的教育新体制。只有这样,才能增强主动适应经济和社会发展的活力,走出教育发展的新路子,为建立具有中国特色的社会主义教育体系奠定基础。”

2010 年 6 月 25 日发布的《国家中长期教育改革和发展规划纲要(2010—2020 年)》的战略目标之一是“健全充满活力的教育体制。进一步解放思想,更新观念,深化改革,提高教育开放水平,全面形成与社会主义市场经济体制和全面建设小康社会目标相适应的充满活力、富有效率、更加开放、有利于科学发展的教育体制机制,办出具有中国特色、世界水平的现代教育。”在第 22 条指出“引入竞争机制”,第 42 条指出“鼓励公平竞争”。

2. 建立与公共财政体制和现代大学制度相适应的高校财务管理体制与运行机制

2007 年 1 月 15 日,教育部、财政部发布的《关于“十一五”期间进一步加强高等学校财务管理工作的若干意见》(教财〔2007〕1 号)第二条规定:“进一步深化改革,建立与公共财政体制和现代大学制度相适应的高校财务管理体制与运行机制。”

3. 建立健全社会主义市场经济体制和政府公共财政体制的教育拨款政策和成本分担机制

1999 年,中共中央、国务院《关于深化教育改革全面推进素质教育的决定》指出:“进一步完善教育经费拨款办法,充分发挥教育拨款在宏观调控中的作用,不断提高教育经费的使用效益。政府的教育拨款主要用于保证普及义务教育和承担普通高等教育的大部分经费……逐步建立符合社会主义市场经济体制以及政府公共财政体制的财政教育拨款政策。”

2001 年 7 月,教育部颁布的《全国教育事业第十个五年计划》明确提出,要建立健全社会主义市场经济体制和政府公共财政体制的教育拨款政策和成本分担机制。

2004年2月，国务院批转的《2003—2007年教育振兴行动计划》规定："非义务教育的办学经费，以政府为主渠道，由政府、受教育者和社会共同分担。逐步形成与社会主义市场经济体制相适应的、满足公共教育需求的、稳定和可持续增长的教育投入机制。"

（七）新中国高校财务史上第一次提出高校财务治理体制和运行机制

2015年5月22日发布的《教育部关于直属高校落实财务管理领导责任严肃财经纪律的若干意见》（教财〔2015〕4号）第二条指出："健全财务治理体制和运行机制。要按照统一领导、集中或分级管理的原则，规范内部财务治理体制和运行机制。要建立健全党政领导班子、财经管理各领导小组（管理委员会）的议事规则。学校讨论决定、拟定实施重大经济决策事项时，应充分论证，必要时应进行专业咨询。要明确财务、审计、纪检监察及相关业务部门的职责分工，明晰经费投入的前期论证、执行过程的审核监督、事后的绩效评价等环节的责任边界，形成决策权、执行权、监督权既相互制约又相互协调的运行机制。"这是官方文件第一次提出高校需要"健全财务治理体制和运行机制"以及"规范内部财务治理体制和运行机制"。

（八）新中国高校财务史上第一次提出高校党政领导在财务管理工作中的主体责任和领导责任

教育部第一次明确高校领导班子在财务管理工作中的主体责任。2014年11月17日发布的《教育部关于加强直属高校直属单位财务队伍建设的意见》（教人〔2014〕6号）第二条指出："切实落实单位领导班子在财务管理工作中的主体责任。各单位领导班子承担财务管理的主体责任。财务工作是单位工作的重要组成部分。各单位应从事业发展基础和重要支柱的角度定位财务工作，充分认识加强财务工作的必要性和重要性，不断提高单位领导班子为民理财、依法理财、科学理财、平安理财的能力和水平。完善领导班子决策制度和议事规则，凡属重大决策事项、重大项目安排、大额资金使用等重大问题，要加强前期论证，要由单位领导班子集体研究决定，落实分工负责，切实承担财务管理的主体责任。"

教育部第一次明确高校党政领导在财务管理工作中的领导责任。2015年5月22日发布的《教育部关于直属高校落实财务管理领导责任严肃财经纪律的若干意见》（教财〔2015〕4号）第一条指出："全面落实财务管理领导责任。……党委主要负责同志要抓好班子，带好队伍，管好自己，做好廉洁从政的表率。认真执行民主集中制，严格执行领导班子议事规则与决策程序。积极督促党政班子成员落实'一岗双责'。党政领导班子其他成员要带头贯彻执行国家财经法律法规，按照'一岗双责'的要求，根据分工抓好职责范围内的财经管理工作。校长是学校的法定代表人，在学校党委领导下，全面负责学校财务管理工作。组织拟订和实施重大决策事项、重大项目安排、大额资金使用、预算安排、重要财经管理制度及信息公开工作。加强财务队伍建设。强化财务管理和内部审计监督。加强国有资产管理，防止国有资产流失。对各级各部门巡视、监察、审计、检查中发现的问题，应及时组织整改，注重结果运用。向党委报告重大财经决议执行情况，向教职工代表大会报告财务工作。”

（九）新中国高校财务史上第一次提出高校的财经纪律真正成为带电的高压线

习近平第一次将政治纪律、组织纪律、财经纪律并列，并作为高压线。2014年1月14日，习近平在《严明党的组织纪律，增强组织纪律性》中指出：“组织纪律、财经纪律过去都是不敢碰的高压线，现在这两条纪律在一些地方和部门成了最松弛的低压线。犯个组织纪律、财经纪律算什么？打个哈哈就过去了！一到节假日甚至不是节假日，有些人就到处跑，还带着一大家子，吃好的，住好的，玩好的，大江南北，长城内外，哪儿好就往哪儿去。不少是公款消费，财政成了他们家的钱包，财政局长成了他们家的管账先生。社保基金、扶贫资金、惠民资金等关系千家万户切身利益，历来贪污挪用这种钱要罪加一等，也有人敢下手。要加强对各项资金使用情况的管理和监督，加强审计工作特别是对重大领域、重大项目、重要资金的审计监督，防止贪污、挪用、截留等问题发生。”

2015年5月22日，《教育部关于直属高校落实财务管理领导责任严肃财经纪律的若干意见》(教财〔2015〕4号)指出：“新形势下，全面落实财务管理领导责任、严肃财经纪律，是直属高校贯彻落实‘全面建成小康社会、全面深化改革、全面依法治国、全面从严治党’的必然要求，是严明党的政治纪律和政治规矩、严守国家财经纪律和财经规矩的重要举措。……严格遵守国家财经法律法规，真抓真管，使财经纪律真正成为带电的高压线。……支持纪检监察部门查处违反财经法律法规和财经纪律问题。”

第四节　高校收费与学生资助体系的发展轨迹

一、高校收费的发展轨迹

高校收费与高校学费是两个概念。2006年5月12日，教育部、国家发展改革委、财政部发布的《关于进一步规范高校教育收费管理若干问题的通知》(教财〔2006〕2号)指出：“高校行政事业性收费包括学费、住宿费和考试费三类；规范高校服务性收费和代收费管理；加强监督检查，坚决治理高校乱收费，严格执行教育收费公示制度，加强许可证、收费票据和资金的管理。”这个文件清楚地区分了高校收费与高校学费两个概念。本节仅阐述高校学费的发展轨迹，不涉及住宿费和考试费的发展轨迹。因此，下面使用的"收费"概念仅指"学费"。

我们把新中国高等教育学费制度变迁历程分为三个阶段：1949—1978年是由收费转为免费入学的阶段；1978—1993年是由免费转为"双轨"收费时期；1993年至今是由"双轨"收费转为"并轨"收费时期。从此，我国高等教育收费制度正式形成。

(一) 由"双轨"收费转为"免费入学"的时期(1949—1978年)

"双轨"收费是指一部分学生不收学费，另一部分学生收学费。

1. 国民经济恢复时期公办、民办高校实行的收费制度

1950年《政务院关于救济失业教师与处理学生失学问题的指示》也只是要求私立学校"减低学费"，而从1951年夏发布的《大学入学考试简章》中也可以看出，之江、东吴、圣约翰等私立大学都在收取学费。同时，我国高等学校还没有普遍实施"免费制"，除一些私立高校外，从1951年夏发布的《大学入学考试简章》中可以看出，交通、同济、南京、浙江、复旦等国立大学也都收取学费。

2. 计划经济时期公办高校实行免费上学

早在1951年春，中央人民政府政务院财经委开始着手试编第一个五年计划(1953—1957年)。实行计划经济体制后，受公有制和学习苏联的影响，1952年10月进行了院系调整，其中一个主要内容是将私立大学和教会大学改为公立大学。私立大学的收学费制度结束，全部高校实行免费上学制度。

这个时期"双轨"收费是指新中国成立前解放区的大学转为的公办大学和私立大学以及部分公办大学收学费，从1952年起全部大学生免费入学，一直到"文革"结束，中国大学实行的是免费和助学金的差别制度。

(二) 由"免费入学"转为"双轨"收费的时期(1978—1993年)

1. 部分学生收费的"双轨"制

这里指的"双轨"制是指部分学生(自费生、委培生和定向生)交学费，其他学生不交学费。

1978年2月28日，教育部和国家计委联合发布的《关于普通高等学校试行招收走读生和增加招生名额的通知》规定："自1977届新生起允许高等学校在完成国家招生计划的前提下试行招收通用和急需专业的走读生。"据统计，全国各省、市、自治区共增招扩新生6.3万人。大学扩招走读生，解决了大学宿舍少的问题，但涉及学生转户口问题，户口问题背后是居民粮油等配给问题，即转户口的同时需要转粮、油关系。为此，教育部、公安部专门针对走读生户口问题于1978年6月16日发出《关于高等院校走读生户口问题的答复》，其中说明："根据教育部、国家计委1978年2月28日电报，《关于普通高等学校试行招收走读生和增加招生名额的通知》中第二条规定：'走读的学生，在校期间和毕业后的待遇，与住校生相同。'

已被录取的走读生，应与住校生一样解决户口问题。我们认为，目前尚未解决户口问题的，接此文后，应一律允许转入学校；已经解决了户口问题的，暂按各地办法执行，待实践一段时间，再总结经验，作出统一规定。”从此，结束了高等教育免费入学，开始从免费转为部分学生收费的时期。中国高等教育再度拉开了收费制度的序幕。

1980年，“经上海市委、市政府批准，上海交大、复旦、上外等22所高校招收3 000名自费走读生。自费走读，不包分配，原则上要缴纳国家规定培养经费的三分之二以上。对于这批学生的办学经费来源，除向学生收取少量学费外，每年还将由上海市人民政府补贴50万元”。1980年，上海普通高校走读生的收费标准是本科生每学期25元。①

1980年召开的全国高校招生工作会议上提出：“一些地区和高校在完成国家下达的招生计划之外，可以扩大招收一部分自费走读生。”

1980年8月30日，教育部、国家计委、财政部发布的《关于高等学校、中等专业学校举办干部专修科和干部培训班暂行办法的通知》(教计字〔1980〕257号)第九条指出：“中央、国务院各部门和各省、市、自治区对委托学校举办的干部专修科和干部培训班，必须在师资、校舍、经费、设备和图书资料等方面给以大力支持，切实保证。因办干部专修科和培训班需要增加的校舍，由委托部门安排基建投资解决。所需培训经费由派送学员的单位向学校交付。高等学校收费标准应参照1979年11月22日教育部、财政部《关于在高等学校进修人员经费开支等有关问题的规定》执行。每人每年收费标准，暂定工科500元、理科400元、文科300元。”

1984年5月15日，教育部、国家计委、财政部发布的《高等学校举办干部专修科，中等专业学校举办干部、职工中专班的试行办法》(教计字〔1984〕86号)指出：“办学需要增加的校舍和教学设备，原则上由委托单位负责安排基本建设投资。基本建设投资的标准和数额，应根据学员人数、专业性质、学制及培养届次等情况并参考高等学校、中等专业学校学生的校舍定额标准，由委托单位与学校协商确定。委托单位提供的投资，由学校统一使用，所建成的校舍和购置的教学设备，其产权归学校。培养学员所需的经常费用，由派送学员的单位向学校支付。收费标准：每人每年高等学校干部专修科工科、医药、艺术科类1 000元，农林、理科(含师范院校理科)、体育科类900元，文科(含师范院校文科)、财经、政法科类700元。中等专业学校干部、职工中专班工科、医药、艺术科类650元，农林、体育科类550元，师范、财经、政法和其他科类450元。高等学校所收的费用，90%作自动增加经费拨款处理，10%纳入学校基金，按有关规定统筹使用。中等专业学校所收费用，交学校财务部门作自动增加经费拨款处理。”

① 上海高校招收三千走读生[N].人民日报.1980-8-1.

1984年6月24日，教育部、国家计委、财政部发布的《高等学校接受委托培养学生的试行办法》指出："为了适应社会主义现代化建设的需要，高等教育事业要加速发展，培养数量较多、质量较高、多种规格的各类专门人才。按现行管理体制，高等学校在保证完成国家下达的指令性招生计划的前提下，试行委托培养学生的办法……根据谁委托培养学生谁负责解决经费的原则，委托单位（包括城乡集体所有制企事业单位和个体户）要负担为其培养的学生所需的基本建设投资和经常费。委托培养学生所需基本建设投资，由委托单位负责安排。委托单位应参考国家现行的《一般高等学校校舍规划面积定额》和学生人数，将所需基本建设投资指标（包括设备购置费）和相应的国拨三大材料指标，拨给对方。委托单位提供的基本建设投资，由学校结合本校总体规划统一安排建设，并报其主管部门批准。所建成的校舍及购置的教学设备，其产权均归承担委托任务的学校。委托培养学生所需的经常费，可由委托培养学生的双方协商确定具体标准，也可由委托单位按下列标准拨给承担委托培养学生任务的学校，本专科学生每人每年：工科、医药、艺术院校1 000元至1 300元，农林、理科（含师范院校理科）、体育科类900元至1 200元，文科（含师范院校文科）、财经、法科类700元至1 000元。上述费用不包括学生人民助学金和奖学金。学生按规定享受的人民助学金和奖学金，由委托单位根据学校实际规定开支数另行拨付。学校收取的经常费，90%交学校财务部门，作自动增加经费拨款处理，10%纳入学校基金，按有关规定统筹使用。"

1985年5月27日，中共中央发布的《关于教育体制改革的决定》指出："用人单位委托招生。为了鼓励学校挖掘潜力多招学生，为了更好满足社会对人才的需求，近年来行之有效的用人单位委托学校培养学生的制度，要继续推行和逐步扩大，使之成为国家招生计划的重要补充。委托单位要按议定的合同向学校交纳一定数量的培养费，毕业生应按合同规定到委托单位工作。还可以在国家计划外招收少数自费生。学生应交纳一定数量的培养费，毕业后可以由学校推荐就业，也可以自谋职业。"

2. 所有学生交学费，但生源不同收费标准不同的"双轨"制

这里指的"双轨"制是指部分学生（自费生、委培生和定向生）交较多学费，其他学生交较少学费。

1989年3月2日，国务院批转国家教委的《关于改革高等学校毕业生分配制度的报告》（国发〔1989〕19号）指出："为了改变办学单一靠国家财政拨款的状况，学生培养费按国家任务招生和社会调节性招生两种不同计划，分别由有关方面承担。国家要继续支持联合办学和委托培养。毕业生若被经营性单位录用，经主管部门同意，学校可以接受录用单位的适当资助。学生上学除特殊规定外，一般要交纳学杂费。考虑到一般学生家庭目前的经济收入水平和实际承受能力，开始时收取学杂费的数额不能太高，一般掌握在每学年一百至三百元为宜。"在其附件《高等学校

毕业生分配制度改革方案》中指出："国家任务招生计划招收的学生，培养费由国家提供，学生上学一般应交学杂费。经济困难者可申请贷款，符合条件者可享受优秀学生奖学金。学生毕业后可在国家方针、政策指导下，按照有关规定在一定范围内选择职业，用人单位择优录用。师范（含各类师范专业、不含师范院校中非师范专业）、农林、体育、民族、航海等专业招收的学生，可按规定享受专业奖学金，免交学杂费，毕业后在本系统、本行业内择优录用。对矿业、地质、水利、石油等部门及工作、生活条件比较艰苦的地区所需要的高校毕业生，可根据工作需要实行定向招生，按照国家有关规定设立定向奖学金，定向生免交学杂费，毕业后在定向的行业或地区内择优录用。"

1989年8月22日，国家教委、国家物价局、财政部联合发布的《关于普通高等学校收取学杂费和住宿费的规定》（[教财字第32号]）指出："长期以来，我国普通高等学校招收学生均实行免收学杂费制度。这种制度同当前我国经济、社会发展与改革很不适应。继续实行这种制度，不仅国家财政难以承担，而且也不利于高等教学进一步发展和提高，这种状况必须改变。为此，从1989学年度开始，对新入学的本、专科学生（包括干部专修科和第二学士学位班学生），实行收取学杂费制度。考虑到当前各地经济发展水平、人民群众的收入水平和经济承受能力，收取学杂费的标准，本着起点从低，逐步调整的原则，一般地区以每学年100元为宜。经济特区和广东、上海等经济比较发达的地方可适当高些，但最高不得超出国务院国发〔1989〕19号文件中规定的标准。从1989学年度开始，对新入学的住学校宿舍的本、专科学生要收取住宿费，一般每学年20元左右，住宿条件好的可适当多收一些。住学生公寓的，仍按各地规定执行。"这一时期的学费和住宿费只是象征意义的收费。

1990年7月9日，国家教委、人事部、国家计委、公安部、商业部发布的《普通高等学校招收自费生暂行规定》（教学〔1990〕10号）第十八条指出："自费生在校期间须向学校缴纳培养费与学杂费。收费标准，原则上不高于国家任务招生培养同类学生所需的实际经常费用，也不要低于国家任务招生培养同类学生所需实际经常费用的80%，有条件的省、自治区、直辖市可以适当减少学生缴费金额，但减收金额部分，应由地方政府补偿高等学校。自费生在校住宿，须按规定标准向学校缴纳住宿费。自费生医疗费由本人自理。"这个文件把自费生完全纳入了国家计划，严格控制招生数量。

除了自费和委培的本科生、专科生外，还有自费和委培的研究生，随着连年扩招，自费研究生的名额和比例也在不断增加。

1992年6月23日，国家教委、财政部、国家物价局发布的《关于进一步改革和完善普通高等学校收费制度的通知》（教财〔1992〕42号）指出："普通高等学校可根据本地区、本校和学科特点研究拟定学杂费、住宿费、委托培养费，函授、夜大学及短训班培训费等收费标准,并按行政隶属关系,地方所属普通高等学校报省(自治区、直辖市)人民政府批准;中央各部门所属普通高等学校报中央主管部门批准,抄报财政部、国家物价局备案。"高等教育出于教育公平的考虑,开始对所有被录取的学生实行收费上学。

1993年1月12日国务院批转的《国家教委关于加快改革和积极发展普通高等教育意见》是我国高等教育财务史上一个重要的文件,它最早具体提出:"高等教育属于非义务教育,要改革学生上大学由国家'包'下来的制度。学生上大学原则上均应缴费,缴费标准要考虑到人民群众的承受能力,由学校报主管部门或省、自治区、直辖市人民政府确定。"

1993年2月8日,国家教委、国务院学位委员会颁发的《关于印发全国普通高等教育工作会议有关文件的通知》在其"附件二关于普通高等学校招生和毕业生就业制度改革的意见"的第3条指出:"高等教育属于非义务教育,要改革学生上大学由国家包下来的制度,逐步实行收费和奖学金、贷学金相结合的制度。学生上大学原则上均应收费。收费标准要考虑到人民群众的承受能力,因地因校因专业而异,由学校报主管部门确定。"

1993年2月13日,中共中央、国务院印发的《中国教育改革和发展纲要》(中发〔1993〕3号)第19条指出:"改革高等毕业生'统包统分'和'包当干部'的就业制度,实行少数毕业生由国家安排就业,多数由学生'自主择业'的就业制度。"第47条指出:"收取非义务教育阶段学生学杂费。"第48条指出:"提高非义务教育阶段学生学费标准,同时按不同情况确定义务教育阶段学校杂费收费标准。学费和杂费收取标准和办法,由省、自治区、直辖市政府和直接管理学校的中央业务部门考虑群众承受能力确定。要加强收费管理,严禁乱收费。"

1994年4月7日,国家教委发布的《关于进一步改革普通高等学校招生和毕业生就业制度的试点意见》(教学〔1994〕3号)指出:"高等教育不属于义务教育,高等学校可以向学生收取部分培养费用,但要建立科学的收费制度,制定合理的收费标准。收费标准可因地因校因专业而异,既要考虑到实际培养费用,又要考虑到学生家庭的承受能力,由学校提出意见后报学校主管部门实事求是地确定。"

1995年9月,中共十四届五中全会通过的《中共中央关于制定国民经济和社会发展"九五"计划和2010年远景目标的建议》对这项改革再次给予肯定,指出"非义务教育阶段要逐步实行缴费上学、择业自主,同时完善奖学金、贷学金等制度"。

从上可知,这个时期通过《普通高等学校招收自费生暂行规定(1990)》《进一步改革和完善普通高等学校收费制度(1992)》等的出台,完善了相关制度和规定,1993年的《国家教委关于加快改革和积极发展普通高等教育意见》提出了高等教育是非义务教育,要提高非义务教育阶段学生学费标准,终止了"免费上大学"的历史。收费是一种市场机制,1992年邓小平南方谈话后,我国即将结束计划经济体制，进入市场经济体制。

（三）由“双轨”转为“并轨”收费时期（1994—2016年）

所谓“并轨”，一般都称招生“并轨”改革，其实是“以建立收费制度为标志的招生和毕业生就业制度改革”。收费的主要目的是为了转换一切由国家包下来的机制，是对计划经济体制的“两统”（学生入学由国家统一包下来，毕业生由国家统一分配工作）到市场经济体制的“两自”（入学自己交学费，毕业后自主择业）的改革。1994年4月7日，国家教委发布的《关于进一步改革普通高等学校招生和毕业生就业制度的试点意见》（教学〔1994〕3号）指出：“以建立收费制度为标志的招生和毕业生就业制度改革。”《关于1995年深入进行普通高等学校招生和毕业生就业制度改革的意见》指出：“向学生收取少量培养费用的主要目的是为了转换一切由国家包下来的机制。”

“并轨”是从1994年开始提出的。1994年7月3日，《国务院关于〈中国教育改革和发展纲要〉的实施意见》（国发〔1994〕39号）第十六条指出：“积极推进高等学校和中等专业学校、技工学校的招生收费改革和毕业生就业制度的改革，逐步实行学生缴费上学，大多数毕业生自主择业的制度。1997年大多数学校按新制度运作，2000年基本实现新旧体制转轨。学生实行缴费上学制度。缴费标准由教育行政主管部门按生均培养成本的一定比例和社会及学生家长承受能力因地、因校（或专业）确定。原则上同一学校（或专业）实行同一种收费标准。不应以收取高额学费而降低录取标准。”

有人说，高校“双轨”从2000年就开始了。2006年5月12日，教育部、国家发展改革委、财政部发布的《关于进一步规范高校教育收费管理若干问题的通知》（教财〔2006〕2号）还提及委托培养、自筹经费硕士、博士研究生、研究生课程进修班学生等。笔者在下文引用的直到2013年的文件表明，当时还存在“委托培养研究生”，即部分委托培养研究生交学费，其他研究生不收费。那么高校收学费“并轨”应在2016年。

1. “并轨”结束了委培生、自费生制度

1993年8月，东南大学和上海外国语学院率先进行了招生并轨和收费改革的试点工作，取消了过去在招生录取和学费标准上划分“公费生”和“自费生”的双轨运行办法，将国家计划招生、委培生和自费生的录取及收费标准统一起来，同一院校同一专业按同一标准进行录取和收费。

1994年9月26日，国家计委、国家教委颁发的《关于调整普通高等院校学杂费问题的通知》指出：“国家同意今年对国家教委批准的37所高等院校（学校名单见附件）进行招生、收费制度改革试点，实行‘公费’和‘自费’招生‘并轨’，‘并轨’后的学杂费按其主管部门批准的标准执行。”

1995年3月28日，国家教委发布的《关于1995年深入进行普通高等学校招生和毕业生就业制度改革的意见》(教学〔1995〕8 号)指出:“我委批准一部分高等学校在 1994 年招生开始进行有关招生、收费和毕业生就业制度改革的试点,并取得基本成功。1997 年招生时,全国大多数高等学校都应按改革后的新体制运作;到 2000 年时,基本实现招生和毕业生就业制度的新旧体制转轨。实行招生‘并轨’改革时,农业、林业、航海、民族、师范院校(专业)按国家规定不向学生收取学杂费,水利、地矿、石油、公安、测绘、气象等院校(专业),可免收或少收应向学生收取的学杂费,但招生时应明确不再实行两种计划形式,即不再以调节性计划招收学生。”

2013 年 2 月 28 日,财政部、国家发展改革委、教育部发布的《关于完善研究生教育投入机制的意见》(财教〔2013〕19 号)指出:“从 2012 年起,中央财政对纳入全国研究生招生计划的中央高校全日制研究生(委托培养研究生除外)安排生均综合定额拨款。”

随着不包分配、自主择业政策的推行,委培生、自费生数量逐步萎缩。“并轨”后委培生、自费生制度在公办大学就终止了。

2. “并轨”期间的磨合

对于“并轨”期间的衔接问题,国家教委也做出了规定。1995 年 11 月 13 日,《国家教委关于做好 1996 年全国普通高等学校毕业生就业工作的意见》指出:“根据国发〔1985〕91 号和国发〔1989〕19 号文精神,高等学校毕业生就业的收费项目原则上只限于收取教育补偿费和违约金两种。凡国家任务计划招收的毕业生,因特殊情况经本人申请被批准自主择业或申请自费出国的,高等学校可对其收取教育补偿费,按自费生对待。凡属国家定向或委托培养的毕业生,违反协议不去定向地区或委培单位工作的,高等学校可按协议规定对其收取违约金和部分教育补偿费。凡毕业生违反就业协议,高等学校可按协议规定对其收取违约金。如果因用人单位违约的,则由用人单位将违约金交付给高校及学生本人。”1998 年 7 月 20 日,国家计委、教育部发布的《关于对普通高校毕业生收费有关政策问题的通知》(计价费〔1998〕1349 号)指出:“属于国家定向培养和委托培养的毕业生,如因本人原因不到定向、委培单位就业的,应向学校缴纳相应培养费。享受师范、农林、民族、体育、航海等国家专业奖学金及享受艰苦行业、地区或特殊岗位定向奖学金的毕业生,因不服从学校派遣自谋职业的,应补缴在校学习期间普通专业的学费并返还定向奖学金、专业奖学金。除此之外,各地区、各部门和各单位不得对高校毕业生收取其他费用。”

1996 年,国家教委发布了《关于 1996 年推进普通高等学校招生“并轨”的意见》(教学〔1996〕6 号)。

1996 年 7 月 1 日,国家教委、国家计委、财政部颁发的《关于 1996 年普通高等院校收取学费有关问题的通知》(教财〔1996〕60 号)指出:“1995 年,除山西、江西、安徽、贵州、青海、新疆、西藏 7 个省、自治区外,其余 23 个省、自治区、直辖市共有

246 所高等学校实行了招生收费并轨改革。1995 年经国务院批准的收费政策是：实行招生收费并轨改革的普通高等学校一般专业学费标准每生每学年最高不超过 1 200 元。经济不发达、居民收入较低的地区可以适当下浮，下浮水平不限；个别经济发达、居民收入较高的地区，收费标准可以适当上浮，但上浮幅度不得超过 10%；个别需突破 10%的应报国家有关部门审批。实行招生收费并轨改革，对缓解教育经费困难、改善办学条件，提高教学质量等方面都发挥了重要的作用。”

1998 年 8 月 29 日发布的《中华人民共和国高等教育法》第五十四条指出：“高等学校的学生应当按照国家规定缴纳学费。”

1999 年 6 月 13 日发布的《中共中央、国务院关于深化教育改革全面推行素质教育的决定》第 24 条指出：“在非义务教育阶段，要适当增加学费在培养成本中的比例。”

3. “并轨”期间严禁“双轨”收费

2000 年 6 月 5 日，教育部发布的《关于 2000 年高等学校招生收费工作若干意见的通知》(教电〔2000〕188 号)指出：“不同地区、不同层次的学校，重点学校和一般学校，同一学校的不同专业的学费标准可以有所区别。但不得对同一学校的同一专业且同一年级的学生实行不同的收费标准，严禁搞‘双轨’收费。”

2001 年 2 月 12 日，教育部、国家计委、财政部颁发的《关于 2001 年高等学校招生收费工作有关问题的通知》(教电〔2001〕45 号)指出：“2001 年的学费、住宿费标准一律稳定在 2000 年的水平，不得提高。各高等学校不得以任何理由、任何名义搞‘双轨’收费。坚决纠正以各种名义向学生收取‘赞助费’‘扩容费’‘定向费’‘一次性建校费’‘跨地区建设费’‘转专业费’或捐款等乱收费行为。严禁向学生强制服务、强制收费。”

2002 年 3 月 7 日，教育部、国家计委、财政部颁发的《关于 2002 年高等学校招生收费工作有关问题的通知》(教电〔2002〕66 号)指出：“高等学校要严格执行国家统一规定的各项收费政策，规范收费行为。禁止高等学校以任何理由搞‘双轨’收费；禁止向学生收取‘转专业费’‘赞助费’‘扩招费’‘定向费’‘跨地区建设费’等国家统一规定项目之外的费用；禁止以代收费名义向学生多收费、高收费。”

2003 年 5 月 15 日，教育部、国家发展改革委、财政部发布的《关于做好 2003 年学校收费工作有关问题的通知》(教财〔2003〕4 号)指出：“严格规范高等学校收费管理。经省级教育行政和价格、财政部门批准按照学分制制定学费标准的学校，学生完成学业所缴纳的学费总额不得高于实行学年制的学费总额。普通高等学校不得将国家下达的计划内招生指标转到所属民办二级学院而变相高收费；不得借民办二级学院之名搞‘校中校’，变相‘双轨’收费；不得以降分录取的形式高收费、乱收费。要加强对中外合作办学收费的管理和监督，严格核定学费标准，禁止假借中外合作办学名义，变相提高收费标准。高等学校不得向参加补考或申请转专业的学生收取‘补考费’‘转专业费’。”

2005 年 5 月 9 日，教育部、国家发展改革委、财政部发布的《关于做好 2005 年高等学校收费工作有关问题的通知》(教财〔2005〕1 号)指出：“2005 年，高等学校学费、住宿费收费标准继续保持稳定，不得以任何理由、任何形式提高或变相提高。除国家规定的收费项目外，各地不得出台新的收费项目，学校不得向学生收取国家规定项目外的其他任何费用，如‘转专业费’‘赞助费’‘扩招费’‘定向费’‘跨地区建设费’‘专升本费’‘假期住宿费’‘补考费’‘重修费’‘高考录取通知书邮寄费’‘本科生录取费’‘学位申请费’‘答辩费’‘论文印制费’‘旁听费’‘注册费’‘点招费’‘建校费’以及押金、保证金和各类证、卡工本费等；毕业生违反协议，未到协议单位就业的，不得由学校向毕业学生收取‘违约金’；不得以任何理由、任何名义向学生收取捐款。”

4. 21 世纪以来每年都治理教育乱收费工作

自 2001 年起，国务院纠风办、教育部、监察部、发展改革委、财政部、审计署、新闻出版总署几乎每年都发布治理教育乱收费的文件。

5. “并轨”期间收费制度的规范

1996 年 12 月 16 日，在《国家教委、国家计委、财政部关于颁发义务教育等四个教育收费管理暂行办法的通知》(教财〔1996〕101 号)其中的“附件 4 高等学校收费管理暂行办法”指出：“高等教育属于非义务教育阶段，学校依据国家有关规定，向学生收取学费。学费标准根据年生均教育培养成本的一定比例确定。不同地区、不同专业、不同层次学校的学费收费标准可以有所区别。在现阶段，高等学校学费占年生均教育培养成本的比例最高不得超过 25%。具体比例必须根据经济发展状况和群众承受能力分步调整到位。”这是新中国第一个关于高校收费管理的文件，表示我国高校收费管理进入了规范化。

2006 年 5 月 12 日，教育部、国家发展改革委、财政部发布的《关于进一步规范高校教育收费管理若干问题的通知》(教财〔2006〕2 号)指出：“高校行政事业性收费包括学费、住宿费和考试费三类；规范高校服务性收费和代收费管理；加强监督检查，坚决治理高校乱收费，严格执行教育收费公示制度，加强许可证、收费票据和资金的管理。”这是新中国第二个关于高校收费管理的文件。

6. “并轨”期间完善学分制收费和研究生收费制度

2006 年 4 月 21 日，国家发展改革委发布的《关于进一步加强高等学校学分制收费管理的通知》(发改价格〔2006〕702 号)指出：“高等学校实行学分制收费必须按规定程序报批；实行学分制收费的学费不得高于按学年制收费的总额；严格执行教育收费公示制度；加强对高等学校收费的监督检查。”

2013 年 2 月 28 日，财政部、国家发展改革委、教育部发布的《关于完善研究生教育投入机制的意见》(财教〔2013〕19 号)指出：“合理确定研究生教育收费标准。

研究生学费标准应综合考虑不同专业研究生培养成本、当地经济发展水平、办学条件、居民经济承受能力等因素确定，并与本专科生学费标准及已收费研究生学费标准相衔接。原则上，现阶段全日制学术学位研究生学费标准，硕士生每生每年不超过8 000元，博士生每生每年不超过10 000元。全日制专业学位研究生以及目前已按规定实行收费政策的研究生，暂执行原收费政策。”

2013年5月6日，国家发展改革委、财政部、教育部颁发的《关于加强研究生教育学费标准管理及有关问题的通知》(发改价格〔2013〕887号)指出：“从2014年秋季学期起，高等学校向所有纳入全国研究生招生计划的新入学研究生收取学费。全日制学术型硕士研究生、博士研究生的学费标准，现阶段分别按照每生每学年不超过8 000元、10 000元确定。”

7. “并轨”期间高校收费的监管制度

(1) 收费检查制度

《高等学校收费管理暂行办法》第十六条指出：“教育收费管理由各级教育、物价、财政部门共同负责。各级教育、物价、财政部门要加强对高等学校收费的管理和监督，督促学校严格执行国家有关教育收费管理的政策和规定，建立健全收费管理的规章和制定，对巧立名目擅自增设收费项目、扩大收费范围和提高收费标准的、对挤占挪用学费收入的，要按国家有关规定严肃查处；对乱收费屡禁不止、屡查屡犯，情节严重的，要按国家有关规定对学校负责人给予行政处分。”

1996年6月19日，国务院办公厅转发了国家计委《关于加强价格监督检查工作若干意见》(国办发〔1996〕24号)。

2011年8月26日发布了《国家发展改革委关于开展教育收费专项检查的通知》(发改价监〔2011〕1892号)。

(2) 收费许可证制度

1998年10月21日，国家计委、国家经贸委、财政部、监察部、审计署、国务院纠风办印发了《收费许可证管理办法》(计价格〔1998〕2084号)。

(3) 收费票据管理制度

1998年9月21日，财政部印发了《行政事业性收费和政府性基金票据管理规定》(财综字〔1998〕104号)。

2010年6月28日发布了《财政部关于进一步规范中央直属高等院校财政票据使用管理的通知》(财综〔2010〕53号)。

(4) 收费公示制度

2002年5月27日，国家计委、财政部、教育部印发了《教育收费公示制度》(计价格〔2002〕792号)。

2006年8月15日，国家发展改革委办公厅、财政部办公厅、教育部办公厅印发了《关于进一步做好教育收费公示工作的通知》。

(5) 收费决策听证制度

2004 年 2 月 24 日，国家发展改革委、教育部印发了《关于建立和完善教育收费决策听证制度》(发改价格〔2004〕360 号)。

二、高校学生资助体系的发展轨迹

(一) 为什么用“家庭经济困难学生”而不用“贫困生”或“贫困家庭学生”

大部分学者的文章都用“贫困生”的提法，我也曾经用“贫困生”写过文章。[①] 后觉得“贫困生”提法不妥，笔者在《高等教育投入体制研究》一书第五节“我国贫困家庭学生资助体系研究”中改为“贫困家庭学生”。[②] 这次写作过程中重学了不少法规，觉得法规中用“家庭经济困难的学生”比较规范和科学，如《中华人民共和国教育法》第三十八条用的是“家庭经济困难的儿童、少年、青年”；《中华人民共和国高等教育法》第五十四条用的是“家庭经济困难的学生”；1995 年 4 月，国家教委颁布的《关于普通高等学校经济困难学生减免学杂费有关事项的通知》中用的是“经济困难学生”；2007 年 6 月 26 日，教育部和财政部印发的《关于认真做好高等学校家庭经济困难学生认定工作的指导意见》中用的是“家庭经济困难学生”，等等。

还有一点要说明，在“高校学生的资助体系”中的“奖学金”，除“国家励志奖学金”仅属“家庭经济困难学生”外，其余都包括“全体学生”而不是专属“家庭经济困难学生”，因此，高校学生资助对象不应仅理解为“家庭经济困难学生”，但重点是“家庭经济困难学生”。正如约翰·斯通指出的那样，高等教育的学生资助政策应当与学费政策相配合，“以便使所有愿意学习以及能够从学习中受益的学生都有机会进入大学学习，不论其父母的经济状况如何”。[③] 笔者也曾在一部专著中将高校收取学费与学生资助体系结合阐述[④]，并主张中国应实行“高收费＋高资助”的模式。[⑤]

前文已阐述高校学费的发展轨迹，下文将阐述高校学生资助体系的发展轨迹。我国高校学生资助政策体系经历了三个发展阶段，具有两大实质性的变化。

(二) 法律和中央文件对“家庭经济困难的学生资助”的规定

1985 年 5 月 27 日发布的《中共中央关于教育体制改革的决定》第四条指出：“师范和一些毕业后工作环境特别艰苦的专业的学生，国家供给膳宿并免收学杂费。对学习成绩优异的学生实行奖学金制度，对确有经济困难的学生给以必要的补助。”

---

① 乔春华.高校贫困生资助体系的问题及对策[N].光明日报，2004－11－11.

② 乔春华.高等教育投入体制研究[M].南京：南京大学出版社，2006(9).

③ [美]约翰·斯通.高等教育财政：问题与出路[M].北京：人民教育出版社，2004.

④ 乔春华.高等教育投入体制研究[M].南京：南京大学出版社，2006.

⑤ 乔春华.高等教育供给侧改革的财务视角[M].南京：东南大学出版社，2017.

1993年2月13日，中共中央、国务院印发的《中国教育改革和发展纲要》第十九条指出："改革学生上大学由国家包下来的做法，逐步实行收费制度。高等教育是非义务教育，学生上大学原则上均应缴费。设立贷学金，对家庭经济有困难的学生提供帮助；国家、企事业单位、社会团体和学校均可设立奖学金，对品学兼优的学生和报考国家重点保证的、特殊的、条件艰苦的专业的学生给予奖励。"第四十八条指出："要创造条件，鼓励和支持学生参加勤工俭学，对家庭确有困难的学生，可减免学杂费或提供贷学金。"

1994年7月3日，国务院发布的《关于〈中国教育改革和发展纲要〉的实施意见》第十六条指出："国家建立各种专项奖学金或定向奖学金，奖励品学兼优的学生和报考国家重点保证的某些学科、师范院校及特殊的、条件艰苦的专业和志愿到边远地区工作的学生。急需毕业生的部门、地区或企事业单位也可设立专项奖学金或定向奖学金。国家对家庭经济困难的学生设立贷学金。"

1995年3月18日通过的《中华人民共和国教育法》第三十八条规定："国家、社会对符合入学条件、家庭经济困难的儿童、少年、青年，提供各种形式的资助。"

1998年8月29日通过的《中华人民共和国高等教育法》第五十四条规定："高等学校的学生应当按照国家规定缴纳学费。家庭困难的学生，可以申请补助或者减免学费。"第五十五条规定："国家设立奖学金，并鼓励高等学校、企业事业组织、社会团体以及其他社会组织和个人按照国家有关规定设立各种形式的奖学金，对品学兼优的学生、国家规定的专业的学生以及国家规定的地区的学生给予奖励。国家设立高等学校勤工助学基金和贷学金，并鼓励高等学校、企业事业组织、社会团体以及其他社会组织和个人设立各种形式的助学金，对家庭经济困难的学生提供帮助。获得贷学金和助学金的学生，应当履行相应的义务。"第五十六条规定："高等学校的学生在课余时间可以参加社会服务和勤工助学活动，但不得影响学业任务的完成。高等学校应当对学生的社会服务和勤工助学活动给予鼓励和支持，并进行引导和管理。"

1998年12月24日，教育部发布的《面向二十一世纪教育振兴行动计划》第三十三条指出："要通过多种形式对高校特困生给予资助，保证经高考录取和已在校的家境贫寒的学生不因经济困难而辍学。国家继续安排资金资助特困生，地方财政和学校相应配套资助。同时，积极开展高校学生贷学金等多种助学制度的试点工作，探索社会主义市场经济条件下资助经济困难学生的有效途径。"

2004年3月3日，国务院批转的《2003—2007年教育振兴行动计划》第四十二条指出："完善国家和社会资助家庭经济困难学生的制度。以政府投入为主，进一步健全对家庭经济困难学生的助学体系。对义务教育阶段家庭经济困难的学生，要进一步完善和落实助学政策与措施。在高等学校，切实贯彻国家制定的奖学金、学生贷款、勤工助学、学费减免、特殊困难补助等资助困难学生的政策，大力推进国家助学贷款工作。继续动员和鼓励社会团体和个人对家庭经济困难学生，开展多种形式的资助活动。”

党的十六大报告指出：“完善国家资助贫困学生的政策和制度。”

党的十七报告指出：“扶持贫困地区、民族地区教育，健全资助制度。健全学生资助制度。”

党的十八大报告指出：“提高家庭经济困难学生资助水平。”

中共十六届三中全会通过的《中共中央关于完善社会主义市场经济体制若干问题的决定》指出：“完善国家和社会资助家庭经济困难学生的制度。”

中共十六届六中全会通过的《中共中央关于构建社会主义和谐社会若干重大问题的决定》指出：“完善高等教育和高中阶段国家奖学金、助学金制度，落实国家助学贷款政策，鼓励社会捐资助学。”

中共十八届三中全会通过的《中共中央关于全面深化改革若干重大问题的决定》指出：“健全家庭经济困难学生资助体系。”

《国家中长期教育改革和发展规划纲要（2010—2020 年）》第五十七条指出：“完善普通本科高校、高等职业学校和中等职业学校家庭经济困难学生资助政策体系。完善助学贷款体制机制。推进生源地信用助学贷款。建立健全研究生教育收费制度，完善资助政策，设立研究生国家奖学金。根据经济发展水平和财力状况，建立国家奖助学金标准动态调整机制。”

（三）高校学生资助体系的三个阶段

1. 第一阶段（1950—1983 年），人民助学金的单一制资助阶段，高校学生免收学费，家庭经济困难的学生享受不同等级的人民助学金

新中国成立初期，我国政府为培养工农出身的新型知识分子实行了“高等学校向工农开门的方针”，工农不仅免费入学，而且制定了大学生免费和助学金制度。当时对大学生资助办法分三种情况：一是来自解放区的大学实行的是类似于军队“供给制”的资助办法，如东北地区实行高等学校除免收学费及由学校统一供给学生住宿、讲义、实验费用外，经济条件困难的学生还可以申请助学金；二是新解放区和大城市的公立院校开始试行人民助学金制，如 1949 年 5 月 10 日，北平的军事委员会文化接收管理委员会发布了《北平专科以上学校学生助学金暂行条例》，1950 年，华北人民政府颁发了《华北地区国立高等学校学生人民助学金暂行条例及各校人民助学金暂定限额规定》等；三是除原有的私立大学仍然维持着新中国成立前的收费办法和资助办法外，1950 年，《政务院关于救济失业教师与处理学生失学问题的指示》要求私立学校减低学费。

1950 年召开了全国第一次高等教育会议，会议明确了三项基本任务：一是高等教育“必须密切配合国家经济、政治、文化、国防建设的需要”开展教育活动；二是高等教育必须要“为工农开门，以便及时地为我国培养大批工农出身的知识分子”；

三是“高等教育应该随着国家建设逐渐走上轨道，逐步走向计划化”。出于恢复与发展国民经济的需要，国家需要大量建设人才，政府将大学的学生视为国家人才，采取统一分配毕业生的办法。如1950年6月19日，政务院发布的《关于分配全国公私立高等学校本年暑假毕业生工作的通令》，要求有计划地分配公私立高等学校毕业生；1951年发布的《关于改革学制的决定》又明确规定高等学校毕业生的工作由政府分配。从此，政府对高等学校毕业生实行统一分配的制度。1998年7月20日，国家计委、教育部发布的《关于对普通高校毕业生收费有关政策问题的通知》(计价费〔1998〕1349号)指出：“高校毕业生是国家按计划培养的高级专门人才，毕业生有执行国家就业方针、政策和根据需要为国家服务的义务。”这种视大学生为国家人才的观念是实行免费和助学金制度的重要原因。

1952年7月8日，政务院颁发的《关于调整全国高等学校及中等学校学生人民助学金的通知》决定将全国高等学校及中等学校的公费制一律改为人民助学金政策。1952年7月23日，教育部颁发的《关于调整全国各级各类学校教职员工资及人民助学金标准的通知》规定：“高等学校的学生，毕业后即由国家统一分配参加各项建设工作，现在人数还很有限，为鼓励青年升入高等学校深造并保证其学习任务，规定全部给予人民助学金”。这个文件明确规定了废除学费，一律实行人民助学金政策，文件的颁发执行，标志着我国在全国范围内确立了“免费上大学”加“人民助学金”的大学生资助政策。

1954年高教部、教育部联合颁发了《关于改进全国高等学校、中等专业学校及工农速成中学的调干学生人民助学金的使用办法》，对调干生助学金规定按照学生入学前的职务及工资，分为五个等级。

1955年，高等教育部在《关于执行全国高等学校(不包括高等师范学校)一般学生人民助学金实施办法的指示》中指出：“近两三年来，随着国民经济的发展，工资和国民收入逐年增加，能供给子女进入高等学校学习的家长也日渐增多；又由于青年学生政治觉悟普遍有所提高，凡家庭可以供给生活费的学生，教育他们自愿放弃领取人民助学金，已不是困难的问题。同时，两三年来，由于副食品价格略有提高，高等学校学生人民助学金标准没有作相应的调整，除少数地区外，高等学校学生伙食标准在不同程度上均有所下降。这就可能影响到学生的身体健康。根据以上情况，为了更合理地使用人民助学金，并在不增加国家财政负担的前提下适当提高学生的伙食标准，以保证学生健康，高等学校学生普遍发给人民助学金的制度，确有适当改变的必要。”之后，高教部颁发了《全国高等学校(不包括高等师范学校)一般学生人民助学金实施办法》，决定从1955年10月起，“全国高等学校学生资助金由全体享受改为部分发给，凡家庭富裕能自付生活费者不发；凡能自费半数或三分之一伙食者，发给所缺部分；完全无力负担者，发给全部伙食费”。高教部、教育部还联合发出《关于制发1955年高等学校一般人民学生助学金分地区标准的通知》，根据全国高校各地不同生活费用水平和物价标准情况，就高等学校一般本科专科学生人民助学金的标准，分为十个类区，并做了具体规定。从此，形成了根据大学生的家庭收入和高校所在类区实行差别人民助学金的政策。

普通高等学校本、专科学生人民助学金分为职工学生人民助学金和一般学生人民助学金。连续工龄满5年以上的国家职工，被录取入普通高等学校本、专科后，在校学习期间，全部享受职工学生助学金。连续工龄不满5年的国家职工和应届高中毕业生及其他社会青年被录入普通高等学校本、专科后，生活确有困难又符合规定条件的，可以申请享受一般学生人民助学金。普通高等学校本、专科一般学生人民助学金的享受面为：师范、体育（体育专业）、农林和民族院校学生为100%，煤炭、矿业、地质、石油院校（含单设专业）按学生人数80%；其他各类院校按学生人数的60%编列预算。各省、市、自治区教育、财政部门根据本地区实际情况，可以将生活补助费分为若干等级，分等级的原则是困难大的全额补助，困难小的部分补助，不困难的不补助。要注意等级不能分得太多，防止平均发放，要使真正有困难的学生得到实惠。一般实际享受人民助学金的人数可以超过按比例计算编列预算的人数。凡是享受100%人民助学金的专业学生（如师范、体育专业），其生活补助费不论经济情况是否困难均全额发给。经济特殊困难的学生的其他费用，可另外申请困难补助。而革命烈士子女学生、少数民族学生、归国华侨学生，在一般学生同等经济条件下优先给予照顾。

1979年8月，教育部等规定：连续工龄满五年的国家职工考入大学后，将一律实行职工助学金制度，不再享受原工资；一般学生实行人民助学金制度，除高等师范、体育、民族学生全部享受人民助学金外，其他学生的人民助学金享受面按75%计算。

2. 第二阶段（1983—1988），奖学金与助学金、学生贷款混合资助阶段，其又分为两个时期

(1) 1983—1985年："免学费＋人民助学金＋人民奖学金"政策

1983年7月11日，教育部、财政部联合颁发的《关于颁发〈普通高等学校本、专科学生人民助学金暂行办法〉和〈普通高等学校本、专科学生人民奖学金试行办法〉的通知》规定，将原来向75%的非师范生发放的人民助学金，降为向60%的学生发放，同时要求"学生的助学金应逐步改为以奖学金为主"。

其中教育部、财政部发布的《普通高等学校本、专科学生人民助学金暂行办法》第二条指出："普通高等学校本、专科学生的人民助学金分为职工学生人民助学金和一般学生人民助学金。"第三条指出："连续工龄满五年以上的国家职工，被录取入普通高等学校本、专科后，在校学习期间，全部享受职工学生人民助学金。"第四条指出："连续工龄不满五年的国家职工和应届高中毕业生及其他社会青年被录取

入普通高等学校本、专科后，生活确有困难而又符合规定条件的，可以申请享受一般学生人民助学金。① 一般学生人民助学金全额标准中用于困难补助费每人每月 2 元，少数民族学生每人每月另加 4 元（服装补助费和困难补助费各 2 元）。困难补助费和少数民族学生另加的款额，均由学校集中掌握，用于解决学生本人在校学习期间学习、生活上的特殊困难。② 师范、体育（含体育专业）、农林和民族院校学生 100%享受人民助学金，煤炭、矿业、地质、石油院校（含单设专业）按学生人数的 80%、其他各类院校按学生人数的 60%编列预算。具体享受比例、评定条件和分等办法，困难补助费使用范围和办法，均由省、市、自治区高教（教育）、财政厅（局）根据本地区实际情况，拟定实施细则，抄送教育部、财政部备案。③ 申请享受一般学生人民助学金的，必须按规定如实填报《学生家庭经济收入情况表》……对申请享受一般学生人民助学金的归侨青年、华侨子女、归侨子女和台湾省籍青年，在与其他学生同等条件下，要优先照顾。④ 学校对享受一般学生人民助学金学生的家庭经济情况要每年进行一次复查工作，对家庭经济收入已发生变动的学生，要及时调整其人民助学金。”第五条指出：“高等学校中的体育、航海、舞蹈、戏曲、管乐专业，水产院校中的海洋捕捞、轮机专业和刑警院校的学生，不论是否享受人民助学金，一律按照本、专科学生生活补助费的标准，加发百分之四十以内的专业伙食费补助，由学校集中掌握并切实保证用于这些专业学生的伙食之中。”第六条指出：“对瞒报家庭成员经常性收入、虚报赡养人口的学生，学校应给予批评教育，酌情令其退缴多领的人民助学金，并在一定时期内，取消其享受一般学生人民助学金的资格或降低享受的标准；对于伪造证明、弄虚作假、欺骗组织的，必须坚决取消其享受一般学生人民助学金的资格，并视情节轻重，严肃处理。享受职工学生人民助学金和一般学生人民助学金的学生，在学习期间，违反校规校纪，或由于学习不努力因而学习成绩不及格，经过教育帮助，仍无改进的，学校可以决定取消其所享受的部分或全部人民助学金。”第七条指出：“职工学生人民助学金在寒暑假期间照发；享受一般学生人民助学金的学生，以及按规定享受加发 40%以内的专业伙食费补助的学生，在寒暑假期间，人民助学金和专业伙食费补助停发。少数学生因家庭经济困难，寒暑假期间不离校，由本人申请，经学校评定，可以酌情发给原来享受的人民助学金一部分或全部。”第八条指出：“按照《全日制普通高等学校学生学籍管理办法》的规定，学生因病休学保留学籍的，原享受人民助学金的生活补助费，在保留学籍期间内照发，专业伙食费补助停发；新生入学体检复查不合格，经批准回家医疗的学生，不得享受人民助学金和专业伙食费补助。”第十条指出：“享受人民助学金的毕业班学生，在分配工作规定离校日期以前，学校应照常发给助学金，分配工作离校时，应在《毕业生统一分配工作报到证》上注明发至年月和发放金额。”第十四条指出：“本暂行办法自一九八三年九月一日起执行。”

其中《普通高等学校本、专科学生人民奖学金试行办法》第一条指出：“为了促进普通高等学校学生在德育、智育、体育诸方面的发展，鼓励学生勤奋学习，努力使自己成为又红又专的四化建设的专门人才，特制定人民奖学金试行办法。”第二条指出：“普通高等学校连续学习时间满一年以上，具备下列条件的在校本、专科学生，可以评发人民奖学金：① 热爱社会主义祖国，拥护中国共产党的领导，立志为社会主义事业服务，认真执行大学生守则；② 勤奋学习，刻苦钻研，学业成绩优秀；③ 积极参加文体活动。评定人民奖学金，应按上述条件全面衡量，不可偏废。”第三条指出：“人民奖学金按学年评定，按学期发放。经批准享受人民奖学金的学生，有违反校规校纪或发生道德品质方面的问题，学校应即取消其享受人民奖学金的资格，并停止发给待发的人民奖学金。”第四条指出：“享受人民奖学金学生的人数近一两年暂按本专科学生总人数的 10%～15%掌握，可分为几个等级，每个等级的金额应有高低之别，最高金额每年以不超过 150 元为宜。”第六条指出：“本办法自一九八三年九月一日起试行。”

1985 年 5 月 27 日发布的《中共中央关于教育体制改革的决定》第四条指出：“要改革人民助学金制度。师范和一些毕业后工作环境特别艰苦的专业的学生，国家供给膳宿并免收学杂费。对学习成绩优异的学生实行奖学金制度，对确有经济困难的学生给以必要的补助。”

在国家拨发的年生均资助经费 158.40 元中，105 元仍用于人民助学金，约占总额的 66.3%；而用于试行的人民奖学金的钱款为 15 元，仅约占总额的 9.5%；用于困难补助的约占总额的 9.5%；用于校系集体活动的约占总额的 12.2%；其余约占总额的 2.5%。试行人民奖学金制度是对人民助学金制度的改革。以《关于颁发〈普通高等学校本、专科学生人民助学金暂行办法〉和〈普通高等学校本、专科学生人民奖学金试行办法〉的通知》为标志，人民助学金政策开始进行改革。其关键点是降低人民助学金发放的比例，变单一的人民助学金为人民助学金与人民奖学金并存，并逐步过渡到以奖学金为主。

(2) 1986—1988 年：取消人民助学金，实行奖学金与学生贷款为主的政策

1986 年 7 月 8 日，国务院批转的《国家教育委员会、财政部关于改革现行普通高等学校人民助学金制度的报告》在“改革的指导思想”中规定：“① 改革国家对高等学校学生‘包得过多’的状况。除考入师范和一些毕业后工作环境特别艰苦的专业的学生，由国家供给膳宿并免收学杂费外，其他学生在学习期间的生活费用原则上都应自理；② 对思想品德和学习成绩优秀的学生给予奖励，激励广大学生奋发向上，刻苦学习，德、智、体全面发展；③ 保证经济确有困难而努力学习的学生能得到必要的资助，使其完成学业；④ 促进高等学校毕业生到国家最需要的地方去，为四化建设积极努力工作。”在“改革方案”中规定：“经多次反复研究讨论，拟将人民助学金改为奖学金制度和学生贷款制度。① 奖学金制度奖学金分为三种：a. 优秀学生奖学金：用于奖励德、智、体全面发展的优秀学生。b. 专业奖学金：用于考入

师范、农林、体育、民族、航海等专业的学生。c. 定向奖学金：用于立志毕业后到边疆地区、经济贫困地区和艰苦行业工作的学生。② 学生贷款制度为了帮助部分确有经济困难、不能部分或全部解决在校学习期间生活费用的学生，实行由中国工商银行提供低息贷款的办法。a. 申请贷款条件及金额经济确有困难、学习努力、遵守国家法律和学校纪律的学生。b. 发放贷款严格控制在本专科学生人数的30%以内。c. 使用贷款的学生毕业后，由其所在工作单位一次垫还给发放贷款的单位。见习期满后，五年之内由所在单位从其本人工资中逐月扣还。d. 学生毕业后保证到中等学校或初等学校任教，或到边疆地区、老区、经济贫困地区、少数民族地区、山区工作，或到条件比较艰苦的行业的基层单位工作五年以上者，经学校和银行审查批准，可以免还所借贷款。"

奖学金制度和贷学金制度在境外早已有之，在本书第七章(附录)中也阐述了民国时期大学的奖学金制度和贷学金制度，新中国成立后奖学金制度始于1983年，贷学金制度始于1986年。

1986年7月8日，国务院批转《国家教育委员会、财政部〈关于改革现行普通高等学校人民助学金制度报告〉的通知》提出的将人民助学金改为奖学金制度和学生贷款制度，终止了人民助学金制度。

1986年7月26日，国家教委、财政部颁发了《普通高等学校本、专科学生实行奖学金制度试行办法》和《普通高等学校本、专科学生实行贷款制度试行办法》(教计字〔1986〕133号)。1986年，国家教委在全国85所普通高等学校进行奖、贷学金试点，取得了明显成效。

1987年7月31日，国家教委、财政部发布的《关于重新印发〈普通高等学校本、专科学生实行奖学金制度的办法〉和〈普通高等学校本、专科学生实行贷款制度的办法〉的通知》(教计字〔1987〕139号)，决定"奖学金制度和学生贷款制度，在1987年秋季入学的本、专科普通高等院校的新生中全面实行"。

从此以后，我国改变了单一的人民助学金为"奖、助、贷、勤、减、补"+"绿"的多元化资助体制。

3. 第三阶段(1989年至今)：建立以"奖、贷、助、勤、减、补"+"绿"的综合资助体系阶段(具体内容在下文阐述)

(四) 高校学生资助体系的发展轨迹

1. "助"即家庭经济贫困学生助学金制度的发展轨迹

(1) 实施与终止人民助学金制度(1949.10—1986.8)

前已述及，1950年，华北人民政府颁发了《华北地区国立高等学校学生人民助学金暂行条例及各校人民助学金暂定限额规定》。1952年7月，政务院发出的《关于调整全国高等学校及中等学校学生人民助学金的通知》决定自1952年9月起实行统一的人民助学金制度。1983年7月11日，教育部、财政部联合颁发的《关于颁发〈普通高等学校本、专科学生人民助学金暂行办法〉和〈普通高等学校本、专科学生人民奖学金试行办法〉的通知》规定，将原来向75%的非师范生发放的人民助学金，降为向60%的学生发放，同时要求“学生的助学金应逐步改为以奖学金为主”。1986年7月8日，《国务院批转〈国家教育委员会、财政部关于改革现行普通高等学校人民助学金制度报告〉的通知》(国发〔1986〕72号)指出的将人民助学金改为奖学金制度和学生贷款制度，终止了人民助学金制度。

(2) 重建国家助学金制度(2007.5至今)

2005年7月6日，财政部、教育部印发的《国家助学奖学金管理办法》(财教〔2005〕75号)第二条规定：“国家助学奖学金由中央政府出资设立，面向全国公办全日制普通高等学校在校本专科学生中的贫困家庭学生。分为国家奖学金和国家助学金两种形式。国家助学金的资助对象为高校中家庭经济特别困难的全日制本专科学生。国家助学金以资助家庭经济特别困难学生的生活费为目的，标准为每人每月150元，每年按10个月发放，每年资助约53.3万名学生。”第四条规定：“国家助学金的基本申请条件：① 热爱社会主义祖国，拥护中国共产党的领导；② 自觉遵守宪法和法律，遵守学校各项规章制度；③ 诚实守信，道德品质优良；④ 勤奋学习，积极上进；⑤ 家庭经济特别困难，生活俭朴。”

2007年5月13日，国务院发布的《关于建立健全普通本科高校高等职业学校和中等职业学校家庭经济困难学生资助政策体系的意见》(国发〔2007〕13号)指出：“学校要按照国家有关规定从事业收入中足额提取一定比例的经费，用于学费减免、国家助学贷款风险补偿、勤工助学、校内无息借款、校内奖助学金和特殊困难补助等。”还指出：“完善国家助学金制度。中央与地方共同设立国家助学金，用于资助普通本科高校、高等职业学校全日制本专科在校生中家庭经济困难学生和中等职业学校所有全日制在校农村学生及城市家庭经济困难学生。普通本科高校和高等职业学校。国家助学金资助面平均约占全国普通本科高校和高等职业学校在校生总数的20%。财政部、教育部根据生源情况、平均生活费用、院校类别等因素综合确定各省资助面。平均资助标准为每生每年2 000元，具体标准由各地根据实际情况在每生每年1 000～3 000元范围内确定，可以分为2～3档。”

2007年6月27日，财政部、教育部印发的《普通本科高校、高等职业学校国家助学金管理暂行办法》(财教〔2007〕92号)第三条规定：“国家助学金用于资助高校全日制本专科(含高职、第二学士学位)在校生中的家庭经济困难学生。在分配国家助学金名额时，对民族院校、以农林水地矿油核等国家需要的特殊学科专业为主的高校予以适当倾斜。”第五条规定：“国家助学金主要资助家庭经济困难学生的生活费用开支。国家助学金的平均资助标准为每生每年2 000元，具体标准在每生每年1 000～3 000元范围内确定，可以分为2～3档。中央高校国家助学金分档及具体标准由财政部商有关部门确定，地方高校国家助学金分档及具体标准由各省

（自治区、直辖市）确定。”第六条规定：“国家助学金的基本申请条件：① 热爱社会主义祖国，拥护中国共产党的领导；② 遵守宪法和法律，遵守学校规章制度；③ 诚实守信，道德品质优良；④ 勤奋学习，积极上进；⑤ 家庭经济困难，生活俭朴。”

2013年2月28日，财政部、国家发展改革委、教育部发布的《关于完善研究生教育投入机制的意见》（财教〔2013〕19号）指出：“建立研究生国家助学金制度。从2014年秋季学期起，将现有的研究生普通奖学金调整为研究生国家助学金，用于补助研究生基本生活支出。研究生国家助学金范围覆盖全国研究生招生计划内的所有全日制研究生。博士生资助标准不低于每生每年10 000元，硕士生资助标准不低于每生每年6 000元。”

2013年7月29日，财政部、教育部印发的《研究生国家助学金管理暂行办法》（财教〔2013〕220号）第二条规定：“研究生国家助学金用于资助全国普通高等学校纳入全国研究生招生计划的所有全日制研究生（有固定工资收入的除外），补助研究生基本生活支出。获得资助的研究生须具有中华人民共和国国籍。”第三条规定：“研究生国家助学金由中央财政和地方财政共同出资设立。中央部门所属高校研究生国家助学金所需资金，全部由中央财政承担。地方所属高校研究生国家助学金所需资金，由中央财政与地方财政参照普通本专科生国家助学金资金分担办法共同承担。”第四条规定：“博士研究生资助标准不低于每生每年10 000元，硕士研究生资助标准不低于每生每年6 000元。”第五条规定：“中央部门所属高校博士研究生资助标准为每生每年12 000元，硕士研究生资助标准为每生每年6 000元。”

2017年3月3日，财政部、教育部发布的《关于进一步提高博士生国家助学金资助标准的通知》（财科教〔2017〕5号）规定：“为进一步支持博士生培养工作，调动青年高端人才积极性，经国务院同意，从2017年春季学期起，提高全国研究生招生计划内的全日制博士生（有固定工资收入的除外）国家助学金资助标准，其中：中央高校博士生从每生每年12 000元提高到15 000元，地方高校博士生从每生每年不低于10 000元提高到不低于13 000元（具体标准由省级财政部门、教育部门确定）；科研院所等其他研究生培养机构依照执行。提高博士生国家助学金资助标准所需资金，继续按照现行渠道和承担办法解决。中央高校和中央级科研院所所需资金全部由中央财政承担，按照预算管理程序列入年度部门预算。地方高校所需资金由中央财政和地方财政共同承担，中央财政按照每生每年13 000元的标准以及现行分担办法分担所需资金。其他研究生培养机构所需资金通过现行渠道解决。”

2. “奖”即奖学金制度的发展轨迹

前已述及，奖学金制度始于1983年。1983年7月11日，教育部、财政部联合颁发的《关于颁发〈普通高等学校本、专科学生人民助学金暂行办法〉和〈普通高等学校本、专科学生人民奖学金试行办法〉的通知》规定，将原来向 75%的非师范生发放的人民助学金，降为向 60%的学生发放，同时要求“学生的助学金应逐步改为以奖学金为主”。

1987 年 7 月 31 日，国家教委、财政部发布的《关于重新印发〈普通高等学校本、专科学生实行奖学金制度的办法〉和〈普通高等学校本、专科学生实行贷款制度的办法〉的通知》(教计字〔1987〕139 号)，决定“奖学金制度和学生贷款制度，在 1987 年秋季入学的本、专科普通高等院校的新生中全面实行”，并规定学校要建立奖学金和学生贷款基金。《普通高等学校本、专科学生实行奖学金制度的办法》第一条规定：“为了奖励高等学校学生在校期间，刻苦学习，奋发向上，德、智、体、美、劳等全面发展；鼓励学生报考师范、农林、体育、民族、航海等专业和立志毕业后到边疆地区、经济贫困地区工作，国家和有关部门设立优秀学生奖学金、专业奖学金和定向奖学金。”第二条规定：“优秀学生奖学金，用于鼓励德、智、体、美、劳全面发展，品学兼优的学生。获得优秀学生奖学金的条件：① 热爱社会主义祖国，拥护中国共产党的领导，道德品质优良，模范执行大学生守则和学校有关规章制度；② 热爱所学专业，勤奋学习，学习成绩优秀；③ 积极参加社会工作和体育锻炼、文艺活动。评定优秀学生奖学金，应全面坚持品学兼优的标准。”第五条规定：“专业奖学金，用于鼓励报考师范、农林、民族、体育和航海等专业的学生。凡被录取为师范、农林、民族、体育和航海专业的学生，均享受专业奖学金。在校学习期间，德、智、体、美、劳全面发展的优秀学生可以获得较高等级的专业奖学金。”第八条规定：“定向奖学金是有关部门和地区为鼓励立志毕业后到边疆地区、经济贫困地区和自愿从事煤炭、矿业、石油、地质、水利等艰苦行业的学生设立的。设立定向奖学金需报上级教育、财政部门审查同意后方可执行。定向奖学金所需经费由有关部门和地区根据所在学校确定的定向人数、评定的等级所计算的金额，在预算外或自有资金中开支。”

1993 年 1 月 12 日，国务院批转的《国家教委关于加快改革和积极发展普通高等教育意见》是我国高等教育财务史上一个重要的文件，它最早具体提出：“国家、企事业单位、社会团体和学校均可设立奖学金，对品学兼优的学生给予奖励，对毕业后定向就业的学生予以资助；银行设立贷学金，学校积极开展勤工助学，对家庭经济有困难的学生提供帮助；对部分国家必须重点保证的、特殊的学校和专业，实行专项奖学金或提高奖学金的数额。这些改革，要与调动学生的学习主动性和积极性紧密联系起来，要与招生和毕业生就业制度改革配套进行。”1993 年，在国家教委，上海市委、市政府的领导和支持下，上海外国语大学在全国高校中率先实行了新生入学收费和奖学金、贷学金相结合的制度。

1993 年 7 月 26 日，国家教委、财政部发布的《关于对高等学校生活特别困难学生进行资助的通知》(教财〔1993〕51 号)第二条指出：“从 1993 年 9 月 1 日起，将现行专业奖学金中的民族专业奖学金标准提高为:一等奖学金每人每年600元;二等奖学金每人每年550元;三等奖学金在原助学金标准的基础上,每人每年增加200元。其他专业的专业奖学金标准不变。”

2002年4月16日,财政部、教育部印发的《国家奖学金管理办法》(财教〔2002〕33号)第二条规定:“国家奖学金是中央政府对家庭经济困难、品学兼优的全国普通高等学校全日制在校本专科生提供的无偿资助。”第四条规定:“申请国家奖学金的基本条件:① 热爱社会主义祖国,拥护中国共产党的领导,道德品质优良;② 自觉遵守宪法和法律,执行大学生守则和学校规章制度,生活俭朴;③ 身体健康;④ 在校期间学习成绩优秀或参加全国统一高考成绩优秀;⑤ 家庭经济困难。”第六条规定:“国家奖学金分为二个等级,全国每年定额发放给45 000名学生。其中10 000名特别优秀的学生享受一等奖学金,标准为每人每年6 000元;35 000名学生享受二等奖学金,标准为每人每年4 000元。”第七条规定:“国家奖学金获得者,其所在学校减免当年的全部学费。”第十条规定:“对重点高校和师范、农林、民族、体育、航海、水利、地质、矿产、石油等专业的学生占在校生比例较大的高校适当倾斜。”

2005年7月6日,财政部、教育部印发的《国家助学奖学金管理办法》(财教〔2005〕75号)第二条规定:“国家助学奖学金由中央政府出资设立,面向全国公办全日制普通高等学校在校本专科学生中的贫困家庭学生。分为国家奖学金和国家助学金两种形式。国家奖学金的资助对象为高校中家庭经济困难、品学兼优的全日制本专科学生。国家奖学金额度为每人每年4 000元,每年资助5万名学生。”第三条规定:“国家奖学金的基本申请条件:① 热爱社会主义祖国,拥护中国共产党的领导;② 自觉遵守宪法和法律,遵守学校各项规章制度;③ 诚实守信,道德品质优良;④ 在校期间学习成绩优秀或全国统一考试成绩优秀;⑤ 家庭贫困,生活俭朴。”

2007年5月13日,国务院发布的《关于建立健全普通本科高校高等职业学校和中等职业学校家庭经济困难学生资助政策体系的意见》(国发〔2007〕13号)指出:“中央继续设立国家奖学金,用于奖励普通本科高校和高等职业学校全日制本专科在校生中特别优秀的学生,每年奖励5万名,奖励标准为每生每年8 000元,所需资金由中央负担。中央与地方共同设立国家励志奖学金,用于奖励资助普通本科高校和高等职业学校全日制本专科在校生中品学兼优的家庭经济困难学生,资助面平均约占全国高校在校生的3%,资助标准为每生每年5 000元。国家励志奖学金适当向国家最需要的农林水地矿油核等专业的学生倾斜。中央部门所属高校国家励志奖学金所需资金由中央负担。地方所属高校国家励志奖学金所需资金根据各地财力及生源状况由中央与地方按比例分担。其中,西部地区,不分生源,中央与地方分担比例为8∶2;中部地区,生源为西部地区的,中央与地方分担比例为

8∶2,生源为其他地区的,中央与地方分担比例为6∶4;东部地区,生源为西部地区和中部地区的,中央与地方分担比例分别为8∶2和6∶4,生源为东部地区的,中央与地方分担比例根据财力及生源状况等因素分省确定。人口较少民族家庭经济困难学生资助资金全部由中央负担。鼓励各地加大资助力度,超出中央核定总额部分的国家励志奖学金所需资金由中央给予适当补助。省(区、市)以下分担比例由各地根据中央确定的原则自行确定。"

2007年6月26日,财政部、教育部印发的《普通本科高校、高等职业学校国家奖学金管理暂行办法》(财教〔2007〕90号)第三条规定:"国家奖学金由中央政府出资设立,用于奖励高校全日制本专科(含高职、第二学士学位)学生(以下简称学生)中特别优秀的学生。在分配国家奖学金名额时,对办学水平较高的高校、以农林水地矿油核等国家需要的特殊学科专业为主的高校予以适当倾斜。"第四条规定:"国家奖学金的奖励标准为每人每年8 000元。"第五条规定:"国家奖学金的基本申请条件:① 热爱社会主义祖国,拥护中国共产党的领导;② 遵守宪法和法律,遵守学校规章制度;③ 诚实守信,道德品质优良;④ 在校期间学习成绩优异,社会实践、创新能力、综合素质等方面特别突出。"

2007年6月27日,财政部、教育部印发的《普通本科高校、高等职业学校国家励志奖学金管理暂行办法》(财教〔2007〕91号)第三条规定:"国家励志奖学金用于奖励资助高校全日制本专科(含高职、第二学士学位)学生中品学兼优的家庭经济困难学生。在分配国家励志奖学金名额时,对办学水平较高的高校、以农林水地矿油核等国家需要的特殊学科专业为主的高校予以适当倾斜。"第五条规定:"国家励志奖学金的奖励标准为每人每年5 000元。"第六条规定:"国家励志奖学金的基本申请条件:① 热爱社会主义祖国,拥护中国共产党的领导;② 遵守宪法和法律,遵守学校规章制度;③ 诚实守信,道德品质优良;④ 在校期间学习成绩优秀;⑤ 家庭经济困难,生活俭朴。"第十二条规定:"国家励志奖学金按学年申请和评审。申请国家励志奖学金的学生为高校在校生中二年级以上(含二年级)的学生。同一学年内,申请国家励志奖学金的学生可以同时申请并获得国家助学金,但不能同时获得国家奖学金。试行免费教育的教育部直属师范院校师范类专业学生不再同时获得国家励志奖学金。"

2007年12月27日,教育部、财政部发布的《国家奖学金评审办法》(教财〔2007〕24号)规定了由教育部、财政部成立评审领导小组,设立评审委员会;评审委员会成员在评审工作中的职责和程序;评审材料审查的主要内容;国家奖学金实行等额评审;对评选程序违反规定的,所提供的评审材料、数据不完整或不真实的和推荐的候选学生不符合《普通本科高校高等职业学校国家奖学金管理暂行办法》(教财〔2007〕24号)规定的国家奖学金申请基本条件的这三种情况应不予通过审查;在主要新闻媒体上公布;颁发国家奖学金荣誉证书和一次性发放国家奖学金。

2013年2月28日，财政部、国家发展改革委、教育部发布的《关于完善研究生教育投入机制的意见》(财教〔2013〕19号)指出："建立研究生国家奖学金制度。从2012年秋季学期起，设立研究生国家奖学金，用于奖励学业成绩特别优秀、科学研究成果显著、社会公益活动表现突出的研究生。每年奖励4.5万名，其中：博士生1万名，奖励标准为每生每年30 000元；硕士生3.5万名，奖励标准为每生每年20 000元。研究生国家奖学金所需资金由中央财政全额承担。研究生国家奖学金向基础学科和国家亟须的学科(专业、方向)倾斜。建立研究生学业奖学金制度。从2014年秋季学期起，设立研究生学业奖学金，用于奖励支持研究生更好地完成学业。高等学校根据研究生学业成绩、科研成果、社会服务以及家庭经济状况等因素，确定研究生学业奖学金的覆盖面、等级、具体标准和评定办法，并负责组织实施。研究生学业奖学金向基础学科和国家亟需的学科(专业、方向)倾斜。中央财政和地方财政根据高等学校隶属关系，对研究生学业奖学金所需资金给予支持，具体办法另行制定。高等学校按规定统筹利用财政资金、学费收入、社会捐助等资金，加大奖助力度。"

2012年9月29日，财政部、教育部印发的《研究生国家奖学金管理暂行办法》(财教〔2012〕342号)第二条规定："研究生国家奖学金由中央财政出资设立，用于奖励普通高等学校中表现优异的全日制研究生。"第三条规定："研究生国家奖学金每年奖励4.5万名在读研究生。其中，博士研究生1万名，硕士研究生3.5万名。"第四条规定："博士研究生国家奖学金奖励标准为每生每年3万元；硕士研究生国家奖学金奖励标准为每生每年2万元。"第五条规定："研究生国家奖学金基本申请条件：① 热爱社会主义祖国，拥护中国共产党的领导；② 遵守宪法和法律，遵守高等学校规章制度；③ 诚实守信，道德品质优良；④ 学习成绩优异，科研能力显著，发展潜力突出。"第八条规定："研究生国家奖学金名额向基础学科和国家亟须的学科(专业)倾斜。高等学校要统筹研究生国家奖学金和其他研究生奖学金的名额分配、评审和发放工作，充分发挥各类奖学金的激励作用。"

2013年7月29日，财政部、教育部印发的《研究生学业奖学金管理暂行办法》(财教〔2013〕219号)第三条规定："中央高校研究生学业奖学金由中央高校负责组织实施。中央高校应按规定统筹利用财政拨款、学费收入、社会捐助等，奖励支持表现良好的研究生更好地完成学业。"第四条规定："从2014年秋季学期起，中央财政对中央高校研究生学业奖学金所需资金，按照博士研究生每生每年10 000元、硕士研究生每生每年8 000元的标准以及在校生人数的一定比例给予支持，所需资金按照预算管理程序列入年度部门预算。"第六条规定："研究生学业奖学金基本申请条件：① 热爱社会主义祖国，拥护中国共产党的领导；② 遵守宪法和法律，遵守高等学校规章制度；③ 诚实守信，品学兼优；④ 积极参与科学研究和社会实践。"第八条规定："获得研究生学业奖学金奖励的研究生，可以同时获得研究生国家奖学金、研究生国家助学金等其他研究生国家奖助政策以及校内其他研究生奖助政策资助。”

2014 年 2 月 21 日，教育部、财政部印发的《普通高等学校研究生国家奖学金评审办法》(教财〔2014〕1 号)规定了国家奖学金的评审组织(评审领导小组和评审委员会)；评审委员会评审工作应遵循的原则；评审周期(每年评审一次)；五种人员不具备当年参评资格：参评学年违反国家法律、校纪校规受到纪律处分者；参评学年有抄袭剽窃、弄虚作假等学术不端行为经查证属实的；参评学年学籍状态处于休学、保留学籍者；超出学制期限基本修业年限的研究生和因私出国留学、疾病、创业等原因未在校学习的研究生。实行差额评选、公开答辩、公示等。

除了政府奖学金外，还有名人奖学金(如杨纪珂奖学金)、校友奖学金、企业奖学金和学校奖学金。

3. “贷”即家庭经济贫困学生助学贷款制度的发展轨迹

新中国高校家庭经济贫困学生助学贷款制度始于 1987 年。1987 年 7 月 31 日，国家教委、财政部发布的《关于重新印发〈普通高等学校本、专科学生实行奖学金制度的办法〉和〈普通高等学校本、专科学生实行贷款制度的办法〉的通知》(教计字〔1987〕139 号)，决定“奖学金制度和学生贷款制度，在 1987 年秋季入学的本、专科普通高等院校的新生中全面实行”，并规定学校要建立奖学金和学生贷款基金。国家助学贷款制度于 1999 年先在北京、上海、天津、重庆、武汉、沈阳、西安、南京八个城市进行了试点；从 2000 年 9 月 1 日起，国家助学贷款在全国范围内全面推行，所有普通高等学校学生均能申办国家助学贷款。

(1) 学生贷款管理体制

成立了全国统一的国家助学贷款部际协调组。1999 年 6 月 17 日，《国务院办公厅转发的中国人民银行、教育部、财政部 1999 年 5 月 13 日制定的《关于国家助学贷款管理规定(试行)的通知》第五条指出：“部际协调组主要负责协调教育、财政、银行等部门及学校之间的关系，制定国家助学贷款政策，确定中央部委所属学校年度国家助学贷款指导性计划。其中：教育部主要负责根据国家发展状况，会同有关部门研究如何利用助学贷款的有关政策；财政部主要负责筹措、拨付中央部委所属学校国家助学贷款的贴息经费(含特困生贷款的还本资金)，监督贴息经费使用情况；中国人民银行主要负责根据国家有关政策，确定国家助学贷款经办银行，审批有关办法，监督贷款执行情况；经办银行负责贷款的审批、发放与回收。”第十六条指出：“经办银行核批国家助学贷款，并将已批准发放贷款的学生名单及其所批准的贷款金额反馈相应的学生贷款管理中心和学校，学校上报上级学生贷款管理中心备案，并配合经办银行加强贷款管理。”

1999 年 8 月 17 日，教育部印发的《国家助学贷款管理操作规程(试行)》(教财〔1999〕16 号)第二条指出：“为保证国家助学贷款政策的顺利执行，教育部设立全国学生贷款管理中心，为全国助学贷款部际协调小组的日常办事机构，全面管理中央部委所属高校国家助学贷款工作，并对各省、自治区、直辖市学生贷款管理中心的工作加以指导。学校指定专门机构管理本校国家助学贷款工作。”

(2) 贷款主体的发展轨迹——工商银行→高校→工商银行→多家商业银行(校园地国家助学贷款)→一校多行→国家开发银行为主(生源地信用助学贷款)

1986 年 7 月 8 日，国务院批转的国家教育委员会、财政部发布的《关于改革现行普通高等学校人民助学金制度的报告》指出：“学生贷款制度为了帮助部分确有经济困难、不能部分或全部解决在校学习期间生活费用的学生，实行由中国工商银行提供低息贷款的办法。”

1987 年 7 月 31 日，国家教委、财政部发布的《关于重新印发〈普通高等学校本、专科学生实行奖学金制度的办法〉和〈普通高等学校本、专科学生实行贷款制度的办法〉的通知》(教计字〔1987〕139 号)第二条规定：“奖贷基金作为学校预算内的专项基金管理，不得与其他资金混淆，保证专款专用。学校可在‘人民助学金’目级科目下增设‘奖贷基金’节级科目。”

1990 年 7 月 6 日，国家教委、财政部发布的《关于普通高等学校本、专科学生贷款偿还办法的补充通知》(教财〔1990〕49 号)第七条指出：“学校收回的学生贷款，应纳入预算内管理，用于改善学校办学条件方面。”

国务院办公厅转发的中国人民银行等部门颁布的《关于国家助学贷款的管理规定(试行)》第二条指出：“国家助学贷款是以帮助学校中经济确实困难的学生支付在校期间的学费和日常生活费为目的，运用金融手段支持教育，资助经济困难学生完成学业的重要形式。”第三条指出：“中国工商银行为中国人民银行批准的国家助学贷款经办银行。”

教育部印发的《国家助学贷款管理操作规程(试行)》(教财〔1999〕16 号)第三条指出：“中国工商银行为中国人民银行批准的国家助学贷款经办银行，制定国家助学贷款的具体管理办法，负责管理国家助学贷款的审批、发放和回收等项工作。”第五条指出：“本操作规程中所指贷款人是指办理国家助学贷款的工商银行分支机构。”

2000 年 2 月 1 日，国务院办公厅转发的中国人民银行、教育部、财政部 1999 年 12 月 23 日制定的《关于助学贷款管理的若干意见》(国办发〔2000〕6 号)指出：“助学贷款包括国家助学贷款和一般商业性助学贷款两类。国家助学贷款是按照《国务院办公厅转发中国人民银行等部门关于国家助学贷款管理规定(试行)的通知》(国办发〔1999〕38 号，以下简称《通知》)的要求，由中国工商银行开办的、国家财政贴息的，适用于中华人民共和国(不含香港和澳门特别行政区、台湾地区)高等学校中经济确实困难的全日制本、专科学生的助学贷款。一般商业性助学贷款是指金融机构对正在接受非义务教育学习的学生或其直系亲属、或法定监护人发放的商业性贷款;只能用于学生的学杂费、生活费以及其他与学习有关的费用。一般商业性助学贷款财政不贴息,各商业银行、城市信用社、农村信用社等金融机构均可开办。”

2000 年 8 月 26 日,国务院办公厅转发中国人民银行、教育部、财政部制定的《关于助学贷款管理的补充意见》(国办发明电〔2000〕27 号)指出:“把中央财政贴息的国家助学贷款,由 8 个试点城市扩大到全国范围,其经办银行由中国工商银行扩大到中国农业银行、中国银行和中国建设银行。各有关商业银行要积极做好准备,在 2000 年 9 月 1 日前要开办此项业务。所有中央部门(单位)所属普通高等学校学生均可选择上述银行(每个学校只能选择一家银行)申请此项助学贷款,由中央财政按实际发生数额足额贴息。”

从“一校一行”到“一校多行”。《关于助学贷款管理的补充意见》(国办发明电〔2000〕27 号)中指出:“所有中央部门(单位)所属普通高等学校学生均可选择上述银行(每个学校只能选择一家银行)申请此项助学贷款。”2001 年 7 月 27 日,中国人民银行、财政部、教育部、国家税务总局发布的《关于进一步推进国家助学贷款业务发展的通知》(银发〔2001〕245 号)指出:“各地教育行政部门和高校要积极认真配合银行开展国家助学贷款工作。取消‘一校一行’的规定,允许一校多行开办国家助学贷款业务。一所高等学校可根据国有独资商业银行的服务质量自主选择一家或多家(也可更换)国有独资商业银行承办国家助学贷款业务。”

2007 年 5 月 13 日,国务院发布的《关于建立健全普通本科高校高等职业学校和中等职业学校家庭经济困难学生资助政策体系的意见》(国发〔2007〕13 号)指出:“大力开展生源地信用助学贷款。生源地信用助学贷款是国家助学贷款的重要组成部分,与国家助学贷款享有同等优惠政策。”

2008 年 9 月 9 日,财政部、教育部、银监会发布的《关于大力开展生源地信用助学贷款的通知》(财教〔2008〕196 号)指出:“从 2008 年起,生源地信用助学贷款工作继续以国家开发银行为主承办,同时,鼓励其他银行类金融机构开展此项业务。”

至此,学生贷学金将贷款主体从“高校”转变为“商业银行”,其性质是“国家助学贷款”,属于正常贷款管理的商业性贷款,按照市场经济的原则,从贷款程序到还贷手续更加法制化。而国家开发银行是属于政策性金融机构,2015 年 3 月,国务院定位为开发性金融机构。国家助学贷款的主体由商业银行逐步转为政策性金融机构为主和商业性金融机构共同为贷款主体。

(3) 贷款资金来源的发展轨迹——商业银行→高校→政策性银行和商业银行

1986 年发布的《关于改革现行普通高等学校人民助学金制度的报告》中指出:“学生贷款资金来源和管理由中国工商银行提供的学生低息贷款资金,列入国家信贷资金计划。高等学校设立学生贷款机构,代表工商银行负责发放学生贷款和还款的具体管理工作。”

国家教委、财政部发布的《关于重新印发〈普通高等学校本、专科学生实行奖学金制度的办法〉和〈普通高等学校本、专科学生实行贷款制度的办法〉的通知》(教计字〔1987〕139号)第二条规定:"学校可建立奖学金和学生贷款基金(简称奖贷基金),其来源是从主管部门审核给高等院校的经费中,按原助学金标准计算总额的80%～85%转入奖贷基金账户。"

国务院办公厅转发的中国人民银行等部门颁布的《关于国家助学贷款的管理规定(试行)》第十一条指出:"经办银行发放的国家助学贷款属于商业性贷款,纳入正常的贷款管理。"

2007年8月13日,财政部、教育部、国家开发银行发布的《关于在部分地区开展生源地信用助学贷款试点的通知》(财教〔2007〕135号)指出:"本通知所指的生源地信用助学贷款是指国家开发银行向符合条件的家庭经济困难的普通高校新生和在校生发放的、在学生入学前户籍所在县(市、区)办理的助学贷款。"

(4) 贷款客体(对象)的发展轨迹——本、专科生→研究生及第二学士学位→共同借款人

教育部印发的《国家助学贷款管理操作规程(试行)》(教财〔1999〕16号)第五条指出:"本操作规程中所指借款人是指学校申请国家助学贷款的全日制本、专科学生。"

《关于助学贷款管理的补充意见》(国办发明电〔2000〕27号)中指出:"由各级财政贴息的国家助学贷款的贷款对象,由全日制本、专科学生扩大至研究生;贷款学生本科毕业后继续攻读研究生及第二学士学位的,在读期间贷款期限相应延长,贷款本息在研究生及第二学士学位毕业后四年内还清。"

贷款地点由学生所在学校前移至"生源地",贷款对象由学生变为"学生和家长(或其他法定监护人)为共同借款人"。《关于在部分地区开展生源地信用助学贷款试点的通知》(财教〔2007〕135号)中指出:"生源地贷款为信用贷款,学生和家长(或其他法定监护人)为共同借款人,共同承担还款责任。"

(5) 贷款额度的发展轨迹——300元→"学费收取标准+基本生活费标准"→6 000元→8 000～12 000元

1986年发布的《关于改革现行普通高等学校人民助学金制度报告》中指出:"最高贷款限额每人每年不超过三百元,按月平均发放到贷款学生。"

1993年7月26日,国家教委、财政部发布的《关于对高等学校生活特别困难学生进行资助的通知》(教财〔1993〕51号)第三条指出:"在现有贷款总数内,各高校应首先考虑'特困生'的贷款需要,并可适当提高贷款额度,集中使用,切实保证'特困生'能够获得贷款。"

1999年国务院办公厅转发的中国人民银行等部门制定的《关于国家助学贷款的管理规定(试行)》第十二条指出:"国家助学贷款实行学生每年申请、经办银行每

年审批的管理方式。”第十三条指出：“经办银行负责确定国家助学贷款的具体发放金额，其中：用于学费的金额最高不超过借款学生所在学校的学费收取标准；用于生活费的金额最高不超过学校所在地区的基本生活费标准。”

教育部关于印发的《国家助学贷款管理操作规程(试行)》第十二条指出：“学生贷款金额的计算公式为：学生贷款金额＝所在学校收取的学费＋所在城市规定的基本生活费－个人可得收入(包括家庭提供的收入、社会等其他方面资助的收入)。”第十三条指出：“各学校根据管理中心下达的贷款额度控制学校贷款规模，核定每个学生的年度借款金额。”第十四条指出：“经办银行负责最后确定国家助学贷款对学生的实际发放金额，其中，用于学费的金额最高不超过借款学生所在学校的学费收取标准，用于生活费的金额最高不超过学校所在地区的基本生活费标准。”

2004 年 6 月 12 日，国务院办公厅转发的教育部、财政部、中国人民银行、银监会制定的《关于进一步完善国家助学贷款工作的若干意见》指出：“普通高校每年的借款总额原则上按全日制普通本专科学生(含高职学生)、研究生以及第二学士学位在校生总数 20%的比例、每人每年 6 000 元的标准计算确定。”

《关于在部分地区开展生源地信用助学贷款试点的通知》(财教〔2007〕135 号)指出：“生源地信用助学贷款按年度申请、审批和发放。每个借款人每年申请的贷款原则上最高不超过 6 000 元，主要用于解决学生在校期间的学费和住宿费问题。”

《关于大力开展生源地信用助学贷款的通知》(财教〔2008〕196 号)指出：“生源地信用助学贷款按年度申请、审批和发放。每个借款人每年申请的贷款原则上最高不超过 6 000 元，主要用于解决学生在校期间的学费和住宿费问题。高校在读学生当年在高校获得了国家助学贷款的，不得同时申请生源地信用助学贷款。”

2014 年 7 月 18 日，财政部、教育部、中国人民银行、银监会发布的《关于调整完善国家助学贷款相关政策措施的通知》(财教〔2014〕180 号)规定：“全日制普通本专科学生(含第二学士学位、高职学生，下同)每人每年申请贷款额度不超过 8 000 元；年度学费和住宿费标准总和低于 8 000 元的，贷款额度可按照学费和住宿费标准总和确定。全日制研究生每人每年申请贷款额度不超过 12 000 元；年度学费和住宿费标准总和低于 12 000 元的，贷款额度可按照学费和住宿费标准总和确定。”

(6) 贷款利息的发展轨迹——低息→无息→50%贴息→100%贴息

1986 年发布的《关于改革现行普通高等学校人民助学金制度的报告》指出：“学生贷款制度为了帮助部分确有经济困难、不能部分或全部解决在校学习期间生活费用的学生，实行由中国工商银行提供低息贷款的办法。”

1987 年 7 月 31 日，国家教委、财政部发布的《关于重新印发〈普通高等学校本、专科学生实行奖学金制度的办法〉和〈普通高等学校本、专科学生实行贷款制度的办法〉的通知》(教计字〔1987〕139 号)第三条规定：“学生贷款是国家向学生提供的无息贷款，贷款的原则是‘有借必有还’。由学校负责贷款的发放和催还等全部管理工作。”

教育部印发的《国家助学贷款管理操作规程（试行）》（教财〔1999〕16号）第十八条指出：“国家助学贷款利率按中国人民银行公布的法定贷款利率和国家有关利率政策执行。”第十九条指出：“为体现国家对经济困难学生的优惠政策，减轻学生的还贷负担，财政部门对接受国家助学贷款的学生给予利息补贴。学生所借贷款利息的50%由财政贴息，其余50%由学生个人负担。财政部门每年按期、按规定向学生贷款管理中心拨付贷款贴息经费。”

教育部印发的《国家助学贷款管理操作规程（试行）》（教财〔1999〕16号）第三十三条指出：“为体现国家对经济困难学生的优惠政策，减轻学生的还贷负担，对接受国家助学贷款的学生给予利息补贴。学生所借国家助学贷款利息的50%由财政贴息，其余50%由学生个人负担。”

《关于助学贷款管理的补充意见》（国办发明电〔2000〕27号）指出：“由中央财政按实际发生数额足额贴息。”《关于进一步推进国家助学贷款业务发展的通知》（银发〔2001〕245号）指出：“各级财政部门要足额安排国家助学贷款贴息资金。”

2004年6月8日发布的《关于进一步完善国家助学贷款工作的若干意见》指出：“改革财政贴息方式。改变目前在整个贷款合同期间内，对学生贷款利息给予50%财政补贴的做法，实行借款学生在校期间的贷款利息全部由财政补贴，毕业后全部自付的办法，借款学生毕业后开始计付利息。”

2004年6月28日，教育部、财政部、人民银行、银监会印发的《国家助学贷款财政贴息管理办法》（教财〔2004〕15号）第二条规定：“国家助学贷款实行借款学生在校期间100%由财政补贴，借款学生毕业后自付利息的办法。借款学生毕业后自付利息的开始时间为其取得毕业证书之日的下月1日（含1日）；当借款学生按照学校学籍管理规定结业、肄业、休学、退学、被取消学籍时，自办理有关手续之日的下月1日起自付利息。”

《关于在部分地区开展生源地信用助学贷款试点的通知》（财教〔2007〕135号）指出：“利息。贷款学生在校期间利息全部由财政补贴，其中，考入中央高校的学生，其贷款贴息由中央财政承担。考入地方高校的学生，跨省就读的，其贷款贴息由中央财政承担；在本省就读的，其贷款贴息由地方财政负担。贷款学生毕业后利息全部由学生及家长（或其他法定监护人）负担。”

（7）贷款担保的发展轨迹——还款保证人→经济担保人→多种担保形式→重新担保→无担保和担保→见证人

1987年国家教委、财政部印发的《普通高等学校本、专科学生实行贷款制度的办法》第五条指出：“由学生将申请表寄给家长签署确认贷款意见并承担还款保证人。”

国家教委、财政部《关于普通高等学校本、专科学生贷款偿还办法的补充通知》(教财〔1990〕49号)第二条指出:“如确有特殊困难在毕业时不能按照以前协议还清贷款时,可同学校商议,重新签订毕业后还款协议。还款协议除学生本人签字外,还应有学生家长(或经济担保人)签字,以共同承担还款责任。协议书一式四份,即学校、学生、学生家长(或经济担保人)和学生毕业后的工作单位各一份。”

国务院办公厅转发的中国人民银行等部门制定的《关于国家助学贷款的管理规定(试行)》第十四条指出:“学生申请国家助学贷款必须具有经办银行认可的担保,担保人应当与经办银行订立担保合同。”第十五条指出:“确实无法提供担保、家庭经济特别困难的学生,可以申请特困生贷款。特困生贷款由学校提出建议,报上级学生贷款管理中心审批后,由经办银行按有关规定办理贷款手续。”

《关于助学贷款管理的若干意见》(国办发〔2000〕6号)指出:“停止执行《关于国家助学贷款的管理规定(试行)》的第十五条、第二十三条,继续探索国家助学贷款的多种担保形式,确实无法提供担保、家庭经济特别困难的学生以及其他学生均可申请信用方式的国家助学贷款。各金融机构要在信贷原则的指导下,积极开办一般商业性助学贷款业务,其中,包括信用助学贷款和担保助学贷款。对在校大学生发放信用助学贷款,学生所在学校必须提供贷款介绍人和见证人。介绍人指学校负责助学贷款的部门(如学生处等),见证人是指与借款人关系密切的自然人(如借款人的班主任、专职辅导员、系主任等,其中一人见证即可)。”

教育部印发的《国家助学贷款管理操作规程(试行)》(教财〔1999〕16号)第三十七条指出:“学生毕业前必须与经办银行办理还款确认手续,并根据经办银行的要求重新办理相应的担保手续。贷款担保方式是保证担保的,如借款人已明确离校后去向,应向贷款人递交其接收单位出具的《保证协助中国工商银行按期催收国家助学贷款承诺书》,由接收单位负责协助按期催收贷款。如借款人不办理确认手续或提交上述材料的,学校暂缓为其办理毕业手续。”

《中国人民银行助学贷款管理办法》(国办发明电〔2000〕27号)第二条指出:“助学贷款可采取无担保(信用)助学贷款和担保助学贷款方式。”

《关于进一步推进国家助学贷款业务发展的通知》(银发〔2001〕245号)指出:“为了解决银行与学生联系的困难,各经办银行办理国家助学贷款时,除学校老师和同学可作为见证人以外,还可由家长作为贷款见证人。”

(8) 贷款归还期限的发展轨迹——6年内→4年内→不超过8年→不超过14年

1986年发布的《关于改革现行普通高等学校人民助学金制度的报告》指出:“使用贷款的学生毕业后,由其所在工作单位一次垫还给发放贷款的单位。见习期满后,五年之内由所在单位从其本人工资中逐月扣还。”

国家教委、财政部印发的《普通高等学校本、专科学生实行贷款制度的办法》第六条规定："贷款偿还的办法：① 学生毕业前，一次或分次还清；② 学生毕业后，由其所在的工作单位将全部贷款一次垫还给发放贷款的部门；③ 毕业生见习期满后，在二到五年内由所在单位从其工资中逐月扣还；④ 毕业生工作的所在单位，可视其工作表现，决定减免垫还的贷款；⑤ 对于贷款的学生，因触犯国家法律、校纪，而被学校开除学籍、勒令退学和学生自动退学的，应由学生家长负责归还全部贷款。"

国家教委、财政部《关于普通高等学校本、专科学生贷款偿还办法的补充通知》(教财〔1990〕49 号)指出："贷款学生凡有还款能力的，毕业时应一次还清贷款。学生还可向用人单位提出申请，由用人单位将贷款一次垫还学校。学生毕业到中外合资、合作企业和外商独资企业以及经济收入较高的单位工作的，应在毕业后一年之内还清全部贷款。学生在学习期间中途退学或出国，应在办理离校手续的同时办理还清贷款手续。"

国务院办公厅转发的中国人民银行等部门制定的《关于国家助学贷款的管理规定(试行)》第二十一条指出："学生所借贷款本息必须在毕业后四年内还清。为保证国家助学贷款的回收，学生毕业前必须与经办银行重新确认或变更借款合同，并办理相应的担保手续。此项手续办妥后，学校方可办理学生的毕业手续。"第二十二条指出："在借款期间，学生出国(境)留学或定居者，必须在出国(境)前一次还清贷款本息，有关部门方可给予办理出国手续；凡需转学的学生，必须在其所在学校和经办银行与待转入学校和相应经办银行办理该学生贷款的债务划转后，或者在该学生还清所借贷款本息后，所在学校方可办理其转学手续；退学、开除和死亡的学生，其所在学校必须协助有关经办银行清收该学生贷款本息，然后方可办理相应手续。"

教育部印发的《国家助学贷款管理操作规程(试行)》(教财〔1999〕16 号)第三十条指出："国家助学贷款期限最长不超过借款人毕业后四年(由经办银行根据贷款时间相应确定贷款期限)。"

《中国人民银行助学贷款管理办法》(国办发明电〔2000〕27 号)第七条指出："助学贷款的期限一般不超过八年，是否展期由贷款人与借款人商定。"

《关于在部分地区开展生源地信用助学贷款试点的通知》(财教〔2007〕135 号)指出："生源地信用助学贷款期限原则上按全日制本专科学制加 10 年确定，最长不超过 14 年。学制超过 4 年或继续攻读研究生学位、第二学士学位的，相应缩短学生毕业后的还贷期限。"

《关于大力开展生源地信用助学贷款的通知》(财教〔2008〕196 号)指出："生源地信用助学贷款期限原则上按全日制本专科学制加 10 年确定，最长不超过 14 年，其中，在校生按剩余学习年限加 10 年确定。学制超过 4 年或继续攻读研究生学位、第二学士学位的，相应缩短学生毕业后的还贷期限。"

(9) 贷款减免罚的发展轨迹——免还→奖励,追还贷款应加收滞纳金→偿还全部贷款本息

1986 年发布的《关于改革现行普通高等学校人民助学金制度的报告》指出:"凡符合下列条件之一,并保证工作五年以上者,经学校和银行审查批准,可以免还所借贷款:① 学生毕业到中等学校或初等学校任教;② 学生毕业到边疆地区、老区、经济贫困地区、少数民族地区、山区工作;③ 学生毕业到条件比较艰苦的行业的基层单位工作。批准免还的贷款数额,从国家核定给高等学校的事业经费预算中补偿银行信贷。学生偿还贷款,只还贷款原额。银行按低利率计算的利息,由学校从国家核定的高等学校事业经费预算中支付。"

1987 年国家教委、财政部印发的《普通高等学校本、专科学生实行贷款制度的办法》第七条规定:"为了鼓励高等学校毕业生到国家最需要的地方去,为'四化'建设积极努力工作,国家将给予一次性奖励,具体办法另定。"第五条指出:"如学生毕业时一次还清全部贷款,学校可按其贷款额的 10%减还贷款,对未履行贷款还款协议拖延还款期限的学生,学校除追回其应还贷款外,还应加收滞纳金。滞纳金按应还贷款额年 5%计收。"第六条指出:"具备下列条件之一者,经学校审核批准,可以全部或部分免还贷款:① 学生在学习期间连年被评为'三好学生',或受到省级以上领导机关表彰授予'优秀团员''优秀学生干部'等荣誉称号;② 学生毕业到县城以下地方的中小学校、农村职业学校等从事教育工作;③ 学生毕业到国务院或省级人民政府确定的贫困县工作;④ 内地学校毕业分配到内蒙古、宁夏、新疆、西藏、广西及青海、云南、贵州工作的,以及分配到各省民族自治州、县工作的;内蒙古、宁夏、新疆、西藏、广西及青海、云南、贵州境内的普通高等学校贷款毕业生到哪些地方工作可以减免贷款,由以上自治区、省政府根据本地实际情况确定;⑤ 学生毕业到艰苦行业的基层单位(如石油、地质、煤炭、矿业、水利、气象、国防等行业的基层厂、矿、队、台、站、基地)工作;⑥ 贷款学生在校期间因病死亡者。凡符合本款中②、③、④、⑤条规定并保证到上述地区或单位工作 5 年以上者,才可免还其贷款。学校每年应向毕业学生公布根据国家有关规定确定免还贷款的地区和单位。"

教育部印发的《国家助学贷款管理操作规程(试行)》(教财〔1999〕16 号)第二十九条指出:"借款人在使用贷款期间,如违反经办银行有关规定,经办银行可停止发放贷款,并可要求借款人和担保人偿还全部贷款本息。"

国务院办公厅转发的中国人民银行等部门制定的《关于国家助学贷款的管理规定(试行)》第二十三条指出:"特困生贷款到期无法收回部分,由提出建议的学校和学生贷款管理中心共同负责偿还(其中:学校偿还 60%,学生贷款管理中心偿还 40%)。学校所需的偿还贷款资金在学校的学费收入中列支;学生贷款管理中心所需的偿还贷款资金,在财政部门批准后的贴息经费中专项列支,专款专用。"第二十四条指出:"借款学生不能按期偿还贷款本息的,按中国人民银行有关规定计收

罚息。”

（10）贷款代偿机制的发展轨迹——奖学金方式代偿→国家实行代偿

2004 年发布的《关于进一步完善国家助学贷款工作的若干意见》指出：“对毕业后自愿到国家需要的艰苦地区、艰苦行业工作，服务期达到一定年限的借款学生，经批准可以奖学金方式代偿其贷款本息。”

国务院发布的《关于建立健全普通本科高校高等职业学校和中等职业学校家庭经济困难学生资助政策体系的意见》（国发〔2007〕13 号）指出：“对普通本科高校和高等职业学校全日制本专科生，在校期间获得国家助学贷款、毕业后自愿到艰苦地区基层单位从事第一线工作且服务达到一定年限的，国家实行国家助学贷款代偿政策。”

2009 年 3 月 11 日，财政部、教育部印发的《高等学校毕业生学费和国家助学贷款代偿暂行办法》（财教〔2009〕15 号）第二条规定：“高校毕业生到中西部地区和艰苦边远地区基层单位就业、服务期在 3 年以上（含 3 年）的，其学费由国家实行代偿。在校学习期间获得国家助学贷款（含高校国家助学贷款和生源地信用助学贷款）的，代偿的学费优先用于偿还国家助学贷款本金及其全部偿还之前产生的利息。”第七条规定：“每个高校毕业生每学年代偿学费和国家助学贷款的金额最高不超过 6 000 元。毕业生在校学习期间每年实际缴纳的学费或获得的国家助学贷款低于 6 000 元的，按照实际缴纳的学费或获得的国家助学贷款金额实行代偿。毕业生在校学习期间每年实际缴纳的学费或获得的国家助学贷款高于 6 000 元的，按照每年 6 000 元的金额实行代偿。”

（11）贷款补偿机制的发展轨迹——财政和高校各承担 50%→中央和地方分担

2004 年发布的《关于进一步完善国家助学贷款工作的若干意见》指出：“建立国家助学贷款风险补偿机制。按照‘风险分担’原则，建立国家助学贷款风险补偿机制。按隶属关系，由财政和普通高校按贷款当年发生额的一定比例建立国家助学贷款风险补偿专项资金，给予经办银行适当补偿，具体比例在招投标时确定。国家助学贷款风险补偿专项资金由财政和普通高校各承担 50%；每所普通高校承担的部分与该校毕业学生的还款情况挂钩。风险补偿专项资金由各级国家助学贷款管理中心负责管理。财政部门每年将应承担的资金及时足额安排预算；各普通高校承担的资金，按照普通高校隶属关系和财政部门有关规定，在每年向普通高校返还按‘收支两条线’管理的学费收入时，由财政部门直接拨给教育主管部门。各级国家助学贷款管理中心在确认经办银行年度贷款实际发放额后，将风险补偿资金统一支付给经办银行。”

2004 年 6 月 28 日，教育部、财政部、人民银行、银监会印发的《国家助学贷款风险补偿专项资金管理办法》（教财〔2004〕15 号）第三条规定：“风险补偿专项资金按照行政隶属关系，由财政和高校各承担 50%，由国家助学贷款管理中心负责管理，专款专用。中央部委所属院校风险补偿专项资金由全国国家助学贷款管理中心管理，地方院校风险补偿专项资金由所在省、自治区、直辖市、计划单列市的国家助学贷款管理中心管理。”

《关于在部分地区开展生源地信用助学贷款试点的通知》(财教〔2007〕135 号)指出：“风险补偿金。建立生源地信用助学贷款风险补偿专项资金，风险补偿金比例按当年贷款发生额的 15%确定。考入中央高校的学生，风险补偿金由中央财政承担。考入地方高校的学生，跨省就读的，风险补偿金由中央财政承担；在本省就读的，风险补偿金由中央和地方分担，其中：中西部省份中央与地方各负担 50%，东部省份按国家奖助学金资金分担政策逐省确定分担比例。同时根据各省财务状况、高校在校生数等因素设定调整系统。地方应承担的风险补偿金分担办法由各地自行确定。风险补偿金若超出生源地信用助学贷款损失，超出部分由国家开发银行奖励给县级学生资助管理中心；若低于生源地信用助学贷款损失，不足部分由国家开发银行分行和县级财政部门各分担 50%。”

《关于大力开展生源地信用助学贷款的通知》(财教〔2008〕196 号)指出：“风险补偿金。建立生源地信用助学贷款风险补偿专项资金，风险补偿金比例按当年贷款发生额的 15%确定。考入中央高校的学生，风险补偿金由中央财政承担。考入地方高校的学生，跨省就读的，风险补偿金由中央财政承担；在本省就读的，风险补偿金由中央和地方分担，其中：中西部省份中央与地方各负担 50%，东部省份按国家奖助学金资金分担政策逐省确定分担比例。同时根据各省财力状况、高校在校生数等因素设定调整系数。地方应承担的风险补偿金分担办法由各地自行确定。”

(12) 贷款信用信息的发展轨迹——信息系统上公布违约借款人姓名→纳入全国个人信用信息系统→学生信用档案

如媒体披露，“由于未按合同约定归还来自银行的国家助学贷款，中国石油大学北京校区的 23 名本科毕业生被中国建设银行北京昌平支行告上了法庭。银行要求解除双方借款合同，并要求学生归还所借款项的本金和利息”。① 又如报道，“前不久，重庆市某银行对一所高校 400 多名享受助学贷款的大学生诚信进行跟踪调查，竟有 200 多名学生毕业后没有还款，占 60%的助学贷款成为不良资产”。②

《关于助学贷款管理的若干意见》(国办发〔2000〕6 号)指出：“要建立借款人个人信用登记制度。贷款银行定期以学校为单位在公开报刊及有关信息系统上公布助学贷款违约比例和违约借款人姓名、身份证号及违约行为，同时公布其担保人姓名；依法追究违约借款人的法律责任。对不履行职责的介绍人、见证人公布其

① 毛飞. 受益最多者理应承担最大风险[N]. 东方早报，2005-12-30.

② 重庆六成助学贷款成不良资产[N]. 工人日报，2006-1-26.

姓名。”

《中国人民银行助学贷款管理办法》(国办发明电〔2000〕27号)第五条指出：“高等学校在读学生申请助学贷款要按规定填写借款合同,承诺离开学校后向贷款人提供工作单位和通讯方式,承诺贷款逾期一年不还,又未提出展期,可由贷款人在就学的高等学校或相关媒体上公布其姓名、身份证号码,予以查询。”

《关于进一步推进国家助学贷款业务发展的通知》(银发〔2001〕245号)指出：“国家助学贷款是无担保的贷款,为有效防范助学贷款风险,各经办银行应以学校为单位,在公开报刊等信息媒体上公布助学贷款违约情况,对不讲信用的借款人姓名、身份证号及违约行为公开曝光。对不主动与见证人和贷款银行联系、提供工作单位和通讯方式、不守信用的学生,也要记录在案,将来纳入全国个人信用信息系统。”

2004年发布的《关于进一步完善国家助学贷款工作的若干意见》指出:“经办银行要建立有效的还贷监测系统,并做好相关工作。要对借款学生积极开展还贷宣传工作,讲解还贷的程序和方式;要及时为贷款学生办理还贷确认手续;加强日常还贷催收工作并做好催收记录;对没有按照协议约定的期限、数额归还国家助学贷款的学生,经办银行应对违约贷款金额计收罚息,并将其违约行为载入金融机构征信系统,金融机构不再为其办理新的贷款和其他授信业务;按期将连续拖欠贷款超过一年且不与经办银行主动联系的借款学生姓名及居民身份号码、毕业学校、违约行为等按隶属关系报送国家助学贷款管理中心。国家助学贷款管理中心要以已建立的国家助学贷款学生个人信息查询系统为依托,进一步完善对借款学生的信息管理,对借款学生的基本信息、贷款和还款情况等及时进行记录,加强对借款学生的贷后跟踪管理,接受经办银行对借款学生有关信息的查询;并将经办银行提供的违约借款学生名单在新闻媒体及全国高等学校毕业生学历查询系统网站公布。”

2004年发布的《关于进一步完善国家助学贷款工作的若干意见》指出:“要培养学生诚信意识,建立学生信用档案,制定切实可行的措施,督促借款学生及时归还借款本息,努力降低国家助学贷款风险。借款学生毕业时,学校有关部门应在组织学生与经办银行办理还款确认手续后,方可为借款学生办理毕业手续,并将其贷款情况载入学生个人档案;积极主动地配合经办银行催收贷款,负责在1年内向经办银行提供借款学生第一次就业的有效联系地址;学生没有就业的,提供其家庭的有效联系地址。”

《关于在部分地区开展生源地信用助学贷款试点的通知》(财教〔2007〕135号)指出:“(国家开发银行)要会同财政、教育部门根据生源地信用助学贷款承贷周期不同阶段的特点,建立以学生为中心的家庭、高校和就业单位三地的贷款产品、信息和信用联结,形成贷款学生借款期间全过程的信用管理。”

2013年2月28日,财政部、国家发展改革委、教育部发布的《关于完善研究生教育投入机制的意见》(财教〔2013〕19 号)指出:“完善研究生国家助学贷款政策。确保符合条件的研究生都可以申请并及时获得国家助学贷款。提高研究生国家助学贷款年度最高限额,原则上不超过年度学费和住宿费标准总和。国家助学贷款贴息和风险补偿金按照现行办法由各级财政承担。落实到基层和艰苦边远地区工作以及应征入伍服义务兵役研究生的学费补偿和国家助学贷款代偿政策。”

4.“勤”即勤工助学的发展轨迹

1993 年 7 月 26 日,国家教委、财政部发布的《关于对高等学校生活特别困难学生进行资助的通知》(教财〔1993〕51 号)第四条指出:“要组织学生,特别是‘特困生’参加勤工俭学活动,使他们在参加劳动的同时取得一些收入,以补充学习和生活上的费用。为了解决校内无收入来源的用人单位支付学生劳务报酬所需的经费,各高校可从学杂费和学校自行组织的其他收入中拿出一部分,用于支持学生参加校内勤工助学活动,并切实做好此项经费的使用管理工作。”

1993 年 8 月 27 日,国家教育委员会、财政部发布的《关于进一步做好高等学校勤工助学工作意见的通知》(教财〔1993〕62 号)规定:“高等学校的勤工助学以参加校内的助教、助研、实验室、校办产业的生产活动和后勤服务及各项公益型劳动为主要内容,不要组织学生参加高空作业,严重污染、辐射等极易对人体造成伤害和危险的特殊行业和专业的劳动。学生个人自行到社会兼职工作或从事勤工助学,一般应限于假期。学校对此要进行必要的引导和管理,要求他们遵守国家法律、规定和学校的规章制度,不能影响学校教学、科研、生产、生活的正常秩序和校园校容、宿舍管理,要自尊自重,诚实劳动。同时还要帮助大学生学会运用法律武器,保护个人合法权益。学生参加勤工助学劳动报酬的标准要合理适当。学校可参照当地同类工种或岗位的酬劳标准,并结合学生的实际生活标准予以确定,原则上不低于当地同类人员的酬劳标准,也可适当提高,以充分体现资助的原则。学校勤工助学支付学生劳动报酬的经费,由学校多渠道统筹解决。学校可从学杂费收入、学校社会服务收入、校办产业收入以及其他收入中划出一部分,作为学校勤工助学基金,专门用于支持校内开展勤工助学活动部门支付学生的劳动报酬。校内开展勤工助学的部门可从自身的管理费用或其他收入中,按有关规定支付学生的劳动报酬,经费不足的部分,由学校勤工助学基金给以支持解决。对学生的报酬,任何单位和个人不得克扣和拖欠。”

这个文件的贡献是将勤工助学不局限在体力劳务型工作,如图书馆、后勤、校办产业的生产活动,而是“助教”“助研”等智力服务型工作,并提出了“二不”,即“不要组织学生参加高空作业,严重污染、辐射等极易对人体造成伤害和危险的特殊行业和专业的劳动”和“不能影响学校教学、科研、生产、生活的正常秩序和校园校容、宿舍管理”,并规定了稳定的经费来源。

1994 年 5 月 10 日,国家教委、财政部发布的《关于在普通高等学校设立勤工助学基金的通知》(教财〔1994〕35号)规定:"勤工助学基金主要有四个来源:① 在教育事业费中,根据国家任务学生数,按每生每月3~5元标准提取的经费;② 从学杂费收入中划出5%的经费;③ 从学校预算外收入中划出一定比例的经费;④ 基金增值。"

2000年6月5日,教育部、国家计委、财政部发布的《关于2000年高等学校招生收费工作若干意见的通知》(教电〔2000〕188号)指出:"高等学校按学费收入的10%用于学生勤工助学和家庭经济困难学生的补助,应在编制单位预算中予以安排。要适当提高勤工助学补助标准,加大对家庭经济特殊困难学生的补助力度。每所高校都应积极为学生提供勤工助学的岗位,使家庭经济困难的学生能通过勤工俭学获取一定的费用补贴。"

2007年5月13日,国务院发布的《关于建立健全普通本科高校高等职业学校和中等职业学校家庭经济困难学生资助政策体系的意见》(国发〔2007〕13号)指出:"学校要按照国家有关规定从事业收入中足额提取一定比例的经费,用于学费减免、国家助学贷款风险补偿、勤工助学、校内无息借款、校内奖助学金和特殊困难补助等。"

2007年6月26日,教育部、财政部印发的《高等学校勤工助学管理办法》(教财〔2007〕7号,以下简称《办法》)是一个管理高等学校勤工助学工作的规范性文件,该文件具有以下重要意义。

(1) 明确了勤工助学活动的定义和定位。该《办法》第四条规定:"本办法所称勤工助学活动是指学生在学校的组织下利用课余时间,通过劳动取得合法报酬,用于改善学习和生活条件的社会实践活动。勤工助学是学校学生资助工作的重要组成部分,是提高学生综合素质和资助家庭经济困难学生的有效途径。"

(2) 明确了勤工助学活动的三级组织,即学校学生资助工作领导小组、学校学生资助管理机构和学生勤工助学管理服务组织。该《办法》第七条规定:"学校学生资助工作领导小组全面领导勤工助学工作,负责协调学校的财务、人事、学工、教务、科研、后勤、团委等部门,配合学生资助管理机构开展相关工作。充分发挥学生会等学生社团组织在勤工助学工作中的作用,共同做好勤工助学工作。"第八条规定:"学校学生资助管理机构下设专门的学生勤工助学管理服务组织。"

(3) 明确了"学校的职责"和"学生勤工助学管理服务组织的职责"。

(4) 明确了勤工助学活动以工时定岗位的设岗原则。该《办法》第二十条规定:"① 按每个家庭经济困难学生月平均上岗工时不低于20小时为标准,测算出学期内全校每月需要的勤工助学总工时数(20工时×家庭经济困难学生总数),统筹安排、设置校内勤工助学岗位。② 设置的岗位数量既要满足学生的工时需求,又要保证学生不因参加勤工助学而影响学习。学生参加勤工助学的时间原则上每周不超过8小时,每月不超过40小时。"

(5) 明确了勤工助学酬金标准及支付。该《办法》第二十四条规定:“校内固定岗位按月计酬。以每月40个工时的酬金原则上不低于当地政府或有关部门制定的最低工资标准或居民最低生活保障标准为计酬基准,可适当上下浮动。”第二十五条规定:“校内临时岗位按小时计酬。每小时酬金可参照学校当地政府或有关部门规定的最低小时工资标准合理确定,原则上不低于每小时8元人民币。”第二十七条规定:“学生参与校内非营利性单位的勤工助学活动,其劳动报酬由学生勤工助学管理服务组织从勤工助学专项资金中支付;学生参与校内营利性单位或有专门经费项目的勤工助学活动,其劳动报酬原则上由用人单位支付或从项目经费中开支;学生参加校外勤工助学,其劳动报酬由校外用人单位按协议支付。”

(6) 明确了勤工助学活动的法律责任。该《办法》第二十八条规定:“学生在校内开展勤工助学活动的,学生勤工助学管理服务组织必须与学生签订具有法律效力的协议书。”第二十九条规定:“在勤工助学活动中,若出现协议纠纷或学生意外伤害事故,协议各方应按照签订的协议协商解决。如不能达成一致意见,按照有关法律法规规定的程序办理。”

2018年8月20日,教育部、财政部印发了修订后的《高等学校勤工助学管理办法》(教财〔2018〕12号),涉及财务、法律责任的变动条款主要有两条。第二十六条将“原则上不低于每小时8元人民币”改为“原则上不低于每小时12元人民币”。第二十九条增加了“勤工助学管理服务组织必须经学校授权,代表学校与用人单位和学生三方签订具有法律效力的协议书。签订协议书并办理相关聘用手续后,学生方可开展勤工助学活动。协议书必须明确学校、用人单位和学生等各方的权利和义务,开展勤工助学活动的学生如发生意外伤害事故的处理办法以及争议解决方法”。

2013年2月28日,财政部、国家发展改革委、教育部发布的《关于完善研究生教育投入机制的意见》(财教〔2013〕19号)指出:“加大研究生助教、助研和助管(以下简称‘三助’)岗位津贴资助力度。高等学校要按规定统筹利用科研经费、学费收入、社会捐助等资金,设置研究生‘三助’岗位,并提供‘三助’津贴。原则上,助研津贴主要通过科研项目经费中的劳务费列支,助教津贴和助管津贴所需资金由高等学校承担。”

5.“减”即家庭经济贫困学生减免学杂费的发展轨迹

减免大学生的学杂费基于两个原因:一是对于收取学费、杂费、住宿费等,政府会对家庭经济困难学生出台减免学杂费的政策;二是鼓励某种教育政策,如师范教育、服役士兵接受高等教育等。

1989年8月22日,国家教委、国家物价局、财政部发布的《关于普通高等学校收取学杂费和住宿费的规定》(教财〔1989〕第032号)指出:“对师范院校享受专业奖学金的学生免收学杂费和住宿费。其他享受专业奖学金和定向奖学金的学生免收学杂费，只收取住宿费。家庭经济确有困难的学生，可以酌情减免学杂费，住宿费不予减免。”

1993年7月26日，国家教委、财政部发布的《关于对高等学校生活特别困难学生进行资助的通知》（教财〔1993〕51号）指出：“对生活特别困难的学生，各高校可根据困难的程度减免其学杂费。”

1995年4月10日，国家教委发布的《关于对普通高等学校经济困难学生减免学杂费有关事项的通知》（教财〔1995〕30号）第三条指出：“学杂费减免对象及额度，由各高等院校根据本校的实施办法，结合学生本人表现及经济状况，在认真调查的基础上，逐一审核、研究确定，并可随情况的变化及时调整。要特别注意解决好经济困难学生中的孤残学生、少数民族学生以及烈士子女、优抚家庭子女的问题。”

1996年12月16日，国家教育委员会、国家计划委员会、财政部颁布的《高等学校收费管理暂行办法》（教财〔1996〕101号）第九条指出：“对家庭经济困难的学生应酌情减免收取学费，具体减免办法，由省级人民政府根据国家有关规定制定。同时，各高等学校及其主管部门要采取包括奖学金、贷学金、勤工助学、困难补助等多种方式，切实帮助家庭经济困难学生解决学习和生活上的困难，保证他们不因经济原因而中断学业。”

2007年5月13日，国务院发布的《关于建立健全普通本科高校高等职业学校和中等职业学校家庭经济困难学生资助政策体系的意见》（国发〔2007〕13号）指出：“学校要按照国家有关规定从事业收入中足额提取一定比例的经费，用于学费减免、国家助学贷款风险补偿、勤工助学、校内无息借款、校内奖助学金和特殊困难补助等。”

6. 免（公）费

除了一般家庭经济贫困的学生享受减免学费等费用外，还有两种学生享受减免学费等费用。

(1) 师范生实行免（公）费教育

在第七章（附录）中阐述了民国时期师范生实行免费教育。

师范生的收、免（公）费制度的发展轨迹——免→奖→收→免→公

新中国成立后到普遍实行收学费制度前，但师范生实行免费教育。

1987年7月31日，国家教委、财政部印发的《普通高等学校本、专科学生实行奖学金制度的办法》第五条规定：“专业奖学金，用于鼓励报考师范、农林、民族、体育和航海等专业的学生。凡被录取为师范、农林、民族、体育和航海专业的学生，均享受专业奖学金。在校学习期间，德、智、体、美、劳全面发展的优秀学生可以获得较高等级的专业奖学金。”

1989年8月22日，国家教委、国家物价局、财政部发布的《关于普通高等学校

收取学杂费和住宿费的规定》(教财〔1989〕第032号)规定:"对师范院校享受专业奖学金的学生免收学杂费和住宿费。其他享受专业奖学金和定向奖学金的学生免收学杂费,只收取住宿费。家庭经济确有困难的学生,可以酌情减免学杂费,住宿费不予减免。"

1995年3月28日,国家教委发布的《关于1995年深入进行普通高等学校招生和毕业生就业制度改革的意见》(教学〔1995〕8号)指出:"到2000年时,基本实现招生和毕业生就业制度的新旧体制转轨。实行招生'并轨'改革时,农业、林业、航海、民族、师范院校(专业)按国家规定不向学生收取学杂费。"

1996年12月16日,国家教委、国家计委、财政部发布的《高等学校收费管理暂行办法》(教财〔1996〕101号)第七条指出:"农林、师范、体育、航海、民族专业等享受国家专业奖学金的高校学生免缴学费。"

1998年7月20日,国家计委、教育部发布的《关于对普通高校毕业生收费有关政策问题的通知》(计价费〔1998〕1349号)指出:"属于国家定向培养和委托培养的毕业生,如因本人原因不到定向、委培单位就业的,应向学校缴纳相应培养费。享受师范、农林、民族、体育、航海等国家专业奖学金及享受艰苦行业、地区或特殊岗位定向奖学金的毕业生,因不服从学校派遣自谋职业的,应补缴在校学习期间普通专业的学费并返还定向奖学金、专业奖学金。"

2000年6月5日,教育部、国家计委、财政部发布的《关于2000年高等学校招生收费工作若干意见的通知》(教电〔2000〕188号)指出:"国家对就读师范、农林、航海、体育、民族等专业的学生,继续实行专业奖学金政策。"

2001年2月12日,教育部、国家计委、财政部颁发的《关于2001年高等学校招生收费工作有关问题的通知》(教电〔2001〕45号)指出:"对师范、农林、民族、体育、航海等享受国家专业奖学金的高校学生,继续实行免收学费制度。"

2002年3月7日,教育部、国家计委、财政部颁发的《关于2002年高等学校招生收费工作有关问题的通知》(教电〔2002〕66号)指出:"2002年,高等学校招生收费继续执行〔2001〕教电45号文件的各项规定,进一步加强管理。"

师范生何时实行收费制度笔者没有查到相关规定,但国务院规定从2007年起,对教育部直属六所师范大学新招收的师范生,实行免费教育。2007年5月13日,国务院发布的《关于建立健全普通本科高校高等职业学校和中等职业学校家庭经济困难学生资助政策体系的意见》(国发〔2007〕13号)指出:"从2007年起,对教育部直属师范大学新招收的师范生,实行免费教育。"由于免费仅在六所教育部直属的师范大学中试点,省属的师范院校和师范专业仍执行收费做法。

2007年5月9日,国务院办公厅转发的教育部、财政部、人事部、中央编办制定的《关于教育部直属师范大学师范生免费教育实施办法(试行)》第一条指出:"从2007年秋季入学的新生起,在北京师范大学、华东师范大学、东北师范大学、华中师范大学、陕西师范大学和西南大学六所部属师范大学实行师范生免费教育。要通过部属师范大学的试点，积累经验，建立制度，为培养造就大批优秀教师和教育家奠定基础。”第二条指出：“免费教育师范生在校学习期间免除学费，免缴住宿费，并补助生活费。所需经费由中央财政安排。”第四条指出：“免费师范生入学前与学校和生源所在地省级教育行政部门签订协议，承诺毕业后从事中小学教育十年以上。到城镇学校工作的免费师范毕业生，应先到农村义务教育学校任教服务二年。国家鼓励免费师范毕业生长期从教、终身从教。”

2012年1月7日，国务院办公厅转发的教育部、财政部、人事部、中央编办制定的《关于完善和推进师范生免费教育的意见》指出：“制定在校期间免费师范生进入、退出和转专业的具体办法。非师范专业优秀学生可按规定转为免费师范生。录取后经考察不适合从教的少数免费师范生，入学1年内可按规定程序调整到非师范专业。对弄虚作假和有其他违规、违纪行为的免费师范生，依据有关规定处理。”

2018年起将“免费教育”改为“公费教育”，笔者理解，“免费教育”是原本应收费但免费而已，“公费教育”则是原本就不该收费。同时将从事中小学教育工作年限从“10年以上”改为“6年以上”。2018年7月30日，国务院办公厅转发的教育部、财政部、人事部、中央编办制定的《教育部直属师范大学师范生公费教育实施办法》第二条指出：“本办法所称师范生公费教育是指国家在北京师范大学、华东师范大学、东北师范大学、华中师范大学、陕西师范大学和西南大学六所教育部直属师范大学（以下简称部属师范大学）面向师范专业本科生实行的，由中央财政承担其在校期间学费、住宿费并给予生活费补助的培养管理制度。”第七条指出：“公费师范生、部属师范大学和生源所在省份省级教育行政部门签订《师范生公费教育协议》，明确三方权利和义务。公费师范生毕业后一般回生源所在省份中小学任教，并承诺从事中小学教育工作6年以上。到城镇学校工作的公费师范生，应到农村义务教育学校任教服务至少1年。国家鼓励公费师范生长期从教、终身从教。”第十条指出：“公费师范生要严格履行协议，未按协议从事中小学教育工作的，须退还已享受的公费教育费用并缴纳违约金。违约退缴资金由省级教育行政部门负责收缴、管理、使用，要专款专用，主要用于公费师范生人事招聘、履约管理、表彰奖励等相关工作。教育部要会同相关部门制定公费师范生履约管理具体办法等相关政策。省级教育行政部门要建立健全公费师范生履约动态跟踪管理机制，建立公费师范生诚信档案。”第十一条指出：“公费师范生因生病、应征入伍等原因不能履行协议的，须提出中止协议申请，经省级教育行政部门同意后，暂缓履约。待情况允许后，经省级教育行政部门核实后可继续履行协议。公费师范生如确因身体原因需终止协议的，按协议约定解除协议。除特殊原因办理休学无法正常毕业等情形以外，公费师范生未按规定时间取得相应学历学位证书和教师资格证书的，按违约处理。”

(2) 服役士兵接受高等教育实行的资助政策

2009 年 4 月 20 日，财政部、教育部、总参谋部印发的《应征入伍服义务兵役高等学校毕业生学费补偿和国家助学贷款代偿暂行办法》(财教〔2009〕35 号)第二条规定：“从 2009 年起，国家对应征入伍服义务兵役的高等学校毕业生在校期间缴纳的学费实行补偿。在校期间获得国家助学贷款(含高校国家助学贷款和生源地信用助学贷款)的，学费补偿款必须首先用于偿还助学贷款本金及其全部偿还之前产生的利息。”第三条规定：“本办法中高等学校指根据国家有关规定批准设立、实施高等学历教育的中央部门和地方所属全日制公办普通高等学校、民办普通高等学校和独立学院。”第四条规定：“本办法中高等学校毕业生指上述高校中全日制普通本专科(含高职)、研究生、第二学士学位应届毕业生，以及成人高校招收的普通本专科(高职)毕业生。在校期间已享受免除全部学费政策的学生，定向生、委培生，国防生、部队招收的大学毕业生干部，以及从高等学校毕业生中直接招收的士官等其他形式到部队参军的高校毕业生不包括在内。”第五条规定：“国家对每名高校毕业生每学年补偿学费或代偿国家助学贷款本息的金额，最高不超过 6 000 元。高校毕业生在校期间每学年实际缴纳的学费或获得的国家助学贷款本息高于 6 000 元的，按照每年 6 000 元的金额实行补偿或代偿。高校毕业生在校学习期间每学年实际缴纳的学费或获得的国家助学贷款本息低于 6 000 元的，按照学费和国家助学贷款本息两者就高的原则，实行补偿或代偿。”第六条规定：“国家对本科、专科(高职)、研究生和第二学士学位毕业生补偿学费或代偿国家助学贷款本息的年限，分别按照国家规定的相应学制计算。高校毕业生在校学习时间低于相应学制规定年限的，按照实际学习时间计算。高校毕业生在校学习时间高于相应学制规定年限的，按照学制规定年限计算。专升本、本硕连读、中职高职连读、第二学士学位毕业生补偿学费或代偿国家助学贷款本息的年限，分别按照完成本科、硕士、高职和第二学士学位阶段学习任务的实际时间计算。”第七条规定：“国家对获得补偿学费和代偿国家助学贷款本息资格的应征入伍服义务兵役的高校毕业生，按照上述原则和金额，在高校毕业生入伍时，实行一次性补偿或代偿。”

2011 年 10 月 25 日，财政部、教育部、民政部、总参谋部、总政治部发布的《关于实施退役士兵教育资助政策的意见》(财教〔2011〕538 号)规定：“从 2011 年秋季学期开始，对退役一年以上，考入全日制普通高等学校(包括全日制普通本科学校、全日制普通高等专科学校和全日制普通高等职业学校)的自主就业退役士兵，根据本人申请，由政府给予教育资助，具体内容如下：① 资助内容：一是学费资助；二是家庭经济困难退役士兵学生生活费资助；三是其他奖助学金资助。② 资助标准：学费资助标准，按省级人民政府制定的学费标准，原则上退役士兵学生应交多少学费中央财政就资助多少，最高不超过年人均 6 000 元，高于 6 000 元部分自行负担。

生活费及其他奖助学金资助标准，按国家现行高校学生资助政策的有关规定执行。③ 资助方式：学费由中央财政按标准和隶属关系补助退役士兵学生所在学校，生活费及其他奖助学金直接补给退役士兵学生本人。④ 资助期限：全日制普通高等学历教育一个学制期。”

（3）艺术类的短板专业

记者晋浩天报道：“2019 年，中国戏曲学院多个招考方向继续执行免学费政策，京剧表演、京剧器乐、昆曲表演、昆曲器乐、多剧种表演、多剧种器乐、戏曲作曲等招考方向实行免学费政策。”①

7. “补”即家庭经济贫困学生补助的发展轨迹

前已述及，在新中国成立后政府就对家庭经济困难的学生实行困难补助措施。学生困难补助费由学校集中掌握，使用范围包括学生书籍、学习用品困难补助，学生因病住院期间生活困难补助，学生寒衣、被服、蚊帐等补助，校级运动员参加校际以上运动会的伙食补助，大中专学生假期路费困难补助。

教育部、财政部发布的《普通高等学校本、专科学生人民助学金暂行办法》第十一条指出：“学校集中掌握的人民助学金困难补助费，必须按所在省、市、自治区规定的范围使用。”第九条指出：“学生假期回家，不论路途远近，路费均由本人自理。少数学生经济上有困难，又确有必要假期回家的，可由学生本人申请，经过批准，在规定的学制期限内，只能酌情补助一次。”

1987 年 7 月 31 日，国家教委、财政部发布的《关于重新印发〈普通高等学校本、专科学生实行奖学金制度的办法〉和〈普通高等学校本、专科学生实行贷款制度的办法〉的通知》（教计字〔1987〕139 号）第五条规定：“学生在校学习期间发生的临时困难，可从‘奖贷基金’或‘专业奖学金’总额中，按每人每月 2 元的标准提取，由学校集中掌握使用，用于补助临时困难的学生，也可由学校采取临时短期贷款的办法，临时短期贷款一般应在年内还清。”

1993 年 7 月 26 日，国家教委、财政部发布的《关于对高等学校生活特别困难学生进行资助的通知》（教财〔1993〕51 号）第二条指出：“各高校从‘奖贷基金’或‘专业奖学金’总额中，按每人每月 2 元标准提取的困难补助经费，必须首先集中用于补助生活特别困难的学生。对‘特困生’的困难补助的标准可参照学校所在地所需的最基本的学习、生活费用标准，由学校研究确定。”第五条指出：“对生活特别困难的学生，各高校可根据困难的程度减免其学杂费。”

1994 年 5 月 10 日，国家教委、财政部发布的《关于在普通高等学校设立勤工助学基金的通知》（教财〔1994〕35 号）规定：“对通过勤工助学方式进行资助仍难以完成学业的学生，学校可按国家任务学生 5％的比例、平均每生每月 50 元的标准从该

---

① 晋浩天. 艺术类专业多方向免学费[N]. 光明日报，2019－2－17.

基金中统筹一部分经费，根据特困生困难程度划分层次，进行不定期困难资助。”

1996 年 12 月 16 日，国家教育委员会、国家计划委员会、财政部颁布的《高等学校收费管理暂行办法》(教财〔1996〕101 号)第九条指出：“对家庭经济困难的学生应酌情减免收取学费，具体减免办法，由省级人民政府根据国家有关规定制定。同时，各高等学校及其主管部门要采取包括奖学金、贷学金、勤工助学、困难补助等多种方式，切实帮助家庭经济困难学生解决学生和生活上的困难，保证他们不因经济原因而中断学业。”

2000 年 6 月 5 日，教育部、国家计委、财政部发布的《关于 2000 年高等学校招生收费工作若干意见的通知》(教电〔2000〕188 号)指出：“高等学校按学费收入的 10%用于学生勤工助学和家庭经济困难学生的补助，应在编制单位预算中予以安排。要适当提高勤工助学补助标准，加大对家庭经济特殊困难学生的补助力度。每所高校都应积极为学生提供勤工助学的岗位，使家庭经济困难的学生能通过勤工俭学获取一定的费用补贴。”

2004 年初，全国部分地区粮油副食品价格上涨以后，为了解决高校贫困家庭学生的生活问题，国务院决定对普通高校中 5%的家庭经济特别困难学生给予每人每天 4 元的伙食补助，补助时间暂定为一年，全国共补助约 7 亿元。此外，还有西部开发助学工程等多种渠道。

2004 年 9 月 9 日，教育部发布的《关于进一步做好资助贫困家庭学生工作的通知》(教财〔2004〕37 号)指出：“各高校要不折不扣地落实教育部、财政部的规定，每年必须从本校所收学费中足额提取 10%的经费，专款专用，通过各种方式对贫困家庭学生进行资助。教育部将与财政部联合对中央部门所属高校的执行情况进行检查，对未按规定执行的高校，将给予严肃处理。”

2007 年 5 月 13 日，国务院发布的《关于建立健全普通本科高校高等职业学校和中等职业学校家庭经济困难学生资助政策体系的意见》(国发〔2007〕13 号)指出：“学校要按照国家有关规定从事业收入中足额提取一定比例的经费，用于学费减免、国家助学贷款风险补偿、勤工助学、校内无息借款、校内奖助学金和特殊困难补助等。”

2007 年 6 月 27 日，财政部、教育部印发的《普通本科高校、高等职业学校国家励志奖学金管理暂行办法》(财教〔2007〕91 号)第十九条规定：“高校要按照国家有关规定，从事业收入中足额提取 4%～6%的经费用于资助家庭经济困难学生。中央高校提取的具体比例由财政部商中央主管部门确定，地方高校提取的具体比例由各省、自治区、直辖市确定。”

2007 年 6 月 27 日，财政部、教育部印发的《普通本科高校、高等职业学校国家助学金管理暂行办法》(财教〔2007〕92 号)第十九条规定：“高校要按照国家有关规定，从事业收入中足额提取 4%～6%的经费用于资助家庭经济困难学生。中央高校提取的具体比例由财政部商中央主管部门确定，地方高校提取的具体比例由各省(自治区、直辖市)确定。”

8. “绿”即绿色通道的发展轨迹

什么是“绿色通道”制度？即对被录取入学、家庭贫困的新生，一律先办理入学手续，然后再根据核实后的情况，分别采取不同资助方式的一种制度。“绿色通道”是确保普通高校家庭经济困难新生顺利入学的最直接、最有效的措施。

2000年6月5日，教育部、国家计委、财政部发布的《关于2000年高等学校招生收费工作若干意见的通知》(教电〔2000〕188号)指出：“高等学校应建立‘绿色通道’制度，即对新入的大学生先办理入学手续，并解决好生活问题。然后再根据经核实的学生家庭经济情况，分别采取上述奖学金、贷款、助学金、困难补助和学费减免等不同的资助措施，确保每一位新生都不因家庭经济困难而无法入学。”

2004年7月29日发布的《关于普通高校向新生发放录取通知书时必须附寄资助经济困难学生有关政策介绍材料的紧急通知》(教学厅〔2004〕16号)指出：“新学期开学时，各高校要继续设立‘绿色通道’，确保今年录取的经济困难学生顺利入学。”

2004年9月9日，教育部发布的《关于进一步做好资助贫困家庭学生工作的通知》(教财〔2004〕37号)指出：“我国目前已经建立起以国家助学贷款为主体，包括助学奖学金、勤工助学、特殊困难补助、学费减免、绿色通道和提取10%学费收入用于帮助困难学生等措施在内的资助政策体系。”

2006年6月19日，教育部发布的《关于认真做好2006年高等学校新生入学“绿色通道”等有关工作的通知》(教财〔2006〕4号)指出：“各地区、各部门、各高等学校在思想上要高度重视，主要领导要亲自抓；在行动上要周密安排、精心组织、认真落实，切实把‘绿色通道’等各项资助政策和措施落到实处。开辟‘绿色通道’，保证‘绿色通道’的畅通，确保新考入公办全日制普通高等学校的贫困家庭学生顺利入学。对于家庭贫困新生及其家长向学校反映的有关问题，要主动联系、及时回复。任何高等学校不得因新生家庭贫困而拒绝其入学。”

2007年7月10日，教育部发布的《关于认真做好2007年高等学校新生入学“绿色通道”和贯彻落实新资助政策有关工作的通知》(教财〔2007〕9号)指出：“‘绿色通道’是确保全日制公办普通高校家庭经济困难新生顺利入学的有效措施。今年高校新生入学时，各全日制公办普通高校要认真总结经验，继续按规定对家庭经济困难新生开通‘绿色通道’；要加强对‘绿色通道’工作的领导，由分管学生工作的校领导牵头，资助、学工、财务、教务、后勤、保卫等有关部门和各院(系)有关负责人参加，周密安排、精心组织，校内各有关部门分工负责，密切配合，将责任落实到人，落实在新生报到现场；要制订和完善管理办法，使‘绿色通道’工作制度化、规范化，确保‘绿色通道’畅通无阻，使家庭经济困难新生都能顺利报到入学。”

2008 年 7 月 8 日，教育部发布的《关于认真做好 2008 年高等学校新生资助有关工作的通知》（教财〔2008〕11 号）指出："'绿色通道'是确保普通高校家庭经济困难新生顺利入学的有效措施。今年高校新生入学时，各公办和民办普通高校要认真总结经验，对家庭经济困难新生开通'绿色通道'，尤其是要确保来自汶川地震灾区的家庭经济困难学生都能够通过'绿色通道'顺利入学；要制定和完善相关管理办法，使'绿色通道'工作制度化、规范化；要加强对'绿色通道'工作的领导，分管学生工作的校领导要亲自抓，校内各有关部门要分工负责，密切配合，精心安排，将责任落实到人、落实到具体的工作环节、落实在新生报到现场，确保'绿色通道'畅通无阻。"

2009 年 7 月 14 日，教育部发布的《关于切实做好 2009 年普通高等学校新生入学"绿色通道"和贯彻落实国家资助政策有关工作的通知》（教财〔2009〕15 号）指出："'绿色通道'是确保普通高校家庭经济困难新生顺利入学的最直接、最有效的措施。今年各公办和民办普通高校在招生录取工作结束后，要尽快全面了解录取新生的家庭经济状况，重点掌握生源地为汶川等地震灾区、南方洪涝灾区学生的家庭受灾情况，有针对性地提前做好资助工作预案。要在新生入学时，对家庭经济确实困难的新生开通'绿色通道'，确保其顺利报到注册、入学就读；要进一步完善'绿色通道'实施办法，细化操作程序；要加强对'绿色通道'工作的组织领导，校内各有关部门要分工负责，密切配合，责任落实到人、落实到每一个工作环节，以确保'绿色通道'畅通无阻。"

2010 年 8 月 8 日，教育部发布的《关于切实做好 2010 年普通高等学校家庭经济困难新生入学"绿色通道"及其他资助工作的通知》（教财〔2010〕3 号）指出："今年全国普通高校招生录取工作结束后，各公办和民办普通高校要尽快全面了解录取新生的家庭经济状况，重点掌握生源地为今年以来遭受严重自然灾害地区学生的家庭受灾情况，有针对性地提前做好'绿色通道'预案；要加强对'绿色通道'工作的组织和领导，分管学生资助工作的校领导要亲自抓，校内各有关部门要分工负责，密切配合，将责任落实到人、落实到具体的工作环节；要进一步完善'绿色通道'实施办法，细化操作程序，在新生报到现场设立专门的'绿色通道'区域，确保'绿色通道'畅通无阻，确保提出申请且符合条件的家庭经济困难新生都能通过'绿色通道'顺利入学。"

2011 年 8 月 5 日，教育部发布的《关于切实做好 2011 年普通高等学校家庭经济困难新生入学"绿色通道"等资助工作的通知》（教财〔2011〕8 号）指出："确保'绿色通道'畅通。'绿色通道'是确保高校家庭经济困难新生顺利入学的最直接、最有效的措施。今年各公办和民办普通高校在招生录取工作结束后，要尽快全面了解录取新生的家庭经济状况，有针对性地提前做好家庭经济困难新生入学工作预案。要进一步加强对'绿色通道'工作的组织和领导，主管校领导要亲自抓，校内各有关部门要密切配合，分工明确，细化工作程序，明确责任人，在新生报到现场设立专门的‘绿色通道’区域，保证提出申请且符合条件的家庭经济困难新生都能通过‘绿色通道’顺利入学。”

2012年7月19日，教育部发布的《关于切实做好2012年普通高等学校家庭经济困难新生入学及各项资助工作的通知》(教财〔2012〕3号)指出：“确保‘绿色通道’畅通，给予新生更多人文关怀。各高校要进一步加强对‘绿色通道’工作的领导和组织，高校主管校领导要亲自抓，校内各有关部门要明确责任，密切配合，在新生报到现场一律设立专门的‘绿色通道’区域，保证所有提出申请且符合条件的家庭经济困难新生都能通过‘绿色通道’入学。要对通过‘绿色通道’入学的新生给予更多人文关怀，引导他们正确面对困难，消除自卑心理，安心开始新的学习和生活。”

第三章　新中国高校会计领域70年

第一节　会计法规改革对事业单位会计制度变迁的影响

一、会计改革文件对事业单位会计制度的影响

在新中国会计史中，主要发布过六个与高校相关的会计改革文件。其他一些文件也有所涉及，如：1984年10月，在全国会计工作座谈会上，财政部会计司提出了《关于会计业务改革的设想（讨论稿）》；1992年10月6日，财政部发布的《关于深化会计改革，加强会计工作，促进经济更快更好发展的意见》等。本节将介绍六个主要的会计改革文件。

（一）会计改革目标的发展轨迹

表3-1　会计改革目标的发展变化表

会计改革文件	会计改革目标
1965年8月，财政部发布《预算会计工作改革要点》	未提出会计改革的目标
1991年8月24日，财政部发布《会计改革纲要（试行）》（财会字〔1991〕第046号）	总体目标：(1) 建立有计划商品经济的新的会计模式。其基本点是：第一，适应计划经济与市场调节相结合的经济运行机制的要求，逐步建立起以提高经济效益为目标、以强化内部管理为中心、有利于完善各单位经营管理机制的管理型会计；第二，适应国家机关管理职能和管理方式的转变，在会计事务的宏观管理中，逐步实现以会计法规为主体，法律、行政、经济手段并用，有利于改善和加强宏观调控，同时可以充分发挥地方、部门、基层核算单位积极性和创造性的会计管理体制。(2) 建立会计信息中心。以"数出一门，资料共享"、充分发挥会计信息在经济管理中的调控作用为目标，改革会计信息多头分散、各为己用的管理体制，积极创造条件，逐步建立信息齐全、指标统一、准确可靠、提供及时的各级会计信息系统

（续表）

会计改革文件	会计改革目标
1995年12月15日，财政部印发《会计改革与发展纲要》（财会字〔1995〕71号）	到本世纪（20世纪）末，我国会计改革与发展的总目标是：建立与社会主义市场经济发展要求相适应的会计模式的基本框架。其基本点是：第一，初步建立以间接管理为主，法律、经济、行政手段并用，有利于改善和加强宏观调控，同时可以充分发挥地方、部门、基层单位积极性和创造性的会计管理体制；第二，初步建立标准科学规范、内容客观真实、反应迅速及时，满足国家宏观调控和市场运行需要的会计信息管理体系；第三，初步建立以提高经济效益为目标，以强化经济管理为中心，有利于完善经营机制的基层单位会计管理体系；第四，初步建立以注册会计师为主体的社会审计监督和会计咨询、服务体系；第五，初步建立会计人才的评价、选拔和培养体系。在实现以上目标的基础上，再经过10年左右的努力，形成比较成熟和完善的、社会主义市场经济的会计模式，实现会计的现代化、法制化
1996年3月11日，财政部发布《预算会计核算制度改革要点》（财预字〔1996〕26号）	预算会计改革的总目标是逐步建立适应我国社会主义市场经济体制需要、具有中国特色、科学规范的管理型预算会计模式和运行机制。以利于加强财政预算管理和国家宏观经济管理，加强单位财务管理和促进建立自我发展、自我约束机制，提高资金使用效果，促进社会事业发展
2011年9月9日，财政部印发《会计改革与发展"十二五"规划纲要》（财会〔2011〕19号）	"十二五"时期，会计改革与发展的总体目标是健全适应社会主义市场经济体制要求的会计体系：一是健全以间接管理为主，推进依法管理，发挥地方、部门、基层单位和会计人员积极性和创造性的会计管理体系。二是不断完善和强化实施与国际财务报告准则、国际审计准则及其他国际标准持续趋同，并与主要市场经济国家和经济体等效的企业会计、审计、内部控制和会计信息化标准体系，构建由企业会计准则体系和小企业会计准则体系组成的我国统一的企业会计标准体系。三是健全与发展现代服务业、国际服务贸易和实施"走出去"战略相适应，大中小会计师事务所协调发展，执业领域不断拓展，能够持续提升行业社会公信力和诚信度的注册会计师行业管理体系。四是健全以会计职业胜任能力框架为指导，能够全面提升会计队伍业务素质、诚信水平和结构优化的会计人才培养、选拔和评价体系。五是建立健全适应社会主义新农村建设要求，有利于促进农村经济健康可持续发展的农村会计管理体系。六是健全既具中国特色又有国际影响，对会计教育和会计实务具有指导作用的会计理论方法体系

（续表）

会计改革文件	会计改革目标
2016 年 10 月 8 日，财政部印发《会计改革与发展“十三五”规划纲要》（财会〔2016〕19 号）	“十三五”期间会计改革与发展的总体目标是，建立健全与社会主义市场经济相适应的会计体系，深入推进会计工作法治化、信息化、现代化。(1) 会计法制和会计标准体系更加科学。修订《会计法》《注册会计师法》及其配套法规、规章，完善会计监管、行政执法机制，切实落实单位负责人对本单位会计工作的主体责任，进一步规范会计秩序，提高会计信息质量和注册会计师审计质量；完善企业会计准则体系，建立政府会计准则制度体系，加强管理会计体系建设，全面推行内部控制规范体系，加强其他会计审计标准体系建设，大力推动各项会计审计标准体系的贯彻实施。(2) 会计工作转型升级取得实效。适应经济社会发展需要，进一步夯实会计基础工作，积极融合新技术、新手段，推动会计核算技术的优化升级；以建设管理会计体系为抓手，引导、推动管理会计广泛应用；探索会计信息资源有效利用机制，进一步推动各单位会计信息化水平不断提高；加强政策引导、经验交流，不断强化会计工作在信息利用、资本运营、价值管理、内部控制、风险防范等方面的职能作用。(3) 会计工作者执业能力明显增强。完善会计人员继续教育、会计人才评价等政策并发挥其导向作用，促进广大会计工作者知识结构进一步优化、职业道德素养进一步提高、执业能力和服务水平进一步提升，培育造就结构合理、素质优良的会计人才队伍。(4) 会计管理体制更加完善。按照依法行政要求，进一步理顺中央、地方、部门、行业组织（团体）在会计管理方面的权责关系，进一步健全、完善以间接管理为主，法律手段、经济手段与行政手段并用，有利于发挥各方面积极性和创造性的会计管理体制

从表 3－1 可以看出，我国会计改革与发展的总体目标，经历了发展定位逐步成熟的过程。

1. 从“会计模式”演进到“会计体系”阶段

(1) 会计模式阶段

从 1991 年提出的“建立有计划商品经济的新的会计模式”到 1995 年提出的“形成比较成熟和完善的、社会主义市场经济的会计模式”。

(2) 会计体系阶段

从 2011 年提出的“健全适应社会主义市场经济体制要求的会计体系”到 2016 年提出的“建立健全与社会主义市场经济相适应的会计体系”。比较而言，后者的“建立健全”比前者的“健全”更贴切些。

2. 从“两化”发展到“三化”

从 1995 年提出的“实现会计的现代化、法制化”发展到 2016 年提出的“深入推进会计工作法治化、信息化、现代化”。

(二) 会计改革文件对事业单位会计改革提出了哪些要求

1.《预算会计工作改革要点》

1965 年 8 月，财政部召开了预算会计工作会议，会议讨论了《预算会计工作改革要点》。

杨纪琬的研究显示："1965 年 8 月，财政部召开全国预算会计工作会议，研究预算制度的改革。会议肯定了预算会计工作所取得的成绩，同时分析了预算会计工作的缺点。会议认为，当时预算会计的主要缺点是：习惯于单纯依靠制度办事，依靠报表数字办事；路子比较窄，工作做得不够活；在制度规定中，有不少繁琐哲学，该简化的没有简化，该堵的漏洞没有堵住，等等。会议对于如何实现预算会计改革的问题，提出：第一，中心问题是政治统率业务。第二，要为生产建设服务，为人民生活服务，正确处理服务与监督的关系。预算会计要了解业务单位的需要主动服务；要走出办公室，同群众一起找差距、挖潜力、提措施，促进增产节约；既要严格执行制度，又要实事求是，不死抠硬卡，而是从全局出发，从生产需要出发；对于那些违反政策，违反制度，不利于社会主义的事情，则要加以制止。第三，要依靠群众理财。在单位内部实行财务民主；组织业务相同的单位相互审查会计报表和决算；规定制度办法吸收群众参加，执行制度办法向群众作好宣传。第四，要反对繁琐哲学，改革预算会计制度。……这次会计改革的主要着眼点，是反对繁琐哲学，强调简明、通俗，把改革的重点放在简化会计核算制度上，提出'算要有用，管要合理'的指导方针，这在当时是有积极意义的。在一定程度使广大会计人员从日常过于繁琐的事务中解脱出来，深入实际、深入群众，组织和推动群众性增产节约、增收节支运动的开展。"①

《预算会计工作改革要点》主要内容如下。②

（1）突出政治，以政治统率会计业务。

（2）根据单位的不同情况和不同需求，分别制定了《行政事业单位会计制度》《行政事业单位简易会计制度》《报销单位财务收支处理办法》三个会计制度。

（3）简化了账簿、科目、凭证、报表和核算手续，减少了重复核算和无效劳动。① 账簿：凡是能用总账科目代替的，可以不记明细账，《简易会计制度》把总账和明细账并为一套账；② 会计科目：《行政事业单位会计制度》用几个账户来代替；③ 记账凭证：由过去"一事一单"改为按日汇总制单；④ 会计报表：取消了季报，减少了不少指标。

（4）改革了记账方法，由过去"借贷记账法"改为"收付记账法"。

（5）堵塞了制度漏洞，对各单位的"银行支取未报数"必须加强管理，要登账控制，以堵塞以拨作支、以领代报的漏洞。

（6）加强财产物资的管理和核算。要求会计部门同物资管理部门密切协作，健全账卡，严密手续，坚持清点制度，做到账账、账实相符。把财产物资管好用好。

（7）强调要有固定会计人员从事会计工作。

① 杨纪琬. 中国现代会计手册[M]. 北京：中国财政经济出版社，1988.

② 王丙乾. 预算会计工作必须实现革命化[J]. 会计，1965(5)：9－12.

2.《会计改革纲要(试行)》

1991 年 8 月 24 日，财政部发布的《会计改革纲要(试行)》(财会字〔1991〕第 046 号)第 14 条指出:“行政事业单位会计改革，应当以强化各项经费的预算管理为中心，发挥会计的职能作用，保证行政机关工作的正常运转和各项事业计划的完成。行政事业单位必须坚持按国家统一制定的会计核算制度组织会计工作;应当通过预算的编制、分配、执行分析与考核监督，合理、有效和节约地使用各项资金;应当根据各类事业经费管理的不同体制，参与事业发展计划的论证、拟定和执行情况的检查、考核，合理组织和运用各类资金，提高资金的使用效果。”

3.《会计改革与发展纲要》

1995 年 12 月 15 日，财政部印发的《会计改革与发展纲要》(财会字〔1995〕71 号)第 9 条指出:“稳步推进预算会计核算制度改革，规范预算会计信息标准。从加强财政预算管理和国家宏观调控，促进预算单位改善内部管理、提高资金使用效果的要求出发，对预算会计体系中各级人民政府财政会计、行政单位会计、事业单位会计，由财政部分别制定全国统一的会计制度。为了适应不同类型事业单位的会计核算要求，要抓紧制定事业单位会计准则。”第 14 条指出:“强化预算单位的会计管理。预算单位应当以强化单位预算管理为中心，发挥会计的职能作用，保证预算单位的正常运转和各项工作任务的完成。应当按照预算会计制度科学组织会计工作，统一和强化预算执行情况报告，保证预算执行情况报告的及时完整、真实可靠，满足国家宏观管理和单位管理的需要;应当根据预算单位管理的特点，研究与之相适应的责任考核制度，通过预算的编制、分配、分析、考核、监督，合理、有效和节约地使用各项资金，提高资金的使用效果。”

4.《预算会计核算制度改革要点》

1996 年 3 月 11 日，财政部发布的《预算会计核算制度改革要点》(财预字〔1996〕26 号)指出:“为更有效地实行分类管理，改革后的预算会计体系由各级人民政府财政会计、行政单位会计、事业单位会计和参与预算执行的国库会计、收入征解会计共同构成。全国统一的预算会计制度，包括适用于各级人民政府财政部门的《各级人民政府财政会计制度》，适用于国家机关、党派和人民团体的《行政单位会计制度》和适用于事业单位的《事业单位会计制度》等，由财政部负责制定。由于事业单位涉及的行业很多，情况各异，为了既能统一，又能适应各行各业的实际情况及今后发展的需要，财政部应制定《事业单位会计准则》。争取在今后 5 至 10 年的时间内，逐步建立起科学、完善的预算会计制度体系。”还指出:“核算方法的改革包括:① 将资金收付记账法改为借贷记账法;② 将会计要素划分为资产、负债、净资产(基金)、收入、支出五个要素;③ 取消原全额预算管理单位、差额预算管理单位和自收自支预算管理单位的三套会计科目，使用统一的会计科目和方法;④ 事业单位会计可根据单位实际情况和核算要求，分别采用收付实现制或权责发生制。会计基础一经确定,不得随意变更;⑤ 行政单位和事业单位一律以实际支出数列报支出。”

5.《会计改革与发展“十二五”规划纲要》

2011年9月9日,财政部印发的《会计改革与发展“十二五”规划纲要》(财会〔2011〕19号)第7条指出:“全面推进事业单位会计改革。根据推进事业单位改革、促进事业单位健康发展的需要,借鉴国际经验,结合医院、高校会计改革成果,全面修订事业单位会计准则和事业单位会计制度,整合事业单位行业会计制度。”

6.《会计改革与发展“十三五”规划纲要》

2016年10月8日,财政部印发的《会计改革与发展“十三五”规划纲要》(财会〔2016〕19号)指出:“建立政府会计准则制度体系。加快落实国务院批准发布的《权责发生制政府综合财务报告制度改革方案》,有序推进政府会计改革,在已发布的《政府会计准则——基本准则》基础上,加快制定政府会计具体准则及应用指南和政府会计制度,建立健全政府会计准则制度体系,为编制权责发生制政府财务报告和健全完善政府财务报告体系奠定基础。研究制定政府成本会计制度。抓好政府会计准则制度贯彻实施工作,完善信息化建设等相关配套措施,确保政府会计改革顺利进行。”

二、《会计法》与《事业单位会计准则》对事业单位会计制度的影响

《中华人民共和国会计法》是会计工作的母法,是各行业会计工作的基本法。《中华人民共和国会计法》第二条指出:“国营企业事业单位、国家机关、社会团体、军队办理会计事务,必须遵守本法。”

(一)《中华人民共和国会计法》的发展轨迹(1979年至今)

1.《中华人民共和国会计法》(1985版)

1979年8月11日,财政部会计制度司研究形成会计法起草大纲,并起草第一稿《中华人民共和国会计法(供讨论草稿)》。

1980年10月29日,经国务院批准,财政部召开全国会计工作会议。会议讨论了《中华人民共和国会计法(讨论稿)》。

1984年1月11日,财政部再次报请国务院审议《关于报请审议〈中华人民共和国会计法(草案)〉的报告》及说明。4月24日,国务院常务会议对《中华人民共和国会计法(草案)》进行审议,并提出重要修改意见;7月2日,《中华人民共和国会计法(草案)》经国务院签署提请第六届全国人大常委会审议。

1985年1月10日,第六届全国人大常委会第九次会议再次审议《中华人民共和国会计法(草案)》;1月21日,中华人民共和国主席发布第21号主席令:《中华人民共和国会计法》已由中华人民共和国第六届全国人民代表大会常务委员会第九次会议于1985年1月21日通过,现予以公布,从1985年5月1日起施行。

《中华人民共和国会计法》(1985 版)共 6 章 31 条。这是新中国的第一部会计法,标志着我国的会计工作从此走上了法治的轨道。

4 月 8 日,财政部、劳动人事部发出《关于贯彻施行〈会计法〉中有关会计人员任免规定的通知》,自 1985 年 5 月 1 日起执行。

2.《中华人民共和国会计法》(1993 版)

1986 年 4 月 10 日,根据《会计法》规定,中央职称改革工作领导小组发出通知,转发了财政部制定的《会计专业职务试行条例》和《关于〈会计专业职务试行条例〉的实施意见》,对会计职称评定进行改革,实行会计专业职务聘任制度。会计专业职务的名称定为高级会计师、会计师、助理会计师、会计员。1992 年 3 月 21 日,财政部、人事部联合发布了《关于印发〈会计专业技术资格考试暂行规定〉和〈实施办法〉的通知》,决定对会计专业技术资格实行考试制度,规定:会计专业技术资格考试实行全国统一考试,各地区、各部门不再进行相应会计专业职务任职资格评审工作;考试按会计专业职务的设置分为会计员、助理会计师和会计师资格考试;通过全国统一考试获得会计专业技术资格的会计人员,表明其已具备担任相应会计专业职务的水平和能力,获得的专业技术资格不与工资待遇挂钩;助理会计师、会计资格考试分为甲、乙两种考试。该规定对报名参加会计专业技术资格考试的人员应具备的条件、考试日期、考试资格的取得、考试培训等做了明确的规定。

1986 年 7 月 3 日,根据《会计法》规定,国务院发布《中华人民共和国注册会计师条例》,共 6 章 30 条,对注册会计师和会计师事务所的管理体制、注册会计师的考试和注册、注册会计师的业务范围、注册会计师的工作规则等做出了规定。

1990 年 3 月 20 日,根据《会计法》规定,财政部发布了《会计证管理办法(试行)》,对取得会计证的条件、程序,会计证发放范围等做了明确的规定。

12 月 31 日,根据《会计法》规定,国务院发布了《总会计师条例》,自发布之日起施行。《总会计师条例》对总会计师的设置、地位和任务,总会计师的职责,总会计师的权限,总会计师的任职条件、任免与奖惩等问题做出了规定。

1991 年 6 月 23 日,国务院办公厅批转了财政部《关于进一步实施〈会计法〉,加强会计工作的请示》(以下简称《请示》),并指出,会计工作是一项很重要的工作,随着我国有计划商品经济的发展,会计工作在经济管理中将发挥越来越重要的作用,各地区、各部门要加强会计工作的领导,保障会计人员依法履行职责,切实解决会计工作中存在的问题,充分发挥其在加强经济管理、提高经济效益方面的作用。财政部在《请示》中对加强会计工作提出了六点意见:一是提高对会计工作的认识,充分发挥会计人员在经济活动中的作用;二是加强会计工作法制建设,保障会计人员依法行使职权;三是广泛深入开展会计工作达标升级活动,不断提高会计工作水平;四是进一步深化会计改革,不断提高会计工作水平;五是提高会计人员政治业务素质,调动和发挥会计人员的积极性;六是加强对会计工作的领导,完善监督机制。

7月29日，财政部发布《会计改革纲要〈试行〉》。《会计改革纲要(试行)》对会计改革的基本原则、会计管理体制、会计核算制度、基层单位会计工作、会计电算化、注册会计师、会计人员、理论研究、组织领导等提出了原则性要求。

8月24日，财政部印发的《关于进一步修订〈会计法〉调查研究的通知》指出：为了进一步完善《会计法》，健全会计法制，根据国务院法制局《关于调整补充〈国务院一九九二年立法工作计划〉的意见》，拟对《会计法》进行修订。

10月5日，国务院召开专门会议，对《中华人民共和国会计法修改草案》进行审议；10月8日，国务院李鹏总理签署了《国务院关于提请审议〈中华人民共和国会计法修正案(草案)〉的议案》，提请第八届全国人大常委会审议。

10月22日，第八届全国人大常委会第四次会议对国务院提交的《中华人民共和国会计法修正案(草案)》进行审议。

10月31日，《中华人民共和国注册会计师法》经第八届全国人民代表大会常务委员会第四次审议通过，自1994年1月1日起施行。

12月29日，第八届全国人民代表大会常务委员会第五次会议审议通过了《关于修改〈中华人民共和国会计法〉的决定》，中华人民共和国第17号主席令公布，自公布之日起执行。修改后的《中华人民共和国会计法》是6章30条。

1994年5月3日，财政部发布的《贯彻〈会计法〉、加强会计核算制度管理的规定》提出：财政部是管理全国会计工作的职能部门，国家统一的会计核算制度(包括准则和行业会计准则等)，由财政部统一制定、发布和解释，按照“统一领导，分级管理”的原则组织实施。各地区、各部门要及时将财政部发布的有关会计核算制度及规定，转发所属机构和企业执行，同时负责检查、监督和指导工作。各地区、各部门在不违反国家统一的会计核算制度及规定的前提下，可以对本地区和本部门特有业务的会计核算问题做出必要的补充规定和具体核算办法，并报财政部审查备案。

3.《中华人民共和国会计法》(1999版)

1995年10月21日，中共中央政治局常委、国务院副总理朱镕基提出《整理会计工作秩序的约法三章》，指出：一是所有企业、事业单位必须依法建账，并且保证会计工作的秩序和会计信息质量；二是认真培训和大力提高会计工作者和注册会计师的政治业务素质、业务能力和职业道德；三是财政部门要负责从法规、制度、培训、监管等方面加强全国的会计工作，其他主管部门都要加强对基层单位的会计监督。

12月15日，财政部发布《会计改革与发展纲要》(以下简称《纲要》)。《纲要》是为了指导“九五”计划和21世纪初会计改革与发展目标、任务制定的。《纲要》共分八个部分：① 明确了新时期会计改革与发展的总体目标和基本原则；② 继续深化会计管理体制改革；③ 建立健全会计信息管理体系；④ 建立单位会计管理体系；

⑤ 健全和完善以注册会计师为主体的社会审计和咨询、服务体系；⑥ 建立科学的会计人才评价、选拔和培养机制；⑦ 加强会计理论研究；⑧ 加强组织领导。财政部在下发《纲要》时要求各地区、各部门广泛宣传学习《纲要》的基本内容，结合实际，制定《纲要》的规划和实施措施、积极稳妥地推动会计改革。

1996 年 4 月 19 日国务院发出《关于整顿会计工作秩序进一步提高会计工作质量的通知》，要求在全国范围内整顿会计工作秩序。整顿的重点是：按照国家规定应当建账而没有建账或者账目严重混乱的；账外设账，或者假造会计凭证、会计账簿、会计报表，隐瞒真实的财务状况和经营成果的；违反财务会计制度，乱挤乱摊成本、随意核销费用，任意减少利润或者增加亏损，擅自冲减国家资本金的；截留、转移国家和单位的收入，私设“小金库”的等。同时，要求加强对会计工作的领导，进一步健全会计法制，提高会计人员的政治业务素质，加强会计社会中介机构管理，提高注册会计师的执业质量。

6 月 17 日，根据《会计法》规定，财政部印发了《会计基础工作规范》，从单位会计机构设置和会计人员配备、会计人员职业道德、会计工作交接、会计核算一般要求、填制会计凭证、登记会计账簿、编制财务报告、会计监督、内部会计管理制度等方面对基层单位会计工作进行了详细、明确的规范。同日，财政部印发了《关于会计基础工作规范化意见》，决定在全国范围内组织开展会计基础工作规范化。

1998 年 6 月 30 日，财政部修改《会计法》座谈会在北京召开。会议对修改《会计法》的思路和目标、修改内容等问题进行了深入讨论和研究。

8 月 19 日，财政部印发了《中华人民共和国会计法修改草案（讨论稿）》，以征求意见。

8 月 21 日，根据《会计法》规定，财政部、国家档案局印发了《会计档案管理办法》，自 1999 年 1 月 1 日起施行。

1999 年 5 月 25 日，第十八次国务院常务会议讨论并原则通过了《中华人民共和国会计法（修订草案）》。

5 月 27 日，国务院法制办公室、财政部主持召开座谈会，对《中华人民共和国会计法（修订草案）》和《关于惩治违反会计法犯罪的决定（草案）》进行了研究修改，并取得了一致意见。

5 月 30 日，国务院提请全国人大常委会审议《中华人民共和国会计法（修订草案）》和《关于惩治违反会计法犯罪的决定（草案）》。

10 月 26 日，第九届全国人大常委会第十二次会议第三次审议《中华人民共和国会计法（修订草案）》，并同时审议《中华人民共和国刑法修正案（草案）》（含惩治违反会计法犯罪的内容）；10 月 31 日，第九届全国人大常委会第十二次会议修订通过《中华人民共和国会计法》。同日，中华人民共和国主席令第 24 号予以公布。修订后的《中华人民共和国会计法》是 7 章 52 条，自 2000 年 7 月 1 日起施行。

12 月 25 日,《中华人民共和国刑法修正案》经第九届全国人大常委会第十三次会议通过并于同日由中华人民共和国主席令第 27 号公布施行。其第一百六十二条后增加一条,作为第一百六十三条:"隐匿或者故意销毁依法应当保存的会计凭证、会计账簿、财务会计报告,情节严重的,处五年以下有期徒刑或者拘役,并处或者单处二万元以上二十万元以下罚金。单位犯前款罪的,对单位判处罚金,并对其直接负责的主管人员和其他直接责任人员,依照前款的规定处罚。"

4.《中华人民共和国会计法》(2017 版)

2000 年 6 月 21 日,根据《会计法》规定,国务院以第 287 号令发布《企业财务会计报告条例》,于 2001 年 1 月 1 日起实施。《企业财务会计报告条例》规范了财务会计报告的构成、编制、对外提供、法律责任等内容。

2001 年 2 月 26 日,财政部发出《关于开展〈会计法〉执行情况检查的通知》,决定自 2001 年 3 月至 9 月在全国范围内组织开展《会计法》执行情况检查。

6 月 22 日,为深入贯彻《会计法》,推动单位建立健全内部会计监督制度,财政部发布了《内部会计控制规范——基本规范(试行)》和《内部会计控制规范——货币资金(试行)》。

2003 年 3 月 14 日,为贯彻《会计法》,完善高级会计人才评价制度,人事部、财政部联合发布了《关于高级会计师资格实行考评结合试点工作的通知》,决定在浙江、湖北两省进行高级会计师考评结合试点。

2004 年 8 月 18 日,为贯彻实施《会计法》,规范民间非营利组织会计核算,促进其健康发展,财政部制定发布了《民间非营利组织会计制度》。民间非营利组织是市场经济发展的重要组成部分,也是《会计法》的调整对象,依法规范民间非营利组织会计行为,对于市场经济发展具有重要作用。

2016 年 12 月 1 日,《国务院关于取消一批职业资格许可和认定事项的决定》(国发〔2016〕68 号),将"会计从业资格"列为建议取消的职业资格事项。

2017 年 3 月 3 日,财政部发布了《会计从业资格行政许可清理情况说明》,财政部会计司负责人表示,作为财政部主管全国会计工作的业务司局,会计司认真贯彻落实国务院推进"放管服"改革工作部署,进一步转变职能、转变观念、提高认识,加大职业资格许可和认定事项清理力度,不断降低人才负担和制度成本。根据国务院常务会议精神和《国务院关于取消一批职业资格许可和认定事项的决定》(国发〔2016〕68 号),会计从业资格被列为建议取消的职业资格事项。因取消会计从业资格涉及修订《会计法》,需要依照法定程序提请全国人民代表大会常务委员会修订相关法律规定。目前,会计司正积极配合有关部门推进《会计法》的修订工作。

2017 年 8 月 17 日,财政部召开《会计法》修订工作领导小组第一次会议,全面部署《会计法》修订工作,明确有关任务分工、重点研究内容、主要工作安排等。此次会议标志着《会计法》修订工作的全面启动。

2017年11月4日，第十二届全国人大常委会第三十次会议通过《关于修改〈中华人民共和国会计法〉等十一部法律的决定》；同日，中华人民共和国主席令第81号发布，自2017年11月5日起施行。修正后的《中华人民共和国会计法》是7章52条。

2018年6月6日，财政部办公厅发布《关于就〈中华人民共和国会计法〉修订重点问题征询社会意见的通知》(财办会〔2018〕18号)，对《会计法》规范的边界、国家统一的会计制度的执行、政府会计核算、会计信息化、会计年度、境外机构在华开展经营活动涉及的会计、跨境会计服务及其监管、会计法律责任、会计违法处罚、《会计法》修订中需要重点关注研究的其他问题等征询社会意见。

（二）《事业单位会计准则》的发展轨迹(1997年至今)

1. 会计准则在我国的初期发展

1988年10月31日，财政部会计事务管理司成立会计准则组，并召开会计准则组第一次会议，研究制定会计准则的有关准备工作。

1989年1月6—12日，中国会计学会会计基本理论与会计准则研究组在上海召开会计准则专题理论研讨会，会议就会计准则与会计制度的关系、会计准则的内部结构、研究会计准则的思路及发布机构等问题进行了讨论。

3月8日，会计事务管理司会计准则组发布了《关于拟定中国会计准则的初步设想(讨论稿)》和《关于拟定我国会计准则需要研究讨论的几个主要问题(征求意见稿)》。

7月，会计事务管理司向财政部领导报送了《关于制定我国会计准则问题的调查报告》，部领导先后在报告上做出批示。

10月30日，国家自然科学基金会批准会计准则组研究课题“中国会计核算规范体系研究”，并在资金上给予支持。同时，会计准则组开始起草《中华人民共和国会计准则(草案)提纲》，并提交内部讨论。

1990年4月，会计准则组提出《中华人民共和国会计准则(草案)提纲》。

11月1日，财政部提出《中华人民共和国会计准则(草案)提纲(讨论稿)》。

1991年11月26日，财政部发布《企业会计准则第1号——基本准则(草案)》，发各省、自治区、直辖市、计划单列市以及国务院有关部门征求意见。

1992年财政部主持召开会计准则国际研究会。经国务院批准，财政部发布了《企业会计准则》和《企业财务通则》。

2.《事业单位会计准则》的发展沿革

1993年底，财政部正式启动预算会计改革，成立了预算会计改革领导小组，着手研究、起草《预算会计准则》和《会计制度草案》。从1994年起，预算会计着手研究新形势下的改革，其中的一项重点就是调整预算会计的体系，并确定分别制定新的《财政总预算会计制度》《行政单位会计制度》《事业单位会计准则》。考虑到事业单位涵盖面广，各行业差别很大，新的事业单位会计制度体系参照企业的做法和国际惯例，用准则加行业会计制度的模式，解决事业单位会计核算的统一性与适应性的结合。

1995 年 12 月 15 日，财政部印发的《会计改革与发展纲要》(财会字〔1995〕71 号)第 9 条指出："对预算会计体系中各级人民政府财政会计、行政单位会计、事业单位会计，由财政部分别制定全国统一的会计制度。为了适应不同类型事业单位的会计核算要求，要抓紧制定事业单位会计准则。"

1996 年 3 月 11 日，财政部发布的《预算会计核算制度改革要点》(财预字〔1996〕26 号)指出："为更有效地实行分类管理，改革后的预算会计体系由各级人民政府财政会计、行政单位会计、事业单位会计和参与预算执行的国库会计、收入征解会计共同构成。全国统一的预算会计制度，包括适用于各级人民政府财政部门的《各级人民政府财政会计制度》，适用于国家机关、党派和人民团体的《行政单位会计制度》和适用于事业单位的《事业单位会计制度》等，由财政部负责制定。由于事业单位涉及的行业很多，情况各异，为了既能统一，又能适应各行各业的实际情况及今后发展的需要，财政部应制定《事业单位会计准则》。争取在今后 5 至 10 年的时间内，逐步建立起科学、完善的预算会计制度体系。"

1997 年 5 月 28 日，财政部发布了《事业单位会计准则(试行)》(财预字〔1997〕286 号)，自 1998 年 1 月 1 日起试行。7 月 17 日，财政部发布了《事业单位会计制度》(财预字〔1997〕288 号)，自 1998 年 1 月 1 日起执行。

1999 年，全国预算会计研究会按照科研工作安排，"试拟涵盖财政总预算会计、行政单位会计和事业单位会计的《预算会计基本准则》，以完善我国两大会计体系之一的预算会计体系"被列为预算会计研究课题组的首要课题。

2002 年 4 月 6 日，记者岳力报道："财政部部长助理冯淑萍日前透露，财政部正尝试建立政府会计体系和非营利组织会计标准体系，准备通过几年努力，建立起符合我国国情并与国际惯例相协调的由政府会计、非营利组织会计和企业会计三大部分组成的会计体系。冯淑萍表示，适应我国经济体制和财政体制改革的需要，特别是适应我国加入世贸组织的新形势，积极推进政府会计体系改革及非营利组织会计标准体系建设，是我国下一步会计改革的重要内容。据悉，我国现行的会计体系包括企业会计和预算会计(相当于国外的政府会计)。企业会计标准体系改革进展顺利，已基本实现了与国际惯例相协调。政府会计标准体系改革起步相对较晚，有些方面滞后于财政预算管理体制改革，与国际会计惯例也存在一定差距。非营利组织会计标准体系则存在不统一、不规范等问题，影响了非营利组织的会计核算和事业发展。"①

① 岳力.财政部官员:进一步改革现行会计体系[N].证券日报,2002-4-6.

2008年3月5日，财政部在第十一届全国人民代表大会第一次会议上做的《关于2007年中央和地方预算执行情况与2008年中央和地方预算草案的报告》中指出："修订事业单位财务规则、会计准则和制度。"

据《中国财经报》2008年1月18日报道，《2008会计管理工作要点》第五点规定："稳步推进政府和事业单位会计改革。配合行政事业单位各项改革措施的实施，稳步推进相关会计改革。一是研究提出我国政府会计准则基本框架，修订完善事业单位会计准则和事业单位会计制度，面向社会公开征求意见，条件成熟时，拟在医院、高校等事业单位试行。"

据《中国财经报》2008年7月4日报道，《会计改革与发展纲要(征求意见稿)》在全国公开征求意见，其第9条指出："建立政府及非营利组织会计准则体系。按照完善公共财政体系要求，为优化财政支出结构、促进财政绩效管理、提升财政管理效益，借鉴国际通行做法，建立政府会计准则体系，稳步推进政府会计改革。"

据《中国会计报》2008年12月12日报道，财政部会计司司长刘玉廷在《展望：五大领域步步为营》中指出："其次，建立实施非营利组织会计准则制度体系。会计准则体系还要向医院、学校等非营利组织扩展。这些单位现在执行的是事业单位会计准则制度，根据实际情况，迫切需要进行这一领域的会计改革，引入企业会计准则的理念、原则和方法，最终形成统一的中国非营利组织会计准则体系。""最后，研究建立政府会计准则体系。我们每年派人到国外学习研究，积极做好必要的人才准备。将来在企业与非营利组织会计改革的基础上，择机推进政府会计改革。"

2011年9月9日，财政部印发的《会计改革与发展"十二五"规划纲要》(财会〔2011〕19号)第7条指出："全面推进事业单位会计改革。根据推进事业单位改革、促进事业单位健康发展的需要，借鉴国际经验，结合医院、高校会计改革成果，全面修订事业单位会计准则和事业单位会计制度，整合事业单位行业会计制度。"

2012年2月15日，财政部对现行《事业单位会计准则(试行)》(财预字〔1997〕286号)和《事业单位会计制度》(财预字〔1997〕288号)进行了全面修订，拟定了《事业单位会计准则(征求意见稿)》和《事业单位会计制度(征求意见稿)》。

12月6日，财政部发布《事业单位会计准则》(财政部令第72号)将于2013年实施。

12月19日，财政部发布了《事业单位会计制度》(财会〔2012〕22号)，自2013年1月1日起全面施行。

2013年1月1日，财政部新修订的《事业单位会计准则》和《事业单位会计制度》开始在全国施行。为了做好两项规定的贯彻实施工作，财政部又发布了实施通知，做出专项工作部署。

《事业单位会计准则》的理论贡献是构建了事业单位会计的理论框架。它确立了：

（1）会计目标

《事业单位会计准则》第四条指出："事业单位会计核算的目标是向会计信息使用者提供与事业单位财务状况、事业成果、预算执行等有关的会计信息，反映事业单位受托责任的履行情况，有助于会计信息使用者进行社会管理、作出经济决策。"

（2）会计基本假设

① 会计主体假设。《事业单位会计准则》第五条指出："事业单位应当对其自身发生的经济业务或者事项进行会计核算。"

② 持续经营假设。《事业单位会计准则》第六条指出："事业单位会计核算应当以事业单位各项业务活动持续正常地进行为前提。"

③ 会计分期假设。《事业单位会计准则》第七条指出："事业单位应当划分会计期间，分期结算账目和编制财务会计报告。"

④ 货币计量假设。《事业单位会计准则》第八条指出："事业单位会计核算应当以人民币作为记账本位币。发生外币业务时，应当将有关外币金额折算为人民币金额计量。"

（3）会计基础

《事业单位会计准则》第九条指出："事业单位会计核算一般采用收付实现制；部分经济业务或者事项采用权责发生制核算的，由财政部在会计制度中具体规定。"

（4）会计要素(财务报告要素)

《事业单位会计准则》第十条指出："事业单位会计要素包括资产、负债、净资产、收入、支出或者费用。"

（5）会计信息质量特征

① 可靠性原则。《事业单位会计准则》第十二条指出："事业单位应当以实际发生的经济业务或者事项为依据进行会计核算，如实反映各项会计要素的情况和结果，保证会计信息真实可靠。"

② 全面性原则。《事业单位会计准则》第十三条指出："事业单位应当将发生的各项经济业务或者事项统一纳入会计核算，确保会计信息能够全面反映事业单位的财务状况、事业成果、预算执行等情况。"

③ 及时性原则。《事业单位会计准则》第十四条指出："事业单位对于已经发生的经济业务或者事项，应当及时进行会计核算，不得提前或者延后。"

④ 可比性原则。《事业单位会计准则》第十五条指出："事业单位提供的会计信息应当具有可比性。"

⑤ 相关性原则。《事业单位会计准则》第十六条指出："事业单位提供的会计信息应当与事业单位受托责任履行情况的反映、会计信息使用者的管理、决策需要相关，有助于会计信息使用者对事业单位过去、现在或者未来的情况作出评价或者

预测。”

⑥ 明晰性原则。《事业单位会计准则》第十七条指出:“事业单位提供的会计信息应当清晰明了,便于会计信息使用者理解和使用。”

(三)《政府会计准则》的发展轨迹(2004 年至今)

2000 年,财政部预算司和香港理工大学联合成立了一个课题组研究“中国政府预算会计制度改革研究:从收付实现制到权责发生制”,这标志着我国新一轮政府会计改革正式拉开序幕并受到国家高度重视。

2004 年 9 月 16 日,财政部国库司司长詹静涛在政府会计管理与改革国际研讨会上说:“我国正处于完善社会主义市场经济体制的过程中,需要不断加强和完善公共财政管理,政府会计管理与改革问题是我国不断研究和关注的重点。”

2006 年 3 月 14 日,第十届全国人民代表大会第四次会议批准的《中华人民共和国国民经济和社会发展第十一个五年规划纲要》第三十二章第一节指出:“继续深化部门预算、国库集中收付、政府采购和收支两条线管理制度改革。建立国库现金管理和国债余额管理制度,推进政府会计改革。加强预算执行审计,提高预算执行的严肃性。”

2007 年 11 月 27 日,财政部和国际公共部门会计准则委员会联合主办的政府会计最新发展国际研讨会在北京召开。会议的主题是交流政府间会计改革的经验,研讨国际上政府会计改革的最新发展。财政部部长助理张通出席研讨会并致辞,国际会计师联合会(IFAC)主席胡安・约瑟・费文・德瓦勒先生、执行总裁伊恩・鲍尔先生出席了会议。

2011 年《国民经济和社会发展第十二个五年规划纲要》再次明确提出“进一步推进政府会计改革,逐步建立政府财务报告制度”。

2011 年 12 月 25 日至 26 日,2011 年全国财政工作会议在北京举行。财政部部长谢旭人在部署 2012 年工作时指出,继续做好《预算法》《注册会计师法》的修订工作,狠抓预算编制管理,健全政府收支分类科目体系,稳步扩大企业会计准则通用分类标准实施范围,研究制定政府会计准则等。

2013 年 11 月 15 日,党的十八届三中全会通过的《中共中央关于全面深化改革若干重大问题的决定》第 17 条指出:“建立跨年度预算平衡机制,建立权责发生制的政府综合财务报告制度,建立规范合理的中央和地方政府债务管理及风险预警机制。”

2014 年 8 月 31 日,第十二届全国人大常委会第十次会议通过的《中华人民共和国预算法》第九十七条规定:“各级政府财政部门应当按年度编制以权责发生制为基础的政府综合财务报告,报告政府整体财务状况、运行情况和财政中长期可持续性,报本级人民代表大会常务委员会备案。”第九十八条规定:“国务院根据本法制定实施条例。”

9月26日,《国务院关于深化预算管理制度改革的决定》(国发〔2014〕45号)指出:“建立权责发生制的政府综合财务报告制度。研究制定政府综合财务报告制度改革方案、制度规范和操作指南,建立政府综合财务报告和政府会计标准体系,研究修订总预算会计制度。”

12月12日,国务院批转的财政部《权责发生制政府综合财务报告制度改革方案》在“总体目标”中指出:“权责发生制政府综合财务报告制度改革是基于政府会计规则的重大改革,总体目标是通过构建统一、科学、规范的政府会计准则体系,建立健全政府财务报告编制办法,适度分离政府财务会计与预算会计、政府财务报告与决算报告功能,全面、清晰反映政府财务信息和预算执行信息,为开展政府信用评级、加强资产负债管理、改进政府绩效监督考核、防范财政风险等提供支持,促进政府财务管理水平提高和财政经济可持续发展。”

12月26日,为了规范政府的会计核算,编制权责发生制政府财务报告,保证会计信息质量,财政部起草了《政府会计准则——基本准则(第二次征求意见稿)》和《主要问题》,向社会公开征求意见。

2015年10月23日,财政部印发了《政府会计准则——基本准则》(财政部令第78号),自2017年1月1日起施行。《政府会计准则——基本准则》是我国政府会计标准体系的重要组成部分之一。《政府会计准则——基本准则》作为政府会计基本的“概念框架”,统驭政府会计具体准则和政府会计制度的制定,并为政府会计实务问题提供处理原则,为编制政府财务报告提供基础标准,它为建立统一、科学、规范的政府会计会计准则体系奠定了基础。

11月19日,为了加快推进政府会计改革,建立政府会计准则体系,根据《国务院关于批转财政部权责发生制政府综合财务报告制度改革方案的通知》和《政府会计准则——基本准则》,财政部起草了存货、投资、固定资产和无形资产4项政府会计具体准则及说明,并就此向各单位征求意见。

12月16日,财政部政府会计准则委员会成立并召开第一次全体会议。

2016年7月14日,财政部制定发布了《政府会计准则第1号——存货》《政府会计准则第2号——投资》《政府会计准则第3号——固定资产》和《政府会计准则第4号——无形资产》。此举标志着政府会计准则体系建设工作继《政府会计准则——基本准则》出台后又迈出了坚实的一步,对于进一步规范政府会计主体的会计核算、提高会计信息质量、夯实国有资产管理基础具有重要意义。

8月3日,财政部发布了《政府会计制度——行政事业单位会计科目和会计报表(征求意见稿)》。

9月14日,财政部发布的《政府会计准则——公共基础设施(征求意见稿)》对于公共基础设施确立了“谁负责管理维护、谁入账”的原则,即政府会计主体应当确认按规定由其直接负责维护管理的公共基础设施。

10 月 8 日，财政部印发的《会计改革与发展“十三五”规划纲要》(财会〔2016〕19 号)指出：“建立政府会计准则制度体系。加快落实国务院批准发布的《权责发生制政府综合财务报告制度改革方案》，有序推进政府会计改革，在已发布的《政府会计准则——基本准则》基础上，加快制定政府会计具体准则及应用指南和政府会计制度，建立健全政府会计准则制度体系，为编制权责发生制政府财务报告和健全完善政府财务报告体系奠定基础。研究制定政府成本会计制度。抓好政府会计准则制度贯彻实施工作，完善信息化建设等相关配套措施，确保政府会计改革顺利进行。”

10 月 24 日，企业会计准则咨询委员会咨询委员和政府会计准则委员会咨询专家第一次会议在北京国家会计学院举行。

11 月 25 日，财政部发布的《〈政府会计准则第 3 号——固定资产〉应用指南(征求意见稿)》主要规定了两方面内容：一是关于政府固定资产折旧年限的确定，二是关于政府固定资产折旧计提的时点。

12 月 27 日，财政部发布了《政府会计准则——政府储备物资(征求意见稿)》。

2017 年 2 月 21 日，财政部印发的《〈政府会计准则第 3 号——固定资产〉应用指南》(财会〔2017〕4 号)与《政府会计准则第 3 号——固定资产》同步实施。

4 月 19 日，财政部办公厅印发了《关于征求〈政府会计准则——会计调整(征求意见稿)〉意见的函》(财办会〔2018〕9 号)。

4 月 25 日，财政部制定发布了《政府会计准则第 5 号——公共基础设施》。

8 月 3 日，财政部发布了《政府会计准则第 6 号——政府储备物资》。

10 月 24 日，财政部印发的《关于〈政府会计制度——行政事业单位会计科目和报表〉的通知》(财会〔2017〕25 号)指出：“自 2019 年 1 月 1 日起施行。鼓励行政事业单位提前执行。执行本制度的单位，不再执行《行政单位会计制度》《事业单位会计准则》《事业单位会计制度》《医院会计制度》《基层医疗卫生机构会计制度》《高等学校会计制度》等制度。”这个通知，宣布了高等学校单独使用的《高等学校会计制度》取消了，又回归到 60 年前高等学校依附于“单位预算会计制度”的状态。

第二节　高校会计制度的变迁历程

诺思认为，“变迁”一词就是指制度的创立、变更及随时间的变化而被打破的方式。制度变迁历程，就是制度的建立、修订和失效过程。

一、高校会计制度的依附时期(1949 年 10 月至 1988 年)

新中国成立后的一个相当长的时期，受高校作为政府附属物的影响，中国高校没有独立的会计制度。

(一)“单位预算会计制度”阶段(1949年10月至1988年)

1949年12月12日,财政部设会计制度处,安绍芸教授任处长,该处负责全国会计制度设计工作;1950年9月,会计制度处调整为会计制度司,安绍芸教授任司长。

1950年3月9日,政务院财政经济委员会(简称“中财委”)发布《关于草拟统一的会计制度的训令》。

1.《各级人民政府暂行单位预算会计制度》

1950年,根据《中国人民政治协商会议共同纲领》的要求,开始编制全国财政收支概算。1950年10月,财政部召开第一次全国预算会计金库会议,同年12月12日颁布了《各级人民政府暂行总预算会计制度》,12月13日颁布了《各级人民政府暂行单位预算会计制度》。

什么是“单位预算会计”?《各级人民政府暂行单位预算会计制度》第三条规定:“凡预算决算暂行条例第六条二、三两款所称之各机关,其一切财务收支之会计事务,称单位预算会计(以下简称单位会计),由各机关设置专门机构办理之。”

笔者查阅《预算决算暂行条例》,由于《预算决算暂行条例》是1951年7月21日发布的,而《各级人民政府暂行单位预算会计制度》是1950年12月13日发布,因此,《各级人民政府暂行单位预算会计制度》所指的“第六条二、三两款”在《预算决算暂行条例》中却是“第七条二、三两款”。1951年7月21日,政务院颁布的《预算决算暂行条例》第七条第二款规定:“单位预算、单位决算:各级人民政府直属机关就其本身及其所属机关岁入岁出所汇编之预算、决算,为单位预算、单位决算。”第三款规定:“附属单位预算、附属单位决算:各级人民政府直属机关之所属机关以下所编制之岁入岁出预算、决算,均为附属单位预算、附属单位决算。”另外,一些论著提到《各级人民政府暂行单位预算会计制度》发布时间是1950年12月12日,笔者考证是1950年12月13日;《预算决算暂行条例》发布时间是1951年8月19日,笔者考证是1951年7月21日。①

从上可知,“各级人民政府直属机关”就是“单位”,这个单位包括后来所称的“行政单位”和“事业单位”。这两个制度确定了预算会计名称,明确了“财政总预算会计”和“单位预算会计”的名称,初步确立了我国预算会计的框架,实现了我国预算会计的统一,具有为新中国预算会计体系和会计方法奠基的历史意义,为新中国预算会计体系和会计方法奠定了基础。

2.《各级人民政府单位预算会计制度》

1954年11月1日,财政部修订的《各级人民政府单位预算会计制度》第二条规

① 杨纪琬.中国现代会计手册[M].北京:中国财政经济出版社,1988.

定:“各级人民政府所属行政机关、事业机关、企业主管机关和团体,关于执行单位预算或附属单位预算的收支会计事务,除税收会计和实行经济核算的基本建设会计外,称单位预算会计,应由各机关统一会计机构依照本制度办理。”这里虽然开始区分“行政机关”与“事业机关”,但用的制度仍是“单位预算会计制度”。

3.《行政事业单位会计制度》

1963年提出了“事业单位”的名称。1963年7月22日,国家编制委员会代国务院草拟的《关于编制管理的暂行办法(草案)》,将事业单位界定为“为国家创造和改善生产条件,促进社会福利,满足人民文化、教育、卫生等需要,其经费由国家事业费开支的单位”。“事业单位”是中国特有的名词,类似于西方国家的非营利组织的名称。

1965年8月,财政部召开了预算会计工作会议,会议讨论了《预算会计工作改革要点》和《行政事业单位会计制度》《行政事业单位简易会计制度》《报销单位财务收支处理办法》四个文件,会后由财政部颁发。

4.《事业行政单位预算会计制度》

1988年9月17日,财政部颁发了《事业行政单位预算会计制度》,即将1965年8月的《行政事业单位会计制度》改为《事业行政单位预算会计制度》。

(二)“事业单位会计制度”阶段(1996—1997年)

1. 事业单位会计与行政单位会计的分离

1996年3月11日,财政部发布的《预算会计核算制度改革要点》(财预字〔1996〕26号)是我国预算会计改革的纲领性文件。这次改革的突破性内容是重新划分了预算会计体系,实行了事业单位会计与行政单位会计的分离。

2.《事业单位会计制度》

1997年5月28日,财政部颁发了《事业单位会计准则(试行)》,1997年7月17日财政部发布了《事业单位会计制度》;1998年2月6日又发布了《行政单位会计制度》。2012年12月6日财政部发布的《事业单位会计准则》(财政部令第72号)于2013年实施;2012年12月19日,财政部发布了《事业单位会计制度》(财会〔2012〕22号),自2013年1月1日起全面施行。

1988年后虽仍有《事业单位会计制度》,但《高等学校会计制度》相对独立了。

二、高校会计制度的独立时期(1988年12月至2018年)①

新中国成立后,我国共颁发过三部《高等学校会计制度》。本部分简略叙述,具体内容在下一部分阐述。

---

① 2018年后,《高等学校会计制度》取消,高校会计执行《政府会计制度》。

（一）1988 年版

第一部——1988 年 12 月 10 日，国家教育委员会发布中国公立高校历史上第一部独立的《高等学校会计制度（试行）》，共 49 个会计科目，其中，资金来源类科目 19 个，资金运用类科目 18 个，资金结存类科目 12 个。之前，一直执行《事业单位会计制度》。

（二）1998 年版，间隔 10 年

第二部——1998 年 3 月 31 日，财政部和教育部颁发了《高等学校会计制度（试行）》（财预字〔1998〕105 号），共 38 个会计科目，其中，资产类科目 10 个，负债类科目 6 个，净资产类科目 6 个，收入类科目 9 个，支出类科目 7 个。

（三）2013 年版，间隔 15 年

第三部——第三部是一波四折，从征求意见稿到定稿共经历四年时间，先后三次发布。

第一次——2009 年 8 月 12 日，财政部发布了《高等学校会计制度（征求意见稿）》（财会便〔2009〕62 号）。其中，突出的变化有三点：

（1）“高等学校会计采用修正的权责发生制基础”。何谓“修正的权责发生制”？杨纪琬指出：“不进行成本核算，仍然可以实行权责发生制，但是，考虑到事业单位的特点，这种权责发生制应当是有限制的。西方国家称之为‘修正’的权责发生制 Modified Accrual Basis。用我国一句通俗的文字来表述，也就是‘原则上’或者‘基本上’实行权责发生制。”①

（2）“高等学校会计要素包括资产、负债、净资产、收入和费用”。这里把“支出”改为“费用”，应该注意在“权责发生制”背景下称为“费用”，在“收付实现制”背景下称为“支出”。

（3）会计科目。共 56 个会计科目，其中，资产类科目 20 个，负债类科目 11 个，净资产类科目 3 个，收入类科目 9 个，费用类科目 9 个，预算会计科目 4 个。

第二次——2010 年 9 月 2 日，财政部发布了《高等学校会计制度（第二次征求意见稿）》。其中，突出的变化有三点：

（1）“高等学校会计采用权责发生制基础”。

（2）会计科目。共 48 个会计科目，其中，资产类科目 19 个，负债类科目 12 个，净资产类科目 5 个，收入类科目 6 个，费用类科目 6 个。还设置了“辅助账——资本性支出”科目。

（3）财务报表设置了“现金流量表”。2009 年 8 月 12 日，财政部发布《高等学校会计制度（征求意见稿）》之后，笔者立即指出：“现金流量表在采用收付实现制作为会计基础时不需要设置，2009 年 8 月 12 日，财政部发布的《医院会计制度（征求

---

①　杨纪琬．学习两个《准则》的体会[J]．预算管理与会计，1996(10)：22－27．

意见稿)》采用了权责发生制作为会计基础,设置了现金流量表;《高等学校会计制度(征求意见稿)》采用了修正的权责发生制作为会计基础,却未设现金流量表。作为《事业单位会计准则》是适用于医院、高校等事业单位,建议增编现金流量表。”①

第三次——2013 年 7 月 12 日,财政部办公厅印发了《征求〈高等学校会计制度(修订)(征求意见稿)〉意见的函》(财办会〔2013〕25 号)。其中,突出的变化有三点:

(1) 又回到了 1998 年的“一般采用收付实现制”。《高等学校会计制度》指出:“高等学校会计核算一般采用收付实现制,但部分经济业务或者事项的核算应当按照本制度的规定采用权责发生制。”

(2) 又回到了 1998 年的会计要素——“支出”。《高等学校会计制度》指出:“高等学校会计要素包括资产、负债、净资产、收入和支出。”

(3) 会计科目。共 54 个会计科目,其中,资产类科目 17 个,负债类科目 12 个,净资产类科目 9 个,收入类科目 7 个,费用类科目 9 个。

第四次——2013 年 12 月 30 日,财政部印发了《高等学校会计制度》(财会〔2013〕30 号),其内容基本上同 2013 年 7 月 12 日的《高等学校会计制度(修订稿)》。

三、高校执行过的会计制度内容的发展轨迹

高校使用过的会计制度的内容有一项一直没有变更过,即会计年度采用历年制,1950 年 12 月 12 日,财政部发布的《各级人民政府暂行总预算会计制度》和 12 月 13 日发布的《各级人民政府暂行单位预算会计制度》都从第十一条规定:“本制度依预算决算暂行条例之所定,以公历 1 月 1 日起至 12 月 31 日止为一会计年度。会计年度之分季,自 1 月 1 日起每三个月为一季。会计年度之分月,依公历之所定。”

(一) 记账本位币的变迁

表 3-2　高校执行过的会计制度/法律的记账本位币变迁表

法规名称	发表时间	记账本位币的变迁
政务院颁发的《关于 1949 年财政决算及 1950 年预算编制的指示》	1949.12.27	规定:“记账本位币未确定前,暂按各地预算本位编制,如大米、小米、高粱米等,并注明编制预算时之当地米价。”
财政部颁布的《各级人民政府暂行单位预算会计制度》	1950.12.13	第十条规定:“本制度以人民币为记账本位,以元为记账单位,元以下四舍五入。”还规定:“各区财政会计,统以‘核定之预算本位粮’为记账本位,一切收支均须折预算本位粮与原款原粮同时入账……其记账单位,款以人民币‘元’为单位……他种货币均按比价折合人民币注账(东北、内蒙古、新疆则依该区货币计算,但对中央报表仍按人民币编造)。预算本位粮以‘市斤’为单位……”

① 乔春华.《事业单位会计准则》设计的若干问题探析.会计之友(上旬刊),2009(11):4-8.

（续表）

法规名称	发表时间	记账本位币的变迁
《会计法》	1985	第九条规定："会计记账以人民币为单位。以外国货币计算的，应当折合人民币记账，同时登记外国货币金额和折合率。"
《会计法》	1993	第九条规定："会计核算以人民币为记账本位币。业务收支以外国货币为主的单位，也可以选定某种外国货币作为记账本位币，但是编报的会计报表应当折算为人民币反映。"
国家教育委员会发布的《高等学校会计制度(试行)》	1988.12.10	第二十一条规定："高等学校会计记账以人民币为单位(元以下记到角分)。"

从表3-2中记账本位币的变迁可以看出六大变化：① 记账本位币未确定前，暂按各地预算本位编制，如大米、小米、高粱米等；② 记账单位以人民币"元"为单位或东北、内蒙古、新疆当地的币种；③ 以人民币为单位，以外国货币计算的应当折合人民币记账；④ 以人民币为记账本位币，业务收支以外国货币为主的单位也可以选定某种外国货币作为记账本位币；⑤ 人民币为记账本位，以"元"为记账单位，元以下四舍五入；⑥ 以人民币为单位(元以下记到角分)。

（二）会计要素的变迁

表3-3　高校执行过的会计制度的会计要素变迁表

法规名称	发表时间	会计要素的变迁
财政部颁布的《各级人民政府暂行单位预算会计制度》	1950.12.13	第12条规定："分为收入、支出、资产、负债和资产负债共同类等五大类。"
财政部颁布的《各级人民政府单位预算会计制度》	1954.11.1	全面学习苏联，由原来的五大类改为资产和负债两大类。
财政部发布的《行政事业单位会计制度》	1965.9.18	第四章中指出："分为'资金来源''资金运用'和'资金结存'三大类，共设置十八个会计科目。"
财政部颁布的《事业行政单位预算会计制度》	1988.9.17	第十五条指出："各单位通用的资金来源、资金运用和资金结存会计科目三大类。"
国家教育委员会发布《高等学校会计制度(试行)》	1988.12.10	第二十四条指出："会计科目分为：'资金来源''资金运用'和'资金结存'三大类。"
财政部发布的《预算会计核算制度改革要点》(财预字〔1996〕26号)	1996.3.11	第四条指出："确认会计要素。将会计要素划分为资产、负债、净资产(基金)、收入、支出五个要素。"

（续表）

法规名称	发表时间	会计要素的变迁
财政部和教育部颁发的《高等学校会计制度（试行）》（财预字〔1998〕105 号）	1998.3.31	“第二部分”指出：“会计科目分为：资产类、负债类、净资产类、收入类和支出类。”
财政部发布的《高等学校会计制度（征求意见第一稿）》（财会便〔2009〕62 号）	2009.8.12	第四条指出：“高等学校会计要素包括资产、负债、净资产、收入和费用。”
财政部发布的《高等学校会计制度（征求意见稿第二稿）》	2010.9.2	第三条指出：“高等学校会计要素包括资产、负债、净资产、收入和费用。”
财政部办公厅印发的《征求〈高等学校会计制度（修订）（征求意见稿）〉意见的函》（财办会〔2013〕25 号）	2013.7.12	第五条指出：“高等学校会计要素包括资产、负债、净资产、收入和支出。”
财政部办公厅印发的《征求〈高等学校会计制度（修订）（征求意见稿）〉意见的函》（财办会〔2013〕25 号）	2013.12.30	第五条指出：“高等学校会计要素包括资产、负债、净资产、收入和支出。”
财政部发布的《政府会计制度——行政事业单位会计科目和报表》	2017.10.24	第六条指出：“单位会计要素包括财务会计要素和预算会计要素。财务会计要素包括资产、负债、净资产、收入和费用。预算会计要素包括预算收入、预算支出和预算结余。”

说明：

（1）《高等学校会计制度（征求意见第一稿）》《高等学校会计制度（征求意见第二稿）》《高等学校会计制度（修订）（征求意见稿）》未执行，但为了反映高等学校会计制度的变迁轨迹，在表 3-3中仍列入。

（2）2017 年 10 月 24 日，财政部发布的《政府会计制度——行政事业单位会计科目和报表》指出：“自 2019 年 1 月 1 日起施行。鼓励行政事业单位提前执行。执行本制度的单位，不再执行《行政单位会计制度》《事业单位会计准则》《事业单位会计制度》《医院会计制度》《基层医疗卫生机构会计制度》《高等学校会计制度》《中小学校会计制度》《科学事业单位会计制度》《彩票机构会计制度》《地质勘查单位会计制度》《测绘事业单位会计制度》《国有林场与苗圃会计制度（暂行）》《国有建设单位会计制度》等制度。”

从上述会计要素的变迁可以看出五大变化：① 收入、支出、资产、负债和资产负债共同类五类；② 资产和负债两大类；③ 资金来源、资金运用和资金结存三大类；④ 资产、负债、净资产、收入和支出五大类；⑤ 财务会计要素包括资产、负债、净资产、收入和费用，预算会计要素包括预算收入、预算支出和预算结余。

（三）记账方法的变迁

表3-4　高校执行过会计制度的记账方法变迁表

法规名称	发表时间	记账方法的变迁
财政部颁布的《各级人民政府暂行单位预算会计制度》	1950.12.13	第8条规定："本制度采用复式记账原理和现金收付记账法登记账目，一切账簿格式概以付方列左，收方列右。但如事实需要，各单位会计得改用借贷记账法登记账目。"
财政部颁布的《各级人民政府单位预算会计制度》	1952.12	第8条规定："本制度采用复式记账原则，借贷记账法登记账目。但各单位会计得参照事实需要，改用现金收付记账法，以付方列左，收方列右。"
财政部颁布的《各级人民政府单位预算会计制度》	1954.11.1	全面学习苏联，统一采用借贷记账法。
财政部发布的《行政事业单位会计制度》	1965.9.18	第四章中指出："采用以资金活动为主体的'收付记账法'。"
财政部颁布的《事业行政单位预算会计制度》	1988.9.17	第十八条指出："事业行政单位会计的记账方法，采用以资金活动为主体的收付记账法，即'资金收付记账法'。"
国家教育委员会发布的《高等学校会计制度（试行）》	1988.12.10	第十九条指出："高等学校原则上采用资金收付记账法。高等学校所属独立核算单位，可根据有关规定，结合单位具体情况，采用资金收付记账法、借贷记账法或增减记账法。"
财政部发布的《预算会计核算制度改革要点》（财预字〔1996〕26号）	1996.3.11	第四条指出："改变记账方法，将资金收付记账法改为借贷记账法。"
财政部和教育部颁发的《高等学校会计制度（试行）》（财预字〔1998〕105号）	1998.3.31	第四条指出："高等学校会计记账采用借贷记账法。"

从上述记账方法的变迁可以看出五大变化：① 现金收付记账法；② 借贷记账法；③ 资金收付记账法；④ 资金收付记账法、借贷记账法或增减记账法；⑤ 借贷记账法。

(四) 会计基础的变迁

表3-5 高校执行过会计制度的会计基础变迁表

法规名称	发表时间	会计基础的变迁
1950年9月1日,财政部制发了《关于1950年度财政管理及会计事务处理采用收付实现制的几个具体规定》。		
财政部颁布的《各级人民政府暂行单位预算会计制度》	1950.12.13	第7条规定:"基本上采用收付实现制。"
财政部颁布的《事业行政单位预算会计制度》	1988.9.17	第十八条指出:"根据预算会计办理预算收支的特点和'收付实现制'的结账基础原则,事业行政单位会计的记账方法,采用以资金活动为主体的收付记账法,即'资金收付记账法'。"
国家教育委员会发布的《高等学校会计制度(试行)》	1988.12.10	第十六条指出:"高等学校会计核算,一般实行'收付实现制'。对外服务和科研项目的核算,经主管部门批准,也可采用'权责发生制'。"
财政部发布的《预算会计核算制度改革要点》(财预字〔1996〕26号)	1996.3.11	第四条指出:"规范记账基础。事业单位会计可根据单位实际情况和核算要求,分别采用收付实现制或权责发生制。会计基础一经确定,不得随意变更。"
财政部和教育部颁发的《高等学校会计制度(试行)》(财预字〔1998〕105号)	1998.3.31	第五条指出:"高等学校会计核算一般采用收付实现制,但经营性收支业务的核算采用权责发生制。"
财政部发布的《高等学校会计制度(征求意见第一稿)》(财会便〔2009〕62号)	2009. 8.12	第三条指出:"高等学校会计采用修正的权责发生制基础。"
财政部发布的《高等学校会计制度(征求意见稿第二稿)》	2010.9.2	第三条指出:"高等学校会计采用权责发生制基础。"
财政部办公厅印发的《征求〈高等学校会计制度(修订)(征求意见稿)〉意见的函》(财办会〔2013〕25号)	2013.7.12	第四条指出:"高等学校会计核算一般采用收付实现制,但部分经济业务或者事项的核算应当按照本制度的规定采用权责发生制。"
财政部办公厅印发的《征求〈高等学校会计制度(修订)(征求意见稿)〉意见的函》(财办会〔2013〕25号)	2013.12.30	第四条指出:"高等学校会计核算一般采用收付实现制,但部分经济业务或者事项的核算应当按照本制度的规定采用权责发生制。"
财政部发布的《政府会计制度——行政事业单位会计科目和报表》	2017.10.24	第五条指出:"单位会计核算应当具备财务会计与预算会计双重功能,实现财务会计与预算会计适度分离并相互衔接,全面、清晰反映单位财务信息和预算执行信息。单位财务会计核算实行权责发生制;单位预算会计核算实行收付实现制。"

从上述会计基础的变迁可以看出五大变化：① 基本上采用收付实现制；② 一般采用收付实现制，但经营性收支业务的核算采用权责发生制；③ 修正的权责发生制基础；④ 权责发生制；⑤ 单位财务会计核算实行权责发生制，单位预算会计核算实行收付实现制。

（五）会计报表的变迁

表3－6　高校执行过会计制度的会计报表变迁表

法规名称	发表时间	会计报表的变迁
财政部颁布的《各级人民政府暂行单位预算会计制度》	1950.12.13	第三十条规定："日报类会计报表，以向本机关首长报告本级单位会计每日财政收支及库存数字为目的，仅包括一种会计报表——库存现金日报表。" 第三十一条规定："月报类会计报表有四种，总分类账科目余额表、月份岁入计算表、月份岁出计算表、月份预算外收支计算表。" 第三十二条规定："年报类会计报表有四种，各种年度岁入决算表、各种年度岁出决算表、年度预算外收支决算表、资产负债表。" 第三十三条规定："各级单位会计向财政部门或上级机关报送各种月份岁出计算表时，须附送下列文件：① 固定资产增减表；② 人员登记表；③ 包干费报销册；④ 工资费报销册；⑤ 补贴及补助费报销册；⑥ 婴儿公费生供给报销册；⑦ 出差旅费报销册；⑧ 单据统计表。"
财政部发布的《行政事业单位会计制度》	1965.9.18	第七章中指出："月报：资金活动情况表、经费支出明细表；年度决算依照财政部或地方财政部门下达的有关决算编报的规定办理。"
财政部颁布的《事业行政单位预算会计制度》	1988.9.17	第九十条指出："月报：全额单位编报资金活动情况表和经费支出明细表；季报一般要求在月报的基础上，加报往来款项明细表、专项资金和专用基金明细表、定员定额基本数字表等；年报，即年度决算，是全面反映年度预算资金活动、预算内外收支执行结果的报表，年度单位决算报表种类要求等，按照同级财政机关和上级单位下达的有关单位决算编审规定组织执行。"
国家教育委员会发布的《高等学校会计制度（试行）》	1988.12.10	第三十二条规定："高等学校的会计报表，可分月报、季报、年报三种。① 月报是反映截止报告月份的预算收支执行和资金活动情况，主要满足本单位财务管理和决策的需要。格式可由各高等学校自行拟订。② 季报是以分析检查单位预算执行为重点的报表，可由高等学校主管部门根据需要布置编报。一般的表式为：资金平衡表、经费支出表、学校基金收支表、基本数字表。③ 年报即年度决算，是全面反映年度教育事业费预算执行情况以及科研经费、有偿服务收入、学校基金等各项资金收支情况的重要报表。年度决算的种类如下：资金平衡表、拨入经费增减表、经费支出表、科研经费收支表、待转抵支收入表、学校基金收支表、特种资金收支表、委托代培经费表、对外服务收支表、基本数字表。"

（续表）

法规名称	发表时间	会计报表的变迁
财政部发布的《预算会计核算制度改革要点》(财预字〔1996〕26号)	1996.3.11	第四条指出："预算执行情况报告主要由资产负债(资金平衡)表、收入支出表及必要的附表、预算报告情况分析说明书组成。"
财政部和教育部颁发的《高等学校会计制度(试行)》(财预字〔1998〕105号)	1998.3.31	"第四部分"指出，高等学校会计报表包括资产负债表、收入支出表、附表及收支情况说明书等。其中，资产负债表编制月报、年报，收入支出表编制月报、年报，支出明细表编制年报。
财政部发布的《高等学校会计制度(征求意见第一稿)》(财会便〔2009〕62号)	2009.8.12	"第四部分财务报表格式"指出，资产负债表编制月报、年报，收入费用表编制月报、年报，预算收支表编制年报，基建投资表编制年报，附注编制年报。
财政部发布的《高等学校会计制度(征求意见稿第二稿)》	2010.9.2	"第四部分财务报表格式"指出，资产负债表编制月报、年报，收入费用表编制月报、年报，现金流量表编制年报，财政拨款收支表编制年报，基建投资表编制年报，附注编制年报。
财政部办公厅印发的《征求〈高等学校会计制度(修订)(征求意见稿)〉意见的函》(财办会〔2013〕25号)	2013.7.12	"第四部分会计报表格式"指出，资产负债表编制月报、年报，收入支出表编制月报、年报，支出与成本费用调节表编制月报、年报，财政补助收入支出表编制年报，附注编制年报。
财政部办公厅印发的《征求〈高等学校会计制度(修订)(征求意见稿)〉意见的函》(财办会〔2013〕25号)	2013.12.30	"第四部分会计报表格式"指出，资产负债表编制月报、年报，收入支出表编制月报、年报，支出与成本费用调节表编制月报、年报，财政补助收入支出表编制年报，附注编制年报。
财政部发布的《政府会计制度——行政事业单位会计科目和报表》	2017.10.24	"第四部分报表格式"指出，财务报表方面，资产负债表编制月报、年报，收入费用表编制月报、年报，净资产变动表编制年报，现金流量表编制年报，附注编制年报；预算会计报表方面，预算收入支出表编制年报，预算结转结余变动表编制年报，财政拨款预算收入支出表编制年报。

从上述会计报表的变迁可以看出六大变化：① 日报：库存现金日报表；月报：总分类账科目余额表、月份岁入计算表、月份岁出计算表，月份预算外收支计算表；年报：年度岁入决算表、年度岁出决算表、年度预算外收支决算表、资产负债表。② 月报：全额单位编报资金活动情况表和经费支出明细表；季报：一般要求在月报的基础上，加报往来款项明细表、专项资金和专用基金明细表、定员定额基本数字表等；年报：按照同级财政机关和上级单位下达的有关单位决算编审规定组织执行。③ 月报：预算经费支出明细表和资金活动情况表；季报：资金平衡表、经费支出表、学校基金收支表、基本数字表；年报：资金平衡表、拨入经费增减表、经费支出表、科研经费收支表、待转抵支收入表、学校基金收支表、特种资金收支表、委托代培经费表、对外服务收支表、基本数字表。④ 资产负债表（月报、年报）、收入支出表（月报、年报）、附表及收支情况说明书（年报）等。⑤ 资产负债表（月报、年报），收入支出表（月报、年报），支出与成本费用调节表（月报、年报），财政补助收入支出表（年报），附注（年报）。⑥ 财务报表：资产负债表（月报、年报），收入费用表（月报、年报），净资产变动表（年报），现金流量表（年报），附注（年报）；预算会计报表：预算收入支出表（年报），预算结转结余变动表（年报），财政拨款预算收入支出表（年报）。

第三节　高校财务会计的发展轨迹

准确地说，本章第二节阐述的是高校预算会计的发展轨迹。笔者曾认为，“预算会计”不是一个完整的概念，因为它没有会计主体。① 完整地说应是“政府预算会计”“企业预算会计”“事业单位预算会计”，其中“事业单位预算会计”又分为“高校预算会计”“医院预算会计”“科研机构预算会计”等。高校财务会计的历史从2019年1月1日起才开始，只有几个月时间，内容极少，为了保持高校会计的完整性，因此，单列一节（本节）。

一、高校预算会计与高校财务会计的适度分离

（一）高校预算会计与高校财务会计的区别

1982年10月，娄尔行教授在教育部召开的“高等学校经济效益座谈会”开幕式上指出：“从今以后，如果我们大家把着重点从经费的请拨和报销，转到提高经济效益上来，使我们的大学会计从预算会计向讲求经济效益的大学会计发展，这不能不说是一个重大的飞跃。有人提出大学会计的方向是人才会计，我的提法稍有不同。这个问题可以提出来大家探讨。……大学里的活动多得很，不光是出人才的

① 乔春华.论高等学校的财务主体[J].教育财会研究，1998(1)：7-10.

问题，我们是应把着重点主要放在出人才上，放在培养大学生的经济效益上，而与此同时，我们的师资队伍提高了，知识更新了，还出了若干科研成果，也要算经济效益。除此以外，大学里还有其他许多活动，也都有经济效益问题。”[①]娄尔行所指的“我们的大学会计从预算会计向讲求经济效益的大学会计发展”，这个“讲求经济效益的大学会计”就是“高校财务会计”和“高校管理会计”。本节阐述高校财务会计，下节阐述高校管理会计。

2015 年 10 月 23 日，财政部发布的《政府会计准则——基本准则》(财政部令第 78 号)第三条规定：“政府会计由预算会计和财务会计构成。预算会计实行收付实现制，国务院另有规定的，依照其规定。财务会计实行权责发生制。”因此，高校预算会计与高校财务会计的明显区别是，前者实行收付实现制，后者实行权责发生制。其实，政府会计不仅由预算会计和财务会计构成，应包括预算会计、财务会计和管理会计三部分。

(二) 高校预算会计与高校财务会计的适度分离

2014 年 12 月 12 日，国务院批转的《财政部权责发生制政府综合财务报告制度改革方案》在“总体目标”中指出：“权责发生制政府综合财务报告制度改革是基于政府会计规则的重大改革，总体目标是通过构建统一、科学、规范的政府会计准则体系，建立健全政府财务报告编制办法，适度分离政府财务会计与预算会计、政府财务报告与决算报告功能，全面、清晰反映政府财务信息和预算执行信息，为开展政府信用评级、加强资产负债管理、改进政府绩效监督考核、防范财政风险等提供支持，促进政府财务管理水平提高和财政经济可持续发展。”

二、高校财务会计的探索阶段

(一) 高校财务会计探索的夭折

高校财务会计的探索始于 2009 年。

1. 修正的权责发生制

2009 年 8 月 12 日，财政部印发的《高等学校会计制度(征求意见稿)》(财会便〔2009〕62 号)第三条指出：“高等学校会计采用修正的权责发生制基础。”第四条指出：“高等学校会计要素包括资产、负债、净资产、收入和费用。”

关于“修正的权责发生制”，杨纪琬认为：“不进行成本核算，仍然可以实行权责发生制，但是，考虑到事业单位的特点，这种权责发生制应当是有限制的。西方国家称之为‘修正’的权责发生制 Modified Aeerual Basis。用我国一句通俗的文字来表述，也就是‘原则上’或者‘基本上’实行权责发生制。”[②]

---

① 引自高等学校经济效益问题研究会(筹备组)1983 年所编《高等学校经济效益问题文集》.

② 杨纪琬. 学习两个《准则》的体会[J]. 预算管理与会计，1996(10)：22－27.

2. 权责发生制

2010年9月2日，财政部发布了《高等学校会计制度(第二次征求意见稿)》第三条指出:“高等学校会计采用权责发生制基础。高等学校会计要素包括资产、负债、净资产、收入和费用。”

关于“支出”改为“费用”，2004年8月18日，财政部颁发的《民间非营利组织会计制度》(财会〔2004〕7号)中，已将“支出”改为“费用”，财政部对其进行解释:“在权责发生制会计下，不存在收付实现制下的‘支出’问题，故没有设置预算会计中的‘支出’这一会计要素。”由此可见，“支出”和“费用”要素的使用与报告主体采用的会计基础有关。在收付实现制和修正的收付实现制基础下，使用“支出”要素;在权责发生制和修正的权责发生制基础下，则使用“费用”要素。

3. 收付实现制

2013年7月12日，财政部办公厅发布的《征求〈高等学校会计制度(修订)(征求意见稿)〉意见的函》(财办会〔2013〕25号)第四条指出:“高等学校会计核算一般采用收付实现制，但部分经济业务或者事项的核算应当按照本制度的规定采用权责发生制。”第五条指出:“高等学校会计要素包括资产、负债、净资产、收入和支出。”

2013年12月30日，财政部发布的《高等学校会计制度》(财会〔2013〕30号)第四条规定:“高等学校会计核算一般采用收付实现制，但部分经济业务或者事项的核算应当按照本制度的规定采用权责发生制。”第五条规定:“高等学校会计要素包括资产、负债、净资产、收入和支出。”

高校财务会计的探索经历四年就夭折了。

(二) 权责发生制政府综合财务报告制度为高校起试水和示范作用

2014年12月12日，国务院批转的财政部《权责发生制政府综合财务报告制度改革方案》(以下简称“方案”)在“建立权责发生制政府综合财务报告制度的重要意义”中指出:“我国目前的政府财政报告制度实行以收付实现制政府会计核算为基础的决算报告制度，主要反映政府年度预算执行情况的结果，对准确反映预算收支情况、加强预算管理和监督发挥了重要作用。但随着经济社会发展，仅实行决算报告制度，无法科学、全面、准确反映政府资产负债和成本费用，不利于强化政府资产管理、降低行政成本、提升运行效率、有效防范财政风险，难以满足建立现代财政制度、促进财政长期可持续发展和推进国家治理现代化的要求。因此，必须推进政府会计改革，建立全面反映政府资产负债、收入费用、运行成本、现金流量等财务信息的权责发生制政府综合财务报告制度。”该《方案》中还指出:“健全完善政府会计制度。政府会计科目设置要实现预算会计和财务会计双重功能。预算会计科目应准确完整反映政府预算收入、预算支出和预算结余等预算执行信息，财务会计科目应全面准确反映政府的资产、负债、净资产、收入、费用等财务信息。条件成熟时，推行政府成本会计，规定政府运行成本归集和分摊方法等，反映政府向社会提供公共服务支出和机关运行成本等财务信息。”

2015 年 12 月 2 日，财政部印发了《政府综合财务报告编制操作指南（试行）》（财库〔2015〕224 号）。

2018 年 3 月 12 日，财政部发布了《关于开展 2017 年度政府财务报告编制试点工作的通知》（财库〔2018〕34 号）。

由于该《方案》要求政府综合财务报告制度采用权责发生制，未提到对高校的直接影响，因此，为高校财务报告制度采用权责发生制起了试水和示范作用。

三、高校财务会计的实施阶段

（一）对高校有直接影响的《政府会计准则》的出台

2015 年 10 月 23 日，财政部发布了《政府会计准则——基本准则》（财政部令第 78 号）。

2016 年 7 月 6 日，财政部发布了《政府会计准则第 1 号——存货》《政府会计准则第 2 号——投资》《政府会计准则第 3 号——固定资产》《政府会计准则第 4 号——无形资产》四项具体准则（财会〔2016〕12 号）。

2017 年 2 月 21 日，财政部印发了《政府会计准则第 3 号——固定资产（应用指南）》（财会〔2017〕4 号）。

2017 年 4 月 17 日，财政部印发了《政府会计准则第 5 号——公共基础设施》（财会〔2017〕11 号）。

2017 年 7 月 28 日，财政部印发了《政府会计准则第 6 号——政府储备物资》（财会〔2017〕23 号）。

（二）对高校有直接影响的《政府会计制度》的出台

2017 年 10 月 24 日，财政部印发的《政府会计制度——行政事业单位会计科目和报表》（财会〔2017〕25 号）第二条规定：“本制度适用于各级各类行政单位和事业单位（以下统称单位，特别说明的除外）。”第五条规定：“单位会计核算应当具备财务会计与预算会计双重功能，实现财务会计与预算会计适度分离并相互衔接，全面、清晰反映单位财务信息和预算执行信息。单位财务会计核算实行权责发生制；单位预算会计核算实行收付实现制，国务院另有规定的，依照其规定。”第六条规定：“单位会计要素包括财务会计要素和预算会计要素。财务会计要素包括资产、负债、净资产、收入和费用。预算会计要素包括预算收入、预算支出和预算结余。”

（三）高校财务会计的实施

2017 年 10 月 24 日，财政部发出的《关于印发〈政府会计制度——行政事业单位会计科目和报表〉的通知》指出：“自 2019 年 1 月 1 日起施行。执行本制度的单位，不再执行《事业单位会计准则》……《高等学校会计制度》……”

2018年5月16日，教育部发布的《关于直属高校直属单位实施政府会计制度的意见》(教财〔2018〕6号)规定："各单位财务部门应及时调整和更新会计信息系统，按照政府会计制度要求清理旧账、建立新账，做好新旧会计制度的衔接工作。构建财务会计与预算会计适度分离并相互衔接的会计核算模式，为编制权责发生制政府综合财务报告做好准备，实现'双功能、双基础、双报告'的改革目标。"

高校财务会计的实施始于2019年1月1日。

第四节　高校管理会计的发展轨迹

一、高校管理会计的发展沿革

(一) 2014年财政部开始推进行政事业单位管理会计体系建设

2014年2月17日，《财政部会计司2014年工作要点》第二条指出："大力开展管理会计体系建设研究，积极发挥会计在增强企业价值创造力方面的重要作用。一是尽快发布《关于全面推进管理会计体系建设的指导意见》，指导我国管理会计工作的系统开展。二是开展课题研究，重点进行管理会计的概念框架、工具方法等方面的研究。三是深入企业调研，总结、提炼管理会计实践经验，树立先进典型，组织经验交流。四是建立管理会计专家咨询机制，为管理会计体系建设提供咨询和建议。五是研究探索管理会计知识培训体系建设。六是加强管理会计的宣传工作，为全面推进管理会计体系建设营造良好的社会氛围。"

2014年2月20日，财政部部长楼继伟在中国总会计师协会第五次全国会员代表大会上指出："我国会计工作改革必须按照市场经济要求，全力推进管理会计体系建设，构建中国特色管理会计理论体系，加强管理会计人才培养和管理会计信息化建设。争取在3～5年内，在全国培养出一批管理会计师，为全面提升企业和行政事业单位经济效益和资金使用效益服务。力争通过5～10年的努力，使我国管理会计跻身于世界先进水平行列。"楼继伟强调指出："加快推进管理会计改革，是财政部门贯彻落实全面深化改革重大决定、推进国家治理体系和治理能力现代化的重要举措，对于推动企业完善现代企业制度、推进行政事业单位预算绩效管理、决算评价和加强事业单位治理具有重要作用，是深化财税体制改革、建立现代财政制度的重要内容，也是深化会计改革，推动会计人才上水平、工作上层次、事业上台阶的重要方向。"

2014年11月18日，财政部正式颁布的《财政部关于全面推进管理会计体系建设的指导意见》(财会〔2014〕27号)指出："管理会计是会计的重要分支，主要服务于单位内部管理需要，是通过利用相关信息，有机融合财务与业务活动，在单位规划、决策、控制和评价等方面发挥重要作用的管理活动。管理会计工作是会计工作的重要组成部分。……党的十八届三中全会对全面深化改革做出了总体部署，推进预算绩效管理、建立事业单位法人治理结构、加强内部管理已经成为行政事业单位一种内在要求。这就要求财政部门顺时应势，大力发展管理会计。”

中国会计学会管理会计及应用专业委员会副主任委员于增彪指出：“在我国事业和行政单位，管理会计几乎是空白，未来应用和精进的空间巨大。因为事业和行政单位主要提供各种各样的社会服务，其服务能力不仅取决于财务资源总量，而且取决于财务资源及其对应的非财务资源的利用效率。而成本管控、预算管理、绩效评价和内控制度等管理会计方法，对于提高事业和行政单位资源的利用效率是不可或缺的。”①

2018年12月27日，财政部印发了《管理会计应用指引第803号——行政事业单位》(财会〔2018〕38号)第一条规定：“为了促进行政事业单位加强管理会计工作，提升单位内部管理，提高管理绩效和公共管理服务水平，根据《管理会计基本指引》，制定本指引。”第七条规定：“有条件的行政事业单位应根据业务规模和管理需求构建管理会计组织体系，建立健全内部管理制度，包括预决算制度、资产管理制度、财务管理制度、绩效管理制度等。”

(二) 高校管理会计比较复杂

查尔斯·亨格伦(Charles T. Horngren)还指出：“非营利组织中的控制系统可能永远不会像营利性企业那样发达，这是因为：① 组织的目标和具体目标不是那么清楚。而且，它们常常是多重的，需要进行困难的权衡。② 专业人员(如教师、律师、医生、科学家、经济学家等)在非营利性组织中占主导地位。由于他们特有的职业地位，他们不易接受正式控制系统的建立和实施。③ 计量更为困难，这是因为：a. 没有利润指标；b. 存在大量酌量性固定成本，使得投入产出关系很难确认和计量。④ 来自其他组织或‘所有者’要求改善管理控制系统的竞争压力较少。所以，许多美国城市正在通过与私营企业签订合同的方法，将一些重要的服务项目如卫生等‘私营化’。⑤ 预算的作用常常只是为了与基金提供者进行讨价还价以获得最大可能的基金拨款，而不是一个严格的计划。⑥ 人的动机和对人激励与营利组织不同。”②

查尔斯·亨格伦等指出：“营利与非营利组织的特征可归纳如下：① 劳动密集：学校和律师事务所在费用中所占的比例最高的部分是周薪、月薪及与工资有关的成本，而不是与使用机器设备及固定设施有关的成本；② 很难定义产出：大学机构的产出可以认为是授予学位的多少，但许多评论家认为应以学生们掌握的技术

① 于增彪. 对我国管理会计发展的基本看法[J]，中国总会计师，2014(4)：20-21.

② [美]查尔斯·亨格伦，格里·L. 桑顿，威廉姆·斯特尔顿. 管理会计教程[M]. 许秉岩，等译. 10版. 北京：华夏出版社，1999.

的多少而定，因此衡量产出通常被认为不可能；③ 主要的投入与产出不能被储存：如飞机多余的机位不能储存下来用于下一航班，旅馆每一天可提供的劳务和房间要么被利用，要么未被利用。随着各种管理会计知识的介绍，我们会涉及服务行业和非营利组织的实际应用情况。值得一提的是，在服务行业和非营利组织建立会计制度时，简单化是首要原则，许多专业人士如医生、教授或政府官员等甚至拒绝填写一张时间卡。实际上，简单化是设计任何一个会计系统所应遵循的必要原则，复杂化将意味着收集和解释信息所花的成本超过带来的效益。简单化有时可用 KISS(即 keep it simple，stupid)表示。"①

唐·R. 汉森等指出："服务区别于有形产品的四个方面是：无形性、易逝性、不可分割性和异质性。无形性(intangibility)是指服务购买者在购买服务以前，是看不见、听不到、尝不到也感觉不到服务的。易逝性(perishability)是指服务在被实施时就必须立即消费掉，而不能被消费者储存起来以备将来使用(在某些特殊情况下，有形产品也不能储存)。不可分割性(inseparability)是指服务的提供者和购买者为了使交易发生通常必须直接接触。实际上服务与其提供者通常是不可分割的。异质性(heterogeneity)是指与产品的生产相比，实施服务中产生的变化可能更多。服务人员可能会受到所从事的工作、同事的人员构成、个人的教育程度以及家庭生活等个人因素的影响。这些因素使他很难提供始终如一的服务。"②

二、高校成本的发展沿革

(一) 教育成本的提出

1. 教育成本的提出——1958 年

在国外，最早研究教育成本的学者是约翰·维泽(John Vaizy)，他于 1958 年出版了《教育成本》(*The Costs of Education*)③，在该专著中他分析了 20 世纪初到 20 世纪 50 年代英国教育经费的变化情况，并首次提出了"教育成本"的概念。虽然他的书命名为 *The Costs of Education*，但书中将教育经费视同教育成本，并没有明确给出教育成本的定义。1962 年，他在《教育经济学》(*The Economics of Education*)一书④中指出不仅要计量教育的直接成本，而且要计量教育的间接成本，这进一步扩展了教育成本的内涵。

1963 年，美国著名经济学家、诺贝尔经济奖得主西奥多·舒尔茨(Theodore

① [美]查尔斯·亨格伦，格里·L. 桑顿，威廉姆·斯特尔顿. 管理会计教程[M]. 许秉岩，等译. 10 版. 北京：华夏出版社，1999.

② [美]唐·R. 汉森，玛丽安娜·M. 莫温. 管理会计[M]. 陈良华，等译校. 10 版. 北京：北京大学出版社，2010.

③ John Vaizy. The Costs of Education[M]. London：Allen and Unwin，1958.

④ John Vaizy. The Economics of Education[M]. London：Faber and Faber，1962.

W. Schultz)出版的《教育的经济价值》(*The Economic Value of Education*)一书[①]中专有一章论述教育成本。他提出了“教育全部要素成本”(total factor costs of education)的概念,他认为教育的全部要素成本由两部分组成:一是学校提供教育服务的成本,包括教师、行政管理人员、教学辅助人员的支出,维持学校正常运转耗费的要素成本,以及学校房屋、土地等的折旧等,但不包括与教育服务无关的附属活动成本,如学生食堂、住宿、奖学金、补贴等支出;二是学生上学的机会成本,即学生因上学放弃工作机会而丧失的收入。舒尔茨也没有界定教育成本的概念,但他明确指出教育成本与教育经费是两个截然不同的概念。教育经费是一个统计概念,它包含了一些不属于教育成本的项目,同时又缺少了教育成本应该包含的一些项目。西奥多·舒尔茨的研究比约翰·维泽深入了一些。

1979 年,美国经济学家科恩(Elchanan Cohn)在《教育经济学》(*The Economics of Education*)[②]中对教育成本进行了论述,并对教育的收益、成本及两者的关系,教育和经济的增长,教育的生产与成本函数,教师工资及其决定因素,教育财政以及教育计划等进行了分析。他将教育成本分为直接成本和间接成本。直接成本主要是学校提供的教育成本,但也有一部分是学生因上学而发生的支出,除了学杂费、书本费以外,还有额外发生的食宿费、服装费、往返于学校和家庭之间的交通费。他认为,从经济学的角度看,教育成本用机会成本来表示最为恰当,在考虑相同机会成本的情况下,教育成本还包括间接成本,即学生因上学而放弃的收入,学校享受的税款减免,用于教育的建筑物、土地等资产损失的收入等。科恩的教育成本分类理论与约翰·维泽有所区别,但与舒尔茨的分类方法有相似之处,且完善了对机会成本的考虑,但同样难以核算教育成本。

第一次提出“高等教育成本分担”论的是美国高等教育经济专家、纽约州立大学校长布鲁斯·约翰斯通(D. Bruce Johnstone)教授。他在 1984 年秋季美国科罗拉多召开的一次会议上提出了高等教育成本分担理论;1986 年他在出版的《高等教育的成本分担:英国、联邦德国、法国、瑞典和美国的学生财政资助》一书中认为高等教育成本至少包括四个方面:一是教学成本,二是研究支出,三是学生生活支出,四是放弃的收益。这四项成本,没有一项是确定的。首先,教师员工的工资,国家、地区和学校间差异较大,教学成本显然是一个巨大的变数。其次是学生的生活支出,国家、地区及学生间的开销差距也很显著。加上有免费、全额成本的住宿条件之分,有饮食补贴与完全自费饮食之别,还有学生个体消费差异,导致生活费支出差别巨大。至于学生求学的机会成本,更是一项复杂的事,既存在国家或地区的差异,也存在个体的差异。因此,高等教育成本是一项难以算清楚的账。成本分担

---

① Schulte T W. The Economic Value of Education[M]. New York:Columbia University Press,1963.

② [美]科恩. 教育经济学[M]. 王玉昆,等译. 上海:华东师范大学出版社,1989.

是最早把教育成本与学费联系起来的观点。

布鲁斯·约翰斯通为世界银行所作并提交给联合国教科文组织1998年世界高等教育大会讨论的报告《高等教育财政与管理：世界改革现状报告》的第一部分“公共目的、公共政策、公共收入和公立院校”中指出：“公立部分的改革主要针对由公共调控的机构，不管其是否为政府或私人所合法拥有，特别是涉及主要依靠公共收入(收入来自普通纳税人)的机构。世界范围内的大学改革已出现为公共目的服务的动向。公共目的包括：作为文化的保存者和捍卫者、文化改革的代言人、国民经济增长的发动机、共同抱负实现的工具。这些公共目的被认为是高等教育所应该达到的。这样的高等教育就是公共的，而不管由谁拥有，也不管其收入来自哪里。”①

这些都是研究教育成本的先驱者。

2. 人才成本的提出——1980年

中国会计学泰斗潘序伦老先生曾强烈呼吁：“培养人才也要记成本。”“学校作为生产人才的‘工厂’，也要采用这种成本会计方法，来核算某一科系、某一班级、某一学生的培训费用。”②

娄尔行指出：“搞会计学的人经常提到会计，总是把眼睛看着企业会计，而对事业会计、大学会计，是很少研究的，所以这方面的文章和专著也很少，国外也是这种情况，都重视研究企业会计。”③笔者从1985年开始在全国煤炭教育财会研究会上发表《人才成本初探》，1986年又在全国煤炭教育财会研究会上发表《人才成本再探》的文章，1987年曾呼吁过高校建立人才成本制度，实行高校的人才成本计算。④后来认为应推行教育标准成本计算，重要原因是教育成本计算难度大，且普遍推广意义不大。⑤

(二) 高校成本规定的发展沿革

1. 20世纪80至90年代提出“直接费用正确归属，间接费用合理分摊，为核算人才培养成本创造条件”

1986年10月15日，国家教委、财政部发布的《高等学校财务管理改革实施办法》第二十七条规定：“改革现行的会计核算制度，研究建立高等学校会计核算体系和投资效益分析指标体系，做到直接费用正确归属，间接费用合理分摊，为核算人才培养成本创造条件，使会计核算适应学校管理的要求。”

---

① [美]约翰斯通.高等教育财政与管理：世界改革现状报告[J].陈运超，沈红，译.高等教育研究，1999(6)：5-11.

② 潘序伦.培养人才也要记成本[N].文汇报，1980-12-19.

③ 引自高等学校经济效益问题研究会(筹备组)1983年所编《高等学校经济效益问题文集》.

④ 乔春华.人才成本的理论与实践[J].教育与经济，1987(2)：6-8.

⑤ 乔春华.大学经营的财务视角[M].南京：南京大学出版社，2008.

1988 年 12 月 10 日，国家教委发布的《高等学校会计制度(试行)》第十七条规定："高等学校在会计核算过程中，对各种费用、支出的归属，应当按照受益原则加以确认。凡能划清归属对象的费用、支出，均应直接计入有关核算对象；凡不能直接划清归属对象的费用支出，则应采用合理的方法进行分摊。"

1997 年 6 月 23 日，财政部和国家教委发布的《高等学校财务制度》(财文字〔1997〕280 号)第二十条规定："高等学校在开展教学、科研和非独立核算的经营活动中，应当正确归集实际发生的各项费用；不能直接归集的，应当按照规定的比例合理分摊。"

2. 20 世纪 90 年代至 21 世纪初提出根据"年生均教育培养成本"确定"年经费开支标准"和"学费标准"

(1) 确定"年经费开支标准"

1998 年 8 月 29 日，第八届全国人大常委会第四次会议通过的《中华人民共和国高等教育法》第六十二条规定："国务院教育行政部门会同国务院其他有关部门根据在校学生年人均教育成本，规定高等学校年经费开支标准和筹措的基本原则；省、自治区、直辖市人民政府教育行政部门会同有关部门制订本行政区域内高等学校年经费开支标准和筹措办法，作为举办者和高等学校筹措办学经费的基本依据。"

王善迈指出："综合定额基本上是依据在校生数和生均成本确定"。①

(2) 确定"学费标准"

1994 年 7 月 3 日，国务院发布的《关于〈中国教育改革和发展纲要〉的实施意见》第十六条指出："学生实行缴费上学制度。缴费标准由教育行政主管部门按生均培养成本的一定比例和社会及学生家长承受能力因地、因校(或专业)确定。原则上同一学校(或专业)实行同一种收费标准。不应以收取高额学费而降低录取标准。"

1996 年 12 月 16 日，经国务院同意，国家教委、国家计委、财政部在联合颁布的《高等学校收费管理暂行办法》第三条规定："高等教育属于非义务教育阶段，学校依据国家有关规定，向学生收取学费。"第四条规定："学费标准根据年生均教育培养成本的一定比例确定。不同地区、不同专业、不同层次学校的学费收费标准可以有所区别。"第五条规定："学费占年生均教育培养成本的比例和标准由国家教委、国家计委、财政部共同作出原则规定。在现阶段，高等学校学费占年生均教育培养成本的比例最高不得超过 25%。具体比例必须根据经济发展状况和群众承受能力分步调整到位。"

1999 年 6 月 13 日，中共中央、国务院关于《深化教育改革全面推进素质教育的

---

① 王善迈.改革教育财政拨款体制，提高教育资源配置效率[J].教育与经济，1994(4):16-19.

决定》第二十四条规定："在非义务教育阶段，要适当增加学费在培养成本中的比例，逐步建立符合社会主义市场经济体制以及政府公共财政体制的财政教育拨款政策和成本分担机制。"

2004年3月3日，国务院同意教育部颁发的《2003—2007年教育振兴行动计划》第41条规定："在非义务教育阶段，要合理确定政府和受教育者分担办学成本的比例，收费标准要与居民家庭承受能力相适应。"

3. 21世纪初提出《高等学校教育培养成本监审办法(试行)》

2003年6月13日，国家发展改革委办公厅、财政部办公厅、教育部办公厅发布了《关于开展高等学校教育成本有关情况调查审核工作的通知》(发改办价格〔2003〕347号)。

财政部一直没有发布过《高等学校教育培养成本计算(或核算)办法》。2005年6月8日，国家发展改革委印发了《高等学校教育培养成本监审办法(试行)》，它规定"本办法适用于价格主管部门对高等学校教育培养成本进行调查、审核和核算价格成本的活动"。它虽然是个"监审办法"，不是"核算办法"，但它包括核算原则、成本构成等，是目前专门对高等学校"教育培养成本"进行规定的法规。

4. 20世纪90年代至21世纪初提出高校教育培养成本内容

1996年12月16日，国家教委、国家计委、财政部发布的《高等学校收费管理暂行办法》(教财〔1996〕101号)第四条规定："教育培养成本包括以下项目：公务费、业务费、设备购置费、修缮费、教职工人员经费等正常办学费用支出。不包括灾害损失、事故、校办产业支出等非正常办学费用支出。"

2005年6月8日，国家发展改革委印发的《高等学校教育培养成本监审办法(试行)》第五条规定："高校教育培养成本由人员支出、公用支出、对个人和家庭的补助支出和固定资产折旧四部分构成。其中人员费用包括：教职工基本工资、津贴、奖金、社会保障缴费、其他人员支出；公用支出包括：办公费、印刷费、水电费、取暖费、邮电费、交通费、差旅费、会议费、培训费、福利费、劳务费、招待费、租赁费、物业管理费、维修费、专用材料费、其他公用支出；对个人和家庭的补助支出包括：离退休费、抚恤和生活补助、医疗费、助学金、住房补贴和其他支出；固定资产折旧包括房屋建筑物折旧、设备折旧。"第二十八条规定："设备折旧。设备按分类折旧率(专用设备按8年、一般设备按5年，其他设备均按10年折旧)计提折旧。按设备购置年限已经提取完折旧的设备，不再计提。"第二十九条规定："房屋建筑物折旧。各年房屋建筑物应提折旧统一按当年房屋建筑物固定资产总值的2%(50年折旧期)计提。其中：已投入使用但未办理竣工结算的房屋建筑物可按估计价值暂估入账，并计提折旧。"第三十条规定："科研费用。按科研费用的30%计入成本。如能分别计入具体成本项目，则在该项目中直接核减；否则，按科研费用占教育总支出比例的70%相应核减各成本项目支出。"

由于《高等学校收费管理暂行办法》与《高等学校教育培养成本监审办法(试行)》在成本项目上的规定不十分吻合,因此,在实际执行中也有一定的难度;又由于《高等学校教育培养成本监审办法(试行)》是国家发改委颁发,而不是与财政部、教育部联合发布,因此,在高等教育成本计算环节无法执行,它还未被纳入财政部与教育部联合发布的《高等学校会计制度》核算体系,会计科目的设置与成本核算方法还未反映在日常核算中,因此,成本监审这个事后环节无法对成本计算这个事前环节实施监督与审查。

5. 21 世纪 10 年代提出的高等学校成本核算未实行

(1)《高等学校财务制度(2012)》中的"成本核算"

2012 年 12 月 19 日,财政部、教育部发布的《高等学校财务制度》(财教〔2012〕488 号)第十章为"成本费用管理",其第五十九条规定:"成本核算是指按照相关核算对象和核算方法,对高等学校业务活动中发生的各种费用进行归集、分配和计算。"第六十一条规定:"高等学校应当正确归集实际发生的各项费用;不能直接归集的,应当按照一定原则和标准合理分摊。"第六十二条规定:"高等学校应当根据实际需要,逐步细化成本核算,开展学校、院系和专业的教育总成本和生均成本等核算工作。科研活动成本的核算应当细化到科研项目。高等学校成本核算实施细则由国务院财政部门会同教育主管部门制定。实行内部成本费用管理的高等学校,应当建立成本费用与相关支出的核对机制,以及成本费用分析报告制度。"

罗晶晶报道:"《高等学校财务制度》最重要的特色就是专设'成本费用管理'一章,要求高校归集核算教育、科研、管理、离退休等各项费用,逐步细化成本核算,并要求建立成本费用与相关支出的核对机制。"①

可惜最重要的、特色的"逐步细化成本核算"未实行。

(2)《高等学校成本管理暂行办法(征求意见稿)》未出台。

2010 年 9 月 2 日,财政部发布中《高等学校会计制度(第二次征求意见稿)》中《附件 1:高等学校成本管理暂行办法(征求意见稿)》的内容:

第一章总则;第二章成本管理机构及职责;第三章成本核算对象与项目;第四章成本核算程序与方法;第五章教育成本的核算;第六章科研成本的核算;第七章成本控制;第八章成本报告与分析;第九章附则。

6. 高等学校成本核算在高校财务会计中未实行,试图在高校管理会计中推动

2018 年 12 月 27 日,财政部印发了《管理会计应用指引第 803 号——行政事业单位》(财会〔2018〕38 号)第五章为"成本管理",其第十九条规定:"行政事业单位成本管理可应用标准成本法、作业成本法、完全成本法等工具方法。"第二十条规定:"行政事业单位应用标准成本法、作业成本法等工具方法,应遵循《管理会计应

① 罗晶晶. 新版高校会计制度变化多[N]. 中国会计报,2013-8-21.

用指引第 302 号——标准成本法》《管理会计应用指引第 304 号——作业成本法》等相关指引的一般要求。”第二十一条规定：“行政事业单位应按照成本管理的要求，建立健全成本费用相关原始记录，加强和完善成本数据的收集、记录、传递、汇总和整理等基础工作，为成本管理提供必要的数据基础。”第二十四条规定：“行政事业单位在核算单位整体、主要业务活动、责任中心的总成本和单位成本时，可应用完全成本法。完全成本法，是指对业务活动中所发生的各种耗费按照成本核算对象进行归集和分配，计算出业务总成本和单位成本的一种工具方法。行政事业单位应用完全成本应区分直接费用和间接费用，间接费用按照合理的方法分摊至成本对象，直接费用和分摊的间接费用汇总计算总成本。”

尽管教育部、国家发改委多次提出计算高校的教育成本，很多学者也研究高校的教育成本，但迄今为止，仍未完整计算出一所高校的教育成本。而每个企业都能计算出它所生产的产品成本，这就是高等学校的经济活动比企业复杂的重要例证。

7. 专家观点

娄尔行指出：“我们高等学校搞智力开发，出人才、出知识，我们的成本毕竟与营利单位的成本内涵不一致，效益也不一样，需要探讨。”①

杨纪琬指出：“必须明确，成本核算必须实行权责发生制，而实行权责发生制的单位不一定要进行成本核算（这里不是指销售成本）。事业单位的基本业务如果要进行成本核算，其难度不亚于甚至要超过企业的成本核算，这是因为事业单位成本核算的对象往往不可能像企业那样明确、具体。考虑我国目前情况，事业单位进行成本核算的条件还不够成熟，所以除了基本建设等专项业务外国家不必对此作出规定，但可选择少数有条件的事业单位进行试点。”②

（三）生均拨款基本标准的提出

在第二章第二节中阐述了《国家中长期教育改革和发展规划纲要（2010—2020 年）》提出“生均拨款基本标准”后，逐渐取代了“人均教育成本”的提法。③

笔者认为，制定“生均拨款基本标准”不能以“在校学生年人均教育成本”为依据。④ 笔者曾指出，现行规定是建立在历史成本法的基础上的，历史成本法是对过去的消耗进行测定试图将测定结果作为财政拨款和收费的依据。可是，“过去的消耗”是在“过去的拨款”和“过去的收费”并不出赤字基础上的消耗，这种测算尽管添加了折旧之类的因素，仍然是在“拨款低”和“收费低”的框架内测定。由于“低拨款”和“低收费”，一些高校就不严格保证教学质量，一是降低实践要求，如医科类的

① 引自高等学校经济效益问题研究会（筹备组）1983 年所编《高等学校经济效益问题文集》。

② 杨纪琬. 学习两个《准则》的体会[M]. 预算管理与会计，1996.

③ 2015 年 12 月 27 日，第十二届全国人大常委会第四次会议通过的修改后的《中华人民共和国高等教育法》第六十二条仍有“在校学生年人均教育成本”的提法，笔者只查证到这一处.

④ 乔春华. 高等教育投入体制研究[M]. 南京：南京大学出版社，2006.

实习应 1 名学生解剖 4 只白鼠，现在因经费紧张而 4 名学生解剖 1 只白鼠；二是财经政法类专业上大班课，从而达到低成本。因此，这种测算是一种数字游戏。因此，笔者当时提出采用标准成本法而不是历史成本法。笔者还认为："应推行教育标准成本计算，重要原因是教育成本计算难度大，且普遍推广意义不大。"①因此，高校标准成本法是制定"生均经费基本标准和生均拨款基本标准"的依据。

（四）本量利分析

在国外管理会计的著作中有一些高校应用"本量利分析"的案例，如学院举办一场音乐会，开研讨会聘请讲课人，大学书店出售新的教科书，基金会人员邮寄"公共手册"等。②

高校不能整体采用本量利分析，是因为高校培养学生的成本基本上是固定费用，极少是变动费用，因此在保本图的坐标中很难找到保本盈亏点。比如和医院相比，高校与医院不同，医院成本容易对象化到个体（患者），如住院的病床费用，X 光、CT、B 超、化验等检测手段费用，外科手术和内服药品费用等都可以对象化到个体（患者），而高校则不可能将费用对象化到个体。因此，如何恰当地将"成本"嵌入高校管理会计中是个难题。③ 高校的本量利分析不宜用于全校学历教育的学生，不宜将小班课合并为大班课。高校的本量利分析宜用于的领域，如成人教育的短期培训班，印刷和邮寄宣传资料，学校开往新校区的班车是出售或租车或发交通津贴的选择等。

（五）高校标准成本

2018 年 12 月 27 日，财政部印发的《管理会计应用指引第 803 号——行政事业单位》（财会〔2018〕38 号）第二十二条规定："行政事业单位在对经常性项目制定成本目标并进行成本分析、控制和考核时，可选用标准成本法。行政事业单位应用标准成本法，可根据有关法规制度和定员定额标准，并按照行政事业单位的成本内容分类分项制定标准成本。"

笔者曾于 2015 年研究过高校标准成本。④

（六）高校作业成本

1. 企业可适当引入作业成本法

2012 年 2 月 9 日，财政部发布的《关于征求〈企业产品成本核算制度（征求意见

---

① 乔春华.《事业单位会计准则》与《事业单位财务规则》研究——以高等学校为例[M]. 南京：南京大学出版社，2010.

② [美]韦恩・J. 莫尔斯，詹姆斯・R. 戴维斯，阿尔・L. 哈特格雷夫斯. 管理会计——侧重于战略管理[M]. 张鸣，译. 上海：上海财经大学出版社，2005；[美]查尔斯・T. 霍恩格伦，乔治・福斯特，斯里坎特・M. 达塔. 成本会计学——以管理为重心[M]. 王立彦，王永梅，译. 大连：东北财经大学出版社，2000；[美]罗纳德・W. 希尔顿. 管理会计[M]. 罗飞，译. 4 版. 北京：机械工业出版社，2000.

③ 乔春华. 高校管理会计研究[M]. 南京：东南大学出版社，2015.

④ 乔春华. 高校管理会计研究[M]. 南京：东南大学出版社，2015.

稿)〉意见的函》(财会便〔2012〕4 号)第六十五条规定:“通信、软件等企业,可以根据经营特点和条件,利用现代信息技术,采用作业成本法对产品成本进行归集和分配。”财政部在《〈企业产品成本核算制度(征求意见稿)〉起草说明》中指出:“随着经济的发展,我国企业产品生产制造环境发生了一定变化,直接生产成本比重与传统制造环境相比有所下降,同时制造费用剧增并呈多样化,分摊标准如果只用人工小时等已经难以可靠地反映各种产品的成本。在前期调研过程中,相当一部分企业反映,制造费用(间接费用)的分配问题已经成为加强产品成本核算和管理的瓶颈和难点,提出引入作业成本法,提高产品成本的科学化和精细化管理,收到了较好的成效。随着企业 IT 技术的运用,企业新制造环境的逐渐形成,企业使用计算机管理信息系统来管理经营与生产,最大限度地发挥现有设备、资源、人、技术的作用,是产品成本核算和管理的趋势。适时引入作业成本法,有助于引导企业将产品成本核算与产品成本信息分析和应用结合起来,提高产品成本会计信息质量,促进企业降本增效。同时,应当注意的是,并不是所有的企业都适用作业成本法。调研显示,规模小、产品范围窄、间接费用低的企业在采用作业成本法时存在一定问题。考虑到我国企业产品成本核算和管理水平参差不齐,整体差距较大,以及目前作业成本法尚未得到普遍应用的情况,本稿适当引入了作业成本法。”

2013 年 8 月 16 日,财政部印发的《企业产品成本核算制度(试行)》(财会〔2013〕17 号)第四十六条规定:“信息传输、软件及信息技术服务等企业,可以根据经营特点和条件,利用现代信息技术,采用作业成本法等对产品成本进行归集和分配。”

从上可以看出,实施了 100 多年成本核算(或计算)的中国企业,目前仍只是适当引入作业成本法。

2. 行政事业单位对业务复杂、间接费用比重较大的项目选用作业成本法

2018 年 12 月 27 日,财政部印发的《管理会计应用指引第 803 号——行政事业单位》(财会〔2018〕38 号)第二十三条规定:“行政事业单位在对业务复杂、间接费用比重较大的项目进行成本核算、分析、控制和考核时,可选用作业成本法。行政事业单位应根据单位的业务流程识别作业,可以是某项(类)业务(或活动)、某个流程、某个环节等。行政事业单位在应用作业成本法时,应确立成本目标并构建适合的作业成本模型,并通过管理会计信息系统收集关键的成本数据和财务信息。”

3. 国外学者对于高校实施作业成本法难的相关观点

Granof 等(2000)认为 ABC 法在得克萨斯大学应用时存在很多问题:首先,得克萨斯大学现有的会计信息系统必须进行修订,因为其提供的信息不足以执行 ABC 模型;第二,教学人员并没有按每周标准的小时数工作,因此,难以计算他们

从事各项工作的时间；第三，固定资产或财产的成本无法计算。①

Cropper 和 Drury (1996) 对管理会计在美国大学管理中的应用进行了调查，结果显示大学将会以更精确的方法计算其主要活动的成本。在高校，65%的被调查者没有考虑过是否采用 ABC 系统，仅有 19%的被调查者正在考虑引入 ABC 法。在制造企业，45%的被调查者没有讨论过是否采用 ABC 系统，37%的被调查者正在考虑引入 ABC 法。②

Cropper 和 Cook (2000)通过文献回顾分析了高校执行作业成本法的进展，描述了高校当前成本计算状况。他们在 1993 年和 1998 至 1999 年对所有美国大学进行了两次跨部门的调查，两次收集的数据对比表明，虽然一些大学使用了简化的 ABC 模型，但是很少有大学执行完全的 ABC 系统，作业成本系统在高校的应用进度比较缓慢。虽然 ABC 法在大学的应用只取得很小的进展，但是由于有来自不断增加的中央政府改革的压力以及大学需要证明其具备有效管理资金能力的能力，这种情况很可能会改变。高校在改进成本管理系统时，ABC 法仍将发挥广泛的作用。③

4. 高校应用作业成本法的建议

笔者曾于 2015 年研究过高校作业成本。④

一个高校有成千上万个作业，使用作业成本法的难点在于将高校“作业”进行分割。可先在图书馆和科研项目等局部区域进行试点。

三、高校责任会计

石立强指出：“如煤炭部对下属大中专院校，从 1997 年下半年试行、1998 年正式实行‘四条线’财务管理改革办法(即教学科研线拨给定额经费，行政保障线拨给一定的工作经费，后勤服务线不拨经费、靠向各单位收取费用运行，校办产业线自负盈亏、上缴利润)，使得各系、各单位都成了二级核算单位；财务处下设‘会计事务中心’‘资金结算中心’二个中心，二级核算单位的会计由‘会计事务中心’派出，收取管理费。这种在高校实行的重大财务管理改革，校内必然全面实行‘统一领导，二级管理，二级核算’的财务管理体制，其目的在于促进增收节支，提高办学效益。”⑤

① Granof M H, Platt D E, VaysmanI. Using Activity-Based Costing to Manage More Effectively (The Pricewaterhouse Coopers Endowment for the Business of Government).

② Cropper, DruryC, Management accounting practices in universities[J]. Management Accounting, 1996 (2):28 - 30.

③ Cropper P, Cook R. Activity-based costing in universities—five years on [J]. Public Money & Management, 2000, 20(2):61.

④ 乔春华. 高校管理会计研究[M]. 南京：东南大学出版社，2015.

⑤ 石立强. 关于高校财务管理体制改革的思考[J]. 财务与金融，1999(1):8 - 10.

那段时间，笔者任中国矿业大学财务处处长，主持了矿大内部“四条线”财务管理办法的设计与实施。同时，煤炭部财务司于1996年10月成立了“‘四条线’财务管理改革”课题组，由笔者主持“‘四条线’财务管理改革”的研究，并制定了《“四条线”财务管理改革办法》，由财务司发文，在16所高校、20余所中专学校推广。实施一年后，笔者将其整理成文发表①，该文后在人大报刊资料中心《财务与会计》1999年第6期全文转载。后来笔者又对高校责任会计做了较深入的研究。②

四、高校内部银行的发展沿革

1988年4月，重庆大学成立中国高校第一个校内银行。之后，我国部分重点高校纷纷成立“校内银行”，引起了国家有关部门的关注和大力支持。

1991年4月8日，国家教委、财政部印发的《高等学校“八五”期间财务工作的若干意见》(教财〔1991〕33号)第一条第五款规定：“有条件的学校，可以试行校内银行，调剂校内各项奖金，增强学校财务处经济方面的宏观调控能力。”20世纪90年代初，重点高校基本上都设置了“校内银行”，后改为“资金结算中心”，其功能比“出纳科”大，涉及校内两级单位。

1991年8月24日，财政部颁发的《会计改革纲要》的第13条，在强调企业建立责任会计体系的同时，强调指出：“其他单位也应当结合各种财务会计指标以分管或包干等形式，落实经济责任，科学地组织会计工作。单位应当根据内部经营特点和管理要求，采用或创立包括‘内部银行’在内的各种内部核算模式，使各责任单位之间的经济往来尽可能实行计价核算，促进各责任单位增强价值观念和效益观念，强化经济责任。”我们在完善校内银行模式时，还要注意到这种“内部核算模式”。1991年4月，财政部、国家教委颁发的《高等学校“八五”期间财务工作的若干意见》中指出：“有条件的学校，可以试行校内银行。”

1994年12月，中国教育会计学会专职副秘书长韩存同志到中国矿业大学，约请笔者和浙江大学李月眉等同志筹备1995年的首届高校校内银行研讨会。1995年5月23日至25日，首届高校校内银行研讨会在浙江大学召开。会上几篇主要论文刊登在《教育财会研究》杂志③。

1. 关于校内银行的性质

《首届高校校内银行研讨会会议纪要》(以下简称《纪要》)指出：“第一种观点认

① 乔春华.“四条线”财务管理：高校理财新模式[J].教育财会研究，1999(2)：23-26.

② 乔春华.高校管理会计研究[M].南京：东南大学出版社，2015.

③ 中国教育会计学会.高校校内银行研讨会综述[J].教育财会研究，1995(3)：23-24；施建军.关于办好校内银行的几个问题——在中国教育会计学会校内银行研讨会上的发言(摘要)[J].教育财会研究，1995(3)：25-27；乔春华.论校内银行的性质[J].教育财会研究，1995(3)：28-30；李月眉，徐建伟，方坚.浅论高校校内银行的资金运作管理[J].教育财会研究，1995(3)：31-33.

为，校内银行不是银行，也不是非银行金融机构，是学校加强资金管理的职能部门，是学校内部引进金融机制，从事内部结算、内部信贷等业务的职能部门；第二种观点认为，校内银行不从事内部信贷等业务，仅仅是‘资金结算中心’；第三种观点认为，校内银行既不是行政管理部门，也不是企业单位，它是学校内部以资金管理为主的服务部门，它与财务处的关系，不存在相互的行政隶属关系，财务处是校内银行的一个客户，它实行事业单位企业化管理；第四种观点认为，校内银行是一个准金融机构、亚金融机构。财务处实施的应是财政职能，校内银行实行的是金融职能，财务处与校内银行分离，是学校财政职能与金融职能分解的一种财务管理趋势。”①笔者持第一种观点。② 这个观点，得到了中国教育会计学会的肯定，在其《第二届理事会工作报告》中指出：“我会于 1995 年 5 月在浙江大学召开了‘高校校内银行研讨会’，有 32 所高校 51 名代表参加，提交论文共 52 篇。会后形成了《纪要》，于 7 月底以教财会字〔1995〕6 号文转发了《纪要》并抄送财政部、中国人民银行。在转发《纪要》的通知中明确了‘校内银行的性质和职能’，‘校内银行不是银行，也不是非银行的金融机构，不具有独立法人资格’。因此，它不可能推行‘经营合法化、资金商品化、利率市场化’。校内银行是将银行的经营管理机制等经济杠杆职能移植于学校内部财务管理，而建立的强化资金管理的手段，是以提高资金使用效益为目标的职能部门，是模拟银行部分职能的机构。”③

1995 年，《中华人民共和国商业银行法》规定：“未经中国人民银行批准，任何单位不得在名称中使用‘银行’字样。”各高校的“校内银行”纷纷改名为“校内资金结算中心”。

2. 关于校内银行的职能

笔者认为：“校内银行具有下面五个职能。(1) 现金出纳中心：校内银行负责全校开户单位的现金收、付、存各项业务，执行现金管理的各项规定；(2) 内部结算中心：校内银行为各开户单位办理经济往来过程中的收、支、取等各种结算业务，它只使用内部支票等内部结算凭证；(3) 内部信资中心（或称‘资金调剂中心’或‘内部融资中心’）：校内银行一方面吸收开户单位存款，另一方面发放内部贷款，并按照金融政策和规定利率（占用费率）收取利息（资金占用费），校内银行不能直接对外放款；(4) 资金调控中心：校内银行负责开户单位的资金筹集、投放、占用、回笼等，它了解各开户单位资金的存、取、贷、收等情况，掌握资金的活动信息，还可以依法发放股票或债券，对学校资金起调控作用；(5) 资金信息中心：校内银行通过资金的投放、回笼、收付、存贷等情况，形成一个综合的资金信息系统，对校内银行及

① 中国教育会计学会. 高校校内银行研讨会综述[J]. 教育财会研究，1995(3)：23 - 24.

② 乔春华. 论校内银行的性质[J]. 教育财会研究，1995(3)：28 - 30.

③ 郝庆堂. 中国教育会计学会第二届理事会工作报告[J]. 教育财会研究，1996(3)：5 - 10.

各开户单位的资金存量和流量做出一个合理的模型，对接近警戒线的发出警告信息，促进资金的最佳利用效果。”①

应当指出，高校校内银行的结算与企业厂内银行不同，不是厂内半成品或成品的“商品买卖”，不采用厂内价格交易。

五、高校业财融合的发展沿革

（一）高校业财融合规定的发展沿革

2014年11月18日，财政部颁发了《财政部关于全面推进管理会计体系建设的指导意见》（财会〔2014〕27号），在基本内容中指出：“管理会计是会计的重要分支，主要服务于单位内部管理需要，是通过利用相关信息，有机融合财务与业务活动，在单位规划、决策、控制和评价等方面发挥重要作用的管理活动。”

2016年6月22日，财政部印发的《管理会计基本指引》（财会〔2016〕10号）第四条在“单位应用管理会计，应遵循原则”的第二款指出：“融合性原则。管理会计应嵌入单位相关领域、层次、环节，以业务流程为基础，利用管理会计工具方法，将财务和业务等有机融合。”第八条指出：“单位应准确分析和把握价值创造模式，推动财务与业务等的有机融合。”第十五条指出：“单位应用管理会计，应融合财务和业务等活动，及时充分提供和利用相关信息，支持单位各层级根据战略规划做出决策。”

2017年9月29日，财政部印发的《管理会计应用指引第200号——预算管理》（财会〔2017〕24号）第四条在“应遵循原则”中指出：“融合业务原则。预算管理应嵌入企业业务管理的各个领域、层次、环节，促进各预算责任主体围绕预算目标开展沟通与协调，提高资源的配置效率和使用效益。”《管理会计应用指引第100号——战略管理》第九条指出：“企业应根据已设定的战略目标，对现有客户（服务对象）和可能的新客户以及新产品（新服务）进行深入分析，寻求本企业业务改善和增长的最佳路径，提取业务和财务融合发展的战略主题。”《管理会计应用指引第300号——成本管理》第三条“应遵循原则”中指出：“业本融合原则。成本管理工具方法实施应与企业业务优势互补和相辅相成，实现成本管理责任到人、控制到位、考核严格、目标落实。”

2018年8月17日，财政部印发的《管理会计应用指引第700号——风险管理》（财会〔2018〕22号）第九条指出：“企业应加强信息技术在风险管理中的应用，建立与业务财务相融合的信息系统。”

2018年5月16日，教育部发布的《关于直属高校直属单位实施政府会计制度的意见》（教财〔2018〕6号）第六条规定：“加快推进信息化建设。各单位要牢固树

① 乔春华.论校内银行的性质[J].教育财会研究，1995(3)：28-30.

立‘业财融合’的理念，推动经济业务与财务管理的深度融合发展，以政府会计制度实施为契机，加强信息化建设，推进业务信息系统与财务信息系统的有效对接，实现数据互通共享，构建覆盖经济活动全过程的信息平台，实现经济业务的网络化、平台化、智能化，为政府会计实施提供技术支撑，确保单位会计信息系统所生成的信息能够满足政府会计改革的需要。”

(二) 国外业财融合早于国内

唐·R.汉森和玛丽安娜·M.莫温在其著作中提到非营利组织的“服务与管理会计的融合”(见表 3－7)。①

表 3－7　服务与管理会计的融合

特点	派生特性	对管理会计的影响
无形性	服务不能被储存	没有存货
	不受专利保护	强烈的道德规范约束 *
	服务不能展示，不能传达	—
	难以定价	要求更准确地分配成本 *
易逝性	服务带来的利益转瞬即逝	没有存货
	对某个客户的服务可以经常反复发生	要求制定服务标准，提供始终如一的服务 *
不可分割性	客户直接参与服务的提供过程	通常按客户类型进行成本解释 *
	难以提供集中的大规模的服务	要求测评和控制服务质量以保证服务的一贯性 *
异质性	提供的服务可能出现较大的变化	必须不断计量和控制生产率和质量，实行长期控制 *
		全面质量管理评估至关重要 *

* 这些影响中有很多对有形产品而言也是如此。

(三) 平衡计分卡在高校的应用

2017 年 9 月 29 日，财政部印发的《管理会计应用指引第 101 号——战略地图》(财会〔2017〕24 号)第一条规定：“战略地图，通常以财务、客户、内部业务流程、学习与成长四个维度为核心，通过分析这四个维度的相互关系，绘制战略因果关系图。”而这四个维度是平衡计分卡的基本要素，高校管理会计中平衡计分卡是其常用的工具方法。

① [美]唐·R.汉森，玛丽安娜·M.莫温.管理会计[M].陈良华，等译校.8 版.北京：北京大学出版社，2010.

第四章　新中国高校财会领域70年

第一节　会计与财务关系的发展沿革

一、本章“财会”领域的缘由

在第二章取名为“财务”，第三章取名为“会计”之后，本章之所以取名为“财会”，是因为出现“财务”与“会计”两者混用或相互替代的现象。“会计”与“财务”本来是两个学科，但是，不仅在实务工作中将两者混用，而且在理论研究时也相互借用，甚至在法规中相互替代。

1. “会计人员”与“财务人员”“财会人员”相互替代

(1) 会计人员

《会计法》第五章明确规定为“会计人员”。

一些部门规章的文件也是以“会计人员”冠名的，如1978年9月12日，国务院发布的《会计人员职权条例》；1979年11月22日教育部发布的《部属高等学校〈会计人员职权条例〉实施细则》；1984年4月24日，财政部发布的《会计人员工作规则》；1988年6月9日，财政部印发的《会计人员荣誉证书试行规定》；1989年1月27日，财政部印发的《关于加强会计管理工作，提高会计人员素质的意见》；2007年4月13日，财政部印发的《全国先进会计工作者评选表彰办法》；2013年8月27日，财政部印发的《会计人员继续教育规定》；2018年4月19日，财政部颁发的《关于加强会计人员诚信建设的指导意见》等。此外，1986年4月10日，中央职称改革工作领导小组发布的《会计专业职务试行条例》第三条规定：“会计专业职务名称定为：高级会计师、会计师、助理会计师、会计员”；2010年9月21日，财政部颁发的《会计行业中长期人才发展规划(2010—2020年)》中用的是“会计人才”和“会计领军人才”等。

(2) 财务人员

2000年6月12日，教育部、财政部发布的《关于高等学校建立经济责任制、加强财务管理的几点意见》(教财〔2000〕14号)第一条规定：“按校内管理层次分别建立起总会计师或主管财务工作的副校(院)长、财务处长、二级单位财务负责人和基层财务人员等若干个层次的各级经济责任制。”

2007年1月15日，教育部、财政部发布的《关于“十一五”期间进一步加强高等学校财务管理工作的若干意见》(教财〔2007〕1 号)第 11 条规定:“高等学校必须按照学校管理层次,分别建立各部门、各单位行政负责人的经济责任制,以及各级财务主管、财务人员的经济责任制。”

2014 年 11 月 17 日,教育部发布的《关于加强直属高校直属单位财务队伍建设的意见》(〔2014〕6 号)第五条提的都是“财务人员”。

(3) 财会人员

1979 年 11 月 22 日,教育部发布的《部属高等学校〈会计人员职权条例〉实施细则》第六条指出:“学校专职财会人员的编制比例,一般可按本校教职工总人数的 1%到 1.5%配备。财会人员的范围:包括财务部门、校办工厂、基建、物资以及膳食等单位专职从事财务会计工作的人员。各校财会人员的编制配备,由学校人事部门和财务部门共同研究提出方案,报经校(院)长批准后执行。”

1997 年 6 月 23 日,财政部和国家教育委员会发布的《高等学校财务制度》(财文字〔1997〕280 号)第九条规定:“必须相应配备专职财会人员。校内各级财会主管人员的任免应当经过上一级财务主管部门同意,不得任意调动或者撤换。财会人员的调入、调出、专业技术职务的评聘须由财务部门会同有关部门办理。”

2012 年 12 月 19 日,财政部、教育部发布的《高等学校财务制度》(财教〔2012〕488 号)第九条规定:“高等学校财务机构应当配备专职财会人员。财会人员应当具备与其工作岗位相适应的资格和能力。财会人员的调入、调出、专业技术职务评聘以及校内二级财务机构负责人的任免、调动或者撤换,应当由学校一级财务机构会同有关部门办理。”

(4) 明确区分“会计人员”与“财务人员”

1962 年 11 月 24 日,国务院发布的《会计人员职权试行条例》第二条规定:“会计人员包括经管账务、收付款项的会计员、记账员、出纳员、核算员、稽核员和会计主管人员。”第二十八条规定:“本条例规定的会计人员的职责和权限,有关的财务人员也应当依照执行。”

2. “会计机构”与“财务机构”“财务会计机构”相互替代

(1) 会计机构

1953 年 12 月 18 日,中央人民政府高等教育部华东高等教育管理局颁发《1954 年度单位预算制度具体规定》(高财字〔1954〕1007 号)第一条规定:“会计机构:对于行政费、事业费及基本建设资金,原则上一个会计机构办理,必须坚持统一会计机构原则,不得随意划分;原已分设几个会计机构办理者,得暂以原有几个会计机构分别办理。”

《会计法》第五章明确规定为“会计机构”。

(2) 财务机构

财政部和国家教育委员会发布的《高等学校财务制度》(财文字〔1997〕280 号)

第七条规定:“高等学校必须单独设置财务处(室),作为学校的一级财务机构,在校(院)长和总会计师的领导下,统一管理学校的各项财务工作,不得在财务处(室)之外设置同级财务机构。”第八条规定:“高等学校校内后勤、科技开发、校办产业及基本建设等部门因工作需要设置的财务机构,只能作为学校的二级财务机构,其财会业务接受财务处(室)的统一领导。高等学校二级财务机构必须遵守和执行学校统一制定的财务规章制度,并接受财务处(室)的监督和检查。”

2012年12月19日,财政部、教育部发布的《高等学校财务制度》(财教〔2012〕488号)第七条规定:“高等学校应当单独设置一级财务机构,在校(院)长和总会计师的领导下,统一管理学校财务工作。”第八条规定:“高等学校校内非独立法人单位因工作需要设置的财务机构,应当作为学校的二级财务机构。二级财务机构应当遵守和执行学校统一制定的财务规章制度,并接受学校一级财务机构的统一领导、监督和检查。”

2016年4月26日,教育部办公厅印发的《教育部直属高校经济活动内部控制指南(试行)》(教财厅〔2016〕2号)中采用的是“财务机构”的提法。

(3) 财务会计机构

1962年11月24日,国务院发布的《会计人员职权试行条例》第五条、第二十三条都采用的是“财务会计机构”。

1978年9月12日,国务院发布的《会计人员职权条例》第二条规定:“国营企业、事业、机关、团体,都必须单独设置财务会计机构,根据工作需要,配备必要的会计人员;财务会计业务不多的单位,原则上也要配备专职会计人员,办理财务会计工作。”

1982年1月11日,教育部发布的《部属高等学校财务管理试行办法》(财事字〔1982〕第4号)第七条规定:“学校其他业务部门和单位(含附属单位,下同),根据工作需要配备的财会人员和设置的财会机构,在财会业务上受学校财务处(室)统一领导和监督。”

财政部和国家教育委员会发布的《高等学校财务制度》(财文字〔1997〕280号)第九条规定:“高等学校校内设置财务会计机构。”

2000年6月12日,教育部和财政部发布的《关于高等学校建立经济责任制,加强财务管理的几点意见》(教财〔2000〕14号)第二条第一款规定:“高校的校(院)长首先必须根据本校业务需要责成人事部门提出设置财会机构的方案,并经校领导集体研究后,按干部管理权限配备、选用具备法定从业资格的财会人员。”

3. “会计制度”与“财务制度”“财会制度”相互替代

(1) 会计制度

1988年12月10日,国家教育委员会发布了《高等学校会计制度(试行)》。

1998年3月31日,财政部和教育部颁发了《高等学校会计制度(试行)》(财预字〔1998〕105 号)。

2013 年 12 月 30 日,财政部发布了《高等学校会计制度》(财会〔2013〕30 号)。

(2) 财务制度

1998 年 8 月 29 日,第九届全国人大常委会第四次会议通过的《中华人民共和国高等教育法》第六十五条规定:“高等学校应当依法建立、健全财务管理制度,合理使用、严格管理教育经费,提高教育投资效益。高等学校的财务活动应当依法接受监督。”

1997 年 6 月 23 日,财政部和国家教育委员会发布了《高等学校财务制度》(财文字〔1997〕280 号)。

2012 年 12 月 19 日,财政部和教育部印发了《高等学校财务制度》(财教〔2012〕488 号)。

(3) 财会制度

1978 年 9 月 12 日,国务院发布的《关于颁发〈会计人员职权条例〉的通知》(国发〔1978〕175 号)提出“严格执行财会制度”。

2000 年 6 月 12 日,教育部和财政部发布的《关于高等学校建立经济责任制,加强财务管理的几点意见》(教财〔2000〕14 号)第二条第一款规定:“大力度地强化财会法制观念。高校的校(院)长首先必须根据本校业务需要责成人事部门提出设置财会机构的方案,并经校领导集体研究后,按干部管理权限配备、选用具备法定从业资格的财会人员……校内各级领导必须认真学习贯彻国家的各项财会法规、制度,了解并掌握学校事业运行规律和财会工作规律。”

2010 年 6 月 21 日,中共中央政治局审议并通过的《国家中长期教育改革和发展规划纲要(2010—2020 年)》第五十八条规定:“加强学校财务会计制度建设,完善经费使用内部稽核和内部控制制度。”

4. “会计工作”与“财务工作”“财会工作”相互替代

(1) 会计工作

1962 年 11 月 24 日,国务院发布的《会计人员职权试行条例》第五条指出:“各部门各单位的领导人,必须加强对会计工作的领导,保障会计人员履行职责,正确地行使国家赋予的权限,做好会计工作。”

1984 年 4 月 24 日,财政部发布的《会计人员工作规则》(财会〔1984〕16 号)第一条第一款规定:“为了加强会计基础工作,建立科学的会计工作秩序,正确行使国家赋予会计人员的职权,提高会计管理水平,发挥会计在经济建设中的作用,特制定本规则。”

(2) 财务工作

1990 年 4 月 12 日,国家教委发布了《关于委属高校一九九〇年财务工作的若干意见》(教财字〔1990〕036 号)。

1991年4月8日，国家教委、财政部发布了《高等学校“八五”期间财务工作的若干意见》(教财〔1991〕33号)。

1994年11月17日，国家教委发布了《关于当前国家教委委属高校财经工作中几点意见的通知》(教财〔1994〕64号)。

1997年6月23日，财政部和国家教育委员会发布的《高等学校财务制度》(财文字〔1997〕280号)第六条指出：“高等学校财务工作实行校(院)长负责制。符合条件的高等学校，应设置总会计师，协助校(院)长全面领导学校的财务工作。凡设置总会计师的高等学校，不设与总会计师职权重叠的副校(院)长。规模较小的高等学校，由主管财务工作的校(院)长代行总会计师职权。”

(3) 财会工作

1978年9月12日，国务院发布的《会计人员职权条例》(国发〔1978〕175号)第三条指出：“各部门、各单位要加强对财务会计工作的领导，把这项工作列入领导工作的议事日程。”

1979年11月22日，教育部发布的《部属高等学校〈会计人员职权条例〉实施细则》第二条指出：“部属院校都必须加强对财务会计工作的领导，把财会工作列入学校领导工作的议事日程。要从政治上、工作上、生活上关心财会人员，帮助他们解决实际问题。学校财会人员是从事财经管理工作的社会主义劳动者，各级领导和师生员工要尊重他们的劳动，支持他们的工作。要切实保证财会人员有5/6的时间从事财务会计工作。”

1991年4月8日，国家教委和财政部颁发的《高等学校“八五”期间财务工作的若干意见》(教财〔1991〕33号)第五条规定：“建立健全法规，使财会工作纳入法制化轨道。”

5. “财务会计报告”与“会计报告(报表)”“财务报告(报表)”相互替代

(1) 财务会计报告

《会计法》第二十条规定：“财务会计报告应当根据经过审核的会计账簿记录和有关资料编制，并符合本法和国家统一的会计制度关于财务会计报告的编制要求、提供对象和提供期限的规定；其他法律、行政法规另有规定的，从其规定。财务会计报告由会计报表、会计报表附注和财务情况说明书组成。向不同的会计资料使用者提供的财务会计报告，其编制依据应当一致。有关法律、行政法规规定会计报表、会计报表附注和财务情况说明书须经注册会计师审计的，注册会计师及其所在的会计师事务所出具的审计报告应当随同财务会计报告一并提供。”第二十一条规定：“财务会计报告应当由单位负责人和主管会计工作的负责人、会计机构负责人(会计主管人员)签名并盖章；设置总会计师的单位，还须由总会计师签名并盖章。”

(2) 财务报告

《高等学校财务制度(1997)》第四十三条规定：“财务报告是反映高等学校一定

时期财务状况和事业发展成果的总结性书面文件。”

《高等学校财务制度(2012)》第六十六条规定:“财务报告是反映高等学校一定时期财务状况和事业成果的总结性书面文件。高等学校应当定期向各有关主管部门和财政部门以及其他有关的报表使用者提供财务报告。”

(3) 会计报表

1988年12月10日,国家教委发布的《高等学校会计制度(试行)》第二十九条规定:“高等学校的会计报表是反映学校各项资金运行情况的定期书面报告,是国家预算及其执行情况的重要组成部分,也是高等学校分析财务状况、改善管理和进行决策以及编制下年度预算的重要依据。”

1998年3月31日,财政部、教育部印发的《高等学校会计制度(试行)》(财预字〔1998〕105号)第四部分为“会计报表”,其中规定“高等学校会计报表是反映高等学校财务状况和收支情况的书面文件,是财政部门和上级单位了解情况、掌握政策、指导高等学校预算执行工作的重要资料,也是编制下年度高等学校财务收支计划的基础。高等学校必须认真做好会计报表的编审工作”。

(4) 会计报表与财务报表相互替代

2013年12月30日,财政部印发的《高等学校会计制度》(财会〔2013〕30号)第四部分为“会计报表格式”,第五部分为“财务报表编制说明”。

2017年10月24日,财政部印发了《政府会计制度——行政事业单位会计科目和报表》(财会〔2017〕25号)。虽然在标题中仅用“报表”两个字,但在第四部分中区分为“财务报表”和“预算会计报表”,且报表编号都是“会”字头,如“会政财01表”“会政预01表”。

6.“会计信息”与“财务信息”相互替代

(1) 会计信息

1989年12月9日,财政部发布的《会计核算软件管理的几项规定(试行)》是第一个关于会计电算化的部门规章;1994年5月4日,财政部发布了《关于大力发展我国会计电算化事业的意见》;2009年4月12日,财政部发布了《关于全面推进我国会计信息化工作的指导意见》。

(2) 财务信息

2001年3月,国家经贸委企业改革司发布了《大力推进财务管理信息化,加快建立现代企业制度》。

2007年1月15日,教育部、财政部颁发的《关于“十一五”期间进一步加强高等学校财务管理工作的若干意见》第23条指出:“高等学校应全面推进财务管理的信息化和网络化。”第24条规定:“高等学校应建立财务信息基础数据库,支持校内相关管理信息系统和公共服务平台,增强财务信息共享程度。财务信息要为校内师生员工服务。”第25条规定:“大力推进高等学校财务信息化建设……高等学校财务部门要设置专门机构或岗位，配备合格的专业技术人员，负责财务管理信息系统的管理和维护，确保财务信息安全。”

2014年4月25日，教育部财务司印发的《2014年教育财务工作要点的通知》(教财司函〔2014〕152号)指出：“加快财务管理信息化建设。”

《教育部2015年工作要点》第16条指出：“推进教育财务管理信息化建设。推动学校实行‘阳光财务’。”

2015年5月22日，《教育部关于直属高校落实财务管理领导责任严肃财经纪律的若干意见》(教财〔2015〕4号)第十二条指出：“加快财务管理信息化建设。”

(3)“会计信息”与“财务信息”有区别

华金秋等认为，财务信息与会计信息有区别——存在八个不同点。①

(4)“财务会计信息”或“会计财务信息”

在学术界称为“财务会计信息”的如葛家澍的学生余佳霖和王永海。②

在学术界称为“会计财务信息”的如史锐认为是“会计财务信息”。③

基于上述原因，将“财务”与“会计”相互替代或两者混用的内容单独列为本章，称为“财会”领域进行阐述。本章在撰写时，依据国家法规规定的用语沿用，便于理解。

7. 学术期刊的分类

(1) 以“会计”命名，如《新会计》《大众会计》《会计》《会计研究》《会计之友》《商业会计》《上海会计》《广西会计》《四川会计》以及《工业会计》[1959年将《工业会计》(月刊)改为《企业会计》(半月刊)]等，但刊登的文章不仅仅是会计方面的，还包括财务方面的，甚至包括审计和内部控制等内容。

(2) 以“财会”命名，如《财会通讯》《财会月刊》《财会研究》《事业财会》《教育财会研究》等，但刊登的文章不仅仅是会计方面的，还包括财务方面的，甚至包括审计和内部控制等内容。

(3) 以“财务与会计”命名，如《财务与会计》等，但刊登的文章不仅仅是会计方面的，还包括财务方面的，甚至包括审计和内部控制等内容。

二、关于会计与财务的起源

(一) 会计起源早于财务起源

1. “会计”与“财务”两词的起源

(1)“会计”一词的起源

“会计”两字的记载较早。如司马迁所著《史记·夏本纪》中记：“自虞、夏时，贡

① 华金秋，等.简论财务信息与会计信息的关系[J].广西会计，2001(3)：6-8.

② 王永海.财务会计信息的基本内涵[J].武汉大学学报(人文社会科学版)，2000(2)：173-177；余佳霖.财务会计信息规范之研究[D].厦门：厦门大学，2001.

③ 史锐.会计财务信息失真与防范[J].经济研究导刊，2014(36)：135-136.

赋备矣。或占禹会诸侯江南，计功而崩，因葬焉，命曰会稽，会稽者，会计也。”又如《周礼·天官下》中的“月计岁会”。《周礼·天官》中：“凡在书契、版图者之贰，以逆群吏之治而听其会计。以参互考日成，以月要考月成，以岁会考岁成。”再如《孟子·万章章句下》中所记：“孔子尝为委吏矣，曰‘会计当而已矣。’”

(2) “财务”一词的起源

郭道扬认为：“财务基础则是指 19 世纪末至 20 世纪初所产生的财务概念、财务管理实务及财务基本理论。‘财务’的概念、基本内容的产生和作为一种专门工作是在 19 世纪后期。这方面的内容最初可从 1897 年著名学者托马斯·格林所著《公司财务》一书中看到，但对于财务原理的系统研究与围绕财务管理问题所产生的一系列研究成果，却是进入 20 世纪以后的事。”①

庆成认为：“在我国，会计一词的使用先于财务管理一词。会计作为一个专门的概念始源于西周，最早见之于《周礼》。在一个很长的时期内，人们并未使用财务管理一词，而会计一词则包括核算、理财以及预算、分析、检查的含意。”②

黄学科认为：“探源究本，‘会计’一词出现较早。据马克思考证，会计原来只是‘生产职能的附带部分’，以后由于经济的发展，才逐渐从生产中分离出来，成为一门独立的管理职能。经济越发展，管理职能的分工越细。现在除会计外，还有财务以及计划、统计等专门职能。我国历史记载，从周朝起就专设有担任会计的官吏，春秋时代的孔子曾经在鲁国管过会计工作，并说了‘会计当而已矣’的话。但一直到新中国成立前，‘财务’这个名词还不很流行。从机构名称来看，过去大都叫会计科、会计处、会计股等，工作内容都包括财务，现在则大都叫财务科、财务处、财务股等，工作内容都包括会计。从人员的称呼来看，除科长、处长、股长随机构名称变化外，一般工作人员过去和现在都叫‘会计’而不叫‘财务’，叫‘会计师’‘会计员’，而不叫‘财务师’‘财务员’。”③

2. “会计活动”与“财务活动”的起源

(1) “会计活动”的起源早

会计史的研究论著认为，会计的历史源远流长，可以追溯到文明时代之前。据考古学家说，早在旧石器时代“结绳记事”和新石器时代早期(距今 10 000 年前)在非洲乌干达与扎伊尔交界处的伊尚戈渔村就有“刻符记数”。文明古国如中国、巴比伦、埃及、印度、古罗马与希腊都曾留下了对会计活动的记载。笔者认为，“结绳记事”和“刻符记数”等不能算是会计的起源，可以认为是统计的起源，因为会计的特征是以“货币计量”。虽然在石器时代“统计”与“会计”没有分开，但准确地说是

① 郭道扬. 二十世纪财务会计的发展——兼评财务与会计的关系[J]. 商业会计，1999(6)：44－47.

② 庆成. 谈谈财务和会计的关系[J]. 财务与会计，1979(7)：27－28.

③ 黄学科. 略谈“财务会计”的基本概念——兼论“财务”与“会计”的关系[J]. 财务与会计，1981(9)：15－17.

统计的起源。正如葛家澍指出的“会计原是商品发展的产物”。[①] 如周朝的宫厅会计中设有司会的官职，掌管皇朝的财物赋税，并利用账册簿籍等从事会计工作。

（2）“财务活动”的起源晚

葛家澍在《中国财会大辞典》中指出：“商品生产和交换以及货币的出现，是财务产生的客观基础。在社会生产发展的历史上，在商品货币经济产生以前，曾经有过不需要财务也根本不知道财务为何物的生产。这就是说，原始社会没有财务。”

郭复初认为：“财务属商品经济的范畴，它是随商品生产与交换的产生而产生、发展而发展的。早在原始社会的中期……逐渐产生了货币，于是出现了货币的保管与货币的结算活动，及这些活动中产生的货币所有、使用与结算关系，这便是财务产生的雏形。……随着手工业从农业中分离出来，这种手工业者的本金，即为最初的财务资金；这种本金的投入与收入的活动，便是人类社会最初的财务活动。……财务的历史与商品生产与交换产生的历史一样久远。”[②]

王庆成等认为：“15—16 世纪，地中海沿岸一带的城市商业得到了迅速发展，超地区商业的发展，在某些城市中出现了邀请公众入股的城市商业组织……这虽然还不是现代意义上的股份公司，但已开始将向公众筹集的资金用于商业经营，也已存在红利的分配和股本的回收等问题。因此，国外许多著名的财务学者认为，这实际上已有了财务管理的萌芽，只不过这时的财务管理还没有作为一项独立的职能从商业经营中分离出来。……19 世纪末 20 世纪初，股份公司迅速发展，各个公司纷纷成立一个新的管理部门——财务管理部门，财务管理作为一个独立的职能从企业管理中分离出来，专业化的财务管理也就产生了。”[③]在该书中列举了西方公司财务著作，如 1879 年美国财务学者格林（Green）所著的《公司财务》，1910 年米德（Meade）所著的《公司财务》，1938 年戴维（Dewing）所著的《公司财务政策》和 1938 年李恩（Lyon）所著的《公司及其财务问题》等，“财务”作为专业名词出现在这些专著中。

陈毓圭认为：“货币的产生是财务管理产生的客观前提。……在简单的商品经济条件下，物质产品的生产表现为生产的直接目的和归宿，而货币及其收支仅仅是手段，因此这时的财务管理还停留在钱币的收支和保管上，还不是完整意义上的财务管理，顶多是财务管理的萌芽，所以我们说货币的产生还只是财务管理产生的一个前提条件。”[④]

王锋的研究显示：“对财务起源问题的四种见解：① 财务起源于货币产生之时；② 财务起源于人类的价值创造活动；③ 财务起源于私有制；④ 财务起源于资

① 葛家澍. 经济体制改革、会计改革和会计理论研究[J]. 厦门大学学报（哲学社会科学版），1987(1)：8－15.

② 郭复初. 财务通论[M]. 上海：立信会计出版社，1997.

③ 王庆成，王化成. 西方财务管理[M]. 北京：中国人民大学出版社，1993.

④ 陈毓圭. 财务管理与会计管理是不同质的管理活动[J]. 会计研究，1986(1)：35－38.

本主义社会。”①

综上所述，财务的起源与商品、货币有关，属于商品经济的范畴，关于“财务”两字的记载也晚于会计。

(二) 财务起源早于会计起源

陈庆杰等认为：“财务是会计的基础，会计源于财务。根据以上对于财务与会计的汉语分析与哲学分析可知，财务是物质的，会计是意识的，财务与会计的关系可解释为物质与意识的关系。第一，先有财务，后有会计。因为伴随着人类社会的产生，财务活动就产生了，之后人类为了更好地进行财务活动，才出现了计会财务的行为。第二，财务活动本原是不依赖于会计而独立的客观存在，而会计则不能脱离财务而独立存在，没有了财务活动，会计便没有了记录的内容，成了无源之水、无本之木，‘财务是实体，会计是附体’。第三，人类进行的财务活动是客观的，而人类用于反映记录财务的会计是人脑特有的机能和属性。第四，财务活动客观存在并不断向前发展，是人这个本体产生了反映它的需要，会计是财务发展的产物，是一种历史现象，也是人类文明的表现，结绳记事便是一例。第五，财务活动是本原，会计则是财务的反映与摹写。”②

(三) 财务与会计同时存在

郭复初认为：“财务与会计作为经济活动，在历史上同时存在，不分先后，会计总是为财务管理服务的。”③

笔者认为，会计活动与财务活动都与货币产生有关。因此，“会计活动”与“财务活动”的起源应同时存在，不分先后；但作为文字记载、专业方法等，会计比财务成熟得早。

三、“会计”与“财务”：谁包括谁？

(一) 研究“会计”与“财务”分开最早的学者

据笔者考证，法国管理学家法约尔是国际上最早区分“会计”与“财务”的学者。亨利·法约尔于1908年就指出(1916年出版)，在任何一个企业中，不论其规模大小都有这六类活动：① 技术的(生产)；② 商业的(购买、销售与交换)；③ 财务的(寻求与最适宜地使用资本)；④ 安全(财产与人身的保护)；⑤ 会计(包括统计)；⑥ 管理的(计划、组织、指挥、协调与控制)。并指出：“财务职能。没有财务职能则什么事也做不成。人员、厂房、设备、原材料、股票红利、修缮、准备金等都需要资本。为获得资本和最适当地利用可用的资金并避免轻率地承担义务，必须有完善

① 王锋.财务到底起源于何时——兼谈进行财务发展史研究的必要性[J].财经科学，2003(S1)：229-230.

② 陈庆杰，柯大钢.会计源于财务的哲学演绎[J].山西财经大学学报，2003(5)：89-92.

③ 郭复初.论财务与会计[J].会计研究，1985(4)：47-49.

的财务管理。许多本来可以繁荣起来的企业由于缺钱而倒闭了。没有流动资金或没有信贷，任何革新、修缮都不可能。成功的一个基本条件就是经常注意企业的财务情况。”他还指出：“会计职能。这是企业的视觉器官，它能使人随时了解企业处于什么状况并向何处发展，可以对企业的经济形势提供真实、清楚而又准确的情况。一个好的会计制度应当是简单明了的，可以给人以企业状况的确切概念，是领导的一个有力的工具。对于这项职能，与其他职能一样，需要某种程度的启蒙知识。”①

据笔者考证，黄寿宸是国内最早研究“会计”与“财务”关系的学者，他于1957年指出：“几年来盘旋在财务、会计工作人员思想中一个尖锐而急待解决的问题，就是财务工作和会计工作究竟应当是怎样的一些工作？财务、会计工作究竟应当分别设立两个机构来办理呢，还是应当合并设立一个机构来办理？在一些财务、会计工作已经分设的企业中，感觉到分开以后，财务、会计工作很难明确划分职责，经常发生工作上相互重复和脱节的现象；而这种现象也表现在一些财务、会计合设的企业中，当这个合设机构的内部是把财务、会计工作分开由各专业小组来分别办理的时候。因此，这样又发生了另一个问题，即当财务、会计工作分开设立两个机构来办理时，它们应当怎样分工合作？当财务、会计工作合并设立一个机构来办理时，这个机构内部的组织分工又应当怎样？上举这些问题，即关于财务和会计的‘分合’和‘分工’问题，目前，在各个工业部门中几乎是普遍存在的。必须指出：关于财务和会计的‘分合’和‘分工’问题，几年来经过各方面的实践和研究，除了一部分同志由于缺少这一方面必要的知识或这一方面的知识知道得不多，因而还没有一定看法以外，目前实际工作中是存在着各种不同的认识和意见的，有些意见甚至是相对立的。下面就是两种相对立的意见：① 认为财务和会计是互相依存、密不可分，因此财务和会计工作应当由一个机构来办理；同时在这个机构内部也应当把财务和会计工作合并起来办理。② 认为财务和会计虽然在工作上存在着密切联系，但是各有其不同的性质和作用，因此，财务和会计工作应当以由两个机构分别办理为原则；若有必要把二者合设为一个机构，则在这个机构内部内应把财务和会计工作分别办理。”②

（二）“会计”应包括“财务”的观点

余绪缨认为：“1980年杨纪琬、阎达五两位教授联合提出‘会计管理活动论’，根据这一学派创始人之一阎达五教授在一篇具有权威性、总结性文章——《发展会计理论，振兴会计事业——‘会计管理活动论’10年回顾》中，却是明白无误地把财务管理包括在会计管理之中，甚至把财务管理等同于会计管理。例如，该文认为：‘作为理财意义上的财务管理，它与会计管理是一个意思……我们不明白有什么理

① ［法］法约尔.工业管理与一般管理［M］.周安华，等译.北京：中国社会科学出版社，1998.
② 黄寿宸.财务和会计的关系［J］.教学与研究，1957(1)：50－54.

由，可以怀疑：……会计人员管不好、也管不了财务活动？如果他们不行，又有谁能胜任企业的理财工作？'对于这些看法，我曾在一篇文章中提出了质疑，认为这种理论实质上是一种'会计消亡论'，也可称之为'会计为财务取代论'。显然，这种认识是同当代会计科学、财务科学的总的发展趋势背道而驰的。"①

葛家澍认为："由于我国长期以来会计与财务混淆不分，一些同志把本来属于财务管理的内容称为'会计管理'。会计控制的真正含义也因此而模糊了，这个问题也有待于今后解决。"②

陆华裕认为："1982 年，杨纪琬、阎达五两教授提出'会计管理'的学说提高会计工作者的社会地位，但以后在阐述会计管理的内容时，旨在发展我国的会计理论，却将财务管理的内容和方法作为会计管理的内容和方法。因此，财务与会计关系之争上升为财务管理与会计管理关系之争了。……理论上，'会计管理'概念的提出，使至今未能解决的财务与会计关系之争更为尖锐，人们习惯上称呼的所谓'财务管理'，实际上指的是对财务活动进行的会计管理，或者说，按照管理的客体可以称之为'财务管理'，但这种命名反映不了这种管理的本质特点，作为研究管理问题是不足取的，按照管理的主体应称为'会计管理'（引自阎达五《会计理论专题》）。这可谓会计管理取代财务管理的主要理由。因此，能否用足够的论据，令人信服地阐述财务管理与会计管理之联系与区别，又是财务管理面临的一大挑战。"③

李翔华认为："高度集中的计划管理体制下我国国营企业的运行机制。在这种运行机制中不难发现，企业几乎不存在财务管理。……完成了国家财政交给企业财务的任务，使得企业没有必要设立专门的财务机构同会计鼎立，使会计同财务你有我，我中有你，斩不断，理还乱。实践中的会计同财务'合二为一'，为理论上的会计同财务'合二为一'提供了客观依据，进而使得有的同志得出'会计是管理活动'的结论。"④

(三) "财务"应包括"会计"的观点

庆成认为："在实际工作中，财务管理和会计在许多方面是重叠的、分不开的。若从企业管理的几大组成部分来看，会计工作则归属于财务管理的范围。新中国成立以来，人们逐渐习惯于用财务管理来表达组织资金、成本、收入等方面的管理工作，用财务科代替会计科，用财务分析、财务检查代替会计分析、会计检查等。事实上，现在的企业财务部门，除了会计核算工作以外，还进行着大量的财务组织、监

① 余绪缨.社会主义市场经济体制下财务与会计的关系[J].当代财经，1993(1)：9－11.

② 葛家澍.经济体制改革、会计改革和会计理论研究[J].厦门大学学报(哲学社会科学版)，1987(1)：8－15.

③ 陆华裕.论财务管理面临的挑战及对策——兼论财务管理与会计管理的关系[J].会计研究，1987(3)：13－17.

④ 李翔华.会计同财务关系辨析[J].厦门大学学报(哲学社会科学版)，1987(4)：141－146.

督和调节工作，现在的财务分析、财务检查也逐渐超出对会计核算资料的分析、检查。所以，对于这方面的工作，使用财务管理一词较之使用会计一词更为确切。”①

郭复初认为：“我赞成财务包括会计，不赞成会计包括财务，也不赞成使用‘会计管理’概念。因为从财务与会计活动的历史发展看，是财务包括会计；从会计的对象看，是财务包括会计；从管理体系论的观点看，是财务包括会计。”②

郭复初还认为：“至于‘财会并列论’，虽然注意了财务和会计是两个不同的概念，认为财务和会计是性质和内容都不相同的两种工作，主张从机构上分开，但对这一点我有不同看法。财务管理是一项完整的工作体系，其中各环节围绕着资金运动的组织管理而开展工作。会计是以资金运动为对象而进行核算和控制的。财会并列论，把财务理解为资金管理，而把会计理解为‘可以为企业生产经营管理的各个方面提供资料’的信息系统，这就忽视了会计核算的主体指标是财务指标这一客观事实，也容易使会计和统计核算、业务核算混同起来。财务与会计工作内容是紧密联系在一起的，人为地从内容上去划分，许多问题不好解释。例如办理结算与价款核算属同一工作内容，硬要把办理结算作为财务工作、价款核算作为会计工作，就不好说。财务和会计从机构上分开也无必要。因为会计从属于财务，二者从机构上分开，会出现机构重复设置和互相扯皮等问题。”③

(四)“会计”与“财务”：谁也不包括谁

黄寿宸认为：“财务工作和会计工作是不同性质和作用的两个工作。至于财务、会计这两个概念的使用，今天我们很难说究竟什么时候是会计包括了财务，或财务包括了会计，这不是问题的本质。客观上，财务和会计原来就是不同的两个工作，各有其不同的性质和作用。实践证明，在企业管理工作中，如果财务工作和会计工作都能分工明确，各负其责，就会加强经济核算。”④

田喜荣认为：“从财务与会计的产生和发展来看，起初财务(管理)的内容包括在会计之中，由于生产的高度发展和管理上的迫切需要，逐步形成了一套财务(管理)方法，作为一门独立的学科，从会计中分离出来。因此，从广义的会计概念来说，会计包括上述会计(狭义)和财务(管理)两部分。”⑤

黄学科认为：“由于‘财务’与‘会计’各有自己的内涵，因此二者是可分的。例如清产核资，编制财务计划，规定资金渠道、开支范围和开支标准等，都是财务问题，而不是会计问题；又如会计科目的设置，采用什么样的记账方法和账务处理程

---

① 庆成．谈谈财务和会计的关系[J]．财务与会计，1979(7)：27－28.

② 郭复初．论财务与会计[J]．会计研究，1985(4)：47－49.

③ 郭复初．论财务与会计[J]．会计研究，1985(4)：47－49.

④ 黄寿宸．关于财务与会计的关系问题[J]．财务与会计，1981(9)：18－19.

⑤ 田喜荣．谈谈财务与会计的关系[J]．山西财经大学学报，1980(2)：55－56.

序等，都是会计问题，而不是财务问题。”①

耿汉斌等认为：“综上所述，不管是从财务与会计产生和发展的历史看，还是从财务科学与会计科学产生和发展的历史看，两者产生的时间和条件都是不相同的，另外从财务与会计这两者的性质上看也是有区别的，因而财务与会计这两者、财务科学与会计科学这两者都是两个事物、两门科学，而且不是一个事物、一门科学。”②

余绪缨认为：“西方作为现代市场经济主体的企业，会计主管领导的会计部门和财务主管领导的财务部门从来是明确区分、分别设置的。这也是现代市场经济体制下值得我们借鉴的一种国际惯例。如果现在还继续把过去在特定历史条件下形成的财会不分的旧体制奉若神明，就有点近乎抱残守缺了。”③

笔者认为，“会计”与“财务”关系密切，但不是密不可分，而是密而可分，“会计”就是“会计”，不能包括“财务”，“财务”就是“财务”，不能包括“会计”。

(五) 财务活动是会计的对象

日本学者宫本匡章在《会计情报手册》中介绍了西方的一种观点：“财务是以资本为对象的实体活动，会计是以财务活动及其结果为对象的情报处理活动。”④

上海财政经济学院会计核算原理教研组认为：“会计核算主要是在各企业、事业、机关或团体的会计部门中进行的。它是用来全面而连续地反映各该单位的经济业务，使领导者能用来监督和管理各该单位的财务经济活动。”⑤

(六) 财务会计≠财务＋会计

郭道扬认为：“企业的会计工作决不可以脱离反映财务活动与参与财务管理这一基本目标，而企业的财务与财务管理工作也决不可以离开会计工作的协同配合作用，两者相辅而行，呼应一致，客观上毫无相左之处。也正是从财务与会计客观上存在的这种关联关系及会计对财务现象及其财务结果的系统反映作用出发，人们最终确定‘财务会计’这一专业化名称。从这一点也可以看出，财务会计不可以理解为财务加会计，也绝非财务工作或财务内容与会计工作或会计内容的简单结合。‘财务会计’的概念提出、其工作性质的明确及其相关规范的确定，以及围绕“财务会计”而产生的一系列科学概念，均得益于 20 世纪六七十年代财务会计准则的研究工作。在 1970 年美国会计原则委员会所发布的第 4 号公告《企业财务报表的基本概念和会计原则》中明确指出：‘企业财务会计是会计的一个分支，它着眼于

① 黄学科. 略谈“财务会计”的基本概念——兼论“财务”与“会计”的关系[J]. 财务与会计，1981(9)：15－17.

② 耿汉斌，张连安，郑勇. 论财务学的研究对象及财务与会计两门科学研究范围的划分[J]. 会计研究，1992(1)：50－53.

③ 余绪缨. 社会主义市场经济体制下财务与会计的关系[J]. 当代财经，1993(1)：9－11.

④ 王庆成，李相国，顾志晟. 财务管理学科建设问题[J]. 财政研究，1986(10)：13－17.

⑤ 上海财政经济学院会计核算原理教研组. 第一部分会计核算原理[J]. 工业会计，1958(1)：26.

有关财务状况与经营成果的通用报告，即财务报表。'这里既明确指出'财务会计'是会计的一个分支，又明确了它的工作性质与基本工作目标，这一公告明显地体现出了一个历史性进步。"①

由此可见，财务会计是相对于管理会计而言的科学概念，同理，财务报表实际上是相对于管理会计的财务会计报表。它属于会计领域的一个分支，而不属于财务领域。

四、新中国会计与财务的研究

（一）从簿记到会计，从会计核算到会计

1953年，中国人民大学仍采用"簿记核算教研室"这一名称，1955年，中国人民大学改为"工农业贸易会计教研室"这一名称。

1963年中国人民大学编的《工业会计核算》一书，1979年再版时书名改为《工业会计学》；几乎所有的大学会计专业的《会计核算原理》改为《会计学概论》。

（二）从"财务"到"财务管理"

第一部翻译的财务教科书是由苏联专家撰写的。1953年，由苏联专家阿·米·毕尔曼著的《苏联国民经济各部门财务》出版。1954年下半年，阿·米·毕尔曼在中国人民大学财政系开设了"苏联国民经济各部门财务"课程，随后在我国高等财经院校和中等财经学校先后开出了企业财务课程。中国社会主义工业财务教材，则是在1956年下半年由中国人民大学财政系国民经济部门财务教研室编写出来的。

1958年6月，苏联专家阿·马卡洛夫著，黄道南、李荃胜译《苏联商业财务》出版。

第一部国人撰写的财务教科书是中国人民大学财务会计教研室邢宗江、刘凤钦、顾志晟所著的《工业企业财务》，由中国财政经济出版社1964年10月出版。

中国人民大学邢宗江、刘凤钦、顾志晟三位同志编著，中国财政经济出版社1964年出版的《工业企业财务》一书，与厦门大学经济系财务会计教研室编著，中国财政经济出版社1979年出版的《工业企业财务管理》一书，虽书的名称一叫"财务"，一叫"财务管理"，但实际内容基本相同。

（三）新中国高校会计与财务的沿革

1. 新中国成立之初高校采用"会计"

如会计部门、会计人员、会计工作、会计杂志、会计制度等。

2. 新中国"财务"提法的采用

（1）新中国在企业中采用"财务"

① 郭道扬．二十世纪财务会计的发展——兼评财务与会计的关系[J]．商业会计，1999(6)：44-47．

1951年2月，政务院财政经济委员会召开的全国财政会议对加强国营企业的财务管理工作进行了部署。要求建立并执行国营企业财务收支计划制度，实行定期的预决算制度、报表制度和财政监督。

1951年4月，政务院财政经济委员会颁布了《1951年度国营企业财务收支计划暂行办法》。

1951年11月，财政部召开了全国企业财务管理暨会计会议。

《工业会计》1952年第11期有一文标题为《第二届全国企业财务管理及会计会议关于企业财务管理制度的讨论总结》；《工业会计》1952年第8期有一文标题为《略论基本建设单位财务状况的分析》；《工业会计》1954年第11期有两文标题分别为《以正确的态度编好一九五五年国营工业企业财务收支计划》和《对加强编制财务计划的准备工作的几点意见》。

(2) 新中国在高校中采用"财务"

新中国成立初期，高校基本上采用会计科(室)，但不久就改为财务科(室)，具体见第四章第二节。

所谓财务，是一个单位内的筹资、投资和收益分配活动；所谓理财，是一个单位内的财务管理和财务治理活动。在计划经济体制下，高校没有筹资、投资和收益分配活动，因此，高校没有真正意义上的财务和理财活动。① 严格地说，新中国高校财务的起源是在1992年确立了社会主义市场经济体制之后，即以1993年2月13日，中共中央、国务院印发《中国教育改革和发展纲要》(中发〔1993〕3号)提出"多渠道筹措教育经费"为标志。《中国教育改革和发展纲要》第47条指出："改革和完善教育投资体制，增加教育经费。目前教育经费相当紧缺，不仅不能适应加快改革开放和现代化建设对人才的需求，而且也难以满足现有教育事业发展的基本需要。增加教育投资是落实教育战略地位的根本措施，各级政府、社会各方面和个人都要努力增加对教育的投入，确保教育事业优先发展。要逐步建立以国家财政拨款为主，辅之以征收用于教育的税费、收取非义务教育阶段学生学杂费、校办产业收入、社会捐资集资和设立教育基金等多种渠道筹措教育经费的体制。"

(四) 我国财务学科独立较晚

1. 财务工作曾服从于国家财政

1951年8月19日，政务院颁布的《预算决算暂行条例》第六条指出："各级企业主管部门，应将所属企业机构之预算拨款、预算缴款部分，报经同级财政机关分别列入各该级总预算、总决算。前项预算拨款、预算缴款，应根据各企业机构年度财务收支计划，及年终决算编报数额，分别编列之。企业财务收支计划及决算之编报审核程序另定之。"在计划经济体制下，国营企业和公办高校都是政府的附属单位，

---

① 乔春华.论高等学校的财务主体[J].教育财会研究，1998(1):7-10.

没有自主权，企业生产计划由政府定，企业无筹资权——资金由政府拨付；企业无投资权——资金使用由政府安排；企业无收益分配权——企业利润全部上交。高校更是政府的附属单位。企业财务和单位财务是财政体制的组成部分。

陆华裕认为："（20世纪）40年代初，苏联吉雅琴科教授将财务管理归入财政体系，规定其职能为：① 以货币资源保证经济中的资金周转；② 分配货币收入和积累；③ 对企业和各经济部门资源的形成、分配和使用进行卢布监督。认为财务是客观存在的、产品生产过程和销售过程发生的、并间接表现出这个过程的货币关系的总和。此观点作为社会主义财务管理的依据，一直沿袭至今。"①

陈毓圭认为："三十多年来，集中统一的计划体制和统收统支的财务管理体制，使财务管理实际成了国家财政的附庸，作为财务管理学科的内容仅剩下财务计划，实际上取消了财务管理学。"②

余绪缨认为："实事求是地讲，过去在旧的体制下，以'统收统支'为主要特征的财务管理，实质上并不存在现代意义上的'理财'活动。"③

葛家澍认为："我国现在的会计模式基本上是同集中计划经济体制相适应的。这种模式还有一个特点，就是使会计完全从属于财政、服从于财政。在各企业、各单位中，会计与财务则基本不分，由一个部门行使在性质上不同而且应当相互牵制（控制）的两种职能。这样的模式流传到我国，由于长期实行统收统支、统负盈亏，只相信人治，不相信法治，内部控制和监督可有可无，会计对财政的依赖性、会计与财务的混淆不清都使它进一步得到了巩固和强化。……企业财务和企业会计从属于国家财政，财务与会计的最高管理机构也不过是各级财政部门下属的司或处（科）。"④

2. 财务学曾是会计学科的附属课程

1964年，邢宗江等指出："由于工业企业财务这门学科在我国还处于建立的过程中，有些理论问题尚未得到解决，严密的科学体系也有待于形成。"⑤

王庆成等的研究显示："西方一些大学，目前不仅开设了专门的财务管理课程，有的还专门成立了财务管理系（我国上海交通大学早在新中国成立前就设立了财务管理系）。"⑥但是长期以来，财务管理只是会计专业的一门课程。直到20世纪90年代末才将财务学科独立，并设置了财务（管理）专业。但是，大学只开设"企业

① 陆华裕.论财务管理面临的挑战及对策——兼论财务管理与会计管理的关系[J].会计研究，1987(3)：13-17.

② 陈毓圭.财务管理与会计管理是不同质的管理活动[J].会计研究，1986(1)：35-38.

③ 余绪缨.社会主义市场经济体制下财务与会计的关系[J].当代财经，1993(1)：9-11.

④ 葛家澍.经济体制改革、会计改革和会计理论研究[J].厦门大学学报(哲学社会科学版)，1987(1)：8-15.

⑤ 邢宗江，刘凤钦，顾志晟.工业企业财务[M].北京：中国财政经济出版社，1964.

⑥ 王庆成，李相国，顾志晟.财务管理学科建设问题[J].财政研究，1986(10)：13-17.

财务(管理)”课程,从未开设过“行政事业财务(管理)”这门课程,“高校财务(管理)”课程更谈不上了。

(五)会计史与财务史研究

第一部中国会计史是中南财经大学郭道扬所著的《中国会计史稿》,由中国财政经济出版社于 1982 年 6 月出版,但从未有新中国会计史出版。

第一部新中国财务史是财政部财政科学研究所黄菊波所著的《新中国企业财务管理发展史》,由经济科学出版社于 1996 年 5 月出版。但迄今没有一部高校会计史与财务史。

从上可以看出,新中国财务的教学和研究落后于会计,新中国财务史的研究落后于会计,新中国高校财务史的研究同样落后于会计。

第二节　高校财务管理体制的发展沿革

目前,教育部和财政部在部门规章中主张“高校财务管理体制”的提法而不采用“高校会计管理体制”的概念,因此,本节标题仍使用“高校财务管理体制”的提法。

一、高校财务管理体制概述

(一)高校财务管理体制需要改革

教育部和财政部十分重视高校财务管理体制的改革,曾在两个文件中提到“高校财务管理体制改革”。

2007 年 1 月 15 日,教育部、财政部发布的《关于“十一五”期间进一步加强高等学校财务管理工作的若干意见》第二条规定:“进一步深化改革,建立与公共财政体制和现代大学制度相适应的高校财务管理体制与运行机制。”

2008 年 9 月 17 日,中共教育部党组印发的《贯彻落实〈建立健全惩治和预防腐败体系 2008—2012 年工作规划〉实施办法》第十六条规定:“深化高校财务管理体制改革,健全高校各级经济责任制,探索建立直属高校总会计师制度,继续推行和完善高校内部会计委派制。”

这两个文件都强调了“改革”,改革是我们事业发展的动力,也是高校财务可持续发展的动力。高校财务管理体制之所以需要改革,是高校财务环境的变化要求。

(二)“财务管理体制”与“会计管理体制”的关系

杨纪琬、娄尔行两位教授虽然在《经济大辞典(会计卷)》“会计模式”辞目中提到“会计管理体制”,如“会计模式:在特定的时间和空间条件下,由会计管理体制、会计原则、会计制度以及由此决定的会计方法、程序、组织机构所构成的有机整体。”①但在《经济大辞典(会计卷)》中未对“会计管理体制”条目做出诠释。

1. 研究“会计管理体制”的主要文献

(1) 张文运:《浅谈会计管理体制的改革》,《会计研究》1986年第6期,第35～36页。

(2) 曲晓辉、庄世虹、王华、刘峰:《关于会计管理体制和会计制度改革》,《财会通讯》1988年第12期,第10～12页。

(3) 杜兴邦:《会计管理体制改革之我见》,《会计研究》1988年第6期,第26～27页。

(4) 杨宗昌:《中西方会计管理体制的比较研究》,《财会通讯》1992年第2期,第32～35页。

(5) 中央财经大学会计系“会计与社会经济环境关系问题研究”课题组:《会计管理体制与社会经济环境》,《会计研究》1996年第11期,第12～18页。

(6) 劳秦汉:《宏观会计管理体制和微观会计管理体制的新思考》,《广西会计》1997年第7期,第3～6页。

(7) 孔庆林、吴洁:《〈会计法〉与会计人员管理体制模式新构想——兼评“会计委派制”会计人员管理体制》,《重庆工商大学学报》2000年第6期,第71～73页。

(8) 王凯:《中西方会计管理体制的比较分析》,《重庆广播电视大学学报》2001年第1期,第22～25页。

(9) 施先旺:《我国会计管理体制改革研究》,中国财政经济出版社2003年版,第27页。

(10) 郭婷婷:《会计管理体制国家化与会计信息国际化》,《会计研究》2004年第12期,第68～69页。

(11) 潘爱玲、朱磊:《中美文化差异对两国会计管理体制的影响及启示》,《山东大学学报(哲学社会科学版)》2006年第4期,第144～149页。

(12) 李丰敏:《浅析我国现行会计管理体制存在的弊端及对策》,《西华大学学报(哲学社会科学版)》2006年第3期,第108～109页。

(13) 王东升:《构建政府主导型会计管理体制》,《会计之友》2008年第23期,第10～11页。

(14) 安丽娜:《共同治理机制下企业会计管理体制的完善研究》,长安大学2008年度会计学硕士学位论文。

(15) 徐百顺:《关于我国会计管理体制的理论思考》,《现代商业》2009年第29期,第206页。

---

① 杨纪琬,娄尔行.经济大辞典(会计卷)[M].上海:上海辞书出版社,1991.

2. 财务管理体制与会计管理体制基本内容的异同

笔者曾专门研究过“财务管理体制与会计管理体制基本内容的异同”①，下面简述之。

(1) 相同点

财务管理体制和会计管理体制都是“统一领导，分级管理”的体制，其核心都是集权与分权的关系问题。

(2) 不同点

财务管理体制内容包括“管理职权、组织形式和财务制度”等方面；会计管理体制内容包括会计工作领导体制；会计人员管理体制；会计工作规范体制和会计监督体制等。

在会计管理体制中，会计工作领导体制可概括为“统一领导，分级管理”的体制，即财务管理体制中“管理职权”这一内容，会计人员管理体制即财务管理体制中“组织形式”这一内容。在一个单位内，虽然财务与会计的工作内容不同，但在我国，仍在一个会计机构内工作，会计人员管理仍由一个会计机构负责。所不同的是，财务管理体制包括的是财务制度，会计管理体制包括的是会计制度，但财务制度和会计制度的制定和执行仍由单位内财务会计机构负责。

另外，会计管理体制包括会计监督体制，财务管理体制也应包括财务监督体制，在《事业单位财务规则》中已含有财务监督的条款，且财务监督与会计监督的工作仍由单位内会计机构负责。

综上所述，会计管理体制与财务管理体制是两个不同的概念，但因高校只设一个会计机构，财务与会计的工作内容在一个会计机构内进行，因此，在研究其中一个管理体制时，可以结合起来相互联系地探讨。

(三) 高校财务管理体制的内容

1. 对高校财务管理体制内容的规定

(1)《高等学校财务制度》(1997)

1997 年 6 月 23 日，财政部和国家教委发布的《高等学校财务制度》(财文字〔1997〕280 号)第二章为“财务管理体制”。

(2)《高等学校财务制度》(2012)

2012 年 12 月 19 日，财政部、教育部印发的《高等学校财务制度》(财教〔2012〕488 号)第二章为“财务管理体制”。

2. 高校财务管理体制内容分析

《高等学校财务制度(1997)》与《高等学校财务制度(2012)》这两个文件大同小异，共包括了以下四个高校财务管理体制方面的内容。

① 乔春华.高校财务管理体制研究[M].南京：南京大学出版社，2011.

（1）高校会计管理领导体制

《高等学校财务制度（1997）》第六条规定："高等学校财务工作实行校（院）长负责制。符合条件的高等学校，应设置总会计师，协助校（院）长全面领导学校的财务工作。凡设置总会计师的高等学校，不设与总会计师职权重叠的副校（院）长。规模较小的高等学校，由主管财务工作的校（院）长代行总会计师职权。"

《高等学校财务制度（2012）》第六条规定："高等学校财务工作实行校（院）长负责制。高等学校应当设置总会计师岗位。总会计师为学校副校级行政领导成员，协助校（院）长管理学校财务工作，承担相应的领导和管理责任。凡设置总会计师的高等学校，不设与总会计师职权重叠的副校（院）长。"

（2）高校理财管理体制

《高等学校财务制度（1997）》第五条规定："高等学校实行'统一领导、集中管理'的财务管理体制；规模较大的学校实行'统一领导、分级管理'的财务管理体制。"

《高等学校财务制度（2012）》第五条规定："高等学校实行'统一领导、集中管理'的财务管理体制；规模较大的学校可以实行'统一领导、分级管理'的财务管理体制。"

由于第二章称为"财务管理体制"，笔者认为第二章第五条仍称为"财务管理体制"不妥，应改为"理财管理体制"。

（3）单独设置一级会计机构，包括推行和完善高校内部会计委派制

《高等学校财务制度（1997）》第七条规定："高等学校必须单独设置财务处（室），作为学校的一级财务机构，在校（院）长和总会计师的领导下，统一管理学校的各项财务工作，不得在财务处（室）之外设置同级财务机构。"第八条规定："高等学校校内后勤、科技开发、校办产业及基本建设等部门因工作需要设置的财务机构，只能作为学校的二级财务机构，其财会业务接受财务处（室）的统一领导。高等学校二级财务机构必须遵守和执行学校统一制定的财务规章制度，并接受财务处（室）的监督和检查。"

《高等学校财务制度（2012）》第七条规定："高等学校应当单独设置一级财务机构，在校（院）长和总会计师的领导下，统一管理学校财务工作。"第八条规定："高等学校校内非独立法人单位因工作需要设置的财务机构，应当作为学校的二级财务机构。二级财务机构应当遵守和执行学校统一制定的财务规章制度，并接受学校一级财务机构的统一领导、监督和检查。"

（4）配备专职会计人员

《高等学校财务制度（1997）》第九条规定："高等学校校内设置财务会计机构，必须相应配备专职财会人员。校内各级财会主管人员的任免应当经过上一级财务主管部门同意，不得任意调动或者撤换。财会人员的调入、调出、专业技术职务的

评聘须由财务部门会同有关部门办理。”

《高等学校财务制度(2012)》第九条规定:“高等学校财务机构应当配备专职财会人员。财会人员应当具备与其工作岗位相适应的资格和能力。财会人员的调入、调出、专业技术职务评聘以及校内二级财务机构负责人的任免、调动或者撤换,应当由学校一级财务机构会同有关部门办理。”

二、高校理财管理体制的发展轨迹

(一) 新中国成立后对分级管理的探索

1954 年,《华东级机关直接管理之高等学校、工农速成中学经费管理办法(草案)》(高财字〔1954〕2242 号)第六部分为“经费的分层负责和分级管理”,第三十五条规定:“年度预算核定后,各校可在预算范围内,将经费控制数有重点地分配各单位掌握,并应克服平均主义;各单位即在分配控制数范围内,按期提出季度用款计划(时间由各校规定,一般的应早于学校编报季度计划日期),其属于教学性质的开支由教务长(主任)核转校长批准后送财务单位汇编季度计划;属于行政性质的开支,应由总务长(主任)核转校长批准后送财务单位汇编季度计划。”

(二) 20 世纪 60 年代我国高校实行的是“统一领导、集中管理、统一核算”的理财管理体制

1964 年 7 月 3 日,《南京师范学院财务管理办法(草案)》第三条指出:“财务管理工作,必须贯彻‘统一领导,集中管理,分工负责’的原则。具体负责财务的财务科,应根据中央和省市的指示和有关规定及院务委员会的有关决定,负责学校各项经济活动的核算和财务监督检查,统一管理预算内、外资金,具体处理会计、出纳事务。”

(三) 改革开放之后,高校理财管理体制的发展轨迹

1. “统一领导、集中管理”

1982 年 1 月 11 日,教育部发布的《部属高等学校财务管理试行办法》(财事字〔1982〕第 4 号)第四条规定:“部属高等学校的财务工作应当实行‘统一领导、集中管理、分工负责、权责结合’的原则。做到职责明确、手续清楚、分工协作、各尽其责。”

2. “统一管理、一级核算”与“统一管理、两级核算”

1986 年 10 月 15 日,国家教委、财政部颁布的《高等学校财务管理改革实施办法》(1987 年 1 月 1 日实施)第十条规定:“高等学校内部的经费管理,原则上实行‘统一管理、一级核算、定额包干、节余留用’的办法。规模较大的院校,对本校财务管理基础较好的单位,可以实行‘统一管理、两级核算、经费包干、节余留用’的办法。”

3. "一级核算、二级管理"与"二级核算、二级管理"

1989年5月13日，国家教委发布的《关于适当集中财权加强财务管理的意见》（教财字〔1989〕009号）指出："近几年来，不少院校在财务管理改革过程中，为了调动基层单位理财的积极性，适当下放了一部分财务管理权限。随着改革的不断深化，今后仍将稳妥而有步骤地进行这方面的改革。但是，有一些由于不具备下放财权条件，造成了资金分散，管理混乱，个别基层单位甚至出现自开银行账户、侵占学校权益、冲击规章制度、违反财经纪律的现象。这些问题影响和阻碍了学校财务改革的顺利进行，必须引起各校高度重视。凡不符合管理要求或不具备独立核算条件的基层单位，其会计核算和财务管理权应收归上一级财务部门，今后在财务管理改革中，凡涉及权限下放问题，必须报经校长办公会议讨论决定。"第二条规定："根据当前实际情况和管理要求，各院校原则上应实行'一级核算、二级管理'的财务管理体制，规模较大而且具备条件的院校也可以实行'二级核算、二级管理'的财务管理体制。"

4. "统一领导、集中管理"与"统一领导、分级管理"

1990年4月12日，国家教委发布的《关于委属高校一九九〇年财务工作的若干意见》（教财字036号）第三条规定："适当集中财权，加强财务工作的统一领导。"

1991年4月8日，国家教委、财政部发布的《高等学校"八五"期间财务工作的若干意见》第一条规定："适当集中财权，完善统一领导、分级管理的校内财务管理体制。完善高等学校内部统一领导、分级管理的财务管理体制。在继续实行高校内部财务分级管理的同时，必须加强财务工作的统一领导，坚持'一支笔'审批制度，集中财权。财务处是学校实行财务工作统一领导的职能机构，要加强财务处对全校财务工作的领导作用。学校内部的各事业、科技开发、生产经营、基本建设财务单位不得各自为政，自成体系，不得在财务处外设立同级预算外财务机构，已经设立的要立即撤销。"

1997年6月23日发布的《高校财务管理制度》规定，高等学校实行"统一领导、集中管理"的财务管理体制；规模较大的学校实行"统一领导、分级管理"的财务管理体制。

2000年6月12日，教育部、财政部发布的《关于高等学校建立经济责任制加强财务管理的几点意见》（教财〔2000〕14号）第一条第三款规定："财务管理体制确立与改变的经济责任制。学校财务工作必须坚持'统一领导'的原则，但实行'集中管理'还是'分级管理'，集中和分级分别如何管理，必须在不违反国家和主管部门有关规定的前提下，经校领导集体研究确定并明文颁布；一经确立，不得随意变更；凡不按规定设立的机构，必须予以撤销。"

5. "统一领导、集中管理"与"统一领导、分级管理、集中核算"

2007年1月15日，教育部、财政部发布的《关于"十一五"期间进一步加强高等学校财务管理工作的若干意见》(教财〔2007〕1 号)第 5 条规定:"高等学校应实行'统一领导、集中管理'的财务管理体制,规模较大的学校也可实行'统一领导、分级管理、集中核算'的财务管理体制。高等学校必须确保学校财务规章制度、经济分配政策、经济资源配置、财务收支预算、会计核算等高度统一。"

上述内容显示出我国高校理财管理体制这样的发展轨迹:"统一管理、两级核算"→"一级核算、二级管理"或"二级核算、二级管理"→"适当集中财权,统一领导、分级管理"或"统一领导、集中管理"→"统一领导、分级管理、集中核算"。我国高校财务管理体制类型演变的轨迹可以看出,我国高校财务管理体制类型完成了从计划经济体制向市场经济体制的转化过程,经历了逐步完善到成熟的过程。

(四) 从财务管理体制到财务治理体制

2015 年 5 月 22 日,教育部发布的《关于直属高校落实财务管理领导责任严肃财经纪律的若干意见》(教财〔2015〕4 号)在"健全财务治理体制和运行机制"中规定:"要按照统一领导、集中或分级管理的原则,规范内部财务治理体制和运行机制。要建立健全党政领导班子、财经管理各领导小组(管理委员会)的议事规则。学校讨论决定、拟定实施重大经济决策事项时,应充分论证,必要时应进行专业咨询。要明确财务、审计、纪检监察及相关业务部门的职责分工,明晰经费投入的前期论证、执行过程的审核监督、事后的绩效评价等环节的责任边界,形成决策权、执行权、监督权既相互制约又相互协调的运行机制。"

三、高校会计领导体制的发展轨迹

高校会计领导体制是指党委会和校(院)长领导下的总会计师负责制。

(一) 党委会和校(院)长重视高校会计的发展轨迹

1. 校(院)长负责

1954 年,《华东级机关直接管理之高等学校、工农速成中学经费管理办法(草案)》(高财字〔1954〕2242 号)第五部分为"校长管理经费之责任和权力",第二十九条规定:"校长必须重视财务工作,切实负起管好学校财务的责任,严肃地执行本办法规定,以及上级部门有关财务方面的规定。"第三十条规定:"校长应负责监督及检查全校的机构编制(包括附属机构和附属学校在内)、预算收支及一切有关财务工作。"第三十一条规定:"校长得在主管部门批准的经费控制数范围内,统筹考虑学校各方面的实际需要,分别轻重缓急,确定各科目经费分配数目,并编制年度预算。"第三十二条规定:"年度预算经主管部门批准后,除工资、供给生活费、职工福利费、基本建设资金及人民助学金五'目'外,其余各'目'互有余绌时,校长可按照实际需要适当调剂,并报主管部门批准后执行;但调剂经费以每年一次为限,批准调剂后原核定年度预算数并不变更。至于季度计划的科目流用问题,校长有权按照本办法第十七条规定,直接批准后执行。"第三十三条规定:"校长有权处理下列各项财务问题：(1) 按照上级规定和标准，处理编制内人员的退休、埋葬、抚恤及其他有关职工福利的具体问题；(2) 按照学生人民助学金标准和规定，处理学生申请助学金的具体发放问题；(3) 在批准的基本建设任务范围内，处理技术设计和施工的具体安排；(4) 在批准的教学设备费预算范围内，处理采购、运输、安装等计划，及其计划的变更；(5) 在批准的一般设备费预算范围内，处理采购计划及其计划的变更；(6) 紧急或临时事故发生时(如房屋立即倒塌危险及其他不能预料之不幸事件等)，虽不在季度计划之内者，校长有权先行处理，事后向主管部门报告，并补编追补计划。附注：校长批准第四、第五两项变更计划时，应以原计划所列物品在市场上不易购到，或较原计划更合用、更经济之物品为限，如变更计划与原计划有原则性不同时(如仪器改图书，仪器改购文娱设备，家具改购汽车、脚踏车等)经费原则上不能超支。”第三十四条规定：“各学校在保证完成年度预算的情况下，如校长认为全年教学行政费确实有结余时，可提出一部分经费，作绿化校园费用，并应编制计划报主管部门批准后列入公杂费的零星修购费项下支报。”

1979 年 11 月 22 日，教育部发布的《部属高等学校〈会计人员职权条例〉实施细则》第四条指出：“部属院校都必须单独设置财务处(室)，作为学校的一级机构，在校(院)长的直接领导下和上级财务部门的指导下，统一管理全校的财务会计工作。”

1985 年 1 月 21 日通过的《中华人民共和国会计法》第四条规定：“各地方、各部门、各单位的行政领导人领导会计机构、会计人员和其他人员执行本法，保障会计人员的职权不受侵犯。”

1997 年 6 月 23 日，财政部和国家教育委员会发布的《高等学校财务制度》(财文字〔1997〕280 号)第六条规定：“高等学校财务工作实行校(院)长负责制。”

2012 年 12 月 19 日，财政部和教育部印发的《高等学校财务制度》(财教〔2012〕488 号)第六条规定：“高等学校财务工作实行校(院)长负责制。高等学校应当设置总会计师岗位。总会计师为学校副校级行政领导成员，协助校(院)长管理学校财务工作，承担相应的领导和管理责任。”

2. 党委要切实负起对学校财务管理工作的领导责任

2015 年 5 月 22 日，教育部发布的《关于直属高校落实财务管理领导责任严肃财经纪律的若干意见》(教财〔2015〕4 号)在“全面落实财务管理领导责任”中规定：“高等学校实行党委领导下的校长负责制。直属高校党委要切实负起对学校财务管理工作的领导责任。全面贯彻执行党和国家财经方针政策和决策部署，持之以恒深入贯彻落实中央八项规定精神。严格遵守国家财经法律法规，真抓真管，使财经纪律真正成为带电的高压线。积极配合上级主管部门做好总会计师委派工作，选好用好财务机构负责人。讨论决定事关学校改革发展稳定的重大财经事项和管理制度，健全规范学校财务管理的长效工作机制，强化对权力运行的制约和监督。

支持总会计师(财务分管领导)、财务机构负责人、财务人员依法履行职责,支持内部审计工作,支持纪检监察部门查处违反财经法律法规和财经纪律问题……校长是学校的法定代表人,在学校党委领导下,全面负责学校财务管理工作。"

(二) 高校总会计师制度的发展轨迹

与国内高校不同,国外高校 CFO 早已有之。[①]

新中国成立之初,我国东北地区借鉴苏联经验在一些大型工业企业设置了总会计师岗位。"一五"期间,在全国一些大型国营工交企业范围推广总会计师制度。1961 年,中央颁发的《国营工业企业工作条例》中提出有条件的企业要设置总会计师。1963 年,国务院批转下发了国家经委和财政部联合制定的《关于国营企业、交通企业设置总会计师的几项规定》中明确要求所有国营企业都应设置总会计师,并明确总会计师是厂长经济责任制方面的助手。

而高校总会计师制度是改革开放后才开始启动,其发展轨迹经历了三个阶段。

1. *破冰开创阶段*(1979—1987 年)

1979 年 11 月 22 日,教育部发布的《部属高等学校〈会计人员职权条例〉实施细则》第五章为"总会计师",第十四条规定:"凡设立一级财会机构的高等学校,根据工作需要,一般应当设置总会计师,建立总会计师的经济责任制。其职位相当于副校(院)长级。"并在第十五条中规定了"总会计师的基本职责",第十六条中规定了"总会计师的工作权限"。这个文件具有划时代意义,是解放思想的伟大成果。

1986 年 10 月 15 日,国家教委、财政部颁发的《高等学校财务管理改革实施办法》的第三条指出:"高等学校应根据《会计法》和国家有关规定,建立在校(院)长领导下的,以总会计师为首的经济责任制。总会计师协助校(院)长全面负责学校的各项财经工作,实行'一支笔'审批财务开支的制度。"

1987 年 3 月 17 日,国家教委颁布的《关于高等学校各级领导干部任免的实施办法》第六条规定:"规模较大的高等院校(在校学生达 5 000 人以上,年开支 2 000 万元以上)按《会计法》和国家有关规定,可设立总会计师(不设副职),协助校长全面负责学校的各项财经工作。其任免,经学校报主管部门同意后,由学校办理任免手续。"

1987 年 10 月 28 日,国家教委发布了《高等学校总会计师工作试行规程》(以下简称《试行规程》),这是专门规定"高等学校总会计师"的法规,它全面系统地规定了总则、职责、权限、任免、奖惩、附则,共分六章三十条。

《试行规程》第二条规定:"规模较大的高等学校应当设置总会计师,建立在校(院)长领导下的、以总会计师为首的经济责任制。总会计师是校(院)长管理学校

---

① [美]露西·拉普斯基,玛丽·P.麦考文·莫克.高校的财务运作[M].李正,主译.北京:中国财政经济出版社,2004.

财经工作的助手，属副校（院）长级的学校经济负责人，对校（院）长负责。规模较小的高等学校应充分发挥财务会计机构负责人的作用。由主管财务的副校（院）长或财务处长代行总会计师的职权。如具备条件，也可设置总会计师。”

《试行规程》第三条规定：“总会计师协助校（院）长全面领导学校财经工作，严格执行国家的财经政策和法规，建立健全学校内部经济责任制，改善和加强财务管理，讲求经济效益，并对学校的财务状况负责，对学校经济、财务活动的合法性和合理性负责。”

《试行规程》第四条规定：“总会计师代表校（院）长直接领导学校财会部门开展业务工作，并可受校（院）长委托，领导学校审计机构开展审计工作。学校根据财经管理工作的需要，可在精简的原则下，配备一定的专业技术人员，协助总会计师开展工作。”

在颁发该《试行规程》时，国家教委还发了《高等学校总会计师工作试行规程》有关通知，其中有四条具有很强的可操作性：(1) 国家教委制定的《高等学校总会计师工作试行规程》，业经财政部修改同意。(2) 高等学校实行在校（院）长领导下的以总会计师为首的经济责任制，是贯彻国家《会计法》，对现行财经管理体制进行的一项改革，也是完善高等学校领导体制的一个重要方面。通过这项改革，建立以总会计师为专业主管的、纵横结合的经济管理系统，对改善学校财经管理，提高办学效益，促进学校各项事业的发展，都具有重大的意义。希望各单位对‘试行规程’认真研究，给予高度重视，支持这项改革。(3) 本规程在已设立总会计师的厦门大学、武汉大学、成都科技大学三校可即着手试行；尚未设立总会计师的学校，应积极创造条件，抓紧设置总会计师。建议清华大学、北京大学、兰州大学、天津大学、吉林大学、大连工学院、上海交通大学、复旦大学、北京师范大学等校也争取首批试行，请上述单位于年底前将试行方案报我委备案。(4)《高等学校总会计师工作试行规程》规定在规模较大的学校设置总会计师，经研究暂定在校学生 3 000 人以上，资金流量在 1 000 万元以上者即为规模较大的学校。

这个《试行规程》要求在厦门大学、武汉大学、成都科技大学三所高校设置总会计师，开创了高校设置总会计师的先河，具有里程碑式的历史性意义。

2. 徘徊停止阶段(1988—2010 年)

(1) 教育部、财政部仍积极推动

1988 年 12 月 10 日，国家教委印发的《高等学校会计制度〈试行〉》第十二条规定：“规模较大的高等学校，应按照《中华人民共和国会计法》的有关规定设置总会计师，实行在校（院）长领导下的以总会计师为首的经济责任制。总会计师的任免，应经上级主管部门批准。”第十三条规定：“设置总会计师的高等学校，总会计师协助校（院）长直接领导学校会计部门开展业务工作；未设置总会计师的高等学校，应由校（院）长或确定一名副校（院）长主管会计部门的工作。”

1990 年 12 月 31 日，国务院发布的《总会计师条例》第二条规定："全民所有制大、中型企业设置总会计师；事业单位和业务主管部门根据需要，经批准可以设置总会计师。总会计师的设置、职权、任免和奖惩，依照本条例的规定执行。"第三条规定："总会计师是单位行政领导成员，协助单位主要行政领导人工作，直接对单位主要行政领导人负责。"

1991 年 4 月 8 日，国家教委、财政部印发的《高等学校"八五"期间财务工作的若干意见》第一条第二款指出："加速推行校(院)长领导下的总会计师经济责任制。'八五'期间高等学校的主管部门应与学校一起积极选拔和培养总会计师。规模较大的高等学校要在 1995 年前配备完毕。总会计师统一领导高等学校内部的财务管理和会计核算工作。"于是，高校总会计师建设作为"八五"期间高校财务工作的重点。

1991 年 10 月 29 日，国家教委、财政部发布的《关于高等院校贯彻〈总会计师条例〉的实施意见》，是继 1987 年国家教委发布《高等学校总会计师工作试行规程》之后，又一个全面系统地规定了总会计师的地位、设置和配备的八条意见。其中比以前规定更明确的有：① 在规模较大的院校设置总会计师，协助校(院)长全面领导学校的财经工作，是非常必要的。② 总会计师纳入中共中央组织部、国家教育党组教党〔1991〕56 号文件规定的高校校级的领导职数内，凡设置总会计师的高等学校，在学校行政领导成员中，不设总会计师职权重叠的副校(院)长。③ 高等院校在《总会计师条例》发布实施前已设置的副总会计师，凡符合规定任职条件的，应按规定任命程序确认为总会计师；对暂不完全具备规定任职条件的，应帮助其提高政治业务水平，达到规定的任职条件后，按规定程序任命；对于完全不具备规定任职条件的，应按规定程序进行调整。今后除依法设置总会计师的学校因工作需要可设副总会计师作为总会计师的助手外，均不再单设副总会计师。④ 尽快培养和造就大批合格的总会计师人才。总会计师人选，可以从学校现任的主管财务副校(院)长中任命，也可以在财务处长和学校的后备干部中培训选任。'八五'期间，国家教委拟根据高等学校的实际情况，举办总会计师培训班，有计划、有步骤地培养总会计师后备人才。⑤ 在校生规模在 3 000 人以上，年资金流量在 1 000 万元以上的普通高等学校，均应积极创造条件，逐步设置总会计师。在校生规模 3 000 人以下的高等学校……如有符合条件的干部，也可设置总会计师。未设总会计师的学校，应积极创造条件，培训干部，在 1995 年以前配齐。

1994 年 11 月 17 日，国家教委发布了《关于当前国家教委委属高校财经工作中几点意见的通知》，其中第二条规定："委属高校日常财经工作原则上坚持实行校(院)长领导下的总会计师经济责任制，没有设置总会计师的，必须建立以校(院)长为首的经济责任制。学校内部应建立和完善各级经济责任制，按照财权和事权统一的原则，明确学校领导、校级财务部门和二级财务部门及有关管理人员的经济权限和应承担的职责，进行定期检查和考核，要把有效组织和管理财经工作，作为学校综合考核评估的一个不可缺少的内容，要坚持行之有效的‘一支笔’审批制度，确保财权财力的合理集中和经济责任制的顺利实施。学校各级经济责任人的变动，要建立工作报告和离任审计制度，对在任期间不负责任，给学校财经工作造成重大损失的应追究其责任，触犯法律的应追究其法律责任。”

1996年6月17日，财政部印发的《会计基础工作规范》第九条规定：“大、中型企业，事业单位，业务主管部门应当根据法律和国家有关规定设置总会计师。总会计师由具有会计师以上专业技术资格的人员担任。”

1997年6月22日，财政部与教育部发布的《高等学校财务制度》第六条规定：“高等学校财务工作实行校(院)长负责制。符合条件的高等学校，应设置总会计师，协助校(院)长全面领导学校的财务工作。”

2000年6月12日，教育部、财政部颁发了《关于高等学校建立经济责任制加强财务管理的几点意见》，其中规定：“建立健全各级经济责任制，首先必须建立健全校(院)长经济责任制。……除按规定建立健全校(院)长经济责任制以外，高等学校必须按照‘统一领导，分级管理’的原则，按校内管理层次分别建立起总会计师或主管财务工作的副校(院)长、财务处长、二级单位财务负责人和基层财务人员等若干个层次的各级经济责任制。一级管好一级，一级带动一级，一直抓到每一个基层经济单位。经济责任制的内容应贯穿于高校财经工作的全过程。”

中共教育部党组于2005年8月31日发布了《关于贯彻落实〈建立健全教育、制度、监督并重的惩治和预防腐败体系实施纲要〉的具体意见》，其中第10条规定：“2005年至2007年，全面推行对直属单位、直属高校领导干部经济责任审计。积极推行直属高校总会计师制度和会计委派制度。”

2007年1月15日，教育部和财政部发布的《关于“十一五”期间进一步加强高等学校财务管理工作的若干意见》(教财〔2007〕第1号)第8条指出：“规模较大的高等学校按国家有关规定经批准可以设置总会计师岗位，协助校(院)长全面领导学校的财经工作，直接对校(院)长负责。……高等学校总会计师的任职条件除符合《党政领导干部选拔任用工作条例》和《总会计师条例》的规定外，还应具有财经、管理类专业本科以上学历，必须全职从事学校财经管理工作。高等学校总会计师纳入高校领导干部管理，按副校(院)长级干部配备。凡设置总会计师的学校，不再配备与总会计师职责重叠的副校(院)长。”

2008年9月17日，中共教育部党组印发的《贯彻落实〈建立健全惩治和预防腐败体系2008—2012年工作规划〉实施办法》第16条规定：“深化高校财务管理体制改革，健全高校各级经济责任制，探索建立直属高校总会计师制度，继续推行和完善高校内部会计委派制，推动高校向教职工代表大会报告财务收支及重大开支预决算情况以及依法公开关系学校和群众经济利益的有关财务事项。”

从上述文件的“加速推行”“积极创造条件”“尽快培养和造就”和“在 1995 年前配备完毕”可以看出，教育部、财政部在高校积极推动着总会计师制度。

(2) 徘徊停止的原因

这个阶段高校基本上没有配置总会计师，厦门大学、武汉大学、成都科技大学三所高校的总会计师退休后也没有续配，笔者认为其原因如下。

①《会计法》没有明确规定“事业单位”必须设置总会计师。1985 年版和 1993 年版《中华人民共和国会计法》第二十一条规定：“大、中型企业，事业单位和业务主管部门可以设置总会计师。”1999 年版和 2017 年版的《会计法》第三十六条规定：“国有的和国有资产占控股地位的大、中型企业必须设置总会计师。”《会计法》中没有明确规定“事业单位”必须设置总会计师。

② 总会计师没有纳入组织部门规定的高校校级的领导职数内。

3. 快速发展阶段(2011 年至今)

2010 年 6 月 21 日，中共中央、国务院公布的《国家中长期教育改革和发展规划纲要(2010—2020 年)》第 58 条规定：“在高等学校试行设立总会计师职务，提升经费使用和资产管理专业化水平。公办高等学校总会计师由政府委派。”

2010 年 9 月 21 日，财政部公布的《会计行业中长期人才发展规划(2010—2020 年)》第 8 条规定：“积极推动行政事业单位设置总会计师。财政部门要探索建立总会计师资格认证制度，为用人单位科学选聘总会计师提供制度保障。”

2011 年 4 月 1 日，教育部、财政部颁布了《高等学校总会计师管理办法》，其第二条规定：“高等学校设置总会计师岗位。总会计师为学校副校级行政领导班子成员。”第七条规定：“总会计师由学校主管部门负责选聘、委派，可根据工作需要，实行异校异地任职，依照干部管理权限任免。学校主管部门对总会计师实行统一管理。”

这个阶段，教育部直属高校、陕西省等省属高校积极配置了总会计师。

四、高校会计机构的发展轨迹

(一)“会计机构”与“财务机构”应该分设

1. 新中国成立初期是“会计机构”与“财务机构”的混设时期

(1) 企业

《工业会计》1952 年第 3 期在《我们要认识情况严重，将“三反”斗争进行到底》一文中多处提到“会计科(课)”，没有提及“财务科”；《工业会计》1953 年第 8 期在《东北机械十七厂学习苏联先进经验走了弯路的经验教训》中既提到“财务科”又提及“会计科”。

《工业会计》1958 年第 4 期目录中有“南京电机制造厂财务供销科”“北京市机械厂财务科”“河南省电业局财务科”“博山电机厂财会科”等字。

《工业会计》1958年第2期有一文一标题为《财务会计人员应站在反浪费运动的前列》，第2期有一文一标题为“财务会计人员”。

(2) 高校

《南京医科大学校史(1934—2014)》指出：“1949年5月，镇江市军事管制委员会正式接管江苏医学院，设……会计室……”

1952年12月3日，南京师范学院在报送华东教育部《催发1952年临时费拨款的报告》中出现了“总务处财务科”的名称。

1953年1月1日，《江苏省执行中央各级人民政府暂行单位预算会计制度的具体规定》第五条规定：“各机关如未设有财务或预算部门者，关于单位预算之编制及对附属单位预算之审核、汇编，应由会计部门办理。”

1953年4月2日，南京师范学院在报送华东教育部，抄送交通银行的《1952年基建决算数387 280 360元(旧币)与交通银行的393 708 360元(旧币)发生差额数的报告》中出现了“财务科”字样。

1953年4月13日，南京师范学院在报送江苏省教育厅《核拨1952年基建垫付款的报告》中出现了“总务处财务科”字样。

《南京医科大学校史(1934—2014)》指出：“1960年11月，院委会对机构作调整……总务处(事务科、财务科、教研供应科、基建科、膳食管理科、医疗保健科)……”

1958年12月4日，南京师范学院在《关于调整机构紧缩编制的意见》中指出：“……总务处(基建科、财务科、事务科、保健科、膳食科)……”

1964年7月3日，《南京师范学院财务管理办法(草案)》第七条第六款指出：“定期向总务处汇报财务工作。”

2. 新中国成立初期受行政化影响将“会计机构”改为“财务机构”

中央各部委的财务机构称为“财务司”的居多。1955年《工业会计》中，纺织工业部、轻工业部、燃料工业部、电力工业部等的财务机构称为“财务司”，第一机械工业部的财务机构称为“财务会计司”；1955年《工业会计》中，交通部的财务机构称为“财务会计局”，第一商业部的财务机构称为“财会局”，等等。迄今为止，中央各部委的财务机构仍称为“财务司”，中央各部委的财务机构称为“财务司”是对的，因为它履行的是筹资、分配资金、制定财务政策、考核资金使用绩效等职责，不履行部机关的会计核算工作，部机关的会计核算工作由“会计结算中心”办理。

基层单位将“会计机构”改为“财务机构”的根本原因是受行政化的影响，即上下对口。殊不知基层单位的“财务机构”与上级机关的“财务机构”所履行的职责不同，如教育部设财务司，教育厅设财务处，其职能不是从事教育部内或教育厅内的会计核算工作，这项工作在教育部内或教育厅内设一个类似会计处的“会计结算中心”，从事教育部内或教育厅内的会计核算工作。而教育部的财务司从事资金分配、预决算管理、教育财务政策以及对高校的宏观财务管理等,而教育厅财务处除了资金分配少些外,其他功能类似。因为这些功能属于财务领域,因此,教育部设财务司、教育厅设财务处是对的。但基层单位在不设“会计结算中心”的情况下将主要的会计核算工作放在“财务机构”中进行,似乎觉得又不确切,就出现了“财务会计机构”或“财会机构”,以及“财务会计人员”或“财会人员”的称谓。这种理论上的失误造成了实践工作中的谬误,有些学者竟有“大财务”“财务包括会计”等荒谬的解释。

而高校目前的“财务处”或“计划财务处”的主要功能是负责记账、算账、报账的会计核算工作,财务功能较少,但受行政化的影响,几乎都称为财务处。“计划财务处”的称谓则不确切,这里“计划”不是学校的“规划”而是“预算”,“预算”在国内属于财务领域,含义重叠。目前高校的“财务处”的名称没有反映出其从事着大量的会计核算工作。

3. “会计机构”与“财务机构”应该分设

黄寿宸早在 1957 年就认为:“财务工作和会计工作是两个不同性质和作用的工作;财务工作和会计工作之间存在着一定的密切联系;把财务工作和会计工作分别由两个独立的机构来办理,或者在一个合设机构内把财务工作和会计工作分别由不同的专业小组或专人来办理,是便利于充分地发挥它们各自应有的作用。”①

陈安怀认为:“随着生产的继续发展和社会的变革,社会化生产的程度愈来愈高,资本主义企业之间的竞争愈来愈激烈,这对会计和财务管理都提出了更高的要求。如对财务预算的编制和组织实现,都需要进行大量的管理工作,所要研究的课题,远远超过会计的范围。会计就包括不了那么多的内容,承担不了那么多的任务,就不得不将有关财务的内容分离出去,并加以充实,形成企业财务管理这一独立职能。无论在国外或新中国成立初期,有的企业就曾分设财务与会计机构。据说,我国现在已开始有分设机构的做法。就是将两者合并在一个机构中的,除了财会人员极少的单位外,多数单位为了做好两方面的工作,其内部也都各有侧重地进行分工,否则,就常常出现抓了会计工作,削弱了财务管理的现象。再从长远看,将来电脑用于会计,大量的核算工作由电脑承担,这种界限就更明显了。”②

徐辉强认为:“据我所知,国务院有的部委和一些大型企业,将财务与会计分设机构(处、科),这说明财务与会计工作是各有其独立性的。高等财经院校也分别开设财务课程与会计课程。它们之间是‘并列关系’。……若我的这一理解可以成立,那么,在学术上才有必要进一步探索各自的‘内涵’,在实际工作中,才有必要明

① 黄寿宸.财务和会计的关系[J].教学与研究,1957(1):50-54.

② 陈安怀.试论财务与会计的关系[J].财经理论与实践,1981(1):77-83.

确分工，各负其责。”①

李翔华认为：“西方国家股份公司在财务上的上述特征，表明企业财务具有非常丰富的内容，财务部门担负着十分繁重的理财工作。毋庸赘述，这么重大的任务，会计部门力不能及。会计部门有着自己的工作，肩负着迅速及时地提供真实、准确、相关的价值运动信息的艰巨任务。会计部门不可能集理财和提供价值运动信息于一身。同样，财务部门也不可能两副重担一肩挑。所以，会计同财务谁也不能取代谁，务必分灶吃饭（‘一分为二’），分别设置财务部门和会计部门。日本学者宫匡章在《会计情报手册》中概括的西方学者的下述观点，很生动地描述了会计同财务的关系，‘财务是以资本为对象的实体活动，会计是以财务活动及其结果为对象的情报处理活动。会计的机能是组织情报，不处理资金筹集、供应与运动，仅在必要时反映其结果。这就是说，财务是进行有关资金筹集供应和运用的意向决定，会计是为这种意向决定提供情报的’。”②

陈毓圭认为：“我们设想，在设置总会计师的基础上，改革现行财会机构，分别设立财务管理部和会计管理部，做到相对分工，相互协调，改变目前财会不分、财务管理似有若无的状况，真正发挥财务管理组织资金运动、处理财务关系、监督生产经营的作用。”③

我国台湾地区有的大学将财务机构与会计机构分设，如 2012 年 12 月 7 日，《台湾大学组织规程》第二十一条在“本大学设置下列行政单位、主管”中指出：“六、财务管理处：置财务长一人，掌理财务规划、资金调度、募款及新事业开发、管理、投资等事项。……九、会计室：置会计主任一人，依法办理岁计、会计及统计事项。”这里，台湾大学既设“财务管理处：置财务长一人”，又设“会计室：置会计主任一人”。

国外大学一般将财务机构与会计机构分设，如美国马里兰大学分列为三个并列的中层管理部门，即：预算办公室、会计办公室、收费办公室。预算办公室安排在校长办公楼内，会计办公室和收费办公室分列校长办公楼两侧。

（二）改革开放后单设财务处

1978 年 9 月 12 日，国务院发布的《会计人员职权条例》（国发〔1978〕175 号）第二条指出：“国营企业、事业单位、机关、团体，都必须单独设置财务会计机构，根据工作需要，配备必要的会计人员；财务会计业务不多的单位，原则上也要配备专职会计人员，办理财务会计工作。”

1979 年 11 月 22 日，教育部发布的《部属高等学校〈会计人员职权条例〉实施细则》第四条指出：“部属院校都必须单独设置财务处（室），作为学校的一级机构，在

---

① 徐辉强．谈谈财务与会计的内涵和外延[J]．财务与会计，1982(5)：18，21．

② 李翔华．会计同财务关系辨析[J]．厦门大学学报（哲学社会科学版），1987(4)：141－146．

③ 陈毓圭．财务管理与会计管理的本质区别与现实联系[J]．会计研究，1989(2)：30－34．

校(院)长的直接领导下和上级财务部门的指导下,统一管理全校的财务会计工作。"第五条指出:"学校校办工厂和其他业务部门,根据工作需要,必须配备专职财会人员或设置财会机构的,在业务上,受学校财务处(室)的指导、监督。"

1982年1月11日,教育部发布的《部属高等学校财务管理试行办法》第七条规定:"部属高等学校必须单独设置财务处(室)。"

《南京医科大学校史(1934—2014)》指出:"1981年7月将财务科独立出来,设为南京医学院财务处。"

(三) 与财务处并列须设置的处室

1. 须单独设置招投标及采购专职机构

2003年8月21日,教育部办公厅印发的《教育部政府采购管理暂行办法》第十二条规定:"部属各高校应成立政府采购领导小组,协调各方面工作;必须建立健全本校的政府采购专职机构,落实责任人及相关人员的职责。部属各事业单位要结合实际确定一个部门负责此项工作。"第十七条指出:"政府采购方式包括以下几种:(1) 公开招标;(2) 邀请招标;(3) 竞争性谈判;(4) 单一来源采购;(5) 询价;(6) 政府采购监管部门认定的其他采购方式。"

2. 须单独设置国有资产管理机构

2012年11月21日,教育部发布的《直属高等学校国有资产管理暂行办法》(教财〔2012〕6号)第八条规定:"高校应建立健全国有资产管理机构,履行高校国有资产管理职责。"财政部张少春副部长指出:"资金管理是价值形态的管理,资产管理是实物形态的管理,财政管理和财务管理中,历来都包括资产管理的内容。"①

3. 须单独设置内部控制办公室

2012年11月29日,财政部印发的《行政事业单位内部控制规范(试行)》(财会〔2012〕21号)第十三条规定:"单位应当单独设置内部控制职能部门或者确定内部控制牵头部门,负责组织协调内部控制工作。同时,应当充分发挥财会、内部审计、纪检监察、政府采购、基建、资产管理等部门或岗位在内部控制中的作用。"

2016年4月26日,教育部办公厅印发的《教育部直属高校经济活动内部控制指南(试行)》(教财厅〔2016〕2号)第七条规定:"高校要成立专门负责内部控制建设的职能部门,或者明确内部控制建设的牵头部门,负责组织协调全校的内部控制建设。其主要职责是:组织梳理学校各类经济活动的业务流程,明确业务环节,系统分析经济活动风险,确定风险点,选择风险应对策略,在此基础上根据国家有关规定建立健全学校各项内部管理制度并督促相关人员认真执行。"

---

① 张少春.齐心协力扎实进取开创事业资产管理工作新局面[J].行政事业资产与财务,2007(6):8-14.

(四) 财务处内设科室的设置轨迹

1. 工作需要各高校已设置的科室

(1) 预算科

20 世代 90 年代末到 21 世纪初，较大的本科院校都设置了预算科。一是预算重要，国外高校均设置与财务处平级的预算办公室。二是预算工作量大，特别是需编制中期预算后。三是内部控制的需要，2012 年 11 月 29 日，财政部印发的《行政事业单位内部控制规范(试行)》(财会〔2012〕21 号)第十九条规定：“单位应当建立健全预算编制、审批、执行、决算与评价等预算内部管理制度。单位应当合理设置岗位，明确相关岗位的职责权限，确保预算编制、审批、执行、评价等不相容岗位相互分离。”第二十条第二款规定：“单位应当建立内部预算编制、预算执行、资产管理、基建管理、人事管理等部门或岗位的沟通协调机制，按照规定进行项目评审，确保预算编制部门及时取得和有效运用与预算编制相关的信息，根据工作计划细化预算编制，提高预算编制的科学性。”由此可见，预算的编制者、审批者、执行者和监督者不能是同一个主体。境外高校预算编制和预算执行就分属两个部门，因此，需单独设置预算机构。

(2) 经费核算科

经费核算科主要核算“基本支出”的经费，有的称为“会计结算中心”；“项目支出”多的高校设置为“会计二科”，前者为“会计一科”。

(3) 资金结算中心

1991 年 4 月 8 日，国家教委、财政部印发的《高等学校“八五”期间财务工作的若干意见》(教财〔1991〕33 号)第一条第五款规定：“有条件的学校，可以试行校内银行，调剂校内各项奖金，增强学校财务处经济方面的宏观调控能力。”20 世代 90 年代初，重点高校基本上均设置了“校内银行”，后改为“资金结算中心”，其功能比“出纳科”大，涉及校内两级单位开户。

(4) 管理会计科

2014 年 11 月 18 日，财政部正式颁布的《财政部关于全面推进管理会计体系建设的指导意见》(财会〔2014〕27 号)指出：“管理会计是会计的重要分支，主要服务于单位(包括企业和行政事业单位)内部管理需要，是通过利用相关信息，有机融合财务与业务活动，在单位规划、决策、控制和评价等方面发挥重要作用的管理活动。”显然，高校须单独设置管理会计科。

(5) 后勤财务科

(6) 校办企业财务科

(7) 基建财务科

(8) 处办公室

20 世代 90 年代末，较大的本科院校都设置了处办公室，承担财务处内外的协调工作,有的高校称为“管理科”。

2. 法规要求财务处内增设的科室

(1) 须单独设置会计监督科

1982 年 1 月 11 日发布的《教育部部属高等学校财务管理试行办法》(财事字〔1982〕第 4 号)第四十六条指出:“部属高等学校都要设立财政监察组(科),配备二至三名专职监察人员,并选聘一定数量的兼职监察人员,实行专职人员与兼职人员相结合,对学校内的一切财务收支活动进行监督和检查。”

(2) 须单独设置会计信息管理机构

2007 年 1 月 15 日,教育部、财政部颁发的《关于“十一五”期间进一步加强高等学校财务管理工作的若干意见》第 25 条规定:“大力推进高等学校财务信息化建设……高等学校财务部门要设置专门机构或岗位,配备合格的专业技术人员,负责财务管理信息系统的管理和维护,确保财务信息安全。”

(3) 须单独设置专门科研经费管理服务科

2012 年 12 月 17 日,教育部、财政部发布的《关于加强中央部门所属高校科研经费管理的意见》(教财〔2012〕7 号)第 4 条指出:“设立专门机构。科研管理任务重、科研经费规模大的学校,可以在财政部门或科研部门内部统一设置科研经费管理服务机构。科研经费管理服务机构负责协助、指导项目申请人合理编制经费预算,对已批复或签订合同(任务书)的项目提供从到款通知到具体项目经费分配、预算执行进度通报、经费使用建议、预算调整、决算编制、外部沟通协调等全过程服务,会同学校有关部门做好政策咨询、业务培训、科研合同管理、技术市场登记、税费减免等相关工作。”

(五) 高校能自主确定内部组织机构的设置和人员配备

《高等教育法》第三十七条规定:“高等学校根据实际需要和精简、效能的原则,自主确定教学、科学研究、行政职能部门等内部组织机构的设置和人员配备。”

2017 年 3 月 31 日,教育部、中央编办、发展改革委、财政部、人力资源和社会保障部发布的《关于深化高等教育领域简政放权放管结合优化服务改革的若干意见》(教政法〔2017〕7 号)第五条指出:“高校自主设置内设机构。高校根据办学实际需要和精简、效能的原则,自主确定教学、科研、行政职能部门等内设机构的设置和人员配备。鼓励高校推进内设机构取消行政级别的试点,管理人员实行职员制。改革后要保障高校内设机构人员享有相应的晋升、交流、任职、薪酬及相关待遇。”随着高校自主权的扩大和落实,高校财务领域机构设置齐全并发挥功能有望实现。

五、高校会计委派制度的发展轨迹

(一) 会计委派制度的发展轨迹

时希平同志率先提出会计委派制。他指出:“国家对国营企业的会计实行统一委派、分级管理制。”实践中个别地方也开始尝试会计委派制(如四川省安岳县通贤区供销社)。[1]

湖北襄樊市(现襄阳市)、江苏吴县市(现已撤销)甪直镇是我国较早正式实施会计委派制的两个地区。1988年,湖北襄樊市(现襄阳市)率先成立了国内第一个地市级会计局,在全市企事业单位试行会计人员垂直管理的办法,将会计人员的任免、调动、奖惩、工资福利等事宜纳入会计局管理范围。

1988年3月江苏吴县市甪直镇经批准正式成立了“会计服务站”,规定了会计的任职资格,对全镇培训达标的会计人员进行了注册登记,新办企业所需会计人员一律实行聘任制。1990年3月原隶属于财政所的会计服务站正式更名为“会计管理站”,并明确由镇政府直接领导。凡是乡镇集体企业的主办会计、出纳员、一般会计、统计员的任命与调配,直接由会计管理站决定,厂长经理不能自行决定聘用或解聘会计,其中主办会计为委派制,其工资管理由用人单位每月按一定标准上交管理站,管理站根据考核实绩发放工资,年终核定总报酬。

1996年,中纪委常委刘丽英同志在对吴县市甪直镇进行调查研究时,发现甪直镇创办的会计管理站除能防止经济犯罪以外,在管理、组织会计人员为所在单位加强经营管理和提高经济效益方面也能发挥较好作用。她即向中纪委提出了报告,并把这种做法称为“会计委派制”。中纪委对甪直镇的做法给予了充分的肯定,从此,“会计委派制”一词就逐渐在全国风行开来。这一阶段会计人员管理体制的主要特点是:人们对会计委派制有了初步认识,有些地方开始有组织、有计划地进行委派试点工作。

1998年1月22日,十五届中纪委二次全会指出:“改革会计人员管理体制。在国有企业、国有控股企业进行会计委派制度试点。有条件的地方和部门,也可以试行会计委派制度。要加强对会计工作的管理和监督,对造假账、报假数、开假票据等违法违规的会计人员,一律取消其专业技术资格,并依法追究法律责任。对授意、指使、强令会计人员编造、篡改会计数据的单位领导人,要一律撤销职务,依法从严惩处。”

朱镕基在《政府工作报告(2000)》中指出:“推行政府采购制度、会计委派制度、领导干部任期经济责任审计制度等,加大从源头上预防和治理腐败的工作力度。”

2000年9月7日,财政部、监察部印发的《关于试行会计委派制度工作的意见》指出:“从改革会计人员管理体制入手,由政府部门或产权单位作为所有者,向国有单位或集体企业委派会计人员,受委派人员代表委派部门监督被委派单位的会计行为和经济活动,并在业务上受被委派单位领导,通过会计核算参与其内部管理。……截至2000年6月,全国已有29个省(自治区、直辖市)、125个地(市)、494个

① 时希平.建议实行“国家会计委派制”[N].经济日报,1985-12-21.

县(区、市)进行了会计委派制度试点工作,直接或间接委派的会计人员已达 6 万余人,试点范围包括了党政机关、财政拨款的事业单位、国有企业,以及乡镇集体企业和农村集体经济组织等。”

(二) 高校会计委派制度的发展轨迹

高校实施会计委派制度基于两个原因:一是目前我国高校理财管理体制采用“统一领导、分级管理、集中核算”的模式,但 1998 年后高校“扩招”“并校”使规模膨胀,并且有多个校区,“集中核算”有一定困难,需要采用会计委派制度;二是从源头上预防和治理腐败,需要从改革会计人员管理体制入手,由校财务部门统一对分级管理单位(分校区或二级单位)实施会计委派制度,会计委派制度就是“从改革会计人员管理体制入手”的制度创新。

高校会计委派制度的发展轨迹如下。

2000 年 6 月 12 日,教育部、财政部发布的《关于高等学校建立经济责任制加强财务管理的几点意见》(教财〔2000〕14 号)第二条第二款规定:“对于二级单位的财会人员,条件成熟的学校可采取委派制度。”

2002 年 2 月 11 日,教育部、财政部发布的《关于清理检查直属高校资金往来情况加强资金管理确保资金安全的通知》(教财〔2002〕2 号)第二条规定:“加强资金集中管理,实行会计委派制。……各校还须切实加强对二级单位(包括基金会)的财务管理和监督,按照财政部、监察部《关于试行会计委派制度工作的意见》(财会字〔2000〕12 号)的有关规定,对二级单位实行会计委派制。学校要明确委派会计人员的职责、权限、与被委派单位的关系,发挥委派会计人员的监督作用,保证委派会计人员正确履行职责。同时,也要加强对委派会计人员的管理、监督和审计。”

2004 年 10 月 18 日,教育部、财政部发布的《关于进一步加强直属高校资金安全管理的若干意见》(教财〔2004〕38 号)第八条规定:“各校应按照财政部、监察部《关于试行会计委派制度工作的意见》(财会字〔2000〕12 号)的有关规定,对二级单位实行会计委派制。学校要明确委派会计人员的职责、权限、与被委派单位的关系,发挥委派会计人员的监督作用,保证委派会计人员正确履行职责。同时,也要加强对委派会计人员的管理、监督和审计。”

2005 年 8 月 31 日,中共教育部党组于发布了《关于贯彻落实〈建立健全教育、制度、监督并重的惩治和预防腐败体系实施纲要〉的具体意见》,其中第七条规定:“2005 年至 2007 年,全面推行对直属单位、直属高校领导干部经济责任审计。积极推行直属高校总会计师制度和会计委派制度。”

2007 年 1 月 15 日,教育部和财政部发布的《关于“十一五”期间进一步加强高等学校财务管理工作的若干意见》第 10 条规定:“高等学校应对二级单位实行会计委派制,加强财务管理与监督。高等学校委派会计人员应由学校财务部门统一管理,学校要明确委派会计人员的职责与权限,充分发挥委派会计人员的会计监督作用，保证委派会计人员正确履行职责。高等学校要建立健全委派会计人员的选拔聘用制度、业务考核制度、岗位轮换制度、重大事项报告制度等，加强对委派会计人员的后续管理，切实保护会计人员的合法权益。”

2008 年 9 月 3 日，中共中央纪委、教育部、监察部发布的《关于加强高等学校反腐倡廉建设的意见》第十一条指出：“加强内部财务管理和监督。高校内部财务实行会计委派制。”

2008 年 9 月 17 日，中共教育部党组印发的《贯彻落实〈建立健全惩治和预防腐败体系 2008—2012 年工作规划〉实施办法》第 16 条规定：“深化高校财务管理体制改革，健全高校各级经济责任制，探索建立直属高校总会计师制度，继续推行和完善高校内部会计委派制，推动高校向教职工代表大会报告财务收支及重大开支预决算情况以及依法公开关系学校和群众经济利益的有关财务事项。”

（三）会计委派制在高校的实践

1. 中国矿业大学从 1997 年起实行会计委派制——实行集中核算

王大勇指出：“煤炭部所属十六所院校，一九九七年实行的‘四条线’财务管理办法，设立会计服务中心作为财务处的派出机构，代理二级及其以下单位的会计核算业务，这样，二级以下单位不允许设置独立的会计机构，该做法对于完善高校财务管理体制，集中财务，保证会计信息的完整、真实、可靠，提高学校财务宏观调控能力起到示范作用。”①

2. 武汉大学从 1998 年 6 月起实行会计委派制

武汉大学介绍，自 1998 年 6 月起，我校在教育部直属高校中率先改革财会人员管理体制，实行了财会人员委派制，首批将 90 余名财会人员全部集中由校计划财务处管理，统一委派至院系、机关、直属单位和后勤部门，改变了原来财会人员隶属于校内各单位管理的局面。②

笔者从网上搜索到，浙江大学、吉林大学、兰州大学、华东师范大学、安徽大学、江苏师范大学、西安外国语大学等实施了会计委派制度。

六、高校会计人员受重视程度的发展轨迹

（一）“经济越发展，会计越重要”的发展轨迹

马克思指出：“过程越是按社会的规模进行，越是失去纯粹个人的性质，作为对过程的控制和观念总结的簿记就越是必要……簿记对资本主义生产比对手工业和

---

① 王大勇．对高等学校财务管理体制问题的思考[J]．河北师范大学学报（教育科学版），1998(4)：161－164.

② 武汉大学财务处．实行财会人员委派制强化高校财务会计监督——武汉大学推行财会人员委派制情况介绍[J]．教育财会研究，1999(2)：54－57.

农业的分散生产更为必要，对公有生产比对资本主义生产更为必要”。① “在资本主义生产方式废止以后，在社会化的生产依然存在的情况下，价值决定仍会在上述意义上起支配作用：劳动时间的调节和社会劳动在各类不同生产之间的支配，最后，与此有关的簿记，将比以前任何时候都要重要。”②

每当国家扭转经济困难局面时就要加强会计工作。古人云：“国难思良将，病笃思良医。”为了扭转“大跃进”造成的经济困难局面，1962 年 6 月 23 日，中共中央批转财政部党组和人民银行党组《关于全国会计工作会议情况的报告》中指出：“办经济离不开会计。经济越发展，会计越重要。”为了扭转“文革”中国民经济一度濒于崩溃边缘的局面，1978 年 9 月 12 日，国务院发布了《会计人员职权条例》(国发〔1978〕175 号)第一条指出：“会计是管理国民经济必不可少的工具。社会主义经济越发展，会计越重要。”

1995 年 10 月 26 日，国务委员李贵鲜受朱镕基同志委托，代表国务院在第四次全国会计工作会议上的讲话中指出：“会计工作不仅在过去重要，现在和将来更重要。市场经济越发展，会计工作越重要。”还指出：“会计人才，是做好会计工作的关键，也是搞好市场经济的关键。”

1982 年 1 月 11 日，教育部发布的《教育部部属高等学校财务管理试行办法》(财事字〔1982〕第 4 号)第一条指出：“高等学校的财务工作是整个学校工作的重要组成部分，也是整个国家财经工作的一个有机组成部分。”

1989 年 1 月 27 日，财政部印发的《关于加强会计管理工作提高会计人员素质的意见》(财会字〔1989〕第 5 号)指出：“会计，是财政财务管理的基础工作；会计人员，是做好财政财务管理工作的基本队伍。”

(二) “会计是重要岗位”的发展轨迹

在市场经济国家，CFO(Chief Financial Officer)指公司首席财政官或财务总监，是现代公司中最重要、最有价值的顶尖管理职位之一，是掌握着企业神经系统(财务信息)和血液系统(现金资源)的灵魂人物，是企业治理结构发展到一个新阶段的必然产物。没有首席财务官的治理结构不是现代意义上完善的治理结构。

《管子·牧民》指出：“天下不患无财，患无人以分之。”其意为不担心天下没有财富，就怕没有善于分配财富的人。在《红楼梦》中王熙凤就是贾府的 CFO，她掌管着整个家族的财政大权，上任之初便命“钉造账册”，弄清家底。

在企事业单位，会计是兢兢业业、精打细算的“红管家”；在村政府，会计也是重要角色。

由于旧社会中管家(如《白毛女》中的穆仁智)是一个助纣为虐的角色，因此，将

① [德]卡尔·海因里希·马克思.资本论：第 2 卷[M].北京：人民出版社，2004.

② [德]卡尔·海因里希·马克思.资本论：第 2 卷[M].北京：人民出版社，2004.

会计描绘成头戴瓜皮帽、鼻梁上挂着一副深度近视镜、手拿破算盘的反面形象。在计划经济时代，特别是“左倾”时期，有些文学作品把会计人员贬为阶级敌人，如《艳阳天》中的会计马立本，《难忘的战斗》中的账房先生，又因为会计人员因按制度办事却把会计人员塑造成循规蹈矩的保守形象。笔者1962年考上中央财政金融学院会计系财务会计专业时，就流行一句话：“男学工，女学医，学了财经没出息。”

也有文艺作品为会计人员仗义执言的，如苏文茂、马志存在相声《财神爷》中说的：会计不听我厂长的话，就让这“财神爷”（会计）去当“龙王爷”（刷厕所）或“火神爷”（烧锅炉）去。1964年，新凤霞主演的评剧《会计姑娘》歌颂了生产队女会计李秀英坚持原则，保护集体财产的事迹。

由上可知，会计历来是掌握财权的重要岗位，执政者总是通过会计人员控制财权。

1963年，时任财政部部长李先念指出：“会计工作同其他工作一样，是一个光荣的、重要的岗位。要办好一个工厂，一个商店，一个生产队，乃至一个医院，一个学校，等等，都离不开财务会计工作。”①

1978年9月12日，国务院又修订发布的《会计人员职权条例》（国发〔1978〕175号）第一条规定：“做好会计工作，加强财务管理，提高经营管理水平，以促进社会主义经济的发展，这是会计人员的光荣任务。”

财政部原部长王丙乾在第三次全国会计工作会议指出：“宁少几个行政人员，多一个会计人员。”②

2000年6月12日，教育部、财政部发布的《关于高等学校建立经济责任制加强财务管理的几点意见》（教财〔2000〕14号）规定：“大力度地强化财会法制观念。会计工作是学校财经工作的基础。高校的校（院）长首先必须根据本校业务需要责成人事部门提出设置财会机构的方案，并经校领导集体研究后，按干部管理权限配备、选用具备法定从业资格的财会人员。”

2007年1月15日，教育部、财政部发布的《关于“十一五”期间进一步加强高等学校财务管理工作的若干意见》（教财〔2007〕1号）第25条规定：“高等学校财务部门要设置专门机构或岗位，配备合格的专业技术人员，负责财务管理信息系统的管理和维护，确保财务信息安全。”第35条指出：“高等学校要高度重视财会队伍建设，把财会岗位作为重要的专业技术岗位，把财会队伍建设纳入学校人才队伍建设的整体规划，有计划、分步骤地配备高层次、高素质人员，着力改善财会队伍结构，提高财会队伍的整体水平。要加强财会人员的培养和考核，鼓励、吸引、保持优秀

---

① 李先念. 对财务会计人员的几点希望[N]. 人民日报，1963-09-04.

② 施明璋. 顾树桢同志传达第三次全国会计工作会议及中国会计学会一九八〇年年会精神[J]. 上海会计，1981(1)：3-7.

人才从事财务工作。”

2010年9月21日，财政部发布的《会计行业中长期人才发展规划(2010—2020年)》(财会〔2010〕19号)指出：“会计人才是我国人才队伍的重要组成部分，是维护市场经济秩序、推动科学发展、促进社会和谐的重要力量。加强会计人才队伍建设，着力培养高层次会计人才，并以此引导和带动我国会计人才队伍发展，不仅关系到提高会计行业核心竞争力、确保会计工作促进经济社会发展的职能作用有效发挥，而且关系到全国实施人才战略、建设创新型国家的大局。”

2013年5月30日，财政部印发的《关于加强和改进基层会计管理工作的指导意见》(财会〔2013〕12号)指出：“科学设置基层会计管理机构，配备和优化基层会计管理队伍。”

2013年4月15日，教育部发布的《关于开展“教育经费管理年”活动进一步用好管好教育经费的通知》第15条规定：“推动各级各类学校配备合格财会、内部审计机构和人员。各地要深入了解学校财会、内审机构和人员配备情况，按照国家有关基本配备标准的规定，推动配备合格机构和人员。”

2014年11月17日教育部发布的《关于加强直属高校直属单位财务队伍建设的意见》(教人〔2014〕6号)指出：“加强财务人员配备和规范管理，合理配备编制。各单位应当根据单位实际、经费收支规模、财务部门职责及当前对财务管理工作的新要求，加强财务工作力量，科学合理配备财务人员编制和数量，并按事业发展需要动态调整，以保证财务工作正常开展。……按照人尽其才、人岗相适的原则选配人员，逐步优化性别、年龄、学历和职称结构，并保持财务干部队伍的相对稳定。”

2014年12月31日，国务院发布的《权责发生制政府综合财务报告制度改革方案》指出：“按规定建立和实施行政事业单位内部控制机制，设置充足的财务会计管理岗位。”

《教育部2015年工作要点》第16条指出：“加强教育财务队伍建设。”

(三) 规范会计人员职权的发展轨迹

据笔者考证，施展先生是新中国第一个提出“早日颁布‘财务会计人员的职责与权力’的规定”。施展指出：“希望有关部门早日颁布‘财务会计人员的职责与权力’的规定，使他们能更加负责地履行代表国家监督财政的职责。”该文的编者按：“施展同志的意见，我们认为是正确的，希望各地读者发表意见，展开广泛的讨论。”①

1962年11月24日，国务院发布了《会计人员职权试行条例》，规定了会计人员的职责和权限；1978年9月12日，国务院又修订发布了《会计人员职权条例》(国发〔1978〕175号)。

---

① 施展.希望早日颁布“财务会计人员的职责与权力”的条例[J].工业会计，1952(4)：33.

1984年4月24日，财政部发布的《会计人员工作规则》(财会〔1984〕16号)第一条第一款规定："为了加强会计基础工作，建立科学的会计工作秩序，正确行使国家赋予会计人员的职权，提高会计管理水平，发挥会计在经济建设中的作用，特制定本规则。"第一条第四款规定："会计人员必须加强政治学习，不断提高政治思想水平，坚持四项基本原则，树立全局观点，遵纪守法，忠于职守，廉洁奉公，实事求是，全心全意地为社会主义现代化建设服务。"第一条第五款规定："会计人员必须努力钻研业务，不断丰富会计理论知识，提高业务工作能力，正确处理会计账务，熟练运用计算技术和分析方法，做好本职工作。"

通过上述的发展轨迹可以看出，党和政府十分重视会计人员社会地位的提高。诚然，全国人大颁布过《教师法》《公务员法》和《执业医师法》等，国务院和中华人民共和国中央军事委员会发布过《中国人民解放军文职人员条例》(国务院、中央军委令第689号)，也发布过《护士条例》(国务院令第517号)，但这大都是21世纪的事。早在1962年国务院就发布了《会计人员职权试行条例》，1978年国务院又修订发布了《会计人员职权条例》。

(四) 会计人员职业道德和提高业务素质的发展轨迹

《会计法(1999)》规定："第三十九条　会计人员应当遵守职业道德，提高业务素质。对会计人员的教育和培训工作应当加强。"

《会计法(2017)》规定："第三十九条　会计人员应当遵守职业道德，提高业务素质。对会计人员的教育和培训工作应当加强。"

1. 重视会计人员的继续教育

1979年11月22日，教育部发布的《部属高等学校〈会计人员职权条例〉实施细则》第七条指出："学校各级领导要重视财会队伍的建设，采取短训、进修等形式，加强对现有财会人员的培训工作，不断提高财会人员的政策水平和业务水平。要注意充实业务骨干，选拔优秀分子加强学校各级财会工作的领导，努力建立一支又红又专的财会队伍。"

1984年4月24日，财政部发布了《会计人员工作规则》(财会〔1984〕16号)第一条第六款规定："各单位要加强对会计工作的领导，加强对会计人员的培训，提高会计人员的素质，保持会计人员的相对稳定。"

1989年1月27日，财政部根据王丙乾同志关于"搞有计划的商品经济，需要大量的高素质的财会人员，这是个突出问题。财政部有责任制定规划，逐步解决这个问题"的批示，印发了《关于加强会计管理工作，提高会计人员素质的意见》(财会字〔1989〕第5号)

1986年10月15日，国家教委、财政部发布的《高等学校财务管理改革实施办法》第三十条指出："高等学校应重视财会队伍的建设，采取有力措施，充实财会队伍，通过培训，提高财会人员的素质。"

1991年4月8日，国家教委、财政部发布的《高等学校"八五"期间财务工作的若干意见》(教财〔1991〕33号)指出："充实提高财会队伍。高等学校要根据工作任务不断充实财会队伍，注意财会队伍的年龄、专业知识、学历的结构和层次。要加强财会人员业务培训，提高财会队伍的政治思想素质和业务素质，严格职业道德，严肃财经纪律。要继续完善财会专业技术职务聘任制，关心财会人员的思想、工作、学习和生活。要加强财会队伍的垂直领导，建立业务档案，大力表彰先进。"

2005年9月20日，财政部发布了《关于进一步加强会计人员继续教育工作的意见》；2006年11月20日，财政部发布了《会计人员继续教育规定》(财会〔2006〕19号)；2013年8月27日，财政部修订发布了《会计人员继续教育规定》(财会〔2013〕18号)。

2014年11月17日，教育部发布的《关于加强直属高校直属单位财务队伍建设的意见》(教人〔2014〕6号)第六条指出："切实提高财务干部的素质和能力。(1) 推进专业化建设。各单位要按照专业化队伍建设的要求，严格新进财务人员的录用和管理；合理设置会计系列职称评定条件和要求，培育财务人员专业素养和执业能力，逐步提高中高级以上专业技术资格人员比例；有效维护财务人员的合理合法权益，享受与其他系列专业技术职务同等待遇。(2) 注重培养财务骨干人才。科学制定财务骨干人才培养培训方案。有计划、有目的地安排骨干人才在不同岗位、不同部门之间轮岗交流，建设业务精湛、视野开阔、素质综合、能力过硬的教育财务骨干人才队伍。(3) 建立财务人员职业培训长效机制。各单位要认真落实《全国教育系统财务管理干部培训实施方案(2014—2017年)》要求，研究建立财务人员职业培训长效机制，不断提高财务人员综合素质。"

天津大学财务处刘铮的研究表明："结合某大学会计人员学历结构数据以及趋势分析图显示，从2000年至2010年财务人员总人数呈下降趋势，2010年与2000年相比会计人员从156人减少到99人，减少了36.5%；中专学历从33人减少到7人，减少了78.8%；大专学历从96人减少到34人，减少了64.6%；而大学本科学历从23人增加到39人，增长了近70%；硕士研究生学历从4人增加到19人，增长了近4倍。"①《会计行业中长期人才发展规划(2010—2020年)》的目标是到2020年会计人员中受过高等教育的比例达到80%。现在高校会计人员中的硕士比2010年明显增多了，据笔者了解，淮北师范大学财务处陶元磊是博士，至于处级和总会计师中博士更多，上述资料只能窥见一斑。

2. 重视会计人员的诚信建设

2018年4月19日，财政部发布了《关于加强会计人员诚信建设的指导意见》(财会〔2018〕9号)，其中第三条规定："加强会计人员信用档案建设。(1) 建立严重

① 刘铮.信息化环境下高校会计人员素质探讨[J].现代营销(学苑版)，2014(4)：56-57.

失信会计人员'黑名单'制度。将有提供虚假财务会计报告，做假账，隐匿或者故意销毁会计凭证、会计账簿、财务会计报告，贪污，挪用公款，职务侵占等与会计职务有关违法行为的会计人员，作为严重失信会计人员列入'黑名单'，纳入全国信用信息共享平台，依法通过'信用中国'网站等途径，向社会公开披露相关信息。(2) 建立会计人员信用信息管理制度。研究制定会计人员信用信息管理办法，规范会计人员信用评价、信用信息采集、信用信息综合利用、激励惩戒措施等，探索建立会计人员信息纠错、信用修复、分级管理等制度，建立健全会计人员信用信息体系。(3) 完善会计人员信用信息管理系统。以会计专业技术资格管理为抓手，有序采集会计人员信息，记录会计人员从业情况和信用情况，建立和完善会计人员信用档案。省级财政部门和中央主管单位要有效利用信息化技术手段，组织升级改造本地区(部门)现有的会计人员信息管理系统，构建完善本地区(部门)的会计人员信用信息管理系统，财政部在此基础上将构建全国统一的会计人员信用信息平台。"第四条规定："健全会计人员守信联合激励和失信联合惩戒机制。(1) 为守信会计人员提供更多机会和便利。将会计人员信用信息作为先进会计工作者评选、会计职称考试或评审、高端会计人才选拔等资格资质审查的重要依据。鼓励用人单位依法使用会计人员信用信息，优先聘用、培养、晋升具有良好信用记录的会计人员。(2) 对严重失信会计人员实施约束和惩戒。在先进会计工作者评选、会计职称考试或评审、高端会计人才选拔等资格资质审查过程中，对严重失信会计人员实行'一票否决制'。对于严重失信会计人员，依法取消其已经取得的会计专业技术资格；被依法追究刑事责任的，不得再从事会计工作。支持用人单位根据会计人员失信的具体情况，对其进行降职、撤职或解聘。(3) 建立失信会计人员联合惩戒机制。财政部门和中央主管单位应当将发现的会计人员失信行为，以及相关执法部门发现的会计人员失信行为，记入会计人员信用档案。支持会计行业组织依据法律和章程，对会员信用情况进行管理。加强与有关部门合作，建立失信会计人员联合惩戒机制，实现信息的互换、互通和共享。"

3. 重视会计人才的发展

2010年9月21日，财政部发布的《会计行业中长期人才发展规划(2010—2020年)》(财会〔2010〕19号)指出："到2020年，我国会计人才发展的战略目标是：培养和造就一支规模宏大、结构优化、素质较高、富于创新、乐于奉献的会计人才队伍，确立我国会计人才竞争优势，建设国际一流的会计人才队伍，为在本世纪(21世纪)中叶基本实现社会主义现代化奠定会计人才基础。(1) 会计人才资源总量稳步增长，队伍规模不断壮大。会计人才资源总量增长40%，较好地满足经济社会发展需要。(2) 会计人才素质大幅提高，结构进一步优化。会计人员中受过高等教育的比例达到80%；涉及会计审计实务、会计理论研究和会计管理等方面的各类别高级会计人才总量增长50%；继续增加各类别初、中级会计人才在会计从业人员中所占比重，力争使各类别高、中、初级会计人才比例达到10∶40∶50，会计人才的分布、层次和类别等结构趋于合理。(3) 会计人才竞争优势明显增强，人才规模效益显著提高。面向涉及国计民生、国家安全、高新技术、金融保险等重点领域的大型企事业单位和大型会计师事务所，着力培养造就60 000名大型企事业单位具有国际业务能力的高级会计人才、2 600名具有国际认可度的注册会计师、100名具有国际水准的会计学术带头人等高端会计人才，建成一批会计人才高地，造就一支国际一流的会计人才队伍，力争高层次会计人才总量在新兴市场经济国家中处于领先地位。(4) 会计人才使用效能明显提高，人才培养和使用机制不断健全。会计人才发展体制机制创新取得突破性进展，市场配置人才资源的基础性作用得到充分发挥。会计人才辈出、人尽其才的环境基本形成。”

(四) 表彰先进会计工作者和会计人员的荣誉的发展轨迹

中国共产党历来主张表彰先进和评选劳动模范。在革命圣地延安的大生产运动中就评选了劳动模范和表彰了先进工作者，在各行各业都进行表彰，军内是“立功”，党内是“优秀党员”。

1. 表彰先进会计工作者

《中华人民共和国会计大事记》指出：“1953年4月30日，全国总工会召开全国先进生产者代表会议。财务会计方面的先进生产者代表参加了会议。会议期间，《工业会计》月刊的记者访问了出席会议的天津化工厂会计科(先进集体)、鞍钢财务处会计员王文治和上海财经学院贸易会计教研组等单位的先进代表，并在《工业会计》1956年第5期刊登了采访报道。”①

张加伦在回忆录中指出：“我1947年进入天津工商学院(后改名津沽大学)财政会计系，1951年毕业后分配到财政部预算司(初称主计司)。那时候跟苏联专家学了一个东西‘定员定额’。审地方决算，要看你‘定员’多少，超没超过核定数。‘定额’就是开支标准什么的，比方卫生支出，医师、床位有多少，比例怎么样；教育也是这样，一个学校教职员工、学生有多少，平均下来比例是多少……都有定员定额。为什么后来领导认为我还行？因为我根据苏联专家说的把它设计成表格了。那时候全国28个省市。大家乱七八糟你审你的我审我的。我就设计成表格，‘定员定额表’，大家按统一格式、统一标准搞。这样，一步一步把它正规化了。1956年评社会主义积极分子，1958年评先进工作者，都把我给评上了，那也算是我的事迹。”②

1980年6月11日，教育部、国家劳动总局、财政部印发的《高等学校建立学校基金和奖励制度试行办法》(教计字〔1980〕245号，劳总薪字〔1980〕133号，财事字

① 杨纪琬.中国现代会计手册[M].北京：中国财政经济出版社，1988.
② 张加伦，徐绥之.我执笔起草了第一个国库券条例[J].武汉文史资料，2010(2)：4-11.

〔1980〕第179号)第二条指出:“各高等学校在试行《办法》的过程中,要坚持社会主义的办学方向,坚持又红又专,坚持为教学、科研服务,防止片面地去搞‘生财之道’而影响或冲击教学、科研任务的完成;要加强政治思想工作,坚持精神鼓励和物质奖励相结合的原则,对教职工的奖励要有利于鼓励先进。”

《会计法(1985)》第四条规定:“对认真执行本法,忠于职守,做出显著成绩的会计人员,给予精神的或者物质的奖励。”

《会计法(1999)》第六条规定:“对认真执行本法,忠于职守,坚持原则,做出显著成绩的会计人员,给予精神的或者物质的奖励。”

1988年9月17日,财政部发布的《事业行政单位预算会计制度》第十条指出:“各事业行政单位,应当选派政治业务素质好,有一定专业知识和工作能力的人员担任会计工作。并加强培训教育,关心他们的生活待遇,保证会计工作时间,及时评定技术职称,充分调动会计人员的积极性。对会计工作有显著成绩的,应予表扬或奖励。会计人员要遵守职业道德,廉洁奉公,忠于职守,坚持原则,搞好服务,为四化多做贡献。”

2007年4月13日,财政部印发了《全国先进会计工作者评选表彰办法》(财会〔2007〕7号)。《会计人才规划》第九条指出:“努力将全国会计人员评选表彰与国家级劳动表彰奖励相衔接。”财政部会计司的研究表明:“财政部要进一步加强与中央有关部门等的沟通和协调,探索建立全国会计人员评选表彰与全国劳动模范、全国先进工作者、全国五一劳动奖章、全国三八红旗手、全国优秀教师、全国技术能手、全国道德模范等国家级劳动表彰奖励衔接制度。”①2010年4月,财政部对10名总会计师进行了表彰奖励,同时被中华全国总工会授予“全国五一劳动奖章获得者”荣誉称号,这是我国历史上会计人员第一次被授予“全国五一劳动奖章”。

2. 会计人员荣誉证书

1988年6月9日,财政部颁发的《颁发会计人员荣誉证书试行规定》(财会字〔1988〕38号)第二条指出:“凡在全民所有制企业,事业单位,国家机关,军队,社会团体,县以上集体所有制企业,事业单位以及中外合资、合作和外资经营企业从事财务会计工作满30年,属于会计专业职务评聘范围的现职会计人员,可按本规定颁发《会计人员荣誉证书》。”

(五) 会计人员职称的发展轨迹

1. 只设总会计师(高级会计师)和会计师(1949.10—1978.8)

从新中国成立到1978年8月,在大中型企业、事业单位曾任命过一些总会计师(相当于高级会计师)和会计师。笔者当时所在学校就有一名会计师。

---

① 财政部会计司.健全会计人员表彰机制树立会计行业时代楷模——《会计行业中长期人才发展规划》系列解读之四[N].中国会计报,2010-11-12.

杨时展认为："我国的注册会计师，历来只称'会计师'，《关于成立会计顾问处的暂行规定》的第一条却明定'会计顾问处由注册会计师组成'，第二条末项又明定'注册会计师在执行工作任务时，一律用注册会计师称号'。从此，我国执行公共会计师业务的会计师，就改称'注册会计师'而不再称'会计师'。改称的原因在于《会计人员职权条例》将会计人员的技术职称分为总会计师（1981年3月改称高级会计师）、会计师、助理会计师和会计员四级。会计师已成了会计工作的一种技术职称，加上'注册'二字，就避免混淆。依照《暂行规定》，会计人员已取得会计师、高级会计师职称的，经考核批准，即可取得注册会计师资格，但注册会计师却不以会计师和高级会计师为限。"①

2. 设总会计师（高级会计师）、会计师、助理会计师和会计员（1978.9—2010.8）

1978年9月12日，国务院发布的《会计人员职权条例》（国发〔1978〕175号）第五章"技术职称"第十四条规定："凡拥护党的领导，积极为社会主义事业服务，并具有下列条件的会计人员，分别授予总会计师、会计师、助理会计师和会计员的技术职称。"

1979年11月22日，教育部发布的《部属高等学校〈会计人员职权条例〉实施细则》第十七条指出："凡拥护党的领导，积极为社会主义事业服务，并具备下列条件的财会人员，分别授予总会计师、会计师、助理会计师、会计员的技术职称。"

《中华人民共和国会计大事记》指出："1980年2月26日，财政部发出通知，国务院颁发的《会计人员职权条例》规定，会计人员技术职称分为总会计师、会计师、助理会计师、会计员四种；其中'总会计师'既是行政职务，又作为技术职称，现将《条例》第五章规定的会计人员职称的'总会计师'改为'高级会计师'。总会计师为行政职务，不再作为技术职称，行使《条例》第四章规定的职责权限。"②

1981年3月2日，国务院批转的财政部、国家人事局拟订的《会计干部技术职称暂行规定》第一条规定："会计干部的技术职称定为：高级会计师、会计师、助理会计师、会计员。"

《中华人民共和国会计大事记》指出："1983年4月中旬，财政部在山西大同召开会计事务管理工作座谈会，总结交流了会计干部技术职称评定工作情况和经验，讨论了会计职称评定工作中有关的政策问题，同时，对1983年会计事务管理工作做了安排和部署。根据各省、自治区、直辖市带交会议的资料统计：全国（包括中央各部门直属单位）已评定会计技术职称的人数为28.97万人，其中评定为会计师的

① 杨时展．中国注册会计师制度的沿革与发展[J]．财会通讯，1995(2)：21.

② 杨纪琬．中国现代会计手册[M]．北京：中国财政经济出版社，1988.

3.09 万人。”①

1986 年 4 月 10 日，中央职称改革工作领导小组颁布的《会计专业职务试行条例》(职改字〔1986〕第 56 号)第三条规定：“会计专业职务名称定为：高级会计师、会计师、助理会计师、会计员。高级会计师为高级职务，会计师为中级职务，助理会计师、会计员为初级职务。”

财政部会计司的研究表明：“截至 1983 年 8 月底，全国共评定会计干部技术职称 498 952 人，其中高级会计师 58 人，会计师 49 065 人，助理会计师 127 626 人，会计员 322 203 人。”②财政部的一份报告显示：1993 年底“高级会计师资格的有 22 054 人，占总人数的 0.40%，较 1988 年底的 10 669 人，增加了 11 385 人”。③

3. 设正高级会计师、高级会计师、会计师、助理会计师和会计员(1978 年 9 月至今)

2010 年 9 月 21 日，财政部发布的《会计行业中长期人才发展规划(2010—2020 年)》(财会〔2010〕19 号)在“指导方针”中指出：“建立健全与社会主义市场经济体制相适应、有利于科学发展、体现会计人才价值的会计人才发展体制机制。”《会计行业中长期人才发展规划(2010—2020 年)》的目标是到 2020 年“高级会计人才的比例达 10%”。第十条指出：“深化会计职称制度改革。会计职称制度是长期形成并被社会广泛认可的培养、选拔不同层级会计专业技术人才的有效政策措施。要适应经济社会发展需要，认真总结经验，借鉴国际惯例，不断完善和提升不同层级会计专业技术人才的知识结构和能力框架。着力改革现行会计专业技术资格制度，增设正高级会计专业技术资格，形成初级、中级、高级(含副高级和正高级)等层次清晰、相互衔接、体系完整、逐级递进的会计专业技术资格体系。要继续完善会计专业技术资格相关的各项管理制度，强化会计专业技术资格考试考务管理，严厉打击考试舞弊等违纪违规行为，确保会计专业技术资格考试的科学性、公正性。推动会计专业技术资格国际认可。”

据笔者了解，河北、江苏正积极推进正高级会计师的评审，江苏有的高校会计人员中正高级会计师(教授或研究员)达三人。

(六) 会计高端人才的发展轨迹

2010 年 9 月 21 日，财政部发布的《会计行业中长期人才发展规划(2010—2020 年)》(财会〔2010〕19 号)在“指导方针”中指出：“高端引领，整体开发。以全国会计领军(后备)人才工程为重要平台，培养造就一批具有国际视野、知识结构优化、实践经验丰富、创新能力突出、职业道德高尚的高层次会计人才，带动会计人才队伍

① 杨纪琬. 中国现代会计手册[M]. 北京：中国财政经济出版社，1988.

② 财政部会计司. 深化会计职称制度改革完善会计人才评价体系——《会计行业中长期人才发展规划》系列解读之六[N]. 中国会计报，2010 - 11 - 26.

③ 财政部会计司. 1994 年全国会计人员基本情况调查统计结果及分析[J]. 财务与会计，1995(8)：21 - 23.

整体发展。统筹各类别、各层级会计人才资源开发，培育会计人才爱岗敬业、诚实守信、廉洁自律、客观公正、坚持准则、参与管理的会计职业道德精神，实现会计人才队伍全面协调健康发展。”

1. 会计领军人才

《会计行业中长期人才发展规划(2010—2020年)》指出：“到2020年，培养2 000名左右的全国会计领军人才，担当会计行业领军重任。”全国会计领军人才除了“行政事业类”会计领军人才的建设外，2016年12月，教育部直属高校选拔了首届会计领军人才。省级会计领军人才也在加强建设，其中高校会计领军人才占据着一定比例。

2. 具有国际业务能力的高级会计人才

2010年9月21日，财政部发布的《会计行业中长期人才发展规划(2010—2020年)》(财会〔2010〕19号)第三条指出：“着力培养造就大型企事业单位具有国际业务能力的高级会计人才。大型企事业单位具有国际业务能力的高级会计人才，是指大型企事业单位中精通财会业务、熟悉市场规则，掌握金融、法律、内部控制、信息技术等相关专业知识，具有国际视野和跨文化交流能力，能参与战略经营和管理决策、把握行业发展趋势、解决复杂经济问题的高层次经营管理人才。着眼于提高我国大型企事业单位现代化管理水平，加大高级会计人才建设力度。到2015年，新增大型企事业单位具有国际业务能力的高级会计人才30 000人；到2020年，在2015年的基础上再新增30 000人。”

上述提的“大型企事业单位”当然包括高校，高校中至少42所“一流大学”应是大型事业单位，而培养精通财会业务、熟悉市场规则，掌握金融、法律、内部控制、信息技术等相关专业知识，具有国际视野和跨文化交流能力，能参与战略经营和管理决策、把握行业发展趋势、解决复杂经济问题的高层次经营管理人才，目前高校尚须努力，在2020年前的60 000人中应占一定比例。

第二节　高校会计信息化的发展轨迹

前已述及“会计信息”与“财务信息”相互替代的观点。王锴安干脆认为：“主张倡导‘财务信息化’思想，淡化‘会计信息化’提法。倡导‘财务信息化’而非‘会计信息化’，《中国管理信息化》杂志设置了‘财务信息化’栏目，而不是‘会计信息化’。”[①]在实务中“会计核算软件”也变为“财务管理软件”或“财务软件”。本节根据法规，仍沿用“会计信息化”的提法。

据笔者考证，中央重工业部化学工业局陈济贤曾发表过《使用计算机计算成本

① 王锴.从会计电算化到财务信息化[J].中国管理信息化，2005(12):29-31.

的简便办法》①，王希仁、吴锡贵、门官一、熊国祥、李河元发表过《再介绍几种使用计算机的简便办法》，文中提到的是类似手摇计算机的简单计算。

美国 GE 公司 1954 年率先将计算机用于计算工资，这标志着会计电算化的起点。

1978 年，财政部拨款给第一汽车制造厂，进行计算机辅助会计核算工作试点，拉开了从手工记账向电子计算机技术应用于会计领域的序幕。王景新指出："'会计电算化'一词是我在 1981 年提出的。……会计是否应该顺应趋势改叫'会计信息化'？对这个问题，我认为可以研究采用会计信息化概念，有利于同国际接轨，有利于同国内其他领域进行交流，有利于推进新形势下会计研究和发展。"②

《中华人民共和国会计大事记》指出："1981 年 8 月 19 日，由中国人民大学和第一汽车制造厂联合发起的财务、会计、成本应用电子计算机专题讨论会在长春市召开。讨论会得到财政部、第一机械工业部和中国会计学会的支持。这次会议围绕着我国会计工作电算化的若干理论、政策、步骤、方法和具体技术处理等问题，进行了探讨。会议期通过关于成立会计电算化研究会的倡议，成立了会计电算化研究会筹备委员会。"③

1989 年 12 月 9 日，财政部发布了第一个全国性文件——《会计核算软件管理的几项规定(试行)》(财会字〔1989〕第 65 号)，促使企事业单位实现了从"模拟手工编制凭证、记账、编表""双轨运行""组织验收"到"甩掉手工"的转变，推动会计电算化工作迅速发展。高校会计信息化管理分为三个阶段。

(一) 会计电算化

1986 年 10 月 15 日，国家教委、财政部颁布的《高等学校财务管理改革实施办法》第 28 条指出："有条件的高等学校要积极开展电子计算机在高等学校会计核算和财务管理上应用的研究，逐步实现会计核算和财务管理的现代化，使会计信息有分析地及时反馈，为各级领导决策提供依据。"

1991 年 4 月 8 日，国家教委、财政部发布的《高等学校"八五"期间财务工作的若干意见》第六条第二款指出："全面逐步推行会计电算化。高等学校要重视和支持财会会计工作，全面推行电算化。已实现会计核算电算化的高等学校要进一步开发财务分析、决策支持系统。"

1994 年 10 月 3 日至 7 日，国家教委直属高校基本普及会计电算化后，在重庆召开委属高校会计电算化总结交流工作会议，北京大学、清华大学、西安交通大学、四川联合大学、浙江大学、重庆大学、南开大学和西南师范大学等几所学校的代表

① 陈济贤. 使用计算机计算成本的简便办法[J]. 工业会计，1952(1) 创刊号：26；1952(4)：33.
② 挑战、变革与发展——会计信息化理论专家座谈会观点纪要[J]. 中国会计电算化，1999(7)：18－20.
③ 杨纪琬. 中国现代会计手册[M]. 北京：中国财政经济出版社，1988.

在会上做了重点发言。会议提出了委属院校会计电算化的工作目标为五个“接轨”，具体包括：(1) 将财会信息子系统纳入学校综合信息系统之中，统一规划，做到与学校综合信息系统接轨；(2) 实行全过程的电算化，从预算到核算、决算、统计及分析、数据通讯等都达到电算化，做到与财会管理工作各个环节的实际需要接轨；(3) 跟上事业单位财务会计改革的步伐，做到与新制度接轨；(4) 优化财会人员的知识结构，提高其工作技能，改善环境，稳定队伍，做到与新形势下财务会计工作发展的新要求接轨；(5) 在技术上跟上计算机软硬件的发展，做到与社会上计算机技术的进步接轨。①

(二) 会计信息化

会计信息化在我国的演变发展过程中，曾经历并使用过“会计电算化”“电算化会计”“计算机会计”“网络会计”“会计信息系统”“信息化会计”“会计信息化”“财务信息化”等名词。

刘玉廷认为：“信息化作为一个正式名词，最早出现于日本(关于日本信息化早期发展情况，可参见陶佩琮所作《日本信息化、信息社会的发展水平和展望》，载《科学学研究》1987 年第 5 卷第 3 期)。1967 年日本科学技术与经济协会首次将信息化定义为，在整个社会经济结构中，信息产业获得长足发展并逐步取得支配地位的一种社会变革的历史进程。”②

刘仲文、乔剑的研究显示：“‘信息化’的概念在西方国家的文献中很少使用，可以说是东方语言思维逻辑的产物，如果在互联网上进行信息搜索，没有一个与‘信息化’十分贴切的英文词汇。但是在东方国家包括中国、日本、韩国、俄罗斯等文献中，则大量使用“信息化”这一概念。同时有三种不同的英文翻译方法，Informatization、Informationalization、Informationization。笔者用‘金山词霸’等英文字典软件搜索上述三个词汇，都显示没有该英文词汇。可见这三种译法不被英语词典所接受。为了写本论文，笔者通过 Google 搜索引擎进行检索，得到 79 460 个含有这三个名词的项目(网页)，其中 68 200 个项目含 Informatization(约占 86%)，7 480 个项目含 Informationalization(约占 9%)，3 780 个项目含 Informationization(约占 5%)。进一步查看检索的项目，其内容多是介绍东方国家的文献资料。”③

中国会计学会会计信息化专业委员会主任委员、财政部科研所杨周南教授指出：“经过对‘会计电算化’的长期实践和思考，鉴于信息化是我国重要国策之一，作

① 高才. 国家教委直属高校会计电算化总结交流工作会议在渝召开[J]. 教育财会研究，1994(4)：58-59.

② 刘玉廷. 论我国会计信息化发展战略[J]. 会计研究，2009(6)：3-10.

③ 刘仲文，乔剑. 关于会计信息化与信息适时性及高度共享关系的见解[J]. 现代财经(原《天津财经学院学报》)，2006(7)：28-31.

者认为‘会计电算化’改称为‘会计管理信息化’，简称‘会计信息化’较为确切。”①

2007 年 1 月 15 日，教育部、财政部颁发的《关于“十一五”期间进一步加强高等学校财务管理工作的若干意见》第 23 条指出：“高等学校应全面推进财务管理的信息化和网络化，充分利用现代信息技术，实现统一核算和实时监控，提高财务管理水平和会计信息质量。”第 24 条指出：“高等学校应建立财务信息基础数据库，支持校内相关管理信息系统和公共服务平台，增强财务信息共享程度。财务信息要为校内师生员工服务，为学校加强内部管理服务，为上级主管部门实施财务监控服务。”第 25 条指出：“高等学校财务部门要设置专门机构或岗位，配备合格的专业技术人员，负责财务管理信息系统的管理和维护，确保财务信息安全。”第 26 条指出：“高等学校应逐步改变传统的资金收付方式，借助银行卡、网上银行等先进手段，大力推行资金收支业务的电子划转，最大限度地减少现金流动。”

2006 年 3 月 19 日，中共中央办公厅、国务院办公厅印发的《2006—2020 年国家信息化发展战略》（中办发〔2006〕11 号）指出：“信息化是当今世界发展的大趋势，是推动经济社会变革的重要力量。大力推进信息化，是覆盖我国现代化建设全局的战略举措，是贯彻落实科学发展观、全面建设小康社会、构建社会主义和谐社会和建设创新型国家的迫切需要和必然选择。”

2009 年 4 月 12 日，财政部发布的《关于全面推进我国会计信息化工作的指导意见》（财会〔2009〕6 号）指出：“全面推进我国会计信息化工作的目标是：力争通过 5～10 年左右的努力，建立健全会计信息化法规体系和会计信息化标准体系〔包括可扩展商业报告语言（XBRL）分类标准〕，全力打造会计信息化人才队伍，基本实现大型企事业单位会计信息化与经营管理信息化融合，进一步提升企事业单位的管理水平和风险防范能力，做到数出一门、资源共享，便于不同信息使用者获取、分析和利用，进行投资和相关决策；基本实现大型会计师事务所采用信息化手段对客户的财务报告和内部控制进行审计，进一步提升社会审计质量和效率；基本实现政府会计管理和会计监督的信息化，进一步提升会计管理水平和监管效能。通过全面推进会计信息化工作，使我国的会计信息化达到或接近世界先进水平。根据以上目标，全面推进我国会计信息化工作的主要任务是推进企事业单位会计信息化建设。一是会计基础工作信息化，会计基础工作涉及企事业单位管理全过程，只有基础工作信息化，才能为企事业单位全面信息化奠定扎实的基础；二是会计准则制度有效实施信息化，通过将相关会计准则制度与信息系统实现有机结合，自动生成财务报告，进一步贯彻执行相关会计准则制度，确保会计信息等相关资料更加真实、完整；三是内部控制流程信息化，根据企事业单位内部控制规范制度要求，将内部控制流程、关键控制点等固化在信息系统中，促进各单位内部控制规范制度的设

① 杨周南．论会计管理信息化的 ISCA 模型[J]．会计研究，2003(10)：30－32．

计与运行更加有效，形成自我评价报告；四是财务报告与内部控制评价报告标准化，各企事业单位在贯彻实施会计准则制度、内部控制规范制度并与全面信息化相结合的过程中，应当考虑 XBRL 分类标准等要求，以此为基础生成标准化财务报告和内部控制评价报告，满足不同信息使用者的需要。”

2011 年 9 月 9 日，财政部印发的《会计改革与发展“十二五”规划纲要》（财会〔2011〕19 号）第八部分强调：“全面推进会计信息化建设，为会计科学化精细化管理提供助力”。其中第 14 条指出：“建立健全会计信息化管理体系。根据我国会计信息化发展战略，研究制定会计信息化工作规范，努力实现会计管理和会计监督的信息化，逐步建立政府规划指导并组织推动，单位主动参与并具体实施，社会积极响应并相互配合，职责清晰、分工明确、相互促进、共同提高的会计信息化管理体系。”第 15 条指出：“推进会计信息化标准体系建设和实施。成立全国会计信息化标准化技术委员会，推进会计信息化领域的标准化工作，形成一套涵括 XBRL 技术规范系列国家标准、企业会计准则通用分类标准和会计工作相关业务流程的会计信息化标准体系。扎实推进通用分类标准在企业和会计师事务所的平稳实施，逐步推进实施企业会计准则的企业全面实施通用分类标准，稳步推动通用分类标准在银行监管、证券监管和其他监管领域的扩展应用，提高会计信息资源开发、利用与共享能力。”第 16 条指出：“加快企事业单位会计信息化建设步伐。进一步推动企事业单位整合提升内部信息系统，逐步实现会计基础工作信息化、会计准则制度信息化、内部控制信息化、财务报告与内部控制评价报告信息化等，为对外报告和内部管理提供更有力的决策支持。”第 17 条指出：“推进会计师事务所审计信息化建设。逐步实现财务报告审计和内部控制审计信息化、内部管理信息化，全面提升会计师事务所的管理水平和执业能力。”第 18 条指出：“逐步建立统一的会计相关信息平台。为了实现会计信息数出一门、资源共享的目标，逐步构建以企事业单位标准化会计信息为基础的统一相关会计信息平台，以详细标记的企业会计信息为基础，促进监管信息互联互通、信息共享，向社会公众提供简单经济、易于理解、方便使用的企业报告数据，并为宏观经济管理和财政科学化、精细化管理提供支持。同时，逐步培育一个为相关单位提供软硬件产品、技术服务和咨询服务，服务质量上乘、社会声誉良好、发展前景广阔的会计信息化服务产业。”

2012 年 3 月，教育部发布了《关于印发〈教育信息化十年发展规划（2011—2020 年）〉的通知》。

2013 年 12 月 19 日，教育部副部长杜玉波在直属高校财务工作会议上指出：“上海交通大学刚才介绍的财务管理信息化工作情况，特别是关于‘财务管理驾驶舱平台’和‘统一决策支持平台’的建设思路就很好。这其中的有些做法与教育部想到一块去了。”

2014 年 4 月 25 日，教育部财务司印发的《2014 年教育财务工作要点的通知》

(教财司函〔2014〕152 号)指出:“加快财务管理信息化建设。加强教育经费统计分析,建立全国教育财务信息管理系统,提高其科学性、权威性、及时性和对决策的支持力。建设直属高校及直属单位财务、资产标准数据库,对学校财务进行实时监控和数据分析,改进财务管理手段,提高管理水平。依托教育经济信息网,加快教育财务管理信息网络平台建设,建立教育财务大数据库,推动数据集成、共享、分析和广泛应用。”

2015 年 5 月 22 日,教育部发布的《关于直属高校落实财务管理领导责任严肃财经纪律的若干意见》(教财〔2015〕4 号)第十二条指出:“加快财务管理信息化建设。财务管理信息化建设是全面加强直属高校财务管理的重要手段和技术支撑。各校要做好财务管理信息化建设的顶层设计,系统开发会计核算、财务监管、决策支持、财务公开、接受监督的统一技术平台,作为高校‘阳光财务’工作的基础保障。要加强学校内部信息系统之间的互联互通与信息共享,提高学校管理信息化水平。要做好财务管理信息化人才队伍建设,保障财务信息系统的安全、高效、稳定运行。做好信息安全和保密工作,根据国家信息安全等级保护的要求,完善信息系统综合防护体系建设。”第十三条指出:“加大信息公开力度。加快实施‘阳光财务’,主动接受外部监督。严格执行《高等学校信息公开办法》。定期主动公开预决算信息,不断扩大公开范围,细化公开内容。逐步推进高校财务年报制度。建立健全依申请公开工作机制,依法依规做好财务信息依申请公开工作。项目承担单位应当在学校内部公开项目立项、主要研究人员、资金使用、大型仪器设备购置以及项目研究成果等情况,接受内部监督。”

《教育部 2015 年工作要点》第 16 条指出:“推进教育财务管理信息化建设。推动学校实行‘阳光财务’。”

(三) 大智移云时代①

李克强在《政府工作报告(2015)》中指出:“制定‘互联网+’行动计划,推动移动互联网、云计算、大数据、物联网等与现代制造结合,促进电子商务、工业互联网和互联金融健康发展,引导互联网企业拓展国际市场。”

2015 年 6 月 24 日,国务院发布的《国务院关于积极推进“互联网+”行动的指导意见》(国发〔2015〕40 号)在“发展目标”中指出:“到 2018 年,互联网与经济社会各领域的融合发展进一步深化,基于互联网的新业态成为新的经济增长动力,互联网支撑大众创业、万众创新的作用进一步增强,互联网成为提供公共服务的重要手段,网络经济与实体经济协同互动的发展格局基本形成。”

2016 年 10 月 8 日,财政部印发的《会计改革与发展“十三五”规划纲要》指出:

---

① 大智移云是大数据、智能化、移动互联网和云计算四者的简称。参见:刘勤.大智移云时代的会计信息化变革——第十三届全国会计信息化学术年会主要观点综述[J].会计研究,2014(12):89-91.

“不断提高单位会计信息化水平。积极探索推动行政事业单位会计信息化工作，推动基层单位会计信息系统与业务系统的有机融合，推动会计工作从传统核算型向现代管理型转变。同时，密切关注大数据、‘互联网＋’发展对会计工作的影响，及时完善相关规范，研究探索会计信息资源共享机制、会计资料无纸化管理制度。”

市场经济是信息经济。高校通过会计信息化建设，可以解决财务数据的储存、历史数据的查询等问题，为财务分析、财务决策提供有力支撑；做到财务处报销“无现金”“无纸化”“无等候”管理以及电子化的发票信息系统；建立与健全高校财务信息与统计、内部审计等资源共享的平台。

第五章　新中国高校资产领域 70 年

本章之所以也作为《新中国高校财务 70 年》的组成部分，是因为会计、财务与资产管理关系非常密切。

（一）资金管理既是价值形态的管理，也是实物形态的管理

在财务管理中，资金管理既是价值形态的管理，也是实物形态的管理，因此，财务管理包括资产管理的内容；在财务会计中，资产是高校会计要素中的重要要素。2017 年 10 月 24 日，财政部印发的《政府会计制度——行政事业单位会计科目和报表》（财会〔2017〕25 号）规定："财务会计要素包括资产、负债、净资产、收入和费用。"

（二）预算管理与资产管理、资产管理与财务管理、实物管理与价值管理相结合

1. 预算管理与资产管理、资产管理与财务管理、实物管理与价值管理相结合的规定

2006 年 5 月 30 日，财政部颁布的《事业单位国有资产管理暂行办法》（财政部令第 36 号）第四条指出："事业单位国有资产管理活动，应当坚持资产管理与预算管理相结合的原则，推行实物费用定额制度，促进事业资产整合与共享共用，实现资产管理和预算管理的紧密统一；应当坚持所有权和使用权相分离的原则；应当坚持资产管理与财务管理、实物管理与价值管理相结合的原则。"这是第一次为高校资产管理与预算管理相结合提供了法规依据。

2007 年 1 月 15 日，教育部、财政部发布的《关于"十一五"期间进一步加强高等学校财务管理工作的若干意见》（教财〔2007〕1 号）第 18 条指出："高等学校应按照资产管理与预算管理相结合、资产管理与财务管理相结合、实物管理与价值管理相结合的原则，建立新型的资产管理体系，运用先进管理手段，对资产实行从形成、使用到处置全过程的实时管理和动态控制，全面掌握学校资产的存量、结构、效用和状态。"

2008 年 9 月 17 日，中共教育部党组印发的《贯彻落实〈建立健全惩治和预防腐败体系 2008—2012 年工作规划〉实施办法》第 10 条规定："加强财政资金和国有资产管理。完善预算编制与执行制度，规范预算管理。"

2011 年 3 月 23 日发布的《中共中央、国务院关于分类推进事业单位改革的指导意见》第 28 条指出："推进预算管理、政府采购和国有资产管理改革。研究建立

事业单位资产配置标准体系,促进资产管理与预算编制有机结合。”

2012 年 11 月 21 日,教育部印发的《教育部直属高等学校国有资产管理暂行办法》(教财〔2012〕6 号)第四条规定:“高校国有资产管理活动,应当坚持以下原则:(1) 资产管理与预算管理相结合的原则;(2) 资产管理与财务管理、实物管理与价值管理相结合的原则;(3) 安全完整与注重绩效相结合的原则。”

2013 年 3 月 5 日,财政部在第十二届全国人民代表大会第一次会议上所做的《关于 2012 年中央和地方预算执行情况与 2013 年中央和地方预算草案的报告》中指出:“加强行政事业单位资产配置预算管理。”

2015 年 12 月 23 日,财政部发布的《关于进一步规范和加强行政事业单位国有资产管理的指导意见》(财资〔2015〕90 号)第一条在“指导思想”中指出:“认真贯彻落实党的十八大和十八届三中、四中、五中全会精神,按照深化财税体制改革的总体部署,理顺和巩固行政事业单位国有资产管理体制,健全行政事业单位资产管理法律制度和内控机制,深入推进资产管理与预算管理、国库管理相结合,建立既相互衔接又有效制衡的工作机制和业务流程,着力构建更加符合行政事业单位运行特点和国有资产管理规律、从‘入口’到‘出口’全生命周期的行政事业单位资产管理体系。”第二条在“基本原则”中指出:“(1) 坚持所有权和使用权相分离。行政事业单位国有资产的所有权属于国家,使用权在单位。根据健全‘归属清晰、权责明确、保护严格、流转顺畅’的现代产权制度要求,明确国家和单位在行政事业单位资产管理方面的权利、义务,进一步明晰国有资产产权关系。(2) 坚持资产管理与预算管理相结合。通过资产与预算相结合,管控总量、盘活存量、用好增量,有效缓解部门、单位之间资产占有水平不均衡的状况,促进资源配置的合理化,提高资产的使用效率。(3) 坚持资产管理与财务管理、实物管理与价值管理相结合。通过对预算管理和财务管理流程进行必要的再造,实现资产管理与财务管理紧密结合,实物管理与价值管理紧密结合,做到账账相符、账实相符,提升单位管理水平。”

2017 年 1 月 12 日,财政部印发的《行政事业单位国有资产年度报告管理办法》(财资〔2017〕3 号)第五条规定:“行政事业单位应当严格按照国家资产管理和有关财务、会计的相关制度规定,遵循资产管理与预算管理相结合、资产管理与财务管理相结合、实物管理与价值管理相结合的原则,完善资产管理内部控制体系,做好各项资产的日常管理及会计核算工作,做到账表、账账、账证、账实相符,保证资产报告数据的真实准确完整。”

2. 预算管理与资产管理关系非常密切

2013 年 12 月 25 日,财政部印发的《行政事业单位国有资产管理信息系统管理规程》(财办〔2013〕52 号)第十五条规定:“行政事业单位应当在摸清家底的基础上,将本单位国有资产信息纳入资产管理信息系统,建立资产基础信息数据库,并根据资产增减变动情况及时准确录入,保证数据信息的全面性、及时性、准确性。”

第十六条规定:“行政事业单位应当通过资产管理信息系统开展资产数据报告工作。年度终了,中央级行政事业单位应当向上级部门报送经单位负责人核签后的本年度资产报表数据,主管部门应当对所属单位数据进行审核汇总后报送财政部。”第十八条规定:“行政事业单位应当以资产管理信息系统数据为依据,编制预算、决算,执行政府采购。主管部门和财政部门审核预算、决算,进行决策时也应当以资产管理信息系统数据为基础。”

高校预算管理与资产管理是增量管理与存量管理的关系,预算管理由单纯价值形态管理拓展到价值形态与实物形态相结合的管理,是预算管理活动内涵的深化。它形成预算管理与资产管理相互促进、相互制约的有效结合机制,达到以存量制约增量、以增量调整存量的动态管理目的。

高校资产存量是指库存的和在用的资产。高校应通过清产核资和财产清查等方式摸清本单位的“家底”(资产存量)。资产存量摸清的重点是固定资产,其目的是固定资产利用效率。闲置的资产要处置,不得列入预算重复购建;利用率低的也可出租、出借,不得列入预算购建;可以资源共享的如图书、仪器、公共设施等在大学城内相互使用;能维修、租赁的也可暂缓购建;实在紧缺的要在可行性研究基础上列入预算购建。

(三) 高校总会计师管资金管理和资产管理

2010 年 6 月 21 日,中央政治局通过的《国家中长期教育改革和发展规划纲要(2010—2020 年)》再次强调:“在高等学校试行设立总会计师职务,提升经费使用和资产管理专业化水平。公办高等学校总会计师由政府委派。”

“重财轻物”几乎是所有单位的通病,因此,应坚持“资产管理与预算管理相结合、资产管理与财务管理相结合、实物管理与价值管理相结合”的原则。

第一节　高校资产管理若干问题的发展轨迹

一、高校清产核资的发展轨迹

(一) 行政事业单位清产核资名称的发展沿革

网上有种观点:“为什么行政事业单位叫资产清查,而企业叫清产核资?”其实,行政事业单位曾用过“清产核资”,“清产核资”的规定也适用于行政事业单位。

1971 年 4 月 16 日,国务院批转的国家计划革命委员会、财政部发布的《关于开展清产核资工作的报告》(国发文〔1971〕28 号)第二条指出:“清产核资的范围,主要是厂矿企业,基本建设单位,物资、商业、外贸部门,科学研究单位和校办工厂。行政、事业单位的房产、设备和仪器,也要进行清查。”

1995 年 3 月 6 日,国务院办公厅发布的《关于在全国进一步开展清产核资工作的通知》(国办发〔1995〕17 号)第一条规定:“全国清产核资工作在国务院的统一领导下,按企业、行政事业单位的隶属关系分级分系统进行,具体组织工作由财政部、国家国有资产管理局负责。各级人民政府和各部门都要切实加强对清产核资工作的领导,要有 1 名主要领导同志负责这项工作,并在现有基础上进一步加强各级清产核资工作机构并充实其人员力量。”

1995 年 6 月 1 日,财政部清产核资办公室发布了《关于抓紧开展各级行政、事业单位和社团组织投资举办具有企业法人资格的各类经济实体清产核资工作的紧急通知》(财清办〔1995〕64 号)。

2000 年 4 月 7 日,财政部印发的《预算单位清产核资办法》(财清字〔2000〕3 号)第二条规定:“本办法所称预算单位清产核资,是指预算单位全面清查各类财产和债权债务,核实人员状况、收入渠道、支出结构及水平等基本情况,并按国家规定对清出的问题进行必要账务处理和重新核实预算单位占用国有财产的工作。”

此外,2000 年 3 月 17 日,财政部发布了《关于开展中央预算单位清产核资工作的通知》(财清字〔2000〕1 号文);2001 年 3 月 2 日,财政部发布了《关于开展地方预算单位清产核资工作有关问题的通知》(财清(2001)2 号文);2000 年 4 月 7 日,财政部发布了《关于印发〈预算单位清产核资办法〉的通知》(财清字〔2000〕3 号文);2000 年 4 月 7 日,财政部发布了《中央预算单位清产核资资金核实办法》(财清字〔2000〕4 号);2000 年 5 月 15 日,财政部、国务院清产核资领导小组发布了《中央预算单位清产核资中有关问题的解释》(财清办字〔2000〕47 号);2006 年 12 月 13 日,财政部印发了《行政事业单位资产清查暂行办法》(财办〔2006〕52 号);2007 年 4 月 3 日,财政部印发了《行政事业单位资产核实暂行办法》(财办〔2007〕19 号);2016 年 1 月 20 日,财政部印发了《行政事业单位资产清查核实管理办法》(财资〔2016〕1 号)。

(二) 行政事业单位清产核资的发展沿革

行政事业单位清产核资的初期是清查财产。2000 年后增加了“核定资金(产)”的内容,逐步健全了价值重估、损益认定和完善制度等内容,因此,清产核资是“清查财产、核定资金”的简称。清产核资主要包括账务清理、资产清查、价值重估、损益认定、资金核实和完善制度等内容。

2000 年 3 月 17 日,财政部印发的《财政部关于开展中央预算单位清产核资工作的通知》(财清字〔2000〕1 号文)第三条规定:“中央预算单位清产核资工作的主要任务:一是要对各预算单位的各项实物资产进行全面清查登记,对债权债务进行认真核实,理清资金来源渠道和支出结构情况,在全面弄清‘家底’的基础上做到账账相符、账实相符;二是要摸清各预算单位人员编制、实有人数和人员经费支出结构,对人员情况登记造册,并做好编制和人员情况的核对;三是真实报告清产核资工作结果,对资产清查中发现的资产盘盈盘亏、资产损失等问题,按国家有关规定和清产核资政策，经申报和核实后进行账务处理；四是针对暴露出的矛盾和问题，建立健全管理制度，堵塞各种管理漏洞，促进提高国有资金使用效益。”

2000年4月7日，财政部印发的《预算单位清产核资办法》(财清字〔2000〕3号)第二条规定：“本办法所称预算单位清产核资，是指预算单位全面清查各类财产和债权债务，核实人员状况、收入渠道、支出结构及水平等基本情况，并按国家规定对清出的问题进行必要账务处理和重新核实预算单位占用国有财产的工作。”

1. 清查财产

(1) 资产盘盈与资产盘亏

1950年3月3日，担任全国仓库物资清理调配委员会主任的陈云(杨立三为副主任)发表的文章指出：“所有机关和公立学校，必须规定工作人员的数量及每个人员的工作任务。所有国家工厂和企业，除规定职工人数及生产的质与量外，必须实行原料消耗的定额制度，铲除囤积材料的浪费行为。一切国营经济部门，均须提高资金的周转率，保护机器资材，建立保管制度，严惩贪污浪费人员。全国均应节省一切可能节省的开支，缓办应该缓办的事项，以便集中财力于军事上消灭残敌，经济上重点恢复。”①1950年3月16日，政务院发布的《关于全国仓库物资清理调配的决定》规定：“全国各地区各部门所有接管的仓库及各企业各部门自备的仓库，一律加以彻底清查，限于一九五〇年六月三十日完成，清查完毕后，须造报物资清册，逐级上报中央专管机关。”

1951年12月1日，毛泽东起草的《中共中央关于实行精兵简政、增产节约、反对贪污、反对浪费和反对官僚主义的决定》规定：“各单位自己的家务和物资必须加以清理，只要其家务是正常生产而非经商投机或非法套取国家资财，应仍归其自管，不算做国家收入。但各级领导机关必须根据中央财委的规定，实行统一监督，以便于必要时得调配其物资，并对机关生产的资金利润，规定支配的手续、严格的用途和民主管理的制度，以免其自由滥用。”

1962年2月22日，中共中央、国务院发布的《关于彻底清仓核资、充分发挥物资潜力的指示》第一条指出：“清查范围。这次清查只限于全民所有制单位的生产资料和消费资料。凡是县及县以上的生产企业、建设(包括停建、缓建)单位、事业单位、机关、团体、部队、学校、展览馆、国营农场的生产资料(包括通用设备和专用设备在内)；商业部门经营的生产资料；外贸部门库存的生产资料；车站、港口、码头积存的无法交付的生产资料；国家储备仓库中已经损坏、残、次以及不合贮备要求的物资，都必须进行彻底清查。对于各级粮食部门、商业、外贸单位的仓库以及机关、团体、部队、学校、企业、事业单位积存的消费资料，亦应进行清理。在清仓核资

① 该文是陈云同志为政务院起草的《关于统一国家财政经济工作的决定》，经第二十二次政务会议通过，原载一九五〇年三月四日《人民日报》。

期间，各单位除按照国家规定的分配、调拨制度正常消耗和动用外，不得非法动用。”

1964年1月17日，中共中央、国务院批转了中央清仓核资领导小组《关于结束清仓核资工作的请示报告》。

1990年7月2日，国务院发布的《关于加强国有资产管理工作的通知》(国发〔1990〕38号)第一条规定：“在全国范围内有计划地开展清查资产、核实国家资金、摸清国有资产‘家底’(简称清产核资)的工作。要通过清产核资，核实各部门、各单位占用的国有资产价值总量，将一切应归国家所有的资产，都纳入国有资产管理轨道，认真解决‘家底’不清、管理混乱、损失浪费严重等问题。”

2000年4月7日，财政部印发的《预算单位清产核资办法》(财清字〔2000〕3号)第二十一条规定：“预算单位资产清查主要是对固定资产、流动资产、对外投资、无形资产及负债的清查。”

2006年5月30日，《事业单位国有资产管理暂行办法》(财政部令第36号)第四十二条规定：“事业单位有下列情形之一的，应当进行资产清查：① 根据国家专项工作要求或者本级政府实际工作需要，被纳入统一组织的资产清查范围的；② 进行重大改革或者整体、部分改制为企业的；③ 遭受重大自然灾害等不可抗力造成资产严重损失的；④ 会计信息严重失真或者国有资产出现重大流失的；⑤ 会计政策发生重大更改，涉及资产核算方法发生重要变化的；⑥ 同级财政部门认为应当进行资产清查的其他情形。”

2006年12月13日，财政部印发的《行政事业单位资产清查暂行办法》(财办〔2006〕52号)第三条规定：“本办法所称行政事业单位资产清查，是指财政部门、主管部门或行政事业单位，根据各级政府及其财政部门专项工作要求或者特定经济行为需要，按照规定的政策、工作程序和方法，对行政事业单位进行账务清理、财产清查，依法认定各项资产损益，真实反映行政事业单位国有资产占有使用状况的工作。”

2007年1月11日，教育部办公厅发布的《关于开展资产清查工作的通知》(教财厅〔2007〕1号)第三条规定：“要严格按照财政部的统一部署和要求，有计划、有步骤、扎扎实实地组织实施。此次资产清查的主要任务是：① 对各校(单位)应当纳入资产清查工作范围的所属单位户数、编制和人员状况等基本情况进行全面清理；② 对全校(单位)的各种银行账户、会计核算科目、各类库存现金、有价证券以及各项资金往来等基本账务情况进行全面核对和清理，做到账账相符、账证相符、账表相符；③ 对各校(单位)的各项资产进行全面清理、核对和查实(清查过程中要按照实物盘点同核实账务相结合、清理资产同核查负债与净资产相结合的原则，重点做好固定资产、对外投资、资产收益的清查)，对清查出的各项资产盘盈和盘亏、报废及坏账等损失按照资产清查进行分类，提出相关处理意见建议；④ 针对资产清查工作中暴露出来的资产及财务管理等方面的问题，依据相关政策法规，建立健全各项管理制度。为确保资产清查结果的真实准确，财政部统一要求，此次资产清查单位自查结果检查工作，由财政部统一委托社会中介机构进行。因此，各校（单位）在资产清查中一定要严格工作标准和工作要求，确保工作质量，要对资产清查工作结果的真实性、完整性、合法性负法律责任。”

2012年11月21日，教育部发布的《直属高等学校国有资产管理暂行办法》（教财〔2012〕6号）第四十九条规定：“高校资产清查内容包括：基本情况清理、账务清理、财产清查、损溢认定、资产核实和完善制度等。高校有下列情形之一，应当进行资产清查：① 根据各级政府及其财政部门专项工作要求，纳入统一组织的资产清查范围的；② 进行重大改革或者改制的；③ 遭受重大自然灾害等不可抗力造成资产严重损失的；④ 会计信息严重失真或者国有资产出现重大流失的；⑤ 会计政策发生重大变更，涉及资产核算方法发生重要变化的；⑥ 财政部门认为应当进行资产清查的其他情形。”

（2）资产盘盈、资产损失与资金挂账

2007年4月3日，财政部印发的《行政事业单位资产核实暂行办法》（财办〔2007〕19号）第二章为“资产盘盈”，第七条规定：“资产盘盈是指单位在资产清查基准日无账面记载，但单位实际占有使用的能以货币计量的经济资源。包括货币资金盘盈、存货盘盈、有价证券盘盈、对外投资盘盈、固定资产盘盈、无形资产盘盈、往来款项盘盈等。已投入使用但尚未办理竣工决算手续的，按照基本建设财务管理规定及时办理竣工决算有关手续，不作为资产盘盈。”第三章为“资产损失”，第十五条规定：“资产损失是指单位在资产清查基准日有账面记载，但不归本单位占有、使用或丧失使用价值的，能以货币计量的经济资源。包括货币资金损失、坏账损失、存货损失、有价证券损失、对外投资损失、固定资产损失、无形资产损失等。”第四章为“资金挂账”，第二十四条规定：“资金挂账是指单位在资产清查基准日应按损益、收支进行确认处理，但挂账未确认的资金（资产）数额。”

2016年1月20日，财政部印发的《行政事业单位资产清查核实管理办法》（财资〔2016〕1号）第四章为“资产盘盈”，第十七条规定：“资产盘盈是指行政事业单位在资产清查基准日无账面记载，但单位实际占有使用的能以货币计量的经济资源，包括货币资金盘盈、存货盘盈、对外投资盘盈、固定资产盘盈、无形资产盘盈、往来款项盘盈等。”第五章为“资产损失”，第二十六条规定：“资产损失是指行政事业单位在资产清查基准日有账面记载，但实际发生的短少、毁损、被盗或者丧失使用价值的，能以货币计量的经济资源，包括货币资金损失、坏账损失、存货损失、对外投资损失、固定资产损失、无形资产损失等。”第六章为“资金挂账”，第三十四条规定：“资金挂账是指行政事业单位在资产清查基准日应当按照损益、收支进行确认处理，但挂账未确认的资金（资产）数额。对于清查出的资金挂账，按照真实客观反映经济状况的原则进行认定。”

2. 资金核实

2000年4月7日，财政部印发的《预算单位清产核资办法》(财清字〔2000〕3号)第三十二条规定：“资金核实是指对预算单位资产及债权债务进行清查登记和对收入、支出情况进行详细核对的基础上，对各项资产盘盈、财产损失和资金挂账进行核实清理，对清出的问题按规定进行必要账务处理，确认预算单位占用的各项资产价值总额和净资产的真实状况。”

2000年4月7日，财政部发布的《中央预算单位清产核资办法》(财清字〔2000〕4号文)第一条规定：“中央预算单位清产核资资金核实，是指中央预算单位在对资产及负债进行清查登记和对收入、支出情况进行详细核对的基础上，对中央预算单位清查出的各项资产盘盈、财产损失和资金挂账进行核实清理，并依据本办法的有关规定和审批程序，确认中央预算单位占用的各项资产价值总额和净资产、收入支出的真实状况。”

3. 资产核实

2006年5月30日，财政部发布的《事业单位国有资产管理暂行办法》(财政部令第36号)第四十四条规定：“事业单位资产清查工作的内容主要包括基本情况清理、账务清理、财产清查、损溢认定、资产核实和完善制度等。资产清查的具体办法由财政部另行制定。”

2006年12月13日，财政部印发的《行政事业单位资产清查暂行办法》(财办〔2006〕52号)第十六条规定：“资产清查工作内容包括：单位基本情况清理、账务清理、财产清查、损益认定、资产核实和完善制度等。”

2007年4月3日，财政部印发的《行政事业单位资产核实暂行办法》(财办〔2007〕19号)第三条规定：“行政事业单位资产核实，是指财政部门根据国家资产清查政策和有关财务、会计制度，对行政事业单位资产清查工作中的资产盘盈、资产损失和资金挂账进行认定批复，并对资产总额进行确认的工作。”

4. 资产清查与资产核实的区别

2016年1月20日，财政部印发的《行政事业单位资产清查核实管理办法》(财资〔2016〕1号)第二条规定：“本办法所称行政事业单位资产清查，是指各级政府及其财政部门、主管部门和行政事业单位，根据专项工作要求或者特定经济行为需要，按照规定的政策、工作程序和方法，对行政事业单位进行账务清理、财产清查，依法认定各项资产损溢和资金挂账，真实反映行政事业单位国有资产占有使用状况的工作。”第三条规定：“本办法所称行政事业单位资产核实，是指财政部门和主管部门根据国家资产清查核实政策和有关财务、会计制度，对行政事业单位资产清查工作中认定的资产盘盈、资产损失和资金挂账等进行认定批复，并对资产总额进行确认的工作。”由此可见，资产清查是行政事业单位依法对资产进行“认定”的工作，而资产核实是财政部门和主管部门依法对行政事业单位资产清查的相关情况进行“认定批复”的工作。

5. 加强行政事业单位资产核算

2018年12月6日，财政部发布的《关于进一步做好政府会计准则制度新旧衔接和加强行政事业单位资产核算的通知》（财会〔2018〕34号）规定：“各单位应当在2016年资产清查核实的基础上，按照落实国务院向全国人大常委会报告国有资产管理情况制度和政府会计准则制度的要求，扎实开展以下工作：一是进一步清理核实和归类统计固定资产、无形资产、库存物品、对外投资等资产数据，为准确计提折旧、摊销费用、确定权益等提供基础信息。二是进一步规范和加强往来款项的管理，全面开展往来款项专项清理和账龄分析，及时报批处理往来挂账，做好坏账准备计提的相关工作。三是进一步清理基本建设会计账务，及时将已交付使用的建设项目转为固定资产、无形资产等，按规定及时办理基本建设项目竣工财务决算手续，为将基本建设投资业务纳入单位统一账簿进行会计核算做好准备。四是进一步明晰资产占有、使用和维护管理的责任主体，按规定将单位控制的公共基础设施、政府储备物资、保障性住房等资产以及单位受托管理的资产登记入账，确保国有资产信息全面完整。有关行业主管部门要加强对单位资产核算工作的指导；各级财政部门要加强对单位资产核算工作的监督检查，对未按照政府会计准则制度进行核算的，应依法依规予以处理。”

二、高校资产配置及使用的发展轨迹

在巡视高校中，相当多的公办高校办公室面积和办公设备配置及使用超标，因此，阐述高校资产配置及使用很有必要。

（一）高校资产配置的发展轨迹

1. 高校资产配置的条件

2006年5月30日，财政部发布的《事业单位国有资产管理暂行办法》（财政部令第36号）第十二条规定：“事业单位国有资产配置应当符合以下条件：（1）现有资产无法满足事业单位履行职能的需要；（2）难以与其他单位共享、共用相关资产；（3）难以通过市场购买产品或者服务的方式代替资产配置，或者采取市场购买方式的成本过高。”第十三条规定：“事业单位国有资产配置应当符合规定的配置标准；没有规定配置标准的，应当从严控制，合理配置。”

2012年11月21日，教育部发布的《直属高等学校国有资产管理暂行办法》（教财〔2012〕6号）第三章为“资产配置”，第十条规定：“高校国有资产配置是指高校根据事业发展的需要，按照国家有关法律法规和规章制度规定的程序，通过购置、调剂及接受捐赠等方式为本单位配备资产的行为。”第十一条规定：“高校国有资产配置应当符合以下条件：（1）现有资产无法满足高校事业发展的需要；（2）难以与其他单位共享、共用相关资产;(3) 难以通过市场购买服务方式实现,或者采取市场购买服务方式成本过高。"第十二条规定:"高校国有资产配置应当符合国家规定的配置标准;国家没有规定配置标准的,应当加强论证,从严控制,合理配置。"第十三条规定:"高校应当按照财政部、教育部的要求,根据本单位发展需求,以资产存量为依据,对纳入财政部新增资产配置预算范围的资产,分别编制基本支出年度资产购置计划和项目支出年度资产购置计划,并按照财政部批复的年度部门预算组织实施。新增资产配置预算一经批复,除无法预见的临时性或特殊增支事项外,不得调整。确需调整的,应当由高校提出申请,报教育部审核并报财政部审批。没有履行相关程序的,一律不得购置。高校购置纳入政府采购范围的资产,应当按照政府采购管理的有关规定执行。"

2. 强调了资产配置原则和标准

(1) 资产配置原则突出了"节俭适用、节能环保"

2009 年 7 月 2 日,国务院机关事务管理局印发的《中央行政事业单位国有资产管理暂行办法》(国管资〔2009〕167 号)第二章为"资产配置",第六条规定:"资产配置应当坚持保障需要、节俭适用、节能环保、从严控制的原则。各部门有下列情形之一的,可以申请配置资产:① 新增机构或人员编制的;② 增加工作职能和任务的;③ 现有资产按规定处置后需要配置的;④ 现有资产无法满足工作需要的其他情形。"

(2) 重申了资产配置标准

《中央行政事业单位国有资产管理暂行办法》(国管资〔2009〕167 号)第七条规定:"国管局根据国家政策和中央行政事业单位实际,制定办公用房、公务用车、办公设备和办公家具等通用资产配置标准;各部门负责制定其他资产配置标准,报国管局备案。"第八条规定:"资产配置标准应当明确资产的数量、价格、性能和最低使用年限等标准,符合履行职能基本需要,严禁铺张浪费,并根据国家政策、经济社会发展和技术进步等因素及时修订完善。"第九条规定:"配置资产应当严格执行标准,无特殊工作需要,不得超标准配置资产。"

2018 年 12 月 24 日,财政部印发的《中央行政事业单位国有资产配置管理办法》(财资〔2018〕98 号)第二章为"资产配置标准",第八条规定:"资产配置标准是对中央行政事业单位配置资产的品目、数量、价格、使用年限等指标的限额规定,是编报和审核新增资产配置相关预算、实施资产采购和监督检查的重要依据。"第九条规定:"资产配置标准包括数量标准、价格标准、使用年限标准、技术标准及其他标准,可采用上限标准、区间标准、下限标准或其他适宜的形式。"第十条规定:"资产配置标准应当遵循保障履职需要、厉行节约和相对稳定的原则制定,并根据国家有关政策、社会经济发展水平、市场价格变化和技术进步等因素适时调整。"第十一条规定:"中央行政事业单位办公设备、家具等通用资产配置标准由财政部制定。

有条件的中央部门根据本行业特点制定专用资产配置标准，由财政部审核后会同相关中央部门发布实施。”

2017年12月，中共中央办公厅、国务院办公厅印发的《党政机关办公用房管理办法》从权属管理、配置管理、使用管理、维修管理、处置利用管理、监督问责等方面做了规定，并重申了使用面积。如办公室使用面积高校副部级为42平方米，正厅级为24平方米，副厅级为18平方米，处级为12平方米，处级以下为6平方米。

2016年5月17日，财政部、全国人大常委会办公厅、政协全国委员会办公厅、国管局、中直管理局印发了《中央行政单位通用办公设备家具配置标准》(财资〔2016〕27号)，规定了计算机、打印机、复印机等的价格上限(元)、最低使用年限(年)和性能要求，对办公桌椅、沙发、书柜、文件柜等的价格上限(元)、最低使用年限(年)和性能要求也做了规定。

(3) 资产配置标准应按照“先易后难、分类实施、逐步推进”的原则分类制定

2015年12月23日，财政部发布的《关于进一步规范和加强行政事业单位国有资产管理的指导意见》(财资〔2015〕90号)第十二条规定：“资产配置标准是科学合理编制资产配置预算的重要依据，各级财政部门要按照‘先易后难、分类实施、逐步推进’的原则，分类制定资产配置标准。明确各类资产的配置数量、价格上限和最低使用年限等，并根据物价水平和财力状况等因素变化适时调整，为预算编制提供科学依据。通用资产配置标准由财政部门组织制定，专用资产配置标准由财政部门会同有关部门制定。对已制定资产配置标准的，应当结合财力情况严格按照标准配置；对没有规定资产配置标准的，应当坚持厉行节约、从严控制的原则，并结合单位履职需要、存量资产状况和财力情况等，在充分论证的基础上，采取调剂、租赁、购置等方式进行配置。”

3. 规范了资产配置方式

(1) 资产配置方式主要包括购置、调剂、租赁、受赠等的相关规定

《中央行政事业单位国有资产管理暂行办法》(国管资〔2019〕167号)第十条规定：“资产配置方式主要包括购置、调剂、租赁、受赠等。凡能通过调剂方式解决的，原则上不得购置。”第十一条规定：“通用资产配置实行年度计划管理。各部门根据履行职能和事业发展需要，依据资产配置标准和费用支出标准，综合考虑资产存量状况等因素，提出拟配置资产的品目、数量、用途、投入使用或开工时间，测算经费额度，明确资金来源，制定本部门年度资产配置计划。”

(2) 资产配置主要方式包括调剂、租用、购置、建设、接受捐赠等的相关规定

2018年12月24日，财政部印发的《中央行政事业单位国有资产配置管理办法》(财资〔2018〕98号)第三章为“资产配置方式”，第十二条规定：“中央行政事业单位有以下情形之一，可以申请资产配置：① 现有资产无法满足履行职能需要；② 资产处置后需要更新；③ 其他适用于资产配置的情形。”第十三条规定：“资

产配置的主要方式包括调剂、租用、购置、建设、接受捐赠等。中央行政事业单位资产配置，应当优先通过调剂方式解决。确实无法调剂的，应当本着控制成本、节约资金、方便使用的原则，对租用、购置、建设等方式进行综合分析和可行性论证，选择最优方式进行配置。”第十四条规定：“调剂是指以无偿调入的方式配置资产的行为。资产配置能够通过调剂方式解决的，原则上应当申请调剂。资产调剂由划出方中央部门根据行政事业单位国有资产处置管理的有关规定履行审批程序。”第十五条规定：“租用是指以一定费用取得资产使用权的方式配置资产的行为。资产租用应当遵循公开、公平、公正和市场化原则，遵守国家有关规定。经批准召开重大会议、举办大型活动及开展临时性工作等需要配置资产的，原则上应当通过租用方式解决。”第十六条规定：“购置是指以购买的方式配置资产的行为。对于资产处置后的更新申请，符合资产配置标准的，财政部优先予以安排；对于新增的资产购置申请，应当结合单位资产存量和业务需要从严审核。”第十七条规定：“建设是指以自建、自行研制等方式配置资产的行为。资产建设应当按照国家有关规定履行审批程序，重大事项应当经过可行性研究和集体决策。”第十八条规定：“中央行政事业单位通过接受捐赠的方式配置资产，应当符合《中华人民共和国公益事业捐赠法》的有关规定。”

4. 切实做好新增资产配置预算工作

2010 年 7 月 13 日，财政部发布的《关于进一步规范和加强中央级事业单位国有资产管理有关问题的通知》（财教〔2010〕200 号）第二条规定：“切实做好新增资产配置预算工作。各部门应当按照《财政部关于编制 2011 年中央部门预算的通知》（财预〔2010〕271 号）的有关要求，认真做好 2011 年所属事业单位新增资产配置预算编报工作，所有使用财政性资金及其他资金购置车辆、单价 200 万元及以上的大型设备的支出（包括基本支出和项目支出），都必须编制新增资产配置预算。因不可预见因素确需在年度预算执行中使用财政性资金及其他资金购置车辆和单价 200 万元及以上大型设备的，事业单位应报主管部门审核后，由主管部门报财政部核批。没有履行相关程序的，一律不得购置。按照规定需要实行政府采购的，应当按照政府采购的有关规定执行。”

5. 规定了资产配置监管

2018 年 12 月 24 日，财政部印发的《中央行政事业单位国有资产配置管理办法》（财资〔2018〕98 号）第六章为“管理与监督”，第二十五条规定：“财政部、中央部门应当加强资产配置管理和监督，建立监管机制，及时发现和纠正中央行政事业单位资产配置管理中的各种违法、违规行为，提高资产配置效率。”第二十六条规定：“财政部会同有关部门对中央行政事业单位资产配置管理情况进行监督检查。存在以下情形的，视情节轻重暂停或按一定比例核减其新增资产配置相关预算，并采取适当方式予以通报：① 报送虚假材料的；② 未经批准超标准配置资产的；③ 超出新增资产配置相关预算配置资产的；④ 单位存在大量闲置资产而仍申请新购的。”第二十七条规定：“财政部、中央部门、中央行政事业单位及其工作人员在资产配置过程中，存在违反本办法规定的行为，以及其他滥用职权、玩忽职守、徇私舞弊等违法违纪行为的，按照《中华人民共和国预算法》《中华人民共和国公务员法》《中华人民共和国监察法》《中华人民共和国财政违法行为处罚处分条例》等国家有关规定追究相应责任；涉嫌犯罪的，移送司法机关处理。”

（二）高校资产使用的发展轨迹

1. 高校资产的使用管理

2012年11月21日发布的《教育部直属高等学校国有资产管理暂行办法》（教财〔2012〕6号）第四章为“资产使用”，第十六条规定：“高校国有资产的使用包括单位自用和对外投资、出租、出借等方式。高校国有资产使用应首先保证高等教育事业发展的需要。”第十七条规定：“高校应当建立健全国有资产购置、验收、入账、保管、领用、使用、维护等相互制约的管理制度，加强国有资产日常管理。”第十八条规定：“高校应当坚持安全完整与注重绩效相结合的原则，建立国有资产有偿使用制度，积极推进国有资产整合与共享共用，提高国有资产使用效益。”第十九条规定：“高校应当对实物资产进行定期清查，完善资产管理账表和相关资料，做到账账、账卡、账实相符；对清查盘点中发现的问题，应当查明原因，并在资产统计信息报告中反映。”第二十条规定：“高校应当加强对本单位专利权、商标权、著作权、土地使用权、非专利技术、校名校誉、商誉等无形资产的管理，依法保护，合理利用，并按照国家有关规定及时办理入账手续，加强管理。”第二十三条规定：“高校向教育部申报国有资产使用事项，应对提交材料的真实性、有效性、准确性负责。”

2. 高校资产的使用和日常管理

2009年7月2日，国务院机关事务管理局印发的《中央行政事业单位国有资产管理暂行办法》（国管资〔2009〕167号）第三章为“资产使用和日常管理”，第十四条规定：“各部门应当明确国有资产管理机构和人员，健全资产验收、入账、领用、保管、维护维修等内部管理制度，规范工作规程，加强资产日常管理。”第十五条规定：“各部门应当建立健全资产账卡和档案管理制度，建立和完善资产管理信息系统；对新增资产应当及时验收、登记入账，并将资产变动情况录入资产管理信息系统。资产入账凭证是财务处理的依据。”第十六条规定：“中央行政事业单位国有资产账包括固定资产账、无形资产账和对外投资资产账，相关信息应当按规定统一内容和格式，全面真实反映资产的使用管理情况。”第十七条规定：“各部门应当建立资产领用交还制度。工作人员和机构配备资产，须办理领用手续；人员调离（退休）等，应当办理资产交还手续。”第十八条规定：“各部门应当将资产管理责任落实到岗位和人员，防止资产非正常损失和浪费。造成资产非正常损失和浪费的，相关责任人应当承担相应责任。”第十九条规定：“各部门应当加强资产的日常维护保养和维修，确保资产在规定使用期内性能良好。”第二十条规定：“各部门应当每年进行资产全面清查盘点，并按规定调整相关账卡，做到账实、账卡、账账相符。对清查盘点中发现的问题，应当查明原因，说明情况，并在国有资产年度决算报告中反映。”第二十一条规定：“未经批准，各部门不得出租、出借国有资产。出租、出借国有资产应当严格控制，从严审批。”第二十二条规定：“各部门应当对用于对外投资、出租、出借的资产实行专项管理，加强风险控制和收益管理，并在国有资产年度决算报告中反映。”第二十三条规定：“各部门应当加强对专利权、商标权、著作权、非专利技术、商誉等无形资产的管理，依法保护，合理运用。”

3. 高校资产对外使用的管理

2006年5月30日，财政部发布的《事业单位国有资产管理暂行办法》(财政部令第36号)第十九条规定：“事业单位国有资产的使用包括单位自用和对外投资、出租、出借、担保等方式。”第二十一条规定：“事业单位利用国有资产对外投资、出租、出借和担保等应当进行必要的可行性论证，并提出申请，经主管部门审核同意后，报同级财政部门审批。法律、行政法规另有规定的，依照其规定。”第二十二条规定：“财政部门和主管部门应当加强对事业单位利用国有资产对外投资、出租、出借和担保等行为的风险控制。”

2012年11月21日，教育部发布的《直属高等学校国有资产管理暂行办法》(教财〔2012〕6号)第四章为“资产使用”，第二十一条规定：“高校利用国有资产对外投资、出租、出借等事项，应当符合国家有关法律法规的规定，加强可行性论证、法律审核和监管，做好风险控制和跟踪管理，确保国有资产保值增值。”第二十四条规定：“高校经批准利用非货币性资产进行对外投资，应当聘请具有相应资质的中介机构，对拟投资资产进行评估，资产评估事项按规定履行备案或者核准手续；高校国有资产出租，原则上应采取公开招租的形式确定出租的价格，必要时可采取评审或者资产评估的办法确定出租的价格。高校国有资产出租、出借，期限一般不得超过5年。”第二十五条规定：“高校不得使用财政拨款及其结余进行对外投资；凡有银行贷款的高校，原则上不得新增货币资金投资；高校不得买卖期货、股票；不得购买企业债券、基金和其他任何形式的金融衍生品或进行其他任何形式的金融风险投资；利用国外贷款的高校，不得在国外债务尚未清偿前利用该贷款形成的资产对外投资。国家另有规定的，从其规定。”第二十六条规定：“高校不得将其占有、使用的国有资产作为抵押物对外抵押或担保，不得为任何单位或个人的经济活动提供担保。国家另有规定的，从其规定。”第二十八条规定：“高校应当对本单位对外投资、出租、出借的资产实行专项管理，并在单位财务报告中披露相关信息。高校对外投资收益以及利用国有资产出租、出借和科研成果形成的无形资产等取得的收入应当纳入学校预算，统一核算，统一管理。”

4. 规定了资产使用效率

2012 年 11 月 21 日，教育部发布的《直属高等学校国有资产管理暂行办法》(教财〔2012〕6 号)第九章为“资产管理绩效考核”，第五十四条规定：“高校国有资产管理绩效考核是指利用国有资产年度决算报告、资产专项报告、财务会计报告、资产统计信息、资产管理信息化数据库等资料，运用一定的方法、指标及标准，科学考核和评价高校国有资产管理效益的行为。”第五十五条规定：“高校应当逐步建立和完善国有资产管理绩效考核制度和考核体系，按照社会效益和经济效益相结合的原则，通过科学合理、客观公正、规范可行的方法、标准和程序，真实地反映和评价本单位国有资产管理绩效。”第五十六条规定：“高校国有资产管理绩效考核，应当包括国有资产管理的基础工作，国有资产管理制度建设，国有资产配置、使用和处置等主要内容。”第五十七条规定：“高校国有资产管理绩效考核，应当坚持分类考核与综合考核相结合，日常考核与年终考核相结合，绩效考核与预算考评相结合，采用多元化的指标体系和科学的方式方法，不断提高高校国有资产的安全性、完整性和有效性。”第五十八条规定：“高校应当充分利用国有资产管理绩效考核的结果，总结经验、推广应用，查漏补缺、完善制度，加强管理、提高效益。”第六十二条规定：“高校应当建立健全科学合理的国有资产监督管理责任制，将资产监督管理责任落实到具体部门、单位和个人，加强对国有资产利用效率和效益的考核，依法维护国有资产的安全完整，提高国有资产使用效益。”

2015 年 12 月 23 日，财政部发布的《关于进一步规范和加强行政事业单位国有资产管理的指导意见》(财资〔2015〕90 号)在“加强行政事业单位资产使用管理，提高国有资产使用效率”中第十四条规定：“各级主管部门和行政事业单位应当加强资产使用管理，进一步落实行政事业单位资产管理主体责任制和各项资产使用管理的规章制度，明确资产使用管理的内部流程、岗位职责和内控制度，充分依托行政事业单位资产管理信息系统的动态管理优势，做到账实相符、账账相符、账卡相符。”第十七条规定：“探索建立行政事业单位资产共享共用机制，推进行政事业单位资产整合。建立资产共享共用与资产绩效、资产配置、单位预算挂钩的联动机制，避免资产重复配置、闲置浪费。鼓励开展‘公物仓’管理，对闲置资产、临时机构(大型会议)购置资产在其工作任务完成后实行集中管理，调剂利用。”

三、高校资产产权登记的发展轨迹

(一) 新中国产权制度的确立

1. “产权”问题一直是高校不能回避的问题

1955 年 7 月 31 日，高等教育部和财政部发布的《高等学校固定资产管理暂行办法》第七条指出：“产权不属于学校的固定资产，如租赁的、借用的、代管的、工会合作社自行购置的、产权未确定的，均不列为学校的固定资产。出租的、借出的或委托代管的固定资产，其产权属于学校的，应列为学校的固定资产。”

1984年5月15日，教育部、国家计委、财政部发布的《高等学校举办干部专修科，中等专业学校举办干部、职工中专班的试行办法》（教计字〔1984〕086号）第八条第二款指出：“办学需要增加的校舍和教学设备，原则上由委托单位负责安排基本建设投资。……委托单位提供的投资，由学校统一使用，所建成的校舍和购置的教学设备，其产权归学校。”

1984年6月24日，教育部、国家计委、财政部发布的《高等学校接受委托培养学生的试行办法》第三条指出：“委托培养学生所需基本建设投资，由委托单位负责安排。……所建成的校舍及购置的教学设备，其产权均归承担委托任务的学校。”

1990年3月28日，国家教育委员会印发的《关于高等院校物资工作若干问题的规定》（教备〔1990〕13号）第二条规定：“要加强物资工作的归口管理，理顺管理体制。所有产权属于学校的物资，不论来自何种渠道或使用何种经费，都要按学校制度统一管理，都要在一个学校批准的正式建制的单位入账。”

1990年12月7日，国家教育委员会发布的《关于委属单位固定资产报损、报废或外调办理审批手续的通知》（教财司〔1990〕193号）第三条规定：“土地、房屋及建筑物的报废或产权转让。由学校提出申请，我委组织鉴定和审查后，报国家国有资产管理局审批。”

2. 1993年后确立了产权制度

1993年11月14日，中共十四届三中全会通过的《中共中央关于建立社会主义市场经济体制若干问题的决定》第2条指出：“建立适应市场经济要求，产权清晰、权责明确、政企分开、管理科学的现代企业制度。”

2003年10月14日，中共十六届三中全会通过的《中共中央关于完善社会主义市场经济体制若干问题的决定》第6条指出：“建立健全现代产权制度。产权是所有制的核心和主要内容，包括物权、债权、股权和知识产权等各类财产权。建立归属清晰、权责明确、保护严格、流转顺畅的现代产权制度，有利于维护公有财产权，巩固公有制经济的主体地位；有利于保护私有财产权，促进非公有制经济发展；有利于各类资本的流动和重组，推动混合所有制经济发展；有利于增强企业和公众创业创新的动力，形成良好的信用基础和市场秩序。这是完善基本经济制度的内在要求，是构建现代企业制度的重要基础。要依法保护各类产权，健全产权交易规则和监管制度，推动产权有序流转，保障所有市场主体的平等法律地位和发展权利。”

3. 1995年后确立了高校产权制度

1999年1月13日，国务院批转的教育部1998年12月24日制定的《面向二十一世纪教育振兴行动计划》第41条指出：“学校产权必须明晰，国有教育设施不得挪作他用，国有和公有资产不得流失。”

2002年12月28日，《中华人民共和国民办教育促进法》第十二条指出：“申请筹设民办学校，举办者应当向审批机关提交下列材料：……(3) 资产来源、资金数额及有效证明文件，并载明产权……”第三十五条指出：“民办学校对举办者投入民办学校的资产、国有资产、受赠的财产以及办学积累，享有法人财产权。”

(二) 高校产权登记

1992年5月11日，由国家国有资产管理局、财政部、国家工商行政管理局颁布的《国有资产产权登记管理试行办法》(国资综发〔1992〕20号)第二条规定：“凡占有、使用国有资产的企业和实行企业化管理的事业单位(以下统称企业单位)，都必须按照本办法的规定，向国有资产管理部门申报、办理产权登记手续。”由此可见，当时产权登记仅限于“企业单位”。

1995年3月25日，国家国有资产管理局颁布的《行政事业单位国有资产产权登记实施办法》(国资事发〔1995〕31号)第二条规定：“凡占有、使用国有资产的行政事业单位，都要对应属国家所有的资产按照本实施办法的规定，向国有资产管理部门申报、办理产权登记。”第三条规定：“行政事业单位国有资产产权登记(以下简称产权登记)，是国有资产管理部门代表国家对行政事业单位国有资产进行登记，依法确认国家对国有资产的所有权和行政事业单位占有、使用国有资产的法律行为。国有资产管理部门核发的《中华人民共和国国有资产产权登记证(行政事业单位)》(以下简称《国有资产产权登记证》)，是国家对行政事业单位占用的国有资产享有所有权的法律凭证。”第四条规定：“行政事业单位产权登记按照统一政策、分级管理的原则，由各级国有资产管理部门按单位财务隶属关系组织实施。按财务隶属关系不便组织实施的，可按行政隶属关系组织实施。按财务隶属关系和行政隶属关系均不便组织实施的，可按属地原则组织实施。”第五条规定：“国家国有资产管理局负责组织中央各级行政事业单位的产权登记。省、自治区、直辖市、计划单列市及其以下各级国有资产管理部门负责组织本级行政事业单位的产权登记。国有资产管理部门可根据具体情况，委托主管部门进行产权登记。”第六条规定：“产权登记分为设立产权登记、变动产权登记、撤销产权登记。产权登记主要内容为：(1) 单位名称；(2) 住所；(3) 单位负责人；(4) 单位性质；(5) 主管部门；(6) 资产总额；(7) 国有资产总额；(8) 负债总额。”第七条规定：“设立产权登记，适用于新设立的行政事业单位。此类单位应在审批机关批准成立后30日内，办理申领《国有资产产权登记证》手续。申领时，单位应填报《国有资产产权登记证》中设立登记表，一式三联，并提交下列文件、证件及有关资料：(1) 批准设立的文件；(2) 国有资产总额及来源证明；(3) 已办理的土地证、房产证复印件；(4) 其他应提交的文件、资料。”第八条规定：“变动产权登记，适用于发生分立、合并、改制，以及隶属关系、单位名称发生变化等行为的行政事业单位。此类单位应在主管部门或审批机关批准后30日内，持原《国有资产产权登记证》和批准文件、资料，办理换领《国有资产产权登记证》手续。”第九条规定：“撤销产权登记，适用于撤销、被合并后终止活动的行政事业单位。此类单位应在主管部门或审批机关批准后30日内办理撤销产权登记手续。申办时,应提交下列文件、证件及有关资料:(1)批准撤销的文件;(2)终止财务决算报告或法定验资机构审定的终止财务报告及编制说明;(3)资产清查报告书;(4)国有资产管理部门下达的资产评估结果确认通知书;(5)资产处置请示及国有资产管理部门和财政部门的批复文件;(6)原《国有资产产权登记证》;(7)其他应提交的文件、资料。"第十三条规定:"行政事业单位领取的《国有资产产权登记证》,是行政事业单位占有、使用国有资产的法律凭证,应妥善保管。任何单位和个人不得伪造、涂改、出租、出借。《国有资产产权登记证》遗失或者毁坏,必须按规定向国有资产管理部门申请补领。"

2012年8月5日,财政部印发的《事业单位及事业单位所办企业国有资产产权登记管理办法》(财教〔2012〕242号)第十条规定:"事业单位产权登记包括占有产权登记、变动产权登记和注销产权登记。"第十一条规定:"占有产权登记适用于新设立和已经取得法人资格但尚未办理产权登记的事业单位。"第十八条规定:"事业单位有下列行为之一的,财政部门应当要求其更正,拒不更正的,财政部门不予办理产权登记。(1)填报的产权登记表内容或提交的文件、证件及有关资料违反法律、法规的规定或不符合本办法要求的;(2)以实物或无形资产出资,未按照国家有关规定进行资产评估或依法折股,或者未按照规定办理资产评估项目核准或备案的;(3)事业单位对外投资、出租出借、产权变动行为违反法律、法规和国家有关政策规定的;(4)其他违反法律法规情形的。"第五十六条规定:"《事业单位产权登记证》和《企业产权登记证》是产权登记的法律文件。事业单位及其所办企业应当妥善保管。任何单位和个人不得伪造、涂改、出租、出借,如有遗失或者毁坏的,要及时在主要媒体公告或出具经主管部门、事业单位认定的书面说明后,按照规定向同级财政部门申请补领。"

2013年6月7日,教育部印发的《教育部直属高等学校、直属单位国有资产管理工作规程(暂行)》(教财函〔2013〕55号)在"事业单位产权登记办理流程"中规定:"新设立单位应当在审批机关批准设立后60日内,经单位审核后报教育部(财务司),教育部(财务司)审核后报财政部办理产权登记。"

(三)高校产权登记与产权纠纷处理

2006年5月30日,财政部发布的《事业单位国有资产管理暂行办法》(财政部令第36号)第五章为"产权登记与产权纠纷处理",第三十条规定:"事业单位国有资产产权登记(以下简称产权登记)是国家对事业单位占有、使用的国有资产进行登记,依法确认国家对国有资产的所有权和事业单位对国有资产的占有、使用权的行为。"第三十一条规定:"事业单位应当向同级财政部门或者经同级财政部门授权的主管部门(以下简称授权部门)申报、办理产权登记,并由财政部门或者授权部门核发《事业单位国有资产产权登记证》(以下简称《产权登记证》)。"第三十二条规定:“《产权登记证》是国家对事业单位国有资产享有所有权,单位享有占有、使用权的法律凭证,由财政部统一印制。事业单位办理法人年检、改制、资产处置和利用国有资产对外投资、出租、出借、担保等事项时,应当出具《产权登记证》。”第三十三条规定:“事业单位国有资产产权登记的内容主要包括:(1) 单位名称、住所、负责人及成立时间;(2) 单位性质、主管部门;(3) 单位资产总额、国有资产总额、主要实物资产额及其使用状况、对外投资情况;(4) 其他需要登记的事项。”第三十四条规定:“事业单位应当按照以下规定进行国有资产产权登记:(1) 新设立的事业单位,办理占有产权登记;(2) 发生分立、合并、部分改制,以及隶属关系、单位名称、住所和单位负责人等产权登记内容发生变化的事业单位,办理变更产权登记;(3) 因依法撤销或者整体改制等原因被清算、注销的事业单位,办理注销产权登记。”第三十五条规定:“各级财政部门应当在资产动态管理信息系统和变更产权登记的基础上,对事业单位国有资产产权登记实行定期检查。”第三十六条规定:“事业单位与其他国有单位之间发生国有资产产权纠纷的,由当事人协商解决。协商不能解决的,可以向同级或者共同上一级财政部门申请调解或者裁定,必要时报有管辖权的人民政府处理。”第三十七条规定:“事业单位与非国有单位或者个人之间发生产权纠纷的,事业单位应当提出拟处理意见,经主管部门审核并报同级财政部门批准后,与对方当事人协商解决。协商不能解决的,依照司法程序处理。”

2012 年 11 月 21 日,教育部发布的《直属高等学校国有资产管理暂行办法》(教财〔2012〕6 号)第六章为“产权登记与产权纠纷处理”,第三十九条规定:“高校国有资产产权登记是指国家对高校占有、使用的国有资产进行登记,依法确认国家对国有资产的所有权和高校对国有资产的占有、使用权的行为。”第四十条规定:“高校根据财政部《事业单位及事业单位所办企业国有资产产权登记管理办法》(财教〔2012〕242 号)有关规定,组织申报国有资产产权登记。”第四十一条规定:“产权纠纷是指由于国有资产所有权、经营权、使用权等产权归属不清而发生的争议。”第四十二条规定:“高校与其他国有单位和国有企业之间发生国有资产产权纠纷的,由当事人双方协商解决;协商不能解决的,由高校向教育部申请调解,或者由教育部报财政部调解,调解不成的,可依法提起诉讼。”第四十三条规定:“高校与非国有单位或者个人之间发生产权纠纷的,由高校提出拟处理意见,经教育部审核并报财政部同意后,与对方当事人协商解决;协商不能解决的,依照司法程序处理。”

2013 年 6 月 7 日,教育部印发的《教育部直属高等学校、直属单位国有资产管理工作规程(暂行)》(教财函〔2013〕55 号)在“产权登记”中规定:“根据《企业国有资产产权登记管理办法》(国务院令第 192 号)、《财政部关于印发〈事业单位及事业单位所办企业国有资产产权登记管理办法〉的通知》(财教〔2012〕242 号)、《关于中央级事业单位所办企业国有资产产权登记启用新〈企业国有资产产权登记表〉的通知》(财办教〔2012〕39 号)等文件规定,企业产权登记由单位审核后报教育部(财务司)，教育部(财务司)审核后报财政部登记。”

四、高校国有资产评估的发展轨迹

1989 年 9 月 21 日，国家国有资产管理局发布了《关于国有资产产权变动时必须进行资产评估的若干暂行规定》。

1991 年 11 月 16 日，国务院发布的《国有资产评估管理办法》(国务院令第 91 号)第六条规定："国有资产评估范围包括：固定资产、流动资产、无形资产和其他资产。”

1992 年 7 月 18 日，国家国有资产管理局发布的《国有资产评估管理办法施行细则》(国资办发〔1992〕36 号)第四条第二款规定："第三条所说的国有资产占有单位包括：国营企业、事业单位。”

2012 年 11 月 21 日，教育部发布的《直属高等学校国有资产管理暂行办法》(教财〔2012〕6 号)第七章为“资产评估与资产清查”，第四十四条规定："高校有下列情形之一的，应当对相关国有资产进行评估：(1) 整体或者部分改制为企业；(2) 以非货币性资产对外投资；(3) 合并、分立、清算；(4) 资产拍卖、转让、置换；(5) 整体或者部分资产租赁给非国有单位；(6) 确定涉讼资产价值；(7) 法律、行政法规规定的其他需要进行评估的事项。”第四十五条规定："高校有下列情形之一的，可以不进行资产评估：(1) 经批准部分资产无偿划转；(2) 下属事业单位之间的合并、资产划转、置换和转让；(3) 其他不影响国有资产权益的特殊产权变动行为，报经教育部和财政部确认可以不进行资产评估的。”第四十六条规定："高校国有资产评估工作应当依据国家国有资产评估有关规定，委托具有资产评估资质的评估机构进行。高校应当如实向资产评估机构提供有关情况和资料，并对所提供的情况和资料的客观性、真实性和合法性负责。高校不得以任何形式干预资产评估机构独立执业。”第四十七条规定："高校国有资产评估项目实行核准制和备案制。核准和备案工作按照国家有关国有资产评估项目核准和备案管理的规定执行。高校资产评估项目备案工作，应由高校审核后报教育部审核，教育部审核后报财政部备案。高校出资企业的资产评估项目备案工作，应由高校审核后报教育部备案。”

2013 年 6 月 7 日，教育部印发的《教育部直属高等学校、直属单位国有资产管理工作规程(暂行)》(教财函〔2013〕55 号)在“事业资产评估及备案办理流程”中规定："根据《国有资产评估管理办法》(国务院令第 91 号)等有关规定，单位资产评估项目的备案工作，应当按照下列程序进行：(1) 产权持有单位委托具有相应资质的资产评估机构对标的资产进行评估；(2) 单位对评估报告进行初审，并自评估基准日起 9 个月内，向教育部(财务司)提出国有资产评估项目备案申请，教育部(财务司)审核后报财政部备案。”

五、高校非经营性资产转经营性资产的发展轨迹

(一) 高校非经营性资产转经营性资产始于1995年

1995年2月15日,国家国有资产管理局、财政部发布的《行政事业单位国有资产管理办法》第五章为“非经营性资产转经营性资产”,第二十条规定:“非经营性资产是指行政事业单位为完成国家行政任务和开展业务活动所占有、使用的资产。经营性资产是指行政事业单位在保证完成本单位正常工作的前提下,按照国家有关政策规定用于从事生产经营活动的资产。”第二十一条规定:“非经营性资产转经营性资产的主要方式有:(1) 用非经营性资产作为初始投资,在工商行政管理部门领取《企业法人营业执照》,兴办具有企业法人资格的经济实体;(2) 用非经营性资产对外投资、入股、合资、联营;(3) 用非经营性资产作为注册资金,在工商行政管理部门领取《营业执照》,兴办不具有法人资格的附属营业单位;(4) 用非经营性资产对外出租、出借;(5) 国有资产管理部门和经财政部门认可的其他方式。”第二十二条规定:“非经营性资产转经营性资产,要按照《国有资产评估管理办法》进行评估,核定其价值量,作为国家投入的资本金,并以此作为占有、使用该部分国有资产的保值、增值考核基础。”第二十三条规定:“行政事业单位将非经营性资产转经营性资产,需要提出申请,经主管部门审查核实,报同级国有资产管理部门批准;一次性转作经营的资产,其价值量数额较大的,须报经同级财政部门批准。用非经营性资产兴办具有法人资格的经济实体,须持有主管部门的批准文件、出资单位的财务报表、资产评估确认证书或主管部门出具的资产证明,到同级国有资产管理部门办理产权登记手续。主管部门在出具资产证明时,不得出具伪证。凡出具伪证的,一经查出,国有资产管理部门即收回产权登记表,取消其产权登记资格,并通知工商行政管理部门,证明其资信无效。”第二十五条规定:“行政事业单位非经营性资产转经营性资产,其资产的国家所有性质不变,除国家另有规定者外,不得用国有资产开办集体性质的企业。”第二十六条规定:“行政事业单位创办的具有企业法人资格的经营性企业,按照《国有企业财产监管条例》实施监管。”

2005年10月22日,教育部发布的《关于积极发展、规范管理高校科技产业的指导意见》(教技发〔2005〕2号)第5条规定:“高校要对所投资企业占有和使用的国有资产进行清产核资,清产核资要申请立项,清产核资结果应经上级主管部门审核并报国有资产管理部门确认。按照资产属性,建立经营性资产与非经营性资产分类建账、分开管理的制度。各高校要设立学校资产管理委员会或领导小组,加强对经营性资产的监督与管理,确保国有资产的保值和增值。”

(二) 高校非经营性资产转经营性资产坚持有偿使用原则

1995年9月13日,国家国有资产管理局发布的《事业单位非经营性资产转经营性资产管理实施办法》(国资事发〔1995〕89号)第九条规定:“对事业单位非经营

性资产转经营性资产，坚持有偿使用原则。以实际转作经营的国有资产总额为基数、按季（或年）度收取一定比例的国有资产占用费。”

2015 年 6 月 19 日，教育部发布的《关于进一步规范和加强直属高等学校所属企业国有资产管理的若干意见》（教财〔2015〕6 号）提出“清理无偿占用资产”，第 5 条规定：“学校要对无偿或低价占用本校资产的企业，按国有资产管理规定办理资产使用手续。要规范校名校誉使用。除出版社、科技园（产业园）、设计院（规划院）、资产经营公司、国家工程中心（实验室）外，其他企业一律不得冠用学校全称。”

（三）高校要依法组建资产经营有限公司

1. 高校组建资产经营有限公司始于 2005 年

2005 年 10 月 22 日，教育部发布的《关于积极发展、规范管理高校科技产业的指导意见》（教技发〔2005〕2 号）第 6 条规定：“高校要依法组建国有独资性质的资产经营有限公司或从现有校办企业中选择一个产权清晰、管理规范的独资企业（以下统称高校资产公司），将学校所有经营性资产划转到高校资产公司，由其代表学校持有对企业投资所形成的股权。高校以投入到高校资产公司的财产承担有限责任。各高校要在 2006 年底前组建高校资产公司并完成资产划转。”第 8 条规定：“高校资产公司的主要任务是：管理学校所投资企业的股权和经营性资产，确保国有资产保值增值；促进高新技术成果的转化，孵化科技企业，创办具有文化教育特色和智力资源优势的企业；统筹管理、整合资源，推进学校科技产业化工作。”

2006 年 6 月 2 日，教育部发布的《关于高校产业规范化建设中组建高校资产经营有限公司的若干意见》（教技发〔2006〕1 号）第 2 条规定：“高校资产公司的组织形式可以是《公司法》规定的国有独资公司或一人有限公司（法人独资有限公司）。高校设立一人有限公司，并不改变资产的国有性质；高校资产公司必须在资产、管理等方面与学校划分清楚，真正起到设立‘防火墙’的作用，规避学校作为高校资产公司的唯一股东承担连带法律责任的风险。”第 3 条规定：“设立高校资产公司，应依法开展清产核资、财务审计、资产评估、非经营性资产转经营性资产、产权转让、产权登记和设立审批等工作，保障职工合法权益，防止国有资产流失，防止因违法违规改制或改制不彻底而使高校承担连带责任。”第 6 条规定：“高校所有经营性资产原则上都要进入高校资产公司，由其负责经营和管理，确保国有经营性资产保值增值。高校在组建高校资产公司时，对不进入高校资产公司的经营性资产应当完整列出，说明理由，由教育部核准。”第 8 条规定：“高校资产公司应保证独立性。学校除对高校资产公司进行投资外，不得再以事业单位法人的身份对外进行投资和经营。学校向高校资产公司派出董事会和监事会成员，董事会和监事会依据《公司法》和《公司章程》的规定行使相应职权。高校与高校资产公司应实行人员、资产、财务分开，机构、业务独立，各自独立核算、独立承担责任和风险。”第 9 条规定：“高校资产公司人员应相对独立于高校。除高校委派到高校资产公司的董事、监事外，高校资产公司应就学校事业编制人员的使用与学校签订相关协议。高校委派到高校资产公司担任董事、监事的，应保证有足够的时间和精力承担相应的工作。”第10条规定：“高校投入高校资产公司的资产应独立完整、产权清晰。高校资产公司应当对该资产独立登记、建账、核算、管理。高校不得占用、支配该资产或干预高校资产公司对该资产的经营管理。高校的非货币性资产，如暂不适宜以出资形式投入高校资产公司的，应当签订相关委托经营的协议。”第11条规定：“高校资产公司应按照《公司法》等有关法律、法规的要求，建立健全财务、会计管理制度，独立核算。高校应尊重高校资产公司财务的独立性，不得干预高校资产公司的财务、会计活动。”第12条规定：“高校资产公司应按照《公司法》的要求建立完善的董事会和监事会制度。高校资产公司董事会可以聘请外部独立董事。高校资产公司的董事会、监事会及其他内部机构应独立运作。高校及其职能部门不得以其他任何形式影响其经营管理的独立性。”第17条规定：“高校资产公司原则上不与学校之间发生重大关联交易、资金拆借、互相担保等经济行为。高校资产公司不得为其非控股企业的贷款提供经济担保；为其持股超过51%的控股企业贷款提供经济担保的，担保总量不得超过高校资产公司净资产规模的50%。”第18条规定：“高校资产公司应对每年度的工作进行总结，其工作总结应上报学校并报教育部备案。”

2. 高校资产经营有限公司办理流程

2013年6月7日，教育部印发的《教育部直属高等学校、直属单位国有资产管理工作规程(暂行)》(教财函〔2013〕55号)在“单位所办国有独资公司办理流程”中规定：“根据《公司法》《企业国有资产法》《证券法》《破产法》等法律法规及有关规定，单位直接出资的国有独资企业、国有独资公司有合并、分立，增加或者减少注册资本，分配利润，以及解散、申请破产重大事项的，由单位审核后报教育部(财务司)，教育部(财务司)审核后报财政部决定。”

2013年6月7日，教育部印发的《教育部直属高等学校、直属单位国有资产管理工作规程(暂行)》(教财函〔2013〕55号)在“单位所办国有资本控股公司、国有资本参股公司办理流程”中规定：“单位出资的各级国有资本控股公司、国有资本参股公司有合并、分立，增加或者减少注册资本，分配利润，以及解散、申请破产重大事项的，依照法律、行政法规以及公司章程的规定，由公司股东会、股东大会或者董事会决定。单位或企业委派的股东代表参加国有资本控股公司、国有资本参股公司召开的股东会会议、股东大会会议，应当按照委派机构指示提出议案、发表意见、行使表决权，并将其履行职责的情况和结果以书面形式及时报告单位或企业。”

(四) 高校应以管资本为主加强所属企业国有资产监管

2015年6月19日，教育部发布的《关于进一步规范和加强直属高等学校所属企业国有资产管理的若干意见》(教财〔2015〕6号)提出“以管资本为主加强所属企业国有资产监管”，第1条规定：“切实行使投资人权利、履行投资人义务。学校要坚持以管资本为主加强所属企业国有资产监管，加快建立事企分开、权责明晰的国有资产监管体制机制，防范国有资产流失，实现国有资产保值增值。加快实施创新驱动发展战略，使所属企业真正成为产学研用结合平台、高新技术成果转移转化基地和科技型企业孵化器。”

2015年12月23日，财政部发布的《关于进一步规范和加强行政事业单位国有资产管理的指导意见》(财资〔2015〕90号)在“以管资本为主，加强行政事业单位所属企业管理”中的第二十九条规定：“按照深化国有企业改革的总体部署，以管资本为主，鼓励将行政事业单位所属企业的国有资本纳入经营性国有资产集中统一监管体系。具备条件的进入国有资本投资、运营公司，暂时不具备条件的，要按照‘政企分开、事企分开’的原则，建立以资本为纽带的产权关系，加强和规范监管，确保国有资产保值增值。”

(五) 高校经营性资产的退出机制

2015年6月19日，教育部发布的《关于进一步规范和加强直属高等学校所属企业国有资产管理的若干意见》(教财〔2015〕6号)提出“建立退出机制”，第4条规定：“学校要对所属企业全面进行清理排查，对长期亏损、扭亏无望的企业，依法依规关、停、并、转；对与学科建设无关、对教学科研无促进作用或长期不向高校分配利润的企业，要尽快撤出投资；对产权链条过长难以监管的企业，要压缩产权层级或退出投资。”

六、高校国有资产处置及其收入的发展轨迹

(一) 高校国有资产处置的发展轨迹

1. 高校国有资产处置方式的拓展

(1) 无偿调出、出售、报废、报损

1995年9月5日，国家国有资产管理局发布的《行政事业单位国有资产处置管理实施办法》(国资事发〔1995〕第106号)第二条规定：“行政事业单位国有资产的处置，是指行政事业单位对其占有、使用的国有资产进行产权转让及注销产权的一种行为。包括无偿调出、出售、报废、报损等。① 无偿调出。指国有资产在不变更所有权的前提下，以无偿转让的方式变更国有资产占有、使用权的资产处置。② 出售。指国有资产以有偿转让的方式变更所有权或占有、使用权，并收取相应处置收益的资产处置。③ 报废。指经科学鉴定或按有关规定，已不能继续使用，必须进行产权注销的资产处置。④ 报损。指对发生的国有资产呆账损失、非正常损失等，必须按有关规定进行产权注销的资产处置。”

(2) 出售、出让、转让、变卖

2006年5月30日，《事业单位国有资产管理暂行办法》(财政部令第36号)第二十八条规定：“事业单位国有资产处置应当遵循公开、公正、公平的原则。事业单

位出售、出让、转让、变卖资产数量较多或者价值较高的，应当通过拍卖等市场竞价方式公开处置。”

2008年3月12日，财政部印发的《中央级事业单位国有资产管理暂行办法》（财教〔2008〕13号）第二十七条规定：“中央级事业单位出售、出让、转让资产数量较多或者价值较高的，应当通过拍卖等市场竞价方式公开处置。”

（3）调剂、捐赠、转让、置换、报损、报废、对外投资

2009年7月2日，国务院机关事务管理局印发的《中央行政事业单位国有资产管理暂行办法》（国管资〔2009〕167号）第二十七条规定：“资产处置方式包括调剂、捐赠、转让、置换、报损、报废、对外投资等。”

（4）资产处置应当与资产配置、使用和回收利用相结合，逐步建立资产共享、循环利用机制

2009年7月2日，国务院机关事务管理局印发的《中央行政事业单位国有资产管理暂行办法》（国管资〔2009〕167号）第四章为“资产处置”，第二十五条规定：“符合下列情形之一的资产，应当按本办法规定进行处置：① 闲置或超标准配置的；② 罚没或按规定应当上缴的；③ 因机构变动发生占有权、使用权变更的；④ 达到报废期限或因技术原因不能安全有效使用的；⑤ 不符合节能环保要求的；⑥ 盘亏、呆账及非正常损失的；⑦ 其他依照国家规定需要处置的。”第二十六条规定：“资产处置应当与资产配置、使用和回收利用相结合，逐步建立资产共享、循环利用机制。”第二十八条规定：“资产处置优先选择调剂方式进行；无法调剂的，可通过转让、置换、捐赠等方式处置。资产捐赠应当以支持公益事业或扶持贫困地区发展为目的。”第三十条规定：“国管局负责建立中央行政事业单位国有资产处置平台，各部门应当按规定通过国有资产处置平台处置资产。”

（5）国有资产处置是产权转让或注销产权的行为

2008年12月16日，财政部发布的《中央级事业单位国有资产处置管理暂行办法》（财教〔2008〕495号）第三条规定：“本办法所称的中央级事业单位国有资产处置，是指中央级事业单位对其占有、使用的国有资产，进行产权转让或注销产权的行为。”第四条规定：“中央级事业单位国有资产处置应遵循公开、公正、公平和竞争、择优的原则，严格履行审批手续，未经批准不得擅自处置。”

2012年11月21日发布的《教育部直属高等学校国有资产管理暂行办法》（教财〔2012〕6号）第五章为“资产处置”，第二十九条规定：“高校国有资产处置是指高校对其占有、使用的国有资产进行产权转让或者注销产权的行为。”第三十条规定：“高校国有资产处置的范围包括：报废、淘汰的资产，产权或使用权转移的资产，盘亏、呆账及非正常损失的资产，闲置、拟置换的资产，以及依照国家有关规定需要处置的其他资产。处置方式包括：报废报损、出售、出让、转让（含股权减持）、无偿调拨（划转）、对外捐赠、置换、货币性资产损失核销等。”第三十一条规定：“高校处置

的资产应当权属清晰。权属关系不明确或者存在权属纠纷的资产，须待权属界定明确后方可处置。”

2. 高校国有资产处置的审批权限

1955 年 7 月 31 日，高等教育部发布的《高等学校固定资产管理暂行办法》第二十八条规定：“固定资产的对外调拨、报废、报损、出租、出售（指未列入预算报销与报废的固定资产）委托代管及损失赔偿等，应有会计主管人员的签署，报请校（院）长或其授权人批准。”

1990 年 12 月 7 日，国家教育委员会发布的《关于委属单位固定资产报损、报废或外调办理审批手续的通知》（教财司〔1990〕193 号）第一条规定：“单台（件）价值五万元以上固定资产的报损、报废或外调，由学校组织鉴定和审查〔单台（套）一百万元以上的由我委组织鉴定和审查〕，报我司审批。”第二条规定：“单台（件）价值五万元以下固定资产的报损、报废或外调，一次性总价在十万元以上的，由学校组织鉴定和审查，报我司审批；一次性总价在十万元以下的，由学校组织鉴定和审查，报校（院）长审批，报我司备案。”第三条规定：“土地、房屋及建筑物的报废或产权转让，由学校提出申请，我委组织鉴定和审查后，报国家国有资产管理局审批。”

1995 年 9 月 5 日，国家国有资产管理局发布的《行政事业单位国有资产处置管理实施办法》（国资事发〔1995〕第 106 号）第三条规定：“审批权限：(1) 中央级行政事业单位占有、使用的房屋建筑物、土地、车辆及单位价值在 20 万元以上（含 20 万元）的仪器设备的处置，经主管部门审核后，报国家国有资产局会同财政部审批。规定标准以下的审批权限，由主管部门决定。(2) 各省、自治区、直辖市和计划单列市可根据实际情况规定资产处置的审批权限。”

2007 年 3 月 5 日，教育部办公厅发布的《教育部直属高校、事业单位国有资产使用和处置行为管理授权审批暂行办法》（教财厅〔2007〕4 号）在“国有资产使用和处置审批权限”中规定：“固定资产、无形资产的使用和处置：(1) 各单位凡一次性使用和处置固定资产、无形资产价值 100 万元以下（不含 100 万元）的事项，由各单位审批并报我部备案，我部汇总后定期向财政部备案；(2) 各单位凡一次性使用和处置固定资产、无形资产价值 100 万元以上、800 万元以下（不含 800 万元）的事项，由各单位审核后报我部审批，我部审批后报财政部备案；(3) 各单位凡一次性使用和处置固定资产、无形资产价值 800 万元以上的事项，由各单位报我部审核后报财政部审批。”同时规定：“货币资金的使用和处置：(1) 各单位凡一次性对外投资、出借以及核销货币资金 50 万元以下（不含 50 万元）的资产使用和处置事项，由各单位审批并报我部备案，我部汇总后定期向财政部备案；(2) 各单位凡一次性对外投资、出借以及核销货币资金 50 万元以上、800 万元以下（不含 800 万元）的资产使用和处置事项，由各单位审核后报我部审批，我部审批后报财政部备案；(3) 各单位凡一次性对外投资、出借以及核销货币资金 800 万元以上的资产使用和处置事项，由各单位报我部审核后报财政部审批。”

2010 年 7 月 13 日，财政部发布的《关于进一步规范和加强中央级事业单位国有资产管理有关问题的通知》（财教〔2010〕200 号）第四条规定：“各部门应当按照《中央级事业单位国有资产处置管理暂行办法》（财教〔2008〕495 号）的规定，加强对所属事业单位国有资产处置事项的管理。对于事业单位单位价值或批量价值在 800 万元以上（含 800 万元）的国有资产处置事项，各部门审核后报财政部审批；单位价值或批量价值在 800 万元以下的处置事项，各部门按照有关规定审批后，应当在 15 个工作日内将批复文件（一式四份）报财政部备案。”

2012 年 11 月 21 日发布的《教育部直属高等学校国有资产管理暂行办法》（教财〔2012〕6 号）第三十三条规定：“高校处置国有资产，应按以下权限履行审批手续：核销货币性资产损失 50 万元以下的，由高校审批后 10 个工作日内将审批文件及相关资料报教育部备案，教育部审核汇总后报财政部备案；50 万元以上（含 50 万元）至 800 万元以下的，由高校审核后报教育部审批，教育部审批后报财政部备案；800 万元以上（含 800 万元）的，由高校审核后报教育部审核，教育部审核后报财政部审批。货币性资产以外的其他资产处置事项，一次性处置单位价值或批量价值（账面原值，下同）在 500 万元以下的，由高校审批后 10 个工作日内将审批文件及相关资料报教育部备案，教育部审核汇总后报财政部备案；一次性处置单位价值或批量价值在 500 万元以上（含 500 万元）至 800 万元以下的，由高校审核后报教育部审批，教育部审批后报财政部备案；一次性处置单位价值或批量价值在 800 万元以上（含 800 万元）的，由高校审核后报教育部审核，教育部审核后报财政部审批。其中，中关村国家自主创新示范区内高校对其拥有的科技成果进行产权转让或注销产权的行为，一次性处置单位价值或批量价值在 800 万元以下的，由高校按照有关规定自主进行处置，并于一个月内将处置结果报财政部备案；一次性处置单位价值或批量价值在 800 万元以上（含 800 万元）的，由高校审核后报教育部审核，教育部审核后报财政部审批。国家另有规定的，从其规定。”第三十四条规定：“高校向教育部申报国有资产处置事项，应对提交材料的真实性、有效性、准确性负责。”

2012 年 11 月 21 日发布的《教育部直属高等学校国有资产管理暂行办法》（教财〔2012〕6 号）第七章为“资产评估与资产清查”，第四十八条规定：“高校进行资产清查，按照财政部《行政事业单位资产清查暂行办法》（财办〔2006〕52 号）有关规定，应当向教育部提出申请，经教育部审核，财政部批准立项后组织实施。高校资产清查工作中的资产盘盈、资产损失和资金挂账认定和结果确认等，按照财政部《行政事业单位资产核实暂行办法》（财办〔2007〕19 号）有关规定执行。国家另有规定的，从其规定。高校资产清查中的固定资产损失，应按以下权限履行审批手续：单项固定资产损失低于 50 万元的，根据中介机构的审计意见，经高校负责人批准后核销，并报教育部备案，教育部审核汇总后报财政部备案；单项固定资产损失超过 50 万元（含 50 万元），低于 200 万元的，由高校提出处理意见，报经教育部批准后核销，并报财政部备案；单项固定资产损失超过 200 万元（含 200 万元）的，由高校提出处理意见，经教育部审核，报财政部批准后核销。高校资产清查中的货币资金损失、坏账损失、存货损失、有价证券损失、对外投资损失、无形资产损失等其他类资产损失，应按以下权限履行审批手续：分类损失低于 50 万元的，由高校提出处理意见，经教育部批准后核销，并报财政部备案；分类损失超过 50 万元（含 50 万元）的，由高校提出处理意见，经教育部审核，报财政部批准后核销。”

（二）高校国有资产处置收入的发展轨迹

1. 上缴

1955 年 7 月 31 日，高等教育部发布的《高等学校固定资产管理暂行办法》第三十条规定：“由于耐用期满并在一般正常情况下，确已丧失使用效能的固定资产，应按报废处理。……不能利用的，应变价上缴。”第三十一条规定：“使用部门或使用人或保管人如因怠忽职务或保管不力，使固定资产发生盗窃、丢失或损坏时，应查清责任，根据查明的情况按下列办法进行赔偿……如不需重行购置补充毁损或丢失的物品时，款项应作预算收入上缴。”

2. 属国家所有

1995 年 9 月 5 日，国家国有资产管理局发布的《行政事业单位国有资产处置管理实施办法》（国资事发〔1995〕第 106 号）第六条规定：“行政事业单位国有资产处置收入，包括出售收入。报废报损残值变价收入，均属国家所有，由单位按财政部门的有关规定管理使用。”

3. 不得转作预算外收入或学校基金收入

1984 年 5 月 22 日，教育部、财政部颁布的《高等学校仪器设备管理办法》（教供字〔1984〕20 号）第二十五条规定：“仪器设备的固定资产变价收入、有偿调拨收入，统一由学校财务部门办理收款，并作主动增加‘拨入经费’处理，不得转作预算外收入或学校基金收入。”

4. 转入修购基金

1997 年 6 月 23 日，财政部、国家教委发布的《高等学校财务制度》（财文字〔1997〕280 号）第三十三条规定：“高等学校固定资产的报废和转让，一般经单位负责人批准后核销。大型、精密、贵重的设备、仪器报废和转让，应当经过有关部门鉴定，报主管部门或国有资产管理部门、财政部门批准。固定资产的变价收入应当转入修购基金；但是，国家另有规定的除外。”

5. “收支两条线”管理

2006 年 5 月 30 日，财政部发布的《事业单位国有资产管理暂行办法》（财政部令第 36 号）第二十九条规定：“事业单位国有资产处置收入属于国家所有，应当按照政府非税收入管理的规定，实行'收支两条线'管理。"

2008年3月12日，财政部印发的《中央级事业单位国有资产管理暂行办法》（财教〔2008〕13号）第二十八条规定："中央级事业单位国有资产处置收入属于国家所有，应当按照政府非税收入管理和财政国库收缴管理的规定上缴中央财政，实行'收支两条线'管理。"

2010年7月13日，财政部发布的《关于进一步规范和加强中央级事业单位国有资产管理有关问题的通知》（财教〔2010〕200号）第四条规定："事业单位国有资产处置收入是政府非税收入的重要组成部分。按照《国务院办公厅转发财政部〈关于深化收支两条线改革进一步加强财政管理的意见〉的通知》（国办发〔2001〕93号）精神和《财政国库管理制度改革方案》（财库〔2001〕24号）、《财政部关于加强政府非税收入管理的通知》（财综〔2004〕53号）、《中央级事业单位国有资产处置管理暂行办法》（财教〔2009〕495号）等规定，事业单位国有资产处置收入，在扣除相关税费后，必须按照政府非税收入管理和财政国库收缴管理的规定上缴国库，实行'收支两条线'管理。"

2012年11月21日发布的《教育部直属高等学校国有资产管理暂行办法》（教财〔2012〕6号）第三十八条规定："高校国有资产处置收入，在扣除相关税金、评估费、拍卖佣金等相关费用后，按照政府非税收入管理和财政国库收缴管理的规定上缴中央国库，实行'收支两条线'管理。"

6. 处置收益留归高校纳入学校预算

2017年11月27日，财政部发布的《中央部门所属高校国有资产处置管理补充规定》第三条指出："规范高校资产处置收益管理。高校自主处置已达使用年限并且应淘汰报废的资产取得的收益，留归高校，纳入学校预算，统一核算，统一管理。涉及科技成果转化资产处置的，按照《中华人民共和国促进科技成果转化法》、《国务院关于印发实施〈中华人民共和国促进科技成果转化法〉若干规定的通知》（国发〔2016〕16号）和《中华人民共和国专利法》及其实施细则等有关规定执行。除上述情形以外的资产处置收入，按照《中央级事业单位国有资产处置管理暂行办法》（财教〔2008〕495号）有关规定执行。"

七、高校国有资产资产信息管理与报告的发展轨迹

（一）高校国有资产资产报告的发展轨迹

1. 国有资产信息报告是事业单位财务会计报告的重要组成部分

1955年7月31日，高等教育部和财政部发布的《高等学校固定资产管理暂行办法》第十七条指出："固定资产会计报表的编制，按下列规定办理：(1) 财产管理部门在每月或每季度终了时，应根据账簿、卡片的记录编制'固定资产增加减损表'，年度终了时，应根据账簿、卡片的记录编制'年终固定资产简明表'，均送会计

部门审核汇编后，呈校(院)长审阅；(2) 会计部门在每季度终了后，将所编全校性的‘固定资产增加减损表’(不包括学校内部各使用单位间财产转移的增减数)，附随季度计算送上级主管机关审核；年度终了后亦编制全校性的‘年终固定资产简明表’，附随年度决算送上级主管机关审核；(3) 固定资产会计报表的内容、格式及编制方法，均在附件二‘固定资产增加减损表’与‘年终固定资产简明表’中予以规定。”

1990 年 12 月 11 日，国家教育委员会发布的《关于国有资产管理工作的通知》(教财〔1990〕81 号)第二条规定：“国家国有资产管理局国资综字(1990)第 24 号文印发了国有资产报表的格式和要求，为了编报我委国有资产报表，各单位要认真地填报有关国有资产报表。”

2006 年 5 月 30 日发布的《事业单位国有资产管理暂行办法》(财政部令第 36 号)第七章为“资产信息管理与报告”，第四十五条规定：“事业单位应当按照国有资产管理信息化的要求，及时将资产变动信息录入管理信息系统，对本单位资产实行动态管理，并在此基础上做好国有资产统计和信息报告工作。”第四十六条规定：“事业单位国有资产信息报告是事业单位财务会计报告的重要组成部分。事业单位应当按照财政部门规定的事业单位财务会计报告的格式、内容及要求，对其占有、使用的国有资产状况定期做出报告。”第四十七条规定：“事业单位国有资产占有、使用状况，是主管部门、财政部门编制和安排事业单位预算的重要参考依据。各级财政部门、主管部门应当充分利用资产管理信息系统和资产信息报告，全面、动态地掌握事业单位国有资产占有、使用状况，建立和完善资产与预算有效结合的激励和约束机制。”

2. 行政事业单位国有资产管理实行报告制度

2012 年 11 月 21 日发布的《教育部直属高等学校国有资产管理暂行办法》(教财〔2012〕6 号)第八章为“资产信息管理与报告”，第五十条规定：“高校应当按照国有资产管理信息化的要求，建立国有资产管理信息系统，及时录入相关数据信息，加强国有资产的动态监管，并在此基础上组织国有资产的统计和信息报告工作。”第五十一条规定：“高校国有资产管理实行报告制度，包括年度决算报告、重大事项报告和专项工作报告等。国有资产信息报告是高校财务会计报告的重要组成部分。”第五十二条规定：“高校应当按照财政部规定的年度部门决算报表的格式、内容及要求，对其占有、使用的国有资产状况做出报告。国有资产年度决算报告应当内容完整、信息真实、数据准确。”第五十三条规定：“高校应当充分利用资产管理信息系统和资产信息报告，全面、动态地掌握本单位国有资产的占有、使用和处置状况，并作为编制本单位部门预算的重要依据。”

2014 年 12 月 17 日，财政部发布的《关于编报 2014 年行政事业单位资产报表的通知》(财资〔2014〕80 号)第一条第三款规定：“资产范围：行政事业单位的全部资产情况，包括行政事业单位使用财政性资金形成的资产、国家调拨给行政事业单位的资产、行政事业单位按照国家规定组织收入形成的资产，以及接受捐赠和其他经法律确认为国家所有的资产。”

2017年1月12日，财政部印发的《行政事业单位国有资产年度报告管理办法》(财资〔2017〕3号)第二条规定：“执行行政或者事业单位财务、会计制度的各级各类行政事业单位和社会团体(以下简称行政事业单位)编制报送行政事业单位国有资产年度报告(以下简称资产报告)适用本办法。”第四条规定：“本办法所称资产报告，是指行政事业单位年度终了，根据资产管理、预算管理等工作需要，在日常管理基础上编制报送的反映行政事业单位年度资产占有、使用、变动等情况的文件，包括行政事业单位资产报表、填报说明和分析报告。”第十八条规定：“行政事业单位应当在做好财务管理、会计核算的基础上，全面盘点资产情况，完善资产卡片数据，编制资产报告，并按照财务隶属关系逐级上报。”第十九条规定：“资产报表数据应当真实、准确、完整，表内数据、表间数据、本期与上期数据、资产与财务数据应当相互衔接。填报说明和分析报告内容应当全面详实。”第二十条规定：“资产报告编制完毕后，须经编制人员、资产管理部门负责人和单位负责人审查、签字并加盖单位公章后，于规定时间内上报。单位负责人对本单位编制的资产报告的真实性、准确性和完整性负责。”第二十一条规定：“行政事业单位应当认真、如实编制资产报告，不得故意瞒报、漏报、编造虚假资产信息。”

3. 行政事业单位国有资产年度报告内容

2017年1月12日，财政部印发的《行政事业单位国有资产年度报告管理办法》(财资〔2017〕3号)第三章为“报告内容”，第十三条规定：“资产报告由行政事业单位资产报表、填报说明和分析报告三部分构成。”第十四条规定：“行政事业单位资产报表分为单户报表和汇总报表两类。(1) 单户报表是指行政事业单位在会计核算、资产盘点基础上对账簿记录进行加工编制而成的资产报表，反映行政事业单位资产占有、使用、变动等总体情况以及房屋、土地、车辆、大型设备等重要资产信息；(2) 汇总报表是财政部门、主管部门按照财务隶属关系汇总本地区、本部门行政事业单位资产数据形成的资产报表，主要反映本地区、本部门行政事业单位资产总量、分布、构成、变动等总体情况。涉密单位按照国家保密管理有关规定开展资产报告工作，由主管部门报送汇总报表和汇总数据。”第十五条规定：“行政事业单位资产报表填报说明是对资产报表编报相关情况的说明，主要内容包括：(1) 对数据填报口径等情况的说明；(2) 对数据审核情况的说明；(3) 对账面数与实有数、账面数与财务会计报表数据差异情况的说明；(4) 其他需要说明的情况。”第十六条规定：“分析报告应当以资产和财务状况为主要依据，对资产占有、使用、变动情况，以及资产管理情况等进行分析说明，主要内容包括：(1) 部门(单位)的基本情况；(2) 资产情况分析，包括资产总量、分布、构成、变动情况及原因分析，与部门(单位)履行职能和促进事业发展相关的主要资产的配置、使用、处置等情况,国有资产收益规模及其管理情况;(3) 资产管理工作的成效及经验;(4) 资产管理工作存在的问题及原因分析;(5) 加强行政事业单位国有资产管理工作的建议;(6) 其他需要报告的事项。"

4. 行政事业单位国有资产年度报告审核

2015年5月19日,财政部发布的《关于开展2014年行政事业单位资产报表会审工作的通知》(财办资〔2015〕30号)第四条规定:"审核内容:(1) 基础审核。资产报表报送是否及时,手续是否齐全,是否符合规定格式。(2) 内容审核。资产报表数据的完整性、真实性、准确性,与决算有关数据主要指标对比审核和单位口径一致性审核。(3) 报告审核。分析报告是否全面、详尽,是否充分说明资产管理情况和存在的问题等。"

2017年1月12日,财政部印发的《行政事业单位国有资产年度报告管理办法》(财资〔2017〕3号)第五章为"报告审核",第二十二条规定:"各级财政部门、主管部门应当对本地区、本部门所属行政事业单位报送的资产报告进行审核。"第二十三条规定:"资产报告审核的主要内容包括:(1) 编制范围是否全面完整,是否存在漏报和重复编报现象;(2) 编制方法是否符合国家财务、会计制度和资产管理制度规定,是否符合资产报告的编制要求;(3) 编制内容是否真实、准确、完整,表内、表间数据钩稽关系是否正确,单户数据与汇总数据、报表数据与资产管理信息系统数据、纸介质数据与电子介质数据是否一致;(4) 本期资产报告期初数与上期资产报告期末数、本期资产报告与同期财务报告同口径数据是否一致,数据差异是否合理合规,是否作出合理说明;(5) 资产报表填报说明和分析报告是否符合资产报告管理办法规定;(6) 其他需要审核的事项。"第二十四条规定:"资产报告审核方式可以根据实际情况采取自行审核、集中会审、委托审核等多种形式。(1) 自行审核:主管部门在报送资产报告前自行将本部门所属行政事业单位纸质报表、电子介质数据以及相关资料,按规定的审核内容进行逐项审核;(2) 集中会审:各级财政部门、主管部门组织专门力量对本地区、本部门行政事业单位编制的资产报告纸质报表、电子介质数据以及相关资料,按照财政部门的标准及要求集中进行审核;(3) 委托审核:各级财政部门、主管部门在遵循有关法律法规的前提下,可以委托具有相关资质的社会中介机构对本地区、本部门行政事业单位编制的资产报告纸质报表、电子介质数据以及相关资料进行审核。"第二十五条规定:"各级财政部门、主管部门应当认真做好资产报告审核工作。凡发现资产报告编制不符合规定,存在漏报、重报、虚报、瞒报、错报以及相关数据不衔接等错误和问题,应当要求有关单位立即纠正,并限期重报。"

(二) 高校国有资产资产信息管理的发展轨迹

1. 资产管理信息系统是国有资产管理的信息化管理平台

2013年12月25日,财政部印发的《行政事业单位国有资产管理信息系统管理规程》(财办〔2013〕52号)第三条规定:“资产管理信息系统是国有资产管理的信息化管理平台,包括资产卡片管理、资产配置管理、资产使用管理、资产处置管理、产权登记管理、资产评估管理、资产收益管理、资产报表管理和查询分析等功能。”第四条规定:“资产管理信息系统管理,是指各级财政部门、主管部门和行政事业单位,按照职责规定,根据资产管理流程,制定资产管理信息系统相关制度、推进系统建设、强化系统使用、管控系统风险,与财务、预算、决算、政府采购、非税收入管理等系统对接,对国有资产实现动态管理。”第十四条规定:“资产管理信息系统数据分为基础数据和业务数据。基础数据是指资产卡片等原始数据。业务数据是指在办理资产配置、资产使用、资产处置、产权登记和资产评估等国有资产管理事项时形成的数据。业务数据原则上应当通过基础数据形成。涉密资产数据不得纳入非涉密资产管理信息系统进行管理,涉密资产业务不通过非涉密的资产系统进行网上办理。”第十九条规定:“行政事业单位申请办理以下事项时,应当按照规定将文件及附报材料传入资产管理信息系统,根据权限利用系统进行审核、审批、上报,并通过资产管理信息系统查询事项办理情况:(1)新增资产的;(2)出租出借国有资产的;(3)处置国有资产的;(4)办理国有资产评估核准备案的;(5)办理产权登记的;(6)事业单位利用国有资产进行对外投资的;(7)其他涉及单位资产管理的事项。”第二十一条规定:“行政事业单位应当通过资产管理信息系统,完成经批准的资产管理事项的执行和资产收益管理工作。行政事业单位应当及时将资产管理事项执行情况录入系统,并在国有资产产生并确认收益后,于规定时限内将收益情况录入资产管理信息系统。”

2. 构建全国行政事业单位国有资产基础数据库

2017年1月12日,财政部印发的《行政事业单位国有资产年度报告管理办法》(财资〔2017〕3号)第十一条规定:“行政事业单位负责具体实施本单位资产报告工作。其职责主要包括:(1)贯彻执行各级财政部门、主管部门有关行政事业单位国有资产报告的规定和工作要求;(2)做好相关财务会计核算,定期或者不定期开展单位资产盘点工作,确保资产信息质量;(3)按照本办法要求,认真编制行政事业单位国有资产报告,如实反映本单位资产占有、使用、变动等情况;(4)按照相关规定及时向主管部门报送行政事业单位国有资产报告。”

2017年1月12日,财政部印发的《行政事业单位国有资产年度报告管理办法》(财资〔2017〕3号)第六章为“数据使用与管理”,第二十七条规定:“各级财政部门、主管部门和行政事业单位应当充分有效利用行政事业单位资产管理信息系统和资产报告数据资料,全面、动态地掌握行政事业单位国有资产占有、使用、变动等情况,形成全国行政事业单位国有资产基础数据库。”第二十八条规定:“各级财政部门、主管部门和行政事业单位应当建立和完善资产与预算有效结合的激励和约束机制,同时将资产报告数据作为建立和完善资产配置标准体系的重要基础。”第二十九条规定:“各级主管部门、行政事业单位应当根据资产报告反映的情况,结合其依法履行职能和事业发展的需要,合理提出新增资产配置需求,严格控制资产增量。各级财政部门应当将资产报告反映的情况作为预算安排和绩效管理的重要依据。”第三十条规定:“各级财政部门、主管部门和行政事业单位应当将资产报告数据作为行政事业单位利用国有资产对外投资、出租出借,以及处置国有资产的重要依据。”第三十一条规定:“各级财政部门、主管部门和行政事业单位应当有效利用资产报告数据,加强大型仪器、设备等资产的共享、共用和公共研究平台的建设工作。”第三十二条规定:“各级财政部门、主管部门和行政事业单位应当严格按照国家会计档案管理有关规定,对资产数据资料进行归类整理、建档建库、妥善保管。”第三十三条规定:“各级财政部门、主管部门和行政事业单位应当按照国家政府信息公开的有关规定,对外提供资产报告数据资料。”

八、高校国有资产监管的发展轨迹

(一) 高校应建立健全科学合理的事业单位国有资产监督管理责任制

2006 年 5 月 30 日,财政部发布的《事业单位国有资产管理暂行办法》(财政部令第 36 号)第八章为“监督检查与法律责任”。第五十条规定:“事业单位国有资产监督应当坚持单位内部监督与财政监督、审计监督、社会监督相结合,事前监督与事中监督、事后监督相结合,日常监督与专项检查相结合。”第五十一条规定:“事业单位及其工作人员违反本办法,有下列行为之一的,依据《财政违法行为处罚处分条例》的规定进行处罚、处理、处分:(1) 以虚报、冒领等手段骗取财政资金的;(2) 擅自占有、使用和处置国有资产的;(3) 擅自提供担保的;(4) 未按规定缴纳国有资产收益的。”第五十二条规定:“财政部门、主管部门及其工作人员在上缴、管理国有资产收益,或者下拨财政资金时,违反本办法规定的,依据《财政违法行为处罚处分条例》的规定进行处罚、处理、处分。”

2012 年 11 月 21 日,教育部发布的《教育部直属高等学校国有资产管理暂行办法》(教财〔2012〕6 号)第十章为“监督检查”,第五十九条规定:“教育部建立科学合理的高校国有资产监督管理制度,并对高校国有资产管理情况进行监督检查。”第六十条规定:“高校应建立国有资产管理检查制度,对本单位国有资产管理情况进行监督检查。”第六十一条规定:“高校国有资产监督检查应当坚持单位内部监督与财政监督、审计监督、社会监督相结合,事前监督与事中监督、事后监督相结合,日常监督与专项检查相结合。”

2017 年 1 月 12 日,财政部印发的《行政事业单位国有资产年度报告管理办法》(财资〔2017〕3 号)第七章为“监督检查”,第三十四条规定:“各级财政部门、主管部门应当加强对本地区、本部门所属行政事业单位资产报告工作的监督检查,对未按时报送资产报告或报告质量不合格的单位,责令其限期完成或纠正重报;对拒不完成资产报告工作的单位，除按统一要求推进的改革外，不予办理当年资产配置、使用、处置等事项。财政部驻各地财政监察专员办事处负责二级及以下中央行政事业单位资产报告工作的监督检查。”第三十五条规定：“各级财政部门、主管部门应当对行政事业单位资产报告中的资产配置、使用、处置及财政预算执行情况加强监管，对资产报告数据与单位年度部门预、决算批复数据不能衔接一致的，应当督促行政事业单位查明原因，及时对发现的问题进行纠正和处理。”

（二）高校国有资产管理应承担法律责任

2008年3月12日，财政部印发的《中央级事业单位国有资产管理暂行办法》（财教〔2008〕13号）第五十一条规定：“事业单位及其工作人员违反本办法，有下列行为之一的，依据《财政违法行为处罚处分条例》的规定进行处罚、处理、处分：(1) 以虚报、冒领等手段骗取财政资金的；(2) 擅自占有、使用和处置国有资产的；(3) 擅自提供担保的；(4) 未按规定缴纳国有资产收益的。”第五十二条规定：“财政部门、主管部门及其工作人员在上缴、管理国有资产收益，或者下拨财政资金时，违反本办法规定的，依据《财政违法行为处罚处分条例》的规定进行处罚、处理、处分。”第五十三条规定：“主管部门在配置事业单位国有资产或者审核、批准国有资产使用、处置事项的工作中违反本办法规定的，财政部门可以责令其限期改正，逾期不改的予以警告。”第五十四条规定：“违反本办法有关事业单位国有资产管理规定的其他行为，依据国家有关法律、法规及规章制度进行处理。”

2009年7月2日，国务院机关事务管理局印发的《中央行政事业单位国有资产管理暂行办法》（国管资〔2009〕167号）第六章为“监督检查与法律责任”，第四十条规定：“国管局和各部门按照各自职责监督检查中央行政事业单位国有资产管理工作，并接受财政、审计部门和社会公众的监督。”第四十一条规定：“国管局会同有关部门对资产配置、使用和处置等管理制度执行情况进行重点检查。检查内容主要包括：(1) 资产配置标准、资产配置计划和政府集中采购执行情况；(2) 资产处置方式、程序和收益管理情况；(3) 房屋建筑物、车辆管理和使用情况；(4) 对外投资、出租、出借资产专项管理情况；(5) 其他重大事项。”第四十二条规定：“各部门应当对检查出的问题认真整改，并将整改情况报国管局。”第四十三条规定：“各部门违反本办法规定，有下列情形之一的，由国管局和相关部门责令限期改正，逾期不改的予以通报批评，并按《财政违法行为处罚处分条例》和国家有关规定处理：(1) 超计划、超标准配置资产的；(2) 违反政府采购和招标投标规定配置资产的；(3) 拒绝对长期闲置、低效运转的资产进行调剂处置的；(4) 未履行相关程序擅自处置国有资产的；(5) 不按规定上缴资产处置收入的；(6) 不按规定报送资产报告或报送虚假资产信息的；(7) 为评估机构提供虚假资料、干预评估机构独立执业的；(8) 其他违反本办法的情形。”第四十四条规定：“国管局和各部门国有资产管理机构及工作人员违反本办法规定的，按照《行政机关公务员处分条例》及国家有关规定处理；造成国有资产损失的，依法追究责任。”

2012年11月21日，教育部发布的《教育部直属高等学校国有资产管理暂行办法》(教财〔2012〕6号)第六十三条规定：“高校和有关责任人违反本办法规定的，应依法追究其相应责任，并依据相关规定进行处罚、处分和处理。”

2017年1月12日，财政部印发的《行政事业单位国有资产年度报告管理办法》(财资〔2017〕3号)第三十六条规定：“各级财政部门、主管部门应当认真组织、落实本地区、本部门资产报告工作。各级财政部门要加强对行政事业单位资产报告工作的考核，对因工作组织不力或不当，造成拖延报送或严重数据差错的单位进行通报。”第三十七条规定：“各级财政部门、主管部门及其工作人员在资产报告编报审核过程中因工作组织不力或不当，造成资产报告差错严重的，以及其他滥用职权、玩忽职守、徇私舞弊等违法违纪行为的，按照《公务员法》《行政监察法》《财政违法行为处罚处分条例》等国家有关规定追究相应责任；涉嫌犯罪的，移送司法机关处理。”

九、高校国有资产管理机构的发展轨迹

(一) 高校财产管理部门是总务处内的一个科

1955年7月31日，高等教育部和财政部发布的《高等学校固定资产管理暂行办法》第二十四条指出：“高等学校的固定资产，由财产管理部门负责办理调配、检查、修理、保管等工作。地区分散或规模较大的学校，可按地区或行政单位指派兼职管理人员负责。财产管理部门的机构，可暂参照高等教育部〔1954〕计财宗字第138号通知所发《关于高等学校总务部门组织机构与职掌分工的暂行规定(草案)》设置。”

1979年9月21日，教育部、财政部发布的《教育部所属高等学校固定资产管理办法(试行)》第十条中提到“物资部门要按照计划办事，计划变更必须征得请购单位同意(请购单位计划变更也要与物资部门联系)”。第十四条中提到“财产管理部门和财务部门至少每半年对账一次”。

上述虽提到“财产管理部门”或“物资部门”，但仍是总务处内的一个科。

(二) 高校应设物资归口的职能机构

1990年3月28日，国家教育委员会印发的《关于高等院校物资工作若干问题的规定》(教备〔1990〕13号)第四条规定：“各高等院校应由一位副校长主管物资工作，并设物资工作的归口管理机构协助校长工作。规模较大的学校可以设立专项物资(如生产、基建)的二级管理机构。”第五条规定：“物资工作归口管理机构的职责是：(1) 贯彻执行国家有关物资工作的方针、政策和法令，结合实际拟订实施细则；(2) 代表学校或部门管理教学、科研、生产、基建、行政、后勤等单位及校办经济实体的物资工作，组建好物资工作系统，加强队伍建设；(3) 国家管理物资的计划

编审、对上申报、对内分配和使用情况的核查，指导和管理市场采购；(4) 制订完善物资工作的管理制度和措施，建立和健全物资账册，制订物资统计报表，提高物资利用效益。”

1990年12月11日，国家教育委员会发布的《关于国有资产管理工作的通知》(教财〔1990〕81号)第一条规定：“各委属院，校，事、企业单位要落实一个职能机构负责管理本单位占用的国有资产(包括固定资产、流动资产、专项资产、资源性资产和其他资产)，综合办理有关国有资产管理事务。”

但仍未单独设置归口的职能机构——资产处，教学设备仍归实验与设备处，图书归图书馆，房地产、交通运输工具、家具等仍归总务处校产科。

(三) 高校应建立健全国有资产管理机构

2006年5月30日，财政部发布的《事业单位国有资产管理暂行办法》(财政部令第36号)第九条规定：“各级财政部门、主管部门和事业单位应当按照本办法的规定，明确管理机构和人员，做好事业单位国有资产管理工作。”

2012年11月21日，教育部发布的《教育部直属高等学校国有资产管理暂行办法》(教财〔2012〕6号)第八条规定：“高校应建立健全国有资产管理机构，履行高校国有资产管理职责。”

2006年起特别是2012年后高校纷纷成立资产处。

(四) 高校国有资产管理机构的职责

1997年5月9日，国家教育委员会发布的《关于加强高等学校物资工作的若干意见》(教备〔1997〕14号)第三条规定：“所有产权属于学校的物资，不论来自何种渠道或使用何种经费，都要按学校制度统一管理，在学校的归口管理机构入账。”第四条规定：“物资工作归口管理机构的主要职责是：(1) 贯彻执行国家有关物资工作的方针、政策和法令、法规，结合学校实际拟订实施细则；(2) 代表学校归口管理教学、科研、生产、基建、行政、后勤等方面的物资工作，组建好物资工作系统，加强队伍建设；(3) 负责或参与对实验室物资及经费的分配和管理；(4) 管理物资采购和供应，代表学校对外签订购物合同，办理设备进口、免税手续，指导并管理市场采购；(5) 制订并完善物资工作的管理制度和措施，建立和健全物资账册及物资统计报表，提高物资利用效益；(6) 组织在用仪器设备的维修、调剂、报损、报失、报废的审核处理，及各类物资的调剂、报损、报废。”

2012年11月21日，教育部发布的《教育部直属高等学校国有资产管理暂行办法》(教财〔2012〕6号)第九条规定：“高校负责对本单位占有、使用的国有资产实施具体管理。主要职责是：(1) 贯彻执行国家有关国有资产管理法律法规和政策；(2) 根据财政部、教育部国有资产管理有关规定，制定国有资产管理具体办法并组织实施；(3) 完善资产购置、验收、登记入账、使用维护、绩效考核等日常管理工作，做好资产的账务管理、清查登记、统计报告及日常监督检查工作；负责国有资产信息管理及信息化建设等工作，对国有资产实施动态管理；(4) 按照规定权限，办理国有资产配置、处置和对外投资、出租、出借等事项的审核、审批或报备手续；(5) 负责用于对外投资、出租、出借等国有资产的保值增值，承担出资企业国有资产保值增值责任；(6) 负责办理国有资产产权占有、变更及注销登记等相关工作；负责国有资产清查、清产核资、资产评估及资产划转工作；负责出资企业国有资产管理工作，做好出资企业国有资本经营预算和国有资本收益的缴纳工作；(7) 负责存量资产的有效利用，推动大型仪器、设备等资产的共享、共用和公共平台建设工作，建立国有资产共享共用机制；(8) 负责国有资产管理体系建设，建立思想素质和业务素质较高的资产管理队伍；(9) 接受教育部、财政部的监督指导，定期报告国有资产管理工作。”

(五) 高校国有资产管理体制机制

1. 高校国有资产管理体制

2006年5月30日，财政部发布的《事业单位国有资产管理暂行办法》(财政部令第36号)第五条指出：“事业单位国有资产实行国家统一所有，政府分级监管，单位占有、使用的管理体制。”

2012年11月21日，财政部发布的《教育部直属高等学校国有资产管理暂行办法》(教财〔2012〕6号)第五条规定：“高校国有资产实行‘国家统一所有，财政部综合管理，教育部监督管理，高校具体管理’的管理体制。”

2015年12月23日，财政部发布的《财政部关于进一步规范和加强行政事业单位国有资产管理的指导意见》(财资〔2015〕90号)指出：“近年来，行政事业单位资产管理工作取得明显成效，确立了‘国家统一所有，政府分级监管，单位占有、使用’的管理体制，初步构建了管理制度框架，逐步规范资产配置、使用、处置等各环节管理。”

2. 高校国有资产管理机制

2012年11月21日，财政部发布的《教育部直属高等学校国有资产管理暂行办法》(教财〔2012〕6号)第七条规定：“高校应建立‘统一领导、归口管理、分级负责、责任到人’的国有资产管理机制。”

第二节　高校资产的发展轨迹

一、高校固定资产管理的发展轨迹

(一) 高校固定资产单位价值的发展沿革

1. 单位价值在5元以上

1952年，《江苏省各级政府机关固定资产登记管理暂行办法(草案)》第三条规定:“前条所称固定资产除拨入、移转者外,其购置、添建系指单位预算科目有关各自及其他费用中属于财产性质之购置而言,以上财产性质之确定除图书外,均以估计使用年限在一年以上暨其一次购价在五万元[①]以上者为原则,但如属大宗相向规格之低值易耗品其总价在二百万元以上,虽不尽合以上原则,亦可视作固定资产处理。各级单位主管部门如认为前项确定财产之起始点较高,可酌情减低。凡存出长期性(一年以上)之押金、保证金等,视同固定资产。”

2. 单位价值在10元以上

1955年7月31日,高等教育部和财政部发布的《高等学校固定资产管理暂行办法》第四条指出:“凡新建、购置、拨入接收、移交、捐赠的各种财产,合于下列规定者,皆称为固定资产:(1) 单位价值在10元以上,且耐用年限在一年以上者;(2) 单位价值在20元以上,容易破损的物品(如瓷器、玻璃器皿);(3) 凡属家具单位价值在4元以上,且耐用年限在一年以上者;(4) 图书、报纸刊物合订本、装订成册的资料,及教学或科学研究的档案、图片、字画、相片底版等。(但非科学技术的小册子,和每张在3元或每套在5元以下的图片,不列作固定资产)。本条所谓‘单位价值’系指全新的价值,如已用旧应按全新价值标准计算。”

3. 单位价值在100元以上

1979年9月21日,教育部、财政部发布的《教育部所属高等学校固定资产管理办法(试行)》第四条规定:“属于下列条件的为固定资产:(1) 单价在100元以上,耐用期在一年以上的教学、科研设备;(2) 单价在20元以上,耐用期一年以上的一般设备;(3) 单价虽不满20元,但耐用期在一年以上的大批同种类财产和有的财产单价达不到划分标准,但与已列入固定资产目录的财产系同品种、规格、型号的;(4) 有的财产比较稀缺,学校认为应列入固定资产的。”

4. 单位价值在200元以上

1992年10月30日,国务院清产核资领导小组印发的《国家行政事业单位财产清查登记工作方案》(国清〔1992〕24号)规定:“此次财产清查统一规定,行政事业单位的固定资产起点标准为:一般设备单价在200元以上,专用设备单价在500元以上,且耐用时间都在一年以上。单价不满上述起点标准,但耐用时间在一年以上的大批同类财产,也作为固定资产进行管理。固定资产的分类为:土地、房屋和建筑物、设备、文物和陈列品、图书资料及其他固定资产。”

1993年1月19日,财政部发布的《关于提高事业行政单位固定资产会计核算起点的通知》(财预字〔1993〕第3号)第一条规定:“事业行政单位固定资产会计核

① 1954年12月20日,中共中央发出了《关于发行新币的指示》,决定从1955年3月1日起发行新币。1955年2月21日,周恩来发布《关于发行新的人民币和收回现行的人民币的命令》。1955年中国人民银行开始发行人民币新币,新旧币折换比率为新币1元等于旧币10 000元。1955年6月10日,人民币新旧币兑换工作基本结束.

算起点为：专用设备，单价在 500 元以上（含 500 元）；一般设备，单价在 200 元以上（含 200 元），且耐用时间都在一年以上。单价低于固定资产核算起点，但耐用时间在一年以上的大批同类财产，也应进行固定资产的会计核算。”

5. 单位价值在 500 元以上

1997 年 6 月 23 日，财政部和国家教育委员会发布的《高等学校财务制度》（财文字〔1997〕280 号）第三十二条规定：“固定资产是指一般设备单位价值在 500 元以上、专用设备单位价值在 800 元以上，使用期限在一年以上，并在使用过程中基本保持原有物质形态的资产。单位价值虽未达到规定标准，但耐用时间在一年以上的大批同类物资，作为固定资产管理。”

6. 单位价值在 1 000 元以上

2012 年 12 月 19 日，财政部和教育部印发的《高等学校财务制度》（财教〔2012〕488 号）第四十二条规定：“固定资产是指使用期限超过一年，单位价值在 1 000 元以上（其中：专用设备单位价值在 1 500 元以上），并在使用过程中基本保持原有物质形态的资产。单位价值虽未达到规定标准，但是耐用时间在一年以上的大批同类物资，作为固定资产管理。”

7. 单位价值在 2 000 元以上

2010 年 9 月 2 日，财政部发布的《高等学校会计制度（第二次征求意见稿）》在“1401 固定资产”中的第二条指出：“固定资产是指高等学校拥有的预计使用年限超过一年（不含一年）、单位价值在 2 000 元以上、在使用过程中基本保持原有物质形态的有形资产。”由于该文件为“征求意见稿”，因此未正式发布。

8. 单位价值在规定标准以上

2013 年 12 月 30 日，财政部发布的《高等学校会计制度》（财会〔2013〕30 号）在“1501 固定资产”中的第一条指出：“固定资产是指高等学校持有的使用期限超过 1 年（不含 1 年）、单位价值在规定标准以上，并在使用过程中基本保持原有物质形态的资产。单位价值虽未达到规定标准，但使用期限超过 1 年（不含 1 年）的大批同类物资，作为固定资产核算和管理。”

2016 年 7 月 6 日，财政部印发的《政府会计准则第 3 号——固定资产》（财会〔2016〕12 号）第二条规定：“本准则所称固定资产，是指政府会计主体为满足自身开展业务活动或其他活动需要而控制的，使用年限超过 1 年（不含 1 年）、单位价值在规定标准以上，并在使用过程中基本保持原有物质形态的资产，一般包括房屋及构筑物、专用设备、通用设备等。单位价值虽未达到规定标准，但是使用年限超过 1 年（不含 1 年）的大批同类物资，如图书、家具、用具、装具等，应当确认为固定资产。”

（二）高校固定资产分类的发展沿革

1. 固定资产分为 11 大类

1952 年发布的《江苏省各级政府机关固定资产登记管理暂行办法（草案）》第

四条规定："固定资产暂分为以下十一大类：(1) 房屋及建筑物；(2) 土地及植物栽培；(3) 仪器及机械设备；(4) 医疗机械；(5) 交通运输工具；(6) 被服装具；(7) 文物及陈列品；(8) 图书；(9) 办公及事务设备及家具；(10) 牲畜；(11) 其他。"

2. 固定资产分为9大类

《苏南北区各级人民政府办理1952年度决算清理财产实施细则》第一条规定："本细则根据中财部颁发《各级人民政府所属机关年度清理财产办法》及华东财政部颁发《华东区各级行政事业机关1952年度决算清理财产办法》之规定订定之。"固定资产分录目录表中，甲，土地房屋及建筑物类：(1) 房屋及建筑物，(2) 土地及植物栽培；乙，在用设备及器具类：(1) 仪器及机械设备，(2) 医疗器械，(3) 交通运输工具——人力车、三轮车、自行车，(4) 被服装具——被服，(5) 文物及陈列品，(6) 图书，(7) 办公及事务设备及家具——桌、椅、床、箱、柜、橱、钟表、书架、打字机、收音机、手摇(电动)计算机、油印机、电话机等。

3. 固定资产分为12大类

1955年7月31日，高等教育部发布的《高等学校固定资产管理暂行办法》第八条指出："高等学校固定资产的总分类规定如下：(1) 房屋及建筑物；(2) 土地；(3) 仪器、工具及机械设备；(4) 文物及陈列品；(5) 文娱体育设备；(6) 医疗设备；(7) 交通运输工具；(8) 被服装具；(9) 办公及事务用设备及家具；(10) 生产用牲畜；(11) 图书；(12) 其他设备。"第九条指出："固定资产的明细分类，应按照固定资产分类简明表中第二级分类和第三级分类的规定办理。各类排列次序及代号，均不得任意变更，在使用时，如无此一分类的，可空置不用。各学校认为必须在第三级分类再为明细分类时，可由学校自行设第四级分类。"第十条指出："各高等学校在进行固定资产的具体分类时，应先确定该项固定资产，再根据分类简明表及举例说明，进行第二级类和第三级类的分类，如某项固定资产可归入两类的任何一类，应列入顺序较前的一类。"

4. 固定资产分为16大类

1979年9月21日，教育部发布的《教育部所属高等学校固定资产管理办法(试行)》在"附录"中规定为："(1) 房屋及建筑物；(2) 土地及其改良设施和植物栽培(庭院绿化和试验栽培不计算)；(3) 仪器仪表；(4) 机电设备；(5) 卫生医疗器械；(6) 印刷机械(设备)；(7) 电教器材；(8) 文艺体育设备；(9) 标本模型；(10) 文物及陈列品；(11) 图书；(12) 工具器皿；(13) 家具；(14) 办公行政事务使用设备；(15) 被服装具；(16) 牲畜。"

1984年7月，教育部生产供应局组织北京大学、清华大学、天津大学、南京大学等18所院校参加编写并审定了《高等学校固定资产分类目录》。将使用一年以上，单价百元以上的仪器设备，以及房屋及建筑物、土地、家具、工具量具、标本模型、图书、文物、被服装具、牲畜等十六大类定为一级分类；以物资属性为主，物资属性和使用方向相结合确定二级类别；在二级类别之下，以物资结构特点、性质或用途确定三级分类；以资产的品名作为四分类。分类采用八位数字四节编码法，即每类两位，四分类为八位。①

5. 固定资产分为 6 大类——其中第六类为“其他固定资产”

1997 年 6 月 23 日，财政部和国家教育委员会发布的《高等学校财务制度》(财文字〔1997〕280 号)第三十二条规定：“高等学校的固定资产一般分为六类：房屋和建筑物；专用设备；一般设备；文物和陈列品；图书；其他固定资产。高等学校应根据规定的固定资产标准，结合本校的具体情况，制定各类固定资产的明细目录。”

2010 年 9 月 2 日，财政部发布的《高等学校会计制度(第二次征求意见稿)》在“1401 固定资产”中第二条指出：“高等学校的固定资产一般分为六类：房屋和建筑物、专用设备、一般设备、文物和陈列品、图书、其他固定资产。”

6. 固定资产分为 6 大类——其中第三类为“通用设备”，第五类为“图书、档案”，第六类为“家具、用具、装具及动植物”

2012 年 12 月 19 日，财政部和教育部印发的《高等学校财务制度》(财教〔2012〕488 号)第四十二条规定：“高等学校的固定资产一般分为六类：房屋及构筑物；专用设备；通用设备；文物和陈列品；图书、档案；家具、用具、装具及动植物。高等学校的固定资产明细目录由教育部制定，报财政部备案。”

2013 年 12 月 30 日，财政部发布的《高等学校会计制度》(财会〔2013〕30 号)在“1501 固定资产”中第二条指出：“高等学校的固定资产一般分为六类：房屋及构筑物；专用设备；通用设备；文物和陈列品；图书、档案；家具、用具、装具及动植物。”

(三) 高校固定资产折旧的发展沿革

杨纪琬指出：“美国在 1987 年以前，一般不要求非营利组织计提固定资产折旧，只是在 1987 年美国财务会计准则委员会第 93 号公告中才做出了应提取折旧的新规定。对此，理论界、实务界还存在不同意见，我们更不必轻易照搬他们的做法。”②

1. 不计算折旧

1952 年，《江苏省各级政府机关固定资产登记管理暂行办法(草案)》第五条规定：“前条所列举之固定资产均不计算折旧。”

1955 年 7 月 31 日，高等教育部和财政部发布的《高等学校固定资产管理暂行办法》第十四条指出：“固定资产在作价时，一律以人民币为本位，‘元’为记录单位，‘元’以下记至‘分’，‘分’以下四舍五入。经作价入账后，不计算折旧。”

① 摘引自 1987 年由湖北省高等学校会计学会主编、华中师范大学高级会计师黄国莲主持编写的《高等学校财务法规汇编(上编)》。

② 杨纪琬. 学习两个《准则》的体会[M]. 预算管理与会计，1996.

1997年6月23日，财政部和国家教育委员会发布的《高等学校财务制度》（财文字〔1997〕280号）未规定提取折旧。

2012年12月6日，财政部发布的《事业单位会计准则》（财政部令第72号）未规定提取折旧。

2. 应当计提折旧

2012年12月19日，财政部、教育部印发的《高等学校财务制度》（财教〔2012〕488号）第四十三条规定："高等学校应当对固定资产采用年限平均法或工作量法计提折旧。计提固定资产折旧不考虑残值。已提足折旧的固定资产，可以继续使用的，应当继续使用，规范管理。省级财政部门可以会同主管部门制定计提折旧的具体办法。文物和陈列品、图书、档案、动植物等，不计提折旧。固定资产折旧不计入高等学校支出。"这是正式文件第一次规定高等学校应当对固定资产采用年限平均法或工作量法计提折旧。

3. "征求意见稿"要计提折旧，但正式文件定稿为"高等学校进行内部成本费用管理的需要"提折旧

2009年8月12日，财政部发布的《高等学校会计制度（征求意见稿）》（财会便〔2009〕62号）在"1402累计折旧"的第一条指出："本科目核算高等学校固定资产的累计折旧。高等学校的文物文化资产属于固定资产范畴，但不需计提折旧。"第二条指出："本科目下应当按照对应固定资产类别或项目以及教学、科研、行政、后勤等用途设置明细科目，进行明细核算。"第三条指出："高等学校应当按月对固定资产计提折旧（文物文化资产除外），在固定资产的预计使用寿命内系统地分摊固定资产的成本。高等学校一般应当采用年限平均法计提固定资产折旧。固定资产提足折旧后，无论能否继续使用，均不再提取折旧；提前报废的固定资产，也不再补提折旧。所谓提足折旧，是指已经提足该项固定资产应当提取的折旧总额，其中应当提取的折旧总额为固定资产原价。"

2010年9月2日，财政部发布的《高等学校会计制度（第二次征求意见稿）》在"1402累计折旧"的第一条指出："本科目核算高等学校固定资产已计提的累计折旧。"第三条指出："高等学校应当对固定资产计提折旧。但是，文物文化资产、已提足折旧仍继续使用的固定资产和单独计价入账的土地除外。折旧，是指在固定资产使用寿命内，按照确定的方法对应折旧金额进行系统分摊。"

2013年7月12日，财政部办公厅发布的《关于征求〈高等学校会计制度（修订）（征求意见稿）〉意见的函》（财办会〔2013〕25号）在"1502累计折旧"的第一条指出："本科目核算高等学校固定资产计提的累计折旧。"第三条指出："高等学校应当对除下列各项资产以外的其他固定资产计提折旧：（1）文物和陈列品；（2）动植物；（3）图书、档案；（4）以名义金额计量的固定资产。"

2013年12月30日，财政部发布的《高等学校会计制度》（财会〔2013〕30号）在

“1502累计折旧”的第一条指出：“本科目核算高等学校固定资产计提的累计折旧。”第二条指出：“本科目应当结合高等学校进行内部成本费用管理的需要，并按照所对应固定资产的类别、项目等进行明细核算。”第三条指出：“高等学校应当对除下列各项资产以外的其他固定资产计提折旧：(1) 文物和陈列品；(2) 动植物；(3) 图书、档案；(4) 以名义金额计量的固定资产。”

2018年8月14日，财政部发布了《关于印发高等学校执行〈政府会计制度——行政事业单位会计科目和报表〉的补充规定和衔接规定的通知》(财会〔2018〕19号)，其中在“附件2:《衔接规定》”的第8条“累计折旧”科目规定：“新制度设置了‘固定资产累计折旧’科目，该科目的核算内容与原账‘累计折旧’科目的核算内容基本相同。转账时，高等学校已经计提了固定资产折旧的，应当将原账的‘累计折旧’科目余额，转入新账的‘固定资产累计折旧’科目。”

4. 计提折旧

2016年7月6日，财政部印发的《政府会计准则第3号——固定资产》(财会〔2016〕12号)第十六条规定：“政府会计主体应当对固定资产计提折旧，但本准则第十七条规定的固定资产除外。折旧，是指在固定资产的预计使用年限内，按照确定的方法对应计的折旧额进行系统分摊。固定资产应计的折旧额为其成本，计提固定资产折旧时不考虑预计净残值。政府会计主体应当对暂估入账的固定资产计提折旧，实际成本确定后不需调整原已计提的折旧额。”第十七条规定：“下列各项固定资产不计提折旧：(1) 文物和陈列品；(2) 动植物；(3) 图书、档案；(4) 单独计价入账的土地；(5) 以名义金额计量的固定资产。”第二十条规定：“固定资产应当按月计提折旧，并根据用途计入当期费用或者相关资产成本。”第二十一条规定：“固定资产提足折旧后，无论能否继续使用，均不再计提折旧；提前报废的固定资产，也不再补提折旧。”

5. 折旧从“不计入支出”到“计入费用”

笔者在第三章曾指出，折旧在“权责发生制”背景下称为“费用”，在“收付实现制”背景下称为“支出”。

2012年12月19日，财政部、教育部印发的《高等学校财务制度》(财教〔2012〕488号)第四十三条规定：“固定资产折旧不计入高等学校支出。”

2017年10月24日，财政部发布的《政府会计制度——行政事业单位会计科目和报表》(财会〔2017〕25号)在“1602号科目固定资产累计折旧”中规定：“按月计提固定资产折旧时，按照应计提折旧金额，借记‘业务活动费用’‘单位管理费用’‘经营费用’‘加工物品’‘在建工程’等科目，贷记本科目。”

(四) 高校固定资产核算与管理

1. 1954年起必须建立固定资产账

《华东行政委员会高等教育局直属院校执行〈1954年各级人民政府单位预算

会计制度及华东各机关执行各级人民政府单位预算会计制度的几项补充规定〉的补充说明》(以下简称《补充说明》)在“关于会计科目及其实务处理”中规定:“‘固定资产’:在原有基础上逐步提高的原则下,决定各学校在1954年起,必须建立固定资产账。”

2. 设账办法

《补充说明》规定:“设账办法:(甲)凡1954年添置及减少之固定资产,必须作既有数量,又有金额及编号之记录。如旧财产账已有数量,亦有金额及编号者,则本年度所添置及减少之一切固定资产,布在旧账上一并分类记入。(乙)如旧财产只有数量记录而无金额记录者,则今年添置及减少之新财产与旧财产账分开,按规定账式设簿登记。(丙)如旧财产全无记录者,则保管部门暂先整理登记其数量与编号在另一补助簿上,将所有旧财产(包括乙条所指旧财产)逐步进行估价登记其金额后,再逐步转并入今年添置及减少之固定资产账。”

3. 记账根据

《补充说明》规定:“记账根据:在本年度预算支出科目中虽有固定资产购置费一目,但学校财务部门不应根据本年度该目之发生额登记总账固定资产科目,以免与保管部门明细账不相符合。因有下列几种情形:(甲)本年度固定资产之添置,不一定通过预算支出,如由上级或其他机关之无价拨入或赠予,则虽无预算支出,固定资产账必须估价记入。(乙)购买图书时一次付款,已全部列作预算支出,而分期交货时,应以实到数量及其金额记入固定资产账。(但分期支付之预算支出,保管部门可另设备忘登记簿。)(丙)上年预付定金30%已在上年度列作预算支出,其70%的价款在本年度作固定资产购置费支出,而全部货物在本年运达到校,则固定资产账应以全部价款及运杂费等合并记入。(如今后再有预付定金一部分者,保管部门亦应登入备忘登记簿。)(丁)去年订货其价款已全部列作上年度预算支出,而运费在本年该货运达到校时作固定资产购置费支出,则该项运费应随其全部价款列入本年添置之固定资产账。(戊)以往旧机器,本年安装,此项初次安装费,在今年固定资产购置费支出(以后拆除重装费,应出保养费),而机器本身尚未以原价或估价记入固定资产账,则该项机器之安装费,规定暂不记入固定资产账(但保管部门应作备忘登记),待该机器根据其原价或进行估价登记后一并记入固定资产账。(如以往购置机器已有固定资产之金额记录者,则本年初次安装费,即应并列该项固定资产账。)由于以上各种原因,故添置固定资产账之记入,应以该项固定资产实际运拨到校,并已验收保管者为根据。”

4. 固定资产之记账办法

《补充说明》规定:“在添置固定资产,不论购置、拨入或赠予,均在运达到校经验收交保管部门后,由保管部门缮编财产分类号码,并根据有关单据登记固定资产明细账之规定各栏(添置财产之数量与金额记收入栏)。至于减少固定资产,不论拨出、价让或损毁，其已有数量与金额记录者，保管部门亦应根据有关单据登记固定资产明细账之规定各栏(减少财产之数量与金额记付出栏)。每月月底各保管部门应负责编造固定资产分类增减表(附格式于后)一式两份，送学校财务部门审核，审核无误后，财务部门盖审讫章，将正联留财务部门凭以记入总账固定资产科目，副联退还原保管部门存查。如经财务部门核出错误，保管部门应根据核改增减表作红字更正记录于固定资产明细账。(财务部门必须与各保管部门讲明红字记入之意义，即为蓝字之减少数。)关于旧财产之无金额记录者，在其逐步进行估价后(如有原价可查者，即以原价记录，因制度规定不作折旧处理)，即作为今后添置财产而逐步登入规定之固定资产明细账。此项逐步估价登记工作，根据可能情况，最好于今年年前陆续完成。”

5. 固定资产之编送报表

《补充说明》规定：“年终时，各保管部门应根据固定资产明细账余额，编造固定资产分类目录表(附格式于后)送学校财务部门，由财务部门汇总后，保管部门与总账固定资产科目余额核对，应属相符；如有差异而属记账错误者，应作更正记录。同时按制度规定，在编制年度决算前，将固定资产作全面清查，根据实况整理账面，使实有数与账面数完全一致，然后编制整理后之固定资产分类目录，作决算附表送审。”

6. 计量单位

1955 年 7 月 31 日，高等教育部和财政部发布的《高等学校固定资产管理暂行办法》第十六条指出：“凡原有及新建、购置、自制、拨入及赠予的固定资产，均须登记账簿和卡片。拨出报废、报损及赠送的固定资产，应作减少与注销记录。登记固定资产的数量时，土地房屋均以‘平方公尺’①为单位(房屋按建筑面积计算)；图书及报刊合订本均以册数为单位；其余按习惯上的单位名称入账。”

7. 固定资产管理

1955 年 7 月 31 日，高等教育部和财政部发布的《高等学校固定资产管理暂行办法》第二十五条规定：“高等学校固定资产的保管责任，依下列规定：(1) 凡供一人专用(包括借给家属使用的在内)的固定资产，由使用人员负完全保管责任；(2) 在实验室，实习厂场及行政单位公共使用的固定资产，由各使用单位指定兼职人员负责保管；(3) 在公共场所的固定资产，由财产管理部门直接保管。”

(五) 高校固定资产计价的发展沿革

1. 改装的不增加固定资产的单位价值

1955 年 7 月 31 日，高等教育部和财政部发布的《高等学校固定资产管理暂行办法》第六条指出：“原有固定资产，因陈旧或部分损坏，必须改装或更换一部分器

① 1 平方公尺=1 平方米.

材时，其所用的器材及修理费，均不得增加固定资产的单位价值。但已经报废或报损的固定资产，利用其完好部分，经加工装配，改装为新成品时，如符合于第四条规定的耐用年限及性能、规格等亦列为固定资产。”

2. 扩充或减少固定资产质量或数量的增减其单位价值

1955年7月31日，高等教育部和财政部发布的《高等学校固定资产管理暂行办法》第十四条指出：“固定资产在作价时，如有下列情况之一者，得增减其价值。(1) 因扩充改良而增加其质量或数量时，应按所开支的工料费(应扣除在扩充、改良过程中有可作价的废料、残料的价值)增加其价值，大修理及经常维护费用，不应增加原固定资产的价值；(2) 牲畜滋生的幼畜，届成熟年龄时，再计算其价值。在未评价前，仅以备查账簿作金额的登记；(3) 凡成套的或有附件的设备及在同一计算单位的土地房屋，因拆除或毁损其原有的一部分时，应减少其价值，如拆除机器的附件，砍伐林场，农场的树木、毁损成套工具的一部分，一幢房座拆去敷间等，亦应减少其价值。”

1979年9月21日，教育部、财政部发布的《教育部所属高等学校固定资产管理办法(试行)》第七条规定：“固定资产按原值入账，但原有的固定资产，有下列情况之一者，得增减其原值：(1) 因加工改制而增加其数量或提高质量时，按所开支的成本费增加其原值；(2) 成套设备，因毁损或拆除其原有一部分时，应减少其原值；(3) 房屋和建筑物的拆除、改建，应按增减固定资产分别处理有关账务。大修理、修缮和维修所开支的费用，均不增加固定资产的原值。固定资产原值增减，由物资部门负责办理，并应及时通知财务部门，保证账账相符。”

3. 分情况确定固定资产原价

1998年3月31日，财政部、教育部印发的《高等学校会计制度(试行)》(财预字〔1998〕第105号)在“140号科目固定资产”中规定：“高等学校的固定资产应按下列规定，确定其原价，登记入账：(1) 购入、调入的固定资产，按照实际支出的买价或调拨价、包装费、运杂费和安装费等记账。购置车辆按规定支付的车辆购置附加费计入购价之内。(2) 自行建造的固定资产，按照建造过程中实际发生的全部支出记账。(3) 在原有固定资产基础上进行改建、扩建的固定资产，应按改建、扩建发生的支出减去改建、扩建过程中的变价收入后的净增加值，增记固定资产。(4) 融资租入的固定资产，按租赁协议确定的设备价款、运杂费、安装费等支出记账。(5) 接受捐赠的固定资产，按照同类资产的市场价格，或根据捐赠者所提供的有关凭证记账。接受固定资产时发生的各项费用，应当计入固定资产价值。(6) 盘盈的固定资产，按重置完全价值记账。(7) 已经投入使用但尚未办理移交手续的固定资产，可先按估计价值记账，待确定实际价值后，再进行调整。”

4. 比1998年增加了“专业人员服务费”“相关税费”“途中保险费”以及“名义

金额入账”等

2013 年 12 月 30 日，财政部印发的《高等学校会计制度》(财会〔2013〕30 号)在“1501 号科目固定资产”中规定：“(1) 购入的固定资产，其成本包括购买价款、相关税费以及固定资产交付使用前所发生的可归属于该项资产的运输费、装卸费、安装调试费和专业人员服务费等；以一笔款项购入多项没有单独标价的固定资产，按照各项固定资产同类或类似资产市场价格的比例对总成本进行分配，分别确定各项固定资产的入账成本。(2) 在原有固定资产基础上进行改建、扩建、修缮后的固定资产，其成本按照原固定资产账面价值(‘固定资产’科目账面余额减去‘累计折旧’科目账面余额后的净值)加上改建、扩建、修缮发生的支出，再扣除固定资产拆除部分的账面价值后的金额确定。(3) 以融资租赁租入的固定资产，其成本按照租赁协议或者合同确定的租赁价款、相关税费以及固定资产交付使用前所发生的可归属于该项资产的运输费、途中保险费、安装调试费等确定。(4) 接受捐赠、无偿调入的固定资产，其成本按照有关凭据注明的金额加上相关税费、运输费等确定；没有相关凭据的，其成本比照同类或类似固定资产的市场价格加上相关税费、运输费等确定；没有相关凭据、同类或类似固定资产的市场价格也无法可靠取得的，该固定资产按照名义金额入账。”

(六) 高校固定资产信息披露的发展沿革

2016 年 7 月 6 日，财政部印发的《政府会计准则第 3 号——固定资产》(财会〔2016〕12 号)第二十七条规定：“政府会计主体应当在附注中披露与固定资产有关的下列信息：(1) 固定资产的分类和折旧方法；(2) 各类固定资产的使用年限、折旧率；(3) 各类固定资产账面余额，累计折旧额，账面价值的期初、期末数及其本期变动情况；(4) 以名义金额计量的固定资产名称、数量，以及以名义金额计量的理由；(5) 已提足折旧的固定资产名称、数量等情况；(6) 接受捐赠、无偿调入的固定资产名称、数量等情况；(7) 出租、出借固定资产以及以固定资产投资的情况；(8) 固定资产对外捐赠、无偿调出、毁损等重要资产处置的情况；(9) 暂估入账的固定资产账面价值变动情况。”

二、高校无形资产管理的发展轨迹

(一) 高校的无形资产不逊于企业，但却不够受重视

1. 对企业无形资产的规定多于事业单位

1992 年 11 月 30 日，经国务院 1992 年 11 月 16 日批准、财政部颁布的《企业会计准则》(财政部令第 5 号)第三十一条规定：“无形资产是指企业长期使用而没有实物形态的资产，包括专利权、非专利技术、商标权、著作权、土地使用权、商誉等。购入的无形资产，应当按实际成本记账；接受投资取得的无形资产，应当按照评估确认或合同约定的价格记账；自行开发的无形资产，应当按开发过程中实际发生的

支出数记账。各种无形资产应当在受益期内分期平均摊销，未摊销余额在会计报表中列示。”

2001年1月18日，财政部印发的《企业会计准则——无形资产》(财会〔2001〕7号)第3条规定：“中国的企业会计准则规定，无形资产指企业拥有或控制的没有实物形态的可辨认的非货币性资产。(国际会计准则IAS规定：企业为生产商品、提供劳务、出租给他人，或为管理目的而持有的、没有实物形态的非货币性资产。)可辨认无形资产包括专利权、非专利技术、商标权、著作权、土地使用权、特许权等。”

在《企业会计具体准则——无形资产》发布后，2006年2月15日，财政部发布的《企业会计准则——基本准则》(财政部令第33号)就不再具体规定“无形资产”了，而通过《具体准则》《应用指南》和《准则解释》进行规范。如2006年10月30日，财政部颁布了《〈企业会计准则第6号——无形资产〉应用指南》(财会〔2006〕18号)；2017年6月12日，财政部印发了《企业会计准则解释第11号——关于以使用无形资产产生的收入为基础的摊销方法》(财会〔2017〕18号)。

2. 政府和事业单位对无形资产规定不仅时间晚，而且没有《应用指南》和《准则解释》的规定

1996年10月22日，财政部发布的《事业单位财务规则》(财政部令第8号)第三十一条规定：“无形资产是指不具有实物形态而能为使用者提供某种权利的资产，包括专利权、商标权、著作权、土地使用权、非专利技术、商誉以及其他财产权利。事业单位转让无形资产，应当按照有关规定进行资产评估，取得的收入除国家另有规定的外计入事业收入。事业单位取得无形资产发生的支出，应当计入事业支出。”

1997年5月28日，财政部颁布的《事业单位会计准则(试行)》(财预字〔1997〕286号)第二十六条规定：“无形资产是指不具有实物形态而能为事业单位提供某种权利的资产。包括专利权、土地使用权、非专利技术、著作权、商标权、商誉等。自行开发的无形资产，应当按开发过程中实际发生的支出记账；购入的无形资产，应当按实际成本记账。实行内部成本核算的事业单位，无形资产应当在受益期内分期平均摊销，未摊销余额在会计报表中列示。”

2012年2月7七日，财政部发布的《事业单位财务规则》(财政部令第68号)第四十三条规定：“无形资产是指不具有实物形态而能为使用者提供某种权利的资产，包括专利权、商标权、著作权、土地使用权、非专利技术、商誉以及其他财产权利。事业单位转让无形资产，应当按照有关规定进行资产评估，取得的收入按照国家有关规定处理。事业单位取得无形资产发生的支出，应当计入事业支出。”

2012年12月6日，财政部发布的《事业单位会计准则》(财政部令第72号)第二十一条规定：“无形资产是指事业单位持有的没有实物形态的可辨认非货币性资产，包括专利权、商标权、著作权、土地使用权、非专利技术等。”

2015年10月23日，财政部才开始颁发《政府会计准则——基本准则》(财政部令第78号)，2016年7月6日，财政部才开始颁发《政府会计准则第4号——无形资产》(财会〔2016〕12号)。

3. 对高校无形资产的规定

1997年6月23日，财政部和国家教委发布的《高等学校财务制度》(财文字〔1997〕280号)第三十五条规定："无形资产是指不具有实物形态而能为使用者提供某种权利的资产，包括专利权、商标权、著作权、土地使用权、非专利技术、商誉以及其他财产权利。高等学校转让无形资产，应当按照有关规定进行资产评估，取得的收入除国家另有规定外计入事业收入。高等学校取得无形资产而发生的支出，计入事业支出。"

2012年12月19日，财政部发布的《高等学校财务制度》(财教〔2012〕488号)第四十六条规定："无形资产是指不具有实物形态而能为使用者提供某种权利的资产，包括专利权、商标权、著作权、土地使用权、非专利技术以及其他财产权利。高等学校通过外购、自行开发以及其他方式取得的无形资产应当合理计价，及时入账。学校转让无形资产，应当按照规定进行资产评估，取得的收入按照国家有关规定处理。高等学校取得无形资产而发生的支出，计入事业支出。"第四十七条规定："高等学校应当对无形资产在其使用期限内采用年限平均法进行摊销。对于使用期限不确定的无形资产，摊销办法执行国家有关规定。无形资产摊销不计入高等学校支出。"

1988年12月10日，国家教育委员会发布的《高等学校会计制度(试行)》无"无形资产"科目；1998年3月31日，财政部、教育部印发的《高等学校会计制度(试行)》(财预字〔1998〕第105号)150号科目为"无形资产"；2013年12月30日，财政部印发的《高等学校会计制度》(财会〔2013〕30号)1601号科目为"无形资产"1602号科目为"累计摊销"；2017年10月24日，财政部发布的《政府会计制度——行政事业单位会计科目和报表》(财会〔2017〕25号)1701号科目为"无形资产"1702号科目为"无形资产累计摊销"。

4. 企业规定无形资产有"减值准备"，事业单位和政府的《准则》却无规定

2001年1月18日，财政部印发的《企业会计准则——无形资产》(财会〔2001〕7号)第16条规定："企业应定期对无形资产的账面价值进行检查，至少于每年年末检查一次。如发现以下一种或数种情况，应对无形资产的可收回金额进行估计，并将该无形资产的账面价值超过可收回金额的部分确认为减值准备：(1) 该无形资产已被其他新技术等所替代，使其为企业创造经济利益的能力受到重大不利影响；(2) 该无形资产的市价在当期大幅下跌，在剩余摊销年限内预期不会恢复；(3) 其他足以表明该无形资产的账面价值已超过可收回金额的情形。"

(二) 高校无形资产的发展沿革

1995年2月15日，国家国有资产管理局印发的《行政事业单位国有资产管理办法》(国资事发〔1995〕17号)第二条规定："行政事业资产是指由行政事业单位占有、使用的，在法律上确认为国家所有，能以货币计量的各种经济资源的总和。包括国家拨给行政事业单位的资产，行政事业单位按照国家政策规定运用国有资产组织收入形成的资产，以及接受捐赠和其他经法律确认为国家所有的资产。行政事业资产的表现形式为：流动资产、长期投资、固定资产、无形资产和其他资产。"

2016年7月6日，财政部印发的《政府会计准则第4号——无形资产》(财会〔2016〕12号)第二条规定："本准则所称无形资产，是指政府会计主体控制的没有实物形态的可辨认非货币性资产，如专利权、商标权、著作权、土地使用权、非专利技术等。资产满足下列条件之一的，符合无形资产定义中的可辨认性标准：(1) 能够从政府会计主体中分离或者划分出来，并能单独或者与相关合同、资产或负债一起，用于出售、转移、授予许可、租赁或者交换；(2) 源自合同性权利或其他法定权利，无论这些权利是否可以从政府会计主体或其他权利和义务中转移或者分离。"2017年10月24日，财政部印发的《政府会计制度——行政事业单位会计科目和报表》(财会〔2017〕25号)中指出："不再执行《高等学校会计制度》，自2019年1月1日起执行《政府会计准则》和《政府会计制度》。"

2006年5月30日，财政部发布的《事业单位国有资产管理暂行办法》(财政部令第36号)第三条规定："事业单位国有资产包括国家拨给事业单位的资产，事业单位按照国家规定运用国有资产组织收入形成的资产，以及接受捐赠和其他经法律确认为国家所有的资产，其表现形式为流动资产、固定资产、无形资产和对外投资等。"第二十条规定："事业单位应当对实物资产进行定期清查，做到账账、账卡、账实相符，加强对本单位专利权、商标权、著作权、土地使用权、非专利技术、商誉等无形资产的管理，防止无形资产流失。"

2005年6月26日，教育部、财政部发布的《关于进一步加强高校科研经费管理的若干意见》指出："规范固定资产和无形资产管理。除项目管理办法或项目合同另有规定外，凡使用科研经费购置的固定资产，均属于学校的国有资产，必须纳入学校资产统一管理。各高校要加强对科研成果的管理和保护，除项目管理办法或项目合同另有规定外，科研成果推广应用、转化转让应由学校按照《中华人民共和国促进成果转化法》和《高等学校知识产权保护管理规定》执行。"

2005年10月22日，教育部发布的《关于积极发展、规范管理高校科技产业的指导意见》(教技发〔2005〕2号)第19条指出："高校从事对外投资和经营活动，必须严格执行国家有关规定。高校要建立健全投资决策审批和责任追究制度，对重大投资项目要加强监督管理。学校投入到企业的资产，包括各种知识产权和非专有技术等无形资产，应经过具有资质的机构评估，并报有关部门办理评估备案及非经营性资产转经营性资产等审批手续，确保国有资产不流失。国家财政拨款和学生学费等办学经费，一律不得用于投资企业或从事经营活动。高校不得为企业向银行等金融机构贷款和其他融资活动提供担保。”第 29 条指出：“高校应鼓励技术持有人和参与成果转化、产业化的主要人员，以及企业管理人员持有高校控、参股企业的股份。要按照国家有关政策，在以科技成果等无形资产投资入股企业时，给予技术持有人和其他主要人员不低于所占股权 20%、原则上不超过 50%的奖励。”

2008 年 2 月 22 日，教育部发布的《独立学院设置与管理办法》(教育部令第 26 号)第十三条规定：“普通高等学校投入办学的无形资产，应当依法作价。无形资产的作价，应当委托具有资产评估资质的评估机构进行评估；无形资产占办学总投入的比例，由合作办学双方按照国家法律、行政法规的有关规定予以约定，并依法办理有关手续。”

2008 年 3 月 12 日，财政部印发的《中央级事业单位国有资产管理暂行办法》(财教〔2008〕13 号)第十八条规定：“中央级事业单位应当建立健全资产购置、验收、保管、使用等内部管理制度。中央级事业单位应当对实物资产进行定期清查，做到账账、账卡、账实相符，加强对本单位专利权、商标权、著作权、土地使用权、非专利技术等无形资产的管理，防止无形资产流失。”

2009 年 8 月 28 日，财政部印发的《中央级事业单位国有资产使用管理暂行办法》(财教〔2009〕192 号)第二十五条规定：“中央级事业单位应加强无形资产对外投资的管理，防止国有资产流失。”

(三) 高校无形资产计量的发展沿革

1991 年 11 月 16 日，国务院发布的《国有资产评估管理办法》(国务院令第 91 号)第三十条规定：“对占有单位的无形资产，区别下列情况评定重估价值：(1) 外购的无形资产，根据购入成本及该项资产具有的获利能力；(2) 自创或者自身拥有的无形资产，根据其形成时所需实际成本及该项资产具有的获利能力；(3) 自创或者自身拥有的未单独计算成本的无形资产，根据该项资产具有的获利能力。”

2016 年 7 月 6 日，财政部印发的《政府会计准则第 4 号——无形资产》(财会〔2016〕12 号)第三章为“无形资产的初始计量”，第十条规定：“政府会计主体外购的无形资产，其成本包括购买价款、相关税费以及可归属于该项资产达到预定用途前所发生的其他支出。政府会计主体委托软件公司开发的软件，视同外购无形资产确定其成本。”

(四) 高校无形资产摊销从“不计入支出”到“计入费用”的发展沿革

2012 年 12 月 19 日，财政部、教育部印发的《高等学校财务制度》(财教〔2012〕488 号)第四十七条规定：“无形资产摊销不计入高等学校支出。”

2017 年 10 月 24 日，财政部发布的《政府会计制度——行政事业单位会计科目和报表》(财会〔2017〕25 号)在“1702 号科目无形资产累计摊销”中规定：“按月对无形资产进行摊销时，按照应摊销金额，借记‘业务活动费用’‘单位管理费用’‘加工物品’‘在建工程’等科目，贷记本科目。”

（五）高校无形资产使用和处置权限的发展沿革

2014年1月22日，教育部发布的《关于扩大直属高等学校、直属事业单位无形资产使用和处置权限的通知》（教财函〔2014〕8号）第一条规定：“本通知所称无形资产使用是指各直属高等学校、直属事业单位（以下简称各单位）对其占有、使用的无形资产自用和对外投资、出租、出借的行为。无形资产处置是指各单位对其占有、使用的无形资产进行产权转让或者注销产权的行为，包括无偿划转、对外捐赠、出售、转让等。”第二条规定：“各单位一次性使用或处置无形资产单位价值或批量价值在800万元以下的，由所在单位按照有关规定自主进行审批，并于10个工作日内将结果报教育部备案；一次性使用或处置单位价值或批量价值在800万元以上（含）的，仍按现行规定执行，即由各单位审核后报教育部审核，教育部审核后报财政部审批。”第三条规定：“各单位使用和处置无形资产涉及的评估项目备案工作仍按《教育部直属高等学校国有资产管理暂行办法》（教财〔2012〕6号）有关规定执行。”第四条规定：“财政部关于国家自主创新示范区内科技成果处置有专门规定的，依照其规定执行。”

（六）高校无形资产信息披露的发展沿革

2016年7月6日，财政部印发的《政府会计准则第4号——无形资产》（财会〔2016〕12号）第二十五条规定：“政府会计主体应当按照无形资产的类别在附注中披露与无形资产有关的下列信息：（1）无形资产账面余额，累计摊销额，账面价值的期初、期末数及其本期变动情况。（2）自行开发无形资产的名称、数量，以及账面余额和累计摊销额的变动情况。（3）以名义金额计量的无形资产名称、数量，以及以名义金额计量的理由。（4）接受捐赠、无偿调入无形资产的名称、数量等情况。（5）使用年限有限的无形资产，其使用年限的估计情况；使用年限不确定的无形资产，其使用年限不确定的确定依据。（6）无形资产出售、对外投资等重要资产处置的情况。”

三、高校材料管理的发展轨迹

（一）高校材料管理变化的一些规定

1. 高校固定资产标准变化对材料的影响

1993年1月19日，财政部发布的《关于提高事业行政单位固定资产会计核算起点的通知》（财预字〔1993〕第3号）第四条规定：“固定资产会计核算起点调整后，单位应加强对不足固定资产核算起点的耐用物品（低值易耗品）的管理。”

2. 加强对危险物品的管理

1984年5月22日，教育部、财政部印发的《高等学校材料、低值品、易耗品管理办法》(教供字〔1984〕20 号)增加了“第六章危险物品的管理”，其第十八条规定：“对易燃、易爆、剧毒、放射性及其他危险物品，必须指定工作认真可靠并具有一定保管知识的专人加强管理。要经常对提运、使用和管理人员加强安全教育，采取必要的劳动保护与安全措施，保证人身和物品安全。”第十九条规定：“危险物品的采购和提运应严格遵照公安部门和交通运输部门的有关规定办理。危险物品的保管应按照有关储存管理规定的要求设立专库，分类存放，并应建立经常的安全检查制度，防止因变质、分解造成自燃和爆炸事故。对剧毒和放射性物品必须加强集中保管，精确计量和记载，严加保卫，注意存放安全，学校保卫部门应经常予以指导和检查。”第二十条规定：“危险物品的领用必须专人审批，限量发放。对剧毒物品的使用过程应予严格控制和监督，对其领、用、剩、废、耗的数量必须详细记录，用剩数量及时退库。危险物品的空容器、变质料、废液渣滓应予妥善处理，严禁随意抛弃。”

3. 重视对大型精密仪器的管理

1982 年 3 月 25 日，国家科学技术委员会发布的《大型精密仪器管理暂行办法》第二条规定：“大型精密仪器实行分级管理。国家科委统一管理若干种通用的、贵重的大型精密仪器，目录附后；国务院各部门和省、市、自治区科技主管部门分别管理本部门和本地区的大型精密仪器，目录可自行拟定。”

国家科委统一管理的大型精密仪器目录：

(1) 电子显微镜；(2) 电子探针；(3) 离子探针；(4) 质谱仪；(5) 各种联用分析仪；(6) X 光荧光光谱仪；(7) X 射线衍射仪；(8) 红外分光光度计；(9) 紫外分光光度计；(10) 原子吸收分光光度计；(11) 光电直读光谱仪；(12) 激光拉曼分光光度计；(13) 荧光分光光度计；(14) 核磁共振波谱仪；(15) 顺磁共振波谱仪；(16) 气相色谱仪；(17) 液相色谱仪；(18) 氨基酸分析仪；(19) 电子能谱仪；(20) 热天平；(21) 差热分析仪；(22) 超速离心机(每分钟 4 万转以上)；(23) 图像分析仪。

4. 对有产权的五种物资要重点清查

1990 年 2 月 27 日，国家教育委员会发布了《关于在委属高等院校开展物资清理整顿工作的通知》(教备〔1990〕003 号)第 2 条规定：“要相对集中一段时间，对所有产权属于学校的物资(包括在用的仪器设备、低值易耗品、消耗器材和各种库存的物资)进行一次全面的清点。对以下五种物资要重点清查，即账外物资、管理隶属关系不明的物资、账目混乱的物资、适合生活使用的物资和群众反映问题较多的物资。”

(二) 高校材料分类的沿革

1. 大类分类

(1) 分为材料和低值易耗品两大类

1979 年 9 月 21 日，教育部、财政部颁发的《教育部所属高等学校材料、低值易耗品管理办法(试行草案)》第二章为“材料的范围、分类和作价”，第六条规定：“本办法所称材料和低值易耗品，包括教学实验、科学研究、劳动生产、基本建设和总务行政各方面使用的不属于固定资产的物资。材料：凡一次使用后即消耗或不能复原的物资，如各种原材料，燃料，试剂，实验小动物和装、改使用的元件、零配件等均属之。低值易耗品：凡不够固定资产标准又不属于材料范围的用具设备，如低值仪器仪表，工具量具，玻璃器皿，一般用具以及独立使用的元件、配件等均属之。”

(2) 分为材料、低值品、易耗品三大类

1984年5月22日，教育部、财政部印发的《高等学校材料、低值品、易耗品管理办法》(教供字〔1984〕20号)第六条规定：“本办法所称的物品，包括教学、科学研究、生产、基本建设和行政等各方面使用的不属于固定资产的物资。材料：指金属、非金属的各种原材料、燃料、试剂等。低值品：指凡不够固定资产标准又不属于材料范围的用具设备，如低值仪器仪表、工具量具、科教器具等。易耗品：指玻璃器皿、元件、零配件、实验小动物等。”

2. 小类分类

(1) 材料和低值易耗品分类

1979年9月21日，教育部、财政部颁发的《教育部所属高等学校材料、低值易耗品管理办法(试行草案)》第七条规定：“材料和低值易耗品的一级分类按教育部的统一规定，学校不能随便变更(其分类见附件)，二级和二级以下的分类，学校可以结合本校具体情况自行规定，报教育部备案。”

材料一级分类目录编号及名称举例：

01 黑色金属及其制品，如生铁、纯铁、钢锭、钢材及钢丝绳、钢绞线等；

02 有色金属、稀有金属及其制品，如铜、铝、铅、锌及其制材、钨丝、钼丝、黄金、铂片皿、稀有金属等；

03 冶金原料，如焦炭、耐火材料、矽铁、锰铁等；

04 煤炭及石油产品，如煤炭、汽油、柴油、真空油脂等；

05 化工产品，如硫酸、硝酸、烧碱、电木粉、离子交换树脂、轮胎及橡胶制品等；

06 医药试剂及特殊原材，如医药用品、化学试剂及稀有非金属、同位素等；

07 木材及森工产品，如木材、纤维板、胶合板、软木砖等；

08 建筑材料，如石油沥青、平板玻璃、油毡、石棉瓦等；

09 轻工、塑料产品，如纸张、塑料制品、甘油、酒精、氯化钾等；

10 机电材料，如橡皮线、塑料线、漆包线、电焊条等；

11 纺织制品，如棉纺、麻纺、毛纺等；

12 材料性元件，包括一次耗用的或装配其他设备用无线电元件，如电阻、电容、电子管、螺丝、轴承等；

13 材料性配件，包括一次耗用的或装配其他设备用的配件，如电阻片等；

14 饮食品，如粮食、饲料、饮料等；

15 实验用小生物，如白鼠等；

16 其他。

低值易耗品一级分类目类编号及名称举例：

01 低值仪器仪表单价在100元以下的仪器仪表及元、配件；

02 低值机电产品凡不属固定资产和材料范围的机电产品及元、配件；

03 医疗器械，包括校医院用的医疗器械；

04 文娱体育用品，如铅球、哑铃、棋类及低值乐器等；

05 标本模型，包括100元以下的标本模型；

06 工具，包括量、卡、工、刀具等；

07 玻璃仪器及器皿，包括各类石英烧杯、坩埚等；

08 行政事务办公用品，文具用品、算盘、台灯、玻璃板等；

09 劳保用品，包括不属固定资产的被服装具等；

10 其他无法归入上述各类的低值易耗品。

(2) 材料、低值品、易耗品分类

1984年5月22日，教育部、财政部印发的《高等学校材料、低值品、易耗品管理办法》(教供字〔1984〕20号)第七条规定："物品一级分类(目录附后)，学校不能随便变更。二级和二级以下的分类，学校可以结合具体情况自行规定，报上级主管部门备案。"

材料的一级分类目录：

① 黑色金属；② 有色金属、稀有金属；③ 煤炭及石油产品；④ 木材；⑤ 水泥；⑥ 化工原料及试剂；⑦ 建筑材料。

易耗品的一级分类目录：

① 玻璃仪器及器皿；② 各种元件、器件、零配件；③ 实验用小动物；④ 劳动保护用品；⑤ 三类物资。

低值品的一级分类目录：

① 低值仪器、仪表、教具；② 低值工具和量具；③ 低值文艺、体育用品。

(三) 高校材料账务处理的沿革

1. 除基本建设自购材料必须记账外，余得暂缓设账

《华东行政委员会高等教育局直属院校执行〈1954年各级人民政府单位预算会计制度及华东各机关执行各级人民政府单位预算会计制度的几项补充规定〉的补充说明》第2条"库存材料"规定："除基本建设自购材料必须记账外，余得暂缓设账。但个别学校如有价值较高之大批材料购入逐渐应用时，有关部门应作备忘登记。"

2. 材料账卡的设置应适当集中掌握，分级负责管理

1979年9月21日，教育部、财政部颁发的《教育部所属高等学校材料、低值易

耗品管理办法(试行草案)》第七章为“账务处理”，第二十一条规定：“高等学校材料账卡的设置，应按适当加强集中掌握、分级负责管理的要求，尽量避免不必要的重复，并做到口径一致，以便查对和分析研究。各部门设账卡要求如下：(1) 校级财务部门应按‘行政事业单位预算会计制度’规定的有关科目分别设置总账，并按校级物资主管单位和一级分类目录设置一级分类分户账，对各类物资的增减变化进行金额记录。(2) 校级物资主管单位应设置与财务部门对口的一级分类账进行金额记录，并设置二级分类分户账，进行有数量有金额的记录。系级物资主管单位应设置与校级物资主管单位对口的二级分类账。(3) 各级库房都应设置有品名、有数量、有单价的物资明细账(卡)，按照品种，分别规格型号，区别质量级别，对库存各类物资根据有关凭证及时进行增减记录。(4) 基建材料的账目设置及账务处理，根据‘基本建设简易会计制度’的规定处理。”第二十二条规定：“高等学校的材料账卡和收支单据，应由学校统一规定。一切单据都必须有负责人、制单人和其他有关人员(如验收人、发料人)的签章，账(卡)及凭证单据必须妥为保管，不得任意涂改。账(卡)销毁应按财政部的规定办理批准手续。”

1984年5月22日，教育部、财政部印发的《高等学校材料、低值品、易耗品管理办法》(教供字〔1984〕20号)第七章为“账务处理”，第二十一条规定：“高等学校物品账卡的设置，应按适当集中掌握、分级负责管理的要求，尽量避免不必要的重复，并做到口径一致，以便查对和分析研究。各部门设账卡要求如下：(1) 校级财务部门应按‘行政事业单位预算会计制度’规定的有关科目分别设置总账，并按校级物资主管部门和一级分类目录设置一级分类分户账，对各类物品的增减变化进行金额记录。(2) 校级物资主管部门应设置与财务部门对口的一级分类账进行金额记录，并设置二级分类分户账，进行有数量有金额的记录。系级物资主管部门应设置与校级物资主管部门对口的二级分类账。(3) 各级库房都应设置有品名、数量、单价的物品明细账(卡)，按照品种、规格型号、质量级别，对库存各类物品根据有关凭证及时进行增减记录。(4) 基建材料的账目设置及账务处理，根据‘基本建设简易会计制度’的规定处理。”第二十二条规定：“高等学校的物品账卡和收支单据，应由学校统一规定。一切单据都必须有负责人、制单人和其他有关人员(如验收人、发料人)的签章。账(卡)及凭证单据必须妥为保管，不得任意涂改。账(卡)销毁应按财政部的规定办理批准手续。”

(四) 高校精密贵重仪器协作共用的沿革

1. 协作共用

1982年3月25日，国家科学技术委员会发布的《大型精密仪器管理暂行办法》第三章为“协作共用”，第九条规定：“为了充分发挥大型精密仪器的使用效率，国务院有关部门和省、市、自治区科技主管部门应负责组织好专管共用、地区协作网等多种形式的协作共用。各单位的大型精密仪器除完成本单位的实验、测试任务外，必须参加所在省、市、自治区科技主管部门组织的协作共用。行业专用的大型精密仪器，由国务院有关部门组织协作共用。”

2. 专管共用

1984年5月22日，教育部、财政部颁布的《高等学校仪器设备管理办法》(教供字〔1984〕20号)第二十二条规定：“精密贵重仪器要实行专管共用，在完成教学和科研任务的前提下，要积极参加校际和地区协作，对外开展技术服务，并制定合理的收费(包括收取必要的折旧费)标准。”第二十三条规定：“要努力避免仪器设备的积压和浪费，对长期不投入使用的仪器设备，要查明原因、采取措施；对确系人为原因造成积压和浪费的，应追查责任，进行处理。学校要及时向上级主管部门报送积压仪器设备清单，以利调剂使用。”第二十四条规定：“确因技术落后、损坏等原因不能修复使用或维护修理费用过高，无修复价值的仪器设备，可申请报废。报废仪器设备，必须按规定，经技术鉴定和主管部门审核由校(院)长批准后，予以报废，并进行财务处理。单价在5万元以上仪器设备的报废，需报上级教育主管部门备案。”

2000年3月21日，教育部印发的《高等学校仪器设备管理办法》(教高〔2000〕9号)第十五条规定：“高等学校仪器设备要实行专管共用、资源共享。各机组要在完成本校教学、科研任务的同时，努力开展对社会各单位的协作咨询、分析测试、培训等技术服务工作。要在开展校内、校际和跨部门协作共用的同时，积极培训能独立操作仪器设备的人员，并建立岗位责任制度，努力提高仪器设备使用率。要尽量使用外单位已有的仪器设备，避免出现区域性仪器设备的重复购置。”

3. 低收费不上交

1982年3月25日，国家科学技术委员会发布的《大型精密仪器管理暂行办法》第十条规定：“协作共用实行低收费原则，一般只收直接消耗费和少量管理费。协作共用的收费办法由国务院有关部门和省、市、自治区科技主管部门根据本部门和本地区的具体情况制定；有关国家科委统管的大型精密仪器，并报国家科委备案。”第十一条规定：“协作共用所收费用不上交，留归本单位用于消耗性原材料、试剂、易损零配件及燃料、水、电等项开支。”

2000年3月21日，教育部印发的《高等学校仪器设备管理办法》(教高〔2000〕9号)第十六条规定：“高等学校使用仪器设备的收费标准应根据不同情况有所区别。学校对内教学使用仪器设备不得收费，科研使用仪器设备可收取部分机时费。学校仪器设备对外服务应按有关规定收取机时费，所收经费由学校主管部门统一管理。学校主管部门将其中大部分经费返还有关实验室，实验室应根据学校、省级、国家级主管部门制定的相关管理办法，将返还的经费用于补偿仪器设备的运行、消耗、维护、维修及支付必要的劳务费用。”

四、高校对外投资的发展轨迹

据《上海证券报》记者调查，2000年9月至2001年8月，天津大学校长单平擅自与深圳某公司签订《委托资金管理协议》，将学校1亿元资金分三批交给该公司，用于在股票二级市场进行运作。该公司收到学校资金并购买股票后，将所购股票用于质押融资。2003年下半年质押的股票被相关证券公司陆续强行平仓，款项被划走。截至2006年11月24日，天大到账资金仅234.67万元，该校1亿元资本金损失至少3 758.83万元。因为一位校长的决策失误，3 758.83万元资金化为乌有。实际上，这种触目惊心的资产流失现象并非个别。那么，导致这种现象的根源在哪里呢？记者早前从一些券商处获悉，天津大学在委托理财中主要买卖的股票品种是新钢钒。新钢钒2005年公布的半年报显示，天津大学持有流通股481.8万股，为其第2大流通股股东。而记者随后搜索公开资料发现，新钢钒只是冰山一角，天津大学还买卖了其他大量股票。根据F10资料显示，大商股份2004年半年报显示，天津大学持有其197万股，为公司第7大流通股股东。海特高新今年(2006年)一季度报告显示，天津大学一季度买入25.82万股，位居流通股中第9大股东，为当季新购入股票。风神股份今年(2006年)三季报显示，截至9月30日，天津大学持有其79.45万股票，较第二季度增持了48.45万股，位居流通股股东第10位。天津大学召开了校党委委员、纪委委员的扩大会议，该扩大会议透出的信息显示，单平在委托资金管理的考察论证、协议审核、资金监管等一系列环节中，轻信他人，没有认真履行职责，最终造成无可挽回的经济损失，失职的一个主要原因是把本应由集体决定的重大事项变为个人决断。扩大会议宣布了有关部门的决定——给予单平留党察看两年的处分，建议罢免其全国人大代表职务，撤销其天津市人大常委职务。2006年11月21日，天津市十四届人大常委会第三十三次会议通过投票表决，罢免了单平的第十届全国人民代表大会代表职务。新华社发布的消息称，单平同志在担任天津大学校长期间，存在严重失职错误，给党和人民的利益造成了重大损失。记者获悉，单平事发与其违规委托理财并导致巨大亏损有关。①

1. *高校对外投资的发展沿革*

1997年6月23日，财政部和国家教育委员会发布的《高等学校财务制度》(财文字〔1997〕280号)第三十六条规定："对外投资是指高等学校利用货币资金、实物、无形资产等向校办产业和其他单位的投资。高等学校对外投资，应当按照国家有关规定报主管部门、国有资产管理部门和财政部门批准或备案。高等学校以实物、无形资产对外投资的，应当按照国家有关规定进行资产评估。对校办产业投资取得的收益，计入附属单位上缴收入；对其他单位投资取得的收益，计入其他收入；国家另有规定者除外。"

2012年12月19日，财政部和教育部印发的《高等学校财务制度》(财教〔2012〕488号)第四十八条规定："对外投资是指高等学校依法利用货币资金、实物、无形

① 校长落马引爆高校财务危机[Z/OL]今日早报，(2006-11-24)[2006-11-24].

资产等方式向其他单位的投资。高等学校应当严格控制对外投资。在保证学校正常运转和事业发展的前提下，按照国家有关规定可以对外投资的，应当履行有关审批程序。高等学校不得使用财政拨款及其结余进行对外投资，不得从事股票、期货、基金、企业债券等投资。国家另有规定的除外。高等学校以实物、无形资产等非货币性资产对外投资的，应当按照国家有关规定进行资产评估，合理确定资产价值。”

2016 年 7 月 6 日，财政部印发的《政府会计准则第 2 号——投资》(财会〔2016〕12 号)第三条规定：“投资分为短期投资和长期投资。短期投资，是指政府会计主体取得的持有时间不超过 1 年(含 1 年)的投资。长期投资，是指政府会计主体取得的除短期投资以外的债权和股权性质的投资。”

2. 高校对外投资严控的发展沿革

(1) 高校严格控制货币性资金对外投资

2004 年 10 月 18 日，教育部、财政部发布的《关于进一步加强直属高校资金安全管理的若干意见》第五条规定：“严格对外投资管理。各校的对外投资(包括对校办产业投资)以及非经营性资产转为经营性资产的经济行为，必须经过严格、科学的可行性论证和专家评议，经学校领导集体讨论决策，并指定责任部门和责任人加强各投资项目的管理，从制度上确保学校资金的安全，确保对外投资的合法收益。同时，各高校必须严格执行原国家国有资产管理局颁发的《事业单位非经营性资产转经营性资产管理实施办法》(国资事发〔1995〕89 号)，按规定的程序报批非经营性资产转经营性资产的经济行为；不准将国家财政拨款、上级补助收入和维持事业正常发展、保证事业任务的资产转为经营性资产。”

2009 年 8 月 28 日，财政部印发的《中央级事业单位国有资产使用管理暂行办法》(财教〔2009〕192 号)第二十四条规定：“中央级事业单位应在保证单位正常运转和事业发展的前提下，严格控制货币性资金对外投资。不得利用财政拨款和财政拨款结余对外投资。”

(2) 国家财政拨款、上级补助收入、预算外资金及其他专项资金一律不得用于投资

2007 年 3 月 5 日，教育部办公厅发布的《教育部直属高校、事业单位国有资产使用和处置行为管理授权审批暂行办法》(教财厅〔2007〕4 号)第三条规定：“……③ 各单位的货币投资必须使用自筹资金。国家财政拨款、上级补助收入、预算外资金及其他专项资金，一律不得用于投资。凡有银行贷款的单位，一律不得新增货币资金投资。任何单位不得用货币资金进行股票和风险性债券投资；④ 各单位不得为任何单位(包括所办企业)或个人的经济活动提供担保，教育设施不得作为抵押物对外抵押。……”

2009 年 7 月 2 日，国务院机关事务管理局印发的《中央行政事业单位国有资产

管理暂行办法》(国管资〔2009〕167号)第二十九条规定:“各部门行政单位和参照公务员法管理的单位,不得将国有资产用于对外投资。其他事业单位应当严格控制对外投资,不得利用国家财政拨款、上级补助资金和维持事业正常发展的资产对外投资。”

(3) 高校贷款不得用于对外投资

2004年7月13日,教育部、财政部发布的《关于进一步完善高等学校经济责任制加强银行贷款管理切实防范财务风险的意见》(教财〔2004〕18号)指出:“贷款资金不得用于对外投资(含对校办产业投资)、科技开发、捐赠、支付罚没款项以及平衡预算抵补日常经费开支的不足等。严禁用贷款资金提高或变相提高人员待遇。”

(4) 高校不得从事买卖期货、股票、企业债券、各类投资基金等

2004年10月18日,教育部、财政部发布的《关于进一步加强直属高校资金安全管理的若干意见》第五条规定:“各高校必须严格执行教育部教财〔2004〕13号文件,严禁继续从事股票投资和其他风险性债券投资业务。各高校须认真清理各项对外投资,对手续不全的投资项目及时补办相关手续;对经营不善、管理混乱、出现亏损的投资项目,须采取切实有效的措施加以清算,避免国有资产流失;对以前从事的股票及风险性债券投资业务,应立即停止并妥善处理,防止投资风险转变为投资损失或继续扩大损失。各高校必须严格遵守《中华人民共和国担保法》的有关规定,不得为任何单位(含校办产业)或个人的经济活动提供担保。已经提供担保的,应认真进行清理,避免形成经济损失。”

2007年1月15日,教育部、财政部发布的《关于“十一五”期间进一步加强高等学校财务管理工作的若干意见》(教财〔2007〕1号)指出:“高等学校不得从事股票投资和其他风险性债券投资业务。对过去发生的股票及风险性债券投资业务应妥善处理,防止投资风险转化为投资损失或继续扩大损失。”

2009年8月28日,财政部印发的《中央级事业单位国有资产使用管理暂行办法》(财教〔2009〕192号)第二十三条规定:“中央级事业单位不得从事以下对外投资事项:① 买卖期货、股票,国家另有规定的除外;② 购买各种企业债券、各类投资基金和其他任何形式的金融衍生品或进行任何形式的金融风险投资,国家另有规定的除外;③ 利用国外贷款的事业单位,在国外债务尚未清偿前利用该贷款形成的资产对外投资;④ 其他违反法律、行政法规规定的。”第二十四条规定:“中央级事业单位应在保证单位正常运转和事业发展的前提下,严格控制货币性资金对外投资。不得利用财政拨款和财政拨款结余对外投资。”

2012年11月21日,教育部发布的《直属高等学校国有资产管理暂行办法》(教财〔2012〕6号)第二十五条指出:“高校不得使用财政拨款及其结余进行对外投资;凡有银行贷款的高校,原则上不得新增货币资金投资;高校不得买卖期货、股票;不得购买企业债券、基金和其他任何形式的金融衍生品或进行其他任何形式的金融

风险投资；利用国外贷款的高校，不得在国外债务尚未清偿前利用该贷款形成的资产对外投资。国家另有规定的，从其规定。”

2015 年 12 月 23 日，财政部发布的《关于进一步规范和加强行政事业单位国有资产管理的指导意见》（财资〔2015〕90 号）第十五条规定：“除国家另有规定外，各级事业单位不得利用财政资金对外投资，不得买卖期货、股票，不得购买各种企业债券、各类投资基金和其他任何形式的金融衍生品或进行任何形式的金融风险投资，不得在国外贷款债务尚未清偿前利用该贷款形成的资产进行对外投资等。事业单位对外投资必须严格履行审批程序，加强风险管控等。利用非货币性资产进行对外投资的，应当严格履行资产评估程序，法律另有规定的，从其规定。”

(5) 2009 年《中央级事业单位国有资产使用管理暂行办法》（以下简称《办法》）出台前不再追溯但报主管部门审核认定，《办法》出台后必须报批

2009 年 12 月 29 日，财政部发布的《关于〈中央级事业单位国有资产使用管理暂行办法〉的补充通知》（财教〔2009〕495 号）第一条规定：“《办法》实施前后应审批事项的处理问题。《办法》出台前，中央级事业单位未经批准实施对外投资、出租出借等事项的，不再追溯。中央级事业单位应将对外投资、出租出借等事项发生的时间、期限、资金来源、资产状况、所签合同、单位领导办公会议纪要、未报批理由、收益情况等，报主管部门审核认定。主管部门应加强管理，认真审核，并将审核认定情况以部发文形式正式报财政部备查，涉及法律纠纷的事项应将法律纠纷解决后报备。《办法》出台后未按规定报批的，主管部门一律不予受理，并督促中央级事业单位限期改正，同时相应取消该单位下一年度资产使用事项的审批资格。”

3. 高校资产对外使用的审批

(1) 高校利用货币资金对外投资 50 万元以下的，由高校审批后教育部审核汇总后报财政部备案

2012 年 11 月 21 日发布的《教育部直属高等学校国有资产管理暂行办法》（教财〔2012〕6 号）第二十二条规定：“高校利用国有资产对外投资、出租、出借等事项，按以下规定权限履行审批手续：高校利用货币资金对外投资 50 万元（人民币，下同）以下的，由高校审批后 10 个工作日内将审批文件及相关资料报教育部备案，教育部审核汇总后报财政部备案。”

(2) 50 万元以上（含 50 万元）至 800 万元以下的由高校审核后报教育部审批后报财政部备案

2012 年 11 月 21 日教育部发布的《直属高等学校国有资产管理暂行办法》（教财〔2012〕6 号）第二十二条规定：“50 万元以上（含 50 万元）至 800 万元以下的，由高校审核后报教育部审批，教育部审批后报财政部备案。”

(3) 800 万元以上（含 800 万元）的由高校审核后报教育部审核后报财政部审批

2012 年 11 月 21 日发布的《教育部直属高等学校国有资产管理暂行办法》(教财〔2012〕6 号)第二十二条规定:“800 万元以上(含 800 万元)的,由高校审核后报教育部审核,教育部审核后报财政部审批。”

4. 高校对外投资管理

(1) 必须经过缜密的论证,并经学校领导集体讨论决策

2007 年 1 月 15 日,教育部、财政部发布的《关于“十一五”期间进一步加强高等学校财务管理工作的若干意见》(教财〔2007〕1 号)指出:“高等学校的对外投资(包括对校办产业投资)必须经过严格、科学的可行性论证和专家评议,经学校领导集体讨论决策,并按国有资产管理有关规定报主管部门和财政部门批准或备案后实施。高等学校应指定责任部门和责任人加强各投资项目的管理,确保对外投资的安全与合法收益。”

(2) 必须聘请中介机构对拟投资资产进行资产评估

2009 年 8 月 28 日,财政部印发的《中央级事业单位国有资产使用管理暂行办法》(财教〔2009〕192 号)第二十二条规定:“中央级事业单位经批准利用国有资产进行对外投资的,应聘请具有相应资质的中介机构,对拟投资资产进行资产评估。资产评估事项按规定履行备案或核准手续。”

(3) 必须经过报上级主管部门和财政部门审批

(4) 对外投资必须统一管理

教育部发布的《关于建立健全直属事业单位经济责任制,加强财务管理的通知》指出:“切实加强对二级单位的财务管理和监督。对重要的经济活动如对外投资、向银行贷款、收费立项和标准审定等应统一管理。对违反规定的单位应严肃处理,限期整改。二级单位的财务收支情况必须及时准确地反映在单位总体财务报表中。”

5. 高校国有资产对外投资的收益必须纳入单位预算

(1) 坚决杜绝无效益投资

2000 年 6 月 12 日,教育部、财政部发布的《关于高等学校建立经济责任制加强财务管理的几点意见》(教财〔2000〕14 号)指出:“重大支出项目安排和对外投资的经济责任制。……学校的各项对外投资要谨慎论证、及时入账、确保安全和有效益,坚决杜绝无效益投资。”

2002 年 12 月 12 日,教育部发布的《关于建立健全直属事业单位经济责任制加强财务管理的通知》(教财〔2002〕20 号)指出:“重大支出项目安排和对外投资、合作的经济责任制。单位对重大财务支出项目和对外投资、合作等事项,必须组织反复、缜密的论证,提出书面可行性研究报告,并按金额大小制定相应的决策签字负责制,谁签字谁负责。对投资或合作单位要进行必要的资信调查,并按照《合同法》等国家有关法规,签订规范的合同、协议。对基本建设项目,要严格按照国家规定

的基建程序办事，明确项目负责人，确保规划严格、经费来源可靠、工程质量优良、按工程进度及时拨付工程款项。单位的各项对外投资要按照规定及时入账、核算，确保安全，讲求效益，坚决杜绝无效益投资。”

(2) 对外投资收益纳入单位预算

2008 年 3 月 12 日，财政部印发的《中央级事业单位国有资产管理暂行办法》(财教〔2008〕13 号)第二十二条规定：“中央级事业单位对外投资收益以及利用国有资产出租、出借等取得的收入应当纳入单位预算，统一核算，统一管理。”第二十八条规定：“中央级事业单位利用国有资产对外投资取得的收益，应按照预算管理及事业单位财务和会计制度的有关规定纳入单位预算，统一核算，统一管理。”第二十九条规定：“财政部、主管部门应加强对中央级事业单位国有资产对外投资的考核。中央级事业单位应建立和完善国有资产内控机制和保值增值机制，确保国有资产的安全完整，实现国有资产的保值增值。”

6. 高校对外投资信息披露的发展沿革

2006 年 5 月 30 日，财政部发布的《事业单位国有资产管理暂行办法》(财政部令第 36 号)第二十一条规定：“事业单位利用国有资产对外投资、出租、出借和担保等应当进行必要的可行性论证，并提出申请，经主管部门审核同意后，报同级财政部门审批。法律、行政法规另有规定的，依照其规定。事业单位应当对本单位用于对外投资、出租和出借的资产实行专项管理，并在单位财务会计报告中对相关信息进行充分披露。”

2008 年 3 月 12 日，财政部发布的《中央级事业单位国有资产管理暂行办法》(财教〔2008〕13 号)第二十一条规定：“中央级事业单位应当对本单位对外投资、出租、出借的资产实行专项管理，同时在单位财务会计报告中对相关信息进行披露。”

2016 年 7 月 6 日，财政部印发的《政府会计准则第 2 号——投资》(财会〔2016〕12 号)第二十条规定：“政府会计主体应当在附注中披露与投资有关的下列信息：(1) 短期投资的增减变动及期初、期末账面余额；(2) 各类长期债权投资和长期股权投资的增减变动及期初、期末账面余额；(3) 长期股权投资的投资对象及核算方法；(4) 当期发生的投资净损益，其中重大的投资净损益项目应当单独披露。”

五、高校出租、出借、担保的发展轨迹

(一) 高校出租、出借的发展沿革

1. 高校严控出租、出借的发展沿革

2015 年 12 月 23 日，财政部发布的《关于进一步规范和加强行政事业单位国有资产管理的指导意见》(财资〔2015〕90 号)第十六条规定：“加强对各行政事业单位资产出租出借行为的监管，严格控制出租出借国有资产行为，确需出租出借资产的，应当按照规定程序履行报批手续，原则上实行公开竞价招租，必要时可以采取

评审或者资产评估等方式确定出租价格，确保出租出借过程的公正透明。”

2. 高校不得出租、出借国有资产的情况

2009年8月28日，财政部印发的《中央级事业单位国有资产使用管理暂行办法》(财教〔2009〕192号)第九条规定：“中央级事业单位拟对外投资和出租、出借的国有资产的权属应当清晰。权属关系不明确或者存在权属纠纷的资产不得进行对外投资和出租、出借。”第三十三条规定：“中央级事业单位国有资产有下列情形之一的，不得出租、出借：(1) 已被依法查封、冻结的；(2) 未取得其他共有人同意的；(3) 产权有争议的；(4) 其他违反法律、行政法规规定的。”

3. 高校国有资产出租、出借的审批

2012年11月21日，教育部发布的《教育部直属高等学校国有资产管理暂行办法》(教财〔2012〕6号)第二十二条规定：“高校利用固定资产、无形资产对外投资、出租、出借，单项或批量价值(账面原值，下同)在500万元以下的，由高校审批后10个工作日内将审批文件及相关资料报教育部备案，教育部审核汇总后报财政部备案；单项或批量价值在500万元以上(含500万元)至800万元以下的，由高校审核后报教育部审批，教育部审批后报财政部备案。单项或批量价值在800万元以上(含800万元)的，由高校审核后报教育部审核，教育部审核后报财政部审批。”

4. 高校国有资产出租、出借不得超过5年

《中央级事业单位国有资产使用管理暂行办法》第三十四条规定：“中央级事业单位国有资产出租，原则上应采取公开招租的形式确定出租的价格，必要时可采取评审或者资产评估的办法确定出租的价格。中央级事业单位利用国有资产出租、出借的，期限一般不得超过五年。”

《教育部直属高等学校国有资产管理暂行办法》第二十四条指出：“高校经批准利用非货币性资产进行对外投资，应当聘请具有相应资质的中介机构，对拟投资资产进行评估，资产评估事项按规定履行备案或者核准手续；高校国有资产出租，原则上应采取公开招租的形式确定出租的价格，必要时可采取评审或者资产评估的办法确定出租的价格。高校国有资产出租、出借，期限一般不得超过5年。”

5. 高校国有资产出租、出借管理

2007年7月18日，教育部发布的《关于进一步加强省属高校领导干部经济责任审计工作的意见》(教财〔2007〕13号)第3条规定：“重大经济决策的程序与效果。核查重大经济决策是否遵循了民主决策程序，是否取得重大经济成效或造成重大经济损失等，特别是大额资金支出、对外投资、经济担保、工程建设、银行贷款等重大经济事项的决策程序与效果。”

2009年12月29日，财政部发布的《关于〈中央级事业单位国有资产使用管理暂行办法〉的补充通知》(财教〔2009〕495号)第二条规定：“资产短期出租、出借事项的审批程序问题。六个月以内(含六个月)的资产出租、出借事项，财政部授权主

管部门审批。主管部门应于批复之日起15个工作日内将审批文件(一式三份)报财政部备案。中央级事业单位收到主管部门的批复文件后,应将复印件报所在地的财政监察专员办事处备案。”

6. 出租、出借收益纳入单位预算

2006年5月30日,财政部发布的《事业单位国有资产管理暂行办法》(财政部令第36号)第二十二条规定:“财政部门和主管部门应当加强对事业单位利用国有资产对外投资、出租、出借和担保等行为的风险控制。”第二十三条规定:“事业单位对外投资收益以及利用国有资产出租、出借和担保等取得的收入应当纳入单位预算,统一核算,统一管理。国家另有规定的除外。”

2008年3月12日,财政部印发的《中央级事业单位国有资产管理暂行办法》(财教〔2008〕13号)第三十五条规定:“中央级事业单位国有资产出租、出借取得的收入,应按照预算管理及事业单位财务和会计制度的有关规定纳入单位预算,统一核算、统一管理。”

2009年12月29日,财政部发布的《财政部关于〈中央级事业单位国有资产使用管理暂行办法〉的补充通知》(财教〔2009〕495号)指出:“资产短期出租、出借事项的审批程序问题。六个月以内(含六个月)的资产出租、出借事项,财政部授权主管部门审批。主管部门应于批复之日起15个工作日内将审批文件(一式三份)报财政部备案。中央级事业单位收到主管部门的批复文件后,应将复印件报所在地的财政监察专员办事处备案。”

2012年11月21日发布的《教育部直属高等学校国有资产管理暂行办法》(教财〔2012〕6号)第二十八条指出:“高校应当对本单位对外投资、出租、出借的资产实行专项管理,并在单位财务报告中披露相关信息。高校对外投资收益以及利用国有资产出租、出借和科研成果形成的无形资产等取得的收入应当纳入学校预算,统一核算,统一管理。”

(二) 高校国有资产不准担保的发展沿革

《中华人民共和国担保法》第九条规定:“学校、幼儿园、医院等以公益为目的的事业单位、社会团体不得为保证人。”第三十七条规定:“下列财产不得抵押:学校、幼儿园、医院等以公益为目的的事业单位、社会团体的教育设施、医疗卫生设施和其他社会公益设施;所有权、使用权不明或者有争议的财产;依法被查封、扣押、监管的财产;依法不得抵押的其他财产。”

1994年11月17日国家教委发布的《国家教委关于当前国家教委委属高校财经工作中几点意见的通知》(教财〔1994〕64号)指出:“学校不得以事业经费和代管经费为校办产业的借贷款项作经济担保。”

2000年6月12日,教育部、财政部发布的《关于高等学校建立经济责任制加强财务管理的几点意见》(教财〔2000〕14号)指出:“学校不得以事业经费和代管经费为校办产业的借贷款项作经济担保。”

2004年7月13日，教育部、财政部发布的《关于进一步完善高等学校经济责任制加强银行贷款管理切实防范财务风险的意见》（教财〔2004〕18号）指出：“根据《中华人民共和国担保法》的有关规定，各高校不得为任何单位（含校办产业）或个人的经济活动提供担保。”

2004年10月18日，教育部、财政部发布的《关于进一步加强直属高校资金安全管理的若干意见》（教财〔2004〕38号）指出：“各高校必须严格遵守《中华人民共和国担保法》的有关规定，不得为任何单位（含校办产业）或个人的经济活动提供担保。已经提供担保的，应认真进行清理，避免形成经济损失。”

2007年1月15日，教育部、财政部发布的《关于“十一五”期间进一步加强高等学校财务管理工作的若干意见》（教财〔2007〕1号）指出：“严禁高等学校为任何组织（含校办产业）或个人的经济活动提供担保。”

2012年11月21日发布的《教育部直属高等学校国有资产管理暂行办法》第二十六条指出：“高校不得将其占有、使用的国有资产作为抵押物对外抵押或担保，不得为任何单位或个人的经济活动提供担保。国家另有规定的，从其规定。”

2015年12月23日，财政部发布的《关于进一步规范和加强行政事业单位国有资产管理的指导意见》（财资〔2015〕90号）第十五条规定：“除法律另有规定外，各级行政单位不得利用国有资产对外担保，不得以任何形式利用占有、使用的国有资产进行对外投资。”

（三）高校出租和出借国有资产信息应充分披露

2006年5月30日发布的《事业单位国有资产管理暂行办法》（财政部令第36号）第二十一条规定：“事业单位应当对本单位用于对外投资、出租和出借的资产实行专项管理，并在单位财务会计报告中对相关信息进行充分披露。”

2008年3月12日，财政部印发的《中央级事业单位国有资产管理暂行办法》（财教〔2008〕13号）第二十一条规定：“中央级事业单位应当对本单位对外投资、出租、出借的资产实行专项管理，同时在单位财务会计报告中对相关信息进行披露。”

2009年8月28日，财政部印发的《中央级事业单位国有资产使用管理暂行办法》（财教〔2009〕192号）第七条规定：“中央级事业单位应对本单位对外投资和出租、出借资产实行专项管理，并在单位财务会计报告中对相关信息进行披露。”

第六章　新中国民办高校财务领域70年

第一节　民办高校财务的发展轨迹

一、新中国民办高校的发展轨迹

(一) 国民经济恢复时期私立大学的消失

1. 对私立大学一般采取"积极维持，逐步改造，重点补助"的方针

1949年4月25日，人民解放军公布的《约法八章》中阐明了新解放区接收工作的方针："保护一切公私学校、医院、文化教育机关、体育场所及其他一切公益机关，凡在这些机关供职的人员，均应照常供职，人民解放军一律保护，不受侵犯。"①对于学校，"维持现状，即日开学"。

1949年9月29日，中国人民政治协商会议第一届全体会议通过的《中国人民政治协商会议共同纲领》第四十一条指出："中华人民共和国的文化教育为新民主主义的，即民族的、科学的、大众的文化教育。人民政府的文化教育工作，应以提高人民文化水平，培养国家建设人才，肃清封建的、买办的、法西斯主义的思想，发展为人民服务的思想为主要任务。"第四十六条指出："人民政府应有计划有步骤地改革旧的教育制度、教育内容和教学法。"

1949年12月召开的第一次全国教育工作会议上，周恩来总理强调在教育方面要"公私兼顾"，政府要照顾到私立学校、教会学校的困难。因此，在1950年7月政务院公布的《关于救济失业教师与处理学生失业问题的指示》中提出了具体的要求，"除尽可能维持公立学校外，应本公私兼顾原则，积极维持各地城市中现有的私立学校，并领导起进行必要的改革，减低学费，多收学生，师生互动，多想办法，自力更生，克服困难。私立学校办得成绩较好，经多方设法而仍无法维持者，政府应予以适当的经费补助，少数办理太坏而确实无法维持和改造者，可劝导其和其他学校合并，其学生及教职员，均应予以适当的安置"②。

时任教育部部长马叙伦在第一次全国教育工作会议上指出："我们对于旧教育，不能不作根本改变，而这种改革正如我们的共同纲领所规定，必须是有计划有

① [日]大塚丰.现代中国高等教育的形成[M].黄福涛，译.北京：北京师范大学出版社，1998.

② 中央教育科学研究所.中华人民共和国教育大事记1949—1982[M].北京：教育科学出版社，1983.

步骤地进行。”[①]时任副部长钱俊瑞在会上也明确指出，“在目前条件下，我们对中国人办的私立学校，除了极坏者应予取缔或接管外，一般应采取保护维持、加强领导、逐步改造的方针。没有必要而随便命令停办或接管，是不妥当的。我们对成绩优良的私立学校应予以奖励或补助；对纯粹为谋利而设的私立学校，要予以整顿和改造，使之逐步地能实行新民主主义教育，实行民主管理与经济公开；对经费困难而办理成绩不坏的私立学校应给与补助”；私人办的和教会办的私立高等学校，“也都必须服从人民政府的法令，奉行新民主主义的教育政策。我们人民政府有责任引导这些私立高等学校更为顺利地走上新民主主义建设的正轨，为培养新中国建设人才服务”。[②]

1950 年 6 月，教育部召开了第一次全国高等教育会议。会议通过了一系列关于高等教育改革的政策规定，诸如《关于高等学校领导关系的决定》《关于实施高等学校课程改革的决定》《高等学校暂行规程》《专科学校暂行规程》《私立高等学校管理暂行办法》等文件。其中《私立高等学校管理暂行办法》成为国家管理私立高等学校的基本依据，其规定私立高等学校（大学、专门学院及专科学校）的方针、任务、学制、课程、教学及行政组织，均须按照《高等学校暂行规程》及《专科学校暂行规程》办理。私立高等学校的行政权、财政权及财产所有权均应由中国人掌握。私立高等学校校（院）长及副校（院）长由校董会任免，其他主要人员由校（院）长任免，报经大行政区教育部核准转报中央教育部备案。私立高等学校不得以宗教课目为必修科或强迫学生参加宗教仪式与活动。同时明确规定，全国私立高等学校，无论过去已经立案与否，均须重新申请立案。“私立高等学校经大行政区教育部或文教部审查，其办理成绩优良而经费确属困难者，得报请中央人民政府教育部批准酌予补助。”“私立高等学校办理不善或违背法令时，大行政区教育部得报请中央教育部批准令其改组校董会，更换校长，改组或停办学校。”[③]

在第一次全国教育工作会议上提出了“对中国人办的私立学校，一般采取积极维持，逐步改造，重点补助的方针”。所谓“积极维持”，就是除了极少数仍然为国内外敌对势力所控制以及个别只图营利不顾质量的私立大学予以停办或合并外，一般私立大学都要维持下去。若有困难，一方面学校要自力更生克服困难，另一方面政府在财政许可的情况下，尽可能给予适当的补助。所谓“逐步改造”，就是私立高校应根据党和政府的方针政策，以国家主人翁的责任感，积极主动地、有计划有步骤地改革学校制度、教育内容和教学法，以适应新社会的需要。同时，党和政府要加强对私立大学的领导，积极帮助他们实行改造，并对私立大学进行严格的监管和

① 《中国教育年鉴》编辑部. 中国教育年鉴(1949—1981)[M]. 北京：中国大百科全书出版社，1984.
② 《中国教育年鉴》编辑部. 中国教育年鉴(1949—1981)[M]. 北京：中国大百科全书出版社，1984.
③ 1950 年中央人民政府教育部颁布的《私立高等学校管理暂行办法》.

考核。所谓“重点补助”，就是对于办学成绩优良或对于当前建设迫切需要的私立大学，如因经费困难不能维持或不能发展，政府要拨出专款予以补助，逐步地把私立大学纳入国家建设的正轨，以利于培养国家需用的人才。

全国占高等学校总数1/3强的私立大学按照“积极支持、逐步改造、重点补助”的方针进行，一方面，政府接管和接办教会大学和接受外国津贴的私立大学，将其改造为公立大学的有12所，改造为完全由中国人自办的私立大学的有9所；另一方面，政府对于办学成绩优良，又有一定困难的私立大学给予必要的扶植和经济补助，如华北，政府将燕京大学、津沽大学等多所私立大学作为重点扶持的对象。大多数私立大学都能很好地配合改造工作，如上海私立东南医学院积极响应政府“面向农村，走向内地”的号召，迁到安徽怀远县办学，1952年更名为安徽医学院。

2. 私立大学改造为公立大学后即不存在了

1951年11月，全国工学院院长会议公布了《关于全国工学院调整方案的报告》；1952年5月，《关于全国高等学校1952年的调整设置方案》正式出台，确定了“以培养工业建设人才和师资为重点发展专门学院，整顿和加强综合性大学”的指导思想和方针，根据这一方案，各地私立大学全部撤销，师资、校舍、图书设备等全部统一调配。私立大学的公有化改造不仅是所有权的转移、校名的更换，更主要的是将这些私立大学的教师、学生、校舍、图书设备等的载体肢解。仅用不到三年时间，存在了近半个世纪的私立大学就在中国大地上彻底消失了。

中央对私立学校一般采取“积极维持，逐步改造，重点补助”的方针是正确的，但在执行中有两点不足：一是不够谨慎。1950年6月，周恩来在第一次全国高等教育会议上作的报告中指出：“我们对于文化教育的改革，应该根据《中国人民政治协商会议共同纲领》有计划有步骤地进行。毛主席告诉我们要谨慎。教育改革不能漫无计划，兴之所至乱搞一气，要区别轻重缓急，分阶段有步骤地进行，在有些问题上要善于等待。”①二是急于求成。且不说撤销中国人自己办的私立大学非常可惜，到20世纪80年代又鼓励办民办大学。就是对私营工商业改造也是在第一个五年计划期间的1956年完成，而对私立大学的改造在国民经济恢复时期的1952年就完成了。

1949年12月召开的第一次全国教育工作会议就提出，我国的新教育“特别要借助苏联教育建设的先进经验”。1952年，中国学习“苏联教育建设的先进经验”，对全国高等学校进行了大规模的院系调整。院系调整中私立高校或并入他校，或改变校名由国家接办改为公立。苏渭昌的研究表明：“不允许私立高等学校存在。像苏联等一些社会主义国家，所有高等学校都是国家办的。苏联在十月革命胜利

---

① 中央教科研究所.周恩来教育文选[M].北京：教育科学出版社，1984.

后即宣布一切教育机关属于国家性质，将所有私立高校改为公办。”①潘懋元先生曾指出：“由于这两项措施接踵而至，人们往往以为私立院校改为公办，都是出于政治原因，从而认为社会主义国家不应有私立高等教育。”②

（二）改革开放后又恢复社会力量办学

高等教育学家潘懋元先生指出：“民办学校，或称之为私立学校，是由私人或私法人设立并筹集办学资金，这正是其与公办学校的本质区别。”③

1. 社会力量办学的一般规定

1982年11月26日，彭真委员长在第五届全国人民代表大会第五次会议上所做的《关于中华人民共和国宪法修改草案的报告》中提出“两条腿”办教育的方针。1982年12月通过的《中华人民共和国宪法》第19条提出“国家鼓励集体经济组织、国家企事业组织及其他社会力量依照法律规定举办各种教育事业”。之后，1988年、1993年、2004年修订的《宪法》的第19条都是这个提法。

1985年5月27日，中共中央颁发的《关于教育体制改革的决定》指出：“要充分调动企事业单位和业务部门的积极性，并且鼓励集体、个人和其他社会力量办学。”

1987年7月8日，国家教委公布了《关于社会力量办学的若干暂行规定》（教高三字〔1987〕014号）。

1988年10月17日，国家教委公布了《关于社会力量办学几个问题的通知》。

1988年10月24日，国家教委公布了《社会力量办学教学管理暂行规定》（教高三字〔1988〕17号）。

1991年8月21日，国家教育委员会、公安部公布了《社会力量办学印章管理暂行规定》（国家教委令、公安部令第17号）。

1993年2月13日，中共中央、国务院印发的《中国教育改革和发展纲要》第48条指出：“鼓励和提倡厂矿企业、事业单位、社会团体和个人根据自愿、量力原则捐资助学、集资办学，不计征税。欢迎港澳台同胞、海外侨胞、外籍团体和友好人士对教育提供资助和捐赠。各级政府要加强对集资工作的统筹管理。”

1993年8月17日，国家教育委员会印发了《民办高等学校设置暂行规定》（教计〔1993〕129号）。

1994年11月1日，国家教委公布了《关于社会力量举办的非学历高等教育机构名称问题的批复》（教成〔1994〕13号）。

1995年3月18日八届全国人大三次会议通过的《中华人民共和国教育法》第二十五条指出：“国家鼓励企业事业组织、社会团体、其他社会组织及公民个人依法

---

① 苏渭昌. 高等学校的接管——私立高等学校的接收与改造[J]. 高等教育研究，1987(01)：109-114.

② 转引自金忠明，等. 中国民办教育史[M]. 北京：中国社会科学出版社. 2003.

③ 转引自柯佑祥. 适度盈利与民办高等教育的发展[M]. 南京：南京师范大学出版社，2003.

举办学校及其他教育机构。任何组织和个人不得以营利为目的举办学校及其他教育机构。”第五十三条指出：“企业事业组织、社会团体及其他社会组织和个人依法举办的学校及其他教育机构，办学经费由举办者负责筹措，各级人民政府可以给予适当支持。”

1996 年 3 月 27 日，国家教育委员会公布了《关于加强社会力量办学管理工作的通知》(教成〔1996〕7 号)。

1996 年 4 月 22 日，国家教委公布了《关于社会力量办学管理经费问题的意见》(教成〔1996〕9 号)。

2.《社会力量办学条例》

1997 年 7 月 31 日，国务院公布了《社会力量办学条例》(〔1997〕国务院令 226 号)，这是新中国第一个关于社会力量办学的行政法规。

1997 年 12 月 4 日，国家教委办公厅、劳动部公布了《关于实行社会力量办学许可证制度有关问题的通知》(教成厅〔1997〕16 号)。

1998 年 8 月 29 日第九届全国人大常委会第四次会议通过的《中华人民共和国高等教育法》第六条指出：“国家鼓励企业事业组织、社会团体及其他社会组织和公民等社会力量依法举办高等学校，参与和支持高等教育事业的改革和发展。”

教育部 1998 年 12 月 24 日制定，国务院 1999 年 1 月 13 日批转的《面向二十一世纪教育振兴行动计划》第 39 条指出：“认真贯彻国务院对于社会力量办学实行‘积极鼓励，大力支持，正确引导，加强管理’的方针，今后 3～5 年，基本形成以政府办学为主体、社会各界共同参与、公办学校和民办学校共同发展的办学体制。”

1999 年 6 月 13 日，中共中央、国务院发布的《关于深化教育改革全面推进素质教育的决定》第 12 条指出：“积极鼓励和支持社会力量以多种形式办学，满足人民群众日益增长的教育需求，形成以政府办学为主体、公办学校和民办学校共同发展的格局。支持社会力量办学。”

2001 年 10 月 19 日，民政部、教育部印发了《教育类民办非企业单位登记办法(试行)》(民发〔2001〕306 号)。

2002 年 3 月 31 日，教育部发布了《关于进一步规范民办教育机构办学秩序的通知》(教电〔2002〕350 号)。

3.《民办教育促进法》和《民办教育促进法实施条例》

2002 年 12 月 28 日，全国人大九届三十一次会议通过的《中华人民共和国民办教育促进法》第三条指出：“国家对民办教育实行积极鼓励、大力支持、正确引导、依法管理的方针。”

2004 年 3 月 3 日，国务院批转的教育部《2003—2007 年教育振兴行动计划》第 36 条指出：“注重体制改革和制度创新，多种形式发展民办教育。按照‘积极发展、规范管理、改革创新’的原则，积极探索民办教育的多种实现形式。加强民办教育的规范与管理，建立防范风险机制。鼓励社会力量与普通高等学校按民办机制合作举办独立学院，实现社会创新活力、资金资源与现有优质教育资源的有机结合，有效拓展民办高等教育的发展空间。积极推进各级各类教育的体制改革和制度创新，凡符合国家有关法律法规的办学模式，均可大胆试验，使民办教育发展迈出更大的步伐。”

2004 年 3 月 5 日，国务院发布了《中华人民共和国民办教育促进法实施条例》(国务院令第 399 号)。

2006 年 12 月 21 日，国务院办公厅发布了《关于加强民办高校规范管理引导民办高等教育健康发展的通知》(国办发〔2006〕101 号)。

2007 年 2 月 3 日，教育部发布的《民办高等学校办学管理若干规定》(教育部令第 25 号)。

2016 年 11 月 7 日，第十二届全国人大常委会第二十四次会议通过了《中华人民共和国民办教育促进法》(主席令第 55 号)。

2018 年 4 月 20 日，教育部发布了《关于〈中华人民共和国民办教育促进法实施条例〉(修订草案)(征求意见稿)公开征求意见的公告》；2018 年 8 月 10 日，司法部发布了《关于〈中华人民共和国民办教育促进法实施条例〉(修订草案)(送审稿)公开征求意见的通知》。

(三) 民办高校类型的发展沿革

1. 民间资本办学

2010 年 5 月 7 日，国务院公布的《关于鼓励和引导民间投资健康发展的若干意见》(国发〔2010〕13 号)第十五条指出：“鼓励民间资本参与发展教育和社会培训事业。支持民间资本兴办高等学校、中小学校、幼儿园、职业教育等各类教育和社会培训机构。修改完善《中华人民共和国民办教育促进法实施条例》，落实对民办学校的人才鼓励政策和公共财政资助政策，加快制定和完善促进民办教育发展的金融、产权和社保等政策，研究建立民办学校的退出机制。”

2012 年 6 月 18 日，教育部印发的《关于鼓励和引导民间资金进入教育领域促进民办教育健康发展的实施意见》(教发〔2012〕10 号)第二条指出：“加大政府教育投入的同时，采取积极有效措施，鼓励和引导民间资金进入教育领域，形成以政府办学为主体、全社会积极参与、公办教育与民办教育共同发展的格局。”第四条指出：“鼓励和引导民间资金以多种方式进入教育领域。社会力量按照国家有关规定，以独立举办、合作举办等多种形式兴办民办学校(含其他教育机构，以下同)，拓宽民间资金进入教育领域、参与教育事业改革和发展的渠道。”

2. 中外合作办学

1995 年 1 月 26 日，国家教育委员会发布了《中外合作办学暂行规定》。

2003 年 3 月 1 日，国务院颁发的《中华人民共和国中外合作办学条例》(国务院令第 372 号)第三条指出:“国家鼓励引进外国优质教育资源的中外合作办学。国家鼓励在高等教育、职业教育领域开展中外合作办学,鼓励中国高等教育机构与外国知名的高等教育机构合作办学。”

2004 年 6 月 2 日,教育部印发了《中华人民共和国中外合作办学条例实施办法》(教育部令第 20 号)。

2012 年 6 月 18 日,教育部印发的《关于鼓励和引导民间资金进入教育领域促进民办教育健康发展的实施意见》(教发〔2012〕10 号)第七条指出:“允许境内外资金依法开展中外合作办学。允许外资通过中外合作办学的境外一方依照《中外合作办学条例》及其实施办法参与合作办学。鼓励民间资金与我国境内学校合作,参与引进境外优质教育资源,依法举办高水平的中外合作办学机构。”

中外合作办学有西安交通大学和英国利物浦大学合作创立的西交利物浦大学,英国诺丁汉大学与浙江万里学院合作创办的宁波诺丁汉大学,美国纽约大学和华东师范大学举办的上海纽约大学,美国杜克大学和武汉大学举办的昆山杜克大学,美国肯恩大学与温州大学合作创办的温州肯恩大学,香港中文大学与深圳市人民政府和深圳大学合作共同建立的香港中文大学(深圳)等。

3. 独立学院

(1) 独立学院的开办

独立学院发端于 1999 年,浙江大学城市学院为全国第一所。

2003 年 4 月 23 日,教育部印发的《关于规范并加强普通高校以新的机制和模式试办独立学院管理的若干意见》(教发〔2003〕8 号)指出:“本文所称独立学院,是专指由普通本科高校按新机制、新模式举办的本科层次的二级学院。……试办独立学院要一律采用民办机制。”

2008 年 2 月 22 日,教育部发布了《独立学院设置与管理办法》(教育部令第 26 号)第二条规定:“本办法所称独立学院,是指实施本科以上学历教育的普通高等学校与国家机构以外的社会组织或者个人合作,利用非国家财政性经费举办的实施本科学历教育的高等学校。”第三条规定:“独立学院是民办高等教育的重要组成部分,属于公益性事业。”

(2) 独立学院的五年过渡:转设、回归母体高校、迁址新建、停止或停办等 6 条规范路径

2008 年 2 月 22 日,教育部发布的《独立学院设置与管理办法》(教育部令第 26 号)第五十八条规定:“本办法施行前设立的独立学院,按照本办法的规定进行调整,充实办学条件,完成有关工作。本办法施行之日起 5 年内,基本符合本办法要求的,由独立学院提出考察验收申请,经省级教育行政部门审核后报国务院教育行政部门组织考察验收,考察验收合格的,核发办学许可证。”

2009 年 3 月 5 日,教育部发布的《关于〈独立学院设置与管理办法〉的工作说

明》指出:“积极做好现有独立学院的规范和办学许可证的发放工作。考虑到独立学院的复杂性和实际情况,国家对已设独立学院给予了五年的过渡期,并明确了相关政策:① 基本符合《办法》要求的,由省级教育行政部门向教育部提出考察验收申请,教育部组织考察验收,并对考察验收合格的独立学院核发办学许可证。② 符合普通本科高等学校设置标准的,可申请转设民办高等学校,颁发民办教育办学许可证。③ 既不申请考察验收,也不申请转设民办高等学校的,可继续教育教学活动,但必须按照《办法》的要求,规范体制机制,充实办学条件,在保证教育质量的前提下,有序地做好报请验收或申请转设工作,过渡期结束后,严格按照《办法》的要求办理。”

2009年2月1日,教育部办公厅发布的《关于编报省级〈独立学院五年过渡期工作方案〉的通知》指出:“区分以下不同情况,逐校、分类明确工作意见和《办法》施行之日起五年内的进度。① 各项要求均达标,拟报请教育部考察验收的。② 待理顺体制机制,充实办学条件后再报请教育部考察验收的。③ 拟转设民办普通本科高校或民办其他层次学校的。④ 拟终止、合并或并入公办普通高校、民办学校的。⑤ 在既不扩大本地区现有独立学院数量、又符合本地区高等学校设置规划的前提下,拟新设的。”

4. 股份制高校

2014年5月2日,国务院发布的《关于加快发展现代职业教育的决定》(国发〔2014〕19号)第九条规定:“引导支持社会力量兴办职业教育。创新民办职业教育办学模式,积极支持各类办学主体通过独资、合资、合作等多种形式举办民办职业教育;探索发展股份制、混合所有制职业院校,允许以资本、知识、技术、管理等要素参与办学并享有相应权利。”

2014年6月16日,教育部、国家发展改革委、财政部、人力资源和社会保障部、农业部、国务院扶贫办印发的《现代职业教育体系建设规划(2014—2020年)》(教发〔2014〕6号)指出:“创新民办职业教育办学模式。支持发展一批品牌化、连锁化和中高职衔接的民办职业教育集团。积极支持各类办学主体通过独资、合资、合作等多种形式举办民办职业教育,探索发展股份制、混合所有制职业院校。开展社会力量参与公办职业院校改革建立混合所有制职业院校试点,允许社会力量通过购买、承租、委托管理等方式改造办学活力不足的公办职业院校。鼓励民间资本与公办优质教育资源嫁接合作在经济欠发达地区扩大优质职业教育资源。鼓励企业和公办职业院校合作举办混合所有制性质的二级学院。允许社会力量以资本、知识、技术、管理等要素参与办学并享有相应权利,探索在民办职业院校实行职工持股。鼓励专业技术人才、高技能人才在职业院校建设股份合作制的工作室。”还指出:“支持符合条件的职业教育集团统筹中高职衔接、专业课程建设、实训基地建设、教师队伍建设。鼓励通过领导干部交叉任职、共建技术创新平台和生产性实训基地、建立混合所有制职业院校等方式强化集团内部的利益纽带。鼓励行业特色明显的普通高等学校参与职业教育集团。鼓励职业教育集团与跨国企业、境外教育机构等开展合作。”

2014年11月16日,国务院发布的《关于创新重点领域投融资机制鼓励社会投资的指导意见》(国发〔2014〕60号)第二十三条指出:“吸引民间资本加大信息基础设施投资力度。支持基础电信企业引入民间战略投资者。推动中国铁塔股份有限公司引入民间资本,实现混合所有制发展。”

2015年10月19日,教育部印发的《高等职业教育创新发展行动计划(2015—2018年)》(教职成〔2015〕9号)在“基本原则”中指出:“……探索发展股份制、混合所有制高等职业院校。”在“增强院校办学活力”中第3个举措“探索混合所有制办学”中指出:“深化办学体制改革,鼓励社会力量以资本、知识、技术、管理等要素参与公办高等职业院校改革。试点社会力量通过政府购买服务、委托管理等方式参与办学活力不足的公办高等职业院校改革。鼓励民间资金与公办优质教育资源嫁接合作,在经济欠发达地区扩大优质高等职业教育资源。鼓励企业和公办高等职业院校合作举办适用公办学校政策、具有混合所有制特征的二级学院。鼓励专业技术人才、高技能人才在高等职业院校建设股份合作制工作室。支持成立混合所有制高等职业院校联盟。鼓励行业企业办和民办高等职业院校建立教师年金制度。支持营利性民办高等职业院校探索建立股权激励机制。”

2016年12月29日,国务院发布的《关于鼓励社会力量兴办教育促进民办教育健康发展的若干意见》(国发〔2016〕81号)第九条规定:“探索举办混合所有制职业院校,允许以资本、知识、技术、管理等要素参与办学并享有相应权利。鼓励营利性民办学校建立股权激励机制。”

至2018年底,开展建设混合所有制高等职业院校的理论与实践课题研究,支持公办高等职业院校和企业合作举办适用公办学校政策、具有混合所有制特征的约100所二级学院,成立了混合所有制高等职业院校联盟。

股份制高校有重庆海联学院(2002年8月28日,海联学院与澳大利亚Amnet公共上市公司正式在澳大利亚成功上市)、陕西师范大学国际商学院、上海师范大学职业技术学院、湖南托普信息职业技术学院等。

5. 非营利性和营利性民办学校分类管理

2010年6月21日,中共中央和国务院发布的《国家中长期教育改革和发展规划纲要(2010—2020年)》第四十四条指出:“积极探索营利性和非营利性民办学校分类管理。”

2016年12月29日,国务院发布的《关于鼓励社会力量兴办教育促进民办教育健康发展的若干意见》(国发〔2016〕81号)在“基本原则”中规定:“分类管理,公益导向。实行非营利性和营利性分类管理,实施差别化扶持政策,积极引导社会力量举办非营利性民办学校。坚持教育的公益属性，无论是非营利性民办学校还是营利性民办学校都要始终把社会效益放在首位。”

2016年4月19日，习近平在中央全面深化改革领导小组第二十三次会议上主持并审议了《民办学校分类登记实施细则》《营利性民办学校监督管理实施细则》。

2016年12月30日，教育部、人力资源和社会保障部、民政部、中央编办、工商总局发布了《民办学校分类登记实施细则》（教发〔2016〕19号），教育部、人力资源和社会保障部、工商总局发布了《营利性民办学校监督管理实施细则》（教发〔2016〕20号）。

《中华人民共和国国民经济和社会发展第十三个五年规划纲要》第五十九章第五节指出：“建立分类管理、差异化扶持的政策体系，鼓励社会力量和民间资本提供多样化教育服务。”

二、民办高校投入的发展沿革

（一）政府对民办高校支持规定的发展沿革

1. 政府对民办高校实施“大力支持”等12字方针的变化

1993年2月，中共中央和国务院发布的《中国教育改革和发展纲要》规定：“改变政府包揽办学的格局，逐步建立以政府办学为主体、社会各界共同办学的体制。”“国家对社会团体和公民个人依法办学，采取积极鼓励、大力支持、正确引导、加强管理的方针。”

1997年7月31日，国务院公布的《社会力量办学条例》（国务院令第226号）第四条指出：“国家对社会力量办学实行积极鼓励、大力支持、正确引导、加强管理的方针。”

教育部1998年12月24日制定，国务院1999年1月13日批转的《面向二十一世纪教育振兴行动计划》第39条指出：“认真贯彻国务院对于社会力量办学实行‘积极鼓励，大力支持，正确引导，加强管理’的方针，今后3～5年，基本形成以政府办学为主体、社会各界共同参与、公办学校和民办学校共同发展的办学体制。”

2002年12月28日通过的《中华人民共和国民办教育促进法》第三条指出：“国家对民办教育实行积极鼓励、大力支持、正确引导、依法管理的方针。”这里，将“加强管理”改为“依法管理”，可惜下面2004年的文件仍是“加强管理”。

2004年3月3日发布的《国务院批转教育部2003—2007年教育振兴行动计划的通知》（国发〔2004〕5号）第35条指出：“大力支持和促进民办教育持续健康协调快速发展。认真贯彻《民办教育促进法》，积极鼓励和支持民办教育的发展。民办教育是社会主义教育事业的组成部分，要遵循‘积极鼓励，大力支持，正确引导，加强管理’的方针，依法保障民办学校权益；明确国家对于民办学校的扶持措施，落实相关优惠政策，加强政策引导；营造有利于民办教育自主自律、健康发展的环境，形成公办学校和民办学校优势互补、公平竞争、共同发展的格局。”

2. 公共财政资助政策对民办学校的规定

2010 年 5 月 7 日，国务院公布的《关于鼓励和引导民间投资健康发展的若干意见》(国发〔2010〕13 号)第十五条指出：“落实对民办学校的公共财政资助政策。”

2010 年 6 月 21 日，中共中央和国务院发布的《国家中长期教育改革和发展规划纲要(2010—2020 年)》第四十三条指出：“大力支持民办教育。……依法落实民办学校、学生、教师与公办学校、学生、教师平等的法律地位，保障民办学校办学自主权。清理并纠正对民办学校的各类歧视政策。制定完善促进民办教育发展的优惠政策。对具备学士、硕士和博士学位授予单位条件的民办学校，按规定程序予以审批。建立完善民办学校教师社会保险制度。健全公共财政对民办教育的扶持政策。政府委托民办学校承担有关教育和培训任务，拨付相应教育经费。县级以上人民政府可以根据本行政区域的具体情况设立专项资金，用于资助民办学校。国家对发展民办教育做出突出贡献的组织、学校和个人给予奖励和表彰。”

2010 年 10 月 24 日，国务院办公厅发布的《关于开展国家教育体制改革试点的通知》(国办发〔2010〕48 号)第 8 条指出：“探索公共财政资助民办教育具体政策。”

陈宝生在 2017 年全国教育工作会议上指出：“落实民办教育分类管理和财政支持政策，鼓励引导社会资本投入教育。”

(二) 民办高校筹集资金的发展沿革

1992 年 10 月召开的中国共产党第十四次全国代表大会提出：“鼓励多渠道、多形式社会集资办学和民间办学，改变国家包办教育的做法。”

1994 年 11 月 1 日，国家教委办公厅发布了《关于民办学校向社会筹集资金问题的通知》(教财厅〔1994〕10 号)。

1998 年 8 月 29 日，九届全国人大四次会议通过的《中华人民共和国高等教育法》第六十条指出：“国家鼓励企业事业组织、社会团体及其他社会组织和个人向高等教育投入。”

1999 年 6 月 13 日，中共中央、国务院发布的《关于深化教育改革全面推进素质教育的决定》第 24 条指出：“继续鼓励社会、个人和企业投资办学和捐(集)资助学，不断完善多渠道筹措教育经费的体制。”

2004 年 3 月 3 日，国务院批转的教育部《2003—2007 年教育振兴行动计划》第 41 条指出：“拓宽经费筹措渠道，建立社会投资、出资和捐资办学的有效激励机制。在非义务教育阶段，要合理确定政府和受教育者分担办学成本的比例，收费标准要与居民家庭承受能力相适应。要完善企业及公民个人向教育捐赠的税收优惠政策，探索企业合理分担职业教育经费的办法。扶持发展各种形式的公益性教育基金和信托基金，扩大彩票收益用于支持教育的份额。鼓励和支持学校开展勤工俭学、发展校办产业。积极鼓励和引导社会、企业和公民个人捐资助学、出资和投资办学。”

2005年2月19日，国务院颁发出的《关于鼓励支持和引导个体私营等非公有制经济发展的若干意见》第四条指出：“允许非公有资本进入社会事业领域。支持、引导和规范非公有资本投资教育、科研、卫生、文化、体育等社会事业的非营利性和营利性领域。在放开市场准入的同时，加强政府和社会监管，维护公众利益。支持非公有制经济参与公有制社会事业单位的改组改制。通过税收等相关政策，鼓励非公有制经济捐资捐赠社会事业。”

2010年6月21日，中共中央和国务院发布的《国家中长期教育改革和发展规划纲要(2010—2020年)》第四十三条指出：“民办教育是教育事业发展的重要增长点和促进教育改革的重要力量。各级政府要把发展民办教育作为重要工作职责，鼓励出资、捐资办学，促进社会力量以独立举办、共同举办等多种形式兴办教育。”第五十六条指出：“社会投入是教育投入的重要组成部分。充分调动全社会办教育积极性，扩大社会资源进入教育途径，多渠道增加教育投入。鼓励和引导社会力量捐资、出资办学。”

2012年6月18日，教育部印发的《关于鼓励和引导民间资金进入教育领域促进民办教育健康发展的实施意见》(教发〔2012〕10号)第二条指出：“加大政府教育投入的同时，采取积极有效措施，鼓励和引导民间资金进入教育领域，形成以政府办学为主体、全社会积极参与、公办教育与民办教育共同发展的格局。”第四条指出：“鼓励和引导民间资金以多种方式进入教育领域。社会力量按照国家有关规定，以独立举办、合作举办等多种形式兴办民办学校(含其他教育机构，以下同)，拓宽民间资金进入教育领域、参与教育事业改革和发展的渠道。”

中共十八届五中全会通过的《中共中央关于制定国民经济和社会发展第十三个五年规划的建议》第七条第三款指出：“支持和规范民办教育发展，鼓励社会力量和民间资本提供多样化教育服务。”

2016年12月29日，国务院发布的《关于鼓励社会力量兴办教育促进民办教育健康发展的若干意见》(国发〔2016〕81号)开头就指出：“社会力量兴办教育是指各种社会力量以捐赠、出资、投资、合作等方式举办或者参与举办法律法规允许的各级各类学校和其他教育机构。”

(三) 政府对民办高校支持的内容

政府支持民办高等教育可分为直接支持和间接支持两种方式。

1. 直接支持的内容

(1) 基本支出补助

《国家中长期教育改革和发展规划纲要(2010—2020年)》第四十三条规定：“健全公共财政对民办教育的扶持政策。政府委托民办学校承担有关教育和培训任务，拨付相应教育经费。”

2016 年 12 月 29 日，国务院发布的《关于鼓励社会力量兴办教育促进民办教育健康发展的若干意见》(国发〔2016〕81 号)第四部分为“完善扶持制度”，第十一条规定：“加大财政投入力度。各级人民政府可按照《中华人民共和国预算法》《中华人民共和国教育法》《中华人民共和国民办教育促进法》等法律法规和制度要求，因地制宜，调整优化教育支出结构，加大对民办教育的扶持力度。财政扶持民办教育发展的资金要纳入预算，并向社会公开，接受审计和社会监督，提高资金使用效益。”

(2) 专项支出补助

2016 年 12 月 29 日，国务院发布的《关于鼓励社会力量兴办教育促进民办教育健康发展的若干意见》(国发〔2016〕81 号)第四部分为“完善扶持制度”，第十二条规定：“创新财政扶持方式。地方各级人民政府应建立健全政府补贴制度，明确补贴的项目、对象、标准、用途。完善政府购买服务的标准和程序，建立绩效评价制度，制定向民办学校购买就读学位、课程教材、科研成果、职业培训、政策咨询等教育服务的具体政策措施。地方各级人民政府可按照国家关于基金会管理的规定设立民办教育发展基金，支持成立相应的基金会，组织开展各类有利于民办教育事业发展的活动。”

(3) 奖励性补助

《国务院办公厅关于加强民办高校规范管理引导民办高等教育健康发展的通知》第三条规定：“县级以上各级人民政府可设立专项资金，对为民办高等教育事业做出突出贡献的集体和个人，按照有关规定给予表彰与奖励。”

(4) 科研支持

《中华人民共和国民办教育促进法实施条例》第二十九条规定：“民办学校及其教师、职员、受教育者申请国家设立的有关科研项目、课题等，享有与公办学校及其教师、职员、受教育者同等的权利。”

(5) 学生资助

该内容在第六章第二节中阐述。

(6) 设立民办教育发展专项资金

2004 年 3 月 5 日，国务院发布的《中华人民共和国民办教育促进法实施条例》(国务院令第 399 号)第四十一条规定：“县级以上人民政府可以根据本行政区域的具体情况，设立民办教育发展专项资金。民办教育发展专项资金由财政部门负责管理，由教育行政部门或者劳动和社会保障行政部门报同级财政部门批准后使用。”

2. 间接支持(政策支持)的内容

(1) 土地政策支持

1997 年 7 月 31 日，国务院发布的《社会力量办学条例》(〔1997〕国务院令 226

号)第四十七条规定:“教育机构建设需要使用土地的,县级以上地方各级人民政府应当根据国家有关规定和实际情况,纳入规划,按照公益事业用地办理,并可以优先安排。”

1999年6月13日,中共中央、国务院发布的《关于深化教育改革全面推进素质教育的决定》第12条指出:“凡符合国家有关法律法规的办学形式,均可大胆试验。在发展民办教育方面迈出更大的步伐。经国家教育行政主管部门批准,可以举办民办普通高等学校。要因地制宜地制定优惠政策(如土地优惠使用、免征配套费等),支持社会力量办学。”

2016年12月29日,国务院发布的《关于鼓励社会力量兴办教育促进民办教育健康发展的若干意见》(国发〔2016〕81号)第四部分为“完善扶持制度”,第十五条规定:“实行差别化用地政策。民办学校建设用地按科教用地管理。非营利性民办学校享受公办学校同等政策,按划拨等方式供应土地。营利性民办学校按国家相应的政策供给土地。只有一个意向用地者的,可按协议方式供地。土地使用权人申请改变全部或者部分土地用途的,政府应当将申请改变用途的土地收回,按时价定价,重新依法供应。”

(2) 税费及价格政策支持

2016年11月第二次修正的《中华人民共和国民办教育促进法》第四十七条指出:“民办学校享受国家规定的税收优惠政策;其中,非营利性民办学校享受与公办学校同等的税收优惠政策。”

《关于深化教育改革全面推进素质教育的决定》第24条指出:“在非义务教育阶段,要适当增加学费在培养成本中的比例,逐步建立符合社会主义市场经济体制以及政府公共财政体制的财政教育拨款政策和成本分担机制。积极运用财政、金融和税收政策,继续鼓励社会、个人和企业投资办学和捐(集)资助学,不断完善多渠道筹措教育经费的体制。”

2006年12月21日,国务院办公厅发布的《关于加强民办高校规范管理引导民办高等教育健康发展的通知》(国办发〔2006〕101号)第三条规定:“要依法落实民办高校的税收优惠政策。出资人不要求取得合理回报的民办高校,依法享受与公办高校同等的税收优惠政策。出资人要求取得合理回报的民办高校,享受的税务优惠政策由财政、税务部门会同有关部门尽快制定。财政部门要依据《中华人民共和国民办教育促进法》及其实施条例规定的原则与程序,制定民办高校合理回报的标准和办法。”

2012年6月18日,教育部印发的《关于鼓励和引导民间资金进入教育领域促进民办教育健康发展的实施意见》(教发〔2012〕10号)第十四条规定:“完善民办学校税费政策。民办学校用电、用水、用气、用热与公办学校同价。捐资举办和出资人不要求取得合理回报的民办学校执行与公办学校同等的税收政策。教育行政部门要积极配合协调相关部门制定出资人要求取得合理回报的民办学校、经营性教育培训机构和开展营利性民办学校试点的民办学校享受的税收优惠政策。民办学校向受教育者收取的学费、各种代收代办费用的项目和标准执行相关价格政策。”

2016 年 12 月 29 日，国务院发布的《关于鼓励社会力量兴办教育促进民办教育健康发展的若干意见》（国发〔2016〕81 号）第四部分为“完善扶持制度”，第十四条规定：“落实税费优惠等激励政策。民办学校按照国家有关规定享受相关税收优惠政策。对企业办的各类学校，幼儿园自用的房产、土地，免征房产税、城镇土地使用税。对企业支持教育事业的公益性捐赠支出，按照税法有关规定，在年度利润总额12%以内的部分，准予在计算应纳税所得额时扣除；对个人支持教育事业的公益性捐赠支出，按照税收法律法规及政策的相关规定在个人所得税前予以扣除。非营利性民办学校与公办学校享有同等待遇，按照税法规定进行免税资格认定后，免征非营利性收入的企业所得税。捐资建设校舍及开展表彰资助等活动的冠名依法尊重捐赠人意愿。民办学校用电、用水、用气、用热，执行与公办学校相同的价格政策。”

（3）金融政策支持

2016 年 11 月第二次修正的《中华人民共和国民办教育促进法》第四十九条规定：“国家鼓励金融机构运用信贷手段，支持民办教育事业的发展。”

国务院发布的《关于鼓励社会力量兴办教育促进民办教育健康发展的若干意见》第八条规定：“拓宽办学筹资渠道。鼓励和吸引社会资金进入教育领域举办学校或者投入项目建设。创新教育投融资机制，多渠道吸引社会资金，扩大办学资金来源。鼓励金融机构在风险可控前提下开发适合民办学校特点的金融产品，探索办理民办学校未来经营收入、知识产权质押贷款业务，提供银行贷款、信托、融资租赁等多样化的金融服务。鼓励社会力量对非营利性民办学校给予捐赠。”

（4）收费政策支持

该内容在第六章第二节中阐述。

（5）师生待遇政策支持

《国家中长期教育改革和发展规划纲要（2010—2020 年）》第四十三条第二款再次重申要“依法落实民办学校、学生、教师与公办学校、学生、教师平等的法律地位，保障民办学校办学自主权”。

2016 年 11 月第二次修正的《中华人民共和国民办教育促进法（2016）》第三十一条规定：“民办学校应当依法保障教职工的工资、福利待遇和其他合法权益，并为教职工缴纳社会保险费。国家鼓励民办学校按照国家规定为教职工办理补充养老保险。”第三十二条规定：“民办学校教职工在业务培训、职务聘任、教龄和工龄计算、表彰奖励、社会活动等方面依法享有与公办学校教职工同等权利。”第三十四条规定：“民办学校的受教育者在升学、就业、社会优待以及参加先进评选等方面享有与同级同类公办学校的受教育者同等权利。”

《中华人民共和国民办教育促进法实施条例》第二十七条规定：“民办学校享有与同级同类公办学校同等的招生权，可以自主确定招生的范围、标准和方式；但是，招收接受高等学历教育的学生应当遵守国家有关规定。县级以上地方人民政府教育行政部门、劳动和社会保障行政部门应当为外地的民办学校在本地招生提供平等待遇，不得实行地区封锁，不得滥收费用。”第二十九条规定：“民办学校的受教育者在升学、就业、社会优待、参加先进评选、医疗保险等方面，享有与同级同类公办学校的受教育者同等的权利。”第三十一条规定：“教育行政部门、劳动和社会保障行政部门和其他有关部门，组织有关的评奖评优、文艺体育活动和课题、项目招标，应当为民办学校及其教师、职员、受教育者提供同等的机会。”

《国务院办公厅关于加强民办高校规范管理引导民办高等教育健康发展的通知》第三条规定：“各地政府人事部门所属人才交流服务机构负责管理民办高校教师的人事档案。民办高校教师职称评定纳入省级高校教师职称评定工作范围，参照同级同类公办高校教师评聘办法和有关政策规定执行。民办高校学生在升学、就业、档案管理、评奖评优等方面，与同级同类公办高校学生享受同等的权利。”

2016年12月29日，国务院发布的《关于鼓励社会力量兴办教育促进民办教育健康发展的若干意见》(国发〔2016〕81号)第四部分为“完善扶持制度”，第十八条规定：“保障学校师生权益。完善学校、个人、政府合理分担的民办学校教职工社会保障机制。民办学校应依法为教职工足额缴纳社会保险费和住房公积金。鼓励民办学校按规定为教职工建立补充养老保险，改善教职工退休后的待遇。落实跨统筹地区社会保险关系转移接续政策，完善民办学校教师户籍迁移等方面的服务政策，探索建立民办学校教师人事代理制度和交流制度，促进教师合理流动。民办学校教师在资格认定、职务评聘、培养培训、评优表彰等方面与公办学校教师享有同等权利。非营利性民办学校教师享受当地公办学校同等的人才引进政策。民办学校学生在评奖评优、升学就业、社会优待、医疗保险等方面与同级同类公办学校学生享有同等权利。依法落实民办学校师生对学校办学管理的知情权、参与权，保障师生参与民主管理和民主监督的权利。完善民办学校师生争议处理机制，维护师生的合法权益。”

教育部印发的《关于鼓励和引导民间资金进入教育领域促进民办教育健康发展的实施意见》第十二条规定：“落实民办学校教师待遇。民办学校教师在资格认定、职称评审、进修培训、课题申请、评先选优、国际交流等方面与公办学校教师享受同等待遇，在户籍迁移、住房、子女就学等方面享受与当地同级同类公办学校教师同等的人才引进政策。民办学校要依法依规保障教师工资、福利待遇，按照有关规定为教师办理社会保险和住房公积金，鼓励为教师办理补充保险。支持地方人民政府采取设立民办学校教师养老保险专项补贴等办法，探索建立民办学校教师年金制度,提高民办学校教师的退休待遇。建立健全民办学校教师人事代理服务制度,保障教师在公办学校和民办学校之间合理流动,鼓励高校毕业生、专业技术人员到民办学校任教任职。”第十三条规定:“保障民办学校学生权益。民办学校学生与公办学校学生同等纳入国家助学体系,在政府资助、评奖评优、升学就业、社会优待等方面与同级同类公办学校学生享有同等权利。”

3. 综合支持规定

2002 年 12 月 28 日通过的《中华人民共和国民办教育促进法》第四十六条指出:“县级以上各级人民政府可以采取购买服务,助学贷款,奖助学金和出租、转让闲置的国有资产等措施对民办学校予以扶持;对非营利性民办学校还可以采取政府补贴、基金奖励、捐资激励等扶持措施。”

国务院发布的《关于鼓励社会力量兴办教育促进民办教育健康发展的若干意见》第六条规定:“建立差别化政策体系。国家积极鼓励和大力支持社会力量举办非营利性民办学校。各级人民政府要完善制度政策,在政府补贴、政府购买服务、基金奖励、捐资激励、土地划拨、税费减免等方面对非营利性民办学校给予扶持。”

2010 年 5 月 7 日,国务院发布的《关于鼓励和引导民间投资健康发展的若干意见》(国发〔2010〕13 号)第十五条规定:“鼓励民间资本参与发展教育和社会培训事业。支持民间资本兴办高等学校、中小学校、幼儿园、职业教育等各类教育和社会培训机构。修改完善《中华人民共和国民办教育促进法实施条例》,落实对民办学校的人才鼓励政策和公共财政资助政策,加快制定和完善促进民办教育发展的金融、产权和社保等政策,研究建立民办学校的退出机制。”

三、民办高校会计与财务制度的发展轨迹

(一) 民办高校会计制度的发展沿革

1. 执行《行政事业单位会计制度》

1987 年 12 月 28 日,国家教委、财政部公布了《社会力量办学财务管理暂行规定》(教审字〔1987〕8 号)第三条规定:“社会力量举办的学校应当本着统一领导、分级负责、独立核算、量入为出、略有结余的原则,按照国家事业单位的会计制度和有关财务管理办法,在银行开立账户后,办理财务收支,进行会计核算。”第六条第一款规定:“学校财务机构应根据财政部颁发的《行政事业单位会计制度》设置会计账簿,并按照《中华人民共和国会计法》认真搞好日常会计核算和监督工作;要及时记账、结账、对账及编报各种财会报表,做到账证相符、账账相符、账表相符、账物(钱)相符;要及时清理往来款项,库存现金不得超过银行核定的限额;要按照有关规定妥善保存会计凭证、账册、报表等。财会人员调离工作时,必须与接管人员办清交接手续。”

2. 执行《民间非营利组织会计制度》

2004年8月18日，财政部印发的《民间非营利组织会计制度》(财会〔2004〕7号)共八章：第一章，总则；第二章，资产；第三章，负债；第四章，净资产；第五章，收入；第六章，费用；第七章，财务会计报告；第八章，附则。

民办高校比公办高校执行会计制度早15年。会计要素方面，1998年3月31日，财政部印发的《高等学校会计制度(试行)》(财预字〔1998〕105号)规定高等学校会计要素包括资产、负债、净资产、收入和支出；2013年12月30日，财政部印发的《高等学校会计制度》(财会〔2013〕30号)规定高等学校会计要素包括资产、负债、净资产、收入和支出，2017年10月24日，财政部印发的《政府会计制度——行政事业单位会计科目和报表》(财会〔2017〕25号)规定财务会计要素包括资产、负债、净资产、收入和费用，自2019年开始执行。由此可见，公办高校的会计要素中从"支出"改为"费用"晚了15年。记账基础方面，《民间非营利组织会计制度》(财会〔2004〕7号)第七条规定了会计核算应当以权责发生制为基础；《高等学校会计制度(2013)》第四条规定了高等学校会计核算一般采用收付实现制；《政府会计制度——行政事业单位会计科目和报表》(财会〔2017〕25号)第五条规定了单位财务会计核算实行权责发生制，单位预算会计核算实行收付实现制。公办高校的记账基础从"收付实现制"改为"权责发生制"晚了15年。

3. 执行《公司法》及有关法律规定的财务会计制度

2016年12月30日，教育部、人力资源和社会保障部、工商总局发布的《营利性民办学校监督管理实施细则》(教发〔2016〕20号)第二十六条规定："营利性民办学校执行《中华人民共和国公司法》及有关法律规定的财务会计制度。学校应当独立设置财务管理机构，统一学校财务核算，不得账外核算。"

(二) 民办高校财务制度的发展沿革

1. 基本规定

1997年7月31日，国务院发布的《社会力量办学条例》(国务院令第226号)第四章为"教育机构的财产、财务管理"。《社会力量办学条例》是第一次规范民办高校财务制度框架的文件，为以后制定《中华人民共和国民办教育促进法》奠定了基础。

2002年12月28日，九届全国人大三十一次会议通过的《中华人民共和国民办教育促进法》第五章为"学校资产与财务管理"，比《社会力量办学条例》增加了"法人财产权""审计"等内容；《民办教育促进法(2016)》第五章仍为"学校资产与财务管理"，比《民办教育促进法(2002)》增加了"非营利性民办学校收费的具体办法，由省、自治区、直辖市人民政府制定；营利性民办学校的收费标准，实行市场调节，由学校自主决定"。

2004年3月5日，国务院发布的《中华人民共和国民办教育促进法实施条例》

(国务院令第399号)第五章为“民办学校的资产与财务管理”,比《民办教育促进法(2002)》增加了第三十七条,该条规定:“在每个会计年度结束时,捐资举办的民办学校和出资人不要求取得合理回报的民办学校应当从年度净资产增加额中、出资人要求取得合理回报的民办学校应当从年度净收益中,按不低于年度净资产增加额或者净收益的25%的比例提取发展基金,用于学校的建设、维护和教学设备的添置、更新等。”

2016年12月30日,教育部、人力资源和社会保障部、工商总局发布的《营利性民办学校监督管理实施细则》(教发〔2016〕20号)第五章为“财务资产”,第二十七条规定:“营利性民办学校应当建立健全财务内部控制制度,按实际发生数列支,不得虚列虚报,不得以计划数或者预算数代替实际支出数。”第二十八条规定:“营利性民办学校按学期或者学年收费,收费项目及标准应当向社会公示30天后执行。不得在公示的项目和标准外收取其他费用,不得以任何名义向学生摊派费用或者强行集资。”第二十九条规定:“营利性民办学校收入应当全部纳入学校财务专户,出具税务部门规定的合法票据,由学校财务部门统一核算、统一管理,保障学校的教育教学、学生资助、教职工待遇以及学校的建设和发展。学校应当将党建工作、思想政治工作和群团组织工作经费纳入学校经费预算。”第三十条规定:“营利性民办学校拥有法人财产权,存续期间,学校所有资产由学校依法管理和使用,任何组织和个人不得侵占、挪用、抽逃。营利性民办学校举办者不得抽逃注册资本,不得用教育教学设施抵押贷款、进行担保,办学结余分配应当在年度财务结算后进行。”第三十一条规定:“营利性民办学校应当建立健全学校风险防范、安全管理制度和应急预警处理机制,保障学校师生权益、生命财产安全,维护学校安全稳定。学校法定代表人是学校安全稳定工作的第一责任人。”

2018年4月20日,教育部发布了《关于中华人民共和国民办教育促进法实施条例(修订草案)(征求意见稿)公开征求意见的公告》;2018年8月10日,司法部发布了《关于中华人民共和国民办教育促进法实施条例(修订草案)(送审稿)公开征求意见的通知》。《民办教育促进法实施条例(修订草案)(送审稿)》第五章仍为“民办学校的资产与财务管理”,其增加了以下内容。第四十二条规定:“民办学校应当建立办学成本核算制度,基于办学成本和市场需求等因素,遵循公平、合法和诚实信用原则,考虑经济效益与社会效益,合理确定收费项目和标准。对公办学校参与举办、使用国有资产或者接受政府生均经费补助的民办幼儿园、义务教育学校,地方人民政府可以对其收费制定最高限价。民办培训教育机构根据培训内容合理确定收费标准和收费周期,并应当按照国家有关规定规范预付费管理,建立相应的风险防范机制。”第四十四条规定:“非营利性民办学校收取费用、开展活动的资金往来,应当使用在主管部门备案的账户。主管部门会同相关部门对该账户实施监督,组织审计。营利性民办学校收入应当全部纳入学校开设的银行结算账户,办学结余分配应当在年度财务结算后进行。”第四十五条规定：“民办学校与利益关联方发生交易的，应当遵循公开、公平、公允的原则，不得损害国家利益、学校利益和师生权益。民办学校应当建立利益关联方交易的信息披露制度。教育行政部门、人力资源和社会保障部门应当加强对非营利性民办学校与利益关联方签订协议的监管，对涉及重大利益或者长期、反复执行的协议，应当对其必要性、合法性、合规性进行审查审计。理事会、董事会或者其他形式决策机构审议与利益关联方交易事项时，与该交易有利益关系的决策机构成员应当回避表决，也不得代理其他成员行使表决权。前款所称利益关联方是指民办学校的举办者、实际控制人、理事、董事、监事等以及与上述组织或者个人之间存在互相控制和影响关系、可能导致民办学校利益被转移的组织或者个人。”第四十六条规定：“在每个会计年度结束时，非营利性民办学校应当从年度净资产增加额中，营利性民办学校应当从年度净收益中，按不低于年度净资产增加额或者净收益的25%的比例提取发展基金，用于学校的建设、维护，教学设备的添置、更新和教职工的进修培训等。”

2. 具体规定

(1) 民办高校的财务制度规定不如公办高校

公办高校的财务制度：1997年6月23日，财政部和国家教委发布了《高等学校财务制度》（财文字〔1997〕280号）；2012年12月19日，财政部和教育部发布了《高等学校财务制度》（财教〔2012〕488号）。

财政部和教育部未发布过民办高校的《财务制度》，1987年12月28日，国家教委、财政部仅公布了《社会力量办学财务管理暂行规定》。

1999年10月20日，财政部答复了民政部《关于对明确民办非企业单位财务管理制度等问题的函》（财社字〔1999〕160号）。1999年12月3日，民政部办公厅转发了《财政部关于对明确民办非企业单位财务管理制度等问题的函》（民办函〔1999〕114号），其中规定：“① 关于民办非企业单位适用财务会计制度问题。a.《事业单位财务规则》颁发后，目前，一些特点突出的行业，如教育、卫生、科技、文化和体育等，都根据《事业单位财务规则》制定了行业财务制度，这些行业的民办非企业单位应参照执行相应的行业财务制度。没有行业财务制度的民办非企业单位应参照《事业单位财务规则》执行。b. 民办非企业单位属非营利组织，今后，民办非企业单位应根据国家有关规定，统一纳入非营利组织财务、会计体系，执行非营利组织财务、会计规则。② 民办非企业单位在开展业务，需要收取有关费用时，应按照现行行政事业性收费审批管理的有关规定，履行收费审批程序，即申请设立收费项目须经中央和省级财政主管部门会同价格主管部门审批，收费标准须由中央和省级价格主管部门会同财政主管部门核定。收费经批准后，应按行政事业性收费票据管理的规定，到财政主管部门申领使用省级以上财政部门统一印制或监制的行政事业性收费票据。”

2013 年,《教育部民办高等学校财务管理制度(征求意见稿)》的内容共十一章 61 条:第一章,总则;第二章,财务管理体制;第三章,预算管理;第四章,资产与负债管理;第五章,收入与费用管理;第六章,结余及其分配;第七章,财政性专项经费管理;第八章,财务报告与财务分析;第九章,内部控制与财务监督;第十章,财务清算;第十一章,附则。遗憾的是该制度并正式发布。

(2) 地方政府的规定

2005 年 11 月 16 日,吉林省教育厅印发了《关于加强普通高等学校财务管理的若干意见》(吉教联字〔2005〕40 号);2007 年 11 月 28 日,广东省教育厅、广东省财政厅、广东省审计厅印发了《广东省民办高等学校财务管理办法(试行)》(粤教财〔2007〕159 号);2008 年 6 月 17 日,河南省教育厅印发了《河南省民办高等学校财务管理办法(试行)》;2008 年 12 月 31 日,上海市教育委员会印发了《上海市民办高等学校财务管理办法(试行)》和《上海市民办高等学校会计核算办法(试行)》(沪教委财〔2008〕124 号);2010 年 7 月 12 日,重庆市教育委员会印发了《重庆市民办学校财务管理办法(试行)》;等等。

四、高水平民办高校的筹资案例

(一) 多办高水平民办高校

在高校所有制结构中民办高校是短板,优质的民办高校更是短板。民办高等教育投入的供给侧改革就是要多办高水平民办高校。

1. 中央重视高水平民办高校

高水平民办高校的建设是高等教育结构性供给侧改革的需要,是高等教育发展的需要,中央十分重视高水平民办高校的建设。

2010 年 6 月 21 日,中共中央政治局审议并通过的《国家中长期教育改革和发展规划纲要(2010—2020 年)》第四十三条指出:“支持民办学校创新体制机制和育人模式,提高质量,办出特色,办好一批高水平民办学校。”

2010 年 10 月 24 日,《国务院办公厅关于开展国家教育体制改革试点的通知》(国办发〔2010〕48 号)第 8 条指出:“……办好一批高水平民办学校(上海市,浙江省,福建省,江西省,广东省深圳市,云南省,宁夏回族自治区,武汉科技大学中南分校)。”

2012 年 3 月 16 日,《教育部关于全面提高高等教育质量的若干意见》(教高〔2012〕4 号)第二条规定:“加强民办高校内涵建设,办好一批高水平民办高校。”

2012 年 6 月 18 日,教育部印发的《关于鼓励和引导民间资金进入教育领域促进民办教育健康发展的实施意见》(教发〔2012〕10 号)第十五条规定:“支持高水平有特色民办学校建设。扶持和资助民办学校提高管理水平,加强教师队伍建设,建立民办学校与公办学校共享优质教育资源的机制,深化教育教学改革,创新人才培养模式，推动民办学校不断提高办学水平和人才培养质量。”

国务院发布的《关于鼓励社会力量兴办教育促进民办教育健康发展的若干意见》第二十五条规定：“引进培育优质教育资源。鼓励支持高水平有特色民办学校培育优质学科、专业、课程、师资、管理，整体提升教育教学质量，着力打造一批具有国际影响力和竞争力的民办教育品牌，着力培养一批有理想、有境界、有情怀、有担当的民办教育家。允许民办高等学校和中等职业学校与世界高水平同类学校在学科、专业、课程建设以及人才培养等方面开展交流。”

2. 目前高水平民办高校的出路是中外合作办学

由于历史原因，我国民办高校的历史较短，新中国成立前我国著名的私立大学与教会大学也改造为了公立大学，因此，目前我国高水平民办高校几乎没有。在这种民办高校起点低的基础上，只有独辟蹊径，开辟一条独创的新路，这就是建设高水平中外合作大学。我国中外合作大学组成联盟第一届理事会学校见表6-1。

表6-1　中外合作大学组成联盟第一届理事会学校

校名	中外合作方	注册地	招生时间	授学位	备注
西交利物浦大学	西安交通大学和英国利物浦大学	江苏省苏州市	2006年	学士、硕士、博士	—
宁波诺丁汉大学	英国诺丁汉大学与浙江万里学院	浙江省宁波市	2006年	学士、硕士、博士	—
上海纽约大学	美国纽约大学和华东师范大学	上海市	2013年	学士、硕士	学费约为每年4.5万美元(不含其他杂费及生活费)；但是，通过高考招收的中国学生将获得专门的助学金，即每年只需交纳10万元人民币的学费
昆山杜克大学	美国杜克大学和武汉大学	江苏省昆山市	2014年	学士、硕士	最高学费每人每年16万元人民币
香港中文大学(深圳)	香港中文大学和深圳大学	广东省深圳市	2014年	学士、硕士、博士	—
温州肯恩大学	美国肯恩大学与温州大学	浙江省温州市	2015年	学士	—

如西交利物浦大学，前六届(2010—2015年)毕业生中超过80%选择继续留学深造，其中10%进入TIMES世界排名前10学府，约50%进入TIMES世界排名前100名校，70%以上进入TIMES世界排名前200大学，近20%的本科毕业生选择直接就业，就职于世界500强、中国财富500强等企业。2015届毕业生中，83.28%的毕业生前往英国牛津大学、剑桥大学、帝国理工大学，美国芝加哥大学、哥伦比亚

大学、康奈尔大学，瑞士苏黎世联邦理工学院等继续深造。

(二) 高水平民办高校的筹资案例——西湖大学

1. 西湖大学的发展沿革

(1) 西湖大学的发展

2015 年 3 月 11 日，七位西湖大学倡议人正式向国家提交《关于试点创建新型民办研究性的大学的建议》并获得支持。

2015 年 5 月，上述七人与“国家千人计划”(国家海外高层次人才引进计划)的多位专家学者们商议后达成共识，希望在西湖之畔，“创建一所民办的、研究型的、有望在相对较短的时间内成为世界一流的小型综合大学，而其前身正是浙江西湖高等研究院”。

2015 年 11 月 23 日，杭州市西湖区与杭州市西湖教育基金会正式签署“共建浙江西湖高等研究院”战略合作协议。

2015 年 12 月 1 日，西湖大学的前身——浙江西湖高等研究院正式注册成立。

2016 年 2 月 29 日，杭州市委市政府发文成立“杭州市推进西湖大学项目建设指挥部”。

2016 年 6 月，潘建伟、陈十一、施一公和饶毅领衔的团队积极申报“杭州市顶尖人才和团队重大项目”和“浙江省领军型创新创业团队”。

2016 年 7 月 9 日，2016 年度浙江西湖高等研究院第一次学术人才引进面试工作在北京举行。

2016 年 10 月，浙江西湖高等研究院 5 号楼行政办公楼装修任务完成。

2016 年 12 月，浙江西湖高等研究院位于杭州市云栖小镇的院址正式落成并投入使用。

2016 年 12 月 10 日，在杭州举行成立大会并揭牌。

2018 年 2 月 14 日，教育部正式批复同意浙江省设立西湖大学。杨振宁任西湖大学校董会名誉主席，施一公当选首任校长。

(2) 西湖大学的目标

2005 年，潘懋元教授对未来我国民办高等教育有一个较为明确的预测：“到 2020 年，多种规模的民办高等学校及其学生，可能达到高等教育总数的二分之一以上，并将有若干民办高校成为各自定位的一流院校。”[①]可惜到今年(2019 年)未达到设想。

《西湖大学章程》第五条规定：“学校是一所以研究生培养为主、小而精的研究型大学，办学形式主要为全日制。”第六条规定：“学校全日制在校生规模不超过 5 000 人。”

① 潘懋元，林莉. 2020：中国民办高等教育的前瞻[J]. 浙江树人大学学报，2005(3)：1 - 4.

《时代周报》记者刘科报道："施一公提出西湖大学的办学目标是：2019年末赶超洛克菲勒大学；5年后科研水平比肩清华、北大，成为世界一流高校；15年后，比肩加州理工学院，成为世界名校。"①

《时代周报》记者刘科报道："西湖大学的定位，有两个关键词，一是民办，二是研究型大学。该校以民间筹资建校，以博士研究生培养为起点。著名结构生物学家施一公院长在成立大会上说：'这是我国历史上第一所民办的、含理工生命等多个学科的小型、综合性、剑指世界一流的高等研究院。'按照计划，2017年3月，首批教职工将入驻西湖高研院。与普通大学不同的是，西湖高研院以博士生培养为起点，先招博士，之后再招研究生和本科生，预计建成后要达到博士后300名、在校博士和硕士研究生3 000名、本科生2 000名的规模。"②

2. 西湖大学的筹资案例

2015年7月，杭州市西湖教育基金会成立。西湖基金会作为西湖大学的举办方和西湖大学捐赠基金的筹资主体，经浙江省民政厅批准，为非公募基金会。西湖基金会理事会由施一公、陈十一、潘建伟、饶毅、钱颖一、张辉、陈越光、甘中学、赵伟以等人构成。刘旻昊担任西湖基金会执行秘书长。施一公担任筹款委员会主席，承担西湖教育基金会运作募资工作。

2015年12月，西湖基金会注册成立了民办非企业性质的江西湖高等研究院，即西湖大学前身和办学依托主体。高研院由饶毅担任法人，下设生物学研究所、基础医学研究所、理学研究所、前沿技术研究所，分别由施一公、饶毅、潘建伟和陈十一负责领衔。

《南方周末》记者刘怡仙、《南方周末》实习生张问之报道："西湖教育基金会并非西湖大学办学经费的唯一来源，西湖大学的收入主要来自四大块，包括自筹经费、办学收入、竞争性经费及政府扶持资金。"③

(1) 土地由杭州市政府划拨，校园建设可以由地方政府承担

《澎湃新闻》记者贺梨萍报道："在西湖大学尚申报过程中，杭州市政府已先行在土地、资金等方面开起绿灯。西湖区通过腾笼换鸟，整体收购原宏迪产业园并进行提升改造，为西湖大学云栖校区高研院提供了10万平方米约130个独立实验室的免费办公用房。2017年3月19日，位于杭州市云栖小镇的约10万平方米的高研院正式启用，首批教职员工入驻。云谷校区一期用地面积约1 495亩④，首期建设用地635亩，首期校舍建筑面积约36.8万平方米，地下建筑面积约9万平方米。

① 刘科. 西湖大学超速获批最大单笔捐款3亿元[N]. 时代周报(广州)，2018-4-10.

② 刘科. 200亿+4个顶级科学家，这所大学要颠覆你对"民办高校"的看法[N]. 时代周报(广州)，2016-12-20.

③ 刘怡仙，张问之. 西湖大学揭牌后基金会办大学的"知"与"未知"[N]. 南方周末，2018-4-19.

④ 1亩≈666.7平方米.

2018 年 4 月 3 日，云谷校区正式开工建设，预计于 2021 年底完工并交付使用。在 2017 年 6 月的第四届产教融合发展战略国际论坛上，施一公曾表示，这意味着土地可以由地方政府划拨，校园建设可以由地方政府承担，科研经费也可以由政府通过购买服务的方式提供。”①

(2) 政府提供项目经费资助

《钱江晚报》记者孙晶晶报道：“以世界一流为目标的西湖大学(筹)终于有了新动作。组建理学、前沿技术、生物学和基础医学 4 个研究所，这 4 个研究院的‘掌门人’都是目前国内科学界的‘大咖’，分别是潘建伟教授、陈十一教授、施一公教授和饶毅教授。四个重点项目各获杭州一亿元扶持资金。浙江西湖高等研究院，就是未来西湖大学的前身及筹建依托主体。”②

《澎湃新闻》记者贺梨萍报道：“土地之外，政府还为西湖大学投入了巨额资金支持。就在高研院成立大会上，由施一公、陈十一、潘建伟和饶毅 4 位教授领衔的团队作为杭州市顶尖人才和团队重大项目，和西湖区政府正式签订协议，4 个项目各获得由杭州市提供的 1 亿元资助经费，用于一流人才引进和尖端科学研究。这被认为是杭州市人才项目一事一议的首例成功实践。”③

(3) 社会力量捐赠

《时代周报》记者刘科报道：“西湖大学前期建设及经营的主体是杭州西湖大学建设投资有限公司，注册资本 1 亿元；西湖大学的首位主要捐赠人是龙湖集团董事长吴亚军；西湖教育基金会宣布西湖大学暨西湖高研院创始捐赠人分别是：北京荣之联科技股份董事长王东辉、万达集团董事长王健林、北极光投资董事长邓锋、杭州创业软件总经理葛航、深圳金信诺公司董事长黄昌华和腾讯董事会主席马化腾。”④

《澎湃新闻》记者贺梨萍报道：“据西湖基金会 2016—2017 年年报，2016 年基金会共与 12 位捐赠人签订协议，金额超过 4 亿元人民币，实际到账金额为接近 2 000 万人民币。其中，在 2016 年高研院成立仪式上，首批 6 位创始捐赠人(捐赠资金在 1 亿人民币及以上)公开认捐。该 6 人分别为北京荣之联科技股份有限公司(002642)董事长王东辉、万达集团董事长王健林、北极光创投创始人邓峰、创业软件股份有限公司(300451)董事长葛航、深圳金信诺高新技术股份有限公司

① 贺梨萍. 西湖大学创立，近百位捐赠人出席[Z/OL]. 澎湃网，2018-10-26. [2018-10-26]. https://www.thepaper.cn

② 孙晶晶. 西湖大学前身——浙江西湖高等研究院昨成立[N]. 钱江晚报，2016-12-11.

③ 贺梨萍. 西湖大学创立，近百位捐赠人出席[Z/OL]. 澎湃网，2018-10-26. [2018-10-26]. https://www.thepaper.cn

④ 刘科. 200 亿+4 个顶级科学家，这所大学要颠覆你对“民办高校”的看法[N]. 时代周报(广州)，2016-12-20.

(300252)董事长黄昌华、腾讯董事会主席兼首席执行官马化腾。值得一提的是,施一公等人组成的'化缘'分队登门拜访的第一位创始人则是王东辉,而王东辉和施一公也是旧识。2017年,西湖基金会继续开拓募捐渠道。截至2017年底,西湖基金会协议筹款总额共约23亿元,实际到账近8亿元。共与50位捐赠人签订捐赠协议,其中21位为协议金额超过1亿元的创始捐赠人。西湖基金会2016—2017年年报还显示,从地域分布上来看,基金会2016年度的12位捐赠人只限北京和江浙两个地区。到2017年底,50位签订协议的捐赠人分布于苏浙沪(18人)、北京(13人)、河南(7人)、香港(3人)、深圳(5人)、其他地区(4人)。其中,西湖基金会称,未来基金会会在全国范围内开拓筹资渠道,同时加强面向海外地区的筹资活动。"①

《时代周报》记者刘科报道:"西湖大学最大数额的单笔捐赠来自敦和基金会,资助金额3亿元人民币。"②

《南方周末》记者刘怡仙、《南方周末》实习生张问之报道:"西湖教育基金会执行秘书长刘旻昊表示:'每天睁眼都是200亿的压力'。作为西湖大学基金筹资主体,西湖教育基金会面临一定的筹资压力。西湖大学筹建委员会算过这笔账:西湖大学全容量聘请300位教授时,一年所需的行政费用为10亿至12亿元。依照规划,8到10年内,基金会需做成一个200亿到250亿元的永续资金池,这样每年以基金运营投资的5%～6%的收益,即能满足西湖大学每年的运营费用。刘旻昊透露:'我们还是有KPI的,这是一个长期性的目标,截至2017年底,西湖教育基金会到账7.7亿人民币。'"③《时代周报》记者刘科报道:"西湖大学发起人之一的张辉曾在接受采访时表示,西湖大学(筹)的总资金投入'大概是十年200亿元'。"④

(三) 多办高水平民办高校比出国留学合算

北大教授章启群认为:"教育改革的出路只有一条:开放民间资本,新建真正的私立大学。"他指出:"中国近年外流的教育经费却令人触目惊心!中国目前出现了留学大潮。可以说正是国内高水平大学太少而将大批中学生挤出了国门。数据显示海外中国留学生总数为309.54万人,除去回国的大约100万,仍在海外的约有200万。自费留学占到整体人数的90%以上。如果按照一个学生的年费用20万元人民币计算,全部留学生的金额可达4 000亿人民币。我们为什么不用新的政策、法规,让这笔巨大经费发展我们自己的教育?近5年国家年平均投入的教育经费是15 590亿人民币。如果每年再增加4 000亿人民币用在中国大陆的教育投入

① 贺梨萍.西湖大学创立,近百位捐赠人出席[Z/OL].澎湃网,2018-10-26.[2018-10-26].https://www.thepaper.cn

② 刘科.西湖大学超速获批最大单笔捐款3亿元[N].时代周报(广州),2018-4-10.

③ 刘怡仙,张问之.西湖大学揭牌后基金会办大学的"知"与"未知"[N].南方周末,2018-4-19.

④ 刘科.200亿+4个顶级科学家,这所大学要颠覆你对"民办高校"的看法[N].时代周报,2016-12-20.

上,我们现在'985'大学、'211'大学的数量可以增加多少?随着国民经济收入的增长,让孩子在高中甚至初中阶段出国留学成为越来越多家长的选择。这对于心智尚未健全的独生子女,实质上并不是很好的选择。很多中国家庭用一辈子积蓄让子女留学海外。这些留学生中除了不到 1%的学生能够进入国外一流大学,其余学生大都进入二、三甚至不入流的学校。设想,如果中国再由民间资金新建 100 所'985'大学,1 000 所'211'大学,中学生上大学的比例达到 75%~80%,上名牌大学的比例达到 30%~40%,中学生和老师为高考还会这样玩命吗?出国留学还是这样火热吗?"笔者暂不企求那么多"985"和"211"大学,也不类比国外私立名校,如果有 2 所"985"和 10 所"211"水平的民办大学就不错了。

第二节　民办高校学费政策的发展轨迹

一、民办高校收费政策的发展沿革

(一) 民办高等教育收费政策的概况

在民办教育法规中有以下收费政策(按时间先后顺序排列)。

1987 年 12 月 28 日,国家教委、财政部公布的《社会力量办学财务管理暂行规定》(教审字〔1987〕8 号)第 4 条第 1 款指出:"学校应按当地教育行政部门会同有关部门制定的收费标准、办法向学员收取学杂费……学校收取学杂费使用的凭证,应是当地教育行政部门征得有关部门同意后印制的具有统一编号的三联收据。"

1997 年 7 月 31 日,国务院发布的《社会力量办学条例》(1997 年国务院令 226 号)第三十五条规定:"教育机构按照国家有关规定收取费用。教育机构的收费项目和标准,由该教育机构提出,经审批机关审核提出意见,由财政部门、价格管理部门按照职责分工,根据该教育机构的教育、教学成本和接受资助的实际情况核定。"

1997 年 10 月 14 日,国家教育委员会印发的《关于实施〈社会力量办学条例〉若干问题的意见》(教成〔1997〕6 号)第六条指出:"教育机构应按照教育行政部门和物价管理部门核准的收费项目和收费标准收取学费和其他必要费用,并使用省级财政部门统一印制的行政事业性收费专用票据。教育机构举办学习期限在一年(不含一年)以内的教学班,按学习期限收费,举办一年以上的教学班,按学期或学年收费,不得跨学期或学年预收费用。学生退学,教育机构应按学生实际学习时间和收退费规定核退部分费用。教育机构因刊登、散发虚假招生广告(简章)等违反国家规定造成学生退学的,应退还所收的全部费用。"

2002 年 3 月 31 日,《教育部关于进一步规范民办教育机构办学秩序的通知》(教电〔2002〕350 号)第三条规定:"进一步完善民办教育机构的收费管理和监督民办教育机构要按照当地教育、物价、财政部门核定的收费项目和收费标准收取费用。收费标准和退学、退费规定必须公开透明，不得巧立名目高收费、乱收费。学生退学的，要按学生实际学习时间和有关收退费规定核退部分费用。民办教育机构超过经核定的项目和标准滥收费用的，由审批机关责令限期退还多收的费用，并由财政部门、价格主管部门依照法律、法规予以处罚。民办教育机构要参照国家计委、财政部、教育部制定的教育收费公示制度的规定，公示核定的收费项目、收费标准以及收费依据。”

2003年3月1日发布的《中华人民共和国中外合作办学条例》（国务院令第372号）第三十八条规定：“中外合作办学机构的收费项目和标准，依照国家有关政府定价的规定确定并公布；未经批准，不得增加项目或者提高标准。中外合作办学机构应当以人民币计收学费和其他费用，不得以外汇计收学费和其他费用。”第五十五条规定：“中外合作办学机构未经批准增加收费项目或者提高收费标准的，由教育行政部门、劳动行政部门按照职责分工责令退还多收的费用，并由价格主管部门依照有关法律、行政法规的规定予以处罚。”

2004年3月5日，国务院发布的《中华人民共和国民办教育促进法实施条例》（国务院令第399号）第三十五条规定：“民办学校对接受学历教育的受教育者收取费用的项目和标准，应当报价格主管部门批准并公示；对其他受教育者收取费用的项目和标准，应当报价格主管部门备案并公示。具体办法由国务院价格主管部门会同教育行政部门、劳动和社会保障行政部门制定。”

2007年2月3日，教育部发布的《民办高等学校办学管理若干规定》（教育部令第25号）第二十二条规定：“民办高校必须严格执行政府有关部门批准的收费项目和标准。收取的费用主要用于教育教学活动和改善办学条件。”

2016年11月7日第二次修正的《中华人民共和国民办教育促进法》（主席令第55号）第三十八条规定：“民办学校收取费用的项目和标准根据办学成本、市场需求等因素确定，向社会公示，并接受有关主管部门的监督。非营利性民办学校收费的具体办法，由省、自治区、直辖市人民政府制定；营利性民办学校的收费标准，实行市场调节，由学校自主决定。民办学校收取的费用应当主要用于教育教学活动、改善办学条件和保障教职工待遇。”

2016年12月29日，国务院发布的《关于鼓励社会力量兴办教育促进民办教育健康发展的若干意见》（国发〔2016〕81号）第十六条规定：“实行分类收费政策。规范民办学校收费。非营利性民办学校收费，通过市场化改革试点，逐步实行市场调节价，具体政策由省级人民政府根据办学成本以及本地公办教育保障程度、民办学校发展情况等因素确定。营利性民办学校收费实行市场调节价，具体收费标准由民办学校自主确定。政府依法加强对民办学校收费行为的监管。”

(二) 30 多年来民办高等教育收费政策变化的主要内容

1. 自费生应定位于民办收费生

自费生起始于公办学校。1978 年 2 月 28 日，教育部和国家计委联合发布的《关于普通高等学校试行招收走读生和增加招生名额的通知》规定："自 1977 届新生起允许高等学校在完成国家招生计划的前提下试行招收通用和急需专业的走读生。"1980 年，"经上海市委、市政府批准，上海交大、复旦、上外等 22 所高校招收 3 000 名自费走读生。自费走读，不包分配，原则上要缴纳国家规定培养经费的三分之二以上。对于这批学生的办学经费来源，除向学生收取少量学费外，每年还将由上海市人民政府补贴 50 万元"。1980 年，上海普通高校走读生的收费标准是本科生每学期 25 元。①

2. 民办高校收费

1985 年 5 月 27 日发布的《中共中央关于教育体制改革的决定》第四条第三款规定："还可以在国家计划外招收少数自费生。学生应交纳一定数量的培养费，毕业后可以由学校推荐就业，也可以自谋职业。"

但是，随着民办高校的发展与高等教育体制的改革，这种以缴纳学费为主的招生制度从公办学校让渡到民办教育序列，成为民办高校的招生制度，因此，自费生应定位于民办收费生。

1991 年 11 月 18 日，国家物价局、财政部公布了《关于加强社会力量办学收费管理的通知》(〔1991〕价费字 548 号)。

2005 年 3 月 2 日，国家发展改革委、教育部、劳动和社会保障部印发了《民办教育收费管理暂行办法》(发改价格〔2005〕309 号)。

3. 实行分类收费政策

民办高等教育的收费原不分非营利性民办学校收费和营利性民办学校收费。2016 年 11 月 7 日第二次修正的《中华人民共和国民办教育促进法》第三十八条规定："民办学校收取费用的项目和标准根据办学成本、市场需求等因素确定，向社会公示，并接受有关主管部门的监督。非营利性民办学校收费的具体办法，由省、自治区、直辖市人民政府制定；营利性民办学校的收费标准，实行市场调节，由学校自主决定。民办学校收取的费用应当主要用于教育教学活动、改善办学条件和保障教职工待遇。"

2016 年 12 月 29 日，国务院发布的《关于鼓励社会力量兴办教育促进民办教育健康发展的若干意见》(国发〔2016〕81 号)第十六条指出："实行分类收费政策。规范民办学校收费。非营利性民办学校收费，通过市场化改革试点，逐步实行市场调节价，具体政策由省级人民政府根据办学成本以及本地公办教育保障程度、民办学

① 上海高校招收三千走读生[N]. 人民日报. 1980-8-1.

校发展情况等因素确定。营利性民办学校收费实行市场调节价,具体收费标准由民办学校自主确定。政府依法加强对民办学校收费行为的监管。”

2016年12月30日,教育部、人力资源和社会保障部、工商总局发布的《营利性民办学校监督管理实施细则》(教发〔2016〕20号)第二十八条指出:“营利性民办学校按学期或者学年收费,收费项目及标准应当向社会公示30天后执行。不得在公示的项目和标准外收取其他费用,不得以任何名义向学生摊派费用或者强行集资。”

4. 提出了收费公示

2004年3月5日,国务院发布的《中华人民共和国民办教育促进法实施条例》(国务院令399号)第三十五条规定:“民办学校对接受学历教育的受教育者收取费用的项目和标准,应当报价格主管部门批准并公示。”

(三) 改革与完善民办高校学费政策

2014年10月29日,李克强主持召开国务院常务会议时指出:“完善民办学校收费政策。”2014年,在中共十八届三中全会“鼓励引导社会力量兴办教育”的旗帜引领下,社会各界对民办教育越来越重视。国务院常务会议将“提升教育文体消费,完善民办学校收费政策”列为6大领域消费之一。

1. 制定民办高校的收费标准不能根据实际生均教育成本

2005年3月2日,国家发展改革委、教育部、劳动和社会保障部印发的《民办教育收费管理暂行办法》第六条规定:“民办学校学历教育学费标准按照补偿教育成本的原则并适当考虑合理回报的因素制定。”

2016年11月7日第二次修正的《中华人民共和国民办教育促进法》第三十八条规定:“民办学校收取费用的项目和标准根据办学成本、市场需求等因素确定。”

瑞典发展咨询公司在2003年10月向国际金融公司提交的《中华人民共和国民办高等教育市场研究——中期报告》中,指出我国民办高校收入主要来自两个方面:学费和住宿费,除此之外,许多学校还收取书本费、行政管理费、伙食费和校园上网费。在对我国民办高校收支状况进行分析的基础上,报告指出:事实上所有被分析过的民办高校,都有可观的盈利剩余用于规模的进一步扩大。学费根据市场来制定,教师成本和其他保持与提高办学质量所需的费用则尽量降低,因而在有些情况下大量的现金剩余被用于再投资建设富丽堂皇的校舍和校园。这表明,学费从源头上决定了民办高校软硬件的建设,进而影响民办高校的下一步发展。①

笔者在本书第二章第四节已阐述,确定高校学费的标准不能根据实际生均教育成本,而应该是高校的标准成本。民办高校更不能按实际生均教育成本确定学

① 《中华人民共和国民办高等教育市场研究——中期报告》,瑞典发展咨询公司提高给国际金融公司的报告,2003年10月.

费，虽然民办高校在运行过程中的浪费比公办高校少得多，但民办高校的实际生均教育成本与公办高校相比低得不正常：一是民办高校在硬件方面投入不足；二是师资队伍建设方面投入不足，不可能像公办高校那样高薪引进高层次人才，或送到境外培训；三是平均工资水平低于公办高校，相当多的外聘教师是退休人员，在职的大多数是青年教师；四是不少民办高校缺乏长远发展的投入，上一些"短平快"的项目；等等。因此，根据实际生均教育成本确定民办高校收费标准不可取。

2. "以收抵支、收支平衡"不能作为民办高校收费的原则

1991 年 11 月 18 日发布的《国家物价局、财政部关于加强社会力量办学收费管理的通知》规定："社会力量办学要以服务为宗旨，本着'以收抵支、收支平衡'的原则，由省级物价、财政部门制定统一计费办法或收费标准。"

"以收抵支、收支平衡"不能作为民办高校收费原则的理由：一是因为收在前支在后，未支无法确定收；二是"以收抵支、收支平衡"是否可以理解为多收多支，少收少支，达到"以收抵支、收支平衡"。

3. 确定民办高校收费应考虑质量的原则

中共十八届三中全会通过的《中共中央关于全面深化改革若干重大问题的决定》第 6 条指出："推进公共资源配置市场化。""优质优价"是市场原则，虽然是同一学科或同一专业，对于民办高校中的优势学科和品牌专业，由于其高等教育质量较高，民办高校收费应考虑"优质优价"的原则。

二、民办高校资助政策的发展沿革

(一) 减免学费和人民助学金制度

新中国成立后，上海市规定所有私立学校都要设 25% 的减免费名额，学校有困难则由政府补助；从 1952 年起，高等学校实行人民助学金制度，并让学生享受公费医疗的待遇，保证工农子弟能有机会接受高等教育。①

(二) 国家奖学金和国家助学金

2007 年 6 月 26 日，财政部、教育部印发的《普通本科高校、高等职业学校国家奖学金管理暂行办法》(财教〔2007〕90 号)第十五条规定："民办高校(含独立学院)国家奖学金管理办法由各省(自治区、直辖市)制定。各省(自治区、直辖市)在制定办法时，应综合考虑学校的办学质量、学费标准、招生录取分数、一次性就业率、学科专业设置等因素。"

2007 年 6 月 27 日，财政部、教育部印发的《普通本科高校、高等职业学校国家助学金管理暂行办法》(财教〔2007〕92 号)第二十条规定："民办高校(含独立学院)按照国家有关规定规范办学、举办者按照本办法第十九条规定的比例从事业收入

① 陈元辉. 老解放区教育简史[M]. 北京：教育科学出版社，1982.

中足额提取经费用于资助家庭经济困难学生的，其招收的符合本办法规定申请条件的普通本专科（含高职、第二学士学位）学生，也可以申请国家助学金。”

（三）学费补偿和国家助学贷款代偿

2009 年 4 月 20 日，财政部、教育部、总参谋部印发的《应征入伍服义务兵役高等学校毕业生学费补偿和国家助学贷款代偿暂行办法》（财教〔2009〕35 号）第三条规定：“本办法中高等学校指根据国家有关规定批准设立、实施高等学历教育的中央部门和地方所属全日制公办普通高等学校、民办普通高等学校和独立学院。”第二条规定：“从 2009 年起，国家对应征入伍服义务兵役的高等学校毕业生在校期间缴纳的学费实行补偿。在校期间获得国家助学贷款（含高校国家助学贷款和生源地信用助学贷款）的，学费补偿款必须首先用于偿还助学贷款本金及其全部偿还之前产生的利息。”

2016 年 12 月 29 日，国务院发布的《关于鼓励社会力量兴办教育促进民办教育健康发展的若干意见》（国发〔2016〕81 号）第四部分为“完善扶持制度”，第十三条规定：“落实同等资助政策。民办学校学生与公办学校学生按规定同等享受助学贷款、奖助学金等国家资助政策。各级人民政府应建立健全民办学校助学贷款业务扶持制度，提高民办学校家庭经济困难学生获得资助的比例。民办学校要建立健全奖助学金评定、发放等管理机制，应从学费收入中提取不少于 5% 的资金，用于奖励和资助学生。落实鼓励捐资助学的相关优惠政策措施，积极引导和鼓励企事业单位、社会组织和个人面向民办学校设立奖助学金，加大资助力度。”上述“落实同等资助政策”中诸如学生贷款、勤工助学、学费减免、特殊困难补助、绿色通道等资助家庭经济困难学生均与公办学校学生同等待遇，相关内容在第二章第四节已阐述，不再赘述。

第七章　新中国成立前高校财务的发展概况

本章中新中国成立前不仅包括1927年成立的"国民政府"，而且包括1912年后的各届"北洋军阀政府"乃至清朝后期的"清政府"以及在1927年以后，中国共产党领导工农武装割据创建的革命根据地和解放区。

第一节　革命根据地和解放区高校财务的发展概况

2019年3月10日，习近平参加十三届全国人大二次会议福建代表团参加审议时指出："今年是新中国成立70周年，要饮水思源，决不能忘了老区苏区人民。"

一、中国革命根据地和解放区高校的概况

严格地说，中国革命根据地高校从事的是干部教育，而不是普通高等教育。因此，在陈桂生所著的《中国革命根据地教育史》和宋荐戈、张腾霄所著的《简明中国革命根据地教育史》中，都将革命根据地高校放在"干部教育"中阐述。[①]

陈桂生的研究表明："区别高等学校与干部学校的主要标志是：(1) 前者在学生来源方面，讲求一定学历或学力；后者对学力也有一定要求，但不严格。(2) 前者修业年限一般在二年或二年以上；后者一般在一年之内。(3) 前者在课程设置中以文化课程、专业课程为主；后者以政治训练、业务训练为主。(4) 前者一般实行院、系编制；后者一般实行部、队编制。运用上述尺度，可以大致确定根据地大学的属性。在根据地，办学历史最长的大学，莫过于华北联合大学与延安大学（中国人民抗日军事政治大学另当别论）。这两所大学在办学过程中干部教育与高等教育反复交替，体制变化各有五六次之多。"[②]宋荐戈、张腾霄的研究表明："1940年9月1日，延安自然科学院举行开学典礼，学制原定2年，1941年改为3年，因为延安自然科学院大学部的假期很短，所以教学的总时数与国民党统治区4年制大学本科的教学的总时数是相当的。"[③]

中央苏区革命根据地、鄂豫皖苏区革命根据地、陕甘边苏区革命根据地、苏中

---

① 陈桂生.中国革命根据地教育史[M].上海：华东师范大学出版社，2015；宋荐戈，张腾霄.简明中国革命根据地教育史[M].北京：中国文史出版社，2016.

② 陈桂生.中国革命根据地教育史[M].上海：华东师范大学出版社，2015.

③ 宋荐戈，张腾霄.简明中国革命根据地教育史[M].北京：中国文史出版社，2016.

抗日根据地、沂蒙革命根据地、广东琼崖根据地等，这些革命根据地都有“干部教育”，但高等干部教育始于1931年11月成立的中华苏维埃共和国临时中央政府时期。虽然，1928年5月，成立了袁文才任主席的湘赣边界苏维埃政府，但不是苏维埃中央政府。

目前，中央党校、军事院校都被列入了高等教育序列。

(一) 革命根据地的高校

1. 中共中央党校

中央党校的前身是1933年3月13日在瑞金洋溪创办的马克思共产主义大学，又称马克思共产主义学校或党校，是中国共产党最早的一所中央党校。创办于1933年8月21日的苏维埃大学(又名沈泽民苏维埃大学或沈泽民大学)在瑞金沙洲坝建校，是为革命根据地培养苏维埃建设各项高级干部的学校，学校设特别工作班和普通班两部。特别工作班又分设土地、国民经济、财政、工农检察、教育、内务、劳动、司法八班，1934年7月16日合并到马克思共产主义大学办理。红军长征到陕北后，于1935年11月在瓦窑堡复校，12月招生。1942年2月28日，中共中央政治局通过的《关于党校组织及教育方针的新决定》规定：“今后中央党校直属中共中央书记处，其政治指导由毛泽东负责，组织指导由任弼时负责。”其培训对象以党政军领导干部为主，培训内容以马克思列宁主义、党的方针政策为主，学训是“实事求是”。

2. 中国抗日军政大学

中国抗日军政大学的前身是成立于1931年秋的中国工农红军学校。何长工回忆：“1931年秋，毛泽东根据党的决定在宁都小布找我和邓萍谈办军校的事。毛泽东说，北伐时有个‘黄埔’，我们要办个‘红埔’。我们决心下点本钱办个培养干部的基地，源源不断地向红军输送经过军校培养的军政素质好的红色指挥员。”①1933年10月由中国工农红军学校改编成立中国工农红军大学，又称工农红军大学，简称红军大学或红大。1934年10月红军开始长征时，根据中央决定将红军大学、彭杨步校、特科学校合编为干部团，随中央机关长征。1935年11月红军到达陕北。1936年6月1日，中央决定将红军大学改名中国抗日红军大学，1937年春又改名中国抗日军政大学，简称抗大，担负起培养大批抗日斗争所急需的军政干部的任务。学训是“团结、紧张、严肃、活泼”。

3. 陕北公学

陕北公学简称陕公，1937年7月筹办8月招生，11月1日开学典礼。其“与抗大有所区别，有所分工。抗大主要培训军事干部，教学计划的安排原则是七分军事，三分政治；陕公主要培训政治干部，教学计划的安排原则是七分政治，三分军

---

① 赣南师院、江西省教科所编《江西苏区教育资料汇编(三)》，1985年.

事。因此，陕北公学是以革命的政治教育为主”。[①] 学训是“忠诚、团结、紧张、活泼”。

1939 年 7 月，陕北公学与鲁迅艺术学院、延安工人学校、吴安堡战时青年训练班的部分师生在延安组成华北联合大学，开赴华北敌后办学。

1939 年 11 月，根据中共中央决定，在延安又开办了陕北公学，设政治、经济、文化、国防教育 4 个系和一个研究班。1941 年 9 月，陕北公学与其他学校合并成立延安大学。

4. 延安马列学院和中央研究院

1938 年 5 月 5 日创办的延安马列学院是中国共产党的第一所学习和研究马克思主义理论的干部学校，其任务是培养党的理论工作者和宣传干部。1941 年 7 月，马列学院更名为马列研究院，同年 8 月改名为中央研究院。中央研究院设的研究室有：中国政治研究室、中国文化思想研究室、中国历史研究室、中国文艺研究室、中国教育研究室、中国新闻研究室、国际问题研究室、俄语研究室。1943 年成为中央党校的三部。

5. 鲁迅艺术学院

1938 年 2 月开始筹建鲁迅艺术学院，1938 年 3 月 18 日开始上课，4 月 18 日举行开学典礼。第一期设戏剧、音乐、美术三个系，第二期增设文学系。主要任务是培养前方和敌后需要的一专多能的文艺宣传通才。1939 年 7 月，鲁迅艺术学院以普通部为主并入华北联合大学。鲁迅艺术学院研究部和专修部继续在延安办学，更名为鲁迅艺术文学院。学训是“紧张、严肃、刻苦、虚心”。

6. 延安大学

1941 年 8 月，中央决定将陕北公学、泽东青年干部学校、中国女子大学合并组建延安大学。1943 年 4 月，中央又将鲁迅艺术文学院、自然科学院、新文字干部学校等并入延安大学。延安大学下设的行政学院（行政系、司法系、财政系、教育系）学制 2 年，自然科学院（机工系、化工系、农业系）学制 3 年，鲁迅艺术文学院（戏剧系、音乐系、美术系）学制 2 年和医药系学制 1～2 年，成为文、法、理、工、农、医多学科的综合性高级干部学校。1949 年 7 月迁入西安，更名为西北人民革命大学。

7. 华北联合大学

1939 年 10 月在华北联合大学河北省阜平县城南庄成立，设社会科学部（陕北公学改编）、文艺部（鲁迅艺术学院改编）、工人部（延安工人学校改编）和青年部（安吴青年训练班改编）。后改为社会科学院、文艺学院、教育学院和群众工作部、中学部，各学院又分设若干系。

---

① 成仿吾. 战火中的大学——从陕北公学到人民大学的回顾[M]. 北京：人民出版社，2014.

8. 八路军医科大学

八路军医科大学的前身是成立于1931年的中央苏区中国工农红军卫生学校，1937年8月在延安改名为八路军卫生学校，1940年9月扩建为八路军医科大学。抗战胜利奉命开赴东北，经张家口时将张家口医学院合并，更名为中国医科大学。

9. 八路军军事学院

1941年11月，中央决定将1941年7月成立的抗大三分校和1940年8月成立的八路军军政学院合并，改名为八路军军事学院。

此外，革命根据地的高校还有：

1932年10月在瑞金创办的高级列宁师范学校，又称中央列宁师范学校。

1931年在光山县创办培养鄂豫皖革命根据地苏维埃干部的最高学府——鄂豫皖特区列宁高级干部学校；1931年，鄂豫皖特委成立鄂豫皖革命根据地最高军政训练机关——中央军事政治学校第四分校，后改名为彭杨分校。

1934年秋，在南梁根据地荔园堡成立了陕甘边军政干部学校。

1939年7月，在延安创办了中国女子大学，学训是“紧张的学习、艰苦的生活、高尚的道德、互助的作风”。

1941年9月18日，中央决定以1940年成立的陕北公学民族工作队为基础成立延安民族学院。

1940年7月，琼崖特委和琼崖抗日纵队在美合山区成立琼崖抗日公学。

1941年4月，山东沂蒙山区成立山东公学，是沂蒙山区主要的干部学校。

1944年6月，苏中公学正式成立，这是一所依照延安抗日军政大学的规模与式样创办的高等学校。

(二) 解放区的高校

1. 马列学院

解放战争初期，延安中央党校停办。1948年5月，晋察冀边区和晋冀鲁豫边区合并为华北解放区，中共中央委托华北局创办“大党校、大军校、大党报和华北大学”。1948年7月24日，中共中央做出《关于开办马列学院的决定》规定：“马列学院是中共中央直接创办的高级党校。……马列学院的任务是比较有系统也培养有一定理论水平的党的领导干部和宣传干部。”1949年春马列学院随中共中央进北京，1955年改名为中共中央党校。

2. 华北军政大学

1948年6月11日，华北军政大学在石家庄成立。1950年9月，华北军政大学与华东军政大学合并在南京成立了解放军军事学院，解放军军事学院是国防大学前身。

3. 华北大学

根据中共中央决定，将华北联合大学和北方大学合并，于1948年8月24日在河北省正定成立华北大学。华北联合大学是晋察冀边区的最高学府，北方大学是晋冀鲁豫边区1946年1月在河北省邯郸成立的最高学府。1949年1月，华北大学迁址北平，1950年2月，以华北大学主要部分为基础成立中国人民大学，其他部分分别成立北京农学院、北京工学院、北京外国语学院、中央戏剧学院和中央美术学院等。

4. 华北医科大学

华北医科大学是由晋察冀边区白求恩医科大学和晋冀鲁豫边区北方大学医学院合并，于1948年7月在石家庄成立。1950年8月改名为天津军医大学，迁入长春后定名为长春白求恩医科大学。

1948年下半年，东北成为解放区。中共东北局和东北行政委员会做出了《关于整顿高等教育的决定》。经过整顿，东北解放区共设立13所大学①：东北大学（后改为东北师范大学）、东北行政学院、东北鲁迅文艺学院、沈阳工学院、沈阳农学院、沈阳医科大学、哈尔滨工学院、哈尔滨农学院、哈尔滨医科大学、大连大学、延边大学、长春兽医学校、哈尔滨外国语专门学校。

二、中国革命根据地和解放区高校的会计

前已述及，就是在新中国成立后的相当长时间内（1949—1978年），我国没有独立的高校会计制度和财务制度，高校会计制度和财务制度依附在政府（或事业单位）的会计制度和财务制度内。中国革命根据地和解放区高校的会计制度和财务制度也依附在政府的会计制度和财务制度内。

虽然陈桂生的研究显示，在江西苏区就有“教育会计制度”，他指出：“江西省苏维埃政府教育部根据统一财政的要求，发布过《关于建立教育会计制度的训令》，规定在自愿原则下的群众募捐款项，学生抖米抖钱，由区教育部审查；中央所发教育经费，由省按月报预算存省分库；县到县支库领现款；区向县领款，直接下发。”②但总的来说，高校的会计制度和财务制度长期依附在政府的会计制度和财务制度内。

1931年中华苏维埃共和国临时中央政府成立以前，革命根据地没有统一的会计制度。主要表现在：一是没有设立专门会计机构，收钱机关、管钱机关、用钱机关混在一起，没有单独分设；二是会计科目的名称不统一，会计凭证和会计账簿格式不规范；三是经费领拨手续和会计交接手续不健全；四是没有预算和决算，坐支现象严重。

1931年11月7日，中华苏维埃共和国临时中央政府在江西瑞金成立，下设“九

① 辽宁省教育科学研究所.东北解放区教育资料选编[M].北京：教育科学出版社，1983.

② 陈桂生.中国革命根据地教育史[M].上海：华东师范大学出版社，2015.

部一局”，即九个人民委员部（军事、外交、财政、劳动、土地、教育、内务、司法、工农检察）和一个国家政治保卫局。从此，根据地的会计工作逐渐走上正轨。

(一) 单独设立会计机构

中央革命根据地的江西省首先重视建立会计组织和加强会计队伍建设。1932年5月，在江西省第一次工农兵苏维埃大会关于财政与经济问题的决议案中指出：“为了建立强有力的财政部组织与工作，省财政部应注意财政专门人才的训练与培养。在目前首先要训练一批会计人才使用新的簿记，来供给各县办理会计工作，改换旧的账簿，实行新的簿记。”相关的苏区干部学校设立了财会人员专门培训班，进行系统的会计知识和工作培训。

1932年8月17日中共中央人民委员会第22次常会通过的《财政部暂行组织纲要》第五条规定：“（中华苏维埃共和国）财政人民委员部下，暂时设立会计处、审计处、总务处、税务局、公债管理局、钱币管理局、国产管理局、合作社指导委员会。”第六条规定：“省财政部设会计科、出纳科、税务科、审计科及合作社委员会。县财政与省同，但不设审计科，与省县同级之财政部均设出纳、会计、税务三科。”第七条第一款规定：“会计处掌管国家关于总预决算的编制，金钱物品之会计，会计制度之确立等事项。”这些规定表明，中央苏区时期会计管理即由财政部门负责。

1933年3月28日，《省县市财政部暂行组织纲要》规定，省财政部会计科一般为5人，县财政部会计科为2人，区财政部、市财政科设会计员1人。会计科或会计员掌管行政费的钱粮出纳、账目登记以及预算编制的审查，并负责掌管税收及国有财产以外的国家财政收入账目，经常检查和批示下级会计工作，省会计科之下及记账员、出纳员、审核员，实行分工负责。

1933年12月22日，《中华苏维埃共和国地方苏维埃暂行组织法（草案）》中则规定，各财政部会计科管理钱币的出纳，账目的登记，预算书、计算书的编制等。会计科之下，设记账、出纳、审预等股。

(二) 建立统一的会计制度

1. 统一的会计制度

1932年3月16日《红色中华》第十四期发表署名为德峰的文章《对于财政统一的贡献》指出：“统一财政，开源节流，是目前当务之急的工作。统一财政，必须首先确定会计制度，才能树立财政统一的基础。”

1932年8月16日，中央财政人民委员部又发布了《关于统一税收问题》的第十五号训令，要求税收会计进行统一：“税收为国家财政主要收入，自应由国家统一征收，以前各级政府对于各种税收都系各自征收，归入各级统计，作为一种日常收入，从未另外报解中央。如此一方面使国家无从知道各地税收确数，另一方面对于各级账目之检查也发生许多困难。因此，本部决定从八月份起，凡土地税，商业税，山林税以及店租、房租、矿产租金等各项租税收入，各级财政部都应另立账簿，如公债款一样，分别收入，按月解缴上级，累送中央或中央所指令之用途，并须按月将收入情形详细报告，以便审查。各级财政部对于上述各项税款，以后不得擅自动用，并不得将所收款项列入日常收入，以混乱会计系统，其上半年及七月份所收税款则须分别统计填表格，报告来本部，以便审查。”

1932 年 12 月 16 日，财政人民委员部发出《统一会计制度》的第十二号训令，要求建立会计制度来解决“收钱机关、管钱机关、用钱机关混在一起；收入与经费没有分开；各项会计科目没有一定名称”的问题。财政部要求各级财政、行政与军事机关明确科学的会计制度，一是要明确收钱、管钱、领钱三个机关的各自职能分工：“收钱机关税委和财政部只准收钱，收到了款分文解交管钱机关各级国库；领钱机关即各级政府各部门各级司法教育机关须按月作预算，按照系统送交本部批准发给支票才得向国库领款；国库收到之款只准送到上级国库或照上级支票付款。”二是“要把各级收入及开支都分别划分，各成系统”，以便于中央有计划地管理各项财政项目。三是“要规定预算规则；自中央至县区乡政府必须照规定时日严格执行，使会计按月结束”。四是统一簿记单据，“确定记账办法，使各级采用新式簿记，使每条账目都有凭证”。①

2. 制定会计规则

1932 年 12 月 16 日，为进一步加强革命根据地会计制度建设，中央财政人民委员部专门制定了《会计规则》，分为总则、收款之程序、支款之程序、账簿、记账、支库单据之证明、报告之编制、附则八章。②

《会计规则》的主要内容包括：

(1) 会计年度

政府会计年度，以每年 7 月 1 日开始，至次年 6 月 30 日终止。

(2) 货币计量单位

现金收付，均以国(即中华苏维埃共和国)币为本位币，以元为单位，与本位币市价不同的各种货币，应折合为本位币登记。

(3) 会计要素

国家以租税及其他一切为岁入，一切经费支出为岁出，岁入岁出，均由会计处编入总预算与总决算。会计处根据国库与国库管理局及附属机关各报告，每日并按月编制报告表，呈部长审核。

(4) 会计科目

各账簿内会计科目，均须依照财政部规定的分类名称登记，其未列入会计科目

① 中华苏维埃共和国临时中央政府财政人民委员部第十二号训令——于统一会计制度问题(1932 年 12 月 16 日)[M]//江西省税务局，等. 中央革命根据地工商税收史料选编. 福州：福建人民出版社，1985.

② 中央财政人民委员部会计规则(1932 年 12 月 16 日)[M]//江西省税务局，等. 中央革命根据地工商税收史料选编. 福州：福建人民出版社，1985.

分类者，由各机关自行酌定名称，但须简明切实，以表示各科目或账的内容。

(5) 记账方法

国库总分支库须完全采用复式簿记，省、县政府及各税收机关，如所在地已成立国库，而其本身收支并不复式者，采用单式簿记，但其收支稍为复式者，仍须尽量采用复式簿记。

(6) 会计凭证

总分库出入款项，应先制成传票为记账凭证，每张传票只许列一科目，关系单据均须贴附于该传票之后。传票分收入传票、付出传票、转账传票三种，须逐日汇订成册，册面须注明年月日，各种传票及附属单据张数由主管人员盖章保存。凡一切支出，必须取得凭证单据。各机关要备凭证单据粘存簿，将各种单据按支出计算书区分项目，依次粘存并分类编号，以便清查。单据粘存簿须按月连同支付计算书，送交上一级财政机关存查。总分支库应照规定日期及份数，填制各种表书等分送上级机关。

(7) 会计账簿

各机关现金簿、物品簿及一切账簿，每一会计年度更换一次。各机关账簿一经启用，均须由各机关负责人与会计人员负责保管。各机关每一会计年度应备具一账簿目录簿，将所用一切账簿之首页尾页，所登记各项分别登记，并编定送会计主管部门备查。凡分户记载的各种账簿，均须填具科目或账户目录于首页。各种账簿单据，表格格式大小等由财政部规定。账簿分为主要账和补助账，主要账包括日记账和总账，补助账每一会计科目立账一本，每目立账一户详记收付事实，以明主要账内容，其种类按照各机关需要而增减。

(8) 会计报表

国有营业机构应每月编制收支报告表于下月 10 日以前送交财政部。每一会计年度终了后着手编制营业实际报告表、损益表、资产负债表、资产目录、负债目录等，于会计年度终了后一个月内送交财政部转国库管理局，会计和审计部门审核。各种报告均要按规定期间编制送交，不得迟报。会计规则自颁布之日起施行。《会计规则》对会计事项做了较为系统和规范的规定，而且规定得较为详细，可操作性强，特别是相关手续要求严格而合理，对会计制度的统一起到了关键作用。

(9) 会计档案

日记簿、总账、传票及对外的重要单据、决算表保存三年，各种补助账、各种收据及支票等存根保存二年，日计表及库存表、各项书类保存一年。

(10) 领拨缴经费

各税收机关及各级财政部所收之款，均须按照期限报解当地分支库。各机关每月领经费时，应先期编制支付预算书，连同请款凭单送财政部审计核发，交国库管理局支发。

(11) 设稽核科

会计处设稽核科，随时派稽核员分赴各机关指导会计事项，并检查账簿报告及单据等。

(三) 制定与会计制度相适应的配套制度

为确保会计制度落实到位，中央革命根据地还采取了一系列配套措施。

1. 制定《国库暂行条例》

1933年10月22日，临时中央政府宣布建立国库，规定"国库掌管国家所有现金项目之收入、保管及支出等项业务"。国库工作由人民委员会总国库管理局负责管理，金库委托国家银行代理管理，地方金库设省、县两级，但不受省、县财政部支配。为强调中央权威和财政统一原则，"红军当中不设金库，而是由总政治部代理国库进行已经决定了的筹款数额的现金征收工作"。作为会计制度的配套制度，国库需要严格的预决算和开支收支制度加以维护："各种经费的支出应当按照各机关所编成的预算先送交各级财政人民委员部会计检查处，经其审查后再申请财政人民委员部批准，然后即可由国库管理局开出支票；在各机关各部队当尚未收到支票时一律不得向各金库领取现金。"总金库设在中央银行，必须每天编制收支报表和库存报表汇报中央财政部，分金库的报表则为每三天上交上级金库和财政部，支金库则为每五天一报告。①

《国库暂行条例》规定国库掌管国家所有现金项目收入、保管及支出等项业务，各级金库应有主任、会计、出纳。各种经费的支出，应当按照各机关所编成的预算，送交各级会计主管部门审查后，再申请财政部批准，然后才可由国库管理局开出支票。"根据国库与国库管理局及附属机关各报告，每日并按月编制报告表呈部长审核。"②

2. 建立中央银行制度

1932年5月成立国家银行。《国家银行暂行章程》规定国家银行隶属于财政部，在瑞金设立总行，各地设立分行，启动资金国币100万元由国库预算拨付，须增加资本时可呈请财政部核准由国库拨付。国家银行的业务以"帮助发展生产，对于国有工商业或合作社事业得为有抵押和无抵押之放款"为优先，同时亦有商业票据贴现、代管贵重物品以及收受各种存款等一般银行业务。国家银行受临时中央政府委托办理国库和公债业务，因而拥有发行钞票的特权。国家银行的管理由财政

---

① 临时中央政府人民委员会关于国库暂行条例(1933年12月22日)[M]//赣州市财政局，瑞金市财政局.中华苏维埃共和国财政史料选编.出版者不详，2001.

② 中央财政人民委员部会计规则(1932年12月16日)[M]//江西省税务局，等.中央革命根据地工商税收史料选编.福州：福建人民出版社，1985.

部任命的管理委员会负责。每年十二月是国家银行的总决算期。① 为维护苏区货币的权威，严格现金出口制度，临时中央政府规定“对持票要求兑换者须尽量兑付现洋，不得拒绝。同时要向持票人宣传以提高他们对国家银行钞票之认识和信仰；一切税收要完全缴纳国家银行钞票及苏维埃二角银币”。② 苏维埃国币“凡苏区境内均一律十足通用，无论何人不得阻碍通行或抑低价格以破坏国家信用”。③ 1933年4月28日，财政部训令建立的现金出口登记制度规定“凡携带大洋或毫子往白区办货20元以上者须向市区政府登记，1 000元以上者须向县政府登记取得现金出口证才准出口，无出口证及非为办货用的一律不准出口。向银行或兑换所兑换大洋的也要有现金出口证为凭”。④

3. 建立审计制度

1934年2月20日，中央政府发布的《中华苏维埃共和国临时中央政府执行委员会审计条例》明确指出：“为着保障苏维埃财政政策的充分执行，裁判检举对贪污浪费的行为，使财政收支适合于目前革命战争的需要。”中央政府下设的中央审计委员会，负责中央财政的岁入岁出预决算、全国行政经费预决算、军事预决算、经济建设收支预决算以及中央政府补助群众团体经费预决算。除中央审计委员会外，省县两级还设有分会，审查地方财政工作。⑤

中央审计委员会对1934年3月中央政府预算的审计发现“各部首长对于预算决算制度还未有提到与整个苏维埃政策的重要性来注视这一工作，有的没有配合实际工作的需要来负责检讨经费问题。一般地说，预算决算行政首长是很少过问的，最多是过一过目而已”⑥。此外，财政工作中的贪污浪费现象十分严重。中央审计委员会对几家国家企业的审计情况不十分理想。如月营业收入达7 000元以上的中央印刷厂“还说不上有生产计划和完善的管理”。审计委员会发现该厂成本和利润之间差异巨大，但“负责人不知道哪点是浪费哪些是多余”。中央审计委员会综合几家国家企业的审计情况后认为“一般的缺点是不明了本身在苏维埃经济上的性质和作用，不知道也不考察产品的成本，不知计算盈亏，有钱就用，没有钱向

① 中华苏维埃共和国国家银行暂行章程(1932年5月)[M]//赣州市财政局，瑞金市财政局. 中华苏维埃共和国财政史料选编. 出版者不详，2001.

② 临时中央政府人民委员会命令第十四号关于兑换国家银行钞票问题(1932年6月)[M]//赣州市财政局，瑞金市财政局. 中华苏维埃共和国财政史料选编. 出版者不详，2001.

③ 中华苏维埃共和国临时中央政府人民委员会命令第十七号维护国家银行货币的信用(1932年7月10日)[M]//赣州市瑞金市财政局. 中华苏维埃共和国财政史料选编. 出版者不详，2001.

④ 中华苏维埃共和国临时中央政府财政人民委员部训令第十九号(1933年4月28日)[M]//江西省税务局，等. 中央革命根据地工商税收史料选编》. 福州：福建人民出版社，1985.

⑤ 中华苏维埃共和国临时中央政府执行委员会审计条例(1934年2月20日)[M]//江西省财政局. 中央苏区审计史料汇编. 出版者不详，1983.

⑥ 中央审计委员会审查三月份中央政府预算的总结(1934年3月)[M]//江西省财政局. 中央苏区审计史料汇编. 出版者不详，1983.

国家主管机关要”。①

4. 制定《财政机关交代规则》

《财政机关交代规则》规定卸职人员至卸职前一日止，应将在职期内所管各件造具交代清册，会同监视人移交接任人员。交代事项为各项收入数、经管实领实支及余存数、各种单据及其存根、国有财产及物品、各种文件及表册账簿等。卸职人员已支未报或已领未支各款，一律按照预算款目将实数表册移交接收人员，并向其申说明白。接收人员到职后至迟在 15 天内，须将移交款物等按表册单据，盘查清楚后接收。由中央财政人民委员部规定了各种簿记单据格式。相关配套措施实行后，较好地解决了会计制度执行过程中的技术性问题。

(四) 用会计制度整顿会计工作

1. 整理旧账

1932 年 12 月中央财政人民委员部印发《整理旧账手续》，要求在 1933 年 1 月 1 日前对旧账整理完毕。命令要求“各级财政部应先将今后一月份至年底收支数目按月造收支对照表，将每月收入的支出的总结起来，照原收付存的道理对照一样；第二步，再将收入数目中分开税款、租款、国有财产收入款，其余则归入特别收入支出款内；支出数目中则须分行政费、司法费、教育费、军事费、政治保卫费、党费及缴交上级各项”。在报表完成后，另一项整顿工作便是清理各种借款，要求“过去私人向政府移借之款应马上收回；军队移借之款须列单并收条报告中央，由中央追回。不能立刻收回者须列单并借款收条报告中央”。最后所有现款“无论省县区乡须于十二月三十一日晚结束，一概移交国库”。②

2. 严格票据管理

票据的真实性和准确性是进行会计准确核算的基础，因此中央革命根据地十分重视票据管理，特别是收支票据印制，管理十分严密，要求一切税收票据必须由国家印刷局印行，由各财政机关向中央政府领用。支款时必须先造预算，经苏维埃政府批准后，领款机关附具清款凭单，交由财政部门稽核审查相符，再填发由财政部门主要负责人签字的发款通知。为彻底统一财政和财税收据，防止贪污舞弊，中央财政人民委员部于 1934 年 1 月发出《为统一财政收据防止舞弊》的第七号布告，规定财政上各项岁入收据统一印发，并由上级机关盖印，交各级财税机关使用。从 1934 年 2 月 15 日起，凡一切国家收入如税款、租款、地主罚款、富农捐款、没收款、司法罚款、国有山林拍卖款、矿产租金、退还款、节省款等，不论一次交清或几次交清，都须用统一印发并经上级机关盖印的正式收据，收款机关负责人盖私章后才生

① 中央审计委员会审查国家企业会计的初步结论(1934 年 3 月)[M]//江西省财政局. 中央苏区审计史料汇编. 出版者不详，1983.

② 中央财政人民委员部整理旧账手续(1932 年 12 月 24 日)[M]//赣州市财政局，瑞金市财政局. 中华苏维埃共和国财政史料选编. 出版者不详，2001.

效力，使用私人收据及未经上级机关盖印的收据以贪污论处，缴款人未取得正式收据而随便缴款者无效。

(五) 严肃查处会计违规舞弊行为

中央革命根据地致力于建立统一的会计制度，加强监督制约。各级政府还内设工农检察部和工农控告局，并制定严厉的惩治贪污浪费规定，有效地遏制了公职人员贪污腐败现象的滋生，也对会计人员贪污行为起到了惩防并举的作用。

1933 年 9 月，在中共中央执行委员会下专门设立的财政经济监督部门中央审计委员会，地方各级苏维埃政府和红军内部也相继建立了审计机构，省、县设审计委员会，区设经济审查委员会，从上至下构成了财政经济的监督网络。

1933 年 12 月 15 日，中央执行委员会颁发了第二十六号《关于惩治贪污浪费行为》的训令，规定凡苏维埃机关、国营企业及公共团体的工作人员利用自己的地位贪没公款以图私利者，贪污公款在 500 元以上处以死刑；贪污公款在 300 元以上 500 元以下者处于二年以上五年以下监禁；贪污公款在 100 元以上 300 元以下处以半年以上二年以下监禁；贪污公款在 100 元以下处以半年以下的强迫劳动。

1934 年 3 月底，审计机关开展对行政事业单位预决算审核，对国有企业账目进行检查，发现邮政总局、贸易总局、中央印刷厂、造币厂等会计账目糊涂，当即责令各单位负责人建立内部会计制度，加强管理。①

在《中央工农检察委员会公布关于中央一级反贪污斗争的总结》中提到，中央工农检察委员会在执行中央第二十九号反贪污浪费的命令下，首先在中央一级开展反贪污的检举运动，经过两个多月，获得了大的成绩。所检举的机关有中央总务厅、财政、贸易总局、中央印刷厂、钨矿公司等。被检举的分子，计会计科长与科员 10 人、财政处长 3 人、总务厅长 1 人等，其中送法庭制裁的达 29 人。②

1934 年 1 月，时任中华苏维埃临时中央政府主席毛泽东在《我们的经济政策》中指出："财政的支出，应该根据节省的方针。应该使一切政府工作人员明白，贪污和浪费是极大的犯罪。……节省每一个铜板为着战争和革命事业，为着我们的经济建设，是我们的会计制度的原则。"③

1934 年 8 月，中央粮食人民委员部下发的《关于粮食记账转账方法的通知》中指出："过去粮食会计，没有很好建立。其中最主要的记账与转账方法，有些地方弄得很坏，致有账目不合，或发生贪污的事。"

后来，由于第五次反"围剿"的失利而导致中央革命根据地丧失，会计制度建设也就无法深入进行下去了。

① 赣州市财政局，瑞金市财政局. 中华苏维埃共和国财政史料选编[G]. 出版者不详，2001.
② 赣州市财政局，瑞金市财政局. 中华苏维埃共和国财政史料选编[G]. 出版者不详，2001.
③ 毛泽东. 毛泽东选集：第一卷[M]. 北京：人民出版社，1991.

三、中国革命根据地和解放区高校的财务

（一）建立了预决算制度

1930 年 3 月闽西工农兵第一次代表大会通过的《财政问题决议案》，在财政建设方面做出了以下努力：首先确立了预算决算和政府收支制度。决议案规定"一切税收以县为单位，由县政府统一征收，各区乡政府机关经费概由县政府发给；各县政权机关经费应按照规定登记制定预算，由县政府汇集提出县代表大会通过；临时费之支出每月份中乡以二十元区以五十元为限，超出规定数月时须报告县政府批准后始得开支；各级政府经费之支出每月应造定决算表交县政府审核公办"。①

1930 年 9 月召开的闽西第二次工农兵代表大会对财政与税收问题做了轻微修正，主要在以下三处：乡区临时支出报批数额限制更严，乡由二十元减至十元，区由五十元减为二十元；地方红军红二十军的经费统一由闽西政府财政部划拨，各纵队每月预算表要在每月一日以前送交闽西政府常委会批准；田地税税率起征数提高，由三担上调为五担，商业税起征数由二百元下调为一百元。②

1930 年 10 月，赣西南土地革命已经进行了三年有余，但"赤色很久的地方财政发生困难，尤其赣西南的苏维埃政府目前召集许多红军开办各种军事学校，每天需款千余元。现在各地累进税又没有征收，非拿下吉安赣州不能解决这一财政恐慌。但是下级苏维埃政府尚没有完全集中各科开支，普遍无预算，以致财政无一整个计划"。③ 江西省苏维埃也承认："中央政府前各级苏维埃无财政可言，乱收乱用，随意浪费，更无预算决算和计划可言；……甚至有的政府随收随用，从未缴呈上级政府；各级政府浪费情形实可惊人，一乡数月可用至数百元，一区可用数千，一县甚至用万元以上，贪污腐化更是普遍。"④

1931 年 12 月 29 日，中央苏区临时中央政府人民委员会下设的财政人民委员发布的《中央人民委员会训令——统一财政编制预决算制度（财字第二号）》规定："各该级财政机关应由上而下地去指挥和监督各该下级机关的财政；各该下级财政机关一方面应经常地检查自己所执行的工作程度如何，另一方面应由下而上地按月向上级作报告。"同时各级财政机关"同样地要受各该政府之行政负责人员和军事机关之军事负责人员的命令和指挥；对于每月之预算和决算以及向各该上级机

① 闽西第一次工农兵代表大会宣言及决议案（1930 年 3 月 24 日）[M]//江西省税务局，等. 中央革命根据地工商税收史料选编. 福州：福建人民出版社，1985.

② 闽西第二次工农兵代表大会决议案（1930 年 9 月）[M]//江西省税务局，等. 中央革命根据地工商税收史料选编. 福州：福建人民出版社，1985.

③ 赣西南特委政权工作报告（1930 年 10 月）[M]//江西省档案馆，中共江西省委党校党史教研室. 中央革命根据地史料选编（下）. 南昌：江西人民出版社，1981.

④ 江西省第一次工农兵代表大会财政与经济问题决议案（1932 年 5 月）[M]//江西省档案馆，中共江西省委党校党史教研室. 中央革命根据地史料选编（下）. 南昌：江西人民出版社，1981.

关领款或大宗款项付出时所属各该财政机关均须经过各机关之负责人员之批准和署名盖章方为有效”。①《中华苏维埃共和国暂行财政条例》也规定，各级行政机关和军队经费必须先造具预算“交他的上一级财政机关审查并报告中央财政部批准，统由中央财政部依据批准之预算付款”。预算获得审核通过后，政府机关或红军部队若需领款，“须与同级财政机关负责人在中央财政部发下的发款通知书上署名才能向上一级财政机关领款”。②

中华苏维埃临时中央政府的预决算制度始于1932年。1931年11月7日临时中央政府成立后，就着手建立统一的财政制度。《地方苏维埃政府的暂行组织条例》规定：“各级地方苏维埃政府机关的一切收入，须完全缴到中央政府财政人民委员部的各级机关去作为中华苏维埃共和国的国库收入项。”③但该规定没有得到很好的执行。一年后，临时中央政府在成立一周年向选民的工作报告中指出：“临时中央政府成立以来，已经正式颁布财政条例，实行预算、决算制度，在中央革命根据地有些县已得到成绩，有些县还未照办。”④

统一的会计制度规定了预算规则，自中央至县、区、乡政府必须照规定时日严格执行，使会计按月结算。为有效纠正土地革命早期由军队负责筹款导致的苏维埃政府缺乏正规财政观念的状况，财政部要求各级红军部队和地方武装尊重财政工作在革命战争中的地位，遵守会计规则，规定“各机关各部队一切开支一定要按照各个系统作预算，向自己上级报告，未取得财政人民委员部支票绝对不能向支库支款或临时扯借”。地方武装经费力争自给，但“如有些地方武装因一时困难经费不能自给者，须做预算向军区报告支取，无论如何不能自由向金库支用”。⑤

1933年3月召开的江西省苏维埃扩大第二次全体执委会仍在呼吁“统一财政是财政工作第一个重要任务”，要求各地“各费分开，按照各个系统向上级支钱”，甚至仍在强调“实行预决算制度，四、五、六月做一次”，责令“公债、土地税、山林税限三月十五日以前收清”。⑥

1937年中央工农民主政府发布的《中华苏维埃共和国暂行财政条例》是建立

---

① 中央人民委员会训令——统一财政编制预决算制度(财字第二号)(1931年12月29日)[M]//江西省税务局，等. 中央革命根据地工商税收史料选编. 福州：福建人民出版社，1985.

② 中华苏维埃共和国暂行财政条例(1931年12月)[M]//江西省税务局，等. 中央革命根据地工商税收史料选编. 福州：福建人民出版社，1985.

③ 地方苏维埃政府的暂行组织条例[M]//江西档案馆，中共江西省委党校党史教研室. 中央革命根据地史料选编(下册). 南昌：江西人民出版社，1982.

④ 中华苏维埃临时中央政府在成立一周年纪念向选民的工作报告[M]//江西档案馆，中共江西省委党校党史教研室. 中央革命根据地史料选编(上册). 南昌：江西人民出版社，1982.

⑤ 中央人民委员会训令第八号(1932年12月27日)[M]//江西省福建省税务局，江西省福建省档案馆. 中央革命根据地工商税收史料选编. 福州：福建人民出版社，1985.

⑥ 江西省苏维埃扩大第二次全体执委会关于财政问题决议案(1933年3月4日)[M]//江西省福建省税务局，江西省福建省档案馆. 中央革命根据地工商税收史料选编. 福州：福建人民出版社，1985.

预算制度的重要文献。

(二) 筹资渠道

陈桂生的研究显示:"苏区教育经费来自四个方面:(1) 财政支出;(2) 向富农募捐(征收);(3) 地主、富农、商人乃至小业主子女入学缴费;(4) 动员群众自动捐助。"①但是,财政收入不稳定。赣西南苏维埃政府在 1930 年 7 月的一份报告中说:"土地税还没有征收,经费大部分是出于打土豪劣绅和没收赣江资本家运输的货物(粮食、军用品、洋油、木排),政府没有预算与决算。"②

陈桂生的研究还表明:"根据地教育经费的来源主要是公粮、税收、公私经济的收入和教育产款,以及没收汉奸资产等。……1939 年陕甘宁边区《各县教育经费筹措暂行办法》规定,经费来源包括买卖婚姻、赌博、缠足之没收款、罚款,学生生产收益,教育产款,及募捐等。……据 1942 年介绍地方教育经费的来源:一是整理各县公产、教产所得;二是在地方税收中拨付或附加。"③

1. 没收充公

《中华苏维埃共和国宪法大纲》第六条规定:"中华苏维埃政权以消灭封建剥削及彻底地改善农民生活为目的,颁布土地法,主张没收一切地主阶级的土地,分配给雇农、贫农、中农,并以实现土地国有为目的。"④在教育投入中,最重要的一项是战争占领的房屋、土地等用于校舍校园,以及没收的土地、房屋和其他财产用于教育(包括高等教育)。

1932 年 9 月 30 日,江西永新县提出解决教育经费问题的办法是:根据分配土地中没收豪绅地主、祠堂、庙宇及富农果园、松山、森林、鱼池等,暂抽一部分为学校教育费;各地所分配的土地中,除留红军公田之外,其余剩余土地抽一部分归学校作为开支费用。⑤

1932 年 7 月 18 日,鄂东南苏维埃政府发布通令(第七号)规定:"当年秋收后将学校、桥梁、道路、公田一律归公,其收入用于补助教育开支,不足之数,从行政费支出。"⑥

2. 财政拨款

宋荐戈、张腾霄的研究显示:"红二十二军干部学校是 1930 年 7 月在江西信丰创办。该校学员的伙食费标准很低,所用钱款都是由陈毅率领部队打土豪、筹款来

① 陈桂生. 中国革命根据地教育史[M]. 上海:华东师范大学出版社,2015.

② 赣西南刘作抚同志(给中央的综合性)报告[M]//江西档案馆,中共江西省委党校党史教研. 中央革命根据地史料选编(上册). 南昌:江西人民出版社,1982.

③ 陈桂生. 中国革命根据地教育史[M]. 上海:华东师范大学出版社,2015.

④ 中央教育科学研究所. 老解放区教育资料(一)[M]. 北京:教育科学出版社,1981.

⑤ 转引自陈桂生. 中国革命根据地教育史[M]. 上海:华东师范大学出版社,2015.

⑥ 转引自陈桂生. 中国革命根据地教育史[M]. 上海:华东师范大学出版社,2015.

供给的。粮食是由当地苏维埃政府拨给的，学员每个月还要分‘伙食尾子’，衣服被褥都是自己从家里带来的，生活是很辛苦的。”①

皖江根据地经费虽然紧张，但政府舍得对教育投资，“仅 1944 年八个月，民主政府拨给的教育行政费达大江币 1 500 万元，发给教师食粮 19 万斤”。② 政府对教师的待遇做了明确规定：来校前享受供给制待遇的教师，参加工作后仍享受供给制待遇；不享受供给制待遇的教师，政府发给薪金，一般校长月薪 50 元，教务主任 40 元，教师月薪 30～40 元。1943 年 7 月召开的皖江第一届参议会还提出教师收入“以能养活 2 人为原则”，③不足部分应从学校大生产运动的收入中给以补助。教师待遇的改善，不仅吸引了大批知识分子任教，而且推动了根据地教育事业的发展。

鄂豫皖区第二次苏维埃代表大会通过的《文化教育政策》中明确规定：“第六，明确规定苏维埃政府按照自己的财政状况作出预算，划出一定款项用以发展苏区文化教育事业，各群众团体亦划分相当经费创办文化教育事业。”

3. 教育收费与资助政策

(1) 中国革命根据地和解放区的干部教育

陈桂生的研究显示：“在战争年代，对高等学校学生实行供给制，或实行公费。”④在本节第一部分所列的中国革命根据地和解放区干部教育的高等教育，因为基本上是干部教育，因此，不仅是免费教育，而且是供给制。

(2) 其他教育

1931 年 11 月 7 日至 20 日，第一次全苏工农兵代表大会的大会《宣言》指出：“一切工农劳苦群众及其子弟，都享有国家免费教育之权，教育事业之权归苏维埃掌管。”⑤大会通过的《中华苏维埃共和国宪法大纲》第十二条规定：“在进行国内革命战争所能做到的范围内，应开始施行完全免费的普及教育，首先应在青年劳动群众中施行并保障青年劳动群众的一切权利，积极地引导他们参加政治和文化的革命生活，以发展新的社会力量。”⑥苏维埃文化建设的中心任务“是厉行全部的义务教育，是发展广泛的社会教育，是努力扫除文盲，是创造大批领导的斗争的高级干部”。⑦

1931 年 7 月，鄂豫皖苏区第二次苏维埃代表大会《宣言》中明确规定了苏区的教育宗旨：“苏维埃政府创办免费的学校，专教育工农子弟，养成为工农谋利益，建

① 宋荐戈，张腾霄. 简明中国革命根据地教育史[M]. 北京：中国文史出版社，2016.

② 新四军七师、皖江解放区史料编写室. 皖江的抗日烽火[M]. 合肥：安徽人民出版社，1983.

③ 皖江抗日根据地编审委员会. 皖江抗日根据地[M]. 北京：中共党史资料出版社，1990.

④ 陈桂生. 中国革命根据地教育史[M]. 上海：华东师范大学出版社，2015.

⑤ 中央教育科学研究所. 老解放区教育资料(一) [M]. 北京：教育科学出版社，1981.

⑥ 中央教育科学研究所. 老解放区教育资料(一) [M]. 北京：教育科学出版社，1981.

⑦ 张慧明. 中外高等教育史[M]. 长沙：湖南大学出版社，1998.

设苏维埃和革命领导者去推翻地主资产阶级的统治。"

1941年6月,晋察冀边区委员会发布的《关于边区中学学生在校费用的决定》规定:"学生在校所需伙食、文具、书籍及服装等,均恢复自费,归学生自备。真正的贫困青年以及边区以外敌伪据点以内的青年,在考入边区中学以后,仍然要分别给他们以足够的优待,绝不使他们因为贫困而失掉了受中学教育的机会。"①1941年5月,晋绥边区公布的《免费公费生条例》规定:"晋绥边区公立各级学校,一律免收学杂费。贫寒之阵亡将士子女、现役革命军人及区以上革命干部子女,家庭无力供给者和成绩优良、有培养前途的贫寒独立及孤儿难童,可根据其条件分别享受公费半公费的待遇。"②

对地富子弟收取学费。董纯才的研究显示:"党和苏维埃政府的政策是把地富分子与其子弟分别对待的。地富子弟仍然可以入学读书。有的地方对富农子弟要一些收费,因为他们的经济情况一般是富裕的,多少收一些学费实际上是合理的。"③张清改的研究显示:"鄂豫皖革命根据地免费教育与有偿教育相结合。对工农子弟实行免费的教育,对富农、地主以及大商人的子弟有偿收费。工农子弟、赤卫队、红军和革命烈士的子女基本是实行免费入学,后因教育经费严重不足,也只是象征性地收费,而对于富农、地主和大商人的子弟一度是采取了歧视政策,不允许入学,而后又进行了政策调整,实行缴费入学的政策。"④

对地富子弟、中农、贫农的子弟都收取学费。1931年11月,鄂豫皖省各县苏维埃联席会议提出:"征收学费,除雇工、工人和贫苦人家的子弟不收外,其他如富农、中农、贫农的子弟将按照其家庭情况分别征收。"⑤

1949年7月,东北行政委员会颁布的《东北区高等学校学生人民助学金暂行条例》规定:"高等学校除免收学费及由学校统一供给学生住宿、讲义、试验费用外,凡家境贫穷,无力自给或不能全部自给者和学习成绩优良、志愿为人民服务或家庭所在地区尚不通汇,因而经济来源断绝者得申请人民助学金。"⑥同年8月,中共中央东北局、东北行政委员会公布《关于整顿高等教育的决定》:"目前高等教育经费为数太少。学生全部公费,工作人员(行政干部及勤杂人员)太多,消耗大量经费。所以,取消现有学生之一律供给或一律公费制度,实行新的高等学校助学金制度。"⑦供给制或公费制度的实行,一方面由于许多学生投身革命、远离家庭而无力

---

① 于述胜.中国教育制度通史(第七卷)[M].济南:山东教育出版社,2000.

② 中央教育科学研究所.中国现代教育大事记(1919—1949)[M].北京:教育科学出版社,1988.

③ 董纯才.中国革命根据地教育史(第一卷)[M].北京:教育科学出版社,1991.

④ 张清改.鄂豫皖革命根据地教育事业发展初探[J].和田师范专科学校学报,2015(2):101-104.

⑤ 转引自陈桂生.中国革命根据地教育史[M].上海:华东师范大学出版社,2015.

⑥ 中央教育科学研究所.中国现代教育大事记(1919—1949)[M].北京:教育科学出版社,1988.

⑦ 东北教育社编写的《东北四年来教育文件汇编》,1949年.

供给其生活，另一方面由于在根据地遭受封锁和自然灾害、经济困难的情况下，广大群众难以负担其子女的受教育费用，供给制和公费制是维系教育发展的一项重要措施。

随着经济状况的好转，当学生生活相对稳定，群众具有了一定的负担能力的情况下，供给制和公费制既是对财富的一种浪费，也减少了教育上必要的经费。于是，取消供给制，将学生公费做必要的限制，就成了合理使用教育经费、进一步发展教育事业的一项重要措施。[①] 边区、解放区学生资助对于培养革命人才，壮大革命队伍发挥了重要的历史作用，同时也为后来的新中国学生资助的发展奠定了基础。

4. **生产收入、捐赠、勤工助学等**

根据地和解放区的高校师生开展生产活动，其生产收入可弥补经费。

延安自然科学院创办不久，就在《新中华报》和重庆《新华日报》上刊登征求图书仪器的《启事》。《启事》中说："延安自然科学院急需各种小学、中学、大学校的自然科学和应用科学的教本和参考书，以及各种仪器和图表，热烈希望各界、各学校、机关团体热心赞助，慷慨捐赠。凡科学图书仪器，无分新旧，不拘中西，均甚欢迎。如需付给相当代价款，索价出让亦无不可。务希各界先进本提高科学之精神，发扬科学教育，赞助本院之创立和发展。以期发展科学之威力，挽救民族于危亡，达到抗战建国伟业之彻底胜利。"[②]之后，延安自然科学院收到海内外爱国同胞和国际友人捐赠的大量科学图书仪器；同时，延安自然科学院也通过爱国人士从国统区和国外采购了一批科学图书仪器，得以提供良好的教学与科研条件。

张清改的研究表明："1931 年 7 月，鄂豫皖苏区政府特别做出规定，苏维埃按照自己的财政状况做出预算，划出一定的款项用作文化教育工作，各群众团体亦划出相当经费来创办文化教育事业。此外通过征用庙田、祖产、祠产，向地主征募办学款，没收逃亡地主的财产以及勤工俭学收入。"[③]

1933 年 1 月，湘鄂赣省要求女子职业学校尽可能创收。[④]

上述教育经费的投入，提供了高等教育的开支所需（不包括房地产）。1933 年 7 月，在《关于红军供给标准的规定》训令中规定："红军学校办公费，政治部每月大洋 25 元（训练部同），红军学校中的上级干部队，每月大洋 6 元，团 8 元，连队 3 元（高级训练班、教员训练班同），学校杂费每月大洋 2 500 元；随营学校每月办公费大洋 20 元；干部学校、校部办公费每月大洋 10 元，所属连队 8 元，学费杂费每月大

---

① 于述胜. 中国教育制度通史（第七卷）[M]. 济南：山东教育出版社，2000.

② 延安自然科学院编委会. 延安自然科学院史料[M]. 北京：中共党史资料出版社，1986.

③ 张清改. 鄂豫皖革命根据地教育事业发展初探[J]. 和田师范专科学校学报，2015(2)：101－104.

④ 《红色中华》第 46 期，1933 年 1 月 7 日.

洋200元。”①1934年1月,在《关于红军供给标准的规定命令》中大大压缩了开支,规定:“大学(红军大学)每月办公费大洋400元,杂费每月200元。”②

(三) 高校财务的民主管理

甘大模的研究显示:“中央革命根据地的高等学校都实行民主管理,学校设管理委员会,以校长为委员会主任,由校长及管理委员会负责领导全校的工作。在校长和管理委员会的领导和监督之下成立‘学生公社’,由全体学生选举干事会领导,负责组织和帮助学员自己管理自己的事务,开展各项社会工作和活动。实行这些民主管理制度,能够比较充分地调动广大师生的积极性,集中群众的智慧和力量,群策群力,克服困难,办好学校。”③

第二节 新中国成立前国立大学财务发展概况

一、新中国成立前国立大学概况

民国时期大学分为两类,公立(国立与省立)和私立(教会、国人办私立)。公立大学分国立大学和省立大学,国立大学由国家投资、管理,属于教育部直属院校,其校长由教育部任命;省立大学如山西大学由山西省投资。私立大学分为教会大学和国人办私立大学,教会大学是由外国教会投资兴办的,如北京的燕京大学、上海的圣约翰大学、南京的金陵大学等;国人办私立大学由国人兴办,如复旦大学、厦门大学、南开大学等,相当于如今的民办高校。

民国时期有高校100多所,其中1937年前有12所大学属于国立大学。它们是国立中央大学、国立清华大学、国立北京大学、国立浙江大学、国立武汉大学、国立交通大学、国立四川大学、国立中山大学、国立山东大学、国立北洋大学、国立暨南大学、国立同济大学;1938—1945年中国主要的国立大学有10所:国立中央大学、国立北京大学、国立清华大学、国立浙江大学、国立武汉大学、国立交通大学、国立中山大学、国立四川大学、国立重庆大学、国立西北大学、国立西北工学院;1937年之后,又增加了18所国立综合大学,它们是国立东北大学、国立山西大学、国立河南大学、国立安徽大学、国立湖南大学、国立广西大学、国立中正大学、国立贵州大学、国立兰州大学、国立河南大学、国立云南大学、国立重庆大学、国立长春大学、国立台湾大学、国立同济大学、国立厦门大学、国立复旦大学、国立南开大学(后三

① 中央革命军事委员会训令关于红军供给标准的规定[M]//许毅.中央革命根据地财政经济史长编(下册).北京:人民出版社,1982.

② 军委关于红军供给标准的规定命令[M]//许毅.中央革命根据地财政经济史长编(下册).北京:人民出版社,1982.

③ 甘大模.中央革命根据地的高等教育概述[J].赣南师范学院学报(哲学社会科学版),1987(2):40-47.

所由私立大学改造)。

中国历史上最早的四所现代大学堂:北洋大学堂、京师大学堂、山西大学堂、山东大学堂。

1. 北洋大学堂——1895 年 10 月 2 日

1895 年 10 月 2 日,天津海关道盛宣怀通过直隶总督王文韶,禀奏清光绪皇帝设立新式学堂。光绪帝御笔钦准,成立天津北洋西学学堂,并由盛宣怀任首任督办,在盛宣怀和直隶总督王文韶的参与下,125 名新生入学香纳学院,学院由此更名为天津北洋西学学堂。1896 年,北洋西学学堂正式更名为北洋大学堂。1951 年 9 月,奉中华人民共和国高教部令,北洋大学与河北工学院(1903 年 2 月创立,今河北工业大学)合并为天津大学。

2. 京师大学堂——1898 年 7 月 3 日

1896 年 6 月,刑部左侍郎李端芬在给清政府的《请推广学校折》中,第一次正式提议设立“京师大学”。1898 年初,随着变法维新运动日益发展,康有为在《应诏统筹全局折》中再次提出:“自京师立大学,各省立高等中学,各府县立中小学及专门学。”1898 年 6 月 11 日,在康有为、梁启超的推动下,清光绪帝爱新觉罗・载湉颁布《明定国是诏》宣布变法,而建立京师大学堂是其重要举措。诏书中强调:“京师大学堂为各行省之倡,尤应首先举办。”于是由梁启超起草了一份《奏拟京师大学堂章程》,1898 年 7 月 3 日,光绪帝正式批准设立京师大学堂。1912 年 5 月 4 日,京师大学堂更名为国立北京大学。

3. 山西大学堂——1902 年 6 月 7 日

1901 年(光绪二十七年)清政府下诏:“除京师大学堂应切实整顿外,着各省所有书院牣于省城均改设大学堂,各府厅直隶州均设中学堂,各州县均设小学堂。”当时山西省太原设有“晋阳书院”和“令德堂”两所书院。1902 年初,山西巡抚岑春煊即遵朝廷谕旨将令德堂改为山西大学堂。山西义和团杀天主教徒 130 余人,在山西传教的英国耶稣教浸礼会传教士李提摩太(Richard Timothy)于 1901 年 3 月曾向清廷议和全权大臣李鸿章与奕劻提议,以山西教案赔款 50 万两白银用于在太原创办一所近代中西大学堂,李鸿章、奕劻立即表示赞同并电告巡抚岑春煊遵办。1902 年初,李提摩太偕人来太原拟签订正式合同时,方知晋省已办起了山西大学堂。于是他又建议岑春煊将山西大学堂与他拟创办的中西大学堂会合并办理。光绪二十八年五月初二(1902 年 6 月 7 日)签字,巡抚盖章立案,呈报光绪皇帝朱批。1912 年学校更名为山西大学校;1918 年更名为国立第三大学;1931 年改名为国立山西大学。

4. 山东大学堂——1901 年 11 月 16 日

1901 年清政府关于书院改学堂下诏时,山东巡抚袁世凯正在家里休假,看到皇帝的谕旨后,回济南组织有关人员起草了试办山东大学堂的奏折及暂行章程,在

1901 年(光绪二十七年)9 月 24 日上奏光绪皇帝,认为"国势之强弱,视乎人才,人才之盛衰,原于学校。诚以人才者,立国之本,而学校者,又人才所从出之途也。以今日世变之殷,时艰之亟,将欲得人以佐治,必须兴学以培才"。袁世凯奏请先在省城设立大学堂,还拟订了《山东大学堂章程》,分学堂办法、学堂条规、学堂课程及学堂经费 4 章,共计 96 节,对于如何创办省城大学堂做了十分详尽的规定。光绪皇帝于十月初六 11 月 16 日石朱批:"知道了政务处暨各该衙门知道单并发。"奏陈得到清廷的照准,山东巡抚袁世凯曾请文会馆(即以后的齐鲁大学)校长赫士到济南筹建山东大学堂。① 于是山东首先办起了一个官立山东大学堂,1901 年 10 月正式开学。这是继京师大学堂之后,在各省最早兴办的官立大学堂。1904 年(光绪三十年)在济南杆石桥路北购地 140 余亩,修建了 2 700 多平方米的校舍和 900 多平方米的操场,同年冬季迁入新址。学校改名为山东高等学堂,在"藩库税契项"名下拨白银八万两,作为常年经费。学制三年。1911 年(宣统三年)再改称山东高等学校,把高等正科作为大学预科。1912 年中华民国成立,实行全国设立大学区、各区中心城市设大学、各省设专门学校的新体制。山东隶属中心城市北平,按章大学堂应予裁撤,因等正科两班结业,至 1914 年开始停办。

二、新中国成立前国立大学筹资的发展概况

(一) 民国二十年(1931 年)公立、私立高校教育经费的收支概况

成运花的研究显示如表 7-1 和表 7-2:

表 7-1 民国二十年(1931 年)度高等教育之经费收入②

学校性质	学校类别	总计实数/百分数(%)	国省库款(元)			财产收入(元)	捐助款(元)	学生缴费(元)	杂项收入(元)
			总计	国库款	省库款				
全国	—	34 025 786/100	17 726 163/52.25	10 680 081/31.45	7 046 082/20.80	1 792 761/5.28	9 020 708/26.30	3 409 358/10.42	1 948 816/5.75
国立	合计	13 919 221/100	11 403 672/81.94	9 850 822/70.42	1 552 850/11.52	86 478/0.62	1 954 172/14.02	354 721/2.56	120 172/0.86
	各大学	13 478 760/100	11 003 905/81.66	9 451 055/70.14	1 552 850/11.52	83 485/0.62	1 954 115/14.48	620 098/2.37	117 157/0.87
	各独立学院	251 586/100	231 767/92.13	231 767/92.13	—/—	1 455/0.58	57/0.02	18 307/7.27	—/—
	各专科学校	188 875/100	16 800/88.95	16 800/88.95	—/—	1 538/0.82	—/—	16 316/8.63	3 021/1.60

① 王神荫. 齐鲁大学校史简介[M]//全国政协文史和学习委员会. 文史资料选辑:第 91 辑. 北京:文史资料出版社,1983.

② 成运花. 近现代私立高等学校的经费[J]. 海淀走读大学学报,1999(3):19-25.

（续表）

学校性质	学校类别	总计实数/百分数(%)	国省库款(元)			财产收入(元)	捐助款(元)	学生缴费(元)	杂项收入(元)
			总计	国库款	省库款				
省立	合计	5 454 470/ 100	5 069 616/ 95.19	— —	5 069 616/ 95.19	43 752/ 0.82	— —	180 094/ 3.37	33 028/ 0.62
	各大学	3 438 750/ 100	3 095 379/ 93.50	— —	3 095 379/ 93.50	43 732/ 1.32	— —	144 126/ 4.35	27 533/ 0.83
	各独立学院	1 148 273/ 100	1 134 389/ 98.788	— —	1 134 389/ 98.788	— —	— —	13 867/ 1.21	17 0.002
	各专科学校	867 447/ 100	839 848/ 96.838	— —	839 848/ 96.838	20 0.002	— —	22 101/ 2.53	5 478/ 0.63
公立各专科学校		409 760/ 100	400 228/ 97.67	400 228/ 97.67	— —	188/ 0.05	— —	9 344/ 2.28	— —
私立	合计	14 242 335/ 100	852 647/ 5.98	429 031/ 3.10	423 616/ 2.88	1 662 343/ 11.68	4 066 536/ 49.80	2 865 199/ 20.08	1 795 610/ 12.65
	各大学	7 706 535/ 100	547 792/ 7.11	303 000/ 3.93	244 792/ 3.18	1 033 503/ 13.40	3 169 693/ 41.16	1 718 089/ 22.28	1 237 458/ 16.05
	各独立学院	5 873 944/ 100	293 445/ 4.98	126 031/ 2.13	167 414/ 2.85	573 746/ 9.75	3 780 285/ 64.37	834 804/ 14.20	391 664/ 6.70
	各专科学校	661 856/ 100	11 410/ 1.72	— —	11 410/ 1.72	55 094/ 8.32	116 558/ 17.70	312 306/ 47.06	166 418/ 25.20

表 7-2　民国二十年(1931 年)高等教育之经费支出①

学校性质	学校类别	总计实数/百分数(%)	俸给费(元)				办公费(元)	设备费(元)	特别费(元)	附属机关(元)
			合计	教员薪金	职员薪金	工龄				
全国	—	33 619 237/ 100	18 306 189/ 55.91	12 142 013/ 37.88	4 699 917/ 14.61	1 106 395/ 3.42	4 056 108/ 12.42	6 379 778/ 19.50	2 566 235/ 7.85	1 412 232/ 4.32
国立	合计	13 615 603/ 100	7 512 710/ 58.89	5 342 340/ 41.90	1 598 981/ 12.51	571 389/ 4.48	1 308 848/ 10.25	2 760 453/ 21.64	559 469/ 4.39	615 028/ 4.83
	各大学	13 190 460/ 100	7 220 063/ 58.40	5 165 596/ 41.76	1 515 160/ 12.28	539 307/ 4.36	1 234 631/ 10.10	2 722 395/ 22.12	539 248/ 4.38	615 028/ 5.00
	各独立学院	237 620/ 100	156 858/ 66.04	88 652/ 37.35	43 941/ 18.45	24 265/ 10.24	40 597/ 17.10	26 036/ 10.92	14 129/ 5.94	— —
	各专科学校	187 523/ 100	135 789/ 72.28	88 092/ 46.94	39 880/ 21.20	7 817/ 4.14	33 620/ 18.10	12 022/ 6.38	6 092/ 3.24	— —

① 成运花.近现代私立高等学校的经费[J].海淀走读大学学报,1999(3):19-25.

（续表）

学校性质	学校类别	总计实数/百分数(%)	俸给费(元)				办公费(元)	设备费(元)	特别费(元)	附属机关(元)
			合计	教员薪金	职员薪金	工龄				
省立	合计	5 540 013/100	3 428 162/62.40	2 205 633/40.92	912 429/16.81	256 476/4.67	464 430/8.43	1 301 826/23.60	115 640/2.11	190 355/3.64
省立	各大学	3 613 900/100	2 126 921/59.56	1 469 547/41.20	506 696/14.12	150 678/4.24	243 145/6.60	1 106 199/31.10	40 958/1.15	57 077/1.59
省立	各独立学院	1 085 667/100	694 693/63.98	423 184/39.00	226 320/20.82	45 189/4.16	147 613/13.60	123 787/11.40	54 000/4.97	65 514/6.03
省立	各专科学校	840 446/100	606 548/72.15	312 902/41.33	179 413/23.60	60 609/7.22	73 672/8.77	71 840/8.55	20 622/2.46	67 764/8.07
公立各专科学校		372 960/100	263 967/70.77	140 178/37.63	103 929/27.80	19 840/5.34	49 524/13.30	42 558/11.40	16 931/4.53	—/—
私立	合计	14 090 661/100	7 101 370/50.43	4 453 862/39.80	2 084 578/18.69	258 690/1.94	2 233 306/15.83	2 274 941/16.15	1 874 195/13.29	606 849/4.30
私立	各大学	7 683 667/100	3 448 110/44.99	2 260 844/34.79	725 293/10.20	157 733/2.14	668 175/8.70	1 575 011/20.50	1 523 540/19.80	468 831/6.11
私立	各独立学院	5 871 193/100	3 260 289/55.62	1 933 647/33.00	1 244 006/21.20	82 636/1.42	1 519 022/25.80	618 528/10.53	335 245/5.71	138 018/2.34
私立	各专科学校	535 801/100	392 971/73.2	259 371/48.3	115 279/21.5	18 321/3.40	46 109/8.54	81 402/15.40	15 319/2.86	—/—

从表 7-1、表 7-2 可以看出：(1) 国立大学、省立大学和公立专科学校的政府拨款分别占学校总经费的 81.94%、95.19%和 97.67%，而政府对私立大学的补贴只占其总经费的 5.98%。(2) 私立大学的总经费中，捐助款占 49.8%；私立大学的学生缴费占总经费的比例超过 20%，达到 20.08%，该比例分别为国立大学、省立大学和公立专科学校的 7.8 倍、6 倍和 8.8 倍。

(二) 财政拨款

1. 军阀混乱时期财政对公立大学拨款短缺

1919 年以前的公立大学，其教育经费“尚勉强维持”。此后则开始“陆续积欠”，教育经费经常被挪作为军费。1926 年，全国军费开支为 274 862 058 元，占岁出的 45%，而教育经费仅有 12 837 307 元，占岁出的 2%。[①] 1927 年，全国军费占岁出的比例高达 87%，而教育经费占岁出的比例降至 1.7%。[②] 由于教育经费常被挪作军费，导致政府拖欠高等教育经费现象十分普遍。如 1925 年 2 月，东南大学反映：“及江浙战事开始，江苏省收入全充军饷，学校方面益感困难，计民国十三年(1924 年)五月，经费尚未领全，至六、七、八、九、十、十一、十二以至十四年(1925

① 《教育杂志》第 18 卷 1926 年第 9 号。

② 《教育杂志》第 21 卷 1929 年第 6 号。

年)一月止,总共积欠经费计二十八万之巨”。[①] 由于拖欠教育经费,北京国立大学的教师在政治上、生活上都很不安定,学校的经费没有保障,欠薪十分严重,有时仅能拿到月薪的十分之一二。1926 年 5 月,北大校评议会致电蔡元培称:“本校经费积欠已达十五月之久,最近数月经费之枯竭,尤为历来所无,所以,本校目前最大困难,仍是经费问题。现时本校同仁之恐慌,亦即在此。”这一年由于经费困难,北大一些教员相继离去,其他教员也停课索薪。

由于军阀之间混战,中央政局不稳,财政部长和教育总长更换频繁。从 1912 年到 1926 年,财政部长更换 33 次,任期一年以上者只有 3 人,最短的仅 11 天;同样 1912 年到 1926 年,教育总长更换 50 次,换了 38 位教育总长,出现教育总长为教育经费问题而辞职、不愿上任、缺位等现象。1923 年 4 月 13 日竟然发生了“教育部职员与北京国立八校教职员联合向教育总长索薪”的事件;1923 年 10 月,政府拖欠教育部薪水达八个月之久,教育部职员将教育部公文两大箱送到国务院,以罢工表示抗议;1926 年 1 月 5 日,教育部职员为索取拖欠薪金,决定查封《四库全书》作为欠薪抵押品。

南京国民政府建立之初,教育经费紧张的状况并未得到根本改变。教育界人士指责政府“只顾扩张军备,所有收入概行挪作军费,对于各校筹备开学所需经费,一文不发。各校校长虽奉委任,事实上毫无进行”。[②] 因教育经费短缺引发的学潮不断。1928 年 9 月,北平(现北京)国立九所高校因经费无着而无法开学,广大学生群起抗议,要求政府“急速规定妥善办法,遣派专人来平整理国校,于最短时间招生开学,确定国立学校教育经费,力求九校之发展”。[③] 1932 年 6 月,中央大学全体教师和学生所发布的宣言称:“中大经费自十七年度(1928 年)以后,由财政部及江苏教育经费管理委员会分别拨付,去岁因苏省经费一再核减稽延,学校几陷绝境。今年三月十七日,行政院会议决议,中大每月经费十六万元,自二月份起,一并由财政部拨发。计二、三两月各领三成,四、五两月各领五成,未领之款与去年十二月今年一月旧欠合计几达五十万元,而苏省自去年七月至今年一月积欠经费,复达五十余万元。现在年度行将结束,而年内所领经费并计不足五个月,学校积欠教授薪水已逾四月,图书、仪器、讲义、文具下及煤、电、报纸等零星商品欠不下十数万元。”[④]

2. 1931 年后财政对公立大学拨款稳中有升

1931 年 5 月,行政院颁布《地方教育经费保障办法》后大学教育经费有所增加。1930 年度的教育经费只占国家总预算的 1.46%,此后五年,中央政府不仅能够保障原有教育经费的投入,还逐年有所增加。到 1935 年,教育经费增长了二倍

① 《教育杂志》第 17 卷 1925 年第 2 号.

② 湘省教育界保障教费独立之运动[J].教育杂志,1928,20(3).

③ 平校学生读书运动之宣言[J].教育杂志,1928,20(10).

④ 缪凤林.中央大学经费独立运动[J].时代公论,1932(13).

多，达到国家总预算的4.8%。[①] 一直到1937年国立高校的教育经费基本上得以按时发放，其办学条件、教师待遇等都有了较大的改观。根据《第一次教育年鉴》统计，国立中央大学1931年的全年经费收入为203万元，其中政府拨款就有192万元。而与此形成鲜明对比的是，南开大学作为办学经费较为充足的私立高校之一，其全年经费总收入也只有35万元[②]。有学者测算，这一年，国立高校平均经费数为103.7万元，而私立高校平均只有13.9万元，相差数额接近十倍[③]。由于经费收入悬殊，致使私立高校很难同公立高校竞争，因此，在国民政府后期，南开大学、厦门大学、复旦大学、同济医工学堂等一些著名私立高校，先后改为国立大学。新中国成立前夕，大夏大学、光华大学、武昌中华大学等私立高校也纷纷呈请教育部改归国立。[④]

表7-3　1938—1939年度上期在四川省的几所高校的概况一览表[⑤]

学校名称	学生(人)	职员(人)	教授(人)	讲师(人)	助教(人)	经费(元)	图书仪器费(元)
国立中央大学	1 940	134	160	39	102	1 720 000	2 152 400
国立四川大学	1 200	76	78	28	18	720 000	1 200 000
省立重庆大学	720	72	79	27	18	500 000	—
国立东北大学	330	40	28	2	6	193 200	15 281
华西协合大学	568	28	48	43	17	6 152 159	—

民国三十五年(1946年)12月25日国民大会通过的《中华民国宪法》第164条规定："教育、科学、文化之经费，在中央不得少于其预算总额的15%，在省不得少于其预算总额的25%，在市、县不得少于其预算总额的35%。"第163条规定："国家应注重各地区教育之均衡发展，并推行社会教育，以提高一般国民之文化水准。边远及贫瘠地区之教育文化经费，由国库补助之。其重要之教育文化事业，得由中央办理或补助之。"第167条规定："国家对于左列事业或个人，予以奖励或补助：(1) 国内私人经营之教育事业成绩优良者；(2) 侨居国外国民之教育事业成绩优良者；(3) 于学术或技术有发明者；(4) 从事教育久于其职而成绩优良者。"

(三) 捐赠

从"表7-1民国二十年1931年高等教育之经费收入"中可以看出，1931年全

① 教育部编《民国元年至二十六年教育文化经费一览表》，载中国第二历史档案馆编《中华民国史档案资料汇编.第五辑第一编》，1994年.

② 第一次中国教育年鉴：丁篇[M].台北：宗青出版社.1991.

③ 宋秋蓉.近代中国私立大学研究[M].天津：天津人民出版社，2003.

④ 《私立大夏、光华、武昌中华大学学生、教授罢课请愿要求改为国立的文书》南京中国第二历史档案馆藏档，全宗号：5，案卷号：2245.

⑤ 《新四川月刊》1939年第1卷第2期.

国高校捐赠收入 9 020 708 元,国立大学为 1 954 172 元,仅占 21%;国立大学总经费收入为 13 919 221 元,仅占 14.02%。国立大学的捐赠收入明显低于私立大学,省立大学的情况则更差。

当时的东南大学郭秉文校长为了筹款与索款经常奔走于国内各级行政部门,在筹办东南大学时,为了经费问题就曾两次进京,最后终于打动了当时的财政部长和教育部长。“口字房”毁于大火后,基本上是他一人努力奔走,募集重建款项。从 1928 年起,其东北问题研究会及社会经济研究委员会受到太平洋国际学会资助。东南大学是第一个向基金会寻求捐助的国立大学,在江浙两地进行“心理知识测验”时获得卡内基基金会 1 万美金的捐助购置设备,1923 年,获得洛克菲勒基金会提供的科学馆建筑费及设备费共 15 万美元。[①]

国立大学接受图书捐赠的案例较多,如 1931 年 11 月,浙江大学教授章嵚遗属捐赠其藏书 20 613 册,庄泽宣于 1934 年捐赠其先祖庄守斋兰味轩遗书 27 箱;第二年杭州孙君木又捐赠其父孙峻寿松堂遗藏 600 余种 2 000 余册书,包括《武林坊巷志》等珍贵手稿。[②] 登州文会馆创始人狄考文曾于 1879 年获得社会热心人士捐赠的发电机和天文望远镜,作为教学仪器投入使用。[③] 此外,一批思想先进的女性们也贡献了特殊力量,她们大多积极筹资创办女学或担任女学堂的教习。譬如,出身于官宦之家的吴芝瑛母女就曾捐献家产兴办女学,宁波节妇丁庄氏捐助民田五十亩及存息洋七千余元作兴学经费,杭州贞文女学校长惠馨割臂以号召社会捐资,四川的罗澄因兴办女学而劳累致死。[④]

(四) 学生收费

学生读书收费古已有之。早在春秋时期,《论语·述而》中子曰:“自行束脩以上,吾未尝无诲焉。”(孔子说:“自己主动送给我十条干肉的,我没有不收留做学生的。”)朱熹又做了进一步的解释:“古者相见,必执贽以为礼。束脩,其至薄者。”“束脩”的“脩”是干肉,一条叫一脡,十脡叫一束。“束脩”是十条绑在一起的干肉,这种“至薄者”的学费是象征性的。

后来用钱币代替实物或既有实物又有银两。明朝正德十六年(1521 年)的进士黄佐,在制定《泰泉乡礼·乡校》时,明确要求乡民礼敬塾师:“其脩,务从俗加厚。在城大馆,官给银二十两,有司以礼待送。在乡则约正等,率各父兄出谷及菜钱。若待之不以礼,及有始无终者必罚。”当时,城镇塾师的工资是官府下发的银两,在乡村则是村民们分摊的谷物和菜钱。万历三十八年(1610 年),常熟的 12 名塾师,

---

① 霍益萍.郭秉文和东南大学[J].高等师范教育研究,1995(2):47-53.

② 李性忠.浙江图书馆捐赠史[J].图书馆研究与工作,2007(4):2-8.

③ 王神荫.齐鲁大学校史简介[M]//文史资料选辑:第 91 辑.北京:文史资料出版社,1983.

④ 乔素玲.教育与女性:近代中国女子教育与知识女性觉醒(1840—1921)[M].天津:天津古籍出版社,2005.

“每名馆谷十石，俸八两，聘礼各五钱，清明、端阳、中元节仪各三钱”。到了清朝，基本上用货币支付学费，脩金日渐普遍。道光年间，河南山东河道总督栗毓美制定了《义学条规》，视学生人数多寡对塾师的薪俸做了详细规定：“今拟定脩金四十两为大学，三十两并二十五两为中学，二十两十数两为小学。”

“膏火费”有两解：一解是隋代以来的历代国子监学生都享有“膏火费”是指官府对国子监的拨款，如清代在国子监读书的贡生和监生分内外班，内班住监，每年发给膏火费（蜡烛、灯油费）白银 24 两，外班不住监，每年发给膏火费白银 6 两。此外，每年赏给国子监白银六千两，充作开课时膳食费，余下的用于补助有困难的学生。二解是清朝霁园主人《夜谭随录》：“欲登第须理旧业读书，欲读书须膏火之费，吾视君皆未易办也。”膏火之费，即点油灯的费用，指求学的费用。

向学生收取学费有法规规定是从清朝末年开始的。清朝政府 1904 年颁布的《奏定学堂章程》，宣布各学堂应令学生贴补学费。清政府认为：“各省公款皆甚支绌，各项学堂，若不令学生贴补学费，则学堂经费必难筹措，断无多设之望，是本欲优待而转致阻碍兴学矣。且学生以学费不需自出，不免怠惰旷废，不肯切实用功，更兼不守规矩，视退学为无关轻重。中国此时初办学堂，一切费用甚巨，自应亦令学生贴补学费，不致全仰给于官款。庶可期持久而冀扩充。其学费每人每月应缴若干，听各省斟酌本省筹款情形，核计该学堂所需常年经费，随时酌定，毋庸限数；但须量学生力之所能及。”①其收取学费的理由是一方面是由于公款不足，另一方面是免费上学会导致学生不肯切实用功。因此，《奏定高等学堂章程》规定：“高等学堂应令贴补学费，听各省核计本省款项能否筹措，暨本学堂常年经费，随时酌定。”②《奏定大学堂章程》规定：“各分科大学，应令贴补学费，由本学堂核计常年经费，临时酌定。”③这是我国第一次以法规形式规定交费上学，但是由于历史原因，这一制度未能得到有效的贯彻实施。清末建立的不少新式学堂，起初并不收取学费和膳食费，而且每月还有少量的津贴，随着新式学堂的推广，高等学堂、大学预备科堂和各专门学堂开始收费。根据清政府《定立京外各学堂收取学费章程》的规定，除师范学堂、小学堂、初等实业各学堂、半日学堂、艺徒学堂及女子各学堂外，凡各学堂学生考取入学时，应纳入学费银元二元。④

中华民国成立后的大学经费由中央政府与地方政府分别负担。教育部所属高校（本科院校和含少数专科学校）由中央财政负担，省属高校由省财政负担。私立大学由中央财政或省财政适当给予补助。但由于经费紧张，仍不能满足高等教育发展的需要。1912 年 9 月 29 日，中华民国教育部公布的《学校征收学费规程》规

① 璩鑫圭，唐良炎．中国近代教育史资料汇编·学制演变[M]．上海：上海教育科学出版社，1991.
② 璩鑫圭，唐良炎．中国近代教育史资料汇编·学制演变[M]．上海：上海教育科学出版社，1991.
③ 璩鑫圭，唐良炎．中国近代教育史资料汇编·学制演变[M]．上海：上海教育科学出版社，1991.
④ 潘懋元，刘海峰．中国近代教育史资料汇编·高等教育[M]．上海：上海教育出版社，2007.

定："中学校、甲种实业学校、高等专门学校、大学征收学费，每学期一次，于入学前缴清。""各学校为鼓励学生起见，得于成绩最优者分别减免学费。"[①]但是，随着教育规模的扩大，教育经费短缺越来越成为一个棘手的现实问题，即民国以来，相关部门"往往以学款移作他用，又或按照预算延不发给"，[②]因此，有的学校通过增加学费来补助教育经费之不足。

1915 年北洋大学堂周年报告就明确记载："学生学费遵照前直隶民政长训令，原有学生暂仍贷费，以毕业为限，新升或新招学生，本科每年每人学费三十元，预科每人每年学费二十元，分作两期，上学期一月八日征收，下学期五月二十六日征收，绝无延欠。计本年共收三千七百八十元。此后贷费学生以此毕业，学费自必逐渐加多。"[③]

北洋政府时期，大学生每年的全部开支大概在 220～400 元，而且这个数字一直呈上升态势。民国初年，除高等师范学院外，其他高等教育机构都要收学费。以公立学校为例，1917 年至 1928 年，从前清京师大学堂演变而来的最重要的公共教育机构——北京大学，收费也是最昂贵的——一学期学费定为 60 元，1926 年，清华大学的学费为 20 元，膳食费 40 元，共 60 元。[④] 各省专门学校也同样开始收费，1917 年，江西农业专门学校本科生每年缴纳 24 元，专门预科生每名每年缴纳 12 元，甲种本科生每名每年缴纳 12 元，甲种预科生每名每年 6 元。即便如此，"该校除甲种农科以外，班次皆不衔接"，"因未缴学费不能入学者十居六七"。[⑤]

但是，北洋政府时期学生强调"民国作为一个共和国，国民们应当有免费接受高等教育的权利。公立大学应该是开放的，并且属于公众的……因此，北方各主要公立大学的注册处在收取学生学杂费这件事上显得游移不定"。[⑥]

清华大学在 1927 年的收费是 40 元，在那一年清华不再是由庚子赔款基金资助的中国学生留美预备学校，而被立为大学；南京的东南大学在 1923 年的收费也是 40 元，并且为了回报江苏财政对学校的支持，对江苏学生只收取一半的费用；上海的南洋公学——模仿麻省理工学院建立的工程技术管理学校，只收 30 元。

1930 年，中央大学新生入学需要缴纳"学费每学期十元""讲义费每学期五元""军事教育制服费十二元""军事教育书籍费二元"等。[⑦]

1932 年修订的《国立北京大学入学考试简章》第 14 条规定："北京大学学费每

① 潘懋元，刘海峰．中国近代教育史资料汇编・高等教育[M]．上海：上海教育出版社，2007．
② 中国第二历史档案馆．中华民国史档案资料汇编．第三辑(教育)[M]．南京：凤凰出版社，2010．
③ 潘懋元，刘海峰．中国近代教育史资料汇编・高等教育[M]．上海：上海教育出版社，2007．
④ [美]叶文心．民国时期大学校园文化(1919—1937)[M]．冯夏根，等译．北京：中国人民大学出版社，2012．
⑤ 潘懋元，刘海峰．中国近代教育史资料汇编・高等教育[M]．上海：上海教育出版社，2007．
⑥ [美]叶文心．民国时期大学校园文化(1919—1937)[M]．冯夏根，等译．北京：中国人民大学出版社，2012．
⑦ 《中央大学招生简章附转学生简章》载于《新闻前锋》1930 年第 4 期．

年20元(指银圆,下同),分两学期交齐,于每学期开学前交纳;第一期自9月至次年1月,交10元;第二期自2月至6月,交10元。体育费每学期1元。"20世纪30年代的清华大学以及北平医学院、工学院、法学院等的学费与北大基本一样;国立上海商学院、国立上海医学院,学费20银圆每年,但需交住宿费12银圆,共32银圆每年;铁道部所属的交通大学(总部在上海,北平有分部)的学费为每学期20元,每年40元;1936年制订的《北平师范大学学则》规定:"本大学不收学宿费,入学新生除办理注册手续外,须交纳保证金20元,于毕业(或病故)时发还,但自请退学或因故由学校令其退学者,已经交纳保证金概不退还。全国各地的师范学校一律不收学宿费。"

此外,民国时期报考大学还需交报名费。当时没有全国统一高考,想读大学,直接去你想要就读的大学报名就行了。报名的时候,要拿着中学的毕业证书、四寸的半身近照三四张,如果想读师范大学或者教育学院,还得拿着籍贯所在地教育局的介绍信。民国由各大学自由安排入学考试时间。例如,1931年中央大学〔今日南京大学与台湾"国立中央"大学前身〕的入学考试时间是7月6日到8日,而南开大学的入学考试时间却安排在7月下旬(见卢绍稷《大学投考指导》)。交上了报名费,而后先填志愿,接着再参加体检和考试。在20世纪30年代,报名费一般是三至五块大洋(用于体检和命题、阅卷等费用)。例如,1930年北京大学、中山大学的新生报名费为三块大洋。

(五) 学生资助政策

民国时期就形成了奖、贷、助、补、减、免等多种方式的学生资助体系,这在中国学生资助史上是首创。

1. 奖助学金

高校收费增加了清贫学生的经济负担,申请奖学金也就成为家境贫寒学生维持学业的重要途径。北洋政府时期设置的奖学金制度属于起步阶段,1917年10月15日,全国实业学校校长会议提出了对职业学校普选奖励优秀生的办法。虽然政府规定了学校在收取学费的同时必须设立奖学金,但因为收费是学校,政府无法提供资金来设立奖学金,因此,由各学校设立奖学金。如1922年北京大学奖学金助学金办法规定,助学金主要是补助清寒学生继续求学,一般申请者每年可获得200元,而奖学金则是对学术有一定贡献的学生,以成绩为标准,不限于经济状况,获得者每人可得500元。[①] 1924年,国立西北大学为减轻预科及专门部清寒学子的负担设立奖学金,其中,获得甲等奖学金的条件为:学年学习成绩平均分数在85分以上且单科成绩在65分以上者,获奖者须遵纪守规,学年内没有获得其他褒奖。同时,该校还明确规定:体育成绩不合格者以及学期中受到处分的学生不能申请奖

① 《国立北京大学助学金及奖学金条例》载于《北京大学日刊》1922年第991期.

金,还规定“一学级中得各种奖学金之人数暂定不得超过该级参考人数五分之一”,当人数超过额定人数时依成绩高低决定,当甲等或乙等人数超过额定人数时须递次改为乙等或丙等,“在得奖学金期内退学或休学者则须将本期所得奖学金全数缴还”。①

1929 年 3 月江西省教育厅订定《奖学金条例》,以奖励及补助省立中等学校成绩优良而家境清贫之学生。其办法分三种:免学费、免学费并津贴半膳、免学费并津贴全膳。奖励及补助以一以年为限,期满仍得继续请求。②

1931 年《中华民国训政时期约法》第五十六条规定:“全国公私立学校应设置免费及奖学金额,以奖进品学俱优无力升学之学生。”③全国范围内的奖学金制度建始于 1931 年 11 月教育部提出的由行政院第四十六次国务会议议决公布的《关于中等以上学校设置奖学金案》。该文件提出:“本部拟自民国二十一年度(1932 年)起,全国专科以上学校,每年设置奖学金 500 名,每名每年给国币 400 元,由国库支出。各省市中学及中等职业学校,每年设奖学金 2 000 名,每名每年给国币 20 元,由省市库支出。各省市镇数之多寡,视各省市之经费状况而定。”④然而,时隔不到三年,1934 年 12 月,国民政府教育部因经费困难令全国各大学及专科以上学校“自本年度起,奖学金逐年取消,至 1937 度各项奖学金一律清除,节余金作充实设备用”。⑤ 但这种做法遭到了社会各界的普遍反对,多数人认为,大学奖学金不但不应终止,而且还应扩大,要使大多数贫苦学生都有安心求学的机会。

1936 年,戴季陶、钮永建和朱家骅等人发起成立奖学金委员会,准备筹募社会资金,分季举行奖学金考试,并一度筹商进行办法。但是,后来因抗战未能实行。总的说来,1937 年前的奖学金来源主要有以下几个方面。① 各级政府设置的奖学金。1931 年 11 月 8 日,中华民国教育部颁布《关于中等以上学校设置奖学金案》,其中规定教育部拟自民国二十一年(1932 年)起,全国专科以上学校,每年设置奖学金五百名,每名每年给国币四百元,由国库支出,是项学生之考选,由教育部主办。⑥ 此外,有的部、委也设置了奖学金,如资源委员会、水利委员会等设立各种清寒奖学金。② 各地方政府在国内大学也设有不同种类的奖学金。如江西省规定,凡籍隶江西,在前条规定之大学本科、专科学校本科,及大学研究院肄业正式学生,经所在学校函报教育厅有案,每满一学年,学业成绩列七十分以上者,操行成绩优良者,应于每年开学后两个月内,请求原校将过去一学年举行成绩,依照表示填注,

① 《国立西北大学奖学金章程》载于《北京大学日刊》1924 年第 1512 期.

② 中央教育科学研究所.中国现代教育大事记(1919—1949)[M].北京:教育科学出版社,1988.

③ 宋恩荣,章咸.中华民国教育法规选编[M].南京:江苏教育出版社,2005:37.

④ 中国第二历史档案馆.中华民国史档案资料汇编·第五辑第一编(教育)[M].南京:凤凰出版社,1994.

⑤ 中央教育科学研究所.中国现代教育大事记(1919—1949)[M].北京:教育科学出版社,1988.

⑥ 中国第二历史档案馆.中华民国史档案资料汇编·第五辑第一编(教育)[M].南京:凤凰出版社,1994.

汇送教育厅审核。① 但是，大部分省份设立的奖学金都规定受奖学生必须承担各种义务，如甘肃省规定毕业后除继续求学者外，须尽先回省服务一年，云南省规定受奖学生负有调查各项社会问题的义务。③ 各高校自筹经费设置的奖学金。国民政府对学费采用特别会计制，规定学费不再列为一般财政收入，而专为添加设备和补助困难学生款目。高校设置了不同种类的奖学金。例如，清华大学自罗家伦任校长以后，进行了一系列的奖学金制度改革。1929 年 1 月，清华大学为奖励优秀学生，以全体学生所缴学费总额的半数以上作为奖学金基金，包括学绩奖学金和论著奖学金两种。其中，学绩奖学金又分为特别奖和普通奖两种，主要奖励对象为本科生。各高等学校自行设立的奖学金，其评定办法是以成绩为优先考虑的原则。如清华大学 1929 年设立的特别学绩奖学金，其规定“凡学生在本大学肄业满一学期，各科成绩平均为‘上’等者，体育及军事训练及格、品行优良者，得给予此项奖学金每学期六十元，定额十名”。普通学业奖学金申请条件为：“凡学生在本大学肄业满一学期，各科成绩平均为‘中’等或‘中’等以上，体育及军事训练及格、品行优良者，家境确系贫寒者，得给予此项奖学金，每学期六十元，定额六十名。”②1932 年，武汉大学奖学金申请的条件是各年级正科生，操行优异，并具备以下条件之一：“在所属学院中成绩优异者，学年成绩平均分数在 80 分或者必修科目中有三门满 90 分者。”③④ 社会各界捐资设置的奖学金。国民政府曾六次制定《捐资兴学褒奖办法》。如 1929 年 1 月，国民政府规定：“捐资至三万元以上者，除给予一等奖状外，并于年终由教育部汇案呈报，请国民政府明令嘉奖；捐资至十万元以上者，除授予一等奖章外，由教育部专案呈请国民政府明令嘉奖。”④社会各界捐资设置的奖学金，主要有校友和社会贤达捐资设置的奖学金等。社会各界捐资设置的奖学金，其申请形式各有不同。有的采用征文办法，如 1933 年，俞大维为了纪念挚友金井羊博士，特面向中央大学学生设立“金井羊先生纪念奖学金”，名额 2 名，每人 200 元。其申请办法为征文，该年的征文题目为“从耶纳到塞丹 · 德意志复兴之治政的经济的哲学的动力”，征文以国文为主，也可以用英、法、德等文字，字数不少于一万字。1933 年 7 月，中国工程师学会会员朱其清为了纪念其母亲去世三周年设立的“朱母顾太夫人纪念奖学金”，其规定为：“任何一种工程之研究，无论其题目范围如何狭小，均得应征，报告文字，格式不拘，惟须缮写清楚，便于阅读，如有制造模型可提供者，亦须申明。”⑤1937 年之前的高校奖学金来源广且多。例如，1934 年，仅金陵大学农学院就设有近 20 种奖学金，见表 7 - 4。

① 《江西省外大学及专科学校赣籍学生奖学金规程》载于《江西省政府公报》1933 年第 62 期.

② 《国立清华大学奖学金规则》载于《国立清华大学校刊》1929 年第 37 期.

③ 《武汉大学设置奖学金》载于《江西教育行政旬刊》1932 年第 6 期.

④ 中国第二历史档案馆.中华民国史档案资料汇编 · 第五辑第一编(教育)[M].南京：凤凰出版社，1994.

⑤ 《公布朱母奖学金章程》载于《国立同济大学旬刊》1934 年第 10 期.

表 7 - 4　1934 年金陵大学农学院所设奖学金

奖学金名称	名额(人)	奖金额(元)	备注
陕西省政府奖学金	20	250	—
陕西省主席邵力子私捐资设立奖学金	12	50	—
陕西农工改进会奖学金	3	300	—
湘棉业试验场奖学金	2	300	—
上海银行设农业经济系奖学金	10	300	—
安徽省教育厅奖学金	7	110	—
山东省教育厅奖学金	4	110	—
上海森林基金会委员会设奖学金	名额未定	金额未定	—
云南省教育厅奖学金	1	100	—
江西省教育厅奖学金	1	100	—
郭氏奖学金	1	200	资助乡村教育系学生
罗氏奖学金	1	200	资助乡村教育系学生
中央党部奖学金	1	200	—
教会资助奖	1	300	—
中央党部党员奖学金	1	200	—
贵州省建设厅奖学金	1	200	—
青海省教育厅奖学金	1	250	—
陕西省政府自费生奖学金	7	200	—

资料来源:《金大农院各省奖学金额》,载于《兴华周刊》1934 年第 11 期。

这个时期由于国民政府推行贷学金制度和公费制度,地方级政府设立的奖学金有的终止,有的减少金额,有的减少享受名额。地处后方的四川省曾在 1940 年颁布《四川省中等以上学校优秀清贫学生奖学金及指定奖学金募集管理办法》,其中规定:"除每年设立助学贷金外,还设立清寒学生奖学金,奖学金分甲、乙、丙三等,分别为 100 元、50 元、30 元,申请条件为四川籍家境贫寒和品学兼优的学生。"

在这一时期国家层面设有两种重要的奖学金:一是 1940 年,国民政府设立的"中正奖学金",每年全国奖励 400 名,每人每年奖 400 元;二是 1941 年 12 月国民政府教育部为纪念国民政府已故林森主席,增设专科以上学校清寒优秀学生林主席奖金。① 每年全国奖励 400 人,每人每年奖 400 元。中正奖学金规定:"中正奖学

① 中央教育科学研究所. 中国现代教育大事记(1919—1949)[M]. 北京:教育科学出版社,1988.

金名额半数，于统一招生及各校自行招生时，由教育部核定学科及名额，以考试成绩决定之。半数由教育部分配名额令各校甄选举行最优之在校生，由教育部审核决定之。其条件为：专科以上学校肄业一年以上之正式生，家境贫寒，无力继续学业，经原籍地方政府或现肄业学校校长，证明属实者……品行端正，体格健全，肄业成绩特优，缴验成绩证明书，经审查合格者。”①教育部将奖学金分两期拨付学校，学校扣除学杂费之后，由学校分两次交付学生，“开学时付十分之六，每学期之中付十分之四，并由导师监督其用途”。② 获得“中正奖学金”的学生负有一定义务，即在毕业两年内有受教育部指定服务的义务。受领奖学金的学生不再享受公费或免费待遇，也不能领受其他奖学金或贷学金以及任何形式的津贴。著名学者朱兆祥先生曾回忆自己1941年获得“中正奖学金”时的心情：“对我来说，这个消息犹如范进中举的喜报一样，因为我之所以能够进浙大，是当时集中在丽水的几个老同学倾囊相助，凑了大概不到一百元的钱，才跨进了大学的门槛。而这时的口袋里已经一文不名，而且没有什么希望可以开辟财源。这四百元一年的奖学金就有可能保证我无忧地度过四年大学生活，虽然我有点憎恶奖学金的名字，特别是怕中奖以后会带来什么政治限制。”③

1941年3月，设立的张自忠将军奖学金是授给公私立大学理、工科或其他国防有关科系学生，接受奖学金学生，毕业后须到指定部门服务2年。④

由于1937年后资金紧张和公费制度的推行，各大学奖学金种类减少，1944年，金陵大学农学院由1937年前的近20种奖学金减少到仅10种奖学金，见表7-5。

表7-5　1944年金陵大学农学院所设奖学金

奖学金名称	名额(人)	奖金额(元)	备注
景唐奖学金	1	500	以文学院学生为限
毕氏奖学金	2	300	以文学院学生为限
施氏奖学金	8	300	以文学院学生为限
文学院奖学金	35	300	以文学院学生为限
胡翔冬氏奖学金	1	300	以文学院学生为限
黄纪刚氏奖学金	1	300	以文学院学生为限

① 《教育法令：专科以上学校清寒优秀学生中正奖学金办法》载于《教育通讯》1940年第17期.

② 《教育法令：专科以上学校清寒优秀学生中正奖学金办法》载于《教育通讯》1940年第17期.

③ 单泠.感怀浙大[M].杭州：浙江大学出版社，2007.

④ 中央教育科学研究所.中国现代教育大事记(1919—1949)[M].北京：教育科学出版社，1988：64.

（续表）

奖学金名称	名额(人)	奖金额(元)	备注
陈镇和氏奖学金	名额未定	金额未定	理学院学生为限
徐文涛氏奖学金	名额未定	金额未定	湖北籍学生为限
伍德氏奖学金	1	300	—
辅助金	15	300	专为文学院新生中无公费或贷学金者

资料来源:《金大十种奖学金名额款数已公布》,载于《燕京新闻》,1944 年 5 月 12 日。

上海银行董事长陈光甫于 1940 年 7 月设立了"优秀清寒大学生补助奖学金",面向全国在校各位大学生,名额为 200 至 250 人,以各大学人数的多少确定该大学的受奖名额。其申请条件主要包括家庭贫困、身体健康、品行端正和各门学科成绩比较优秀等,并尽先以农、工、商、医、理各院系之学生选取为原则。根据统计,该奖学金 1940 年和 1941 年每名学生补助为 400 元,名额为 200 人,"其时物价尚称稳定,大学生年需之学杂费不超过一千元。故四百元之接济,对于清寒学生可收补助之效"。① 随着物价的上涨,该奖学金补助金额随之上涨,到 1944 年的时候,每人的奖学金额度为每年 1 000 元。由于昂贵的学费,大部分学生在入学时候会报考公费生。但对于那些没有取得公费的学生,可以在发榜一个星期后,申请改为自费入学。奖学金的待遇则主要包括:"免缴学膳宿费之全数。膳费每月中等熟米二市斗三升或中等麦粉四十市斤。根据各校所在地市县政府之粮价单计算,另加副食费,产米区一律以食米为原则,副食费标准随时酌定之。"②对于申请办法,除依照一般规定填报志愿书及相关证件外,还应填写奖学金申请书、家境清寒证明书、保证书等。

1947 年,北洋工学院设有奖学金十余种,见表 7-6。

表 7-6　1947 年北洋工学院奖学金设置一览表

奖学金名称	名额(人)	出资额度(万元)	出资人
刘弗琪工程师奖学金	52	不详	刘弗琪
峻山奖学金	2	40	张峻山
中华奖学金	1	20	中华营造厂
河北奖学金	5	100	河北银行
久安奖学金	2	40	久安信托公司

① 《上海银行的"优秀清寒大学生补助奖学金"》,载于《银行通讯》1940 年第 36 期.

② 《国立专科以上学校暨省立专科以上学校学生奖学金办法》,载于《法令周刊》1947 年第 32 期.

（续表）

奖学金名称	名额(人)	出资额度(万元)	出资人
裕津奖学金	1	20	裕津银行
同兴奖学金	1	20	同兴银号
建秀纪念奖学金	10	200	董维域等
振邦奖学金	1	20	董维域
水利奖学金	5	不详	水利部
秀峰奖学金	1	不详	不详
大学国际奖学金	4	不详	不详
汪华堂奖学金	6	不详	不详
安良奖学金	30	不详	教育部

资料来源：《本校其他奖学金额》，载于《北洋周刊》1947年复刊第1期。

社会各界为了减轻学生的经济负担，也主动加大对奖学金的规定，而申请条件似乎也有放松的迹象，以学生直接申请为主。如1948年，暨南大学制定《国立暨南大学优秀学生奖学金给予办法》规定：名额为10名，“一学生成绩最优者，每院一名计四名，二基本国文及基本英文学生会考成绩最优者，各三名”，另外“获得本奖学金之学生，仍可领受其他公费或奖学金”，但是“学期操行成绩不达优等者，不给予本奖学金”。① 又如1948年7月，斐章法学奖学金申请条件为：“国内著名各大学研究法学之各年级学生，操行纯良，成绩优异，家境清寒者，经本校法学院院长证明，得亲自撰写本人家庭情形及求学经过并填具申请人状况，连同成绩单，向本社斐章法学奖学金委员会申请奖学金。”该奖学金主要补贴学费、杂费、书籍费、膳食费、衣服费用等项，核发一种或数种，或酌量补助，还规定如果学期试验，总平均分数低于80分者，停止续拨。另外“领取奖学金之学生，就业后，自愿归还奖学金者，其归还之款，并入基金”。②

1947年，加大对奖学金的限制后，各高等学校学生负担加重。如1948年3月，武汉大学学生上书学校当局并致电教育部提出要求：“自费生和半公费生一律改为全公费……公费应按月调整，每月至少食米二斗三升，副食费按食米市价的两倍发给……在每月十五日以前，应将下月的公费汇交各校，以免缓济急。”③于是不少高校的学生自发成立了各种筹集资金团体。如1948年秋，南京大中学生举办助学运

① 《国立暨南大学优秀学生奖学金给予办法》，载于《国立暨南大学周刊》1948年第13期.

② 《斐章法学奖学金简章》，载于《新法学》1948年第3期.

③ 《贫穷笼罩武大：教授要求加薪，同学请增公费》载于《燕京新闻》1948年第19期.

动，参加人数超过2 000人，筹集资金目标为20亿元。由于当局担心演变成学潮而从中阻拦，很多表演项目无法演出，但是助学运动还是筹集到了不少捐款，筹集的资金“百分之三十分给参加运动的同学，百分之六十五作调剂金，由同学申请”。① 大学生公开募集资金的举动也引起了教育行政当局的关注，1948年，潘公展曾在吴国桢召开的募捐统一奖学金大会上表示：“如果将来还有学生沿街敲门募捐影响社会秩序，我们就取消那个学校的奖学金。”②

总的来说，民国时期奖学金制度的设立有其积极意义，使当时一批批家境贫寒的学生得以完成学业，更使国家和民族不断受益。

2. 贷学金

中国的学生贷款制度肇始于1938年。1938年2月，国民政府颁布的《公立专科以上学校战区学生贷金暂行办法》规定：“专科以上学校学生家在战区，费用来源断绝，经确切证明必须救济者，得向学校申请贷金。贷金分全额、半额二种，按当时膳食价格，全额每月八元或十元，半额每月四元或五元，以所在生活费用及学生之实际需要决定之，学生毕业后将服务所得缴还学校。”当时专科以上学校学生，得此种贷金者每年常在5万至7万人。③

1940年5月教育部颁发的《全国专科以上学校战区学生贷金偿还办法》规定：“领贷金学生在毕业后分两次偿还所领贷金，负担家庭费用过重者得暂缓偿还贷金。所偿还的贷金上缴教育部作贷金或奖学金之用。”④

1941年7月国民政府教育部颁发的《国立中等以上学校学生贷金暂行规则》规定：“战区学生膳食贷金与自费生补助膳食贷金都分甲、乙两种。对贷金约请领、偿还制订办法。贷金学生平时每周应为学校服务3小时；学生成绩甲等，得免偿贷金；成绩及格、操行丙等则停发贷金。”⑤

1943年11月国民政府教育部颁发的《各级学校公利互助社办法》规定：“学校组织公利互助社，教师、学生按比例认股，教育部担保按股金的4倍向银行贷款，以便互助社从事生产，产品廉价卖给社员。贫苦学生及教职员子女也可向互助社申请贷款。”⑥

3. 减免学杂费

中华民国成立之初，由教育部公布的《学校征收学费规程令》规定：“对于无力

---

① 《南京助学圆满结束》，载于《燕京新闻》，1948年3月1日.

② 《潘公谈展统一奖学金之妙闻：并说下学期学费不标高》，载于《学生通讯》1948年第1期.

③ 中央教育科学研究所. 中国现代教育大事记(1919—1949)[M]. 北京：教育科学出版社，1988.

④ 中央教育科学研究所. 中国现代教育大事记(1919—1949)[M]. 北京：教育科学出版社，1988.

⑤ 中国第二历史档案馆编：中华民国史档案资料汇编·第五辑第三编(教育)[M]. 南京：凤凰出版社，2000：492.

⑥ 中央教育科学研究所. 中国现代教育大事记(1919—1949)[M]. 北京：教育科学出版社，1988.

缴费者，仍应酌核征收学费之初等小学校，有学生无力缴费者，仍应酌核轻减或竟免除之；乙种实业学校、高等小学校及补习科学生，有无力缴费者，得呈请校长酌减其学费之一部分。各学校为鼓励学生起见，得于成绩最优者分别减免学费。”①

1917年10月15日，教育部在北京召开全国实业学校校长会议，就实业学校的有关问题进行了广泛讨论，形成了免除实业学校学生学费的决议，并制定了对偏远地区实行公费和普选奖励优秀生的详细规定。次年，教育部通咨实业会议议决实业学校学生给予公费办法，对广西、奉天、江西等的实业学校学生实行免费。1923年，第九届全国教育联合会大会通过《扶助无力就学之优良学生使得受均等教育案》，要求教育部通令“学校设免费额若干名，以待成绩优良之学生”。②

1925年9月北京临时执政府教育部训令遵行全国教育会联合会议决《扶助无力就学之优良学生使得受均等教育案》。通令的扶助办法有：免费、贷款、补助。

1926年，第十届全国教育联合会再次催促教育部，将《扶助无力就学之优良学生使得受均等教育案》通令各省教育厅转饬各校切实遵行。1928年，舒新城、郑宗海等多位教育界人士在全国教育会议上提议实施免费教育和就学援助政策。1931年，邰爽秋、程其保与王书林等发起的2 884人参与的“对约法草案国民教育篇之意见”的签名活动等，此份意见提议“教育机会一律平等，全国公私立学校设免费学额，全国各级学校应一律免收学费，保障教育经费”。③

1932年，国民党四届三中全会通过了《确立教育目标与改善制度案》，规定了职业教育的免费原则，保障了贫寒子弟的入学机会。

1936年5月，中华民国教育部出台的《各级学校设置免费及公费学额规程》规定：“专科以上学校应设置全校学生数百分之十以上之免费学额，民国二十五年度至少应设置百分之五，以后逐年增设，限至民国二十八年度一律达到百分之十标准……公立专科以上学校，民国二十五年度至少应设置全校学生数百分之二公费学额，以后并应逐年酌量增设，各级私立学校之经费比较充足或受有政府补助者，亦应酌量设置公费学额。”④“各校为奖励家境清贫、体格健全、资质颖异、成绩优良学生起见，设置免费及公费学额。中等学校及初高中及初高职，应设置全校15%以上之免费额。公费学额，除免收学费外，给予最低限度之膳宿、制服、书籍等费用。全国各级公立学校，除设置学额免费外，应一般设置公费学额。”⑤

1940年9月，教育部公布的《修正各级职业学校设置免费学额及公费学额规

① 中国第二历史档案馆.中华民国史档案资料汇编·第五辑第三编(教育)[M].南京:凤凰出版社,1994.
② 约法公布后之贫寒学生读书问题[J].教育杂志,1931(9):25.
③ 约法公布后之贫寒学生读书问题[J].教育杂志,1931(9):25.
④ 中国第二历史档案馆.中华民国史档案资料汇编·第五辑第一编(教育)[M].南京:凤凰出版社,1994.
⑤ 约法公布后之贫寒学生读书问题[J].教育杂志,1931(9):31.

程》规定："为奖助家境清贫、体格健全、成绩优良的学生，各级学校应设免费学额。"①

1941年，教育部颁发的《调整设置职业学校办法》规定："职业学校免学费，增加公费生名额，以鼓励青年入学。"②

1942年，教育部规定公立职业学校除一律免收学费外，设置公费名额应不低于30%；私立职业中学也应设置公费名额。

1943年颁布了各省编制的该年度教育行政计划及教育文化费概算原则，重申在中等教育经费中，职业学校经费应占35%。此外，还针对新增设的各类职业学校一律实行公费制度，教育部颁布的《非常时期国立中等以上学校及省私立专科以上学校规定公费生办法》规定："1943年起，以上学校所招新生一律改用公费制度。国立、省立中等以上师范、医、工、职业学校学生按标准给以全部甲种公费。国立、省立中等以上理、农、文、法、商、中学及私立专科以上学校学生照比例给以乙种公费。"③

1945年，根据行业发展需要，职业学校中农工医科学生享受公费的比例调整到80%，商科学生调整到40%。

1947年出台的《修正职业学校规程》提出："职业学校以不收学费为原则，但遇必要时，得呈请主管教育行政机关核准征收，公立初级职业学校每学期以4元为度，私立者以6元为度，公立高级职业学校以8元为度，私立者以10元为度。"④同年国民政府教育部颁布的《国立中等以上学校及省立专科以上学校公费生办法》规定："自民国三十六年(1947年)起，各校所招新生，凡属师范生、保育生、青年军复学生、边疆学生、革命及抗战功勋子女、就学荣誉军人，均给予全公费生待遇，不受名额限制。公费生免缴学膳宿费全部费用。凡享受公费待遇的学生，在修业期间，其学业成绩有一项不及格者，应停止公费。"⑤

4. 师范生的免费政策

民国初期，师范学校实行免纳学费政策。《师范学校令》规定："师范学校、高等师范学校学生免纳学费，并由本学校酌给校内必要费用。"⑥

1912年12月，教育部颁布的《师范学校规程》明确"师范公费生免纳学费，并由本学校给以膳费及杂费"。⑦

---

① 约法公布后之贫寒学生读书问题[J]. 教育杂志，1931(9)：31.

② 约法公布后之贫寒学生读书问题[J]. 教育杂志，1931(9)：31.

③ 中国第二历史档案馆. 中华民国史档案资料汇编・第五辑第三编・教育[M]. 南京：凤凰出版社，2000.

④ 中央教育科学研究所. 中国现代教育大事记(1919—1949)[M]. 北京：教育科学出社，1988.

⑤ 中央教育科学研究所. 中国现代教育大事记(1919—1949)[M]. 北京：教育科学出社，1988.

⑥ 璩鑫圭，唐良炎. 中国近代教育史资料汇编・学制演变[M]. 上海：上海教育科学出版社，1991.

⑦ 璩鑫圭，唐良炎. 中国近代教育史资料汇编・学制演变[M]. 上海：上海教育科学出版社，1991.

1913 年 2 月，教育部颁布的《高等师范学校规程》规定："本科公费生之服务期，自受毕业证书之日起，以六年为限；但经教育总长特别指定职务及服务于边远之地备得减至四年。专修科公费生之服务期，自受毕业证书之日起，以四年为限，但经教育总长特别指定职务及服务于边远之地者，得减至三年。本科、专修科之自费生，其服务期限均视公费生减半。"①

1933 年 12 月通过了《师范学校法》，以法律的形式确立了"师范学校及其特别师范科、幼稚师范科，均不征收学费。"②

1935 年 6 月教育部修订了实施了二十多年的《师范学校规程》，对师范生的免费政策做了更加细致的规定。师范学校学生一律免收学费，同时免收学生膳费之全部或一部分费用。而且还规范了学校的收费。

1942 年 8 月公布的《修正师范学院规程》规定："师范学院学生，一律免收学膳费。"③"师范学校不得征收图书及体育等任何费用，学生用书、制服及一切工艺材料费，由学生自备或由学校发给，或由学校所在地教育行政机关组织学生消费合作社廉价发售，如由学校代办对应按实价向学生征收。"④还规定："师范学院毕业生服务年限均为 5 年，毕业生在规定服务期间不得从事教育以外的职务，违者追缴学膳费及补助费。"⑤

5. 公费制度

1936 年 5 月，教育部公布的《各级学校设置免费及公费学额规程》标志了公费制度的正式确立，其规定："各校为奖励家境清贫、体格健全、资质颖异、成绩优良学生起见，设置免费及公费学额。中等学校及初高中及初高职，应设置全校 15% 以上之免费额；专科以上学校应设置全校学生数 10% 以上免费额。公费学额，除免收学费外，给予最低限度之膳宿、制服、书籍等费用。全国各级公立学校，除设置免费学额外，应一般设置公费学额：中学初高中及初高职，1936 年度至少应设置全校学生数 3%，专科以上学校，1936 年度至少应设置全校学生数 2%。"⑥1940 年 9 月教育部对《各级学校设置免费学额及公费学额规程》进行了修正，适当提高了公费学额。

1943 年，教育部又制定了《非常时期国立中等以上学校及省私立专科以上学校规定公费生办法》，其要求"战区生及经济来源断绝之学生为尽先核给公费之对象"。公费的种类分为全公费和半公费，前者免学宿膳费，后者免学宿膳费之半数。

① 璩鑫圭，唐良炎. 中国近代教育史资料汇编 · 学制演变[M]. 上海：上海教育科学出版社，1991：716.
② 中国第二历史档案馆. 中华民国史档案资料汇编 · 第五辑第一编（教育）[M]. 南京：凤凰出版社，1994.
③ 阮华国. 教育法规（第二版）[M]. 1947.
④ 中国第二历史档案馆. 中华民国史档案资料汇编 · 第五辑第一编（教育）[M]. 南京：凤凰出版社，1994.
⑤ 阮华国. 教育法规（第二版）[M]. 1947.
⑥ 中国第二历史档案馆. 中华民国史档案资料汇编 · 第五辑第一编（教育）[M]. 南京：凤凰出版社，1994.

享受公费的学生包括经济来源确已断绝之战区生，经济来源确已断绝之侨生，家境确属清贫之学生及本人收入不足供给求学费用之公教人员之子女、保育生，以及确系蒙藏及其他边疆各族学生五类学生。① 自本年度（1943 年）起，学校所招新生一律改用公费制度。

1944 年，民国政府废除贷金制度，一律改为公费制度。而公费又分甲、乙两种，乙种只补助膳食，甲种还补助其他费用。但是，物价上涨后，不分甲、乙种，一律只补助膳食费。后又分为公费和半公费，而且名额仍在不断减少。然而，抗战时期的贷金制使得一批学生得以完成学业，一位金陵大学学生曾回忆自己靠贷学金和学校奖学金完成学业的事情："太平洋战争爆发后，与家庭失去了联系，经济来源中断。我们把生活费压到最低限度，例如，领到'教育部贷金'就缴纳学费，获得'洛氏基金会'奖学金作为膳费。我还在农业专修科为吴绍教授当助理，假期内帮助教务处范益之老师誊写成绩，暑假协助高立民老师搞水稻试验田工作等，借此攒积一点零用钱。"②

国立、省立中等以上师范、医、工、职业学校学生得照标准给以全部甲种公费。国立、省立中等以上理、农、文、法、商、中学及私立专科以上学校学生照比例给以乙种公费。此外，从军复学学生亦给予公费。据 1948 年上半年统计，全国专科以上学校，有全公费生 76 978 人，半公费生 12 181 人，中等学校全公费生 44 470 人，半公费生 12 765 人，合计全公费生 121 448 人，半公费生 24 946 多人，省级公费尚不在此内。③

从 1939 年下学期开始，膳食补贴正式列入公费预算。1939 财政年度（1939.7—1940.6），共对中央大学、西南联大、武汉大学等 14 所国立大学 180 名鄂籍贫困学生分两学期提供津贴，每人发给 100 元，共计 18 000 元；同时，对省外公私立专门大学鄂籍贫困学生也发放一次性救济，当年度共发放 43 所学校 1 219 名学生，每人 40 元，共计 48 760 元。④

"而对师范生、保育生、青年军复学生、边疆学生、革命及抗战功勋子女、荣誉军人等仍实行公费生办法。"⑤同年，教育部颁布的《国立中等以上学校学生奖学金办法》规定，从 1947 年起，"针对家境清贫的总前四十名新生设立奖学金名额，免缴学膳宿费的全部，凡获得奖学金的学生，每年考试总平均成绩不满 70 分者，取消其奖学金"。⑥ 1947 年 7 月，行政院正式通过《国立专科以上学校暨省立专科以上学校

① 见《第二次中国教育年鉴（第二篇）》.

② 张宏生，丁帆. 走进南大[M]. 成都：四川人民出版社，2000.

③ 见《第二次中国教育年鉴（第二篇）》.

④ 见《湖北省教育厅 1940 年各月工作报告（二）》.

⑤ 中国第二历史档案馆. 中华民国史档案资料汇编・第五辑第三编（教育）[M]. 南京：凤凰出版社，2000.

⑥ 中国第二历史档案馆. 中华民国史档案资料汇编・第五辑第三编（教育）[M]. 南京：凤凰出版社，2000.

学生奖学金办法》，其中明确规定："从 1947 年开始，各校所招新生除师范生、保育生、青年军复学学生、边疆生、革命及抗战功勋子女、就学荣誉军人学生等照公费办理外，其他学生都将实行奖学金制度。""申请奖学金的条件为：甲，家境贫寒者；乙，于各该校考取新生中其平均成绩在最前列百分之四十者。"对于奖学金的名额规定"以不超过各学校考取新生百分之二十为最高额"，并且要求各校在招生简章上明确标明"奖学金学生名额，规定分别报考并按成绩分别录取"。教育部对名额还进行了严格的限制：学生成绩在录取新生总额最前列百分之四十以前者，得以新生总额百分之二十录取为奖学金学生，如录取新生最前列百分之四十内报考奖学金学生不足新生总额百分之二十者，不得以报考自费学生递补，并不得以报考奖学金学生而其成绩在最前列百分之四十以后者递补。①

6. 特殊减免资助

特殊减免资助主要是指对革命军人及其子女、小学教师子女以及少数民族子女上学学生的特殊资助。

1928 年 1 月公布的《革命功勋子女就学免费条例》，②1941 年 8 月公布的《荣誉军人就学公立中等以上学校办法》和 1947 年 4 月教育部公布的《革命、抗战功勋子女就学免费条例训令》，③这三个文件对革命功勋子女、荣誉军人本人上学费用的减免做了规定。1938 年 12 月国民政府行政院通过的《二十八年度中等学校毕业生救济办法大纲》规定，为救济未被高等学校录取及未能报考高等学校的中学毕业生，学生免交学费，战区学生经济困难者可供膳宿。④

1929 年，《上海特别市市立小学职教员子女入学免费规则》规定：所有在任市立小学教职员，其子女在市立中小学就读者，均可享受免费待遇。具体免费额度：市立小学免纳全部学费，市立中学免纳半数学费。⑤

7. 少数民族子女上学的特殊资助政策

1918 年颁布的《蒙藏专门学校规程》规定："招收蒙古族、藏族、青海省少数民族学生时，由各盟长、将军和都统及其各办事长官挑选咨送，其来北京路费等费用，由本旗酌量资助解决；蒙古族、藏族和青海少数民族学生一律不收学费，并膳宿费暂缓，优待蒙藏条例相关规定，由政府备办，以示提倡。从内地招录的少数民族学生不交学费，但膳宿费自备。"⑥

---

① 《国立专科以上学校暨省立专科以上学校学生奖学金办法》载于《法令周刊》1947 年第 32 期.
② 教育部. 教育法令汇编(第一辑)[G]. 1936:100.
③ 中央教育科学研究所. 中国现代教育大事记(1919—1949)[M]. 北京：教育科学出版社，1988.
④ 中央教育科学研究所. 中国现代教育大事记(1919—1949)[M]. 北京：教育科学出版社，1988.
⑤ 《上海市特别教育法规》第 42 页，另见《上海特别市市政法规汇编(二集)》"第八类，教育"，上海世界书局 1929 年版，第 411-412 页.
⑥ 民国教育部. 蒙藏专门学校规程[N]. 教育公报，1918-11-12.

根据《蒙藏专门学校规程》有关精神，对其他少数民族学生也给予一定的经费资助。据《吉林省志·教育志》记载，1924 年，吉林省省长公署训令，增加前吉黑水师旗生和十旗生的补助额，规定凡确实系两营旗生和吉林省籍学生，有该官佐领合法证明，均可享受补助，其补助分为五种，见表 7－7。

表 7－7　1924 年吉林省满族旗生补助费及留学生经费统计表

学校类别	整费		半费	
	名额	每人每年补助经费(元)	名额	每人每年补助经费(元)
省专科以上学校	20 名	40 永大洋	—	—
省内中等学校	200 名	20 永大洋	—	—
省外专门以上学校	20 名	200 现大洋	40 名	100 现大洋
国外日本留学生	4 名	600 日币	8 名	300 日币
国外西洋留学生	2 名	400 现大洋	—	—

资料来源：韩达．中国少数民族教育史(卷一)[M]．广州：广东教育出版社，1998.

1925 年，云南省开办的二十五所省立小学，对少数民族学生的资助做出明确规定："少数民族学生入学之后供给书籍、文具和制服，并给每生每月发放三元的津贴。少数民族学生可免除其家庭的门户捐的优待。家境清贫、成绩优良者并可享受公费待遇，每月资助伙食费二点五元，由学校代为办伙食，每班享受公费补助的学生名额为十五名。"①

1928 年颁布了《修正教育部补助蒙藏回学生升学内地专科以上学校办法大纲》，其中规定："为奖进蒙古族、藏族和回族学生去内地专科以上学校深造，从边疆教育补助经费的指拨专款充补助支出；凡是上公立及已立案之私立专科以上学校读书者都可以申请补助。已经在公立或立案的私立专科以上学校肄业的学生，亦得援例申请补助经费。"②

1931 年，根据《教育部实施蒙藏教育计划》精神颁布的《蒙藏高等教育办法》规定："对于在中央和内地求学的蒙藏少数民族学子，中央应拨款补助和资助。"后来出台的《国立中央大学蒙藏班招生办法》规定："凡是依据本办法保送的蒙古族和藏族学生，到北京报到后，由蒙藏委员会给予其膳宿费，截止日期为入学。入学后除了免收学费之外，学校还给予其膳宿、书籍及其制服和杂用等经费或由学校提供一定的经费由学生自己解决。"③

1935 年蒙藏委员会颁布的《蒙藏回教育补助规则》规定："凡蒙藏回各族学生，

① 韩达．中国少数民族教育史(卷二)[M]．广州：广东教育出版社，1998.

② 教育部教育年鉴编纂委员会．中国教育年鉴[M]．上海：商务印书馆，1957.

③ 《国民党中央民众训练部档案》，见《中华民国史档案资料汇编(教育二)》.

在首都北平经教育部立案之中等以上学校肄业之自费生，经本会调查考核后，得酌予补助。”①

1936 年颁布了《优待苗夷学生通令》，其中规定：“苗夷各族统称为边疆民族，散布地区广泛，其文化程度与蒙古族、藏族等各少数民族相比，较为落后，在推进边疆教育发展的背景下，所有来自苗夷少数民族学生，在中央及其各省读书的提供优待资助。”②

1937 年颁布了《补助蒙藏回学生升学内地专科以上学校办法大纲》，其中规定：“凡是从公立或已立案的私立专科以上学校肄业的蒙古族、藏族和新疆少数民族学生，要是没有享受公费待遇，都可以申请助学金和奖学金。”③

1939 年 5 月，教育部制定的《修正教育部补助蒙藏回学生升学内地专科以上学校办法大纲》规定：“经过核实的补助经费的少数民族学生，第一年第一学期每名少数民族学生获 180 元补助，其学业成绩评定材料送至教育部备案，以后每学期全部根据上学期的成绩来分别提供补助经费，成绩甲等的学生，每名每学期获 280 元补助经费，乙等的学生获 230 元补助经费，丙等的学生获 180 元补助经费。补助经费由教育部每个月拨给所在学校，并转发给每名获资助的学生。如果成绩不及格，减少和停止或追回原来的补助经费。”④

1939 年修订的《待遇蒙藏学生章程》规定：“凡经蒙藏委员会核送或教育部分发之蒙藏学生，在公立学校应免全部学费，在私立学校应酌予减免。”⑤

1942 年，进一步提高了资助额度，“学业成绩甲等学生获 460 元补助经费，乙等学生获 400 元补助经费，丙等学生获 340 元补助经费，并根据生活状况适当调整资助额度，同时还可以申请奖学金和膳食贷款等资助；据资料，1937—1942 年补助上内地专科以上学校读书学生中都有一定比例的新疆少数民族学生，如 1937 年为 9 名，(补助)金额为 2 760 元；1938 年为 2 名，(补助)金额 390 元；1939 年为 6 名，(补助)金额 1 220 元；1940 年为 1 名，(补助)金额 4 600 元；1941 年为 1 名，(补助)金额 540 元。”⑥1939 年颁布了《推进边疆教育方案》，其中也明确规定：“专科以上学校应该增加公费边疆学生名额；补助经费方面更加优待边疆各级学校学生，保证最低生活经费，使学生安心学习。”⑦

1944 年颁布了《边疆学生待遇办法》，其中明确规定：“边疆学生应该不收学

---

① 《蒙藏回教育补助规则(1935 年)》，见中国第二历史档案馆档案(卷一四一).

② 韩达.中国少数民族教育史(卷二)[M].广州：广东教育出版社，1998.

③ 周泓.民国时期的边疆教育制度[J].民族教育研究，2000(4)：31-38.

④ 《修正教育部补助蒙藏回学生升学内地专科以上学校办法大纲》，见《中国第二历史档案馆档案(卷一四一)》第 184 页.

⑤ 教育部、蒙藏委员会修订的《待遇蒙藏学生章程》，见《中国第二历史档案馆档案(卷一)》.

⑥ 周泓.民国时期的边疆教育制度[J].民族教育研究，2000(4)：31-38.

⑦ 教育部蒙藏教育司.边疆教育法令汇编(第一辑)[G].上海：商务印书馆，1941.

费，要是设置公费名额的学校，应该根据非常时期国立中等以上和省私立专科以上学校有关公费待遇办法，提供公费待遇。”①

根据《边疆学生待遇办法》，自1947年起，“对家庭困难的中等以上学校的边疆学生，提供公费待遇，名额不限制，每人还可以一年一次申请特别补助资助”。②

根据国民政府的相关规定，各省也相继颁布有关少数民族学生的资助政策，如1949年，云南省教育厅颁布了《边疆学生待遇办法》《民国三十八年报送边生注意事项》和《云南边疆学生开学奖励办法》，其中《云南边疆学生开学奖励办法》规定：“家庭居住在原籍的边疆少数民族学生，可以‘从宽甄试’，报送入学。家境清寒者准予享受公费，并且不限名额；无力负担服装、书籍费用者，由学校呈请教育机关每人给予一次特别补助费。”③

此外，为了加强少数民族师资队伍建设，民国政府制定并实施了一系列优待师范生的措施。据资料，师范生除了不收学费、宿费、膳食费、服装费和书费之外，还另提供补助零用金。1941年还特别制定并实施了家庭困难的少数民族师范生奖学金制度，奖学金名额为第一年10%的学生获奖学金，之后每年以10%的比例增加名额，获奖学金最高限度为占学生总数的50%，每名学生每学期获30元的奖学金。”④

民国时期对少数民族留学生也提供资助。1934—1936年，盛世才政府先后遣派三批学生去苏联留学。据统计，三年共派出294名学生，其中维吾尔族学生占40%，汉族、回族、锡伯族和满族学生占40%，蒙古族和哈萨克族学生各占10%，分别到苏联塔什干中亚大学、塔什干医学院、萨麻尔罕农学院和奇木堪特畜牧兽医学校学习。其中仅哈萨克学生30名左右，即1934年为4名、1935年为16名和1936年为10余名。⑤ 据史料，这些去苏联留学的少数民族学生得到的资助比较优厚，如每生两年服装费为2 000卢布，每月津贴为100卢布，这些经费苏联政府先垫付，结算后从苏联给新疆的贷款中扣除。⑥

第三节　新中国成立前私立大学财务发展概况

清末和民国时期私立大学筹资方式有捐赠、学生收费、政府拨款补助、自营收

① 见《中国第二历史档案馆档案(卷一四一)》.

② 见《中国第二历史档案馆档案(卷一四一)》.

③ 韩达.中国少数民族教育史(卷二)[M].广州:广东教育出版社;昆明:云南教育出版社;南宁:广西教育出版社,1998:587.

④ 马廷中.民国政府的民族教育政策研究[J].西南民族大学学报(人文社科版),2007(7):5-10.

⑤ 韩达.中国少数民族教育史(卷二)[M].广州:广东教育出版社,1998.

⑥ 新疆政协文史资料研究委员会.新疆文史资料(二十辑)[G].乌鲁木齐:新疆人民出版社,1986.

入等，其中捐赠和收取学费是两个主要渠道。虽然学生资助政策不属于筹资渠道，因收取学费与学生资助政策相关，本章不准备将“学生资助政策”单独作为一节，因此，将“学生资助政策”放在“学生收费”后阐述。

本节中的“私立大学”包括国人办的私立大学和教会大学。教会大学实质上也是私立大学，但与国人办的私立大学有一定区别。为了阐述方便，将国人办的私立大学在下文中称为“私立大学”，在第一部分阐述，而“教会大学”在第二部分阐述。

一、新中国成立前私立大学筹资的发展概况

(一) 新中国成立前私立大学概况

早在民国元年，政府就出台了《公立私立专门学校规程》，确立了公、私立大学法律地位上的平等。1912年，北洋政府教育部公布了《大学令》，规定“私人或私法人亦得设办大学”。1912年11月14日，教育部公布了《公立私立专门学校规程16条》，规定公立、私立专门学校均一体对待，所不同者，私立专门学校呈报教育总长认可时，须开具代表人之履历，代表人对于该校应负完全责任。1929年7月，国民政府制定的《大学组织法》还明文规定，除国立大学外，可以设立私立大学，“由私人或私法人设立者，为私立大学”。1933年，南京国民政府颁布的《私立学校规程》中规定，私立学校及其财产不得收归公有，只有学校停办，校董会失去存在时，主管教育机关才有权处置财产。1935年，政府颁布的《学位授予法》中规定：“凡曾在公立或立案之私立大学或独立学院修业期满，考试合格，并经教育部复核无异者，由大学或独立学院授予学士学位。”1936年5月，国民政府公布的《中华民国宪法草案》第七章第136条，从保障公民教育权的角度强调国立大学及国立专科学校之设立，应注重地区之需要，以维持各地区人民享受高等教育之机会均等，从而促进全国文化之平衡发展。

中国国人举办的私立大学主要有：

(1) 复旦大学，1905年9月14日；

(2) 中国公学，1906年4月10日；

(3) 上海大同大学，1912年3月19日；

(4) 南通学院，1912年3月；

(5) 武昌中华大学，1912年5月13日；

(6) 朝阳大学，1912年11月23日；

(7) 南开大学，1919年2月10日；

(8) 中法大学，1920春；

(9) 厦门大学，1921年4月6日；

(10) 大夏大学，1924年6月1日；

(11) 畿辅大学，1924年9月10日；

(12) 光华大学,1925 年 6 月 3 日;

(13) 上海法政学院,1924 年 9 月;

(14) 广东国民大学,1925 年 9 月。

国人举办的私立大学首推复旦大学。复旦大学官网披露:“复旦大学创建于1905 年,原名复旦公学,是中国人自主创办的第一所高等院校,创始人为中国近代知名教育家马相伯,首任校董为国父孙中山。1917 年复旦公学改名为私立复旦大学。”1900 年,马相伯将自己全部家产三千亩田产,捐给了天主教江南司教,作为创办“中西大学堂”的基金,并立下“捐献家产兴学字据”,规定该产业供作中西大学建成后的学生助学金,上面赫然写着:“自献之后,永无反悔!”1901 年,蔡元培来到上海担任南洋公学总教习。1903 年,马相伯捐资兴建了震旦学院,并得到耶稣会的支持,这是中国近代第一所私立大学。没钱交学费的学生,由人推荐入学试读一个月后若学习合格,就可以免学费。1902 年成立的震旦公学因内部问题出现分歧,1905 年 3 月,于右任、邵力子等原震旦公学学生脱离震旦,拥戴马相伯在吴淞创办复旦公学。马相伯带领学生从老震旦脱离,准备另立新学校。此事引起上海报界关注,陈景韩在《时报》上专门发表评论说,建立新震旦学校,“此为学界公益之事,国家前途之望”,“凡有子弟者,无一不宜协助,凡有人心者,无一不宜协助,财者助以财,能者助以能,力者助以力”,鼓励各界宜合力建成新震旦学院。刚担任新震旦董事的张謇,已替新震旦募得万元捐款。随后,新震旦的创办进展迅速,上海道及各绅商亦表示愿意出钱资助,并打算在四十亩吴淞公地上为之建设新校舍。依靠官绅学商合力,复旦公学顺利创设,所谓“其时得上海官绅学商界之捐款赞助,始克成立”。立校伊始,马相伯便请包括严复在、张謇、曾少卿(铸)、袁希涛(观澜)、熊季廉在内的二十八位社会名流担任复旦公学校董,以便让他们为学校募集资金,提高学校声望,并能参与到复旦校务的管理中。到了 1907 年后,更是需要官方常年拨款,才能维持运行,监督亦需要官方任免,才获承认。故此,时任复旦监督的严复在1908 年年初说:“丙午以前复旦公学虽赖众擎之举,尚为私立之校。自丁未春,经两江督宪奏拨常年经费、派定监督之后,已成官立之校。今昔性质皦然不同……”1912 年辛亥革命胜利后,经民国临时政府批准,将前清公产李鸿章祠堂(简称李公祠)拨给复旦公学使用。1918 年,校长李登辉到南洋募集资金十五万银元,在江湾购地七十余亩。1920 年冬,复旦大学在江湾奠基。从此,学校拥有了永久校址。复旦校徽即根据江湾校区奠基石拓片制作。1922 年 3 月,学校租定八里台村北村南公地两段共 400 余亩,兴建教学楼、男女生宿舍、教员住宅。1923 年 6 月,美国洛克菲勒基金会捐助建筑及设备费 12 万 5 千元,河南袁述之捐款 7 万元,开始兴建科学馆。卢木斋捐资 10 万元,开始兴建“木斋图书馆”。

其次是中国公学(后改名中国大学)。曾担任中国公学校长的胡适说:“中国公学的‘校史’,实在可以算作中华民国开国史和中国教育制度沿革史的一部分,它的光荣、它的价值，将是不朽的、崇高的。”1906 年 2 月，因大批留日学生返抵上海，没有着落，留学生中的姚洪业、孙镜清等各方奔走，募集经费，在上海北四川路横浜桥租民房为校舍，筹办中国公学。1906 年 4 月 10 日(丙午年三月十七)，中国公学在上海创办。两江总督端方每月拨银 1 000 两，派四品京堂郑孝胥为监督。校务由执行、评议两部负责，推张邦杰、黄兆祥、王敬芳为执行部干事，谭心休、钟右愚等为评议部议员，姚宏业为庶务，彭施涤、黄宏宪等为舍监，校务实际由王抟沙主持，革命党人于右任、马君武、陈伯平、李登辉等任教员。开学后，共招学生 318 人，来自 13 个省。分大学班、中学班、师范速成班、理化专修班。清政府又拨吴淞炮台湾公地百余亩作为建筑基地，大清银行借银 10 万两作为建筑费。1909 年 10 月，中国新公学与中国公学合并。开办不久，因经费不足，公学几将解散。为唤起国人对公学的关注，姚宏业愤投黄浦江自尽。中华民国成立后，幸得孙中山、黄兴扶持。吴淞中国公学逐渐发展成包括文、法、商、理 4 院 17 系的综合型大学。中国大学初名国民大学，是孙中山等人为培养民主革命人才而创办，民国政府拨款 84 500 两白银为开办费，租得前门内西城根愿学堂为校址，该校于 1913 年 4 月 13 日正式开学。1913 年二次革命爆发后，开办经费被北洋政府收回，学校由官办改为民办。1914 年，北京国民大学与上海吴淞中国公学合并，称中国公学大学部。1917 年 3 月 5 日，北京中国公学大学部改名中国大学，学校迁入北京西单二龙坑郑王府(后为新皮库胡同乙 12 号)新址。同年，上海吴淞中国公学停办。

然后是上海大同大学。1911 年 6 月，北京清华学堂(清华大学前身)教师胡敦复、平海澜、朱香晚、吴在渊、顾珊臣、郁少华、张季源、顾养吾、华绾言、周润初、赵师曾 11 人，组织立达学社，社长胡敦复，旨在兴办教育，培养人才。11 月，因不满清华学堂外国主事者的办学方式，相继来沪筹办学校。1912 年 3 月 19 日，即胡敦复生日当天，立达学社同仁捐款在上海南市肇周路南阳里租屋，创办大同学院，胡敦复任院长。1912 年 3 月 19 日，胡敦复等人在上海南市创办的大同学院，招收学生 91 人。立达学社同仁一年之内，将薪金全部捐纳作为办学之用。据吴在渊的《大同大学创办记》记载：“大同经费，向持不募捐款，不取官中津贴之旨，故全恃立达之补助，立达则仰给于社员。”大同大学早期办学无比艰辛，因为其办校经费不向社会募捐，不接受私人或团体赠款，仅靠立达学社社员自筹，所以几乎难以为继。后来学社同仁改变了“但忧毅力不充，不患度支之不足”的做法，开始接受社会资助，学校各方面才得以有较大发展。也正是办学经费的紧张，造就了大同教员刻苦耐劳、精神贯注和学生朴素好学、奋发向上的优良传统。截止到 1916 年 7 月 31 日，立达学社 15 位社员中，捐款超过千元的有 9 人，发起人中只有 3 人捐款不足百元，可见大多数社员非常关心社务特别是大同大学的发展。其中胡敦复贡献最大，捐款超过万元，占总数的 1/4。吴在渊到此时捐款达 5 500 余元，他在大同大学工作 20 余年，生活困顿，穷巷陋室，家徒四壁，木箱当桌，食盐代菜，却日则教书，夜则译著，乐此不疲,有重金聘他,亦婉言谢绝。曹惠群虽然不是发起人,但他与顾珊臣、平海澜一样,到此时捐款超过 4 000 元。张季源与平海澜堪称伯仲,情谊不啻兄弟,大同开办第二学期,两人迫于家计而又不欲放弃义务,于是由平海澜在大同任课,张季源就事于外,所得薄俸,除捐助大同外,又量力补贴平海澜,颇具古人之风。这些早期立达学社社员为大同的发展可谓鞠躬尽瘁。当然,后来入社的社员,如胡明复,对大同的捐款也不少。大同的经费来源表明:创办人并没有将大同作为一个赢利的机构或企业来经营,反而需要社员常常捐助巨款来维持其发展。1935 年,《三十年之上海教育》对大同大学的评价:“该校办理,处处经济,绝不浪费。教员刻苦耐劳,精神贯注,学生朴素好学,教师辅导学生自动研究,尤为可贵。”1920 年代的教育部报告称:“综合言之,此次视察六校(复旦、沪江、大同、大夏、光华、暨南),……据视察结果,办学精神,极为贯注者,为大同、沪江二校。理学院办理较有成绩者,亦为沪江、大同二校。”1922 年大同学院正式立案并改称大同大学。至 1940 年代,大同大学已发展有文学院、理学院、商学院、工学院 4 个学院,下设文学、哲学教育、史地政治、数学、物理、化学、经济、工商管理、会计、银行、机械工程、电机工程、土木工程、化学工程 14 个系。至 1948 年,大同大学部学生已逾 2 700 人,中学部学生逾 2 500 人,在当时上海公立和私立学校中占第一位。她是民国时期一所著名的综合性私立大学,尤以“理工”著称,一直是上海乃至全国私立大学中的翘楚,素有“北有南开、南有大同”之说。大同(含附中)共培养出了 30 多名两院院士。

焦作工学院在本节中未列入 14 所国人举办的私立大学,因为创办时是由英国人投资,但它又不属于下一个问题中的“教会大学”,它创办很早,故在此简单阐述。焦作工学院创办于 1909 年(清宣统元年)的焦作路矿学堂。它最初由英国福公司(Peking Syndicate Limited)投资创办,占地面积 50 亩。河南交涉洋务局选派提调田程认监督(校长),总理其事,首设矿物学门,学制四年,培养采矿、冶金和铁路专门人才。1909 年 3 月 1 日,焦作路矿学堂隆重举行开学典礼。《河南交涉洋务局与福公司见煤后办事专条》中规定:“路矿学堂,议定本年春季开办,除饭食由学生自备外,所有堂中宿息、舍宇、游戏场以及教习员司、夫役薪工、书籍、文具、仪器、标本、灯火、煤水,统归福公司筹给。”1911 年 2 月,英国福公司向河南巡抚提出扩大矿区的要求,遭到中国政府的拒绝。英国政府和英国福公司以不再向路矿学堂提供经费要挟。1913 年 12 月,路矿学堂首届学生毕业后,英国福公司即单方面撕毁合同,中断经费,停办焦作路矿学堂。时任中华民国临时大总统的袁世凯讨好英帝国主义,要求对福公司扩大矿区做出让步。1914 年在北京签订了《议结英商福公司矿务交涉草合同》,其中规定:“福公司应办矿务学校一处,每年经费由福公司担任。”1914 年中原公司成立后,表示愿与福公司共同负责筹集经费,使得矿务学校得以恢复。在重新修改并颁布的《河南中福煤矿整理办法》中规定:“焦作工学院和中小学没有移交省县接管,教育经费仍有中福煤矿支付。”1946 年 7 月 26 日,经国民政府教育部和河南省政府批准与拨款，私立焦作工学院在河南洛阳关林复校。

此外还有南通学院、中华大学、朝阳大学等。

南通学院（1902 年创办的通海农学堂，1906 年迁通州附设为通州师范学校农科；1912 年创办的私立南通医学专门学校和 1912 年创办的纺织染传习所；1930 年 11 月 18 日，南京国民政府教育部以“南通学院”为名立案签文，改名为“南通学院”）是由近代著名实业家、教育家张謇先生创办。1912 年 8 月，张謇、张詧出资 13 700 余元，将南通城南古庙昭武院改建为校舍。1913 年 4 月，建成房屋 73 间，回廊雨道 37 间。同年，张謇兄弟又出资 16 400 余元，在学校附近购地 11.7 亩，扩建南通医院，供学生实习。1917 年，增设中医科，学制为预科 1 年、本科 4 年。张謇主张学生先学中医数年，然后再学西医，规定中医科学生毕业后再学西医科者免缴学费。1918 年 7 月，张謇出资从德国购买了 X 光机、手术器械、化学仪器等大小数百件器械设备，以充实医科和医院。1920 年，张謇先生以“南通大学校产部”名义，花费 46 万元在阜宁县购入 11 万亩农用地，以备学校发展，后有 35 000 亩垦为植棉之用。张謇曾言：“吾办教育，必自小学至大学，贯成一系，农、医、纺织各应于经济之情形，社会之需要而谋次第之发展，所置大学基产地费四十余万，得地十一万亩而不专属于一校一科，完全组织，固已审慎再四者矣。”即张謇先生明确此 11 万亩地不可以用于相对独立的农、医、纺织中任何一校一科，而只能用作南通大学，且对土地的使用不可无计划零碎地利用。淮海实业银行 1921 年前贷款给南通大学在苏北购地的多份档案可证此。1928 年 6 月 8 日，张孝若校长召集私立南通农科大学、私立南通医科大学、私立南通纺织大学的教职工与学生代表，在私立南通农科大学召开私立南通大学筹备委员会预备会议。在会上，张孝若校长致辞：“吾为农、医、纺三大学校长，准事实之便利，求适合于法令，拟合并三大学而为南通大学，分农、医、纺三科。”1928 年 8 月，私立南通大学成立。1929 年，私立南通大学的经费总额为 32 300 银元。

中华大学。1912 年 5 月 13 日，教育家陈时趁辛亥革命革故鼎新之际，其家族倾其家产，陈宣恺和陈朴生先后捐田二百石，白银三千两，官票五千串，家藏书籍三千余部，同时还争得友人的支持和帮助，经过一番努力，首创综合性、多学科，设有大中小学及女子部的现代私立大学，作为华中师范大学前身之一。1915 年 3 月，教育部正式认可该校为大学。

朝阳大学创办于 1912 年 11 月 23 日，由法学界著名人士汪子建、江翎云、黄群、蹇念益等先生创办。它是一所以法律、政治、经济等系为主的著名的法科大学。它虽是一所私立的法科大学，但享有盛誉，世称“南东吴，北朝阳”（“东吴”指东吴大学，崇尚海洋法系，即英美法学，“朝阳”指朝阳大学，崇尚大陆法系）和“无朝（阳）不成（法）院，无朝不开庭”的美誉。在 1929 年的海牙会议上，朝阳大学得到了各国代表“中国最优法校”的赞誉。曾在朝阳大学任教的陶希圣先在《朝阳大学二三事》一文中说:“中国法学和司法界,朝阳大学出身的人才是第一流,亦可以说是主流。法学教育史上,朝阳大学应居第一位。”1930 年 12 月在高等学校体制改革中,因只有一个法科而改称朝阳学院,但一直沿用朝阳大学印信,而人们也一直称其为朝阳大学。1949 年,华北人民政府以朝阳学院为基础,在其校址成立北平政法学院,8 月 5 日由毛泽东题写校牌,改称“中国政法大学”,1949 年 9 月,“中国政法大学”举行开学典礼。

同济大学的前身是 1907 年德国医生埃里希·宝隆在上海创办的德文医学堂,翌年改名同济德文医学堂。1912 年与创办不久的同济德文工学堂合称同济德文医工学堂。1917 年由华人接办,先后改称为同济医工学校和私立同济医工专门学校。1923 年定名为同济大学,1927 年成为国立大学。

（二）新中国成立前私立大学的筹资渠道

国人举办的私立大学的经费主要来源于四个部分:一是董事会在初创时捐助的基金;二是国内外的捐款;三是学费;四是政府资助。表 7－8 介绍了 1931 年私立大学的筹资渠道比例。

表 7－8　1931 年私立大学筹资渠道的比例①

单位:%

学校	学费	租费	捐助款	杂项收入	政府补助	其他	总计
大同大学	22	2.6	64.4	1	缺	缺	100
大夏大学	51.9	0.9	34.9	0.3	0	12	100
中法大学	1.6	10.4	66	12	缺	缺	100
武昌中华大学	13.1	8.3	70.4	0.7	7.5	0	100
武昌华中大学	6.4	0.6	89	4	0	0	100
南开大学	11.6	16.7	17.6	0.6	53.5	0	100
厦门大学	30	2	61	7	0	0	100
复旦大学	83	14	3	0	0	0	100
广东国民大学	71	4	23	2	0	0	100
上海法政学院	99.6	0	0	0	0	0.4	100
上海法学院	77	19	0	4	0	0	100
中国学院	46	0	0	0.3	53.5	0.2	100
中国公学	100	0	0	0	0	0	100

① 王炳照.中国古代私学与近代私立学校研究[M].济南:山东教育出版社,1997.

（续表）

学校	学费	租费	捐助款	杂项收入	政府补助	其他	总计
正风文学院	62	14	24	0	0	0	100
民国学院	92	0	7.8	0.2	0	0	100
持志学院	67	0	25	8	0	0	100
南通学院	6	64	24	6	0	0	100
朝阳学院	82	0	0	5	0	13	100

从表 7－8 可以看出，武昌华中大学获得捐款占学校当年总收入的 89%，武昌中华大学占 70.4%，中法大学占 66%，厦门大学占 61%。1931 年全国私立高等学校得到的捐款在整个高校私立教育投入中占 48.9%。①

1. 捐赠

在捐赠方面，民国时期私立大学与新中国民办高校最大区别是由教育家办学，还是由企业家办学或官员办学。

为弥补国家教育经费投入的不足，民国政府延续清制对社会力量捐资兴学提出了诸多奖励政令，积极鼓励私人或团体筹措教育经费。早在 1912 年，蔡元培于《向参议员宣布政见之演说》中就提出"私立学校，务提倡而维持之"。《捐资兴学褒奖条例》颁布后，先后经过七次修定，旨在充分调动社会参与教育的积极性，努力营造私人投资兴学的良好氛围。各地方政府也对褒奖条款做了更为细致的明文规定，如《上海市捐资兴学褒奖规程》《湖南省褒奖捐资兴学暂行条例》等。② 民国政府对捐赠者的褒奖主要在名誉上予以褒扬，授予奖章、奖状或匾额。自条例颁布后，各地屡现因兴学办校而获褒奖的事例。如 1912 年 6 月，平泉州绅士门缙荣、建平县绅士杨荫棠等人就因捐资兴学而获批准予建坊或奖给匾额；1915 年 5 月，教育部呈"江苏故绅蔡印辰概捐巨资，广设小学，遵例请给特奖，以资鼓励"③。条例的颁布极大地激发了社会力量捐资兴学的热情。据统计，自 1929 年至 1938 年，捐资兴学的人数达约 636 人，捐资总数达 32 317 735 元。④

在中西书院之大书院的建校款项中就曾表述道："均西国善士共助，洋六万一千零十三元八角，劝募中国官绅富商，乐助洋一千四百零四元。"⑤

到民国二十年（1931 年），民办学校教育经费中的捐助性收入总额占民办高等

① 王炳照. 中国古代私学与近代私立学校研究[M]. 济南：山东教育出版社，1997.
② 曾桂林. 民国时期慈善法制研究[D]. 苏州：苏州大学，2009.
③ 王炳照. 中国私学 · 私立学校 · 民办教育研究[M]. 济南：山东教育出版社，2002.
④ 陈华亭. 中国教育筹资问题研究[M]. 北京：中国财政经济出版社，2006.
⑤ 朱有瓛，高时良. 中国近代学制史料（第 4 辑）[M]. 上海：华东师范大学出版社，1993.

教育经费来源总额的49.80％，且全国各级各类民办教育的教育经费中的捐助款收入占教育经费来源总额的78.3％，见表7-9。

表7-9　1931年全国高等教育之经费(岁入)

	类别	国省库款	财产收入	捐款资助	学费	杂项收入
私立学校	总额(元)	8 520 647	1 662 343	7 066 536	2 865 199	1 795 610
	占全部学校教育经费(％)	5.98	11.68	49.80	20.08	12.65
	占各级各类教育经费(％)	4.8	92.7	78.3	84	92.1

资料来源:《第一次中国教育年鉴(丁编)》,1934年版,第50页。

一方面,一些实力雄厚的民族企业家或资本主义工商业者积极资助私立高校,拿出部分经营利润投入学校的校舍建设与教学中。另一方面,民国私立高校紧跟时代步伐,积极创设经济发展和社会发展亟需的应用学科与专业,使学校得到工商实业部门的关注与支持。如复旦大学的茶叶专修科就是由中国茶叶公司主要投资创办的。① 南开大学的经济研究所不仅得到国内金融界、实业界、事业单位及个人的捐助,而且得到了一些国际团体的赞助。其中太平洋国际学会就拨给了专题调查费,美国洛克菲勒基金会从20世纪30年代初就开始给予捐助,每年15 000元,即使抗战爆发亦不曾中断,直至1948年。②

被称为"东方的哥伦比亚大学"的大夏大学也拥有一大批实力雄厚的校董成员,如吴雅晖、马君武等。国民党官僚及交通部长王伯群在校开办之初捐资2 000元;荣升校长后,他又为扩大学校规模于1930年捐白银6.7万两,折合银元11万多元。王伯群在任期间,利用他显赫的地位和广阔的人脉为社会各界对大夏大学的捐赠奠定了坚实的基础。国民党要人孙科、何应钦以及黄金荣、杜月笙和荣氏家族等都曾大力捐助。③

私立海南大学在1946年创办时,聘请时任中央委员、国大代表、海军司令、广州市长等职的陈策为校董事,正是在他的活动下,学校获得了500亩椰子园土地及部分建筑设施。④

还有不少私立高校的办学者把筹集资金的范围伸展到了海外财团、华侨、社会团体和热心公益事业人士。如广州大学校长陈炳权,曾于1943年至1948年前往美洲募捐,前后6年间为校共计募集美金11万余元用以扩建校舍,并募集图书十万余册。⑤

① 复旦大学校史编写组.复旦大学志[M].上海:复旦大学出版社,1985.
② 王文俊,等.南开大学校史资料选[M].天津:南开大学出版社,1989.
③ 孙令中.贵州教育史[M].贵阳:贵州教育出版社,2004.
④ 苏云峰.私立海南大学(1947—1950)[M].台北:"中央研究院"近代史所,1990.
⑤ 陈炳权.大学教育五十年——陈炳权回忆录[M].香港:南天书业公司,1970.

下面仅以厦门大学、私立南开大学、私立中国公学为例。

(1) 私立厦门大学

私立厦门大学成立于 1921 年 4 月，由陈嘉庚捐助和创立。1928 年 3 月在国民政府大学院立案。后由于经费困难，陈嘉庚函请要求无条件将厦门大学改为国立大学，1937 年 7 月 1 日，南京国民政府同意将私立厦门大学改为国立大学。在 1921 年到 1937 年期间厦门大学的经费主要来自陈嘉庚的捐助。1921 年陈嘉庚为厦门大学一次就拿出了 100 万元的开办费用①，捐助经常费 300 万元，分 12 年支出，每年支付 25 万元。1926—1928 年又分别拿出 90 余万元、70 余万元和 60 余万元。1934 年，陈嘉庚用变卖厦门大学的校业、募捐、借债等办法募捐 60 余万元。1927 年陈嘉庚在南洋华侨中募捐 20 余万元的基金。1932—1933 年，华侨的各种捐助达 60 余万元。校长林义庆 1927 年捐出当年的薪俸 6 000 元，1935 年，他在南洋华侨中募捐 30 余万元。表 7 - 10 介绍了 1935—1936 学年的经费来源情况。

表 7 - 10　1935—1936 年学年度厦门大学经费来源表②

来源	经费(元)
南洋捐款	122 390
国民政府补助费	27 500
国民政府补助费	81 406
福建省政府补助费	41 601
厦门市政府补助附小	270
中英庚款补助费	10 000
中华文化基金补助	3 000
洛克菲勒基金补助	2 791
洛克菲勒基金补助	54 651
其他	34 457
合计	383 066

(2) 南开大学

南开大学 1918 年成立，1946 年夏，因经费问题改为国立大学。南开大学开办时由社会人士捐助 8 万元，理科得袁述之捐助 7 万元，中华教育文化基金董事会捐 15 万 5 千元，李典臣氏赠藏中文典籍 70 册。1918 年交通总银行和 1920 年南洋兄弟烟草公司各捐助 1 万元作为南开大学的创办费。1921 年江苏督军李秀山遗嘱将家产的 1/4——价值 50 万银元(实收到 10 万元)的债券捐给南开大学；河南六河

① 厦门大学校史编委会.厦门大学校史(第一卷)[M].厦门:厦门大学出版社,1990.

② 厦门大学校史编委会.厦门大学校史(第一卷)[M].厦门:厦门大学出版社,1990.

沟煤矿董事长李组坤在1921—1923年期间捐赠15万元举办矿科，赠书2万册；1928年卢木斋捐助10万元建木斋图书馆；美国罗氏基金会先后捐14万5千元；太平洋国际学会等团体自1923年至1934年也陆续有大量捐款。① 据统计，军阀给南开大学的捐助总计150多万大洋；江西督军李纯将其遗产的1/4捐给南开大学作为永久基金；张学良向南开大学捐赠银元20万元，作为学校发展基金。② 据统计，军阀官员对南开大学总共捐助150多万大洋。校董张伯苓为筹集教育资金在各种权贵中左右逢源，得到众多军政要员和工商企业的慷慨解囊，如李纯、阎锡山、黎元洪、徐世昌、周自齐、靳云鹏等。

20世纪20年代末，南开校友曾组织了一次大型的募捐活动——"环球聚餐"，在同一天中午的同一时间，包括美、英等国在内的世界与国内各地的南开校友都在当地聚餐，讨论为母校募捐事宜，并从即日起募款两周，许多校友慷慨解囊，当场募捐。③ 可以说，南开大学的发展在很大程度上与校友的捐助是分不开的。

南开大学校长张伯苓在其一生的办学之中，结交了许多政要和军阀"钱友"，他在晚年曾总结道："徐前大总统菊人，陈前直隶总督小石，朱前巡按使经白，与刘前民政长仲鲁诸先生，或者拨助长年经费，或者补助建筑费用，倡导教育，殊深感激！"④

洛克菲勒基金会于1923年开始对南开大学给予大量资助，在南开大学成立前十年曾捐助14.5万元，于1923年起对其捐资建筑设备、理科及经济学院的日常经费。在1923—1934年间共捐款344 437元，其中，1923年对科学馆建造等的捐款高达125 000元。⑤ 南开大学在成立的前10年获得中华教育文化基金会16.5万元的捐助。⑥

洛克菲勒从1923—1932年对南开大学的捐款见表7-11。

表7-11　洛克菲勒基金会历年捐款表

时间(年)	捐款金额(元)	指定用途	备注
1923	125 000	科学馆建筑及设备	—
1923	1 127	理科	—
1924	2 900	理科	—
1925	4 110	理科教员薪金	—

① 梁吉生. 张伯苓与南开大学[M]. 出版者不详.
② 梁吉生. 严修、张伯苓与南开大学的创造[J]. 南开学报(哲学社会科学版)，1999(5)：17-20.
③ 南开大学校史编写组. 南开大学校史[M]. 天津：南开大学出版社，1989.
④ 张伯苓. 四十年南开学校之回顾[M]//崔国良. 张伯苓教育论著选. 北京：人民教育出版社，1997.
⑤ 吕国园. 民国私立大学教育经费筹措特点探析[J]. 科教新报(教育科研)，2011(10).
⑥ 梁吉生. 严修、张伯苓与南开大学的创建[J]. 南开学报(哲学社会科学版)，1999(5)：17-20.

（续表）

时间（年）	捐款金额（元）	指定用途	备注
1926	6 800	理科	—
1927	5 250	理科	—
1928	8 500	理科	—
1929	2 600	—	—
1930	1 200	理学院	—
1931	8 000	理学院	—
1932	60 000	经济学院学费	分期拨助

（3）私立中国公学

1905 年，中国留日学生因反对日本取缔学生规则，13 个省近千人回国，得到福建人郑孝胥资助，于 1906 年春在上海创设大学定名为“中国公学”。中国公学是国人自办的私立高等学校中办得比较早的学校。1906 年，留学生姚洪业为筹措中国公学的创办经费，不惜跳江以期“贵者施其权，富者绝其财，智者施其学问筹划，以共维持扶助我中国公学”，来号召社会力量共同扶助学校。后得到了海内外私人和社会团体的解囊相助，其中两江总督端方每月由江南藩库拨银 1 000 两，并以每年 1.2 万两白银资助公学。后来，湖北、浙江、四川、江西各省府相继补助常款，到清宣统末年，这几省的捐助每年有 2 万多元。1908 年，中国公学从清朝大清银行营口经理处借银 10 万元。1920 年，又向正大银行借款 7.4 万元作为建筑费。[①] 中国公学创办之初，租用校舍，教师极少，许多人纯属尽义务。学校管理多为学生自治，但维持学校运转的经费仍无从解决。1922 年升格为大学，1931 年中国公学的收入只有学生缴纳的 116 250 元。在经费来源上中国公学与 1993 年成立的当代民办高等学校非常接近。1937 年“八一三事变”，上海沦陷，中国公学停办。

在民族资本主义较为发达的地区，逐渐涌现出大资本家、商人捐助教育的情况。以经营面粉、纺织起家的近代中国著名企业集团——荣氏企业对上海知名的大夏大学、光华大学都有资助。

2. 政府资助

（1）政府拨款补助

在北洋政府时期，政府即开始了对私立高校的经费资助。例如，1917 年，法国军队强令解散位于法租界的同济医工学堂，就在学校面临生存危机之际，北洋政府教育部与江苏省磋商，及时接办了这所学校，并每月拨给 15 000 元的经费，从而使

① 王炳照. 中国古代私学与近代私立学校研究[M]. 济南：山东教育出版社，1997.

学校转危为安①。再如,中法大学就是利用法国的庚子赔款建立起的一所大学。该校建于1920年,创办基金100万元,年补助45万元。由于经费充足,师资条件优越,藏书丰富,仪器设备均为一流。从1922年起,北洋政府财政部为南开大学拨付整理债券90万元的利息,每月约4 500元。同年,华北大学创立,政府国务院拨出庚款(各国返回中国的庚子赔款)5万元,用以充实学校设备。1925年,教育部议定,将庚款分拨给上海大同大学、汉口明德大学、武昌中华大学各1万元。② 中国大学开办之初得到了政府拨给的库银84 500两的开办费及六厘公债100万元的基金。③ 北洋政府财政对私立大学资助款见表7-12。

表7-12　北洋政府时期官方资助私立大学统计表

校名	创办时间	政府部门的资助
中国公学	1905年	1922年起,政府拨6厘公债一百万元为补助费
武昌中华大学	1912年	创办时湖北省政府拨赠粮道旧署为永久校地,1925年,北洋政府教育部议定将庚子赔款1万元拨给该校
大同大学	1912年	1925年,北洋政府教育部议定将庚子赔款1万元拨给该校
中国大学	1913年	政府拨给库银八万四千五百两为开办费及六厘公债一百万,作为开办中国大学的基金
南开大学	1919年	创办初期得到北洋军政人物的鼎力支持;仅1919年,徐世昌捐款16 744元,李秀山捐款37 165元,阎锡山捐款5 000元,黎元洪捐款8 010元等;1922年,政府财政部拨付90万元的利息,每月4 500元
厦门大学	1922年	福建省政府拨出旧古演武场作为学校的校址,厦门大学因此获得了一块"背山面海,风景佳绝"的校地
华北大学	1922年	北洋政府国务院议决拨给前宗人府为校址,并补助庚款五万元,以充实学校的设备
畿辅大学(后改称北平铁路学院)	1924年	创办初期,北洋政府铁道部及平汉铁路局按月给予数千元的经费资助

资料来源:宋秋蓉.近代中国私立大学研究[M].天津:天津人民出版社,2003:132-138.

1927年,南京国民政府统一了全国后,一方面对私立大学采取严格的管理措施,如要求私立大学在教育部注册立案,明文规定私立大学的董事会制度与财务制度;另一方面也加大了对私立大学的资助。

1930年8月23日,教育部订定的《私立大学、专科学校奖励与取缔办法》规定:

① 忻福良.上海高等学校的沿革[M].上海:同济大学出版社,1992.

② 宋秋蓉.民国时期私立大学发展的政策环境[J].清华大学教育研究,2004(2):103-104.

③ 见《私立中国学院概览》,1933年.

"凡已经立案之私立大学、学院及专科学校成绩优秀(良)者,得由中央或省市政府酌量拨款补助,或由教育部转商各庚款教育基金委员会拨款补助。某学院或某科系在教育学术上有特殊贡献者,得由教育部或省市教育行政机关褒奖或给补助费。有实验性质而实验成绩优良者,得由教育部褒奖或给补助费。"

1931 年 6 月,南京国民政府颁布的起临时宪法作用的《中华民国训政时期约法》中,列入了对于"国内私人经营之教育事业成绩优良者,予以奖励与补助"的条款。[①] 奖助私立教育正式并十分明确地被列入宪法,为南京国民政府专款补助办学成绩优良私立大学与重点资助办学成绩优秀私立大学的政策措施,奠定了法律基础。

1934 年,南京国民政府特别制定了《私立专科以上学校补助费分配办法大纲》及《私立专科以上学校补助费支给细则》两项法律规章,设立了专门经费补助办学成绩优良又确有经费困难的私立大学。该年,南京国民政府拨出专款总额 76 万元,资助私立大学和教会大学共计 32 所。除了由法国庚款资助、经费素来充裕的中法大学以外,所有在政府注册立案的大学层次的私立高校,以及部分私立学院和私立高等专科学校,都接受了南京国民政府的经费补助。[②] 该年起直至 1937 年,南京国民政府专款补助私立大学列为定制,且补助数额逐年有所增加。南京国民政府财政对私立大学资助款见表 7-13。

表 7-13　1934—1935 年国民政府补助私立大学经费分配情况表[③]

单位:元

校　名	1934 年	1935 年	校　名	1934 年	1935 年
厦门大学	90 000	98 861	焦作工学院	35 000	36 600
南开大学	40 000	43 015	南通学院	35 000	42 638
大夏大学	35 000	16 280	广州光华医学院	8 000	8 366
大同大学	35 000	37 193	朝阳学院	8 000	8 366
光华大学	20 000	13 725	晋州医学专科学校	15 000	16 873
复旦大学	15 000	16 280	中法医学专科学校	10 000	10 457
广东国民大学	14 000	15 233	苏州美术专科学校	6 000	6 274
广州大学	6 000	6 274	东亚体育专科学校	5 000	5 228

① 宋恩荣,章咸. 中华民国教育法规选编[M]. 南京:江苏教育出版社,1990.

② 台湾"教育部"教育年鉴编纂委员会. 中华民国教育年鉴·第二次中国教育年鉴第五编高等教育第一章概述[M]. 台北:台北宗青出版社,1991:24.

③ 教育部. 民国元年至二十六年教育文化经费一览表[G]//中国第二历史档案馆. 中华民国史档案资料汇编:第五辑第一编. 南京:凤凰出版社,1994.

抗战时期,行政院与财政部对战时的高等教育给予了极大的经费支持,教育经费支出额仅次于军费。① 南京国民政府在保护公立高校的同时,积极承担了维系私立高校发展的大任。其中,最重要的就是对私立高校的经费资助。如政府先后为复旦大学、大夏大学、光华大学、武昌中华大学、朝阳学院、南开大学追加数万或十数万的补助费。② 在艰苦卓绝的1937年至1945年,私立高校得以维系、保存、发展,数量不仅没有减少,反而还有所增加,国民政府的积极扶持可谓功不可没。据史料统计,1937年,全国私立高等学校总数为47所,学生总数为12 880人,到抗战胜利后的1945年,全国私立高等学校总数增加到54所,学生总数增加到27 816人③。抗战胜利后,政府对私立学校仍给予了物质上的大力支持。为了私立学校能够尽快地迁校复员并恢复战争的创伤,国民政府教育部对私立学校的回迁和重建给予了大力支持,虽然国家战后的财力异常紧张,仍拨出大量专门经费用于帮助私立高校修缮校园、重建校舍、购置必要的教学设备等。

1946年《中华民国宪法》第一百六十三条规定:"国家应注重各地区教育之均衡发展,并推行社会教育,以提高一般国民之文化水平,边远及贫瘠地区之教育文化经费,由国库补助之。其重要之教育文化事业,得由中央办理或补助之。""教育、科学、文化之经费,在中央不得少于其预算总额百分之十五,在省不得少于其预算总额百分之二十五,在市、县不得少于其预算总额百分之三十五,其依法设置之教育文化基金及产业,应予保障。"1947年修正颁布的《中华民国宪法草案》中,都有对"国内私人经营之教育事业成绩优良者,予以奖励与补助"的条款。

政府对私立大学的拨款补助,最典型的是南开大学。在20世纪20年代南开大学逐渐得到政府补助。1932—1935年,国民政府、河北省教育厅、教育部等对其的政府补贴达24万余元。校产与基金利息是学校的一项稳定收入。1931年学校各种租息超过5.9万元。1931年南开大学的经常费收入情况是:国、省库款190 000元,学生缴费41 380元,租息59 351元,捐助款62 384元,杂项收入2 251元,合计355 366元。从这个数字可以看出,学校的经常费中政府的资助已经达到一半以上。这里,张伯苓校长是"化缘"的专家。1930年12月24日,张伯苓为争取南开大学补助费,第一次到南京会见蒋介石。蒋介石对张伯苓及其创办的教育事业大加褒扬,同时非常爽快地答应给予南开大学在财力等方面的大力扶植。自1932年起,国民政府开始向南开大学发放补助,1932年和1933年,每年为6.2万元。安淑萍的《张伯苓对蒋介石拨款的回报》一文记载,国民政府对南开大学的补助,从1932年、1933年连续两年的6.2万元猛增到1934年的14万元,同年教育部

---

① 陈立夫.战时教育行政回忆[M].台湾:商务印书馆,1951.

② 《关于私立大专院校经费困难申请贷款的往来文书》,南京第二历史档案馆第5全宗第3003号档案.

③ 台湾"教育部"教育年鉴编纂委员会.第二次中国教育年鉴:第二篇[M].台北:宗青出版社,1991.

又补助 4 万元，另有河北省教育厅补助 6000 元，1934 年总计达 18.6 万元。而当时南开大学的全年收入也不过 40 万元，政府公款补助占 45%左右。1936 年初，张伯苓为筹划南开内迁事宜，再次到南京“化缘”。蒋介石当即表示个人捐赠法币 5 万元，以助张伯苓在四川建校。张伯苓于 2 月 11 日收到这 5 万元。蒋介石做出了表率，国民政府大员纷纷效仿，行政院长孔祥熙、四川省主席张群、第七战区司令长官刘湘等也纷纷捐款。国立西南联合大学的成立，标志着南开大学由私立大学向国立大学转型。1938 年 8 月 10 日，蒋介石在汉口约见张伯苓，并邀其共进午餐，陈布雷作陪。席间，张伯苓提出南开经费补助事宜，蒋介石当即让陈布雷记下催办，并很快在行政院会议上通过补助南开 8 万元的决定。这是张伯苓首次直接向蒋介石求助经费，此后南开大学的经费皆来自公款。这是履行蒋介石答应张伯苓的一个诺言：对于这所大学在 1937 年 7 月 29—30 日在天津遭受日本侵华军队文化摧残的补偿。同时，核定了三校复员经费预算，迁移旅费 70 亿元，修建费 30 亿元（北大 10 亿元、清华 12 亿元、南开 8 亿元）。当张伯苓还想继续维护南开大学的私立性质时，1946 年 4 月，蒋介石亲自签署了将南开大学变为国立大学的文件。教育部已经为南开大学拨款近九年，不可能再让南开姓“私”。南开校史专家梁吉生对此评论说：“张伯苓做了种种努力，终究未能实现南开大学的私立愿望。教育家的天真理想，自然抵不过政治家们的聪明‘运作’。”

复旦大学也接受政府的资助。早期开办的复旦公学和中国公学得到了地方政府较大的资助。复旦公学在开办之初得到了校长马相伯的旧交、两江总督周馥的支持。在马相伯的要求下，周馥很爽快地答应从库银中拨付 10 000 两为复旦的开办费，并划拨吴淞营地 70 余亩为校园。1906 年，复旦经费再度紧张，时任总督的端方从库银中拨月银 1 400 两为正式开销，学校得以渡过难关。不久，端方经过考察，认为学校办理较好，于是又拨给学校大洋 2 000 元。①

1929—1937 年，中央与地方政府给予厦门大学的津贴与基金共计百万元，学校的日常行政经费实际上全仰赖于此。② 1935—1936 年学年度厦门大学的年经费总计 38 万余元，中央及地方政府的补助为 15 万余元，约占学校经费总数的 40%。

中国公学创办时同样得到了政府的资助。1907 年，两江总督端方允于丁未年起每年由两江捐 12 000 元，又拨吴淞公地百余亩为校园。次年，在大清银行营口经理罗诒的斡旋下，营口银行借助中国公学银 10 万两为建筑校舍之用。后来，湖北、浙江、四川、江西各省相继补助常款，故宣统末年中国公学每年常款有 2 万余元。

焦作工学院的创办和发展也得到了河南地方政府的帮助。英国福公司成功开

① 《中国公学校史》载《学府纪闻：私立中国公学》1982 年版.

② 厦门大学校史编委会. 厦门大学校史（第一卷）[M]. 厦门：厦门大学出版社，1990.

办焦作路矿学堂，更多的是河南地方政府努力交涉与积极督促的结果。[①] 不仅如此，河南地方政府还给予了焦作工学院大量的经费资助。1921 年，河南实业厅向学校补助了大洋 2 000 元；1930 年，河南省政府教育款产管理处给焦作工学院补助 6 000 余元；1931 年，河南省政府教育款产管理处决定每月给焦作工学院补助 2 000 元，全年 24 000 元；1937 年 3 月，中央庚款董事会补助焦作工学院建筑费 13 000元等。[②] 解放前夕，在通货膨胀、物价飞涨的情况下，河南省政府给予学校大量的物质支持，才使学校得以维持。

武昌中华大学创办初期，湖北省政府将粮道旧署划为学校永久校舍。20 世纪 20 年代初期，在湖北省长兼督军肖耀南的资助下，中华大学得以盖起了一栋办公大楼和四栋学生宿舍。直到 20 世纪 30 年代，中华大学仍然持续不断地得到湖北省教育厅的补助。

广东国民大学和广州大学在发展中长期得到广东省政府的经费资助。如 1932 年 3 月，广东省政府议决，自当年度始，由省库拨给津贴广东国际大学经常费每年 24 000 元。1937 年至 1945 年，广东省政府统一部署了私立大学迁往后方的工作，并给予了巨额经费补助。

南京国民政府时期，除中央政府、财政部和教育部的补助之外，卫生部、铁道部及其他党政部门都曾为私立大学提供过资助。北平铁路学院创办时，得到了铁道部及平汉铁路局每月数千元的经费资助。1929 年，上海法学院得到国民党部指拨的陈氏捐款。1935 年，东南医学院得到卫生部下属的医学委员会拨给的研究经费。

日寇侵略极大地破坏了我国高等教育事业的发展。据统计，1937 年 7 月至 1938 年 8 月的一年间，“我国的高等教育机关之损失，就其可知者而言，已达 3 360 余万之巨数”。[③] 到 1938 年 8 月底，108 所高校中遭到战争破坏的有 91 所，其中全部被毁者 10 所，25 所因战争而暂时停办。此外，师生流失、校舍毁坏、图书仪器散失等损失无以计数。政府拨发了大量经费组织私立大学内迁。如焦作工学院在向西北搬迁的过程中，得到了教育部的大力支持。复旦大学、大夏大学在教育部部长陈立夫的帮助下，得到了搬迁路费与渡江用的轮船，顺利迁往后方。国民政府还先后为大夏大学、光华大学、武昌中华大学、朝阳大学、南开大学追加几万元或十几万元的补助费。抗战期间，南开大学的经费几乎完全靠政府资助。

国民政府除竭力支持大后方的私立大学外，还尽力支持沦陷区的私立大学。抗战时期沦陷区的中国大学继续得到来自重庆国民政府的补助。从 1940 年起，国

---

① 邹放鸣. 中国矿大九十年[M]. 徐州：中国矿业大学出版社，1999.

② 见《广东国民大学概览》，1933 年.

③ 《抗战以来我国文化之损失》载《时事月报》第 19 卷第 5 期第 108 页.

民政府对天津的达仁商学院逐年发给补助费。

抗战胜利后，国民政府在经费紧张的情况下，仍拨发大量经费部署私立大学的迁校复员事宜。如西南联合大学的复校经费，最初政府允给30亿元，南开大学得8亿元。政府还帮助私立大学修建校舍、添置设备，并两次为私立大学追加改良费。此外，还将相关国际机构补助的教育器材分配给战时蒙受损失的私立大学。1946年5月，国民政府行政院美国救济物资委员会分配给同济医学院包括美制100张病床在内的野战医院全套设备，及拨款添建改造附属医院部分设施等。1948年4月，教育部呈准行政院，继续为省私立专科以上学校拨发补助经费。总之，这段时期是很多私立大学经费最为紧张的时期，是政府补助才使之渡过难关。

(2) 土地

无偿拨付土地使用是政府资助私立高校的一种形式。据考察，民国时期，厦门大学、华北大学、中国公学、焦作工学院、武昌中华大学、海南大学、广东文化大学最初建立，都是由中央或地方政府无偿划拨的土地。

以厦门大学为例，1921年福建省政府拨给其厦门南普陀、演武场官地约2 000余亩作为校址。政府赞助庚款1万元。① 厦门大学创办之时，福建省政府批准将旧古演武场拨出作为学校的校址，当地县政府发表布告，划定学校地界，严禁居民在地界私下买卖土地，严令业户将校址内的坟墓迁往他处。正是政府的支持与帮助，厦门大学才获得了“风景秀美、依山傍海”的校地。②

1927年何庆成捐地32.77亩给南开大学。自1930年秋，天津警备司令部在傅作义在任期间，将小站千顷营田租金划拨给南开大学。③ 上已述及，刘湘还动员妻弟周成虎将800亩土地以半捐形式卖给南开。

中国公学初建时，两江总督端方拨吴淞公地百余亩为校址，并年拨12 000元的补助经费。④

海南大学创办初期，当地县政府将约500亩的农田拨给学校作为农场。

抗战胜利后，广东政府竭力帮助本省私立大学迁校复员，拨出40亩公地给广东文化大学作为校地。

(3) 其他

与土地相关的是税收。南京国民政府时期私立大学向国外购买教学用品可以申请免税。不仅如此，政府对于私立高校的贷款行为也给予了大力支持。1949年，焦作工学院呈递请求教育部担保向中央银行贷款的公文。由政府亲自出面担保私立大学向银行贷款，足以显现政府在对私立大学融资方面的支持力度。

---

① 李罡.中国近代私立民办大学的经费来源浅析[J].教育·管理·社会,1995(1).

② 厦门大学校史编委会.厦大校史资料(第一辑)[C].厦门:厦门大学出版社,1987.

③ 梁吉生.张伯苓的大学理念[M].北京:北京大学出版社,2006.

④ 董鼎.学府纪闻:第15册[M].台北:南京出版有限公司,1982.

3. 办学者个人出资

前已述及，复旦大学的创办者马相伯将自己全部家产三千亩田产，全部捐给了天主教江南司教，作为创办"中西大学堂"的基金，并立下"捐献家产兴学字据"。南通学院创办者1912年张謇、张詧出资13 700余元，1913年张謇兄弟又出资16 400余元，1918年张謇出资从德国购买了X光机、手术器械、化学仪器等大小数百件器械，1920年张謇花费46万元在阜宁县购入11万亩农用地，以备学校发展。厦门大学创办者陈嘉庚1921年一次就拿出了100万元的开办费用①，捐助经常费300万元，分12年支出，每年支付25万元；1926—1928年又分别拿出90余万元、70余万元和60余万元；1934年，陈嘉庚用变卖厦门大学的校业、募捐、借债等办法募捐60余万元；1927年陈嘉庚在南洋华侨中募捐20余万元的基金，校长林义庆1927年捐出当年的薪俸6 000元。中华大学创办者陈时家族于1912年倾其家产，先后捐田二百石，白银三千两，官票五千串，家藏书籍三千余部，每遇校款困难时，他就将家中的"旧衣银屑，送入质库"，同事相见，"有相顾垂涕者"②。上海大同大学胡敦复等人在一年之内，将薪金全部捐纳作为办学之用。此外，新华艺术专科学校创建初期(1926年)完全靠的是学校主要负责人汪亚尘和荣君立夫妇的捐赠，他们先后捐赠了1.4万元的私蓄，以及不少图书、典籍、古今书画和文物等③。

4. 其他筹资渠道

(1) 自营收入

私立大学的举办者为了筹措资金，想出了以钱生钱的办法。"他们中有的以资本和地产自筹资金，购买公债股票，收取基金利息、房租地租和校田进款，启动资本的魔方，投资赢利，以财生财；有的将所经营的事业单位与学校融为一体，用经营事业的收入滋养学校，并擅长于货币交易与投资炒股，以此来充实学校的条件。"④比如，南开大学将江苏督军李纯去世后所捐赠的1/4的遗产购买公债股票，使基金"永久存储发商生息，以资利用"。⑤ 又如，光华大学在建校初期，曾以向社会发行建筑公债的方式，启动了学校的最初运作⑥。

(2) 银行贷款

大夏大学1925年曾有一校舍建设项目，因学校没有足额资金支付，便以其校长马君武的个人房产为抵押，向当时的浙江兴业银行借贷建筑费2万元。后来，学

① 厦门大学校史编委会.厦门大学校史：第一卷[M].厦门：厦门大学出版社，1990.
② 陈时.武昌中华大学20周年纪念特刊[M].武汉：华中师范大学出版社，2001.
③ 忻福良.上海高等学校的沿革[M].上海：同济大学出版社，1992.
④ 宋秋蓉.近代中国私立大学研究[M].天津：天津人民出版社，2003.
⑤ 南开大学校史编写组.南开大学校史[M].天津：南开大学出版社，1989.
⑥ 忻福良.上海高等学校的沿革[M].上海：同济大学出版社，1992.

校 1930 年扩建校舍，又用一处学校地产为抵押向银行借贷 32 万元建筑费。[1] 广州大学创办时，曾以校董事会名义向中央银行及远东银行洽借开办费 500 元作开支，借惠爱东路番禺县立师范学校为教室，学校才得以正式开课。[2] 中国公学经常将抵押贷款作为日常维系学校运营的方式之一，每到寒暑假无学费来源时，学校总是利用在市场上几乎全无价值的整理公债向银行抵押贷款，为教师发放薪金，等到开学之后再行偿。[3] 诸如此类，在民国时期可谓不胜枚举。银行借贷为近代私立高校的成长提供了经济保障，对许多私立高校的最初运作、日常维系、求得发展起了重要的作用。

5. 学生收费

民国时期学生收费包括收取学费、杂费、住宿费等。

北洋政府教育部 1912 年 9 月 29 日公布的《各类学校征收学费规程》规定："高等专门学校征收学费，每月银元自二元至二元五角。大学征收学费，每月银元三元。"

南开大学的收费在当时不仅比较高而且项目齐全。学生的缴费主要有学费、住宿费、注册费、体育费和实验费等。1920 年的《复旦大学章程》第二十七条规定："膳宿学生每年应共缴洋一百六十六元，内分学费八十元，电灯、膳费六十元，宿费二十元，运动费四元，阅书费两元，以上各费分两学期缴纳，入校前一律缴清。"根据 1931 年统计资料，南开大学每位学生每年需要缴纳的费用包括：学费 60 元，住宿费 30 元，体育费 3 元，注册费每学期 1 元，理科学生试验费每学期 6 元。[4] 南开大学生均年学费额在 100 元上下。此外，学生还要缴纳洗澡费，补考的学生要缴补考费，损坏公物要交赔偿费，看病要交医药费，打网球要购网球券。[5] 南开大学 1932 年学生每学年度学费 60 元，宿费 32 元，膳费 8 元，体育费 3 元，印刷费 2 元，普通预偿费 10 元，合计 115 元。

王彦才的研究显示："私立大学的学费情况主要可分为三种：一是几乎完全靠收取学费来维持学校运转的私立大学。如(20 世纪)20 年代末 30 年代初的中国公学、广州法政专门学校，解放前夕的上海法政学院、诚明文学院、新中国法商学院、上海法学院、光夏商业专科学校、民智新闻专科学校以及当时许多未立案的'学店''野鸡大学'等，这些学校基本上靠学费维持生存。二是学费只是学校经费来源的一部分，如大同大学、光华大学、大夏大学、复旦大学、焦作工学院等。三是部分学生无力缴纳学费，有的学生还要学校补贴。如抗战时期的中华大学，只能收部分四

① 政协上海市委员会文史资料工作委员会. 解放前上海的学校[M]. 上海：上海人民出版社，1988.

② 陈炳权. 大学教育五十年——陈炳权回忆录[M]. 香港：南天书业公司，1970.

③ 董鼎. 学府纪闻：第 15 册[M]. 台北：南京出版有限公司，1982.

④ 南开大学校史编写组. 南开大学校史[M]. 天津：南开大学出版社，1989.

⑤ 南开大学校史编写组. 南开大学校史[M]. 天津：南开大学出版社，1989.

川学生的学杂费，而对外省的流亡生，除免收学杂费外，还要发给每人每月 2 斗 3 升米(合 35 市斤)的生活费。"①

20 世纪 20 年代，南开大学和复旦大学每年的学费都是一百块大洋，比北大和清华贵一倍左右，而同济大学的学费则高达两百一十块大洋，是清华的五倍。据吴大邱教授回忆，1935—1936 年上海被公认收费最高的四所大学是：复旦大学(每年 100 元)、光华大学(每年 100 元)、大同大学(每年 120 元)、大夏大学(每年 90 元)，以上如果住宿另收住宿费。

1932 年，燕京大学的学生在北京颐和园附近的挂甲屯做调查，发现当地居民家庭年收入不到两百块大洋。一年到头最多只能攒下十几块大洋，碰上年成不好的时候还得欠债。

上海的同济大学，一所有德国背景的医学与工程技术大学，收费极高，每学年学费为 210 元。

私立大学的运营主要依靠收取学杂费来运行，因此，私立学校收费更贵。以 20 世纪 20 年代为例，厦门大学学费为 70 元，同济大学学费更是达到了 210 元，这些费用还不包括其他各种日常开支。陈嘉庚在 1919 年《创办厦门大学演说词》中曾经说道："高师学生学膳费概免，大学生按收学费一百五十元，膳宿费一百二十元，共 270 元，以两百名计算，可收五万四千元。"②

1921 年，厦门大学又规定："拟自十年(1921 年)秋起，凡教育学部学生均须与其他学部学生一律缴费，但其中成绩优良、境遇困难者得于入学试验时请求给予陈嘉庚奖学费之优待。至于旧有师范生，除退学、休学、丧失免费资格外，其余均暂照旧免费。"③

私立大学因为需要靠学生的学费来维持学校开支，因此，不允许未交费的学生上课或者注册。从另一方面说，即使不交学费，大学生还要有其他的开支，以伙食费为例，公立的北京大学和清华大学每年大概需要 60～100 元不等，私立学校则更大，伙食费基本上占到了学生每年基本开支的 1/3 以上。据民国时期的一项调查统计显示："20 世纪 20 年代末期，上海每名大学生每年的总开支大约在 500 元，其中，学杂费 100 元，伙食费 100 元，住宿费 40 元，书费 40 元，小吃 30 元，服装费 80 元，各种交通费 50 元等。"④相对于以前不收费的教育制度，北洋政府时期的学杂费还是昂贵的。但是，若同后来的南京国民政府时期的学杂费相比，北洋政府时期的学杂费又便宜得多。

1930 年的私立大学学杂费更贵，如 1932 年私立岭南大学学费 162 元，杂费

① 王彦才．民国时期我国私立大学经费来源分析[J]．教育与经济，2012(03)：49－52．

② 潘懋元，等．中国近代教育史资料汇编·高等教育[M]．上海：上海教育出版社，2007．

③ 郑宏，潘懋元．南方志强：厦门大学文化研究[M]．北京：高等教育出版社，2011．

④ 叶文心．民国时期大学校园文化(1919—1937)[M]．北京：中国人民大学出版社，2012．

210.4 元(包含舍费、膳费、实习费、学生自治总会费、大学生自治会费、体育费和洗衣费等)。另外,私立岭南大学还规定,学生如果不按期缴纳学杂费,则“逾期每日罚款二元,按日递加,加至十二元为止”,[①]而当时岭南大学各种奖学金一共才 12 项。据相关统计:1931 年到 1935 年,像复旦和光华这样的私立教育机构,有 80% 的经费来自学杂费的收入。同时,一大批其他同类的高校比如大夏大学、东吴大学、沪江大学、大同大学等有 50%的经费来自学生缴纳的费用。[②]

通常来说,私立大学日常基本上是通过增加学生的学费来维持运转的。以私立光华大学为例,1938 年,每名学生“收取学费六十元,迨三十二年(1943 年)上半年,业已陆续增至八百五十十元”。1943 年秋,光华大学拟将学杂费定为:一学费一千九百元,二图书费八十元,三体育费四十元,四医药费一百元,五寄宿生房租费一百五十元。[③] 巨额的学杂费直接导致了 1943 年秋的光华学潮,学生纷纷请愿并致电教育部要求减免学杂费。

6. 学生资助政策

(1) 奖学金

由于抗战时期困难重重,社会各界捐资设立奖学金的种类和金额皆大不如前。例如,北碚建国书店捐资 1 000 元设置奖学金,仅奖励复旦大学和江苏医学院学生各 1 名,每名奖 500 元。1941 年,国华银行在岭南大学设立奖学金,名额仅 2 人,每人奖港币 250 元,其申请条件为:凡主修商学,家境清贫,品行纯正,体格健全,成绩优良之学生均可请领。[④]

奖学金制度实施后,各大学纷纷通过增加学杂费来设置奖学金,尤其是私立大学学杂费更是不断增加。众所周知,1946 年起国民党政府开始严重通货膨胀,圣约翰、大夏、东吴每学期都收学杂费三十万元,国立复旦大学只收学费二千元,宿费三千元(半年),膳费每月六千元。[⑤]

如,1941—1942 学年的私立华西协和大学设置的奖学金也仅 15 种。[⑥] 这一时期的贷学金成为奖励学生的主要形式,而社会各界捐资设立的奖学金,其申请条件与抗战前基本类似,主要以学业和家境情况为前提。

还有的奖学金申请也是以征文的形式出现,如私立华西协和大学霍德进先生纪念奖学金,为英国传教士霍德进的友人捐资设立,其申请条件为:“凡在本校注册尚未毕业之正式生,不分男女,皆可应征。”题目规定为“应征者自己选定,但以有关

① 张研,孙燕京.民国史料丛刊(私立岭南大学一览)[M].郑州:大象出版社,2009.

② 叶文心.民国时期大学校园文化(1919—1937)[M].北京:中国人民大学出版社,2012.

③ 《私立光华大学成都十年记》,见张妍、孙燕京主编的《民国史料丛刊》.

④ 《下年度增设两奖学金》载《岭南学报》1941 年第 5 期.

⑤ 《国立私立学费悬殊》载《快活林》1946 年第 33 期.

⑥ 张妍、孙燕京主编的《民国史料丛刊》(“私立华西协和大学”一览 1941—1942),第 218 - 219 页.

世界和平运动及国际合作方案者为限”，对于文体则要求“中、英文均可，中文不拘文言、白话”，而内容则要求“必须自出心裁而非抄袭他人言论者为合格，如有所引证，当注明原书篇页以便考察，全篇字数至少五千，多则不限”。[①]

(2) 贷学金

1941 年 8 月，国民政府颁发的《省私立专科以上学校战区学生贷金暂行规则》规定：“贷金分膳食、特种两种。领贷金学生成绩中等得免偿贷金，成绩及格、换行丙等则停发贷金。[②] 此外又制定零用贷金、特别贷金办法等，前者规定每名每学期 3 元，经济较困难之学生可以申请此项贷款，后者分服装书籍两项，全额每名每学期 20 元，半额 10 元，经济特别困难之学生于膳食贷金外，尚可申请此项贷金，名额不得超过战区贷金学生总人数的 10%。例如，武昌中华大学的在校生有 1/2 来自战区，这些学生全部依赖教育部的贷金维持生活。复旦大学享受贷金的学生与免收学费的学生占在校生总数的 30%。

1941 年 10 月，教育部另定《贷金补充办法》。

(3) 困难补助

1943 年以后，国民政府以公费生办法取代贷学金制度。按照《非常时期国立中等以上学校及省立私立专科以上学校规定公费生办法》中的有关规定，私立大学新生享受公费的比例是：医、工各院科系学生，以 70%为乙种公费生(免膳食费)；理、农各院科系学生，以 50%为乙种公费生。

二、新中国成立前教会大学筹资的发展概况

(一) 新中国成立前教会大学概况

1868 年美国与清政府签订《蒲安臣条约》，该条约第七条规定：“美国人可以在中国按约指准外国人居住地方设立学堂。”[③]而早在 1868 年前传教士就创办了不少学校。例如 1844 年爱尔德赛(Aldersay)在宁波创办的女子中学，便是在中国内地最早开办的一所著名的女子中学。[④] 据统计，同治五年(1866 年)，基督教在华学校共 63 所，学生 944 人；天主教在华学校共 12 所，学生在 231～330 名之间。到 1876 年，在华基督教会学校学生为 4 909 人，1889 年增加到 16 836 人。[⑤]

胡卫清指出：“清政府在 20 世纪前数十年内并没有确立一套专门针对基督教教育的政策。”[⑥]1905 年 12 月，清政府正式成立国家教育管理机构——学部。1906

---

① 张妍、孙燕京主编的《民国史料丛刊》(“私立华西协和大学”一览 1941—1942)，第 216 页.

② 中央教育科学研究所.中国现代教育大事记(1919—1949)[M].北京：教育科学出版社，1988.

③ 王铁崖.中外旧约章汇编：第 1 册[M].北京：三联书店，1957.

④ 褚季能.女学先声[J].东方杂志，1934，31(7)：23.

⑤ 李楚材.帝国主义侵华教育史资料——教会教育[M].北京：教育科学出版社，1987.

⑥ 胡卫清.普遍主义的挑战——近代中国基督教教育研究(1877—1927)[M].上海：上海人民出版社，2000.

年10月,学部给各省督抚发了一个只有150余字的简单咨文,其中规定:各省外人在国内开设学堂,毋庸立案,学生概不给奖。查此即教会学校不受国家法令支配,丧失教育权之由来。"①

洋人举办教会学校的目的,美国北长老会传教士狄考文讲得很清楚:"教会学校建立的真正目的,其作用并不单在传教,使学生受洗入教。他们看得更远,他们要进而给入教的学生以智慧和道德的训练,使学生能成为社会上和教会里有势力的人物,成为一般人民的教师和其他领袖人物。"②

最初的教会学校设在传教士家中或附设在教堂内外,学生免收学费、免费吃住。《北京条约》签订前教会开办的学堂总共才50所左右,学生约1 000人。③ 资金起初主要来源于差会拨款和少数捐赠(包括传教士个人积蓄、来自传教士家乡的捐赠等),随着学校和学生的迅速增加,经费来源也不断增加。

上述差会的含义即为差遣出外传教,是外国教会特派宣传与进行某种使命的一种临时性的分会组织,是基督教差派传教士进行传教活动的组织,本部一般在西欧、北美国家的基督教教会所设立,派遣传教士到亚洲、非洲、拉丁美洲等国设立教会,开办学校、报馆和举行慈善事业,因此,也有在华差会。教会学校由教会管辖或办理,差会组织宣教会控制经费,学校每年的开支由他们提供,占学校教师大多数的传教士的薪金由他们支付。当时许多布道点建造起大量漂亮的校舍,这也都是教会组织投资建立的。④ 此外,还有美以美会(The Methodist Episcopal Church),它属于基督新教的一个较大的宗派——卫斯理宗。美以美会是1844年美国卫斯理宗因为黑奴问题大分裂的产物,在美国北方称为美以美会。1947年,美以美会最早派柯林斯和怀特宣教士到福州,正式开展福音活动。美以美会在东亚的第一所寄宿女学校——毓英女子学校于1859年11月28日创办于福州,一切开办经费由美国布道会(指美以美会在美国本部的巴尔的摩女布道会)负责。⑤ 上海清心书院"自创办以来,学务日渐发达,故不久而教会亦愿出而担任其事,嗣后乃不复有财力不济之虞"。⑥ 差会拨款受本国的经济状况和国际形势的影响。1861年美国南北开战,许多教会学校因此经费无着。如上海圣玛利亚女书院前身文纪学校,"校中经费无着,甘女士乃令学生停课,专事女红,由彼携售洋商,以维持校用"。⑦

中国政府和民众对教会学校经历了逐步接受的过程,教会学校也经历了逐步

① 丁致聘.中国近七十年来教育纪事[M].上海:上海商务出版社,1935.
② 高时良.中国教会学校史[M].湖南:湖南教育出版社,1994.
③ 顾长声.传教士与近代中国[M].上海:上海人民出版社,1994.
④ 朱有瓛,高时良.中国近代学制史料:第4辑[C].上海:华东师范大学出版社,1993.
⑤ 朱有瓛,高时良.中国近代学制史料:第4辑[C].上海:华东师范大学出版社,1993.
⑥ 朱有瓛,高时良.中国近代学制史料:第4辑[C].上海:华东师范大学出版社,1993.
⑦ 朱有瓛,高时良.中国近代学制史料:第4辑[C].上海:华东师范大学出版社,1993.

发展的过程。学校“从稀少到众多、从沿海到内地、从初等到高等”逐步发展。① 教会 1839 年于澳门创办第一所学塾，至 1919 年设立学校 7 046 处，学生数目达 212 819 人。②所办学校既有普通教育，也有职业教育和特殊教育，幼稚园、小学、中学、大学、女学无不兼备。19 世纪 80 年代以后，教会开始试办高等教育，出现了十几所所谓的大学或学院。但正如美国专门研究中国教会大学史的学者杰西·格·卢茨所指出的：“在 1900 年前没有一所真正达到大学水平……而且许多学校最后解散或改为中学或初级学院。”③

1912 年以后，教会制定了不对初等小学教育经费承担责任的政策。“所有先进宣教地内之自助发展者，已多将国民学校(即初小)归该地教会自行管理，其学校虽非完全自立，大概已不受差会之资助；至后进宣教地内之国民学校，亦有一部分可以自助。”

教会大学是指中国 19 世纪、20 世纪的基督新教教会和天主教教会在中国开办的大学。民国时期至新中国成立初期教会大学共有 23 所，其中基督新教大学 20 所，天主教教会大学 3 所。1919 年 10 月，在 20 所基督新教大学中，由其中 14 所在上海组建了中国教会大学联合会。这 14 所大学在当时已分别设有文科全部课程，多数设有理科或工科。为了表达简洁，通常将这些大学称为“在华十四所”；沈阳文会书院、宁波三一书院、太谷铭贤学堂、岳阳湖滨学院、华南女子文理学院这 5 所当时未加入教大联合会，但已开设大学课程(包括部分课程)的教会在华高等教育机构通常将它们称为“会外五所”；还有 1 所是协和医学院(Peking Union Medical College)，教大联合会建立的当年才开设医学本科，1920 年加入为教大联合会成员，但是该校在课程设置和资金来源方面和上述 14 所大学有区别。

上述 14 所基督教教会大学是：

(1) 华中大学(1871—1952)；

(2) 之江大学(1845—1952)；

(3) 圣约翰大学(1879—1952)；

(4) 金陵大学(1888—1952)；

(5) 岭南大学(1888—1952)；

(6) 东吴大学(1900—1952)；

(7) 齐鲁大学(1904—1952)；

(8) 华西协和大学(1905—1952)；

(9) 沪江大学(1906—1951)；

---

① 熊月之. 西学东渐与晚清社会[M]. 上海：上海人民出版，1994.

② 朱有，高时良. 中国近代学制史料：第 4 辑[C]. 上海：华东师范大学出版社，1993.

③ [美]杰西·格·卢茨. 中国教会大学史(1850—1950)[M]. 曾钜生，译. 杭州：浙江教育出版社，1988.

(10) 华南女子文理学院(1908—1951);

(11) 湘雅医科大学(1914—1949);

(12) 金陵女子文理学院(1915—1952);

(13) 福建协和大学(1915—1951);

(14) 燕京大学(1919—1952)。

天主教教会大学3所:

(1) 震旦大学(1903—1952);

(2) 天津工商学院(1920—1952);

(3) 辅仁大学(1925—1952)。

1949年8月30日,毛泽东在《"友谊",还是侵略?》一文中指出:"美帝国主义比较其他帝国主义国家,在很长的时期内,更加注重精神侵略方面的活动,由宗教事业而推广到'慈善'事业和文化事业。据有人统计,美国教会、'慈善'机关在中国的投资,总额达四千一百九十万美元;在教会财产中,医药费占百分之十四点七,教育费占百分之三十八点二,宗教活动费占百分之四十七点一。我国许多有名的学校如燕京、协和、汇文、圣约翰、金陵、东吴、之江、湘雅、华西、岭南等,都是美国人设立的。"①

1951年1月,政府颁布了《关于处理接受美国津贴的文化教育机关的指示》,各教会大学被迫与国外教会脱离关系。燕京大学、之江大学、圣约翰大学、东吴大学、辅仁大学、金陵大学、齐鲁大学、沪江大学、震旦大学……这些似曾听闻过的年代久远的学府,最终在1952年全国院校大调整中集体消失。

(二) 新中国成立前教会大学的筹资渠道

教会大学的经费主要由三部分组成:一是教会在初创时捐助的基金;二是国内外的捐款;三是学费。由于教会大学的经费比较充裕,教会大学早期是免费的。

1. 捐赠

美国的一些大财阀在其巨额财富中取出一部分设立基金会用于支持医疗、教育等事业,如洛克菲勒基金、霍尔基金等。② 上述,毛泽东认为教育费占教会财产的38.2%。最典型的学校如燕京大学。

陈远的研究显示:"1918年的下半年,美国南北长老会正式向司徒雷登下达了命令,让他去筹办'一所新的综合性大学'。1919年春天,司徒雷登正式走马上任,出任燕京大学的校长。虽然一开始曾经约定他不负责经费的问题,但是他一旦坐上校长的位置,这个问题就会来困扰他。在他后来的回忆录里,他回忆道:'当时学

---

① 毛泽东.毛泽东选集:第四卷[M].北京:人民出版社,1991.

② 《霍尔最后遗嘱,1914年11月1日立》(Last Will and Testament of Charles Martin Hall, Nov. 1, 1914),奥柏林学院档案馆(Oberlin College Archives);樊书华.美国铝业大王查尔斯·马丁·霍尔与哈佛—燕京学社的缘起[J].世界历史,1999(2):77.

校一点现款都没有。'包贵思女士(冰心先生的老师)在她写于 1936 年的《司徒雷登博士传略》中回忆:'那时的燕大是一无可取。我们很局促地住在城内,没有教员也没有设备……学生不到百人,教员中只有两位中国人。许多西方教员,不合于大学教授的条件。'更要命的是'常年经费有一半是落空的'。"①

燕京大学组建不久之后,司徒雷登为学校募捐到美国铝业大王霍尔的遗产,第一笔为 150 万美元,第二笔是"哈佛燕京学社"的 640 万美元。此外,洛克菲勒基金会也对燕京大学资助基金 50 万元,使协和医院开设了医科的基础课程。1936 年,霍尔基金会的捐赠占燕京大学预算的 31%,洛克菲勒基金会的捐赠占预算的 21%。② 1936—1937 年,霍尔基金会给燕京大学的资助占学校总资金的 68%,占学校年度预算的 31%。同期,洛克菲勒基金会给燕京大学的资助占学校总资金的 11%,③极大地帮助了燕京大学的发展。通过努力,南开大学也连续多年得到洛克菲勒基金会的支持。

除了国外筹款,在国内也募集资金。1923 年至 1924 年,张作霖、段祺瑞、冯玉祥分别为燕京大学捐赠 5 000 元、3 000 元、7 000 元,孙传芳捐 2 万美元用于燕京大学建设。1926 年,在以司徒雷登名义举行的募捐会上,梁启超、顾维钧等名人出席并讲话号召募捐,社会各界人士纷纷解囊相助。第二年由中国方面收集的 5 万元被用于修建学生宿舍。燕京大学在 1927 年从中国募集得最多的是 32 万元中国币,其余年份每年募到 5 000 至 50 000 万元不等。④ 到 20 世纪 30 年代,教会大学能比较成功地增加中国人对自己的资助,如在 1929 年到 1936、1937 年间,中国人的捐款在大学总收入中的比例从 24%提高到 53%。⑤ 1934 年,司徒雷登发起的"百万基金"募捐运动,亦得益于孔祥熙、段祺瑞等燕京大学董事,在第一年就筹得 23 万元的社会捐赠。

再如圣约翰大学。据说著名的上海圣约翰大学校长卜舫济每次去美国,都能带回建筑一座新楼所需的资金。⑥ "圣约翰大学毕业同学会,成立会于 1900 在上海举行,自是会务日益发展。并有咨议委员会机关,对于本校扩充计划,多所赞助也。时又乏运动场,由同学会捐银五千两,购苏州河北岸地址,约七十八亩。1917 年,毕业同学及学生,创议募捐建筑体育馆及泅泳池(游泳池)。"⑦

又如金陵大学。金陵大学的经费来源与燕京大学途径基本相同。金陵大学的

---

① 陈远.司徒雷登,燕京大学由他起步[N].新京报,2004-12-13.

② 罗义贤.司徒雷登与燕京大学[M].贵阳:贵州人民出版社,2005.

③ 罗义贤.司徒雷登与燕京大学[M].贵阳:贵州人民出版社,2005.

④ 顾长声.传教士与近代中国[M].上海:上海人民出版社,1981.

⑤ [美]杰西·格·卢茨.中国教会大学史[M].曾钜生,译.杭州:浙江教育出版社,1988.

⑥ [美]杰西·格·卢茨.中国教会大学史[M].曾钜生,译.杭州:浙江教育出版社,1987.

⑦ 李楚材.帝国主义侵华教育史料:教会教育[M].北京:科学技术出版社,1987.

不同之处在于:管理制度非常规范,经费来源很稳定,各方的责任很明确。它的常年经费来源有一个规则,那就是金陵大学的常年经费,美国的创办人会担负 65%,中国董事会担负 35%,因此,学校经费有稳定的来源。学校基金归托事会在美国保管,每年息金等,均由美国总部按期汇拨,交在校会计发放。每年决算由创办人会所指定的法定会计稽核。金陵大学在 1935 年,常年经费为 100 万元,65 万元来自美国的基金利息和捐助费,35 万元来自学费及各种捐助。①

其他教会大学也差不多,查尔士主教于 1901 年 4 月的某天一天之内就为东吴大学筹集到财物合计达 5 万美元。② 1925 年,罗马教皇以私人名义捐资十万里拉作为辅仁大学的开办费,由美国天主教本笃会负责,并从美国筹集到基金 116 万美元。③

1907 年,在德国医学博士埃里希·宝隆号召下的基金会为同济德文医学堂筹集到了一批价值 8 万马克的医科书籍和新式外科手术器械。④

除了资金,私人捐赠形式还包括图书、设备、亩地等。譬如,苏杭两地的官员就通过赠送礼物来支持教会学校的工作开展。⑤

2. 政府资助

(1) 政府拨款补助

西方政府退回的庚子赔款成为部分教会大学的定期经费来源。如 1934—1937 年,国民党政府每年补助燕京大学 600 000 元,从庚款退款中每年拨给该校 15 000 元。⑥岭南和金陵农学院于 1930 年开始接受定期津贴;到 1935 年齐鲁和华西的医学院以及许多大学的自然科学系每年都有希望获得捐款以购买设备和从事科研。⑦

1924 年在收回教育主权运动后,在中国立案的教会学校,被政府列入私立学校给予资助。如政府就将 1934—1935 年度给私立大学的经费的近一半给了教会大学。⑧ 显然政府资助是微薄的,但是其社会号召力却是不可低估的。

如洛克菲勒基金会特别注重在科学、医学、农科和乡村建设活动方面的资助,⑨许多中外大学间为资助技术和专业研究而建立的关系也是不容忽视的,如康乃尔大学与金陵大学农学院,普林斯顿大学与燕京大学的公共关系学院,宾夕法尼

① 陈裕光.金陵大学史料集[M].南京:南京大学出版社,1980.

② 王建华,崔恒秀.近代教会学校的投资问题[J].扬州大学学报,2000(1):42-46.

③ 金忠明.中国民办教育史[M].北京:中国社会科学出版社,2003:213.

④ 李东福,宋玉岫,杨进发.山西教育史[M].太原:山西人民出版社,2010.

⑤ [美]杰西·格·卢茨.中国教会大学史[M].曾钜生,译.杭州:浙江教育出版社,1987.

⑥ 顾长声.传教士与近代中国[M].上海:上海人民出版社,1981.

⑦ [美]杰西·格·卢茨.中国教会大学史[M].曾钜生,译.杭州:浙江教育出版社,1988.

⑧ [美]杰西·格·卢茨.中国教会大学史[M].曾钜生,译.杭州:浙江教育出版社,1988.

⑨ [美]杰西·格·卢茨.中国教会大学史[M].曾钜生,译.杭州:浙江教育出版社,1988.

亚大学与岭南大学农学院，密苏立大学与燕京的新闻系等。明显的世俗需求的专业设置，为中国的社会进步做出的贡献不容忽视。① 中国方面的资助很多也是针对教会学校的科学和职业课程，并力促教会学校增进为中国社会需求服务的作用。②

（2）土地

陈远的研究显示："司徒雷登记载了他寻找校址的过程：我们靠步行，或骑毛驴，或骑自行车转遍了北京四郊也未能找到一块适宜的地产。一天我应一些朋友之约到了清华大学堂，其中一位朋友问道：'你们怎么不买我们对面的那块地呢？'我看了看，那块地坐落在通往颐和园的公路干线上，离城五公里，由于那里公路好走，实际上比我们察看过的其他地方离城更近，因而十分吸引人。这里靠近那在山坡上到处集簇着中国旧时代一些最美丽的庙宇和殿堂，并因此而著名的西山。'司徒雷登看上了这个地方，他找到了这块地当时的主人——山西督军陈树藩。在和陈树藩交涉的过程中，司徒雷登显示出一如平常的那种非凡交际能力，结果，这位督军仅以六万大洋的价格把这块地让了出来，不仅如此，他还把其中三分之一的款项作为奖学金。"③

3. 自营收入的筹资渠道

开展教育事业过程中的种种阻力使传教士教育工作者们不得不搞些"创收"。于是，教会教育工作者们在中国办报、译书……竭尽所能获得一些收入。如益智书会自 1877 年成立，至光绪十六年（1890 年），约计出版书籍 30 000 余册，售出者约占其半，共收入 6 299.56 元，平均每年约 485 元，④收入部分地投向了学校事业。

传教士们还利用学生为学校增加经费来源或提高办学效益。在中国办学的鲍尔特温夫人（Mrs Baldwin）在同治九年（1870 年）曾经这样写道："许多女孩子都长得很大了。每天拣茶叶，可以赚得 50 文或 100 文的光景，而我所出的只是 7 文钱一天。"⑤

4. 学生收费

成运花认为："私立高等学校在清末与民国时期经费来源相差比较大。在清末，教会学校主要经费来源是国外各教会的基金利息和捐助，许多学校不仅不收学费，还补贴生活费，少有的几个国人自办的学校收费也比较少。民国以后随着私立高等学校的增多，学费成为学校的一项重要收入，一些专科学校主要靠学费

① ［美］杰西·格·卢茨．中国教会大学史［M］．曾钜生，译．杭州：浙江教育出版社，1988．

② ［美］杰西·格·卢茨．中国教会大学史［M］．曾钜生，译．杭州：浙江教育出版社，1988．

③ 陈远．司徒雷登．燕京大学由他起步［N］．新京报，2004－12－13．

④ 朱有瓛，高时良．中国近代学制史料：第 4 辑［C］．上海：华东师范大学出版社，1993．

⑤ 褚季能．女学先声［J］．东方杂志，1934，31(7)：25．

来维持，甚至出现了靠学费赚钱的'学店'，在上海称为'野鸡大学'。"①但在20世纪20年代后，因为教会大学的教学质量很高，当时中国比较有钱的家庭很乐意把子女送进教会大学，所以，学费也比较高。曾任清心中学校长的薛思培说："先就经费一面而论，则二十年前诸生膳费概由堂中供给，今则学生缴纳学膳费者竟占全数之半强……"②

在民国，教会学校和医科大学的学费是最高的，收费项目也很多。例如设在南京的金陵女子大学，是一所教会学校，在五四运动那年，每学年学费高达两百块大洋，此外还要收取二十块大洋的书籍费、十块大洋的校服费，学生去实验室做试验，还要缴纳二十四块大洋的试验费，去图书馆查阅图书，也要花十块大洋办一张借阅卡。教会学校收费虽高，校园环境和教学质量也相当优越。首先是住宿条件好。在北洋政府时，北大的学生六个人一间宿舍，宿舍楼里连个像样的厕所都没有，冬天没有热水供应，学生冻得发抖；而教会学校燕京大学，两个人一间宿舍，每间宿舍都配备了浴缸、电话、饮水器和洗衣设备，学校不间断供应热水，每个楼层都有一个小厨房，嫌大伙房饭菜不合口味的学生还可以在小厨房里自己做饭吃。其次，教会学校的英语教学是一流的，大多数教科书都用英文编写，任课教师也多为外籍教授。如上海浸会大学，全校五十名教授，其中二十二个是美国人，老师用英语讲课，学生用英语交流，学生的口语水平非常高。

1935年修订的《燕京大学本科教务通则》规定："本大学学生每学期须于注册时依照下列费用表纳费：本科正式生学费55元，特别生附习生学费每学分5元（学生以学分为教学费标准者，每学期至少需交学费15元），宿舍费（电、炉、水等）20元，医术费（药费另记）2元，体育费2元，杂费2元。每学期81元，每年162元。"其他的一些著名大学如辅仁大学、上海圣约翰大学、沪江大学以及广州岭南大学的学费跟燕京大学的基本一致，每年大约160银圆。

总之，20世纪30年代我国的大学收费大致分为：国立大学每年22～40元，师范类甚至不收学费；私立大学每年45～120元不等，中间数约为90元；教会大学每年约160元。

在教会大学里，学费也是重要的经费来源。教会大学的学费收取存在着地区的不平衡性，东部的规模较大的大学收取高额学费，享受减费或者免费的基督徒学生的比例极低，学校的1/3甚至1/2的收入来自学费。其他学校所收的学费只占收入的30%左右，甚至还要低些。③

5. 学生资助政策

(1) 奖学金

① 成运花. 近现代私立高等学校的经费[J]. 海淀走读大学学报，1999(3)：19-25.

② 朱有瓛，高时良. 中国近代学制史料：第4辑[C]. 上海：华东师范大学出版社，1993.

③ [美]杰西·格·卢茨. 中国教会大学史[M]. 曾钜生，译. 杭州：浙江教育出版社，1988.

例如，上海教育局长潘公展与华美烟草公司共同创立了奖学金，该奖学金宣称的目的是："为鼓励大学及高中学生，注重国学起见，举办奖学金，用考核方法，奖给长于国文者，补助教育之费。"上海市大学及高中学生各12名，大学生每名获奖者可获得250元，如果是冠军则另行给500元，分预试和复试。第一届复试在东吴法学院举行，有19所大中学共500多人参加了考试，其竞争程度非常的激烈。诚如一位学生所言："时间到底是来临了，东吴学院也挤满了五百多人，连大学部到中学部，卷子也拿到手了，这时候，怕悄然地袭入我的心，因为人是这样的多，希望也跟着的微小，微小，微小得像前面只有一线的光明似的。"①

(2) 勤工助学

教会学校里有相当部分提倡在学校里实行工读制。据1910年中国教会年鉴所载，在男校中有百分之四学生是工读的，在女校中有百分之五学生是工读的，这样便可免除全部或一部分的学膳费。② 工读制节约了学校贫困生免费入学这部分的开支。

抗战期间，物价上涨，私立大学的学生更是苦不堪言。有的学校允许学生在学期间为工读生，或在外兼课作为副业以维持生计：学生们亦设法自给，找些工作，如家教馆，为报馆采访新闻，等等。如此七拼八凑，务使诸生能维持生活，完成学业。③

三、新中国成立前私大学筹资的启示

(一) 为办教育筹集捐赠需要乞丐精神

乞丐兴义学首推武训先生(武七)，他是中国近代群众办学的先驱者，享誉中外的贫民教育家、慈善家，行乞三十八年，建起三处义学，教育了无数穷家子弟，在中国历史上被誉为"千古奇丐"。他乞讨到较好的衣物和饭食就设法卖掉换钱，而自己吃最粗劣的食物，边吃还边唱："吃杂物，能当饭，省钱修个义学院。"光绪十四年(1888年)，武七花钱4 000余吊，在堂邑县柳林镇东门外建起第一所义学，取名"崇贤义塾"。光绪十六年(1890年)，武七与寺院合作，在馆陶县杨二庄兴办了第二所义学。光绪二十二年(1896年)，武七又靠行乞积蓄，并求得临清官绅资助，用资3 000吊在临清县御史巷办起第三所义学。武训一心一意兴办义学，为免妻室之累，他一生不娶妻、不置家。其兄长亲友多次求取资助都被他拒绝，他唱道："不娶妻，不生子，修个义学才无私。""不顾亲，不顾故，义学我修好几处。"

张伯苓为了筹措南开大学的创办经费，曾奔赴北京、南京、山西等地，向各地军

① 《公布华美烟草公司举行奖学金考试希各踊跃参加》载《国立同济大学旬刊》1933年第7期.

② 陈学恂.中国近代教育史教学参考资料(下册)[C].北京：人民教育出版社，1987.

③ 梅贻宝：《燕京大学成都复校五十周年纪念刊》.

政教育官员及商界游说，劝其出资办学。张伯苓曾说："我虽然有时向人家求见捐款，被其挡驾，有辱于脸面，但我不是乞丐，乃为兴学而作，并不觉得难堪。"①司徒雷登三十年如一日地为燕京大学筹款，每次出发募款前，他都会得一种神经性的消化不良症，到募款结束时就会自动消失。司徒雷登常说："我每次见到乞丐，就感到我属于他们的同类。"②

(二) 私立大学经费使用非常节俭，但该花的钱决不吝啬

中华大学以节俭著称，校长陈时认为："不该用的钱分文不能乱用。"③南开大学校长张伯苓每次到北京办事，为了省钱，总是坐三等车，住在前门外施家胡同一家普通客店里，自带一包茶叶、一盒臭虫药。1930 年教育部视察员戴应观视察南开大学后说："南开大学设备虽受经济限制，然颇能以一文钱作二文钱用，如数学系近购有十三种曲面及曲线数学标本，为国内其他大学所不经见者。"1932 年教育部一视察员来南开大学视察，对南开大学勤俭办学深有感触，他说："该校虽然经费支绌，但负责者将一文钱作三文用。"1935 年，《三十年之上海教育》对大同大学的评价："该校办理，处处经济，绝不浪费。教员刻苦耐劳，精神贯注，学生朴素好学，教师辅导学生自动研究，尤为可贵"。立信会计学校在当时的私立大学中更是以"小气"著称。补习学校校长、教务主任、分校主任等，全是义务职，不支付薪金。为了节省开支，补习学校在学生人数增至几千人时，学校的专职教务员只有 2～3 人，校工只有 1～2 人，总校、分校所用水电、文具、邮电、修理等费用，都是精打细算，没有一点浪费。

勤俭节约并不意味着该花的钱不花。办学需要一定的条件和设备，如果过分的"勤俭节约"，该花的钱不化，就会影响办学质量。中华大学校长陈时在经费使用上虽然量入为出，精打细算，但他认为"该用的钱一个不能少"。南开大学校长张伯苓该花的钱决不吝啬。他认为一个教育机构的账上应该是赤字，一所学校如果在年终银行账上还有节余，证明他是一个"守财奴"。因为他没有能利用这些钱办件好事。南开大学从不因经费短缺而畏缩不前。学校每年的经费很少有剩余，还经常出现财政赤字。下表显示了从民国八年至民国十九年南开大学历年经费剩余情况，其把"经费用足用好"的指导思想可见一斑。

而公立学校的浪费现象比较普遍。1932 年教育部长朱家骅强调指出："经费不足为一事，而经费之致用，未有合理的标准，则又是一事。现在全国学校，上至大学，下至小学，经费之致用，常是不合理之浪费现象，而大学与中学为甚。"④

① 梁吉生. 张伯苓的大学理念[M]. 北京：北京大学出版社，2006.

② 李跃森. 司徒雷登传[M]. 北京：中国广播电视出版社，2004.

③ 南开大学校史编写组. 南开大学校史[M]. 天津：南开大学出版社.

④ 陈能治. 战前十年中国的大学教育(1927—1937)[M]. 台湾：商务印书馆，1990.

(三) 民办高校应加强财务管理

王彦才的研究显示:“在近代中国,有很多私立大学未设专门机构和人员管理经费。清末的中国公学,其经费由大家共同负责。当时学校不但不设校长,而且未设专门机构和人员管理经费。以致在以后很长时期内,学校的经费一直没有专门人员管理。德文医学堂建校初期也没有会计、出纳等管理经费的专职人员,很多事情如跑银行、买用品、账目管理等都由各科主任亲自办理。焦作路矿学堂当时也没有专职的财务管理人员,学校一切行政事务、经费管理等均由校长一人总理。由于未设专门机构和人员管理经费,这些私立大学财务管理混乱。如 20 年代北京的民国大学、上海的东南高等师范学校、持志学院等都发生过办学者贪污校款的现象,严重损害了社会对私立大学的信任程度。”①

王彦才的研究表明:“中国正式编制预算始于宣统三年(1911 年),中华民国建立后,随着政府及公立大学经费预算制度的实行,一些私立大学虽然也实行了经费预算制度,但由于大多数私立大学经费来源不稳定,导致很多私立大学没有经费预算制度,使得学校的发展缺少通盘考虑和整体规划,影响了经费的使用效率;有些私立大学的经费预算虚假,难以兑现。”②

① 王彦才.民国时期我国私立大学经费使用特点及启示[J].江淮论坛,2013(6):183-187.

② 王彦才.民国时期我国私立大学经费使用特点及启示[J].江淮论坛,2013(6):183-187.

主要参考文献

[1] 项怀诚.新中国会计50年[M].北京:中国财政经济出版社,1999.

[2] 杨纪琬.中国现代会计手册[Z].北京:中国财政经济出版社,1988.

[3] 郭道扬.中国会计史稿(上册)[M].北京:中国财政经济出版社,1982.

[4] 郭道扬.中国会计史稿(下册)[M].北京:中国财政经济出版社,1988.

[5] 王建忠,柳士明.会计发展史[M].4版.大连:东北财经大学出版社,2016.

[6] [美]普雷维茨,[法]沃顿,[澳]沃尼泽.世界会计史:财务报告与公共政策(欧亚大陆、中东与非洲卷)[M].陈秧秧,译.上海:立信会计出版社,2015.

[7] 文硕.西方会计史——会计发展的五次浪潮[M].北京:经济科学出版社,2012.

[8] [荷]欧·腾·海渥.会计史[M].文硕,等译.北京:中国商业出版社,1991.

[9] [苏]索科洛夫.会计发展史[M].陈亚民,等译.北京:中国商业出版社,1990.

[10] [美]加里·约翰·普雷维茨,巴巴拉·达比斯·莫里诺.美国会计史:会计的文化意义[M].杜兴强,等译.北京:中国人民大学出版社,2006.

[11] [美]迈克尔·查特菲尔德.会计思想史[M].文硕,董晓柏,译.北京:中国商业出版社,1989.

[12] 陈信元,金楠.新中国会计思想史[M].上海:上海财经大学出版社,1999.

[13] 黄菊波.新中国企业财务管理发展史[M].北京:经济科学出版社,1996.

[14] 国家高级教育行政学院.新中国教育行政管理五十年.[M].北京:人民教育出版社,1999.

[15] 郑登云.中国高等教育史[M].上海:华东师范大学出版社,1994.

[16] 郝维谦,龙正中,张晋峰.中华人民共和国高等教育史[M].北京:新世界出版社,2011.

[17] 孙培青.中国教育史[M].上海:华东师范大学出版社,2009.

[18] 刘海峰,史静寰.高等教育史[M].北京:高等教育出版社,2010.

[19] 董宝良.中国近现代高等教育史[M].武汉:华中科技大学出版社,2007.

[20] 程斯辉.中国近代教育管理史[M].武汉:武汉工业大学出版社,1989.

[21] 刘德华.中国教育管理史[M].郑州:河南教育出版社,1990.

[22] 李才栋,等.中国教育管理制度史[M].南昌:江西教育出版社,1996.

[23] 黄仁贤.中国教育管理史[M].福州:福建人民出版社,2003.

[24] 孙培青.中国教育管理史[M].北京:人民教育出版社,2006.

[25] 梅汝莉.中国教育管理史[M].北京:海潮出版社,2012.

[26] 陈桂生.中国革命根据地教育史[M].上海:华东师范大学出版社,2015.

[27] 宋荐戈,张腾霄.简明中国革命根据地教育史[M].北京:中国文史出版社,2016.

[28] 中国第二历史档案馆.中华民国史档案资料汇编[M].南京:凤凰出版社,1991.

[29] 国家教委财务司,财政部文教司.教育财务法规选编(高教分册)[M].天津:天津大学出版社,1996.
[30] 国家教委财务司.全国教育事业财务制度选编 [G].内部发行,1992.
[31] 乔春华.院校理财学[M].北京:中国财政经济出版,1998.
[32] 乔春华.院校会计学[M].北京:中国财政经济出版,1998.
[33] 乔春华.高等教育投入体制研究[M].南京:南京大学出版社,2006.
[34] 乔春华.大学经营的财务视角[M].南京:南京大学出版社,2008.
[35] 乔春华.《事业单位会计准则》与《事业单位财务规则》研究——以高等学校为例[M].南京:南京大学出版社,2010.
[36] 乔春华.高校财务管理体制研究[M].南京:南京大学出版社,2011.
[37] 乔春华.高校预算管理研究[M].苏州:苏州大学出版社,2013.
[38] 乔春华.高校内部控制研究[M].苏州:苏州大学出版社,2014.
[39] 乔春华.高校管理会计研究[M].南京:东南大学出版社,2015.
[40] 乔春华.高校管理审计研究[M].南京:东南大学出版社,2015.
[41] 乔春华.高等教育供给侧改革的财务视角[M].南京:东南大学出版社,2017.
[42] 乔春华.大学校长理财研究[M].南京:东南大学出版社,2018.
[43] 乔春华.中国高等教育财务会计 30 年回顾与展望[J].教育财会研究,2009,20(1):5-9.
[44] 乔春华.教育财务会计 30 年十大创新[J].教育财会研究,2009,20(2):57-63.
[45] 乔春华.新中国 60 年事业单位会计发展轨迹和经验教训[J].教育财会研究,2010,21(2):3-10.

内容提要

本专著运用辩证唯物主义和历史唯物主义的世界观和方法论对新中国成立70年来高校会计与财务领域的大量史料进行考证与研究，梳理了高等教育投入体制、高校预算拨款、高校预算管理、高校财务制度、高校预算会计、高校财务会计、高校管理会计、高校资产管理、高校收费与学生资助体系、高校财务管理体制、高校会计信息化、民办高校财务与会计的发展轨迹。对革命根据地和解放区高校财务领域的概况、新中国成立前国立大学筹资渠道的发展概况和私立大学筹资的发展概况也做了介绍。因此，本书对新时代的高校会计与财务领域的理论研究、政策研究和实务工作，具有明显的理论价值和实践意义。

图书在版编目(CIP)数据

新中国高校财务70年 / 乔春华著. —南京：东南大学出版社，2019.7

ISBN 978-7-5641-8520-6

Ⅰ. ①新… Ⅱ. ①乔… Ⅲ. ①高等学校-财务管理-研究-中国 Ⅳ. ①G647.5

中国版本图书馆CIP数据核字(2019)第179376号

新中国高校财务70年(Xinzhongguo Gaoxiao Caiwu 70 Nian)

著　者	乔春华
出版发行	东南大学出版社
社　址	南京市四牌楼2号(邮编:210096)
出版人	江建中
经　销	全国各地新华书店
印　刷	虎彩印艺股份有限公司
开　本	700mm×1 000mm　1/16
印　张	28.25
字　数	542千字
版　次	2019年7月第1版
印　次	2019年7月第1次印刷
书　号	ISBN 978-7-5641-8520-6
定　价	128.00元

本社图书若有印装质量问题，请直接与营销部联系，电话:025-83791830。